南通市工会志

（1990－2014）

南通市工会志编纂委员会　编

2017 年 12 月

图书在版编目(C I P)数据

南通市工会志 ：1990-2014 / 南通市工会志编纂委员会编. -- 北京 ：方志出版社， 2018.1
ISBN 978-7-5144-2956-5

Ⅰ. ①南… Ⅱ. ①南… Ⅲ. ①工会工作—概况—南通-1990-2014 Ⅳ. ① D412.853.3

中国版本图书馆 CIP 数据核字(2018)第 029559 号

南通市工会志(1990-2014)

编　　者：南通市工会志编纂委员会
责任编辑：范静
出 版 人：冀德祥
出 版 者：方志出版社
地址　北京市朝阳区潘家园东里 9 号(国家方志馆 4 层)
邮编　100021
网址　http://www.fzph.org
发　　行：方志出版社图书经销中心
电话(010)67110500
经　　销：各地新华书店
印　　刷：如东县彩印一厂
开　　本：787×1092　1/16
印　　张：36.5
字　　数：744 千字
版　　次：2018 年 1 月第 1 版　2018 年 1 月第 1 次印刷
印　　数：0001~2000 册
ISBN 978-7-5144-2956-5　定价：268.00 元

1993年9月，全国总工会副主席章瑞英（前排右四）出席南通市女职工劳动保护工作会议，与工会干部在南通机场合影

1995年10月，全国总工会副主席薛昭鋆（右）到南通考察期间，听取南通市工会工作情况汇报

1995年7月，全国总工会副主席方嘉德（右二）考察南通工会企事业单位改革情况

1995年3月，全国总工会副主席张丁华（前排左七）到南通考察期间与南通市总工会机关干部合影

1996年9月，全国总工会副主席滕一龙（左一）到南通考察调研南通市属企业改制情况

2002年1月，全国总工会副主席刘珩（右二）到南通考察，图为在南通帝人有限公司调研指导工作

2004年11月，全国总工会副主席周玉清（前排左五）到南通考察期间与南通市总工会机关干部合影

2012年12月，全国总工会副主席段敦厚（左一）出席在南通召开的全国基层工会会员代表常任制座谈会

2013年11月，全国总工会党组书记、副主席陈豪（前排中）到南通调研工会工作时与江苏部分工会干部合影

2014年5月，全国总工会副主席刘国中（右二）到双钱集团（如皋）轮胎有限公司调研企业生产与工会工作

2014年11月，全国总工会副主席范继英（左一）在江苏三友集团调研企业工会工作

1992年10月，江苏省总工会主席、党组书记陈斌良（前排左五）出席南通市工会第九次代表大会，与部分代表合影

1996年9月，江苏省总工会主席、党组书记徐锡澄出席南通市工会工作会议时讲话

2012年8月，江苏省人大常委会副主任、省总工会主席张艳（左一）到江苏大富豪啤酒有限公司调研企业工会工作

2013年6月，江苏省总工会主席、党组书记邢春宁（右二）到南通调研时，参观南通市总工会职工服务中心

1990年10月，中共南通市委书记吴镕（前排右二）参加南通市退休职工公寓寓员入住仪式

1990年7月，中共南通市委副书记、市长徐燕（前排右四）参加南通盆景赴日参展庆功表彰会

1996年2月，中共南通市委书记陈根兴（左）慰问南通合成纤维厂困难职工

1995年4月，中共南通市委副书记、市长杨任远（前排左五）等市领导欢送全国劳动模范赴北京出席表彰会合影

1998年1月，中共南通市委书记周福元（左三）看望困难企业生产一线工人

1997年10月，中共南通市委副书记、市长程亚民出席南通市工会第十次代表大会

2010年4月，中共南通市委书记罗一民在全市工会工作会议上讲话

2011年4月，中共南通市委书记丁大卫（左一）在南通市劳动模范和先进工作者表彰大会上向劳模和先进工作者颁奖

2013年8月，中共南通市委副书记、市长张国华（左）到集装箱码头慰问一线职工

1995年1月，南通市总工会主席、党组书记戈雪芬（右）慰问市航运公司工会主席

2004年4月，南通市总工会主席、党组书记陈心万（右二）与市第三人民医院签订劳动模范定点医院就医协议

2007年2月，南通市人大常委会副主任、市总工会主席、党组书记张毓余（右）代表市协调劳动关系三方为荣获“江苏省和谐劳动关系模范企业”称号的南通供电公司授牌

2012年7月，南通市人大常委会副主任、市总工会主席、党组书记陆玉明（右）代表市总工会领取奖牌，市总工会“探索推动将优秀农民工和缴纳社会保险时间较长的外来农民工纳入市区城镇经济适用住房保障范围”项目获首届江苏省工会工作创新创优成果一等奖，省总工会副主席张鸿生（左）参加授牌仪式

2014年春节前，南通市总工会主席、党组书记葛玉琴（中）到江苏大生集团调研慰问

1991年8月，南通市总工会副主席、党组副书记程佩芬（中）在南通市总工会第八届九次全委(扩大)会议上讲话

2000年10月，南通市总工会副主席、党组副书记秦炳龙（右二）在南通召开的江苏省对外经贸系统工会工作会议上发言

2003年7月，南通市总工会副主席、党组副书记朱淑娟（右）代表市总工会接受基层工会捐款

2012年8月，南通市总工会副主席、党组副书记瞿刚在市总工会首期道德讲堂上讲话

1997年4月，南通市总工会副主席袁承璋在南通市庆五一国际劳动节暨表彰大会上宣读表彰决定

2010年4月，南通市总工会副主席钱祥圣（右）迎接南通赴北京参会的全国劳动模范载誉归来

2009年8月，台湾中南部发生50年来最严重水灾，南通市总工会副主席李仕春（左）代表市总工会向台湾职业工会捐款赈灾

2012年3月，南通市总工会副主席季金祥（中）到直属基层企业调研

2014年1月，南通市总工会副主席杨哗鹃（中）到南通供电公司调研班组建设工作

2004年1月，南通市总工会纪检组组长、机关党总支书记朱晓明（右）慰问困难群众

2010年7月，南通市总工会主席助理、经审会主任郭彪（左一）慰问南通市燃气公司一线职工

2011年11月，南通市总工会主席助理、机关党总支书记陈志祥（右一）到如皋市白蒲镇调研

2008年11月，南通市总工会纪检组组长叶新春（左二）带领机关及直属事业单位党员干部参观市党风廉政教育基地

1990年4月，南通市总工会开展“学雷锋、学平潮饭店、学朱骅”活动，图为市总工会领导到平潮饭店调研，与全国劳动模范平潮饭店经理朱骅（左）亲切交谈

2001年8月，部分劳动模范代表参加南通市总工会“新世纪南通职工新形象”大讨论座谈会

2002年11月，南通市退休职工管理委员会办公室举办庆祝党的十六大胜利召开专场文艺晚会

2003年11月，中共南通市委组织部、市级机关工委、市总工会联合召开市级机关、市直单位万名党员干部与困难职工结对帮扶工作会议

2004年11月，南通市总工会、市劳动局等部门联合举办全市“职大杯”维修电工技能大赛操作比赛现场

2004年12月，南通市政府与市总工会首次召开联席会议，中共南通市委副书记、市长丁大卫（右二）主持会议，市委常委、常务副市长蓝绍敏（右一）等市领导出席会议

2004年12月，南通市总工会启动市区工会会员优惠服务活动，举行定点单位授牌仪式

2005年4月，南通市总工会成立职工法律援助律师团，图为市总工会领导与受聘律师签约

2005年11月，南通市政府召开全市企业工资集体协商工作会议

2006年10月，南通市总工会召开争创全省工会工作模范市总结表彰大会，市总工会以总分第一的成绩获首批全省工会工作模范市称号，省人大常委会副主任、省总工会主席张艳（右）出席会议并授牌

2007年3月，南通市政府召开全市职工安全生产知识电视培训工作会议，中国致公党名誉副主席杨纪珂（主席台中）等领导出席会议

2007年4月，中共南通市委组织部、市总工会联合召开全市非公有制企业“党建带工建”工作经验交流会，市委副书记王德忠（主席台左三）、市委常委、组织部部长郭腊军（主席台右三）出席会议

2007年6月，南通市总工会组织女职工心理辅导站专家开展职工心理保健知识宣传咨询活动

2007年7月，南通市总工会与市劳动和社会保障局联合开展“劳动合同法”广场宣传咨询活动

2007年12月，南通市总工会、市工商业联合会、市外商投资企业协会联合召开全市非公有制企业“双爱双评”活动经验交流暨表彰会议，倡导“企业爱职工，职工爱企业”

2008年4月，南通市总工会举办贯彻《江苏省企业民主管理条例》培训会议

2008年5月，南通市总工会举行"外来困难农民工子女助学金"发放仪式

2008年12月，南通市总工会召开市爱心帮困基金会成立大会，市政协副主席袁瑞良（主席台左四）出席会议，为基金会揭牌

2009年2月，南通市总工会举行南通市首批劳模创新工作室授牌仪式暨劳模新春联谊会

2009年3月，南通市总工会对产业（系统）集团公司工会经审工作规范化建设开展考核

2009年4月，南通市委市政府召开庆“五一”暨“共同约定行动”推进大会

2009年8月，南通市总工会承办第二届20城市工会工作论坛

2009年9月，南通市总工会与市经贸委、市财政局联合在市工人业余大学举行市家政服务工程启动仪式暨首期家政服务员培训班开学典礼

2010年4月，四川省绵竹市人大常委会副主任、市总工会主席傅利民（右）一行到南通交流工会工作，向市总工会赠送锦旗

2011年3月，南通市首批19名优秀农民工和缴纳社会保险时间较长的外来农民工喜领经济适用房购房通知书

2012年3月，南通市总工会召开财务经审工作会议

2012年4月，全省行业工资集体协商现场推进会在海门市召开，省总工会党组书记、常务副主席刘广忠（主席台中）、省总工会副主席王兆喜（主席台右三）、杨星云（主席台左三）出席会议

2013年9月，南通市总工会在全国非公企业劳动竞赛推进会上作经验交流

2013年9月，南通市总工会承办南通市第十届运动会暨首届全民健身运动会职工部比赛项目

1999年12月，江苏省劳动模范、第三届南通市职工明星艺术家胡明德举办独唱音乐会，中央电视台制作题为《歌者老胡》的专题片，在央视一、二、四套播出。

2003年“濠滨夏夜”
环西文化广场演出

2010年“濠滨夏夜”小广场演出

第十届中国艺术节“群星奖”
获奖证书

全国总工会：

你单位报送的“濠滨夏夜”广场文化活动

在第十届中国艺术节“群星奖”评审中荣获项目类“群星奖”。

特发此证

中华人民共和国文化部

濠滨夏夜活动自1980年创办以来，至2014年已连续举办34届，2013年获文化部“群星奖”

2013年12月，江苏省委组织部、省总工会联合在南通召开全省工会“三公开四统筹”经验交流会

2014年6月，全省工会劳动保护监督检查员片区服务站建设现场推进会在海门市召开，图为全国总工会劳动保护部副部长王晓涛（右三）、省总工会副主席张海涛（右一）、在企业调研

2014年6月，南通市总工会女职工委员会联合崇川区、港闸区、开发区总工会和市第三人民医院开展“姐妹巾帼情——庆六一”爱心助困活动

2014年9月，南通市总工会召开“市十佳职工代表”先进事迹推介会后合影

2014年11月，南通市总工会召开直属工会工作（创新）成果评审发布会

2009年11月，南通市总工会举办全市工会干部学习研讨班

2014年11月，全国乡镇（街道）工会工作交流观摩会在海门市召开，全国总工会副主席范继英（主席台中）出席会议

2012年9月，南通市总工会开展“算好廉政账”专题教育活动，邀请中共南通市纪律检查委员会副书记陈锋（主席台右）为机关及直属事业单位党员干部上廉政党课

2014年2月，南通市总工会召开党的群众路线教育实践活动动员大会，部署活动开展

2009年6月，市总工会机关离退休干部参加市总工会纪念建党88周年“党在我心中”演唱会

2014年7月，中共南通市总工会机关在职干部支部为5名入党时间逢五、逢十的党员过集体政治生日

1992年10月，南通市工会第九届委员会委员合影

1997年10月，南通市工会第十届委员会委员合影

2002年10月，南通市工会第十一届委员会委员合影

2008年3月，南通市工会第十二届委员会委员合影

2013年3月，南通市工会第十三届委员会委员、经审会委员合影

1999年10月，南通市总工会举行庆祝建会50周年大会暨专场文艺演出

2009年10月，南通市总工会召开纪念建会60周年座谈会

2017年10月，市总工会召开《南通市工会志（1990~2014）》评审会后合影

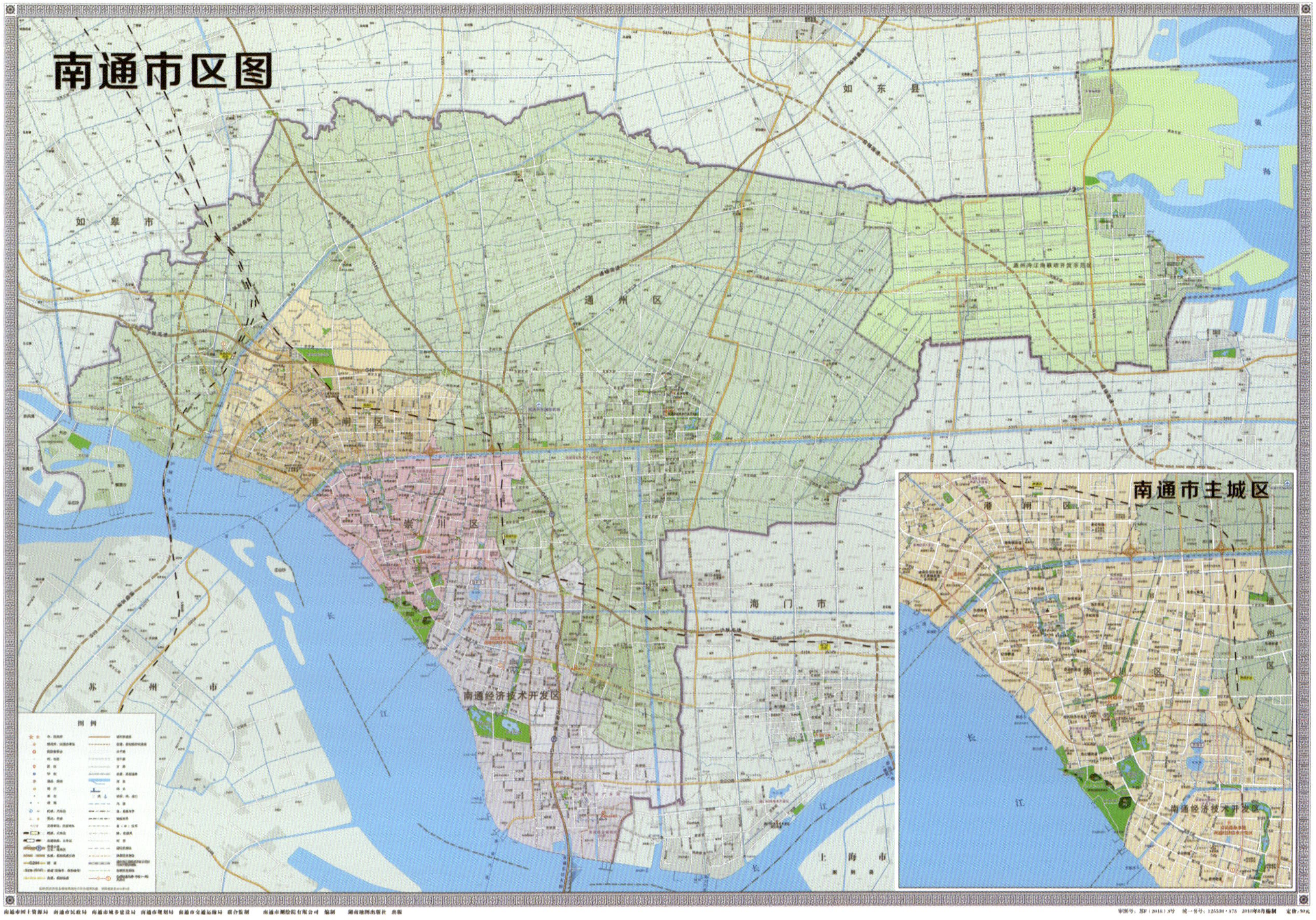
南通市区图
南通市主城区
如东县
如皋市
通州区
港闸区
崇川区
海门市
南通经济技术开发区
苏州市
上海市
长江
黄海
图例

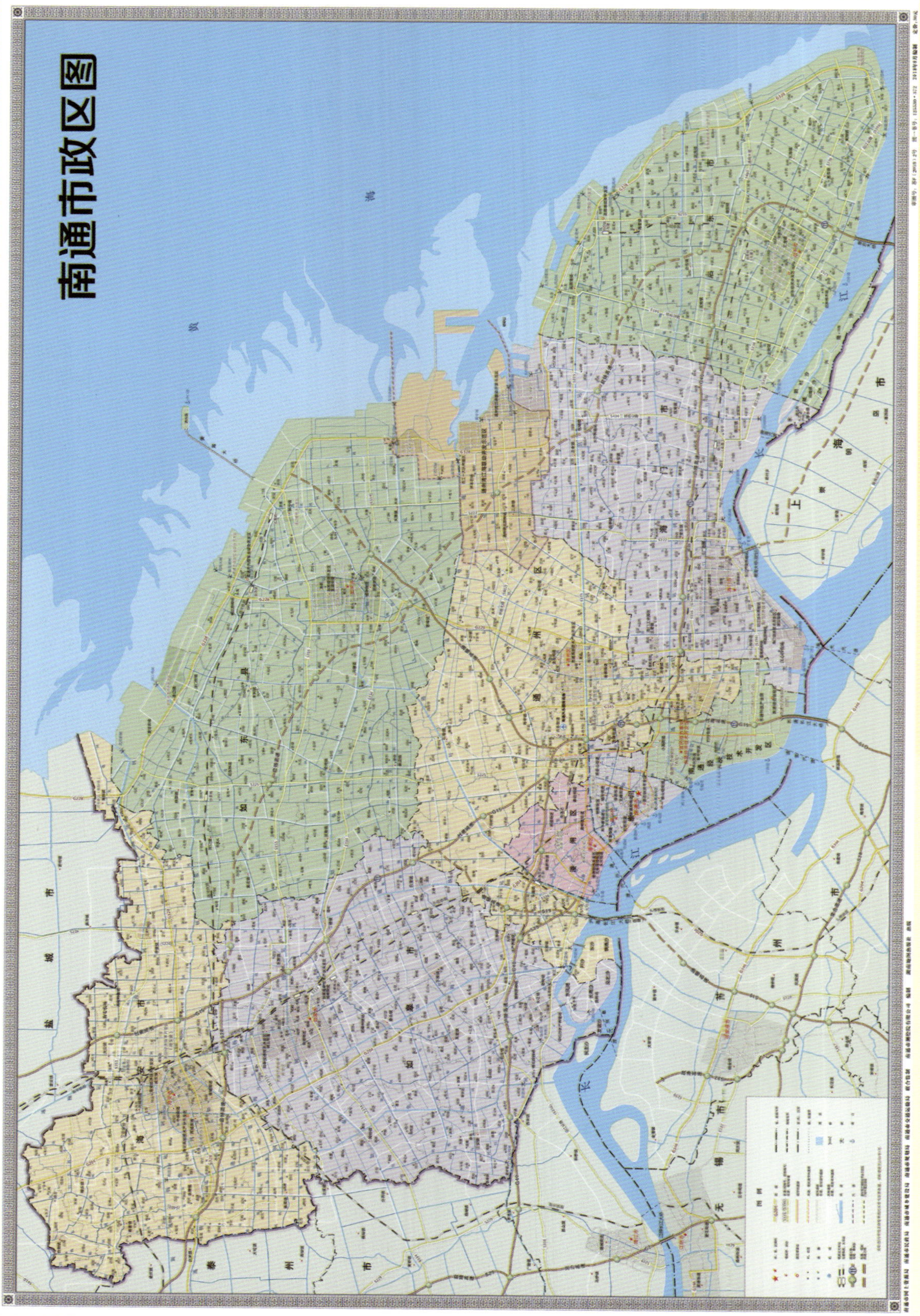
南通市政区图

《南通市工会志(1990–2014)》编纂委员会

（2014 年 2 月）

主　任　葛玉琴

副主任　瞿　刚　季金祥　杨晔鹃　陈志祥　叶新春　朱淑娟　钱祥圣　郭　彪

顾　问　陆玉明　戈雪芬　张毓余　陈心万　羌步蟾　程佩芬　秦炳龙　袁承璋　李仕春　朱晓明

委　员　王霞春　李亦农　周正秋　葛　伟　杜正芳　成　飞　王海兵　陆卫彬　汪　俊　顾虞丹　黄　卫　茅　健　任锦华　黄　培　曹庆龙

《南通市工会志(1990-2014)》编纂委员会

(2017 年 2 月调整)

主　任　葛玉琴

副主任　季金祥　杨哗鹏　陈志祥　叶新春　葛　伟　朱淑娟

顾　问　戈雪芬　张毓余　陆玉明　陈心万　羌步蟾　程佩芬　秦炳龙

袁承璋　李仕春　朱晓明　钱祥圣　郭　彪　瞿　刚

委　员　李亦农　杨红卫　周正秋　成　飞　杜正芳　赵周恒　王海兵

陆卫彬　汪　俊　顾虞丹　黄　卫　茅　健　任锦华　曹庆龙

施伟慧

《南通市工会志(1990-2014)》编纂委员会办公室

主　任　李亦农

副主任　周正秋　施伟慧

主　编　朱淑娟

副主编　李亦农　周正秋　施伟慧

编　务　潘滇野　徐　杨　陈方舟　褚晓芳

序　言

人事有代谢，往来成古今。重视历史、研究历史、借鉴历史，可以带来很多了解昨天、把握今天、开创明天的启迪。

作为第一部《南通市工会志》的续志，《南通市工会志(1990~2014)》全面记录了1990年至2014年南通工人阶级、工会组织、工会工作及其相关内容，是真实再现南通工会事业发展历程的又一重要成果，也是历经1000余天艰辛磨砺、精雕细琢的智慧结晶。1990年以来，在中国特色社会主义伟大旗帜指引下，南通工人阶级积极投身改革开放、经济转型的大潮流，以高度的责任意识、卓越的劳动创造、忘我的拼搏精神，奋发有为、干事创业，为南通经济社会发展做出了重要贡献；全市各级工会组织和广大工会工作者紧跟江海联动开发、民营经济发展、社会和谐文明的时代节拍，在跨越发展、科学发展、创新发展的大局中，奏出了铿锵有力的“工会之声”。《南通市工会志(1990~2014)》把25年来南通工人运动的历史、南通工会的发展史、南通工人阶级的优秀人物、重大事件和重要史料记载在册，是全面推进南通工运事业发展、开创新时期工会工作新局面的务实举措，是研究工会历史、服务当代、惠及后世的光荣事业。

《南通市工会志(1990~2014)》在编纂过程中，得到了江苏省总工会、南通市地方志编纂委员会办公室、市统计局、市档案局等有关部门的支持和指导；得到了南通市总工会的老领导、老同志的关心和帮助；各县(市)区总工会、各直属事业单位、市总工会机关各部室提供了大量原始数据和资料，做好了关键的基础性工作；编纂人员以高度负责的精神、严谨细致的态度，数修纲目、遍寻资料，反复查找、多方求证，广征意见、几易其稿，力求客观真实，准确翔实。我谨代表南通市总工会、南通市工会志编纂委员会，在此一并表示衷心的感谢！

明镜所以照形，古事所以知今。《南通市工会志(1990~2014)》据实立言，以史明鉴，通观全局、文约事丰，既回望过去，又展望未来；既传承历史，又继往开来，是一部全方位了解新时期南通工运事业的“百科全书”，也是一部经世致用、启迪后人、意义重大的存史之册。

当前，南通发展站在决胜高水平全面小康社会的新起点上，处于发展的“风口”、转型的“关口”，国家和省委、省政府对南通发展寄予厚望，广大人民群众也满怀期待。要在这场创新创业、富民惠民的伟大事业中有所作为，各级工会组织和广大工会工作者既要解放思想、与时俱进、开拓创新，也要在回顾历史、总结经验、汲取教训中增长智慧、锻炼才干，切实担负起时代赋予的历史重任，精心创造出无愧人民的崭新业绩，奋力把南通“两聚一高”新实践不断推向前进。

南通市人大常委会副主任，南通市总工会党组书记、主席　葛玉琴

凡 例

一、本志系首部《南通市工会志》的续志，定名为《南通市工会志(1990~2014)》。本志全面客观地记述断限内南通市工人阶级、工会组织、工会工作及相关内容。突出时代特色和行业特色，力求思想性、科学性、资料性的统一。

二、本志上限为 1990 年 1 月，与 1997 年版《南通市工会志》下限相衔接；下限断至 2014 年。部分有关联的人和事，时间适当上溯或下延；全国、省、市劳动模范(先进工作者)总数上溯至 1950 年；市总工会及直属事业单位资产、基建情况上溯至建国初；市总工会办公场所变迁情况下延至 2016 年。

三、本志以横分竖写为原则，横排门类，以类系事，综述始末，述而不论。

四、本志采用述、记、志、传、图、表、录等体裁。以志为主体，设篇、章、节、目四个基本层次，根据内容表述需要，部分节下未设目；志前设概述、大事记，志后设附录、编后记，表随文出、附立于相关章节之末；图照及序言、凡例列于卷首。

五、本志使用语体文记述，力求文字表述准确，文风朴实、严谨。

六、市总工会领导班子成员撰写简历，全国劳动模范(先进工作者)撰写简介，省、市劳动模范(先进工作者)和全国、省、市五一劳动(荣誉)奖章获得者列名录。

七、为表述简洁，本志对某些专用名词按约定俗成的简称，某些专用名词首次出现时用全称，在后面括号内说明(以下简称“×××”)。

八、本志使用国家统一的计量单位。各项数据以市统计部门和市总工会年报及市统计局、市人力资源和社会保障局有关统计资料为准。

九、本志资料主要来自南通市总工会档案室、南通市档案馆、《南通市志》《南通年鉴》和部分老工会工作者的回忆记录等，未一一注明出处。

目 录

三、领导批示、简报

概　述

江苏省南通市，位于中国东部沿海走廊与长江入海口交会处，处于长三角一体化和江苏沿海开发两大国家战略叠加优势区，是首批对外开放的14个沿海城市之一，是著名的文博之乡、长寿之乡、体育之乡、纺织之乡、建筑之乡和教育之乡。南通区位优势明显，资源禀赋优越，经济基础良好，先后获得全国文明城市、全国科技进步先进市、国家卫生城市、全国社会治安综合治理优秀市等殊荣，素有“江海明珠”“扬子第一窗口”之美誉。

工会组织是党领导的工人阶级群众组织，是党和政府联系职工的桥梁与纽带，肩负着十分重要的职责。党的十一届三中全会以来，特别是邓小平同志视察南方并发表重要讲话以后，强劲的改革春风不断吹拂着江海大地，南通工运事业焕发出勃勃生机。全市各级工会组织在市委和省总工会的正确领导下，坚定不移地走中国特色社会主义工会发展道路，自觉承担起引导职工群众听党话、跟党走的政治任务，团结动员职工在改革发展稳定中发挥主力军作用，竭诚为职工群众服务，努力为职工排忧解难，成为广大职工信得过、靠得住、离不开的“娘家人”。

一

20世纪90年代，面对从计划经济体制向社会主义市场经济体制转变的新形势、新挑战，各级工会全力推动党的全心全意依靠工人阶级根本指导方针贯彻落实，坚持以经济建设为中心，认真贯彻落实工会工作总体思路，立足全局，突出维护，锐意进取，求真务实，为推动改革，发展经济，维护社会稳定，促进社会全面进步发挥了积极作用。

积极参与企业改革。全市各级工会把参与支持企业改革，反映职工群众意愿作为主要任务，积极参与现代企业制度试点、“抓大放小”和以“先售后股”为重点的企业产权制度改革。加强源头参与，市总工会直接参与讨论、制定《南通市企业破产试行办法》《南通市企业公有民营暂行办法》《南通市股份制企业加强民主管理的试行意见》《关于在转机建制中加强民主管理的意见》等80多个地方性政策、规定。各级工会参与企业改革领导小组，坚持发挥职代会作用，对企业的改制方案，尤其是对组建企业集团、企业兼并破产、募股办法等重大问题认真讨论和审议，在人员分流和职工思想疏导过程中做了大量工作。坚持民主选举董事会、监事会，改制企业中三分之二以上工会正、副主席入选董事会、监事会。加强对职工持股会指导，研究处理好企业改制后职代会与股东大会、监事会之间的关系。积极协助政府和行政推进三项制度改革、贯彻落实《全民所有制企业转换经营机制条例》、现代企业制度试点以及医疗、住房制度改革的进程。积极探索不同资产形式企业民主管理途径，职工代表大会制度在全市企业以及教育、医疗卫生事业单位基本普及。公有制企业建立企业业务招持费使用情况向职代会报告制度。1998年，全市建立以市委分管领导为组长，有关部门参加的厂务公开协调小组和工作机构，市委办公室转发市总工会等部门《关于在企业推行厂务公开、民主管理的意见》。在长达十余年的企事业单位改革改制过程中，各级工会本着既支持参与改革，又努力维护职工合法权益精神，始终奋战在第一线，做了许多艰苦细致的工作，为确保企业和社会稳定，发挥了不可替代的作用。南通市在全国率先建立女职工生养基金统筹制度，走出生育保险改革第一步，《劳动法》将生育保险列为五大社会保险之一在全国推行。市总工会主席戈雪芬分别在1994年10月埃及"国际人口与发展"会议、1995年9月北京第四次世界妇女大会非政府论坛上向各国代表介绍南通市实行女职工生养基金统筹的经验。1995年，市总工会推动市政府制定《南通市劳动模范评选和管理实施办法》，规范劳动模范评选工作，提高劳动模范待遇。

深入贯彻实施《劳动法》。1994年7月《劳动法》正式颁布，全国总工会提出了"以贯彻实施《劳动法》为契机和突破口，带动工会各项工作，在改革、发展、稳定中更好地发挥作用"的总体思路，各级工会认真贯彻落实这一思路，把维护职工合法权益与维护社会稳定，维护企业发展统一起来，努力推动建立适应社会主义市场经济要求的稳定、协调的劳动关系。各级工会通过举办专题讲座、报告会、培训班等形式，充分利用文化宫、广播台、报纸、橱窗等宣传教育阵地，广泛深入宣传《劳动法》，使广大职工知法、守法、用法。各级工会把推行集体合同作为贯彻实施《劳动法》的"牛鼻子"紧紧抓住，及时下发《关于试行共保合同和集体合同接轨的意见》，推广通棉三厂共保合同与集体合同接轨经验，举办集体合同知识培训班，督促企业签订集体合同，建立工资集体协商制度。加强劳动法律监督，建立健全劳动关系三方协调机制，建立职工法律援助中心，会同劳动行政部门对企业执行劳动标准的情况进行检查，指导大中型企业用《劳动法》对照和完善企业现行规章制度，督促企业严格执行《劳动法》规定的工作时间、休息、休假、工资等各项标准。

提升职工队伍素质，动员职工建功立业。围绕建设一支与社会主义现代化相适应的高素质职工队伍，各级工会积极开展以爱党、爱国、爱社会主义为主题的"三热爱"教育系列活动、以"创企业精神、树主人翁形象"为主要内容的"创树"主题教育活动和以职业道德教育为重点的"四德"教育活动。市总工会总结推广南通市色织一厂"敬业精神在班组"、南通玻璃一厂"学邓选话改革"经验。市总工会与市精神文明建设指导委员会办公室联合开展选树"职业道德明星"活动。省总工会在南通市召开"三热爱""创树"主题教育现场会。市总工会坚持每年组织开展读书自学活动，每两年评审表彰一次，有3000多个读书自学活动小组，15万名职工坚持参加自学活动。各级工会组织广大职工积极投身"八五"奉献杯、"九五"创业杯劳动竞赛，全市乡以上近5000家企业80万名职工参加比赛。从1991年开始，市总工会重点在工业、交通、建筑企业开展以利税、销售、扭亏、节能为主要内容的"四大户"竞赛和100个产品创优竞赛，全市近400家企业参与。以一线工人、工人技师、工程技术人员为主体的群众性合理化建议活动和技术协作、技术交流、技术攻关活动在基层蓬勃展开，组织近千名班组长参加全国和市级岗位培训，开展"创四优班组""双文明建设班组"评选活动。在女职工中广泛开展"巾帼建功，巧手奉献"活动。

各行业、基层工会根据自身特点，以推动技术进步，提高职工素质为重点，开展各具特色的竞赛活动。1992年开始，各级工会协助行政每年帮助30多家困难企业开展扭亏增盈工作，市总工会派出干部直接帮扶南通中华唱片厂、电表二厂等企业。市总工会为增强企业“造血”功能，连续多年开展职工技协送技术下乡技术扶贫活动。

深入实施“送温暖”工程。每年元旦、春节期间各级工会干部会同党政领导走访困难企业、慰问困难职工。“八五”期间，市县(市)两级工会筹集慰问款120多万元，帮助5万余人解决暂时困难。1995年，南通建立以副市长为组长，近20个政府部门和群团组织参加的“市送温暖工程”领导小组。1996年设立市“送温暖工程基金”。市总工会与劳动局、教委等部门联合下发《关于对南通市市区特困职工实行特殊照顾的暂行办法》，发放首批特困职工证，对市区特困职工优惠供应粮油、副食品、减免子女学费和新增房租、就诊有关费用给予特殊照顾。1999年起，市总工会联合市委组织部、市级机关工委开展“市级机关、直属单位万名党员干部与千户困难职工结对帮扶”活动，推进送温暖工程社会化。各级工会协助政府和企业拓宽就业渠道，完善就业新机制，广开就业门路，建立再就业基地，大力安置下岗、失业职工。各级工会还在全市职工中开展“献爱心一日捐”活动，筹集送温暖资金；在女职工中开展“姐妹情、献爱心”筹资活动，资助下岗女职工再就业。

职工互助补充保险事业发展迅速。市总工会1984年率先在全国建立尊老互助储金会，1994年建立市职工友爱互助储金会，覆盖到六县(市)。1996年，市、县两级尊老互助、友爱(康复)互助储金会有会员35万人次，筹集资金1500万元，累计补助职工3.1万人次，补助金额达278万元。市总工会与城调队合作，对城市居民生活现状抽样调查，为制定全市最低生活保障线提供依据。市总工会职工物价监督工作在打假、稳定市场方面发挥了作用。

工会自身改革和建设不断推进。市总工会在全国率先开展工会文化事业单位改革，1990年在全国文化宫、俱乐部工作会议上作介绍。各级党政把全心全意依靠工人阶级作为一切工作的出发点和落脚点，重视支持工会工作。1996年10月，市委召开工会组织恢复以来首次全市工会工作会议，下发《关于全心全意依靠职工群众办企业和充分发挥工会作用的意见》。1999年，市委再次下发《关于在深化改革中进一步全心全意依靠工人阶级和加强工会工作的意见》。随着改革开放的深化和市场经济的发展，乡镇企业、外商投资企业和私营企业迅猛发展，职工人数日益增多，劳动关系日益复杂，新经济组织和乡镇工会组建步伐明显加快。1989年南通市在省内较早成立“市三资企业(中外合资、中外合作、外商独资企业)工会联合会”，率先提出三资企业组建工会要坚持“三同时”的原则。1994年，市委、市政府“两办”联合转发市总工会等6个单位《关于进一步改善外商投资企业劳动关系和加强工会工作的意见》，建立南通市第一家私营企业工会。1996年，市总工会与市工商局、劳动局联合下发《关于在我市私营企业组建工会、开展工会工作的意见》。1997年，市人大常委会颁布《南通市私营企业工会工作暂行条例》，市总工会和市乡镇企业局制定《南通市乡镇企业工会工作暂行条例》。1992年《工会法》的修订和颁布，对工会工作提出更高的要求，使工会工作进一步走上法制化轨道。各级工会大力宣传《工会法》，组织14万名职工参加《工会法》知识竞赛。各级工会深入开展建设职工之家活动，加强工会组织建设，健全工会基层领导班子，狠抓干部培训，壮大工会积极分子队伍。许多基层工会发动会员群众评家、议家、建家,通过建“小家”保“大家”,推动建设职工之家活动向纵深发展。市总工会还在外商投资企业开展“双爱双评”活动。1999年,市总工会下发《关于进一步加强县级工会工作意见》。为增强工会领导机关的活力,1991年市总工会机关在全市党群部门率先对机关人事制度进行改革,实行双向选择聘任、聘用制,大大调动了机关干部的积极性。各级工会经济事业有了较大发展,1994年全市兴办工会企事业1053家,安置企业富余人员3400多人。1995年,全国总工会副主席、书记处第一书记张丁华到南通考察时,高度评价南通市工会工作“卓有成效,走在全国前列”。

二

进入新世纪以来,市总工会坚持走中国特色社会主义工会发展道路,贯彻“组织起来,切实维权”工作方针,解放思想,转变思路,带领全市广大职工深入贯彻落实科学发展观,在“全面达小康、建设新南通”的时代洪流中,顽强拼搏,挺立潮头,发挥工人阶级主力军作用,各项工作取得长足发展。

党政和社会各界高度重视支持工会工作。各级党委切实加强对工会工作的领导,支持工会依法独立自主地开展工作。2005年,市委下发《关于进一步加强和改进新时期工会工作的意见》,在全省率先全面实现市、县(市)区工会主席按同级副职配备。市、县(市)区普遍建立同级党委定期研究工会工作、召开工会工作会议、工会干部协管制度。全面深化“党工共建”活动,市总工会与市委组织部先后两次召开非公有制组织“党建带工建”工作会议。2004年,南通市政府下发《关于加强政府与工会联系沟通的意见》,建立政府与工会联席会议制度。2009年,市政府与市总工会召开联席会议,出台政策,将优秀农民工和缴纳社会保险时间较长的农民工纳入城市住房保障体系, 开创全国农民工享受城市住房保障先河。各级人大、政协开展有关职工和工会法律法规执行情况检查和视察活动。市总工会全程参与市属企事业单位深化改革、改制工作,在坚持引导职工积极参与改革、投身改革的同时,旗帜鲜明地维护职工合法权益,加大依法协调劳动关系力度,切实做到“四参与四确保”“七公开一通过”,着力把好企业改制方案关、职代会审议通过关、改制验收关,为完成大而盈、大而难、大而亏企业的改革攻坚任务做出贡献。坚持定期召开劳动关系三方协调会议,就涉及职工切身利益问题进行探讨,达成共识。工运理论课程列入市委党校党政主体班培训内容。2005年,建立全省首家市总工会与市安监局联席会议制度,从源头上维护职工安全健康权益。

维权机制不断创新完善。各级工会以职工为本,主动依法科学维权,深入开展创建劳动关系和谐企业活动,着力健全完善工会组织领导下的维权机制。一是健全完善职工民主管理机制。制定出台《南通市公司制企业职工代表大会规定》《南通市非公有制企业实行职工代表大会制度的暂行办法》,全面规范职代会和厂务公开制度。强力推进非公有制企业职代会制度建设,通过召开经验交流研讨会、“百家非公企业民主管理工作示范单位,百家民主管理优秀组织、先进单位”评选活动等手段,实现“探索、规范、扩面、提质”四同步。不断深化厂务公开,坚持把抓国有、集体及控股企业的巩固规范和非公企业的延伸拓展作为厂务公开的重点，健全完善厂务公开议事、联系、会商、报告到督查检查、责任追究、评价表彰的工作制度链。二是着力推进平等协商、集体合同制度。市、县(市)区普遍召开工资集体协商专题会议，实施工资集体协商“152”工程，开展春秋“双百日”要约行动，推广企业工资集体协商“一函六书”制度。与市劳动和社会保障局、市企业联合会、市企业家协会、市工商局、市工商联共同开展“南通市劳动关系和谐企业(园区)”创建活动。三是健全完善劳动关系协调机制。建立劳动关系预警机制，推动各类企业普遍建立劳动争议调解委员会和区域性劳动争议调解组织。健全完善工会监督与劳动监察协作机制，与市劳动局、中级法院等部门共同聘请劳动法律监督员和劳动纠纷案件特邀调解员，联合开展劳动法律执法检查，与法院建立诉调对接机制。深入开展以“一办法五条例”为主要内容的“四五”普法活动，建立职工法律援助律师团。充分发挥“12351”维权热线的作用，妥善处理职工来信来访。四是健全完善工会劳动保护监督机制。大力推广海安职工安全生产知识培训经验，实施百万职工安全教育培训工程，得到国务院总理温家宝三次批示肯定，全国总工会和国家安监局在全国推广海安经验。制定《南通市工会劳动保护办法》，全面推进“安康杯”“监控法”和“两个跟着走”活动，每年组织以“送清凉、送法律、送安全”为主要内容的夏季高温慰问活动。建立女职工心理健康辅导站。

服务大局取得新业绩。广泛开展“三创三赛三争”活动，组织开展“当好主力军，建功‘十一五’，建设新南通”立功竞赛，在全市掀起百万职工大练兵，十万职工大比武的热潮。为应对金融危机，各级工会组织开展“同舟共济保增长，建功立业促发展”“共同约定”活动，动员职工与企业齐心协力，共渡难关。以创建“工人先锋号”为载体，抓好企业班组建设。“培训、练兵、竞赛、晋级”四位一体职工职业技能发展机制逐步形成，组织评选“十佳建设功臣”“十佳技术能手”“十佳用户满意服务明星”活动。普及推广创新创造学知识，组织开展“十佳金点子”“十佳合理化建议”“十佳操作法”评选活动。开展四川汶川地震灾后重建援建工程立功竞赛活动。深入开展“两创两争”活动，全市“创建五一文明班组(岗)，争当文明职工”活动开展率达90%以上，“创建学习型组织，争做知识型职工”活动在规模以上企业的开展率达55%以上。深入开展“濠滨夏夜”系列活动，2004年“濠滨夏夜”系列活动被文化部中国群文学会评为“全国特色文化广场”，2007年荣登全国工会制造十大品牌榜首。与市委宣传部、市文联等部门联合开展职工明星艺术家和“五一新闻奖”评选活动。组织开展“新世纪南通职工新形象”、南通精神大讨论活动，推进社会主义荣辱观教育，全面深化农民工专题教育和“职工读书自学”活动，大力推进“职工书屋”建设。广泛开展“五一宣传月”活动，大力弘扬劳模精神，开展劳模“十一五”创新业、立新功“五大行动”，联合有关部门先后选树平潮饭店、“爱心邮路”“无红包医院”等全国闻名的先进典型。拓展职工体育活动领域，组队参加江苏省运动会，组织南通市运动会职工部比赛。成立职工文化体育协会。深化“争创五一巾帼标兵岗、争当五一巾帼标兵”活动，大力实施“巾帼绘十五、创新创业展风采”五大行动。

努力办好实事工程。从2001年开始，市总工会加大为职工群众办实事力度，开展“面对面、心贴心、实打实”为职工服务活动。一是建立健全帮扶长效机制。2004年，市政府办公室转发市总工会等12个部门《关于完善市区特困职工帮扶救助机制的实施意见》，使全市特困职工家庭的就业、教育、医疗、住房和生活等方面的救助制度得到完善。

推动政府拨款建立劳模解困基金，提高劳模待遇，发放企业离退休劳模荣誉津贴、老年农业劳模生活补贴。市总工会建立职工服务中心、爱心帮困基金会。各县(市)普遍建立困难职工帮扶中心，提供政策咨询、困难救助、心理咨询、法律援助等"一站式"服务。精心组织节日送温暖和"献爱心一日捐"活动，大力开展"结对帮扶""金秋助学""母爱助学""送知识、送健康"系列活动。市总工会联合市委组织部、市级机关工委开展的"万名党员干部与困难职工结对帮扶"活动被评为省、市文明新风典型，在全省推广。充分发挥工会劝募志愿者队伍作用，广泛募集"寒窗基金"。二是积极协助政府推进再就业。与劳动部门联合开展"十佳创业示范基地"和"十佳创业带头人"命名表彰活动。通过构建职业介绍、职业培训和再就业政策咨询服务平台，实现与市劳动职介服务中心实时联网和升级。开展创业明星宣传、创业项目现场推介以及各类大型招聘活动，多渠道募集就业岗位。开展"千万农民工援助行动"，设立市区困难职工自主创业扶持资金，在全省地市级工会率先启动"家政服务培训工程"。

基层基础工作不断夯实。一是积极组织开展争创江苏省工会工作"十强县""模范市、县(市)区"活动。在1999~2001年全省开展的争创工会工作"十强县"活动中，南通六县(市)实现"满堂红"。2005~2007年全省开展创建工会工作"模范市、县(市)区"活动，在首轮考核评比中南通市以总分第一的成绩成为全省工会工作模范市，海安县、通州市在省总工会评出的首批十个工会工作模范县(市)中分列第一名和第三名。经过三年创建，南通所有县(市)区均进入模范县(市)区工会行列。二是新经济组织组建工会工作取得突破。从2000年开始，市总工会按照"扩大覆盖面，增强凝聚力"的工作思路，把非公有制企业工会组建工作作为全会重要任务来抓。市委、市政府对非公有制企业工会组织建设非常重视，成立市新经济组织工会组建工作领导小组，通过召开专题会议、开展工会组建突击月、举行农民工集中入会仪式、实行目标考核等手段，强势推进工会组建和农民工入会工作。按照全国总工会"双措并举、二次覆盖"的要求，积极推进区域性、行业性工会联合会建设。三是基层工会规范化建设不断加强。以"建设合格工会、争创示范工会"和"达标创模"活动为载体，以贯彻《企业工会工作条例》为契机，深入开展强基固本建家活动。以争创省"百强示范乡镇工会"、市"星级乡镇工会"和"模范省级开发区工会"活动为载体，切实加强乡镇、开发区工会工作。全面推进乡镇工会会员代表常任制，积极开展乡镇(街道)总工会试点工作，海安镇建立全省首家镇总工会。2001年全省乡镇工会工作会议在南通召开，总结推广南通经验。为适应市属企业管理体制改革的需要，市总工会先后两次调整原市属改制企业工会组织管理体制，加强产业(行业)工会建设，组建集团公司工会，及时恢复、重建改制企业工会组织，保证工会组织在企业改制中不断层不脱线。加强会员会籍管理，完善会员优惠办法，出台兼职工会干部补贴办法，探索建立街道社区招聘工会工作者机制，开展外资企业、民营企业"双爱双评"活动和"南通市十佳进城务工人员"评选活动。建立基层工会干部权益保障机制。加大经费收缴力度，实行财政直接支付和委托代收机制，将税务代收和"年度清算"有机结合。2002年市总工会机关实施机构改革，进一步完善职能，提高工作效率。全面加强机关作风建设，深入开展保持共产党员先进性教育活动，努力争创"最佳办事单位"和"职工满意工会"，实施优质服务"三四五"工程，得到社会好评。

三

党的十八大以后，国民经济发展进入了以“中高速、优结构、新动力、多挑战”为主要特征的新常态。市总工会主动适应经济发展新常态，把实现中国梦作为工运主题，不断提高服务科学发展、服务职工群众的能力，动员广大职工辛勤劳动、诚实劳动、创造性劳动，为推动经济转型发展做出贡献，工会工作实现创新发展、跨越发展。

工会引领力不断提升。各级工会认真学习全国总工会《关于学习宣传实践中国特色社会主义工会发展道路的决议》，自觉接受党的领导，坚持重大问题、重要工作及时向党委（党组）请示、报告制度，在思想上政治上行动上同以习近平为总书记的党中央保持高度一致。2011 年，市委制定下发《关于进一步加强和改进新时期工会工作的意见》。各级工会组织广大职工和工会干部深入学习贯彻习近平总书记系列重要讲话精神特别是关于工人阶级和工会工作的重要论述，用中国特色社会主义凝聚职工思想共识，引导广大职工群众坚定不移跟党走。组织开展“感恩、奉献、永远跟党走”职工感言征集活动，举办“永远跟党走”南通市职工纪念中国共产党成立 90 周年歌咏会。围绕社会主义核心价值体系教育，举办“焦裕禄事迹图片展”“中国梦·劳动美”五一先进事迹展、劳模“四走进”等活动。深入推进职工读书活动，全面加强“职工书屋”建设。举办广场文化活动，组织送文化进基层，选派文艺骨干下基层辅导。2013 年，“濠滨夏夜”广场活动获得文化部第十六届“群星奖”，市劳动人民文化宫被全国总工会授予全国五一劳动奖状。

工会凝聚力不断增强。深入开展“逐梦江海·助推改革”主题竞赛，各级工会围绕重点工程建设，组织开展城建工程立功竞赛、沿海交通重点工程竞赛、保障性安居工程劳动竞赛、沪通长江大桥工程劳动竞赛。围绕企业转型发展，组织开展职工科技创新劳动竞赛，评选职工技术创新成果奖，举办职工创新讲坛。围绕促进小微企业发展，开展“小微企业金融服务升级扩面”劳动竞赛。围绕促进服务行业健康发展，组织开展“创建工人先锋号，满意服务在南通”窗口行业劳动竞赛活动。围绕建设资源节约型、环境友好型社会，组织开展“节能减排劳动竞赛”。发挥工会“大学校”作用，实施“职工成长计划”，开办“技能+学历”优秀职工学历提升班。坚持每年开展十大行业（工种）职工技能比赛，承办 2012 年第四届全国职工职业技能大赛焊工决赛。组织开展“十二五”劳模“创新我先行，创优做表率”主题实践活动，深化“劳模创新工作室”创建活动，评选“十佳劳模创新工作室”。

工会服务力不断提高。各级工会结合自身实际，不断深化“两个普遍”内涵，切实提高推进“两个普遍”实效。深入开展“广普查、深组建、全覆盖”集中行动，实施企业普遍建会三年规划，大力推动非公企业和新社会组织建立党工联建制度。推进企业依法普遍开展工资集体协商，建立工资集体协商专家指导组和指导员数据库。健全完善劳动关系和谐企业创建体系，大力实施“四率”年检制度和“评估改进”行动。加强劳动争议调解机制建设，强化与法院“诉调对接”、联合执法检查、劳动关系预警机制的作用，依法及时参与劳动争议调处。组织开展创建“安全合格班组”和“星级安全合格班组”活动，推广应用

"1+3"安全监控体系。建立工会劳动保护监督检查员片区服务站，强化小微企业工会劳动保护工作。按照"会、站、家"一体化目标，升级职工服务中心，为职工提供困难慰问、就业帮扶、法律维权等"一站式"服务，打造"春送岗位""夏送清凉""金秋助学""冬送温暖"系列帮扶工作品牌。大力实施"技能培训促就业行动"，依托南通市工人业余大学对就业困难人员和农民工开展免费就业培训活动，组织开展"追梦江海·情暖职工"大型服务活动。实施女职工心灵家园工程，开设女职工美丽课堂，建立女职工综合素养指导团。组织开展"健康帮扶与我同行"疗休养活动、关爱女职工健康行动。

工会创新力不断激发。强化基层工会规范化建设，与组织部门开展"四统筹一创争"活动，制定《关于在企业工会开展"双亮双代双评"活动的意见》。2013 年省委组织部、省总工会在南通召开"三公开四统筹"经验交流会，2014 年全国总工会在南通召开乡镇工会建设现场会，推广南通经验。市总工会全面深化以"一评五制"为重点的机关作风建设，深入开展"工会在身边"主题活动，组织开展"走基层、强服务、促发展"活动，情系职工办实事。进一步完善工会经费收缴机制，创新审计手段，强化市总工会直属基层工会工作。工会直属事业稳步发展，完成江苏省工人南通疗养院迁建和唐闸工人文化宫改扩建等工作。工会对外交流不断加强，与台湾工会开展互访活动，与对口援建的新疆伊宁县总工会开展帮扶活动。2013 年 11 月，全国总工会副主席、书记处第一书记陈豪到通调研时高度肯定南通工会工作，指出南通工会不少工作"要在全国范围推广"。

"雄关漫道真如铁，而今迈步从头越"。中央党的群团工作会议开启了工运事业的崭新篇章，习近平总书记在会议上的重要讲话为工会工作指明了前进方向、提供了根本遵循。南通各级工会将以习近平总书记重要讲话精神为指导，坚定不移地走中国特色社会主义工会发展道路，保持和增强政治性、先进性、群众性，忠诚履行职责，勇于改革创新，把广大职工群众的积极性、主动性、创造性最大限度地激发出来，为建设"经济强，百姓富，环境美，社会文明程度高"的新南通建功立业，全面开创新形势下南通工会工作的崭新局面。

大事记

1990 年

2 月 6 日 市总工会八届六次全委(扩大)会议召开。确定市总工会全年工作的指导思想为:以党的十三届五中全会和中共中央 12 号文件精神为指针,切实贯彻落实全心全意依靠工人阶级的指导方针,围绕稳定职工队伍,稳定社会,发展经济做好各项工作,积极稳妥地推进工会改革和建设。

2 月 14 日 “市职工技术协作委员会”更名为“市职工技术协会”

3 月 12 日 全国总工会书记处书记薛昭鎏到南通调研工会思想政治工作。

5 月 全国劳动模范、南通平潮饭店经理朱骅参加全国劳模报告团,先后在北京等地作报告 37 场。

6 月 1 日 市总工会与市委宣传部、市法制局、市环保局联合举行“6·5”世界环境日纪念和环境宣传周活动,广泛宣传《环境保护法》。

6 月 全国政协常委、全国总工会副主席陈秉权和中国邮电工会主席罗淑珍、中国纺织工会副主席孙洪敏到南通考察。

6 月 南通市建工系统瓦工顾振林在全国建筑行业操作比赛中荣获 “瓦工状元”桂冠。

6 月 江苏省第十二届运动会足球比赛在南通市进行。

7 月 28 日 日本爱知县工会代表团到南通访问,这是市总工会首次接待境外工会。

7 月 通派园艺传人、市劳动人民文化宫朱宝祥制作的雀舌罗汉松树桩盆景“巍然屹立”“源远流长”获日本大阪国际花卉博览会银质奖。市长徐燕等亲临文化宫与他合影留念。

8 月 16 日 市总工会八届七次全委(扩大)会议召开。

9 月下旬 市总工会与市经委、市财办等部门组织职工文艺创作节目调演,选送赴江苏省调演的节目《当家人》荣获一等奖。

9 月 在全国县(市)工会工作第六次研讨会上,市总工会题为“对建筑业工会工作范围特点的初探”论文在会上交流。

10 月 7 日 市总工会、团市委、市妇联、市红十字会联合发出“为南通市受洪涝灾害地区捐款”的倡议书。

10 月 26 日 市总工会举行市退休职工公寓落成典礼。

12 月 市总工会荣获全国职工劳动法律法规知识竞赛集体组织奖。

是年 全国总工会和劳动部在昆明市召开女职工生养基金统筹工作经验交流会，市总工会副主席程佩芬出席会议并作交流发言。

是年 市总工会所属唐闸职工学校落成。

是年 南通市工会文化事业改革以及城西文化宫为基层和职工服务的两份经验材料在第五次全国工会文化宫、俱乐部工作会议上交流。

1991 年

1 月 28 日 市总工会八届八次全委(扩大)会议召开。确定市总工会全年工作重点为:全面履行工会各项社会职能,稳定职工队伍,推进治理整顿和深化改革,促进经济发展,增强基层工会活力。

4 月 8 日 全国工运研究会顾问安力夫、中国财贸工会主席刘培华参观南通平潮饭店等单位。

4 月 28 日 南通市 1988~1990 年度先进集体和劳动模范表彰大会召开。

5 月 28 日 全国总工会职工业余大学评估组(华东片)到南通考察评估市工人业余大学工作。

6 月 28 日 市总工会举办《党在我心中》“七一”歌会,纪念中国共产党建党 70 周年。

6 月 在全国总工会召开的“三热爱”教育经验交流会上,市总工会作专题交流发言。

8 月 13 日 市总工会八届九次全委(扩大)会议召开。

9 月 6 日 市总工会、市经济体制改革委员会、市经济贸易委员会联合召开推行“共保合同”研讨会。

11 月 11 日 全国总工会组织部部长肖锡甲到南通,考察乡镇企业工会等工作。

12 月 30 日 市总工会召开城西工人文化宫建宫十周年座谈会。

1992 年

2 月 12 日 市总工会八届十次全委(扩大)会议召开。确定市总工会全年工作重点为:围绕经济建设中心,以搞活大中型企业为重点,积极参与改革,推进扩大开放,促进科技进步,全面提高职工队伍素质,深入开展“八五”奉献杯立功竞赛和建设职工之家活动。

4 月 9 日 全国总工会基层工作部田玉琨等到南通调查三资企业工会工作。

4 月 20 日 市经贸委、市财政局、市总工会联合召开重点企业“八五”奉献杯立功竞赛总结交流大会。

4月30日 市总工会召开纪念“五一”国际劳动节暨庆贺《工会法》颁布座谈会。

5月1日 《南通工人报》创刊，该报为当时全省唯一地市工人报。

5月14日 全国总工会副主席郑万通一行到南通考察工会在改革中发挥作用情况。

5月18日 辽宁省丹东市总工会主席刘励威一行到南通，与市总工会签订两市结为友好城市工会协议书。

5月30日 市委、市政府授予市总工会“1991年度市级文明单位”称号。

5月31日 黑龙江省牡丹江市总工会常务副主席时静一行到南通，与市总工会签订两市缔结友好城市工会协议书。

7月12日 市劳动人民文化宫成立40周年庆祝活动举行。

8月15日 市总工会八届十一次全委(扩大)会议召开。

9月10日 江苏省工人南通疗养院中医门诊部开业。

9月19日 省总工会主席陈斌良、副主席袁美芬到南通考察工会工作。

9月 市总工会首次组织全国劳动模范、全国五一劳动奖章获得者赴北戴河工人疗养院休养。

10月9日 南通市工会第九次代表大会召开，省总工会主席陈斌良等领导出席大会开幕式。

10月11日 市总工会九届一次全委会议召开。

10月26日 江苏省11个城市退休职工管理服务工作研讨会在南通召开。

10月 市总工会开展的1987年9月~1992年9月南通市工人运动、工会工作十件大事评选结果揭晓。入选的十件大事按得票数从高到低依次为《南通工人报》创刊、女职工生养基金统筹、五十万职工大练兵大比武、全市工会抗洪救灾、市工会开展“一五”普法工作、高层次参与从宏观上维护职工利益、在承包企业推行共保合同制、市总工会开展“三学”系列活动、市工人运动研究会成立、开展民主管理“双评”系列活动。

是年 市总工会在崇川区钟秀乡城东村征地2.95亩，投资112.5万元，新建1幢六层职工宿舍，建筑面积3136.8平方米。(1988年，在相同地块征地2.57亩，建造1幢五层职工宿舍，建筑面积2550平方米)。

1993年

1月12日 市总工会九届二次全委(扩大)会议召开。确定市总工会全年工作思路为：认真落实《工会法》，全面履行工会的四项社会职能，团结带领职工在大改革、大开放、大投入、大发展中充分发挥主力军作用。

2月23日 省总工会副主席李晓布到南通调研民主管理工作。

3月23日 全国总工会组织部部长杨磊一行到南通，就修改《中国工会章程》作调研。

4月30日 南通市纪念五一国际劳动节暨表彰大会召开。市总工会首次颁发南通市五一劳动奖状和奖章。此后每年举办“五一”纪念活动,表彰先进。

8月8日 市对外经济律师事务所工会分所成立。

8月12日 市总工会九届三次全委(扩大)会议召开。

9月13日 全国人大常委会委员、全国总工会副主席章瑞英到南通考察工会工作。

9月29日 全国总工会书记处原书记、工运研究会常务副会长刘实到南通考察工会工作。

10月21日 出席中国工会第十二次代表大会的南通代表赴北京。

1988年10月~1993年10月 南通力王有限公司工会主席祝德春担任全国总工会第十一届执行委员会委员。

11月23日 省总工会在南通召开全省工会“创企业精神,树主人翁形象”主题教育经验交流会。

是年 启东建筑安装公司倪兵,海安第二建筑工程公司李向阳和通州市第三建筑工程公司张爱民在中国青年奥林匹克技能竞赛中分别获得建筑行业竞赛第三、七、八名。

1994年

1月13日 市总工会九届四次全委(扩大)会议召开。确定市总工会全年工作的总体要求为:议大事、懂全局;找位置、抓重点;求新意、创特色;办实事、上水平。

3月21日 市职工友爱互助储金会管委会第一次会议召开。

3月26日 市总工会、市经委、市财政局、市税务局联合召开“八五奉献杯”立功竞赛经验交流暨表彰会。

4月6日 市总工会举行新闻发布会,宣告市职工友爱互助储金会成立。

4月8日 南通市第一家私营企业工会——通州市第四纺织机械厂工会建立。

4月22日 荣获“江苏省十大杰出职工”荣誉的南通港务局狼山港务公司高级工程师崔家龙载誉归来,市政府、市总工会和南通港务局领导到南通港迎接。

4月24日 江苏省第十三届运动会职工部围棋、象棋比赛在南通开幕。

7月29日 市总工会九届五次全委(扩大)会议召开。

9月5日 市总工会主席、市女职工委员会主任戈雪芬出席联合国在埃及首都开罗举行的国际第三次人口与发展大会,在会上介绍南通工会工作情况。

10月17日 市总工会首次评选的“南通市十佳职工”揭晓。

10月 在全国总工会召开的会议上,市总工会介绍女职工生育保险工作。

是年 《南通工人报》编辑部评选出南通市1994年工会工作十大新闻(以事件发生时间为序)市职工友爱互助储金会建立、崔家龙荣获“江苏省十大杰出职工称号”、市劳动人民文化宫开始扩建、南通市首家私营企业工会建立、南通市首次评选“十佳职工”、南通市评出100名五一劳动奖章获得者、戈雪芬出席世界人口与发展大会、《南通工人报》出版100期、全市各级工会开展扭亏帮扶工作成效显著、市总工会受国务院妇女儿童委员会表彰。

1995 年

1 月 16 日 市总工会九届六次全委(扩大)会议召开。确定市总工会全年工作的总体思路为:以贯彻实施《劳动法》为契机和突破口,努力适应发展社会主义市场经济对工会工作的要求,更好地代表维护职工的合法权益,增强工会的吸引力和凝聚力。

2 月 市总工会在全国总工会法律工作会议上作经验介绍。

3 月 8 日 全国总工会宣教部部长董蕴琦一行到南通指导工作。

3 月 15 日 全国总工会副主席、书记处第一书记张丁华到南通,调研《劳动法》贯彻实施情况。

3 月 在全国总工会召开的全国工会办学工作会议上,市总工会作题为“适应市场经济,认真履行职能,努力提高工会自身办学水平”的经验介绍。

4 月 27 日 市领导欢送全国劳动模范赴北京出席表彰大会。

4 月 28 日 1991~1994 年度南通市先进集体、劳动模范表彰大会召开。

4 月 在全国总工会召开的共保合同与集体合同接轨专题研讨会上,市总工会作交流发言。

5 月 3 日 市委书记陈根兴等到机场迎接载誉归来的全国劳动模范。

5 月 18 日 市委、市政府办公室转发《市总工会关于继续实施“送温暖工程”意见的通知》,建立市“送温暖工程”领导小组。

5 月 19 日 市委宣传部、市总工会联合举办全国劳动模范和优秀共产党员、幸福派出所民警许志清先进事迹报告会。

6 月 14 日 市政府第 45 次常务会议通过《南通市劳动模范评选和管理实施办法》。

7 月 4 日 江苏省工会文化宫工作会议在南通召开,省总工会副主席张艳到会讲话。

7 月 22 日 全国总工会副主席方嘉德到南通考察工会工作。

8 月 15 日 市总工会九届七次全委(扩大)会议召开,选举袁承璋为市总工会副主席。

8 月 16 日 江苏省第三次工会企事业工作会议在南通召开。

8 月 23 日 市总工会主席、市女职工委员会主任戈雪芬和市妇联主席顾洪玲、市中级人民法院院长徐朋、市人民检察院副检察长任慈、南通师专教师朱晓映等 5 人,出席在北京召开的第四次世界妇女大会非政府组织论坛。

8 月 25 日 市总工会举行市区首批特困职工证发放仪式。

10 月 24 日 全国总工会副主席薛照鋆到南通考察工会工作。

11 月 16 日 全国总工会书记处原书记,工运研究会常务副会长、中国职工思想政治工作研究会副会长刘实到南通考察工会工作。

是年 南通合成氨厂职工倪春明参加全国手工电弧焊比赛,获“全国焊接技术能手”称号。

1996年

1月18日 市总工会九届八次全委(扩大)会议召开。确定市总工会全年工作思路为:立足大局,围绕中心,适应两个根本性转变,落实两部法规(《劳动法》和《工会法》),抓好一赛("二次创业杯"竞赛)四项工程(民主管理、送温暖、主人翁、基础建设),为我市在本世纪末基本实现小康发挥工人阶级的主力军作用。

同日 南通市"送温暖工程"基金建立。

1月 市总工会首次开展"献爱心一日捐"活动。

3月14日 全国总工会政策研究室原副主任、研究员陈骥到南通调研。

4月25日 市职工体育协会成立。

同日 市劳动人民文化宫扩建工程——"天乐园"奠基仪式举行。

5月1日 市总工会举办"华能杯"职工万人长跑活动。

5月9日 南通、苏州、无锡、常州四市劳动争议理论研讨会在南通召开。

5月14日 全国总工会生活部部长贺松源一行到南通,调研实行企业经营者年薪制情况。

同日 省委、省总工会来南通调查"党的全心全意依靠工人阶级方针"贯彻情况。

5月23日 全国部分城市工会"六学"暨读书自学活动研讨会在南通召开。

5月 海安县建立乡镇企业劳动关系组织的经验在全国工会劳动争议调解工作会议上介绍。

6月13日 省职工互助互济会成立暨全省工会职工互助补充保险工作表彰大会在南通召开。

8月29日 市总工会举行劳动模范户口"农转非"准迁证发放仪式。

9月5日 全国总工会副主席滕一龙到南通考察工会工作。

9月24日 市总工会九届九次全委(扩大)会议召开。

10月15日 市委下发《关于全心全意依靠职工群众办企业和充分发挥工会作用的意见》。

10月 天生港发电厂总工程师田鹤年被全国总工会授予"全国职工自学成才奖"。

11月4日 市总工会、市工商局首次联合召开私营企业工会工作研讨会。

11月 如东县职工技协被全国总工会评会全国职工技协先进集体。

12月21日 "红岩魂——白公馆、渣滓洞革命先烈斗争史实展"首展式在市劳动人民文化宫开幕。

12月24日 市总工会、市外经委、市外商投资企业协会联合召开全市"双爱双评"经验交流会。

12月30日 市总工会职业介绍所、市女职工人才培训中心同时揭牌。

是年 市总工会在崇川区钟秀乡城东村征地3.34亩、河滩0.7亩,新建1幢六层综合楼,建筑面积4864平方米,造价646.9万元。此楼为商住楼。

1997年

1月14日 市农水工会联合会成立。

1月24日 市总工会九届十次全委(扩大)会议召开。确定市总工会全年工作的总体思路为:围绕中心,服务大局,推进两个根本性转变,落实两部法规,抓好一赛四项工程,突出重点,攻克难点,巩固老成果,创造新特色。

3月4日 市总工会等8家单位在市劳动人民文化宫广场联合举办“下岗女职工再就业活动日”。

4月18日 市委宣传部、市总工会等单位联合召开“讲职业道德、树示范窗口、创文明行业”现场交流会。

4月29日 南通市劳动模范协会成立。

5月17日 全国政协委员、全国总工会原副主席李容光到南通,对职工互助补充保险工作进行考察和调研。

5月24日 省总工会在南通二棉集团举办“愉快的休息日”现场观摩会。

6月26日 南通市职工迎香港回归首届读书节暨文艺演出举行,省总工会主席徐锡澄等领导出席开幕式。

6月29日 市总工会、《江海晚报》、南通电视台、《南通工人报》、南通天苑实业总公司和市职工旅行社联合举办庆香港回归万人签名活动,签名长卷收藏于市博物苑。

9月1日 《南通市私营企业工会暂行办法》新闻发布暨私营企业工会工作会议召开。

10月7日 市总工会九届十一次全委(扩大)会议召开。

同日 市总工会举行《南通市工会志》首发式。

10月28日 南通市工会第十次代表大会召开,省总工会主席徐锡澄等领导出席开幕式。

同日 市总工会开展的1992年9月~1997年9月南通市工人运动、工会工作十件大事评选结果揭晓。根据得票多少,十件大事依次为女职工生养基金工作走出国门走向世界、送温暖工程走向制度化规范化社会化、中共南通市委召开全市工会工作会议、通医优秀知识分子群体荣获南通市五一特别奖、南通市被全国总工会列为“六学”活动试点城市、圆满完成市、县(市)两级工会修志任务、“创树”主题教育活动常抓常新、宣传贯彻《劳动法》成绩斐然、南通市教育系统在全省首创签订《青蓝合同》、《南通市私营企业工会暂行办法》出台。

10月 在全国总工会召开的全国职工读书自学活动现场经验交流会上,市总工会作典型发言。

12月26日 市职工消费合作总社成立。

是年 市总工会被全国总工会评为信息工作十强地级市。

1998年

1月1日 市委宣传部、市总工会等单位联合举办的职工《世纪之歌》“雄鹰杯”声乐大赛比赛结果揭晓。

1月8日 中共南通市委决定陈心万任市总工会党组书记。

1月12日 市总工会十届二次全委(扩大)会议召开。确定市总工会全年工作的指导思想为:以党的十五大精神为指针,坚定不移地高举邓小平理论伟大旗帜,积极推进全心全意依靠工人阶级方针的落实,坚持和发展工会工作总体思路,充分调动广大职工的积极性和创造性,更好地发挥工人阶级在推进两个根本性转变和国有企业改革中的主力军作用,为实现跨世纪宏伟目标建功立业。会议选举陈心万为市总工会主席、钱祥圣为市总工会副主席。

5月13日 全国工人报刊协会组织的全国部分工人报刊研讨会在南通召开。广州、武汉、南宁、太原、嘉兴等地工人报刊负责人出席会议。

5月14日 市总工会、市妇幼保健所首次开展“保健扶贫”活动,为首批23家市属困难企业的1422名女工提供免费妇科检查。

5月20日 市委宣传部、市劳动局、市总工会联合举办下岗失业职工再就业先进事迹报告会。

5月26日 全国纺织总会副主席李来喜到南通调研“纺织压锭”工作。

5月 市总工会联合市委宣传部、市新闻工作者协会在全省率先设立“五一新闻奖”,此后每年评选一次。

6月10日 市总工会作为全省唯一的先进集体代表出席全国职工读书自学活动表彰大会,并再次荣获全国职工读书自学活动先进集体荣誉。

6月12日 市外商投资企业工会联合会成立。

9月9日 市职工理论学习中心组建立。

9月28日 南通市1995~1997年度劳动模范表彰大会召开,再就业职工和私营企业负责人首次获评市劳动模范。

10月24日 在中国工会第十三次代表大会上,南通港务局工会主席陆万圣当选全总第十三届执行委员会委员。

10月 市总工会应邀在全国总工会海南师资培训班上就推广应用国际劳工局有毒有害化学物质信息卡工作作范例示教。

11月17日 市总工会职工法律援助中心成立。

12月18日 市私营企业工会联合会成立。

12月31日 全国总工会副主席徐锡澄考察南通工会工作。

是年 在全国总工会召开的“全国职工学理论”现场经验交流会上,市总工会作典型发言。

1999 年

1 月 15 日　市总工会十届三次全委(扩大)会议召开。确定市总工会全年工作思路为:突出维护,建立健全三个机制(职工民主管理、协调劳动关系、职工互助补充保险);围绕大局,深入开展三项活动:“九五创业杯”为主的立功竞赛活动;争当文明职工、争创文明单位、争创文明新风家庭活动;“四庆一迎”(建国 50 周年、澳门回归、南通解放 50 周年、市总工会建会 50 周年、迎接新世纪)活动;强化自身,切实加强“三个建设”(工会组织、工会干部队伍、工会物质基础)。

3 月 31 日　市总工会、市文明办联合召开开展“争当文明职工”活动经验交流会,表彰市文明职工和争当文明职工活动示范单位。

4 月 19 日　市委组织部、市经委、市监察局、市总工会联合召开的推行厂务公开工作经验交流会在如皋市举行。

4 月 30 日　市委宣传部、市文化局、市总工会、团市委、市妇联联合举办的首届工人电影节开幕,市委书记周福元为电影节题名。

5 月 10 日　市总工会召开部分区、局工会主席座谈会,学习国家副主席胡锦涛就北约轰炸中国驻南斯拉夫使馆发表的电视讲话精神。市总工会向全市职工发出倡议书。

6 月 2 日　市总工会、市建工建材局联合举办“南通铁军精神颂”系列活动。

6 月 26 日　市委组织部、市级机关工委、市总工会联合召开市直单位万名党员、干部与特困企业困难职工结对帮扶活动动员大会。

7 月 7 日　市委下发《关于在深化改革中进一步全心全意依靠工人阶级和加强工会工作的意见》。

9 月 21 日　全国总工会建筑安全检查表应用修订研讨会在南通举行。受全国总工会委托,市总工会会同市建筑总公司等制作了“建筑安全”科教片,这是一部建筑施工现场安全标准化管理的教育片。

10 月 29 日　庆祝市总工会建会五十周年大会召开。会上表彰南通市工会工作先进单位 23 个,模范职工之家 33 个,优秀工会工作者 103 人。省总工会副主席戈雪芬等领导出席大会。

同日　“南通工人运动在前进”大型图片展在市劳动人民文化宫举办。

同日　市总工会编写的《五十春秋话工运——南通市工人运动、工会工作回忆录》与读者见面。

11 月 11 日　以增田英树为团长的日本“第五次中日劳动问题研讨会”代表团到南通访问。

11 月　南通东昌化工有限公司“甘氨酸乙酯盐酸盐”项目被评为全国职工重大技术成果。

是年　江苏大生集团刘德林荣获“全国职工自学成才标兵”称号。

2000 年

1 月 8 日 《南通工人报》由报纸改为杂志《南通工人》。

1 月 11 日 市总工会十届四次全委(扩大)会议召开。确定“一发挥二突破三提高”(以推进企业改革发展为主要目标,充分发挥全市职工的主力军作用;切实加强工会组织建设,在新建企业和改制企业工会组建上取得新突破;着力推进平等协商和集体合同制度,在工资协商谈判工作上取得新突破;建立帮困救助机制,提高对特困职工承担第一责任的主动性和自觉性;加大厂务公开力度,提高以职代会为基本形式的职工民主管理工作的实效性和创造性;加强工会自身建设,提高工会组织的凝聚力和战斗力)的全年工作思路。

1 月 15 日 全国总工会副主席、书记处书记卢展工到南通慰问困难企业、劳动模范和特困职工。

3 月 如东县总工会在全国率先建立工会与人大联席会议制度。

5 月 20 日 市劳动局、市总工会、市经济委员会、市企业家协会建立劳动关系三方协调机制,在市总工会召开第一次会议。

5 月 市总工会女职工委员会启动“母爱助学”活动,首批帮扶市区 20 名失去母亲(双亲)或母亲患重病的特困职工子女。

8 月 10 日 全省工会创职工文化品牌现场会在南通召开。全国总工会宣教部部长郗先福等领导出席会议。

8 月 市委、市政府“两办”发文,建立南通市工会组建工作领导小组。

10 月 11 日 市总工会组织部分市属困难企业工会主席疗休养。

10 月 18 日 市退休职工公寓建寓 10 周年庆祝大会召开。

10 月 在全国总工会职教协会第四次年会上,市总工会作题为“关于在企业改革和发展中进一步加强职工教育工作”的经验交流。

2001 年

1 月 5 日 市总工会十届五次全委(扩大)会议召开。确定市总工会全年工作重点为:深化和推进“一发挥二突破三提高”工作思路,努力实现“三个最大限度”(把职工群众组织到工会中来,维护职工的合法权益,调动保护和发挥职工的积极性)。

2 月 20 日 全国总工会法律工作部部长王雨辰等到南通调研。

3 月 28 日 省总工会副主席戈雪芬一行到南通,调研“两个置换”(企业产权、职工身份置换)工作。

4 月 28 日 市领导与出席省劳动模范表彰大会的劳模代表座谈。

5 月 11 日 省总工会副主席张鸿生到南通调研工会工作。

7 月 3 日 市总工会十届六次全委(扩大)会议召开,选举李仕春为市总工会副主席。

7月28日 南通天鑫房地产开发公司与南通三喜置业有限责任公司联合开发的“天鑫大厦”开工。

7月 因濠南路拓宽改造需要,市总工会临街办公用房460平方米拆除。

9月26日 全省乡镇工会工作会议在南通召开,总结推广南通经验。全国总工会基层工作部副部长田裕琨等领导出席会议。

11月29日 市委副书记曹能新主持召开学习贯彻新《工会法》座谈会。

是年 在市总工会和市职工法律援助中心律师帮助下,南通新海通有限公司工会主席王炜因维护职工权益而被企业解除劳动关系和罢免工会主席一案胜诉。该案被《中国劳动保障报》评为2001年职工维权十大新闻之一。

是年 市总工会扩建办公用房1160平方米(办公楼向北延伸3米)。

2002年

1月22日 市总工会十届七次全委(扩大)会议召开。确定“建机制、办实事、促发展、强自身”的市总工会全年工作思路。

1月25日 全国人大常委会委员、全国总工会副主席刘珩一行到南通,慰问劳动模范、工会干部和困难职工,考察南通经济技术开发区外资企业东丽和帝人公司。

2月4日 市总工会、南通电视台联合拍摄的“新闻面对面”专题节目——“伸出你的手,献出你的爱”播出。

3月27日 市人大常委会对市总工会开展救助困难职工群体工作进行专题考察。

4月28日 1998~2001年度南通市先进集体和劳动模范表彰大会召开。

5月22日 市总工会召开工会劝募志愿者队伍成立大会。

5月24日 市总工会、市文联联合表彰南通市首届职工明星艺术家。

7月13日 市劳动人民文化宫建宫50周年暨第22届“濠滨夏夜”开幕式举行。“濠滨夏夜”首次在环西文化广场举办,改由市委宣传部、市总工会、市文化局联办,市劳动人民文化宫承办。

7月26日 市委、市政府召开全市推进集体合同和劳动合同制度工作会议。

8月26日 市总工会与新疆伊犁哈萨克自治州总工会签订《友好合作协议书》。

9月26日 省人大内务司法委员会主任张泉源、省总工会副主席戈雪芬等到南通,就《江苏省工会法实施办法(草案)》征求意见。

9月29日 市总工会十届八次全委(扩大)会议召开。

10月16日 市总工会经费审查委员会在全国工会经审工作电视电话会议上作经验交流。

10月23日 南通市工会第十一次代表大会召开,省总工会主席张艳等领导出席开幕式。

10月25日 市总工会十一届一次全委会议召开。

11月22日 市委组织部、市总工会联合召开全市非公有制经济组织“党建带工建,工建促党建"工作会议。

11月28日 市总工会困难职工援助中心成立。

是年 因濠南路拓宽改造需要,市总工会西楼(清朝末代状元张謇所建东公园,建筑面积780平方米)及南通天苑实业总公司营业用房730平方米拆除。

2003年

1月19日 全国总工会经费审查委员会主任李永安到南通慰问困难企业、困难职工。

1月28日 市总工会十一届二次全委(扩大)会议召开。确定"构筑三大平台、实现三大融合、打造工会品牌、推进南通崛起"的市总工会全年工作思路。

2月11日 中央电视台《当代工人》栏目组到南通拍摄下岗职工再就业专题片。

3月1日 应台湾高雄市总工会邀请,市总工会首次组团赴台湾交流访问。

5月28日 市总工会与江苏综艺集团签订南通市职工文化艺术培训中心在建工程产权转让合同。

7月22日 市总工会召开创新成果发布会。

7月24日 省总工会副主席戈雪芬一行到南通检查再就业工作。

7月27日 市总工会举行仪式,欢迎出席省总工会"抗击非典先进集体和先进个人表彰大会"的代表载誉归来,市委、市政府领导参加欢迎仪式。

9月19日 市人大常委会副主任李炎等考察《工会法》和《江苏省实施〈工会法〉办法》宣传贯彻情况。

2004年

1月8日 市总工会十一届三次全委(扩大)会议召开。确定"以组织起来,切实维权为主线,以强化基层建设,创新维权机制,办好实事为重点"的市总工会全年工作思路。

2月26日 日本关西生产性本部代表团到南通进行友好交流访问。

3月 以江苏九鼎集团拉丝工彭斌为主发明创造的"双拉工艺"获国家专利,被命名为"彭斌拉丝法"。

4月19日 省人大常委会副主任、省总工会主席张艳到南通考察南通宏信化工公司、南通钢丝绳厂和江苏惟越集团,就改制企业工会工作和进城务工人员维权工作进行调研。

4月 通州市总工会被全国总工会授予"全国工会下岗职工自主创业或集体创业示范点"。

4月 南通工会网正式上线。

6月4日 市政府下发《关于加强政府与工会联系沟通的意见》。

6月8日 市总工会、市委宣传部联合开展“十佳进城务工者”和“十佳关爱进城务工人员的经营者”评选活动。

9月5日 台湾高雄市总工会江苏参访团一行19人到南通访问。

9月20日 市总工会、市级机关工委、南通港务局联合举行许振超先进事迹报告会。

9月 在全国劳动保护工作会议上,市总工会介绍在全市建筑企业推行“工会组建跟着工程走,工会安全监督跟着项目走”的工会劳动保护工作经验。

10月13日 全省开发区工会工作现场推进会在南通召开,省总工会副主席张鸿生到会讲话。

10月24日 中华全国总工会书记处书记张鸣起、中国致公党名誉副主席杨纪珂到南通考察。

11月28日 中华全国总工会副主席、书记处书记周玉清考察南通工会工作。

是年 市劳动人民文化宫被确定为市级文物保护单位。

11月 “濠滨夏夜”被文化部群文学会评为“全国特色文化广场”。是全国工会系统首家“全国特色文化广场”。

11月 在全国总工会召开的工会劳动争议调解工作经验交流会上,市总工会题为“积极构建维护稳定预警机制,提高企业改制中调节劳动关系能力”和海安县总工会题为“综合运作社会调解资源,提高乡镇工会劳调实效”的经验材料作大会交流。

12月31日 市总工会与市政府召开首次联席会议,会议决定:市政府每年为市送温暖工程基金拨款100万元;解决好改制企业“30、40、50”人员生活费问题;为企业离退休劳动模范发放荣誉津贴。

是年 启东市总工会在市、镇两级设立流动工会会员会籍管理中心的做法获全国工会基层组织建设创新成果二等奖。

2005年

1月5日 中共南通市委决定张毓余任市总工会党组书记。

1月6月 市总工会十一届四次全委(扩大)会议召开,确定市总工会全年工作重点为:以“组织起来、切实维权”为工作方针,融入大局,整合资源,突出工会基层建设、工资集体协商、工会实事工程;完善激发工会活力的工作机制,表达和维护职工合法权益机制,扶贫帮困长效工作机制;提高组织动员职工群众、推动南通跨越发展的能力,依法维护职工权益、参与构建和谐社会的能力,服务职工群众、加强工会自身建设的能力。会议选举张毓余为市总工会主席。

1月28日 市总工会举办劳动模范新春联谊会。劳模代表向市领导呈交全市各级劳模为家乡建设提出的459条“金点子”。

3月16日 市总工会与上海世纪环球电影院线发展有限公司签订《合资组建南通文化宫世纪影城有限公司合同》。

3月18日 市委召开工会工作会议，下发《中共南通市委关于进一步加强和改进新时期工会工作的意见》。

4月20日 市总工会聘请42名律师建立市职工法律援助律师团。

4月26日 市总工会与上海世纪环球电影院线发展有限公司合资成立的南通文化宫世纪影城开业。

4月27日 2002~2004年度南通市劳动模范表彰大会召开。

5月27日 市总工会与市安全生产监督管理局建立安全生产联席会议制度，并召开首次联席会议。

6月14日 市总工会、市国税局、市地税局联合下发《关于进一步加强工会经费征收及税前扣除管理的通知》。

7月10日 全国总工会经费审查委员会主任李建国一行到南通调研。

7月14日 市委、市政府“两办”下发《关于深入推进厂务公开工作的意见》。

8月5日 市总工会十一届五次全委(扩大)会议召开。

8月11日 全国总工会基层组织建设部部长郭稳才一行到南通调研工会组织工作。

9月9日 省总工会副主席戈雪芬到南通调研破产、关闭企业退休人员参加职工医疗保险问题。

9月29日 市政府与市总工会召开联席会议，研究改善企业市级离退休劳模和农业劳模待遇问题，决定从是年10月起，对企业市级离退休劳模实行荣誉津贴，对农业劳模发放生活补贴。

10月17日 市总工会召开争创江苏省工会工作模范市、县(市)区活动动员大会。

12月9日 市总工会建立工会特约经费审查员队伍。

12月15日 市政协部分委员到市总工会考察工会维护职工权益工作。

是年 在全国总工会召开的工会经审工作经验交流会上，市总工会作题为“创新经审机制，促进经费收缴”的经验交流，南通建工集团作题为“坚持与时俱进，采取四项措施，着力推进计拨工会经费审查工作上水平”的大会发言。

是年 江苏中海集团职工方岐被评为全国知识型职工。

是年 市总工会开展职工明星艺术家选树活动，被省总工会评为2004年度工会工作革新成果奖。

2006年

1月9日 市总工会十一届六次全委(扩大)会议召开，确定市总工会全年工作重点为：以跨越发展为中心，充分调动职工参与“十一五”建设的积极性；以科学发展为先导，切实推动全市经济增长质量的提高；以和谐发展为主线，健全完善工会维权体系；以创模活动为载体，扎实推进工会自身建设。

2月 在市十二届人大第四次会议上，市总工会主席张毓余当选市人大常委会副主任。

3 月 市总工会开展首届职工“十佳金点子”“十佳科技创新成果”推荐评选活动。

6 月 1 日 市政府召开全市职工安全生产知识电视培训动员大会，提出“十一五”期间培训百万职工的目标。

6 月 27 日 市总工会、市劳动和社会保障局联合召开“十佳创业示范基地”和“十佳创业带头人”表彰会，首次向 “十佳创业带头人”颁发市五一劳动奖章。

6 月 海安县总工会获全国五一劳动奖奖。

8 月 10 日 省总工会副主席张鸿生到南通调研企业工会工作。

10 月 16 日 南通市争创省工会工作模范市总结表彰大会召开，省人大常委会副主任、省总工会主席张艳到南通授牌。

11 月 20 日 市总工会、市劳动和社会保障局、市经贸委、市企业联合会、企业家协会联合下发文件，在全市各级各类工业园区(包括经济技术开发区、高新技术产业区、科技园区以及产业集聚区)开展创建“和谐劳动关系工业园区”活动。

11 月 如皋市职教中心徐芹霞在全国职工演讲大赛中获一等奖。

同月 海安县曲塘机械厂工人仲伟秋获 1995 年度全国职工职业道德建设先进个人。

12 月 21 日 在市委、市政府召开的省第十六届运动会承办工作总结表彰大会上，市总工会被市委、市政府记三等功。

2007 年

1 月 8 日 市总工会十一届七次全委(扩大)会议召开。确定市总工会全年工作重点为：围绕构建社会主义和谐社会，全面树立中国特色社会主义工会维权观，积极协调劳动关系，努力构建科学维权体系，团结动员全市职工为推进南通全面腾飞、实现全面小康而努力奋斗。

同日 市总工会、市劳动和社会保障局、市企业联合会、企业家协会、市工商局、市工商联联合召开 “劳动关系和谐企业”表彰大会。

1 月 19 日 日本国际协力机构官员中野幸昌先生到南通，考察推广和应用“POSITIVE”工作法情况(此工作法是日本国际劳动财团和中华全国总工会合作推广项目)。

3 月 7 日 因南通市举办江苏省园艺博览会需要，市政府副秘书长周跃华召集有关部门讨论确定江苏省工人南通疗养院搬迁方案并形成会议纪要。

3 月 20 日 南通工会网改版升级，改版后南通工会网网址为 http://www.ntzgh.org。

3 月 21 日 市政府召开全市职工安全生产知识电视培训工作会议。中国致公党名誉副主席杨纪珂等领导出席会议。

3 月 28 日 市总工会举行市退休职工公寓改扩建工程开工典礼。

4 月 9 日 以省人大内务司法委员会副主任王肖明为组长的省人大立法调研组到南通，就《江苏省职工民主管理条例(草案)》进行立法调研。

4月18日 市总工会自筹资金,组织40名劳动模范乘坐"和谐号"南通—北京首发列车赴北京观光。

4月30日 市总工会举行市职工服务中心揭牌仪式。市领导和特困职工代表共同为中心成立剪彩。

4月 唐闸工人文化宫扩建工程—职工文化活动中心奠基。

5月25日 市女职工心理辅导站成立。

6月14日 市总工会聘请21名基层工会主席为工会工作特约研究员。

7月4日 省人大常委会副主任、省总工会主席张艳到南通调研,并为海门市、如东县、崇川区总工会颁发"江苏省工会工作模范县(市)区"奖牌。

7月13日 市职工文化体育协会成立。

7月 "濠滨夏夜"获"全国工会制造十大品牌"之首。

7月27日 省总工会副主席胡同军到南通检查职工服务中心工作。

8月9日 市总工会组织近万名职工参加"2007金龙鱼'牵手迎奥运、万人健步走'(南通站)"活动。

9月3日 全东丽总部(劳动组合)公益代表团到南通交流访问。

9月21日 第九届亚洲艺术节在南通举行,市总工会承办两场日本青年座话剧团传统话剧《文那,从树上下来吧》演出。

10月11日 市人大常委会副主任汤桑林等到市总工会,就企业职工(农民工)权益保护情况进行专题调研。

10月16日 省人大常委会副主任、省总工会主席张艳到南通中远船务工程有限公司、南通醋酸纤维有限公司和南通建工集团调研。

同日 市总工会组织"做城市新主人,看和谐新南通"优秀农民工代表看南通主题活动。

11月 在全国总工会召开的会议上,江苏三友集团介绍为大龄女职工组建"特殊车间"的经验。

12月21日 市总工会、市工商业联合会、市外商投资企业协会联合召开全市非公有制企业"双爱双评"活动经验交流和表彰大会。

12月24日 根据市总工会建议,市区举行首次保障性商品房电脑摇号配售仪式,438户符合条件的低收入家庭全部获得房源。

是年 海门市邮政局江明明代表江苏省参加全国邮政系统职业技能大赛,获邮政营业工种第一名。

2008年

2月2日 中共南通市委决定陆玉明任市总工会党组书记。

2月18日 市总工会十一届八次全委(扩大)会议召开,确定"以强化基层建设,创新维权机制,协调劳动关系,办好实事工程"为重点的市总工会全年工作思路。会议选举陆玉明为市总工会主席。

3月8日 市总工会组织“庆‘三八’百名外来女工无锡影视基地一日游”活动，来自河南、安徽等省、市在南通务工的女职工观看了大型影技特技表演，游览了三国水浒城和太湖。

3月14日 市总工会十一届九次全委(扩大)会议召开。

3月25日 南通市工会第十二次代表大会召开，省总工会副主席张鸿生等领导出席开幕式。

3月27日 市总工会十二届一次全委会议召开。

5月6日 2005~2007年度市劳动模范和先进工作者表彰暨新时期建功立业动员大会召开。

5月15日 全省地级市工会纪检组组长首次会议在南通召开。

5月17日 市总工会首次举行“外来困难农民工子女助学金”发放仪式。

6月20日 市政协副主席陈振兴带领市政协委员考察民营企业工会工作。

7月中旬 市人大常委会副主任、市总工会主席陆玉明应新疆伊犁哈萨克自治州工会邀请，参加九城市友好工会工作论坛。

8月23日 市委宣传部、市总工会、市文联等部门联合举办的南通职工纪念改革开放30周年文艺晚会在环西文化广场举行，会议揭晓南通市改革开放30年南通工会十件大事评选结果，共有27229人参加投票。十件大事按得票多少排序分别是“濠滨夏夜”——职工(市民)的学校和乐园、中国生育保险统筹的起源——南通在全国率先建立女职工生养基金、建立完善特困职工扶贫帮困救助机制、职工安全培训“海安经验”全国推广、三年整顿“建家”活动，规范基层工会工作、南通实现争创全省工会工作十强县(市)、区“满堂红”、通州在全省率先改革工会经费收缴机制、开展全市职工职业技能大赛，搭建职工成长成才绿色平台、推出全国重点宣传典型——“学雷锋、学平潮饭店、学朱骅”、市教育工会“168”爱生行动搭建师德建设新平台。

9月9日 市爱心帮困基金会理事会首届一次会议召开。

9月10日 省总工会副主席张鸿生来南通为启东市、如皋市和港闸区总工会授“江苏省工会工作模范县(市)、区”奖牌，并就工会组织贯彻落实科学发展观情况进行专题调研。

9月16日 日本全东丽劳动组合代表团到市总工会访问。

9月18日 由牡丹江市总工会和南通市总工会联合发起建立的首届全国20城市工会工作论坛在牡丹江市举行。

9月21日 全国人大常委会到南通检查《劳动合同法》执行情况。

9月23日 全国总工会书记处原书记李永安到南通考察。

9月 在全国工会工资集体协商研讨会上，市总工会作题为“全面推行‘一函六书’制度，激发开展工资集体协商内在活力”的经验交流。

10月14日 市领导欢送南通代表赴北京出席中国工会第十五次代表大会。

10月27日 市总工会与市民政局联合举行授牌仪式，分别向15个慈善超市和华氏康乐大药房的15个药店授予“工会爱心超市”和“工会爱心药店”的标牌。

11月12日 市总工会举办首期下岗、失业特困、低保、困难职工(农民工)技术培训班,培训费用由市总工会全额资助。

11月15日 市人大常委会副主任、市总工会主席陆玉明等慰问对口援建四川省绵竹市新市镇的南通援建指挥组成员。

11月 市总工会举办首期技术工人培训班。

12月22日 市总工会召开南通市爱心帮困基金会成立大会。

12月 如东县建立工会与人大联系制度收入《第一南通》一书。

12月 市总工会创办的“濠滨夏夜”入选南通改革开放30年30件大事。

2009年

1月9日 市总工会十二届二次全委(扩大)会议召开。确定市总工会全年重点工作为:广泛宣传发动,凝聚职工力量;协调劳动关系,营造和谐环境;推动改善民生,促进利益共享;强化自身建设,提升履职效能。

2月6日 市总工会举行首批劳模创新工作室授牌仪式暨劳模新春联谊会。

2月16日 全国总工会基层组织建设部副部长杨洪林一行对南通企业工会工作进行调研。

3月17日 台湾台北市总工会江苏参访团到南通交流访问。

3月28日 江苏省工人南通疗养院迁建工程开工典礼举行。

4月20日 市总工会命名首批“市工人先锋号”。

4月24日 市总工会建立女职工心理健康辅导站。

4月 市总工会与台湾澎湖县总工会签订友好协议。

5月18日 省总工会副主席、省女职工委员会主任杨星云等到南通,就国际金融危机下工会女职工权益保障工作进行调研。

6月10日 四川省绵竹市新市镇党政考察团到南通访问期间,到市总工会感谢南通职工对地震灾区的支援。

7月7日 出席“2009江苏·台湾劳工研讨会”的台湾代表团一行130多人到南通交流访问。省人大常委会副主任、总工会主席张艳,省总工会副主席王兆喜等领导参加活动。

8月29日 以“共同约定 互利双赢”为主题的第二届20城市工会工作论坛在南通举行,全国总工会集体合同部部长张建国等领导出席论坛活动。

9月3日 省总工会副主席胡同军到南通调研困难职工帮扶和落实劳模待遇工作。

9月18日 市经贸委、市财政局、市总工会联合举行家政服务工程启动仪式暨首期家政服务员培训班开班典礼。

10月20日 市总工会、市文联、市书画院、市甲骨文学会联合举办的庆祝新中国成立60周年暨市总工会建会60周年书法展开幕。

10月29日 纪念市总工会成立60周年座谈会召开。

11月2日 中国工运研究所副所长王周波一行到南通开展“关于加强和改进县级工会工作”的专题调研。

11月4日 全国总工会基层组织建设部部长郭稳才一行到南通调研贯彻实施“双措并举、二次覆盖”工作情况。

11月25日 市总工会首次向市区37名困难职工发放创业扶持金。

11月26日 西藏自治区拉萨市工会代表团到南通交流访问。

12月3日 市政府与市总工会召开联席会议，商讨将优秀外来农民工和缴纳社会保险时间较长的农民工纳入城市住房保障体系、加强劳动关系协调力度、提高省、市劳模待遇等三个方面的问题。

12月9日 省总工会副主席王兆喜到南通调研工会工作。

12月10日 全国22家国际海员俱乐部负责人会议在南通召开。

12月 全国首个“工会流动会员之家”在江苏六建集团有限公司北京公司成立。

是年 市总工会开展首届安全生产隐患排查治理技能竞赛和“关爱职工安全与健康”专家进企业活动。

是年 南通市劳动人民文化宫主楼被评为南通市十大地标性建筑之首。

2010年

1月1日 市政府决定自1月起，将市区特困职工全部纳入市政府粮油实物帮困救助体系，凡持有市总工会发放特困职工证的职工，每月获得政府部门提供的价值40元粮油制品。

2月4日 市总工会十二届三次全委(扩大)会议召开。确定“以提高履职能力为重点、以加强组织建设为基础，以深化作风建设为保证”的全年工作思路。

3月2日 市总工会召开纪念“三八”国际劳动妇女节100周年大会暨职业女性“三创”论坛。

3月12日 市总工会组织百名一线女工看南通活动，参观苏通大桥、南通博物院和珠算博物馆等。

4月9日 四川省绵竹市人大常委会副主任、总工会主席傅利民一行到南通进行工作交流。

4月29日 市委召开全市工会工作会议，学习贯彻全国劳动模范和先进工作者表彰大会及全省工会工作会议精神。

5月7日 市政府办公室转发《市总工会等部门关于将优秀农民工和缴纳社会保险时间较长的外来农民工纳入市区经济适用住房保障范围的试行意见》，全面推动将优秀农民工和缴纳社会保险时间较长的外来农民工纳入城镇住房保障体系工作。

5月12日，在纪念四川汶川地震两周年之际，市总工会领导张毓余、朱淑娟、钱祥圣等赴地震灾区开展慰问活动，并与绵竹市总工会联合召开援建工程立功竞赛表彰大会。

5月19日　省总工会副主席张鸿生到南通调研职工书屋建设情况。

5月22日　由全国总工会经济技术部副部长王新卫带队的调研组到南通调研省、部级以上劳动模范参加社会保险等情况。

6月3日　全国工会2010年企业职工劳动经济权益实现状况及思想动态问卷调查工作部署会议在南通召开。全国政协委员、全国总工会研究室主任李滨生等出席会议。

6月7日　俄罗斯石油天然气建设工会第七次友好访华团到南通访问。

6月9日　全国总工会组织全国劳动模范上海世博参观团到南通参观游览，市总工会做好协调服务工作。

6月10日　市总工会召开"原百货业基层工会成立60周年座谈会"。

6月20日　6·18第五届"海峡两岸职工创新成果展"圆满结束。南通市力耀金属构件(南通)有限公司徐久华的创新成果"'以废治废'实现污泥资源化利用——利用现有工业窑炉干化焚烧处置污泥技术"被组委会评为金奖。

6月23日　台湾澎湖县总工会代表团到南通访问。

6月　市总工会在全国总工会召开的工会在社会保险监督中地位和作用情况专题调研会上发言。

7月1日　省总工会副主席张鸿生到南通调研职工生活和企业工会作用发挥等情况。

7月3日　为纪念濠滨夏夜创办30周年，市总工会举办"母亲河之夜"主题晚会。

7月4日　沪、浙、苏40多个城市的51家工人文化宫代表到南通交流研讨开展职工文化活动新经验和新途径。

8月4日　省总工会副主席胡同军到南通检查指导工作。

8月　全国总工会集体合同部部长张建国到南通调研。

9月14日　香港工会联合会地区服务处代表团到南通考察交流工会工作。

10月16日　市退休职工公寓建寓20周年庆祝大会召开。

10月18日　市总工会参加在湖南省岳阳市举办的第三届全国20城市工会工作论坛。

11月4日　全国总工会基层建设部部长郭稳才到南通调研。

12月24日　市总工会十二届四次全委(扩大)会议召开。确定2011年全市工会工作的主要任务为：以服务经济转型为主线，以深化"两个普遍"为重点，以和谐劳动关系为根本，以开展"创先争优"为动力，团结和动员全市职工积极投身"十二五"建设，为推动实现"加快现代化、再创新辉煌"的宏伟目标做出积极贡献。会议选举季金祥、杨晔鹃为市总工会副主席。

12月　在第三届全国职工优秀技术创新成果评选中，江苏力星钢球有限公司汤国华获得二等奖；南通贝斯特机械工程有限公司沈宏山获三等奖。

2011年

1月14日 南通市首批优秀农民工和交纳社会保险时间较长的农民工经济适用房抽签选房仪式在市房管局举行,19名农民工选取房号。

1月 市政府印发《南通市市区医疗救助暂行办法》,市总工会认定的特困职工及其家庭成员被列入救助对象。

3月19日 南通市举行首批优秀农民工经济适用房购房通知书发放仪式的新闻被中央电视台《新闻直播间》栏目转播。

3月21日 市政协主席王德忠等领导围绕“加快养老服务建设”主题,到市退休职工公寓调研。

3月 市总工会工资集体协商专家指导组建立。

4月29日 2008~2010年度南通市劳动模范和先进工作者表彰大会召开。

5月7日 全省工会机关第五届乒乓球比赛在南通市体育会展中心举行。

5月10日 省总工会副主席杨星云等到南通调研工资集体协商工作。

5月19日 市第十三届人大常委会主任会议听取关于企业工资集体协商情况调研报告。

6月9日 市总工会对口援疆单位——新疆伊宁县总工会到南通调研考察。

6月18日 南通中牧生物科技有限公司刘建、殷晓煌、杨海东合作的创新项目“低成本新型高效丙酸铵复合防霉剂”获“海峡两岸职工创新成果展”金奖。

6月28日 市女职工综合素养专家指导团成立。

同日 省总工会副主席胡同军到南通调研职工服务中心和班组建设工作。

6月30日 中共中央办公厅检查组到南通检查国有企业改制职工权益保护工作。

同日 台湾高雄市交通运输业工会联合会江苏参访团一行7人到南通访问。

7月11日 市总工会全国模范职工之家研究会成立。

7月22日 市委下发《中共南通市委关于进一步加强和改进新时期工会工作的意见》。

8月17日 全国总工会保障部副部长李志培一行到南通,就2009~2011年深化医药卫生体制重点改革进展和工伤保险认定情况进行专题调研。

9月6日 市总工会在全国总工会召开的医药卫生体制改革进展中职工权益落实情况调研会上发言。

10月8日 市总工会与新疆伊宁县总工会签订两地友好协议。

10月10日 市总工会组织部分工会界市政协委员赴广西南宁等地考察。

11月2日 根据市总工会和新疆伊宁县总工会友好协议约定,伊宁县总工会首批工会干部到南通培训考察。

12月27日 市总工会十二届五次全委(扩大)会议召开。确定2012年全市工会工作重点为:融入大局,整合资源,大力推进先进文化建设,主动参与社会管理创新,围绕推动经济转型升级、发展和谐劳动关系、强化基层工会建设三项重点工作，提高服务大局、服务职工、服务基层能力。

12月　海安县总工会获全国文明单位称号，成为全国县级工会首家、江苏省工会系统唯一获此荣誉的单位。

2012年

1月12日　在省总工会首次工会工作创新创优成果评选活动中，市总工会申报的创新成果“探索推动将优秀农民工和缴纳社会保险时间较长的外来农民工纳入市区城镇经济适用住房保障范围”获一等奖。

5月8日　省总工会在江苏熔盛重工有限公司举行第三届“江苏职工读书月”启动仪式暨企业文化职工文化现场推进会。

5月9日　全国总工会保障工作部副部长凌萍一行到南通，对工会帮扶工作进行调研指导。

5月20日　市总工会组织40名已退休的县(市)区、产业和企业工会主席短期疗休养。

6月1日　全国总工会原党组副书记、副主席杨兴富，全国总工会民主管理部副部长张天文一行，到南通调研企业民主管理工作。

6月19日　市总工会十二届六次全委(扩大)会议召开。会议选举瞿刚为市总工会副主席。

7月13日　市劳动人民文化宫建宫60周年暨“濠滨夏夜”开幕式在环西文化广场举行。

8月1日　市总工会举办首场道德讲堂活动。

8月22日　第四届全国职工职业技能大赛“熔盛杯”焊工决赛在江苏熔盛重工有限公司举行。这是首次由县级工会承办全国职工职业技能大赛。南通市组织焊工、数控安装两个工种代表江苏省参加全国比赛，其中焊工组获得团体第二名的江苏省历次参赛最好成绩。全国总工会书记处原书记、中国职工焊接技术协会荣誉理事长李永安等领导出席开幕式和闭幕式。

9月26日　市总工会女职工委员会、市第三人民医院联合举办市区百名困难女职工“两癌”免费普查关爱活动启动仪式。

9月28日　唐闸工人文化宫职工文化活动中心落成并投入使用。

9月　如皋双钱轮胎有限公司在全国班组建设工作会议上作交流发言。

同月　市总工会在全国总工会召开的经审工作创新成果推进会上作经验交流。

同月　全国总工会召开乡镇(街道)工会工作座谈会，市总工会副主席瞿刚在会上交流经验。

10月17日　市总工会参加在河南省洛阳市举办的第四届全国20城市工会工作论坛。

11月2日 香港工会联合会江苏参观访问团到南通访问。

11月22日 全国总工会基层组织建设部副部长张晓辉一行到南通调研“双亮”(工会组织亮牌子、工会主席亮身份)工作。

12月21日 全国基层工会会员代表常任制工作座谈会在南通召开。全国总工会副主席、书记处书记段敦厚等领导出席。

12月 市总工会在全国总工会召开的落实会员“四权”,增强基层工会活力研讨会上作经验介绍。

2013年

1月28日 市总工会十二届七次全委(扩大)会议召开。确定市总工会全年工作重点为:积极构建和谐劳动关系,切实加强自身建设,不断提升工会感召力、凝聚力、影响力,不断激发职工创业热情和创造活力。

3月15日 中共南通市委决定葛玉琴任市总工会党组书记。

3月21日 市总工会十二届八次全委(扩大)会议召开,选举葛玉琴为市总工会副主席。

3月26日 南通市工会第十三次代表大会开幕,省总工会副主席王兆喜等领导出席开幕式。

3月27日 市总工会十三届一次全委会议召开。

4月 市总工会表彰首批市“十佳”职工代表和优秀职工代表。

6月1日 省总工会主席邢春宁到南通调研工会工作。

6月 在全国总工会召开的全国工会深化“双亮”落实“四权”示范单位工作推进会上,市总工会党组书记、副主席葛玉琴作经验介绍。

8月1日 市总工会首次组织“健康帮扶与我同行”一线优秀农民工、困难职工疗休养活动。

8月 如东县总工会被全国总工会表彰为“全国新建企业工会组建工作先进单位”。

9月13日 全国总工会原副主席倪豪梅到南通调研工会服务职工工作。

9月17日 在全国总工会召开的非公企业劳动竞赛工作经验交流会上,市总工会副主席杨哗鹃作题为“突出重点,找准赛点,搭建职工实现梦想舞台”的经验介绍。

10月23日 在中国工会第十六次代表大会上,江苏三友集团工会主席蔡国新当选全总第十六届执行委员会委员。

10月25日 市总工会召开学习马富精神50周年座谈会。

10月29日 市总工会举办首届职工科技创新讲坛。

10月 “濠滨夏夜”广场活动获文化部第十六届“群星奖”。

11月19日 全国总工会党组书记、副主席、书记处第一书记陈豪到南通调研工会工作。

12月10日 市总工会在市劳动人民文化宫广场举办“追梦江海、情暖职工”服务职工系列活动启动仪式。

12 月 19 日　省委组织部、省总工会在南通召开全省工会“三公开四统筹”经验交流会，省委组织部副部长盛克勤、省总工会主席邢春宁到会讲话。

12 月 26 日　全国总工会副主席、书记处书记范继英，全总基层组织建设部部长刘迎祥到南通调研基层工会建设工作。

是年　在第四届全国职工优秀技术创新成果评选中，南通醋酸纤维有限公司“蒸汽冷凝液余热综合利用”项目(主要完成人黄建新)获“第四届全国职工技术创新成果优秀奖”。

是年　开发区总工会“星湖讲坛”被全国总工会评为“全国职工教育培训示范点”。

2014 年

1 月 9 日　市政协主席王德忠等考察工会工作。

1 月 24 日　市总工会十三届二次全委(扩大)会议召开。确定市总工会全年工作重点为：倾力助推科学发展，倾心构建和谐劳动关系，倾情服务职工群众，切实加强自身建设。会议选举葛玉琴为市总工会主席。

2 月 18 日　全国政协副主席、全国总工会原副主席卢展工、全国政协社会和法制委员会主任孟学农等到南通调研工伤保险工作。

3 月 5 日　《南通市工会志(1990~2014)》编委会第一次会议召开。

3 月 17 日　市总工会与港闸区政府举行《关于南通市唐闸工人文化宫的战略合作协议》签字仪式。

3 月 18 日　省总工会纪检组组长李晓洲等到南通调研工会工作。

4 月 22 日　省政协社会法制委员会副主任沈成、省总工会副主席张海涛等到南通调研。

4 月 29 日　市委、市政府首次采用“感动中国人物”颁奖形式表彰 2011~2013 年度南通市劳动模范和先进工作者。

同日　省委书记罗志军在南通看望劳动模范和一线职工。

5 月 14 日　全国总工会副主席、书记处书记刘国中到南通调研基层工会建设工作。

5 月 21 日　省第十八届运动会职工部(青年组)足球比赛开幕式在南通举行。

6 月 23 日　省总工会在海门市召开全省工会劳动保护监督员片区服务站建设现场推进会，推广南通“海门经验”。全国总工会劳动保护部副部长王晓涛等领导到会。

7 月 9 日　市委党的群众路线教育实践活动领导小组办公室、市委组织部、市总工会在市劳动人民文化宫联合举办“焦裕禄事迹图片展”。

8 月 2 日　江苏省昆山市经济开发区中荣金属制品有限公司发生爆炸事故，造成大批人员伤亡，市总工会连夜组织 150 多名职工义务献血 48800 毫升。

8 月 28 日　市女摄影家协会成立，市总工会主席葛玉琴当选市女摄影家协会主席。

9 月 22 日　市总工会主席葛玉琴在全国总工会召开的全国工会劳动保护基层基础建设现场推进会上作题为“主动作为，找准定位，努力构建工会劳动保护工作新模式”的交流发言。

10月20日 新疆伊宁县人大常委会副主任、总工会主席哈秀丽一行到南通，交流结对援助工作。

10月24日 市总工会、市城管局、市安监局联合举行首批“安康驿站”揭牌仪式。市区设立首批环卫工人“安康驿站”35个，市总工会向每个站点赠送微波炉、应急药箱、电热水壶、书报等。

10月26日 市总工会主席葛玉琴在全国总工会举办的“深化职工之家，实践两个信赖”培训班上作经验介绍。

10月28日 唐闸工人文化宫召开建宫60周年座谈会。

11月4日 台湾澎湖县总工会理事长方清北一行到南通交流访问。

11月27日 全国乡镇(街道)工会工作交流观摩会在海门市召开。全国总工会副主席、书记处书记范继英等领导参加相关活动。

12月25日 市政府与市总工会召开联席会议，研究调整市级以上劳动模范待遇标准等问题。会议研究决定，从次年1月起，调整市以上劳模春节慰问金、特殊困难帮扶资金、荣誉津贴三项标准。

是年 海门市总工会获“2014年度全总基层组织建设创新成果一等奖”。

第一篇　工会组织

第一章　职工队伍

第一节　职工队伍发展状况

随着改革开放和现代化的发展，南通政治、经济、文化及社会生活等各方面都发生重大变化，与经济形态、产业结构、劳动方式和劳动关系发展相适应，南通职工队伍也发生了广泛而深刻的变化。

职工总数快速增长。1990~2014 年，南通市在调整完善所有制结构、经济结构的过程中，国有工业比重缩小、乡镇企业、私营企业及其他经济类型工业比重上升，职工队伍在规模和数量上有了较大发展。25 年中，职工人数从 68.93 万人发展到 207.17 万人，增长 3 倍。女职工人数从 26.47 万人增长到 85.45 万人，增长 3.23 倍。女职工人数占职工总数的比例动态保持在 38.4%至 41.25%之间。

三次产业从业人数变化。随着经济发展和人民生活水平的不断提高，南通市三次产业从业人员的比例发生较大变化。根据市统计局公布的数据表明，1990 年全市一、二、三次产业的从业人员分别为 242.88 万人、154.92 万人、79.67 万人，2014 年分别为 101.7 万人、216 万人、144.3 万人。1990~2014 年，第一产业的从业人员比例由 50.87%下降为 22.01%，第二产业从业人员由 32.45%上升为 46.75%，第三产业从业人员由 16.69%上升为 31.24%。

企业类型发生变化。职工队伍由全民所有制企业、集体所有制企业流向私营经济、外商投资、港澳台投资等非公有制企业，非公有制企业职工占多数。1990~2014 年，全市各种经济类型的职工人数变化显著。全民所有制经济的职工从 42.25 万人锐减到 21.31 万人，减少 20.94 万人，减少 49.56%；集体所有制经济的职工从 41.15 万人锐减至 3.77 万人，减少 37.38 万人，减少 90.84%；非公有制企业职工人数由 1.53 万人增加至 196.18 万人，增加 128 倍。

乡镇企业、私营经济、外资经济的兴起，成为吸纳就业的重要渠道。1992~2000 年，乡镇企业职工由 7.59 万人增加到 23.68 万人，增长了 211.99%；外商投资企业职工由 1.41 万人增加到 9.04 万人，增长 541.13%。2000 年，私营经济职工 24.49 万人。

1990~2014 年南通市职工人数

表 1-1-1

单位:万人

年份	职工总数		
		女职工人数	比例(%)
1990	68.93	26.47	38.4
1991	70.97	27.28	38.45
1992	67.34	26.07	38.71
1993	74.65	28.62	38.34
1994	71.61	28.93	40.40
1995	70.76	27.76	39.23
1996	67.61	28.22	41.74
1997	66.43	26.31	39.61
1998	73.97	28.52	38.56
1999	62.75	24.97	39.79
2000	83.04	30.89	37.20
2001	88.03	33.36	37.90
2002	98.21	34.88	35.52
2003	92.58	35.43	38.27
2004	94.61	36.88	38.98
2005	104.77	42.07	40.15
2006	118.82	52.01	43.77
2007	132.75	58.88	44.35
2008	143.08	65.54	45.81
2009	151.51	68.13	44.97
2010	159.79	68.28	42.73
2011	172.15	78.17	45.41
2012	184.26	77.60	42.11
2013	197.40	83.60	42.35
2014	207.17	85.45	41.28

注:以上统计数据源自《南通统计年鉴》

1990~2014年分所有制从业人员人数

表 1-1-2

单位:万人

年份	从业人数	城镇单位			
			国有	集体	其他
1990	477.78	84.93	42.25	41.15	1.53
1991	493.11	86.97	43.45	41.94	1.58
1992	487.44	87.26	43.97	41.05	2.24
1993	491.60	87.34	45.07	36.61	5.66
1994	502.70	87.16	44.40	35.86	6.90
1995	489.40	87.17	45.08	33.84	8.25
1996	476.80	83.47	43.51	30.42	9.54
1997	481.20	81.02	42.21	29.08	9.73
1998	459.84	77.54	37.83	20.90	18.81
1999	446.26	74.66	35.11	18.20	21.35
2000	441.46	71.66	34.13	16.15	21.38
2001	426.33	63.98	28.80	10.92	24.26
2002	432.04	52.69	24.60	6.62	21.47
2003	430.87	53.35	22.08	5.62	25.65
2004	432.69	53.82	21.17	3.76	28.89
2005	444.40	54.88	20.30	3.42	31.17
2006	449.45	56.78	20.08	3.15	33.98
2007	457.23	59.22	19.78	2.91	37.27
2008	454.90	60.56	19.79	2.87	37.90
2009	460.52	62.07	20.13	2.39	39.55
2010	474.00	63.11	20.23	2.29	40.58
2011	473.00	65.99	21.07	2.26	42.66
2012	468.90	68.48	21.96	2.50	44.02
2013	467.20	183.85	19.96	4.02	159.87
2014	462.00	221.27	21.31	3.77	196.18

注:以上统计数据源自《南通统计年鉴》

1990~2014 年按三次产业分的全社会从业人员

表 1-1-3

单位:万人

年份	从业人数及占比						
		第一产业	比例(%)	第二产业	比例(%)	第三产业	比例(%)
1990	477.47	242.88	50.87	154.92	32.45	79.67	16.69
1991	485.38	251.49	51.81	154.36	31.80	79.53	16.39
1992	487.44	248.46	50.97	151.83	31.15	87.15	17.88
1993	491.60	243.00	49.43	157.00	31.94	91.60	18.63
1994	492.70	239.30	48.57	159.20	32.31	94.20	19.12
1995	489.40	226.40	46.26	164.60	33.63	98.40	20.11
1996	476.80	209.90	44.02	164.30	34.46	102.60	21.52
1997	481.20	208.30	43.29	164.50	34.19	108.40	22.53
1998	459.84	205.66	44.72	148.62	32.32	105.56	22.96
1999	446.26	203.88	45.69	138.69	31.08	103.69	23.24
2000	441.46	200.04	45.31	138.39	31.35	103.03	23.34
2001	426.33	195.55	45.87	136.88	32.11	93.90	22.03
2002	432.04	185.02	42.82	140.24	32.46	106.78	24.72
2003	430.87	172.07	39.94	160.14	37.17	98.66	22.90
2004	432.69	158.45	36.62	171.19	39.56	103.05	23.82
2005	444.40	133.93	30.14	178.30	40.12	132.17	29.74
2006	449.45	108.22	24.08	190.99	42.49	150.24	33.43
2007	457.22	97.36	21.29	203.63	44.54	156.23	34.17
2008	454.90	90.46	19.88	200.97	44.18	163.49	35.94
2009	460.52	84.77	18.41	207.20	44.99	168.55	36.60
2010	463.72	80.95	17.46	215.75	46.53	167.02	36.01
2011	464.88	76.46	16.45	215.68	46.40	172.74	37.16
2012	468.90	114.50	24.42	214.10	45.66	140.30	29.92
2013	467.20	107.30	22.97	216.60	46.36	143.30	30.67
2014	462.00	101.70	22.01	216.00	46.75	144.30	31.24

注:以上统计数据源自《南通统计年鉴》

1990~2014年南通市主要年份城镇集体以上分细行业从业人数

表1-1-4　　　　　　　　　　　　　　　　　　　　　　　　　　　　　　单位：万人

年　份	2000	2005	2010	2014
总　计	63.60	54.89	63.11	221.27
按企业、事业、机关分				
企业	45.61	38.37	46.00	202.31
事业	13.68	12.49	12.65	13.63
机关	4.31	4.03	4.46	5.16
民间非营利组织				0.06
其他				0.11
按国民经济行业分				
农、林、牧、渔业	2.03	1.76	1.13	0.64
制造业	26.37	26.24	30.26	46.54
电力、热力、燃气及水生产和供应业(含采掘)	1.25	1.09	1.00	1.13
建筑业	2.63	1.75	5.13	134.98
批发和零售业(含餐饮)	8.03	2.30	1.54	3.92
交通运输、仓储和邮政业	3.27	2.30	1.88	2.95
住宿和餐饮业		0.30	0.35	0.52
信息传输、软件和信息技术服务业		0.49	0.62	1.11
金融业	1.67	1.69	2.89	3.55
房地产业	0.36	0.37	0.47	1.31
租赁和商务服务业	1.60	0.59	0.80	3.26
科学研究、技术服务业	0.38	0.40	0.43	2.14
水利、环境和公共设施管理业	0.26	0.55	0.75	1.05
居民服务、修理和其他服务业	0.35	0.35	0.05	0.24
教育	7.71 (含文体)	7.09	7.12	7.79
卫生和社会工作	3.19	3.17	3.46	3.95
文化体育和娱乐业		0.34	0.36	0.51
公共管理、社会保障和社会组织	4.50	4.41	4.87	5.69

注：以上统计数据源自《南通统计年鉴》

第二节 职工队伍结构变化

伴随着工业化、城镇化的进程，多种经济成分的发展和多元投资主体、多种用工形式的出现，大量非公有制企业职工、农民工、个体劳动者等新兴产业职工加入工人阶级队伍，职工队伍的组成发生结构性变化。

职工身份变化。20 世纪 90 年代初，企事业单位职工基本上为固定工，另有少量计划内(外)临时工。从 80 年代初开始，南通市对全民、市属集体企事业单位招收的新工人开始试行劳动合同制。对“子女顶替”、征用土地安置的人员实行劳动合同制。至 1986 年实施国务院改革劳动制度的四项规定之前，全市全民、大集体企业劳动合同制工人 4.13 万人，占职工总数 9.2%。至 1990 年底，全民、大集体企业劳动合同制工人有 5.18 万人，占职工总数 19.8%。1992 年 2 月，市政府颁布《南通市企业全员劳动合同制暂行办法》，规定实行全员劳动合同制。至 1995 年底，在全市列入统计的城镇企业中，有 66.4 万人为合同制职工，占统计内职工总数的 99.88%。2014 年，规模以上企业劳动合同签订率达到 99.96%。

农民工占职工半数以上。农民工是改革开放进程中成长起来的一支新型劳动大军。据工会年报统计，2005~2014 年，南通市农民工人数由 34.65 万人增加到 118.46 万人，增长了 2.42 倍。2014 年，农民工人数占职工总数的比例为 57.18%，成为企业主要劳动力来源和南通经济社会发展的主力军。

知识结构优化。随着经济和教育事业的发展，科教兴市、人才强市战略的实施，职工的文化素质普遍提高，工人阶级知识化进程明显加快。20 世纪 80 年代起，根据中共中央、国务院《关于加强职工教育工作的决定》，南通市对 1968~1980 年初、高中毕业而实际文化水平达不到毕业程度的职工和未经专业技术培训的三级工(含三级工)以下技术工种的职工，采取分批脱产、半脱产、业余自学等形式进行补课。先后进行文化和技术补课的有 12.69 万人、11.76 万人，经考核取得合格证的人员，分别占 85.8%、67.45%。

技能等级提升。1986~1990 年，全市参加技术业务培训的高级技工 4493 人次，中级技工 7.59 万人次，初级技工 10.98 万人次，适应性岗位等其他培训 20.86 万人次。1990 年，全市工人平均技术等级由 1982 年的 2.5 级上升到 4.5 级。

1998~2005 年，南通市通过企业自主培训、技工学校教育、培训中心培训和社会力量培训相结合，拓宽培训渠道，培养技术工人 34.02 万人，其中初级工 11.12 万人，中级工 20.58 万人，高级工 1.87 万人，技师、高级技师 0.45 万人。

1997 年，在第四次全国职工队伍状况调查活动中，南通市被随机抽样调查 27 家单位、200 名职工。其中男性占 43%，女性占 57%；工人占 69%，干部占 31%；文化程度中，文盲占 1.5%，小学占 4.5，初中占 48.5%，高中占 27.5%，中技、中专占 11%，大专以上占 7%。

2005 年，市总工会在全市开展千家企业万名职工收入分配、参加社会保险状况调查，随机抽取 1000 家企业，每家企业抽取 10 名职工进行问卷调查。调查结果与 1997 年相比，初中及以下学历职工减少21%，高中、中专学历职工增加6.5%，大专以上学历职工增加15%。

2012年9月，在第七次全国职工队伍状况调查中，南通市对500名职工和40名工会主席进行问卷调查。调查结果显示，为适应经济社会发展从要素驱动转向依靠自主创新能力和提高劳动力素质的新要求，越来越多的职工十分注重提高自身技能和综合竞争能力的完善，职工整体素质不断优化。

从调查情况看，特困、低保及低收入职工的学历普遍较低，初中及以下的占60%以上，比同期调查的其他职工高出30%左右；而大专及以上的则比同期调查的其他职工低17%~43%。

1997~2012年南通市企业职工学历状况抽样调查

表1-1-5

年份	抽查人数（人）	初中及以下（%）	高中、中专（%）	大专以上（%）
1997	200	54.50	38.50	7.00
1998	581	25.13	49.05	25.82
2005	10000	33.00	45.00	22.00
2006	256	63.30	32.00	4.70
2007	565	36.99	46.20	16.81
2009	285	62.80	35.10	2.10
2011	1000	25.40	29.00	45.60
2012	540	23.10	30.00	46.90

注：2006年抽样为特困、低保职工；2009年抽样为低收入职工

2005~2014年南通市农民工人数

表1-1-6

年份	职工总数（万人）		
		农民工人数（万人）	比例（%）
2005	104.77	34.65	33.07
2006	118.82	67.48	56.79
2007	132.75	88.23	66.46
2008	143.08	91.71	64.10
2009	151.51	100.88	66.58
2010	159.79	96.27	60.25
2011	172.15	105.85	61.49
2012	184.26	107.75	58.48
2013	197.40	112.63	57.06
2014	207.17	118.46	57.18

1990~2014 年南通市职业技能鉴定获证人数一览表

表 1-1-7　　　　单位:人

年份	初级	中级	高级	技师	高级技师	小计
1990	4696	2470	118	44	–	7328
1991	8575	4801	203	9	–	13588
1992	7302	17789	2294	21	–	27406
1993	4152	18501	1298	36	–	23987
1994	3694	5221	1301	91	5	10312
1995	11699	8790	1790	91	6	22376
1996	10809	10369	1560	149	–	22887
1997	12277	10446	1300	495	6	24524
1998	11317	14272	489	372	5	26455
1999	17645	9675	623	619	9	28571
2000	9853	11521	936	540	15	22865
2001	13897	21228	1603	332	13	37073
2002	9798	17265	2048	109	9	29229
2003	11504	17539	966	131	6	30146
2004	15277	23907	1392	455	67	41098
2005	17662	29209	1739	998	15	49623
2006	18967	37353	4832	1771	144	63067
2007	24057	41271	4228	2551	29	72136
2008	37152	38686	5198	2558	44	83638
2009	32210	47382	4685	2088	88	86453
2010	45399	37228	4182	3294	68	90171
2011	43550	43862	13336	2895	84	103727
2012	35288	62479	25238	2454	39	125498
2013	34124	52073	30291	2005	156	118649
2014	32134	47199	37579	1591	224	118727
合计	473038	630536	149229	25699	1032	1279534

注:以上统计数据由市人力资源和社会保障局提供

第三节　职工思想状况

1992年下半年，全国总工会根据中央书记处指示精神，在全国12个省、自治区、直辖市和10个企事业单位开展工人阶级队伍状况调查，江苏省被列入12个调查省份之一。根据随机抽查，南通市调查对象为旅游行业的三资企业——南通大饭店。该企业有职工496名，35周岁以下的青年职工占90%，文化程度较高，高中以上学历占85%。职工思想活跃，善于思考，思想观念较为开放，易于接受新事物、新观念，对十一届三中全会以来的改革开放决策，经济特区的建立，生活水平的提高，综合国力的增强等普遍持赞成和肯定的态度。大多数职工从业目的是为了得到经济上的实惠和高额报酬，只有20%的职工是为了实现个人的人生价值。10%的职工认为自己所从事的工作是为人民服务，为社会做贡献。大多数职工在思想观念上已由过去信奉的“我为人人，人人为我”的集体主义观念转变为“主观为自己，客观为他人”的个人务实主义。个人只想干好本职范围内的工作，对纷繁的社会现象持不关心、不过问、不参与态度，对不正之风等腐败现象表示痛恨，但认为“问了无用，不如不问”。在问卷调查和个别访谈中，愿意积极参加一切政治活动的占18%，持不关心或随大流态度的占82%。在回答“你认为改革开放以来职工在企事业单位的主人翁地位有何变化”时，认为“大有提高”的只占3%，“有所提高”的占23%，“没有变化”的占35%，“有所下降”的占28%，“大大下降”的占1%。

1996年起，南通市在全国较早全面实行企业改革、改制。改制初期，职工对改制感到茫然和困惑，对社会主义公有制多种形式认识不足。经过一段时间的宣传引导和实践，支持、参与改革成为多数职工的共识。调查显示，1.广大职工对企业改制趋于理解。对“是否赞成采取改组、联合、兼并、股份合作制等形式加快国有小企业改革”的，赞成和很赞成的占45.64%，不赞成和不太赞成的占12.5%。已改制企业职工赞成和比较赞成企业改制比未改制企业职工高出27.56个百分点；2. 职工在企业中的所有者身份更加具体确切。所调查的10家改制企业，经营者均由股东大会民主选举产生，改制方案和公司章程均经职代会、股东代表大会审议通过。67%的职工得到分红，未入股的职工除不分红外，工资、奖金与股东没有区别；3.职工的劳保福利基本得到维护。对本单位劳动安全卫生制度的评价，认为很健全的占3.5%，健全的占22%，基本健全的占52.5%，不健全和很不健全的占11%；4.职工的市场意识、竞争意识增强；5.职工对企业的关切程度提高。

1998年5月，按照市委要求，市总工会会同市委研究室、市经委、市统计局对全市25家改制企业职工思想政治工作情况进行联合调查，发放问卷调查表600份，收回581份。对改制的态度，赞成的占51.94%，不赞成的占10.66%，无所谓的占37.4%。在回答“目前参加学习、培训情况”时，选择“学理论、学技能、学文化、学法律”的占61.27%，选择“没什么学”的占38.73%。认为企业改制后积极性的发挥更加充分的占13.5%，一般的占63.42%，不如改制前的占23.08%。回答“在改制中最关心的问题”时，选择“企业如何在激烈的市场竞争中生存和发展”的占33.63%，选择“职工收入的提高、生活的改善”的占34.02%，选择“职工参政议政的权利得到落实”的占7.83%，选择“劳动保险、生活保险制度得以配套和完善”的占24.52%。调查显示，改制企业职工队伍的思想主流是积极向上和健康发展的，广大职工坚决拥护党的领导，具有坚定的社会主义信念，良好职业道德、职业技术、职业纪律、职业责任，爱岗敬业，争做贡献，积极投身改革开放和现代化建设的伟大实践。但是，改制企业政工干部配备不足，党工团组织影响力不大，思想政治工作受到一定影响。部分职工爱国主义、社会主义、集体主义思想淡化，缺乏高度的主人翁精神和责任感，偏重于实现自我价值。

2011年下半年，市总工会联合市心理卫生协会对市区不同所有制类型、不同行业和不同规模的50家企业、1000名职工思想心理状况开展专题调研。调查发现，职工对自己目前工作、生活状态不满意或不太满意的比例高达69%。分类调查中，职工对与领导、同事关系所呈现的满意度较高。但是在工作回报、工作环境及工作本身方面，均有40%的职工表示不太满意。主要体现在工资收入较低，难以应付突发事件；工作不稳定、担心自己可能失业以及担心职业环境不安全、担心患职业病；企业文化营造不足，在企业中难以感受到企业文化氛围、企业内部缺少文体生活、娱乐设施浪费以及缺少相应职业培训方面。对于归属感的调查发现，近80%的职工表明，在企业中能够体会到归属感，但企业缺乏对员工的赏识、激励以及员工因此而获得的发展。近50%的职工反映在企业晋升机会较少、做得好也不能获得应有奖励、很少参与企业决策活动。在幸福观中，50%的职工将拥有幸福美满的家庭视为自己的人生理想，其余集中在赚更多的钱、取得更高的职业成就上。职工在与家人及生活中其他人的交流中，感受到的幸福感比较多。但在社会生活中，50%左右的职工表明压力较大，认为住房、教育、医疗等社会问题短时间难以改善，社会提供的出路只对极少数人而言越来越多，大多数人在社会中承受较大压力。60%的职工表示在紧张工作中难以感到快乐；30%以上的职工认为在企业中难以实现自己的职业目标，很难有所发展；另有近20%的职工表示在做好本职工作的同时，很少关注其他方面的问题，发展其他兴趣。

同年，市总工会对主城区内10个街道和1个开发区1100名职工的问卷调查发现，职工特别是年轻职工的思想状况有四个特点：一是职工最关注的问题是自身的经济利益，追求经济利益成为职工社会行为的主要动力。二是职工的价值取向更为现实，更加关注自身价值的实现。表明职工不仅仅满足于提高收入，还要求同时提升自己的人力资本价值；既需要实际利益，也注重精神愉悦，关注自身价值的体现。三是职业道德建设得到职工的认同。职工普遍认识到，职业道德是保障产品质量、企业赖以生存和持续发展的重要条件。90.4%的职工认为全社会“文明礼貌、助人为乐、爱护公物、保护环境、遵纪守法”基本道德规范氛围较好。四是职工精神文化需求日益增长。职工业余文化生活丰富多彩，新兴文化产品越来越受到职工重视。调查中也发现，部分职工存在失落感，对前途信心不足。职工理想信念多元化，既有对个人物质利益和个人价值的现实追求，也存在过度崇尚拜金主义、贪图物质享受问题。职工群众普遍对就业困难、分配不公、贪污腐败等社会问题感到不满。调查结果表明，职工队伍总体上保持稳定，但随着职工队伍成分复杂化，追求个性化，维权意识提高，表达渠道增多，生活压力增强，一些普通职工对提高劳动者经济社会地位的意愿；年轻职工对改变生存现状和发展现状，提供机会公平、权利公平的寄望；新生代农民工对平等融入城市的期望，需要引起关注。

2011年南通市市区企业职工工作满意度、归属感调查汇总

表1-1-8

类别	调查人数（人）	工作满意度、归属感			
		非常满意(%)	比较满意(%)	不太满意(%)	不满意(%)
总计	1000	12.40	18.60	57.80	11.20
女职工	536	16.90	38.80	40.00	4.30
青年职工	593	3.50	50.90	40.80	4.70
农民工	385	4.90	53.50	36.40	5.20

第二章 南通市总工会

第一节 机构沿革

1990年1月至1991年12月,市总工会设职能部室7个,具体为:办公室、组织部、宣传教育部、生产劳动保护部、财务部、生活女工部、法律顾问处。

1991年12月,市总工会机构改革,设秘书长和7个职能部室。具体为:办公室、组织部、宣传教育部、经济技术部、权益保障办公室、财务部、女职工部。

1998年3月,市总工会机构改革,设11个职能部室,具体为:办公室、组织部、宣传教育部、生产保护部、保障工作部、民主管理部、财务部、法律工作部、女职工部、企事业发展部、经费审查委员会办公室。本次机构改革,工会系统纳入参照公务员管理序列,市总工会机关干部参加公务员资格考试。在这次机构改革中,原来为弥补市总工会机关编制不足而设置的法律顾问处、职工文化辅导站两个事业单位撤销,符合参照管理条件的人员进入机关行政编制,其他人员划入市职工对外交流中心。

2002年8月,市总工会机构改革,设11个职能部室,具体为:办公室(调查研究室)、组织部、宣传教育部、经济技术与劳动保护部、生活保障部、民主管理部、法律工作部、财务部、经费审查委员会办公室、女职工部、直属工会工作部。

第二节 南通市工会代表大会及其选举产生的领导机构

南通市工会代表大会每五年召开一次,主要任务是总结前五年工会工作,确定今后五年工会工作的目标、任务,选举产生新一届市总工会委员会和经费审查委员会。

各届委员按姓氏笔画为序,委员及领导班子人员变动情况按替增补时间为序。

一、南通市工会第八次代表大会

南通市工会第八次代表大会召开于1987年9月,首部《南通市工会志》已有记载。因市总工会第八届委员会任期至1992年9月结束,故本志将相关情况载入。

(一)南通市总工会第八届委员会委员(55人)

王天云	王光国	王普天	王德华	戈雪芬	吕荣倬	朱明山
朱家泉	朱益民	刘　建	刘汉如	汤广伦	祁采平	严　俊
束志生	李跃进	杨志高	杨秀兰	肖德祥	吴义华	邹运才
沈莉君	宋德曜	张祖珉	张振印	张爱平	张积熙	陆万圣

陆玉明　陆嘉玉　陈心万　陈启忠　罗　鑫　周建平　周容生
羌步蟾　单　刚　洪祖蔷　秦炳龙　顾　萍　钱昆麟　钱梅芳
倪福康　徐祥焕　徐爱云　唐学丰　黄秀琴　黄尚超　黄洪洲
曹海如　崔淮庭　蒋晓天　韩永亮　程佩芬　薛开明

（二）南通市总工会第八届委员会常务委员（9人）

戈雪芬　汤广伦　祁采平　陈心万　陆玉明　束志生　秦炳龙
徐祥焕　程佩芬

（三）南通市总工会第八届委员会候补委员（19人）

王华益　朱锦华　任海滨　齐剑霞　孙彩桂　吴高岗　吴晓春
沈瑞林　宋桂山　张志谦　张奇峰　张秋颖　陆耀辉　陈　斌
邵　俊　赵德武　夏松林　倪士生　樊祥贤

（四）南通市总工会第八届经费审查委员会委员（7人）

王　建　刘　波　陆爱武　陈　建　徐步成　喜夕林　董海澄
主　任　董海澄　**副主任**　刘　波

（五）南通市总工会第八届委员会委员及领导班子人员变动情况

1988年8月，市总工会八届三次全委会增补朱晓明、马建龙为市总工会委员。
1990年1月，市总工会八届六次全委会增补李慧宏、赵越为市总工会委员。
1991年1月，市总工会八届八次全委会增补鲁燕、薛奎林、冯德轩为市总工会委员。

二、南通市工会第九次代表大会

南通市工会第九次代表大会于1992年10月8日至11日在南通召开。大会正式代表479人，列席代表24人，特邀代表46人，代表全市72万名工会会员。10月9日上午，大会开幕式在市劳动人民文化宫举行。市总工会副主席程佩芬主持开幕式，市总工会副主席陈心万致开幕词。中共南通市委副书记戴志良、江苏省总工会主席陈斌良分别代表市委和省总工会致辞，团市委书记程晓强代表群众团体致贺词。时任财政部副部长张佑才向大会发来贺电。市总工会主席戈雪芬代表市总工会第八届委员会作题为“团结和带领全市职工，在大改革、大开放、大发展中充分发挥主力军作用”的工作报告，市总工会副主席陆玉明作工会财务工作报告，市总工会经费审查委员会副主任刘波作工会经费审查工作报告。会议期间，市长徐燕作经济形势报告。大会揭晓市工会第八次代表大会以来南通市工人运动和工会工作十件大事评选结果，表彰市模范职工之家27个、先进职工之家93个、优秀工会工作者105人、优秀工会积极分子414人、工会之友61人。

大会选举产生市总工会第九届委员会委员69人、经费审查委员会委员9人。在市总工会九届一次全委会议上，选举市总工会常委10人，戈雪芬当选市总工会主席，陈心万、陆玉明、秦炳龙当选市总工会副主席。

10月11日下午大会闭幕，闭幕式由市总工会副主席秦炳龙主持，市总工会副主席陆玉明致闭幕词。

（一）南通市总工会第九届委员会委员（69人）

马　驯	马演生	王天云	王成志	王莉英	王普天	王德华
邓美林	戈雪芬	石征宏	冯德轩	朱益民	朱淑娟	汤广伦
刘汉如	祁采平	孙彩桂	严　俊	李　澄	李跃进	李慧宏
杨志高	束志生	肖德祥	吴义华	吴声龙	邱　耘	张奇峰
张振印	张爱平	陆万圣	陆玉明	陆嘉玉	陆德衍	陆耀辉
陈心万	陈永涛	陈炎华	陈银龙	陈培根	邵焕坤	周广斌
周建平	单　刚	季兰英	赵　越	胡　杰	胡荣生	施冬菊
秦宏运	秦炳龙	秦锦裕	贾汉斌	倪振昌	徐　康	徐爱云
徐祥焕	高　静	陶家伦	黄昌明	曹迪贵	曹海如	韩永亮
鲁　燕	鲍冬和	缪承荣	阚素琴	颜福星	薛奎林	

（二）南通市总工会第九届委员会常务委员（10人）

戈雪芬	朱淑娟	汤广伦	祁采平	陈心万	束志生	邱　耘
陆玉明	秦炳龙	徐祥焕				

（三）南通市总工会第九届经费审查委员会委员（9人）

朱雨石	朱晓明	刘　波	戎九柱	吴秀梅	陈　建	余培泉
夏松林	高素云					

主　任　朱晓明　**副主任**　刘　波

（四）南通市总工会第九届委员会委员及领导班子人员变动情况

1995年1月，市总工会九届六次全委会替补陶国柱、王学桂、朱荣芳、吴品华、程信武、陆洁美为市总工会委员；免去汤广伦市总工会委员、常委职务；免去李慧宏、单刚、季兰英、周广斌、陈银龙市总工会委员职务。

1995年8月，市总工会九届七次全委会选举袁承璋为市总工会委员、常委、副主席。

1996年1月，市总工会九届八次全委会替补刘汉成、孙明珠为市总工会委员；免去赵越、陆洁美市总工会委员职务。

1997年1月，市总工会九届十次全委会选举钱祥圣为市总工会委员、常委；替补王志恒、陈德循、吴钟炎为市总工会委员；同意陆玉明不再担任市总工会委员、常委、副主席职务；免去祁采平市总工会委员、常委职务；免去曹海如、张振印、刘汉如、李跃进市总工会委员职务。

三、南通市工会第十次代表大会

1997年10月27日至30日，南通市工会第十次代表大会在南通召开，大会正式代

表394人,列席代表43人,特邀代表41人,代表全市72.6万名工会会员。10月28日,大会开幕式在市劳动人民文化宫举行,市总工会副主席陈心万主持开幕式,市总工会副主席秦炳龙致开幕词,中共南通市委书记周福元,江苏省总工会主席徐锡澄分别代表市委和省总工会致辞,团市委书记董菊卉代表群众团体致贺词,市总工会主席戈雪芬代表市总工会第九届委员会作题为"高举邓小平理论伟大旗帜,团结全市百万职工创造新业绩迈向新世纪"的工作报告,市总工会副主席袁承璋作工会财务工作报告,市总工会经费审查委员会主任朱晓明作工会经费审查工作报告。会议期间,市委副书记、市长程亚民作经济形势报告。大会揭晓市工会第九次代表大会以来南通市工人运动和工会工作十件大事评选结果,表彰模范职工之家34个、先进职工之家95个、模范职工小家19个、工会工作先进集体15个、优秀工会工作者113人、优秀工会积极分子204人、工会之友80人,同时表彰南通市依靠职工办企业的优秀厂长(经理)16人,向18名从事工会工作30年的工会干部颁发荣誉证书。

大会选举产生南通市总工会第十届委员会委员66人、经费审查委员会委员9人。在市总工会十届一次全委会议上,选举市总工会常委11人,戈雪芬当选市总工会主席,陈心万、秦炳龙、朱淑娟当选市总工会副主席。

10月30日大会闭幕,闭幕式由市总工会副主席朱淑娟主持,市总工会副主席陈心万致闭幕词。

(一)南通市总工会第十届委员会委员(66人)

马　驯　王天云　王志恒　王丽语　王苏敏　王学桂　王莉英
戈雪芬　毛洪飞　申启明　冯德轩　戎九柱　朱荣芳　朱顺宝
朱晓明　朱淑娟　任锦华　华秀清　刘汉成　孙彩桂　束志生
李仕春　杨志高　吴　炜　吴义华　吴钟炎　吴爱卫　邱　耘
沈　锋　张　洞　张爱平　陆万圣　陆洁美　陆德衍　陈心万
陈文祥　陈炎华　陈培根　陈益新　陈德循　邵焕坤　郁忠昌
周建平　胡荣生　施冬菊　姜剑国　秦宏运　秦炳龙　袁承璋
钱祥圣　钱建萍　徐爱云　徐祥焕　陶国柱　陶家伦　黄　培
韩永亮　葛强华　程信武　傅素兰　傅振茂　鲍冬和　蔡建毅
廖长源　潘树海　戴亚华

(二)南通市总工会第十届委员会常务委员(11人)

戈雪芬　戎九柱　朱晓明　朱淑娟　李仕春　邱　耘　陆万圣
陈心万　秦炳龙　钱祥圣　徐爱云

(三)南通市总工会第十届经费审查委员会委员(9人)

朱雨石　朱晓明　刘　波　吴秀梅　陈　建　余培泉　夏松林
高素云　黄桂生

主　任　朱晓明　**副主任**　刘　波

(四)市总工会第十届委员会委员及领导班子人员变动情况

1998年1月,市总工会十届二次全委会选举陈心万为市总工会主席;选举钱祥圣为市总工会副主席;替补蔡瑞平、增补王兴理为市总工会委员;免去吴义华市总工会委员职务。

1999年1月,市总工会十届三次全委会增补东升、替补朱阳、刘建新、曹军、蔡荣春、朱卫香为市总工会委员;免去王学桂、刘汉成、杨志高、施冬菊、程信武市总工会委员职务。

2000年1月,市总工会十届四次全委会增补夏立印、陈建华,替补张培均、单培、周卉为市总工会委员;免去孙彩桂、蔡建毅、郁忠昌、张爱平市总工会委员职务。

2001年7月,市总工会十届六次全委会选举李仕春为市总工会副主席;同意秦炳龙不再担任市总工会委员、常委、副主席职务;替补耿曹均、印华光、王世瑞为市总工会委员;免去王志恒、胡荣生、东升市总工会委员职务。

2002年1月,市总工会十届七次全委会替、增补管云山、吴雪松、李萍、吴淦华、王文华、冯志远、王允顺、朱江涛、唐祝平、孙明如、张云、姜巧云、顾金坤为市总工会委员;免去冯德轩、马驯、王天云、王兴理、王莉英、朱卫香、吴钟炎、秦宏运、曹艳、傅素兰、蔡荣春市总工会委员职务。

(五)南通市总工会第十届经费审查委员会委员变动情况

1999年1月,市总工会十届三次全委会替补周荣梅、曹家仁为市总工会经费审查委员会委员;免去朱雨石、余培泉市总工会经费审查委员会委员职务。

四、南通市工会第十一次代表大会

2002年10月23日至25日,南通市工会第十一次代表大会在南通召开,大会正式代表420人,列席代表25人,特邀代表33人,代表全市96.6万名工会会员。23日上午,大会开幕式在市劳动人民文化宫举行。市总工会副主席朱淑娟主持开幕式,市总工会副主席钱祥圣致开幕词,中共南通市委书记周福元、江苏省总工会主席张艳分别代表市委和省总工会致辞,团市委书记李雪峰代表群众团体致贺词,市总工会主席陈心万代表市总工会第十届委员会作题为“认真实践‘三个代表’,切实履行维护职责,团结全市职工为实现‘十五’宏伟目标而努力奋斗”的工作报告,市总工会副主席钱祥圣作工会财务工作报告,市总工会经费审查委员会主任朱晓明作工会经费审查工作报告。大会期间,市委副书记、市长罗一民作经济形势报告。大会表彰南通市模范职工之家46个、模范职工小家49个、工会工作先进集体24个、优秀工会工作者114人、优秀工会之友81人。

大会选举产生南通市总工会第十一届委员会委员69人,经费审查委员会委员11人。在市总工会十一届一次全委会议上,选举市总工会常委11人,陈心万当选市总工会主席,朱淑娟、钱祥圣、李仕春当选市总工会副主席。

10月25日,大会闭幕,闭幕式由市总工会副主席李仕春主持,市总工会副主席朱淑娟致闭幕词。

（一）南通市总工会第十一届委员会委员（69 人）

马月山　马演生　王　英　王文华　王允顺　王世瑞　王苏敏
王振明　王霞春　印华光　冯志远　邢　菊　戎九柱　朱　阳
朱云来　朱江涛　朱晓明　朱淑娟　刘建新　刘俊杰　孙明如
李　萍　李仕春　李亦农　杨晔鹃　吴　炜　吴雪松　吴淦华
邱　耘　汪　俊　汪如凡　沈　岳　张　云　张首南　张培均
陈　建　陈　瑛　陈心万　陈汝剑　陈建华　陈培根　陈德循
邵和平　茅志俭　周　卉　周正秋　周宏坤　周建平　段仁贵
施志峰　姜巧云　姚建新　耿曹均　钱兴如　钱祥圣　徐晓新
郭　彪　黄　培　黄素娟　黄曙萍　曹　军　董智方　韩永亮
谢金华　鲍冬和　褚云龙　蔡瑞平　管云山　廖长源

（二）南通市总工会第十一届委员会常务委员（11 人）

朱晓明　朱淑娟　李仕春　李亦农　邱　耘　汪　俊　陈心万
钱祥圣　徐晓新　郭　彪　董智方

（三）南通市总工会第十一届经费审查委员会委员（11 人）

王晓美　叶　路　朱建新　祁泽珊　李建华　陈景豹　周荣梅
顾金坤　郭　彪　黄桂生　曹家仁
主　任　郭　彪　**副主任**　李建华

（四）市总工会第十一届委员会委员及领导班子人员变动情况

2004 年 1 月，市总工会十一届三次全委会选举杨晔鹃为市总工会常委；替补洪兰凤、高伯俊、冯树、崔景华为市总工会委员；免去徐晓新市总工会委员、常委职务；免去王世瑞、茅志俭、吴炜市总工会委员职务。

2005 年 1 月，市总工会十一届四次全委会选举张毓余为市总工会委员、常委、主席；同意陈心万不再担任市总工会委员、常委、主席职务；替补陈春柳、施天明、李燕、江有荣为市总工会委员；免去刘建新、韩永亮、施志峰、马月山市总工会委员职务。

2006 年 1 月，市总工会十一届六次全委会选举苏大伟为市总工会委员、常委；替、增补马炳生、张菊红、姚海燕，叶新春、李振华、赵传琴为市总工会委员；免去邱耘市总工会委员、常委职务；免去王文华、陈建华、谢金华、孙明如、姜巧云、朱江涛、王苏敏市总工会委员职务。

2007 年 1 月，市总工会十一届七次全委会增补陈志祥为市总工会委员。

2008 年 2 月，市总工会十一届八次全委会选举陆玉明为市总工会委员、常委、主席；同意张毓余不再担任市总工会委员、常委、主席职务。

(五)南通市总工会第十一届经费审查委员会委员变动情况:

2004年1月,市总工会十一届三次全委会替补武宏旭、杨之静为市总工会经费审查委员会委员;免去顾金坤、王晓美市总工会经费审查委员会委员职务。

2005年1月,市总工会十一届四次全委会增补沈建宁、石林为市总工会经费审查委员会委员。

五、南通市工会第十二次代表大会

2008年3月25日至27日,南通市工会第十二次代表大会在南通召开。大会正式代表450人,列席代表23人,特邀代表32人,代表全市130万名工会会员。3月25日,大会开幕式在市劳动人民文化宫世纪影城举行。市总工会副主席朱淑娟主持开幕式,市总工会副主席钱祥圣致开幕词。中共南通市委书记罗一民、江苏省总工会副主席张鸿生分别代表市委和省总工会致辞。团市委书记李雪峰代表群众团体致贺词,市人大常委会副主任、市总工会主席陆玉明代表市总工会第十一届委员会作题为"坚持走中国特色社会主义工会发展道路,团结广大职工为建设全面小康的新南通而努力奋斗"的工作报告。市总工会副主席钱祥圣作工会财务工作报告,市总工会经费审查委员会主任郭彪作工会经费审查工作报告。会议期间,市委副书记、市长丁大卫作经济形势报告。大会表彰南通市模范职工之家83个、模范职工小家53个、优秀工会工作者117人、优秀工会之友88人。

大会选举产生南通市总工会第十二届委员会委员68人,经费审查委员会委员15人。在市总工会十二届一次全委会议上,选举市总工会常委13人,陆玉明当选市总工会主席,朱淑娟、钱祥圣、李仕春当选副主席。

3月27日,大会闭幕,闭幕式由市总工会副主席李仕春主持,市总工会副主席朱淑娟致闭幕词。

(一)南通市总工会第十二届委员会委员(68人)

丁国宁　马炳生　马演生　王　英　王霞春　叶新春　包惠东
冯　建　冯志远　成　飞　戎九柱　戎世坤　朱雨石　朱淑娟
刘建明　刘俊杰　江有荣　李　萍　李　燕　李仕春　李亦农
严　正　苏大伟　杨哗鹃　吴淦华　吴雪松　邹　同　汪　俊
张　云　张　健　张进荣　张首南　张菊红　陈　炎　陈　斌
陈永生　陈志祥　陈明远　陈春柳　陆玉明　茅云龙　周　卉
周子文　周正秋　周宏坤　赵敏芳　冒艳峰　段仁贵　姚建新
姚海燕　姚富新　施天明　袁建国　耿曹均　徐如林　钱兴如
钱祥圣　郭　彪　黄　培　黄浩然　黄曙萍　曹　军　崔景华
葛　伟　葛锦明　董智方　管云山　廖长源

（二）南通市总工会第十二届委员会常务委员（13人）

叶新春　朱淑娟　李仕春　李亦农　苏大伟　杨哗鹃　汪　俊
陈志祥　陆玉明　施天明　钱祥圣　郭　彪　董智方

（三）南通市总工会第十二届经费审查委员会委员名单（15人）

石　林　叶　路　吉正坤　江宝祥　朱建新　杨　军　李建华
李振华　沈建宁　陆廷坤　武宏旭　郭　彪　黄桂生　曹加仁
蔡永江

主任 郭　彪　**副主任** 李建华

（四）南通市总工会第十二届委员会委员及领导班子人员变动情况

2009年1月，市总工会十二届二次全委会替补杨俊、范锦坤、蔡国新为市总工会委员；免去曹军、张健、姚海燕市总工会委员职务。

2010年2月，市总工会十二届三次全委会替补王培义、张健群、钟朝、徐生俊为市总工会委员；免去黄浩然、张菊红、邹同、周子文市总工会委员职务。

2010年12月，市总工会十二届四次全委会选举季金祥为市总工会委员、常委、副主席；选举杨哗鹃为市总工会副主席；同意朱淑娟不再担任市总工会委员、常委、副主席职务。

2011年12月，市总工会十二届五次全委会选举钱聪慧、葛伟为市总工会常委；替补丁霞、王明华、任锦华、张娟、陆卫彬、季建华、赵长亮、娄为民、宣志成、钱聪慧、曹华为市总工会委员；同意钱祥圣不再担任市总工会委员、常委、副主席职务；免去董智方市总工会委员、常委职务；免去马演生、王霞春、刘俊杰、李萍、杨俊、吴雪松、陈明远、范锦坤、茅云龙、周宏坤、耿曹均市总工会委员职务。

2012年6月，市总工会十二届六次全委会，同意李仕春不再担任市总工会委员、常委、副主席职务；选举瞿刚为市总工会委员、常委、副主席。

2013年3月，市总工会十二届八次全委会选举葛玉琴为市总工会委员、常委、副主席。

（五）南通市总工会第十二届经费审查委员会委员变动情况

2009年1月，市总工会十二届二次全委会替补朱佩华为市总工会经费审查委员会委员；免去杨军市总工会经费审查委员会委员职务。

2010年2月，市总工会十二届三次全委会替补曹祁为市总工会经费审查委员会委员；免去陆廷坤市总工会经费审查委员会委员职务。

2011年12月，市总工会十二届五次全委会替补许陈华为市总工会经费审查委员会委员；免去朱建新市总工会经费审查委员会委员职务。

六、南通市工会第十三次代表大会

2013年3月26日至27日，南通市工会第十三次代表大会在南通召开。大会正式代

表451人，特邀代表22人，列席代表35人，代表全市181万名工会会员。3月26日，大会开幕式在更俗剧院举行。市政协副主席、总工会主席陆玉明主持开幕式，市总工会党组书记、副主席葛玉琴致开幕词。中共南通市委书记丁大卫、江苏省总工会副主席王兆喜分别代表市委和省总工会致辞，市妇联主席钱锁梅代表群众团体致贺词。陆玉明代表市总工会第十二届委员会作题为“深入贯彻落实党的十八大精神，团结动员广大职工为开创南通‘两个率先’新局面再立新功”的工作报告。市总工会经费审查委员会主任郭彪作工会经费审查工作报告。工会财务工作书面报告。大会期间，市委副书记、市长张国华作经济形势报告。大会表彰南通市模范职工之家100个、模范职工小家48个、优秀工会工作者131人、优秀工会积极分子100人，优秀工会之友63人。

大会选举产生南通市总工会第十三届委员会委员65人，经费审查委员会委员14人。在市总工会十三届一次全委会议上，选举市总工会常委13人。陆玉明当选市总工会主席，葛玉琴、瞿刚、季金祥、杨哗鹃当选市总工会副主席。

3月27日，大会闭幕，闭幕式由市总工会副主席瞿刚主持，市总工会副主席季金祥致闭幕词。

(一)南通市总工会第十三届委员会委员(65人)

丁　霞　丁国宁　王　英　王君东　王海兵　叶新春　包惠东
冯　建　戎九柱　成　飞　朱小成　朱雨石　任锦华　刘建明
刘洪洋　孙志荣　严　正　李亦农　杨　敏　杨哗鹃　汪　俊
沙建华　宋生宏　张　云　张　娟　张　燕　张山山　张首南
陆卫彬　陆玉明　陈永生　陈志祥　陈春柳　季长虹　季金祥
季建华　季彩群　金又专　周于红　周正秋　赵长亮　冒艳峰
钟　朝　施红娟　姜　平　娄为民　宣志成　顾玉琴　顾新华
徐卫兵　徐生俊　徐如林　陶小林　陶卫忠　黄　培　黄建飞
曹　平　曹　华　崔景华　葛　伟　葛玉琴　蒋持跃　蔡　钧
蔡国新　瞿　刚

(二)南通市总工会第十三届委员会常务委员(13人)

叶新春　成　飞　李亦农　杨哗鹃　汪　俊　沙建华　陆玉明
陈志祥　季金祥　葛　伟　葛玉琴　蔡　钧　瞿　刚

(三)南通市总工会第十三届经费审查委员会委员(14人)

王明华　吉正坤　朱建军　朱桂阳　刘卫东　许陈华　李卫东
张智斌　陆红春　陆新平　武宏旭　季金祥　唐　虹　曹　祁

(四)南通市总工会第十三届委员会委员及领导班子人员变动情况

2014年1月，市总工会十三届二次全委会选举葛玉琴为市总工会主席；同意陆玉明不再担任市总工会委员、常委、主席职务。

第三节　南通市总工会主席、副主席及任期

主　席	戈雪芬	1990 年 1 月~1998 年 1 月
	陈心万	1998 年 1 月~2005 年 1 月
	张毓余	2005 年 1 月~2008 年 2 月
	陆玉明	2008 年 2 月~2014 年 1 月
	葛玉琴	2014 年 1 月~
副主席	程佩芬	1990 年 1 月~1992 年 10 月
	陈心万	1990 年 1 月~1998 年 1 月
	陆玉明	1990 年 1 月~1997 年 1 月
	秦炳龙	1992 年 10 月~2001 年 7 月
	袁承璋	1995 年 1 月~1997 年 10 月
	朱淑娟	1997 年 10 月~2010 年 12 月
	钱祥圣	1998 年 1 月~2011 年 12 月
	李仕春	2001 年 6 月~2012 年 5 月
	季金祥	2010 年 12 月~
	杨哗鹏	2010 年 12 月~
	瞿　刚	2012 年 5 月~
	葛玉琴	2013 年 3 月~2014 年 1 月

第四节　中共南通市总工会党组成员及任期

党组书记	戈雪芬	1990 年 1 月~1998 年 1 月
	陈心万	1998 年 1 月~2005 年 1 月
	张毓余	2005 年 1 月~2008 年 2 月
	陆玉明	2008 年 2 月~2013 年 2 月
	葛玉琴	2013 年 3 月~
党组副书记	程佩芬	1990 年 1 月~1992 年 11 月
	陈心万	1993 年 7 月~1998 年 1 月
	秦炳龙	1998 年 1 月~2001 年 6 月
	朱淑娟	2001 年 9 月~2010 年 2 月
	瞿　刚	2012 年 5 月~
党组成员	陈心万	1990 年 1 月~1993 年 7 月
	陆玉明	1990 年 1 月~1996 年 10 月
	秦炳龙	1992 年 11 月~1998 年 1 月

袁承璋　1995 年 1 月~1997 年 10 月
钱祥圣　1996 年 9 月~2011 年 5 月
朱淑娟　1997 年 10 月~2001 年 9 月
朱晓明　1998 年 4 月~2007 年 3 月
李仕春　2001 年 6 月~2012 年 5 月
郭　彪　2003 年 8 月~2012 年 2 月
陈志祥　2006 年 10 月~
叶新春　2007 年 9 月~
季金祥　2010 年 11 月~
杨哗鹃　2010 年 12 月~

党组纪检组

组　长　洪祖蔷　1993 年 8 月~1996 年 9 月
钱祥圣　1996 年 9 月~1998 年 4 月
朱晓明　1998 年 4 月~2007 年 3 月
叶新春　2007 年 9 月~

第五节　南通市总工会机关机构设置、部门负责人及任期

(一)南通市总工会机关

办公室(挂国际联络部、调查研究室牌子)

秘书长　祁采平　1992 年 10 月~1995 年 10 月
主　任　朱晓明　1990 年 1 月~1992 年 10 月
黄　培　1998 年 3 月~2002 年 8 月
李亦农　2002 年 8 月~2014 年 6 月
周正秋　2014 年 6 月~
副主任　姜德基　1991 年 12 月~1993 年 2 月
朱江波　1991 年 12 月~1998 年 3 月
黄　培　1993 年 12 月~1998 年 3 月
戴　芸　1993 年 12 月~1998 年 3 月
李建华　1998 年 3 月~2002 年 8 月
李亦农　1998 年 8 月~2002 年 8 月
葛　伟　2002 年 8 月~2008 年 9 月
钱聪慧　2008 年 12 月~2011 年 8 月
陈　跃　2011 年 10 月~
周正秋　2013 年 6 月~2014 年 6 月

调查研究室副主任　朱江波　2011 年 9 月~

组织部

部　长　秦炳龙　1990年1月~1991年12月
洪祖蔷　1991年12月~1998年3月
李仕春　1998年3月~2002年3月
董智方　2002年8月~2011年5月
葛　伟　2011年8月~

副部长　李仕春　1997年3月~1998年3月
董智方　1998年3月~2002年8月
成　飞　2002年8月~2008年9月
曹庆龙　2008年12月~2011年10月
黄　卫　2011年10月~2013年6月

宣传教育部(1991~1998年2月挂职工文化辅导站牌子)

部　长　祁采平　1990年1月~1991年12月
束志生　1991年12月~1997年3月
戎九柱　1998年3月~1999年5月
杨哗鹃　2002年8月~ 2011年7月
钱聪慧　2011年8月 ~2013年6月
杜正芳　2014年6月~

副部长　陆伯明　1990年1月~1996年1月
戎九柱　1997年3月~1998年3月
朱江波　1998年3月~2011年9月
杨哗鹃　1998年3月~2002年8月
杜正芳　2011年10月~2014年6月

经济技术与劳动保护部(1990年1月~1991年12月为生产劳动保护部;1991年12月~1998年3月为经济技术部,1998年3月~2002年8月为生产保护部，挂市职工技协办公室牌子;2002年8月起,挂市职工技术协作办公室牌子)

部　长　汤广伦　1990年1月~1994年6月
陶国柱　1994年8月~2002年8月
陈德循　2002年8月~2008年7月
成　飞　2008年9月~

副部长　陶国柱　1991年12月~1994年8月
陈　瑛　1994年8月~2002年8月
马演生　1995年5月~1998年3月
姚光谱　1998年3月~2001年12月
唐林森　2002年8月~2005年1月
许陈华　2005年1月~2011年10月
赵周恒　2011年10月~

权益保障办公室

主　任　秦炳龙　1991 年 12 月~1992 年 10 月
　　　　朱淑娟　1992 年 10 月~1998 年 3 月
副主任　朱淑娟　1991 年 12 月~1992 年 10 月
　　　　王霞春　1991 年 12 月~1998 年 3 月
　　　　姚光谱　1991 年 12 月~1998 年 3 月
　　　　汪　俊　1995 年 5 月~1998 年 3 月

民主管理部

部　长　王霞春　1998 年 3 月~2011 年 7 月
　　　　陆卫彬　2011 年 8 月~
副部长　陆卫彬　2002 年 8 月~2011 年 8 月
　　　　施伟慧　2011 年 10 月~

生活女工部

部　长　徐爱云　1990 年 1 月~1991 年 11 月
副部长　陈文祥　1990 年 1 月~1991 年 11 月

生活保障部(1998 年 3 月~2002 年 7 月为保障工作部)

部　长　钱兴如　2002 年 8 月~2012 年 5 月
　　　　王海兵　2012 年 8 月~
副部长　朱建新　1998 年 3 月~2002 年 8 月(主持工作)
　　　　王海兵　2008 年 12 月~2012 年 8 月

法律工作部

部　长　汪　俊　1998 年 3 月~2013 年 6 月
　　　　顾虞丹　2014 年 6 月~
副部长　朱建新　2002 年 8 月~2011 年 9 月
　　　　顾虞丹　2011 年 10 月~2014 年 6 月
　　　　龚亚乐　2014 年 8 月~

女职工部(挂女职工委员会办公室牌子)

部　长　徐爱云　1991 年 12 月~2002 年 8 月
　　　　陈　瑛　2002 年 8 月~2008 年 1 月
　　　　葛　伟　2008 年 9 月~2011 年 8 月
　　　　茅　健　2014 年 6 月~
副部长　钱兴如　1998 年 3 月~2002 年 8 月
　　　　茅　健　2011 年 10 月~2014 年 6 月

财务部

部　长　张爱平　1992 年 10 月~2001 年 12 月
　　　　周正秋　2002 年 8 月~2013 年 6 月
　　　　汪　俊　2013 年 6 月~
副部长　张爱平　1990 年 1 月~1992 年 10 月

周正秋 2000年11月~2002年8月
任仲林 2005年1月~2011年9月
凌伟宣 2011年10月~

企事业发展部

部　长 马演生 1998年3月~2002年8月

经费审查办公室

主　任 朱晓明 1998年3月~2002年8月
李建华 2002年8月~2013年6月
黄　卫 2014年6月~
副主任 黄　卫 2013年6月~2014年6月

直属工会工作部

部　长 马演生 2002年8月~2010年12月
任锦华 2011年8月~
副部长 任锦华 2002年8月~2011年8月
龚亚乐 2013年6月~2014年8月

机关党总支(支部)

书　记 秦炳龙 1990年1月~1998年9月
朱晓明 1998年9月~2008年10月
陈志祥 2008年10月~
副书记 朱晓明 1990年1月~1994年8月
陆伯明 1994年8月~1998年9月
李仕春 1998年9月~2002年12月
朱建新 2002年12月~2011年9月
许陈华 2011年10月~2013年6月
曹庆龙 2013年6月~

注:1994年8月,经市级机关工委批准建立市总工会机关党总支

机关工会

主　席 秦炳龙 1990年1月~1994年5月
黄　培 1994年5月~2003年5月
李亦农 2003年5月~
副主席 任锦华 2003年5月~

机关团工委(总支)

书　记 朱江波 1990年1月~1991年12月
李亦农 1991年12月~2000年11月
成　飞 2004年3月~
副书记 成　飞 2000年11月~2004年3月

注:2004年3月,经团市委批准建立市总工会团工委

(二)南通市总工会内设单位

市职工对外交流中心

主　任　戴焕林　1990年1月~1991年12月

黄　培　2001年1月~2014年11月

潘滇野　2006年4月~2013年1月

徐国芬　2014年6月~

副主任　陶国柱　1990年1月~1991年12月

姜德基　1991年12月~1994年2月

朱江波　1991年12月~1998年3月

黄　培　1993年12月~2001年1月

戴　芸　1993年12月~1998年3月

李亦农　2001年1月~2001年12月

潘滇野　2002年8月~2006年4月

徐国芬　2006年4月~2014年6月

王君东　2014年6月~

注:1998年4月核定编制10名

第三章　南通市产业(系统)、控股(集团)公司、直属基层单位工会

1990年,市总工会有产业(系统)工会36个。1994~2004年,南通市产业(系统)工会经历政府机构改革、政企分开和工业主管局撤销三次改革影响,其间,市纺织工业工会撤销,组建南通纺织控股有限责任公司工会;市机械工业局、市电子仪表工业局、市船舶工业公司工会工作委员会撤销,合并组建江苏华容集团有限公司工会;市商业局(后为贸易局)工会撤销,组建商贸控股有限公司工会;市轻工局工会撤销组建轻工控股有限公司工会;市化工医药管理局工会撤销,组建精华集团有限公司工会。新组建江苏大生集团、南通港口集团、江苏文峰集团工会。1997年市建筑材料管理局工会与市建筑工程管理局工会合并,组建市建筑工程与材料工业管理局工会,2001年市建工建材工会并入市建设工会。是年,市外事办公室工会、中国金融工会市人民银行工作委员会撤销。1997~2002年,设有市农水工会联合会。1998~2002年,设有市私营企业工会联合会。1997年,各产业工会人员编制全部划归各行政主管局管理。2014年,市总工会设有产业(系统)、控股(集团)公司工会24个。

第一节　南通市产业(系统)、控股(集团)公司工会(主席、副主席及任期)

一、南通市教育工会(原为工会工作委员会,1997年9月建立工会联合会)

主　席(主　任)	邱　耘	1992年3月~2005年11月
	苏大伟	2005年12月~2009年10月
	王锦华	2009年10月~2011年12月
	沙建华	2011年12月~
副主席(副主任)	束志生	1990年1月~1992年3月
	张　涛	1997年9月~2002年2月
	朱美蓉	1999年6月~2009年10月
	黄　杰	2002年2月~2005年12月
	王建英	2005年12月~2009年9月
	祁向东	2009年10月~
	沈苏闽	2010年8月~2011年12月

钱卫东　2010年8月~
季红兵　2011年12月~

二、南通市民政工会(原为工会工作委员会,2001年12月建立工会联合会)

主　席(主　任)　周广斌　1991年7月~1994年5月
程信武　1994年5月~1998年6月
朱卫香　1998年6月~2001年9月
吴雪松　2001年9月~2011年4月
娄为民　2011年4月~2014年12月
副主席(副主任)　朱鸿彬　2008年10月~2014年12月
许明泉　2008年10月~2011年12月

三、南通市城乡建设工会(原为工会工作委员会,2002年12月建立工会联合会)

主　席(主　任)　罗　鑫　1990年1月~1992年1月
王莉英　1992年1月~1997年5月
傅素兰　1998年2月~2001年2月
廖长源　2001年6月~2010年6月
朱小成　2010年6月~
副主席(副主任)　李仕春　1993年6月~1997年2月
傅素兰　1997年2月~1998年2月

四、南通市交通运输工会(原为工会工作委员会,2003年4月建立工会联合会)

主　席(主　任)　薛奎林　1990年1月~1997年11月
王兴理　1998年2月~2001年10月
李　萍　2001年11月~2011年2月
陶小林　2013年9月~
副主席(副主任)　袁永刚　1997年11月~2001年10月
陶小林　2012年11月~2013年9月

五、南通市文化广电新闻出版工会(1998年12月建立文化工会联合会;2011年12月市文化局与市广播电视新闻出版局合并)

主　席　张明祥　1998年12月~1999年5月
张　冲　1999年5月~2001年10月
高伯俊　2003年2月~2006年12月
冒艳峰　2006年12月~2013年12月
彭春梅　2013年12月~
副主席　刘秀萍　1998年12月~2003年12月
茅志俭　2001年10月~2003年2月

六、南通市卫生工会(原为工会工作委员会,2002年5月建立工会联合会)

主　席(主　任)　陈培根　1998年12月~2007年10月
　　　　　　　　丁国宁　2007年10月~
副主席(副主任)　陈培根　1990年1月~1998年12月
　　　　　　　　朱桂华　2007年10月~2011年12月
　　　　　　　　龚　菲　2014年10月~

七、南通市住房保障和房产管理工会

主　任　秦宏运　1990年1月~2001年8月
　　　　吴淦华　2001年8月~2012年5月
　　　　季长虹　2012年9月~
副主任　杜庆珠　1990年1月~1990年12月
　　　　陈　英　1995年5月~2003年12月

八、南通市粮食工会(原为工会工作委员会,2001年9月建立工会联合会)

主　席(主　任)　马　驯　1994年4月~2001年9月
　　　　　　　　王文华　2001年9月~2005年9月
　　　　　　　　马炳生　2005年9月~2012年2月
　　　　　　　　任　侃　2012年2月~2014年7月
　　　　　　　　沈洪斌　2014年7月~
副主席(副主任)　马　驯　1990年1月~1994年3月

九、南通市海洋与渔业工会(原水产局工会工作委员会,2001年9月建立工会联合会)

主　席(主　任)　陈必胜　1990年1月~1992年4月
　　　　　　　　施冬菊　1992年4月~1998年2月
　　　　　　　　蔡荣春　1998年2月~2001年9月
　　　　　　　　冯志远　2001年10月~2014年1月
　　　　　　　　陆建红　2014年1月~
副主席(副主任)　丁兆祥　2001年10月~2003年10月

十、南通市供销合作总社工会

主　任　吴品华　1992年10月~1994年12月
　　　　潘树海　1994年12月~2002年3月
　　　　张首南　2002年3月~
副主任　黄尚超　1990年1月~1990年3月
　　　　季兰英　1990年3月~1994年6月

徐　斌　1994年3月~1999年3月

十一、南通市市级机关工会

主　席(主　任)　邓美林　1992年10月~1999年7月
陈建华　2000年1月~2004年10月
聂新清　2004年10月~2005年8月
张健群　2008年12月~2013年3月
张山山　2013年3月~2014年9月
丁志明　2014年9月~

副主席(副主任)　邓美林　1990年1月~1992年10月
王丽语　1996年11月~1999年7月
耿荣泉　1999年7月~2005年9月
张菊红　2005年10月~2008年12月
丁志明　2013年3月~2014年9月

十二、南通市质量技术监督工会

主　任　尤延辉　1990年3月~1997年7月
朱云来　1998年11月~2004年3月
柴志强　2004年3月~2010年6月
葛锦明　2010年6月~2013年2月
黄建飞　2013年3月~

十三、南通市人力资源和社会保障工会

主　席　管志坚　2013年3月~

十四、南通市城市管理工会

主　席　许　斌　2014年1月~

十五、江苏大生集团有限公司工会(原通棉一厂)

主　席　孙建一(兼)1990年1月~1990年12月
陈银龙　1991年1月~1993年9月
陆洁美　1993年9月~1995年6月
孙明珠　1995年6月~1996年12月
陆洁美　1996年12月~2000年1月
张　云　2000年1月~

副主席　凌助英　1990年1月~1998年6月
邱　芬　1998年6月~2000年1月

陆洁美　2000年1月~2005年10月
殷丽娟　2006年1月~

十六、南通港口集团有限公司工会(原南通港务局)

主　席　陆万圣　1990年1月~1999年8月
　　　　徐惠香　1999年8月~2002年10月
　　　　王　英　2002年10月~
副主席　张建业　1990年1月~1993年7月
　　　　胡广林　1995年7月~2002年10月

十七、江苏文峰集团工会(2001年8月建立工会联合会)

主　席　顾金坤　1999年1月~2003年5月
　　　　武宏旭　2003年5月~
副主席　黄曙萍　2008年3月~

十八、南通产业控股集团工会(原工贸国有资产经营公司)

主　席　李振华　2005年4月~2011年1月
副主席　钮苏华　2011年1月~2012年7月
　　　　蒋持跃　2012年7月~

十九、南通国有资产投资公司工会(原众和控股有限公司)

主　席　王允顺　2006年4月~2009年3月
　　　　宋生宏　2009年3月~2014年8月

二十、南通国有置业集团工会

主　席　季　晔　2008年9月~

二十一、南通苏通科技产业园工会

主　任　葛志娟　2010年1月~2012年5月
　　　　杜海军　2012年5月~

二十二、南通沿海开发集团有限公司工会

主　席　刘　建　2013年11月~
副主席　钱欣荣　2013年11月~

二十三、南通市城市建设集团工会

主　席　朱红军　2014年1月~

二十四、南通滨海园区总工会

主　席　周向东　2014 年 12 月~

第二节 已合并、撤销的南通市产业(系统)、控股(集团)公司工会(主席、副主席及任期)

一、南通市三资企业工会联合会

主　席　程佩芬(兼)1988 年 5 月~1995 年 6 月
副主席　祝德春　1988 年 5 月~1995 年 6 月
王德华　1988 年 5 月~1995 年 6 月
马演生　1988 年 5 月~1995 年 6 月

二、南通市纺织工业工会(2001 年 10 月建立纺织控股有限责任公司工会联合会)

主　席(主　任)　张振印　1990 年 1 月~1996 年 9 月
陈德循　1996 年 9 月~2001 年 4 月
王允顺　2001 年 10 月~2005 年 1 月
副主席(副主任)　张尔湛　1990 年 1 月~1993 年 2 月
侯新南　2001 年 10 月~2005 年 1 月

三、南通市机械工业工会

主　任　严　俊　1990 年 1 月~1998 年 2 月
任锦华　1998 年 2 月~2001 年 4 月

四、南通市轻工业工会(2001 年 12 月建立轻工控股有限公司工会联合会)

主　席(主　任)　刘汉如　1990 年 1 月~1996 年 4 月
吴钟炎　1996 年 4 月~2001 年 4 月
孙明如　2001 年 12 月~2005 年 1 月
副主席(副主任)　李锦芳　2002 年 5 月~2005 年 1 月

五、南通市化工医药工业工会

主　任　王天云　1990 年 3 月~2001 年 4 月
副主任　王天云　1990 年 1 月~1990 年 3 月
何夕如　1990 年 3 月~2001 年 4 月

六、南通精华集团有限公司工会

主　席　李振华　2000 年 9 月~2001 年 11 月
　　　　朱江涛　2001 年 11 月~2005 年 1 月
副主席　何夕如　2001 年 11 月~2005 年 1 月

七、南通市电子仪表工业工会

主　任　钱梅芳　1990 年 1 月~1990 年 12 月
　　　　鲁　燕　1990 年 12 月~1995 年 9 月
　　　　武志良　1995 年 10 月~1999 年 8 月
　　　　单　培　1999 年 9 月~2001 年 4 月
副主任　蔡建毅　1991 年 2 月~1999 年 9 月

八、江苏华容集团有限公司工会

主　席　姜巧云　2001 年 12 月~2005 年 1 月
副主席　单　培　2001 年 12 月~2005 年 1 月

九、南通邮电局工会

主　任　周建平　1990 年 1 月~1999 年 1 月
副主任　曹鹤均　1990 年 1 月~1999 年 1 月

十、南通市船舶冶金工业公司工会

　　　　张雪黎　1990 年 2 月~1993 年 12 月(负责人)
　　　　龚人禄　1994 年 1 月~1996 年 2 月(负责人)
主　席　周幼培　1996 年 3 月~2001 年 10 月

十一、南通市商业(贸易)工会

主　任　朱荣芳　1997 年 3 月~2001 年 4 月
副主任　单　刚　1990 年 1 月~1993 年 11 月
　　　　朱荣芳　1993 年 11 月~1997 年 3 月

十二、南通商贸控股有限公司工会

主　席　唐祝平　2001 年 12 月~2005 年 1 月
副主席　陈月丽　2001 年 12 月~2005 年 1 月

十三、南通市建筑工程管理工会

主　任　陆景范　1990 年 1 月~1990 年 11 月
　　　　黄文琛　1990 年 11 月~1992 年 1 月

副主任　王　毅　1990年1月~1991年6月
　　　　徐效文　1990年1月~1991年2月

十四、南通市建筑工程与材料工业管理局工会

主　任　廖长源　2000年12月~2001年6月
副主任　石征宏　1990年1月~1994年1月
　　　　廖长源　1997年7月~2000年12月

十五、南通市物资总会(物资局)工会

主　任　李跃进　1990年1月~1995年12月
　　　　陈继华　2000年11月~2001年5月
　　　　朱应忠　2008年10月~2009年6月
　　　　陈　君　2009年6月~2010年4月
副主任　朱顺宝　1994年11月~2002年3月
　　　　许章彬　2002年4月~2005年11月
　　　　姜桂林　2005年12月~2009年6月

十六、南通市外事旅游系统工会

主　任　孙崇苏　1991年9月~2001年6月

十七、中国金融工会南通市工作委员会

主　任　陈永涛　1991年11月~1997年10月
　　　　郁忠昌　1997年10月~1999年6月
　　　　周　卉　1999年6月~2001年2月
副主任　顾　平　1990年1月~1991年11月
　　　　王庙和　1993年11月~1995年4月
　　　　王永仪　1993年11月~1997年10月

十八、南通市农水工会联合会

副主席　陈文祥　1997年1月~2002年8月
　　　　黄云星　1997年1月~2002年8月

十九、江苏省南通农垦局工会

主　任　许昌炳　1990年1月~1993年5月
　　　　杨祖宏　1994年1月~
副主任　陆跃辉　1990年3月~1994年1月

二十、南通市农机局工会

主　任　李品良　1991 年 1 月~1997 年 3 月

二十一、南通市私营企业工会联合会

主　席　汤志深　1998 年 12 月~2002 年 12 月
副主席　朱德明　1998 年 12 月~2002 年 12 月
　　　　黄　勤　1998 年 12 月~2002 年 12 月
　　　　李仕春　1998 年 12 月~2002 年 12 月

二十二、南通丝绸进出口集团南通有限公司工会

主　席　袁涌新　1990 年 1 月~2000 年 8 月
　　　　吴年华　2000 年 8 月~

二十三、南通市对外经济贸易工会

主　任　孙彩桂　1990 年 1 月~1999 年 4 月
　　　　张培均　1999 年 4 月~2001 年 6 月
　　　　施跃秋　2001 年 6 月~2011 年 2 月
　　　　梅德来　2011 年 2 月~

第三节　南通市直属基层单位工会(主席、副主席及任期)

1990 年,市区基层工会均由产业(系统)工会管理。后随着省、部属企业的建立和金融、农水等系统工会组织体制的调整及市属企业改革改制,无主管单位增多,市总工会就将这些单位工会纳入直属基层工会直接管理,至 2000 年,市区有直属基层工会 49 家。

2002 年 8 月,市总工会建立直属工会工作部,当时有直属基层工会 78 家。2004 年,为顺应市属企业改制不断深入和国有控股公司整合的新形势,市委组织部决定,市属改制企业党组织关系全部属地管理。市总工会经认真研究后下发文件,明确改制后职工人数在 500 人以上的企业工会组织由市总工会直属工会工作部管理;500 人以下的和原由市总直属工会工作部管理的部分应属地管理的企业工会,参照党组织管理体制,由生产经营所在地的工会组织管理。经 2004 年和 2007 年两次调整,至 2008 年,市区直属基层工会有 74 家,2014 年为 88 家。

市总工会直属工会工作部建立后,将所属基层工会分为 7~9 个片,以利于各项活动的开展。

南通市直属基层单位工会主席、副主席及任期

一、江苏省邮政公司南通分公司工会

主　席　周建平　1999 年 2 月~2008 年 1 月
　　　　张　建　2008 年 1 月~2008 年 4 月
　　　　杨　俊　2008 年 4 月~2010 年 11 月
　　　　季建华　2010 年 11 月~
副主席　曹鹤均　1999 年 2 月~2004 年 1 月
　　　　孙有林　2004 年 1 月~2008 年 1 月
　　　　殷红霞　2008 年 1 月~2014 年 1 月
　　　　吴德龙　2014 年 1 月~

二、中国邮政速递物流公司南通分公司工会

主　席　陈　标　2013 年 7 月~

三、中国电信集团南通分公司工会

主　席　汪如凡　1999 年 1 月~2005 年 12 月
　　　　包惠东　2005 年 12 月~
副主席　严　森　1999 年 1 月~2001 年 9 月
　　　　严江汀　2002 年 6 月~2004 年 5 月
　　　　祝东平　2004 年 8 月~2005 年 8 月
　　　　周明仁　2007 年 7 月~2010 年 1 月
　　　　祝东平　2010 年 2 月~2013 年 11 月
　　　　张照林　2013 年 11 月~

四、中国移动通信集团南通分公司工会

主　席　叶　路　2000 年 3 月~2011 年 9 月
　　　　朱建军　2011 年 9 月~2014 年 12 月
　　　　刘磊建　2014 年 12 月~
副主席　李晓兵　2008 年 7 月~2011 年 3 月
　　　　袁为民　2011 年 3 月~

五、中国联合网络通信有限公司南通分公司工会

主　席　郝冬铭　1998 年 4 月~2000 年 3 月
　　　　张　军　2000 年 3 月~2002 年 7 月
　　　　陆云山　2002 年 7 月~2006 年 4 月
　　　　陆　翔　2006 年 4 月~2006 年 12 月

蒋　芃　2006年12月~2008年9月
欧阳克海　2009年6月~2009年8月
冷　安　2009年11月~2011年1月
张　军　2011年1月~
副主席　郝冬铭　2000年3月~2002年7月
季　平　2002年7月~2009年6月
袁一华　2009年6月~2009年10月
王晓梅　2013年9月~

六、中广有线信息网络有限公司南通分公司工会

主　席　陈文汇　2005年10月~2007年12月
任屹梅　2008年3月~2011年7月
韩卫星　2011年7月~2013年6月
袁士刚　2013年6月~
副主席　徐　萍　2005年12月~2011年5月
周　玲　2007年3月~2013年5月
戴　俭　2011年11月~

七、南通醋酸纤维有限公司工会

主　席　杨纯辉　1990年1月~1994年8月
姚桂生　1995年9月~2001年11月(1994年8月~1995年9月工会负责人)
徐晓新　2001年11月~2003年4月
冯　树　2003年5月~2006年5月
钟　朝　2009年11月~2014年9月
韩振武　2014年9月~
副主席　郭金城　1995年9月~2001年8月
王泽明　1999年6月~2006年3月
邹　同　2001年8月~2009年11月(2006年5月~2009年11月主持工作)
顾林晖　2006年3月~2013年1月
赵云峰　2009年11月~
陈德萱　2014年9月~

八、南通烟滤嘴有限责任公司工会

主　席　杨之静　1990年1月~1992年8月
王晓美　1996年1月~2003年4月
杨之静　2003年7月~2006年12月
杨　军　2007年7月~2008年11月
朱佩华　2008年11月~2012年3月

陆红春　2012年3月~

副主席　肖志祥　1990年1月~1996年1月(1992年9月~1996年1月主持工作)

朱佩华　1996年1月~2008年11月

九、江苏省烟草公司南通市公司工会

主　席　张　健　2006年4月~2009年8月

江　泓　2013年1月~

副主席　蔡光荣　1992年5月~1997年7月

曹　宁　1999年8月~2003年4月

张　健　2003年12月~2009年8月

十、南通海事局工会

主　席　钱世民　2001年8月~2006年8月

孙敬东　2006年8月~2011年4月

王　新　2011年4月~2014年9月

承　海　2014年9月~

副主席　丁　宁　2014年9月~

十一、南通监狱工会

主　席　尹　林　1998年9月~2005年8月

顾亚东　2011年3月~

副主席　尹　林　1990年11月~1998年9月

邵良泉　1997年12月~2009年11月

张武斌　2009年11月~2010年6月

王惠民　2010年6月~2012年4月

李德新　2012年4月~

十二、江苏省南通女子监狱工会

副主席　袁维荣　2007年7月~

十三、南通供电公司工会

主　席　韩永亮　1992年3月~2003年12月

施天明　2004年1月~2009年12月

王　军　2010年1月~2012年5月

蔡　钧　2012年5月~2013年12月

副主席　韩永亮　1990年1月~1992年3月

顾圣忠　1999年11月~2001年11月

顾圣忠　2004年9月~2010年7月

周燕褕　2007年7月~2014年9月
李卫军　2014年9月~

十四、南通天生港发电有限公司工会

主　席　唐学丰　1990年1月~1992年10月
陈炎华　1992年10月~2006年7月
周子文　2007年2月~2010年1月
徐生俊　2010年1月~2013年4月
沈新忠　2013年4月~
副主席　陈金珍　1992年10月~1998年9月
沈新忠　2006年6月~2013年4月

十五、华能南通发电有限责任公司工会

主　席　沈文平　1998年7月~2001年12月
吴国全　2004年5月~2009年3月
郑　权　2009年8月~2012年10月
李宏文　2013年3月~
副主席　樊发文　1994年8月~1998年5月(1990年3月~1994年7月工会负责人)
施志峰　1998年11月~2004年4月
李　燕　2004年5月~2012年12月
孙志荣　2013年3月~

十六、江苏大唐国际吕四港发电有限责任公司工会

主　席　徐宏瑞　2009年12月~2012年12月
刘洪洋　2012年12月~

十七、南通中远船务工程有限公司工会

主　席　陈景豹　1991年12月~1999年2月
傅振茂　1999年2月~2002年8月
薛文贵　2004年6月~2005年4月
赵传琴　2005年4月~2007年6月
尹克智　2007年6月~2008年3月
徐如林　2008年3月~

十八、南通中远川崎船舶工程有限公司工会

主　席　姚建新　1996年12月~2012年12月
杨易川　2013年11月~2014年12月
副主席　金又专　2008年12月~

仇　挺　2014年12月~

十九、南通中远重工有限公司工会(原南通中远船舶钢结构公司,2012年1月更名)

主　席　郭伯杰　1993年6月~1996年12月
　　　　陈景豹　1996年12月~2006年2月
　　　　陆廷坤　2006年2月~2009年2月
　　　　曹　祁　2009年2月~2014年5月
　　　　陆廷坤　2014年5月~

二十、南通中远船务自动化有限公司工会

主　席　顾红全　2008年2月~

二十一、南通远洋船舶配套有限公司工会

主　席　张　震　2006年7月~2010年4月
　　　　刘　斌　2010年5月~

二十二、南通淄柴船舶(中水海狮)机械公司工会

主　席　杨孔太　1990年1月~1996年8月
　　　　王学明　1996年8月~2000年12月
　　　　陈　琳　2013年12月~
副主席　江治生　1992年1月~2013年12月
　　　　葛春晖　1992年1月~1996年8月
　　　　褚云龙　2001年1月~2013年12月(主持工会工作)

二十三、南通宝钢钢铁有限公司工会

主　席　陆德衍　1992年8月~1994年12月
　　　　王振明　1995年1月~2006年7月
　　　　蔡永江　2006年11月~2011年9月
　　　　刘卫东　2011年9月~

二十四、南通江海通集团公司工会

主　席　崔世兰　2008年12月~2011年12月
　　　　张盛宏　2011年12月~2014年12月
　　　　崔世兰　2014年12月~
副主席　陈光华　1990年1月~2005年7月(主持工会工作)
　　　　崔世兰　2005年8月~2008年12月(主持工会工作)
　　　　崔世兰　2011年12月~2014年12月

二十五、中国外运江苏集团公司工会

主　席　周炳康　2003 年 1 月~2014 年 12 月

二十六、中国外运长江有限公司工会

主　席　葛卫翔　2003 年 1 月~2012 年 9 月
　　　　高海燕　2012 年 10 月~

二十七、南通大学附属医院工会

主　席　张其恭　1992 年 4 月~2000 年 5 月
　　　　刘俊华　2000 年 5 月~2010 年 8 月
　　　　管怀进　2011 年 3 月~
副主席　高志兰　1992 年 4 月~2000 年 5 月
　　　　邵焕坤　1992 年 4 月~1998 年 10 月
　　　　刘俊杰　2000 年 5 月~2010 年 8 月(1998 年 10 月~2000 年 4 月工会负责人)
　　　　王旭光　2000 年 5 月~2010 年 8 月
　　　　丁　霞　2011 年 3 月~　（2010 年 8 月~2011 年 2 月工会负责人）
　　　　曹　苏　2011 年 3 月~

二十八、南通石油分公司工会

主　席　曹文元　1990 年 1 月~1994 年 1 月
　　　　成　忠　1996 年 2 月~1999 年 3 月
　　　　刘志明　2000 年 5 月~2003 年 2 月
　　　　朱建超　2003 年 2 月~2005 年 1 月
　　　　王跃兵　2005 年 1 月~

二十九、江苏省盐业集团南通有限公司(盐务局)工会

主　席　范秉权　1990 年 1 月~1995 年 4 月
　　　　王士忠　1996 年 5 月~2004 年 3 月
　　　　陈瑞林　2004 年 3 月~2006 年 2 月
　　　　时志福　2006 年 2 月~2009 年 7 月
　　　　张汉生　2009 年 7 月~
副主席　乐丽嘉　1995 年 5 月~1996 年 6 月
　　　　郑述杰　2006 年 2 月~2007 年 7 月
　　　　俞宝进　2007 年 8 月~2013 年 4 月

张耀先　2012年5月~2013年4月

陆智星　2013年5月~

三十、南通市煤炭工业公司工会

主　席　杨振祖　1990年1月~1994年5月

王顺元　1994年6月~2006年6月

黄　静(兼)2006年7月~

三十一、南通八佰伴商贸股份有限公司工会(1993年9月前为南通百货大楼,1993年10月~2010年5月为南通百货大楼股份有限公司,2010年6月现名)

主　席　唐淑云　1990年1月~1997年9月

巫仲尧　2007年1月~

副主席　杜翔翔　1997年10月~2010年6月

三十二、金鹰国际购物中心南通分店工会

主　席　袁思扬　2001年1月~2009年2月

吴忠东　2012年6月~

副主席　万　华　2005年10月~2009年3月

林　霞　2009年3月~2013年2月

马德莲　2014年6月~

三十三、南通苏宁电器有限公司工会

主　席　毛爱民　2002年7月~2003年6月

王建辉　2003年7月~

三十四、南通通润发超市有限公司工会

主　席　张泳芳　2003年9月~

副主席　韩　雷　2003年9月~2004年7月

凌江燕　2011年2月~2014年3月

三十五、南通三德大酒店有限公司工会

主　席　朱丛森　2003年12月~2012年11月

高树默　2012年11月~

副主席　胡保红　2003年12月~2012年11月

周　赟　2012年11月~

三十六、康佳集团股份有限公司南通分公司工会

主　席　黄　莉　2003年5月~2011年8月
　　　　陶建平　2011年9月~

三十七、苏州肯德基有限公司南通工会

主　席　昝旭东　2007年11月~

三十八、江苏五星电器有限公司南通分部工会

主　席　张　炜　2009年12月~2010年5月
　　　　张海燕　2010年6月~2012年3月
　　　　严　莉　2012年4月~

三十九、南通国美电器有限公司工会

主　席　金　霞　2013年8月~
副主席　李忠有　2013年8月~

四十、中国银行业监督管理委员会南通监管分局工会

主　席　周　卉　2006年6月~2010年3月
　　　　徐卫兵　2010年3月~

四十一、中国人民银行南通市中心支行工会

主　任　郁忠昌　1999年4月~1999年5月
　　　　周　卉　1999年5月~2003年12月
　　　　陈旭之　2005年7月~2010年9月
　　　　张国建　2010年10月~2014年9月

四十二、中国银行股份有限公司南通分行工会

主　席　张洪志　2002年11月~2009年11月
　　　　宿长兵　2009年12月~2012年7月
　　　　朱桂阳　2012年8月~2013年8月
　　　　祁　斌　2013年9月~
副主席　葛茂荣　1998年10月~2006年2月
　　　　保克震　2006年3月~2013年8月
　　　　李　坚　2013年9月 ~

四十三、中国工商银行南通分行工会

主　席　刘圣明　1990年1月~1992年3月
　　　　王庙和　1992年3月~1995年4月
　　　　朱亦华　2004年2月~2008年1月

唐　虹　2008 年 2 月~

副主席　樊　进　1994 年 3 月~2000 年 3 月

吴秀梅　1995 年 5 月~2000 年 9 月

祁泽珊　2000 年 10 月~2006 年 1 月

张红兵　2006 年 2 月~2011 年 1 月

江宝祥　2007 年 2 月~

周宝宁　2010 年 3 月~

王金华　2011 年 2 月~

四十四、中国农业银行南通分行工会

主　席(主　任)　王永仪　1993 年 5 月~1999 年 6 月(1991 年 2 月~1993 年 4 月为工会负责人)

陆俊生　1999 年 7 月~2002 年 3 月

黄建华　2002 年 10 月~2010 年 10 月

吴瑞祥　2010 年 11 月~2012 年 3 月

徐小飞　2012 年 5 月~

副主席(副主任)　钱焕新　1990 年 1 月~1993 年 4 月

沈建宁　2002 年 4 月~2010 年 10 月

环　玮　2010 年 11 月~

四十五、中国建设银行股份有限公司南通分行工会

主　席(主　任)　刘逸晨　2011 年 11 月~2013 年 5 月

江山红　2013 年 6 月~

副主席(副主任)　成开棣　1990 年 1 月~1992 年 9 月

陈筱云　1992 年 9 月~1998 年 3 月

达　华　1998 年 3 月~2006 年 4 月

赵　坚　2006 年 4 月~2009 年 12 月

黄士辉　2009 年 12 月~2014 年 12 月

朱宏奇　2014 年 12 月~

四十六、交通银行南通分行工会

主　席　顾友龙　1996 年 8 月~2003 年 1 月

卢国华　2003 年 1 月~2007 年 3 月

蓝汉仁　2007 年 3 月~2012 年 10 月

李森林　2012 年 10 月~2014 年 1 月

许勇兵　2014 年 2 月~

副主席　卢国华　1996 年 8 月~2003 年 1 月

张朝平　2003 年 1 月~2012 年 10 月

叶　鸣　2012年10月~

四十七、江苏银行股份有限公司南通分行工会(2007年前为南通城市商业银行)

主　席　周素英　1997年5月~2002年2月
　　　　周宏坤　2002年2月~2011年10月
　　　　赵长亮　2011年10月~

四十八、上海浦东发展银行股份有限公司南通分行工会

主　席(主　任)　钱守琴　1998年12月~2003年3月
　　　　　　　　施建辉　2003年4月~2012年3月
　　　　　　　　茅新平　2012年4月~
副主席(副主任)　程　艺　1998年12月~2013年3月
　　　　　　　　王　军　2013年4月~
　　　　　　　　陈广明　2014年4月~

四十九、中国农业发展银行南通市分行工会

主　席　丁　铭　1996年9月~2009年3月
　　　　陈梦蒙　2009年3月~2010年6月
　　　　陈履庭　2010年6月~2012年10月
　　　　田日存　2012年10月~2013年11月
　　　　易曹群　2013年11月~

五十、中信银行南通分行工会

主　席　杨　勇　2009年2月~2010年12月
　　　　徐洪涛　2010年12月~

五十一、招商银行股份有限公司南通分行工会

主　席　张逸林　2008年12月~

五十二、兴业银行股份有限公司南通分行工会

主　席　陈　培　2010年3月~

五十三、广东发展银行南通分行工会

主　席　樊善斌　2012年3月~2014年3月
　　　　唐晓锡　2014年3月~

五十四、浙商银行南通分行工会

主　席　王钦佩　2013年4月~

五十五、中国人民财产保险南通分公司工会

主　席　薛志明　1996年4月~2005年6月
　　　　李亚平　2005年6月~2007年12月
　　　　蒋浩宇　2007年12月~2009年7月
　　　　孙如南　2009年7月~2010年1月
　　　　杨卫刚　2010年1月~

五十六、中国人寿保险南通分公司工会

主　席　张建华　2003年4月~2005年4月
　　　　刘　峰　2005年4月~2007年4月
　　　　徐展华　2007年4月~2007年9月
　　　　施　政　2007年9月~2011年6月
　　　　耿德新　2011年6月~

五十七、中国太平洋财产保险股份有限公司南通中心支公司工会

主　席　陈开宗　1997年10月~2000年8月
　　　　野树明　2000年8月~

五十八、中国太平洋人寿保险股份有限公司南通中心支公司工会

主　席　王　欣　2002年10月~2014年1月
　　　　朱　敏　2014年2月~
副主席　周绍通　2002年10月~2014年1月

五十九、中国平安财产保险股份有限公司南通中心支公司工会

主　席　胡晓萍　1997年8月~

六十、中国平安人寿保险股份有限公司南通中心支公司工会

主　席　黄慧清　2006年6月~2009年6月
　　　　陈　杰　2009年6月~
副主席　朱桂芳　2006年6月~2009年6月
　　　　吕　疆　2009年6月~

六十一、平安保险代理有限公司南通分公司工会

主　席　周　琴　2014年5月~
副主席　金　艳　2014年5月~

六十二、天安保险股份有限公司南通支公司工会

主　席　徐爱军　1998 年 3 月~2010 年 12 月
　　　　冯　骥　2011 年 1 月~

六十三、大众保险股份有限公司南通中心支公司工会

主　席　唐德林　2003 年 1 月~2008 年 10 月
　　　　孙宏兵　2008 年 10 月~2009 年 9 月
　　　　龚　平　2009 年 10 月~2012 年 11 月
　　　　顾冠英　2012 年 12 月~

六十四、太平人寿保险有限公司南通中心支公司工会

主　席　顾锦松　2011 年 7 月~2014 年 4 月
副主席　孙军清　2007 年 5 月~2013 年 2 月
　　　　吴立新　2013 年 2 月~2013 年 4 月
　　　　潘宏鸣　2014 年 4 月~

六十五、恒安标准人寿保险有限公司南通营销服务部工会

主　席　黄玉峰　2012 年 7 月~

六十六、江苏省水文水资源勘测局南通分局工会

主　席　汤纪新　1990 年 1 月~1996 年 6 月
　　　　蔡志高　1996 年 6 月~2014 年 11 月
　　　　杨柳俊　2014 年 11 月~
副主席　叶建华　1996 年 6 月~2007 年 10 月

六十七、江苏沿江地区农业科学研究所南通市农业科学研究院工会

主　席　高宇人　1990 年 1 月~1994 年 9 月
　　　　黄云星　1994 年 9 月~1999 年 12 月
　　　　胡加如　1999 年 12 月~
副主席　石来玉　1990 年 1 月~1999 年 12 月
　　　　冯新民　2007 年 12 月~

六十八、南通市粮棉原种场工会

主　席　钱选达　1990 年 1 月~2000 年 11 月
　　　　朱永余　2000 年 12 月~2004 年 4 月
　　　　于吉芳　2004 年 4 月~2013 年 1 月
　　　　钱　冲　2013 年 1 月~

副主席　钱　冲　2004年4月~2013年1月

六十九、南通市节制闸管理所工会

主　席　缪　庆　1996年5月~2008年4月
刘妙金　2008年4月~2012年8月
薛　梅　2012年8月~

七十、南通市九圩港闸管理所工会

主　席　徐汉初　1990年1月~1996年5月
周建国　1996年5月~2008年5月
陈国华　2008年5月~
副主席　周建国　1990年1月~1996年5月
刘美华　2008年5月~2013年6月
杨卫星　2013年7月~

七十一、南通市区涵闸管理中心工会

主　席　刘春燕　2008年9月~2014年11月
施燕梅　2014年12月~

七十二、南通市蔬菜科学研究所工会

主　席　张锦星　1992年8月~1995年8月
单永芬　1997年9月~2007年4月
刘　燕　2007年4月~
副主席　陈茂芳　1990年1月~1992年8月
单永芬　1992年8月~1997年9月

七十三、江苏三友集团股份有限公司工会(原南通友谊服装厂)

主　席　谢金华　1990年10月~2005年6月
姚海燕　2005年6月~2008年4月
蔡国新　2008年4月~

七十四、江苏狼山钢绳股份有限公司工会(原南通钢丝绳厂)

主　席　李鸿德　1990年1月~1990年12月
施正熙　1991年1月~1992年1月
陆玉明　1992年1月~2003年7月
石　林　2003年8月~2012年7月

梁立跃　2012年8月~

副主席　孙耀东　1992年1月~

七十五、江苏冠达集团股份有限公司工会(原南通制帽厂)

主　席　周维庆　1990年1月~1996年1月

葛强华　1996年2月~2000年1月

陈放华　2000年1月~2006年5月

副主席　李亚山　2006年5月~2010年12月

倪　芳　2006年5月~2010年12月

七十六、南通柴油机股份有限公司工会(原南通柴油机厂)

主　席　马龙田　1990年1月~1994年11月

周安定　1994年12月~2009年10月

陆新平　2010年8月~

副主席　卢培民　2009年11月~2014年6月

梅广生　2014年12月~

七十七、南通万达锅炉股份有限公司工会(原南通锅炉厂)

主　席　顾金铭　1990年1月~1997年9月

蒋顺清　1997年10月~2003年12月

曹家仁　2004年1月~2010年2月

张智斌　2010年3月~

副主席　蒋顺清　1990年1月~1997年9月

曹家仁　1997年10月~2003年12月

王　展　2010年3月~2011年8月

邵晓彬　2011年9月~

七十八、南通中集顺达集装箱有限公司工会

主　席　周淦生　1993年8月~2010年10月

袁文清　2010年10月~

副主席　吴德跃　1993年8月~2004年3月

郭志华　1993年8月~

罗义顺　2010年10月~

七十九、南通华达微电子有限公司工会

主　席　赵　霞　1997年10月~

八十、南通富士通微电子有限公司工会

主　席　仲美玲　1997年10月~2013年10月
　　　　　张　洞　2013年11月~
副主席　戴锦文　2013年11月~

八十一、江苏宝灵化工股份有限公司工会(原南通染化厂)

主　席　张大安　1990年1月~1992年10月
　　　　　刘夕汉　1992年 11月~2014年9月
　　　　　胡卫平　2014年10月~
副主席　周　颖　2014年10月~

八十二、南通耀荣玻璃股份有限公司工会(原南通玻璃一厂)

主　席　戎九柱　1990年1月~1997年1月
　　　　　胡广俊　1997年1月~2002年3月
　　　　　孙培良　2002年4月~2002年6月
　　　　　吉　雄　2002年6月~2010年4月
副主席　朱桂年　1990年1月~2005年2月
　　　　　崔永宁　2005年3月~2010年11月
　　　　　崔　忠　2010年12月~2013年5月(主持工会工作)

八十三、南通大伦化工有限公司工会(原南通磷肥厂)

主　席　高跃田　1990年1月~1995年6月
　　　　　黄桂生　1995年7月~2010年1月
　　　　　沈建华　2010年2月~
副主席　余永年　1990年1月~1992年1月
　　　　　黄桂生　1992年2月~1995年6月
　　　　　沈建华　1995年7月~2010年1月

八十四、精华制药集团股份有限公司工会

主　席　吉正坤　2005年12月~

八十五、南通星辰合成材料有限公司工会(原南通合成材料厂)

主　席　唐仁瑞　2003年10月~2009年12月
　　　　　惠洪涛　2009年12月~

八十六、南通建工集团股份有限公司工会(原南通建筑安装总公司)

主　席　沈洪波　1995年1月~2011年6月
　　　　　李卫东　2011年6月~
副主席　宋德曜　1990年1月~1995年2月

沈洪波　1992年5月~1995年1月
金万昌　1998年6月~2006年5月
曹达仁　2011年6月~

八十七、南通市朝阳加油(气)站管理服务公司工会

主　席　张姝娥　2014年6月~

八十八、江苏华电通州热电有限公司工会

主　席　冷　寅　2014年5月~

第四章 县(市)区总工会

南通市辖区内有海安县、如皋市、如东县、海门市、启东市、通州区、崇川区、港闸区、南通经济技术开发区9个县(市)区总工会。

第一节 海安县总工会

1949年11月,海安县职工总会成立。1950年12月,海安县总工会成立。截至2014年末,全县建立工会组织2464个,会员25.38万人。建会单位职工总数25.59万人,入会率99.18%。

海安县总工会始终坚持为地方经济发展和社会进步服务,为企业生产和职工工作生活服务,不断创新工作方式方法,多项工作走在全省乃至全国前列。

1996年,海安县总工会会同劳动部门在曲塘、海安两镇建立劳动关系协调组织。2001年起,海安县总工会创新工会经费收缴方式,建立委托代收机制,分别委托财政局、税务局、建筑系统代收工会经费,其效果显著,获江苏省工会工作创新成果奖。2002年起,海安县总工会在南通市率先推行乡镇工会会员代表大会代表常任制,乡镇工会会员代表大会由过去3至5年召开一次改为每年召开一次,会员代表任期与代表大会届期一致,闭会期间,会员代表继续履职。会员代表大会代表常任制的经验在全国总工会召开的会议上作介绍。

2003~2008年,海安县总工会组织近10万名职工参加全国职工安全生产知识电视培训。国务院总理温家宝先后三次作出批示。2005年5月,全国总工会和国家安全生产监督管理总局发出《关于推广"江苏海安县经验"继续在全国开展职工安全生产知识电视培训活动的通知》,在全国推广海安做法。

2004年10月25日,中国致公党名誉副主席杨纪珂(右)在海安县总工会主席段仁贵(左)陪同下视察企业职工安全生产知识考试现场

2004年8月,海安县总工会率先在海安镇成立全省首家镇级总工会,开创江苏省乡镇工会组织体制创新先河,获省总工会"首创成果奖"和"江苏省工会工作创新先进单位"荣誉。2006年6月,海安县总工会获全国五一劳动奖状。2005~2007年,全省开展创建工会工作模范市、县(市)区活动,在首轮考核评比中,海安县总工会在评出

的十个工会工作模范县(市)中名列第一。2011 年,海安县总工会出台《关于区镇工会标准化建设的实施意见》,明确镇级工会建设的统一标准。2013 年末,全县十个镇达到"六好"标准。获全国总工会 2013 年度工会基层组织建设创新成果三等奖。

2004 年 12 月起,海安县总工会从工作实绩、思想道德风尚、文化建设、民主管理、机构环境、领导班子、中心工作七个方面着手开展文明单位创建活动,2007 年 5 月和 2008 年 1 月先后获南通市、江苏省文明单位称号,2011 年 12 月,获"全国文明单位"荣誉,成为全国县级工会首家、江苏省工会系统唯一获此荣誉的单位。

此外,海安县总工会出台《关于推行基层工会主席直选制的实施意见》,全面推行基层工会干部直选;率先推出职工事务工会干部(会员代表)代理制,建立区镇、街道(村、社区)、企业三级代理网络; 获全国总工会 2012 年度工会基层组织建设创新成果二等奖。

海安县总工会主席、副主席(领导班子成员)及任期

主　席	王普天	1990 年 1 月~1997 年 3 月	
	华秀清	1997 年 4 月~2000 年 4 月	
	段仁贵	2000 年 4 月~2010 年 8 月	
	周于红	2010 年 8 月~	
副主席	许正涵	1990 年 1 月~1991 年 9 月	
	丁传善	1990 年 1 月~2000 年 4 月	
	仲建华	1991 年 9 月~1998 年 10 月	
	吴宝林	1995 年 11 月~2002 年 9 月	
	任积如	1998 年 11 月~2005 年 4 月	
	郭宝余	2000 年 1 月~2006 年 2 月	
	唐仁惠	2002 年 9 月~	
	颜修龙	2003 年 3 月~2007 年 3 月	
	黄志平	2006 年 3 月~	(2011 年 5 月起任党组书记)
	刘静荷	2007 年 4 月~2010 年 2 月	
	周颖亚	2007 年 9 月~2012 年 1 月	
	王宏来	2010 年 11 月~	

第二节　如皋市总工会

1950 年 5 月,如皋县第一次职工代表大会召开,如皋县总工会成立。1991 年 2 月,如皋撤县建市,是年 6 月,如皋市总工会成立。截至 2014 年末,全县建立二会组织 3133 个,会员 29.66 万人。建会单位职工总数 29.95 万人,入会率 99%。

1994 年 4 月, 南通市首家劳动模范补充保险基金会和首家县级职工友爱互助储金会在如皋市成立。自 1999 年起,如皋市总工会组织市级机关 80 多个部门与特困职工开展结对帮扶。2012 年起，主动联系高校，建立联动救助机制，联合开展困难学子关爱行动。对部分特困职工子女进行励志教育，引导他们自强不息，战胜家庭暂时困难。

2008 年 5 月，如皋市总工会联合市劳动保障、司法等部门建立劳动争议调解中心和镇级劳动争议调解工作站，在全国率先建立专项劳动争议调解工作新模式，开创“提前介入法、多方联动法、案结事了法、宏观处理法、代为支付法、标本兼治法”的“调解六法”，2009 年该做法被新华社内刊转载，全国总工会副主席张鸣起作出批示。

2009 年 12 月，全国首个“工会流动会员之家”在江苏南通六建建设集团有限公司北京公司成立，依托“工会流动会员之家”，对如皋籍驻北京企业的工会会员进行服务与管理。全国总工会基层组织建设部副部长杨洪林和省总工会副主席张鸿生出席揭牌仪式。省人大常委会副主任、总工会主席张艳对这一创新举措给予高度评价，称之“破解了全国工会工作的难题”。2014 年，全国政协副主席卢展工赴如皋“六建”南通工地考察时，称赞“两个跟着走”（工会建会跟着工程走，劳动保护监督跟着项目走）的做法，切实打造了维护农民工的安全网。

2010 年，如皋市总工会开展基层工会会务公开工作试点，促进工会工作民主化、规范化，2012 年实现全覆盖，提升基层工会凝聚力。全国总工会基层组织建设部部长郭稳才、副部长张晓辉到如皋市调研。此外，如皋市总工会建立以“工代会年会制”和“工代会代表任期制”为核心内容的县级工代会代表常任制的经验，被南通市总工会在全市进行推广，并在 2014 年全国基层组织工作会议上作交流。

2011 年，如皋市总工会组织 20 家大型企业建立企业内刊协作组，制定章程，开展评比活动。2012 年，如皋市总工会承办“全省职工第三届读书月启动仪式和职工文化企业文化推进现场会”。如皋市职工业余文工团及两个企业职工文工团分别到维也纳和香港演出。

2012 年 8 月，如皋市总工会、江苏熔盛重工有限公司成功承办全国职工焊接技能大赛，这是首次由县级承办的全国职工技能大赛。

2012 年 8 月 22 日，第四届全国职工职业技能大赛“熔盛杯”焊工决赛开幕式在如皋市举行，全国总工会原书记处书记、中国职工焊接技术协会荣誉理事长李永安（中），江苏省人大常委会副主任、省总工会主席张艳（右二）等领导出席开幕式并共同启动大赛幸运杆

2013 年 11 月,如皋双钱轮胎有限公司"做示范员工、建示范机台、创示范班组"的班组建设活动经验,在全国班组建设会议上作典型发言。

此外,如皋市总工会大力宣传如皋邮政局 137"爱心邮路";联合市邮政局实施"普法信使暨普法邮路通万家"工程及"职工心声"邮路;积极开展和谐企业创建活动;建立住房共有制,帮助困难职工解决购房暂时困难;编印《企业参阅》,免费赠送党政工负责人。2014 年 5 月,全国总工会副主席刘国中来如皋市调研时,称赞如皋工会的特色与亮点工作可复制、可推广。

如皋市总工会主席、副主席(领导班子成员)及任期

主　席	李慧宏	1990 年 1 月~1994 年 7 月
	王学桂	1994 年 7 月~1998 年 3 月
	朱　阳	1998 年 3 月~2007 年 12 月
	刘建明	2007 年 12 月~
副主席	洪美兰	1990 年 1 月~1999 年 12 月
	陈建中	1990 年 1 月~1993 年 1 月
	朱　阳	1994 年 12 月~1998 年 3 月
	祝祯祥	1994 年 12 月~2008 年 4 月
	环俊仁	1997 年 1 月~2001 年 9 月
	张维嘉	1999 年 2 月~2008 年 8 月
	夏正国	2002 年 3 月~2003 年 3 月
	周维国	2002 年 3 月~2010 年 2 月
	杭　俊	2005 年 4 月~2007 年 12 月
	王桂兰	2005 年 4 月~2007 年 12 月
	曹　蓉	2008 年 3 月~
	范迪平	2008 年 3 月~
	瞿　进	(不驻会)2009 年 2 月~
	陈福南	2010 年 1 月~
	周维宽	2010 年 2 月~
	沙旭宇	2012 年 3 月~

第三节　如东县总工会

1949 年,苏北如东县总工会筹备委员会成立,1950 年 3 月,如东县工会第一次代表大会在马塘召开,如东县总工会成立。截至 2014 年末,全县建立工会组织 1626 家,会员 22.17 万人,建会单位职工总数 22.35 万人,入会率 99.19%。

如东县总工会广泛开展社会主义劳动竞赛和合理化建议、技术交流、技术协作、技术培训等活动。1996 年 11 月,县职工技协被全国总工会授予全国职工技协先进集体。

1999 年 11 月，南通东昌化工有限公司"甘氨酸乙酯盐酸盐"项目被表彰为全国职工重大技术成果。2008 年 4 月，高梅芳、于海军、齐寒的三项创新成果被全国总工会表彰为"全国职工节能减排优秀合理化建议"。

2000 年 3 月，如东县总工会努力拓展宏观参与渠道，在全国率先建立工会与人大联席会议制度。这项制度的建立在全省工会工作会议上作介绍。省总工会下发《江苏省乡镇工会工作暂行规定》，要求全省所有乡镇工会都要与同级人大建立联席会议制度。《人民代表报》《工人日报》《中国工运》江苏电视台对如东县总工会与县人大联席会议制度予以关注报道。新华出版社出版《第一南通》一书，专版列载"全国第一个建立人大与工会联席会议制度的县——如东县"。扎实推进全县非公企业"党建带工建"工作，工会与党组织在非公有制企业推行组织联建、工作联动、活动联创。2013 年 8 月，县总工会被全国总工会表彰为全国新建企业工会组建工作先进单位。

2002 年 6 月，如东县总工会在全省率先出台《如东县改制企业计提、剥离资金（资产）管理办法》，被评为"2002~2003 年度江苏省工会工作创新成果"。

如东县掘港镇总工会普遍推行基层工会主席直选制度，扩大工会民主，其经验得到省总工会肯定。

2010 年 7 月，如东县总工会新建如东县职工服务中心，该中心占地 18 亩、建筑面积 2.2 万平方米。中心内有广州金逸集团投资 1500 万元建设，可同时容纳 800 人的影视中心；有职工培训中心，大小教室 4 个；有职工阅览中心，获"全国职工书屋"荣誉称号；有投资 1600 万元重点打造的如东县职工体检中心，每年有 5 万职工享受免费体检。中心前面的五一广场成为群众健身休闲的好场所，县总工会等部门连续多年在此举办职工文化艺术节，每届均有 8~10 台节目，观众均达数万人。江苏省总工会领导把如东县职工服务中心建设作为标本在全省县级工会中重点推介，省内外 20 多家兄弟单位到如东考察。

如东县职工体检中心每年为职工开展免费健康体检

2014 年起，如东县总工会每年开展"最美职工"评选活动，每年评选 10 人。

如东县总工会主席、副主席（领导班子成员）及任期

主　席	吴义华	1990 年 1 月~1997 年 12 月
	蔡瑞平	1997 年 12 月~2008 年 2 月
	陈　斌	2008 年 2 月~2012 年 2 月
	陶卫忠	2012 年 2 月~
副主席	王学高	1990 年 1 月~1995 年 2 月

刘红秀　1990年1月~2003年3月
陈嘉山　1990年1月~1997年12月
华子裕　1995年2月~1996年12月
王鹤声　1997年12月~2000年5月
张文山　1998年1月~2008年9月
王新华　2000年3月~2008年9月
尤建鸿　2004年4月~2009年1月
邓　华　2008年2月~
汤九海　2008年10月~
尹德利　2009年1月~
葛亚华　2013年3月~

第四节　海门市总工会

1950年2月海门县总工会成立。1994年6月,撤县建市后更名为海门市总工会。截至2014年末,全市建立工会组织2389个,会员26.89万人。建会单位职工总数26.93万人,入会率99.84%。

工资集体协商　从2001年起,海门市总工会尝试推行行业工资集体协商工作,这一做法在全国集体合同工作经验交流会上作介绍,并于2005年获评全省工会工作创新成果奖。2006年9月,海门市总工会推出全省首份由劳务派遣单位、工会和用人单位、工会"四方"签订的劳务派遣集体合同。2011年,海门市总工会在全市大中型企业中开展企业工资集体协商职工论坛试点。2012年,海门市总工会总结推广行业工资集体协商十大流程操作法,被评为"2012年度江苏省企业民主管理创新成果"一等奖。2012年4月,全省行业工资集体协商工作现场推进会在海门召开。2013年3月,海门市总工会在三厂工业园区探索建立全国首家镇级工资协商指导站。历经十多年的探索实践,截至2014年末,全市有19个乡镇以及服装、印染、化工等10大市级行业陆续建立行业工资集体协商制度,累计覆盖企业近1100家,惠及职工8.8万余人。

2012年4月19日,海门市总工会在企业举办工资协商职工论坛

工会宣传　2008年4月,海门市总工会依托地方报《海门日报》,创刊《海门工人》专版。该专刊以"服务职工,构建和谐"为办刊宗旨,每月一期,设置"综合新闻、工会在线、劳模风采、工人天地"4个版面。截至2014年末,共出版104期。

基层工会建设　2013年,海门

市总工会创新完善镇级工会组织体制，推行镇级工会干部配备"1+2+N"的新模式，"1"是指镇(街道、园区)党(工)委副书记兼任工会主席，"2"是指同时配备1名专职工会副主席和1名专职工会干事，"N"是指配备2~3名兼职工会副主席。2013年11月，全国总工会党组书记、副主席、书记处第一书记陈豪作出批示："海门市总工会加强镇(街道、园区)工会及干部队伍建设的经验值得总结推广"。是年12月，全国总工会副主席范继英率队到海门市调研，对海门的做法给予肯定。2014年11月，全国乡镇(街道)工会工作现场观摩交流会在海门市召开。1+2+N模式获评2014年度全总基层组织建设创新成果一等奖。

劳动竞赛和劳动保护 从1997年起，市总工会每年举行万人劳动竞赛。在全省首创工会劳动保护监督检查员片区服务站，2014年6月，省总工会在海门召开工会劳动保护监督检查员片区服务站现场推进会，推广海门的创新做法。

此外，1993~1996年，海门市工人文化宫开展文化扶贫活动，开展流动图书箱和送影送戏到工厂的活动；举办缝纫、计算机、烹饪、家电、美容等各类培训班40余期，为下岗人员创造再就业的机会；1999年，海门市总工会加强工会民主政治建设，开展评议整顿基层工会的经验，在南通市推广。

海门市总工会主席、副主席(领导班子成员)及任期

主　席	黄洪洲	1990年1月~1990年4月
	冯德轩	1990年5月~2001年10月
	管云山	2001年10月~2012年6月
	顾玉琴	2012年6月~
副主席	冯德轩	1990年1月~1990年4月
	陈洪英	1990年1月~1998年2月
	张锡山	1990年1月~1998年2月
	陈冠忠	1993年5月~1999年2月
	黄荣美	1995年8月~2000年2月
	徐银江	1995年8月~2003年4月
	杨志香	1996年9月~2000年2月
	陈建明	1999年2月~2003年4月
	钱卫江	2000年2月~
	张　萍	2001年10月~2005年9月
	蔡进林	2004年3月~2008年3月
	吉兆华	2005年3月~2009年2月
	徐　红	2006年9月~
	黄水新	2010年2月~
	冯　新	2014年3月~(不驻会)
	杨慰华	2014年3月~(不驻会)
	叶剑生	2014年3月~(不驻会)

第五节　启东市总工会

1951 年 1 月启东县总工会成立。1989 年 11 月，撤县建市后更名为启东市总工会。截至 2014 年末，全市建立工会组织 2147 个，会员 24.30 万人。建会单位职工总数 24.76 万人，入会率 98.14%。

基层组织建设　启东市总工会推进工会组建，1997 年在南通市各县（市）中率先实现所有乡镇全部建立私营企业工会联合会。从 2002 年起，市总工会在全市推行基层工会主席直选，推进工会民主政治建设。2004 年，在市、镇两级设立流动工会会员会籍管理中心，吸纳、接转流动会员会籍关系。该做法获全国工会基层组织建设创新成果二等奖。

构建和谐劳动关系　2007 年 2 月，启东市总工会在全省创新开展创建和谐劳动关系“评估改进行动”活动，首创四大机制，即：四方评估公示机制、定期评估打分机制、限期改进报告机制、动态升级淘汰机制，按照创建劳动关系和谐企业活动的具体要求，对申报或授牌企业由职工、行政、政府和社会各界 4 个方面进行评估，企业根据四方评估打分情况，制定改进规划书，按时间和要求进行整改，同时将评估结果作为审核、评定和推荐上级部门授予相关荣誉的依据。该做法得到省总工会推广，《工人日报》等媒体进行宣传。

劳动竞赛　2004 年起，启东市总工会以启东科技节为平台，每年举办“为劳动者喝彩”职工职业技能比武大赛。截至 2014 年，10 年累计参与劳动竞赛岗位练兵的职工突破百万人次，其中直接参与职业技能比武的职工突破 50 万人次。通过技能比武大赛晋升为初、中、高级工的累计分别达到 1100、600、300 余人。优秀选手参加全国、省、南通市技能大赛，200 余人次获奖。每个比赛工种的一等奖获得者，由市总工会、劳动和社会保障局授予“启东市技术能手”称号，共有 80 人次获此誉荣。《工人日报》《江苏工人报》就此多次刊发长篇报道。

2012 年 9 月 19 日，举办启东市首届职业文化节

工会大宣教　1994 年，为推动以“四德”为主要内容的“创树”活动开展，启东市总工会在启东电视台开办《职工园地》，组织职工明星评选活动，评出十名职工明星。2003 年，以“提升职业道德”为中心，开展企业精神、岗位座右铭警言警句征集评选，连续多年开展职工风采大赛。2004 年起，每两年举行一次启东市职工运动会。2007 年，创办“企业工会主

席沙龙”“巾帼谱新篇姐妹沙龙”组织，适时开展沙龙活动。2008年4月，启东市总工会依托《启东日报》创刊《启东工人》专版。2012年，定为“职业文化建设年”，提出全市“职业文明大建设，职业素养大提升”，开展“职业文化大家谈”“企业精神大征集”“主人翁、主力军、主战场、主渠道”大讨论、“首届职业文化秀”等系列主题活动，《江苏工人报》予以报道。服务职工手段不断创新。2012年，开通《启东工会手机报》，2014年5月，开通启东工会“微信公众平台”。2014年11月，成立首批启东工会社团，把全市有共同兴趣爱好的职工组织起来，通过市总工会指导、企业牵头组织，常年开展公益类、服务类、文体类活动，为广大职工提供更好服务。

实事工程和送温暖　启东市总工会协助政府广泛开展扶贫帮困送温暖活动，1994年起，组织劳模体检。2004年起，每两年组织开展“情系职工、服务会员”十佳实事评选，对基层工会服务职工、服务会员所做的实事、好事进行评选表彰。2009年，市总工会制定《启东市总工会“职工（农民工）五大援助行动”实施办法》，开展技能培训、就业推介、生活帮扶、助学奖学、大病救助、助力“建家”的系列援助活动。2012年，开通职工入沪医疗绿色通道，确保职工享受“五优先、三省、一保证”服务。2013年，镇（总）工会相继建立困难职工帮扶工作站，初步形成以市总工会困难职工帮扶中心为依托，区、镇帮扶站为骨干，企业、单位帮扶工作点为基础的工会帮扶三级网络。2014年，为启东市50强企业车间配备职工关爱角。

启东市总工会主席、副主席（领导班子成员）及任期

主　席	赵　越	1990年1月~1995年10月
	刘汉成	1995年10月~1999年1月
	刘建新	1999年1月~2004年2月
	陈春柳	2004年2月~
副主席	黄　辉	1990年1月~2001年7月
	徐步成	1990年1月~1993年9月
	吴磊坚	1992年3月~1997年3月
	薛允冲	1995年2月~2001年7月
	姚　兴	1997年9月~1999年12月
	樊建冲	2000年6月~2003年12月
	朱锦文	2001年7月~2012年3月
	孙雪芳	2001年10月~2014年9月
	陈春柳	2003年12月~2004年2月
	沈　斌	2003年12月~2009年3月
	朱　伟	2008年11月~2009年12月
	陈建辉	（不驻会）2009年4月~2014年9月
	张潜泉	（不驻会）2009年4月~2014年9月

陈　辉　2010 年 4 月~2014 年 9 月(2014 年 9 月任党组副书记)
陈素伟　2012 年 3 月~
陆建辉　2014 年 9 月~

第六节　通州区总工会

1950 年 11 月，南通县总工会成立，1993 年 1 月，撤县建市后更名为通州市总工会，2009 年 6 月，撤市建区后更名为南通市通州区总工会。截至 2014 年末，全区建立工会组织4289 家，会员 27.61 万人，建会单位职工总数 27.64 万人，入会率 99.89%。

1994 年 4 月，南通市第一家私营企业工会——通州市第四纺织机械厂工会建立。是年，通州市总工会被省总工会授予工会“保障工作模范单位”称号。

1997 年起，通州市总工会推行签订单项集体合同做法，在全省平等协商签订集体合同电视电话会议上作经验介绍。1998 年，被省总工会表彰为推行集体合同工作先进单位。

1999 年起，通州市总工会改革工会经费收缴机制，由市总工会委托国税部门代收工会经费，此举属全国首创。

2000 年起，三余镇在建家活动中开展“双评”(建家工作是否合格、工会干部是否称职，由职工会员评议打分说了算)活动，2003 年 8 月，通州市总工会在全国工会基层组织建设工作座谈会上作介绍。是年起，通州市总工会开展“党建带工建、工建促党建”活动，明确党工共建“四同步”(同步部署、同步检查、同步考核、同步表彰)，此做法得到省总工会主席张艳的批示。

2003 年 3 月，先锋镇总工会率先成立外来职工维权服务站，4 月，通州市总工会指导各镇相继成立外来职工维权服务站，2005 年，建立健全外来职工维权服务网络的做法在全省非公有制企业工会组织工作座谈会上作介绍，被评为江苏省工会工作革新成果奖，获南通市工会工作最佳创新成果奖。是年 11 月，通州市总工会与丝绸印染联合厂合股创办百帮服务有限公司，安置下岗职工 352 人，被省总工会评为工会保障工作先进集体。2003~2005 年，通州市总工会依托职业介绍所、百帮服务有限公司等培训基地，拨出 8 万元作为就业基金，为下岗、特困职工就业提供启动资金，对在一至两年内脱贫致富的，分别奖励贷款额的 100%和 50%。2004 年 4 月，通州市总工会被全国总工会授予“全国工会下岗职工自主创业或集体创业示范点”，是

通州市总工会职业介绍所

年10月,省总工会授予百帮服务有限公司“创新业示范行动示范点”、市职业介绍所“创新业示范行动职业介绍示范点”。市总工会被表彰为全省“2003~2005年度促进再就业先进集体”。联合国劳拉女士称赞市总工会促进下岗职工再就业工作:“走出一条建立就业基地与帮助下岗失业职工增长才干相结合,使再就业由被动就业转向自主创业的有中国特色的成功之路”。

2004年10月起,通州市总工会委托财政代扣机关行政事业单位工会经费,形成由工会主抓、国税代征、财政代扣、行政配合的联手征收工会经费新机制。

2005年4月,强化“工资集体协商三支队伍”(督查员、指导员、协商代表)建设,此做法被《工人日报》《江苏工人报》报道,被省总工会评为推进工资协商工作先进单位。2009年初,通州市总工会探索“二元化”(劳资双方年初通过协商程序确定职工工资标准、工资发放和工资增长底线,年终再根据企业效益情况进行二次工资协商谈判)工资协商机制,2010年12月获省总工会创新成果三等奖。2011年,构建“2+X”工资协商模式,获省厂务公开协调小组办公室民主管理实践三等奖。

2005年,做到代征工会经费“三同时”:即同时申报、同时扣缴、同时检查,进一步规范国税代征管理办法。是年,经费代征同比增长42%。2006年,市总工会对各镇和开发区工会全面实行“镇账市管、镇财市理、会计集中核算”的管理体制。2006年5月和2012年7月两次被全国总工会评为财务工作先进单位。

2004~2005年,通州市总工会在全市非公企业中普遍建立女职工工作指导员制度,指导女工工作的开展,获全省创新成果奖。

2004~2005年,通州市总工会在全市非公企业中普遍建立女职工指导员制度,指导女工工作的开展,获全省创新成果奖。

2013年,通州区总工会在全区企业中开展“三谈三增”活动,通过谈思想,在深入交流中增进双方理解;谈工作,在建言纳智中增强发展活力;谈生活,在帮困解难中增添企业和谐,从而推进企业民主管理工作,促进企业和谐稳定发展,此做法被《工人日报》头版刊登。

2014年,通州区总工会开展“双百圆梦”工程,帮助特困、困难职工子女完成学业;开展“相约工会·牵手未来”单身职工联谊活动,受到职工欢迎。

通州区总工会主席、副主席(领导班子成员)及任期

主　席	曹海如	1990年1月~1995年11月
	王志恒	1996年9月~2001年2月
	耿曹均	2001年3月~2011年1月
	曹　华	2011年1月~
副主席	何兰英	1990年1月~1990年11月
	严锦达	1990年1月~1990年9月
	孙葛和	1990年11月~2000年3月
	周美成	1990年11月~2000年3月
	汤建忠	1993年9月~2004年9月

言　鸣　2001 年 3 月~2003 年 4 月
陈洪芳　2001 年 3 月~2009 年 10 月
阚新华　2004 年 10 月~2009 年 3 月
王美霞　2007 年 1 月~
吴宗俊　2010 年 3 月~
管　巍　2010 年 9 月~2012 年 2 月
徐　飞　2012 年 4 月~

第七节　崇川区总工会

崇川区总工会的前身为南通市城区工会工作委员会，建于 1984 年 6 月(此前，南通市区设唐闸、城东、城西、城中四个区工会工作委员会)。1991 年区划调整后更名为崇川区工会工作委员会。1994 年 3 月建立崇川区总工会。截至 2014 年末，全区建立工会组织 1367 个，涵盖 4795 家企事业单位，工会会员 15.69 万人。建会单位职工总数 15.83 万人，入会率 99.11%。

推进工会组建　1995 年，区总工会推进村办企业组建工会和村工会工作委员会筹建试点工作。至 2000 年底，实现工会组建“纵向到底、横向到边”的要求。2001 年 9 月，全省乡镇工会工作会议在钟秀乡召开，全国总工会基层工作部副部长田裕琨、省总工会领导张艳、张鸿生、市领导王德忠等出席会议。区总工会和钟秀乡党委在会上介绍经验。2006 年 3 月，区总工会在新绿叶公司和市劳动人民文化宫广场分别举行进城务工人员集体入会仪式。2007 年 1 月，文峰街道在全省率先建立街道总工会。3 月，经过市、区两级工会不懈努力，由世界 500 强企业泰国正大集团投资的南通易初莲花公司工会成立，成为易初莲花在中国投资企业中第一个建立工会组织的企业。2008 年 2 月，南亚塑胶南通公司建会，至此，台塑集团在南通投资的 9 家企业全部建立工会。区总工会紧扣楼宇经济发展，推动楼宇工会建设，2009 年，省人大常委会副主任、总工会主席张艳到文峰街道调研乡镇(街道)工会工作并给予肯定。

2007 年 3 月 19 日，易初莲花南通店隆重举行工会成立仪式，全店 246 名职工全部加入工会组织，图为南通市人大常委会副主任、市总工会主席、党组书记张毓余(左)为易初莲花工会揭牌

深化职工民主管理 2005年，区总工会在南通东邦纺织品有限公司试行工资协商制，首创企业负责人和职工对话(恳谈)会，共同协商劳动工资，并与区政府联合召开了现场推进会。召开对话(恳谈)会，协商确定职工工资的做法被《工人日报》《中国工运》等多家媒体刊登。2008年推动"共同约定行动"，促进企业和谐发展。2010年9月，区总工会制定《关于在社区、村非公有制企业推行集群职代会制度的工作意见》，形成崇川区商业一条街、楼宇、商场超市、餐饮等服务业职代会特色经验。2011年，三里墩社区区域工资集体协商典型案例——"分层协商全覆盖，各类企业皆受益"入选全国总工会集体合同部《工资集体协商案例选编》。2013年11月，在南通市厂务公开民主管理创新实践成果现场评审会上，区总工会"个性协商，分类指导，构建多样化工资集体协商长效机制"项目获得二等奖。2014年10月，区总工会召开行业工资集体协商经验交流会暨八仙商贸城行业工资集体协商现场会。是年，区总工会获"全省厂务公开民主管理先进单位"称号。

招聘职业化工会干部 从2003年起，区总工会在南通率先建立职业化工会干部队伍，先后招聘近60人次，充实到区总工会及下辖街道总工会。2013年，面向社会公开招录7名专职工会工作者，担任街道工会副主席，逐步实现区级工会干部的年轻化、专职化。区总工会通过建立完善工作责任制、培训制度、考核评先制度，加强职业化工会干部队伍管理，充分发挥专职工会干部的作用。区总工会职业化工会干部队伍建设工作得到全国总工会肯定，多次在省、市工会干部队伍建设经验交流会上作介绍。

开展劳模和一线职工疗休养活动 区总工会选树50个"劳模创新工作室"，带动一班精英，激励一批职工，产生良好的示范效应和经济效应。2008年，在区委、区政府的支持下，区总工会率先开展劳模疗休养活动。2012年，将参与疗休养的群体扩展到从事苦、脏、累岗位的一线职工(含农民工)，同时出台《组织各中间层次工会实施疗休养活动的实施办法》，鼓励中间层次工会组织疗休养活动。一线职工带薪疗休养活动获2012年度南通市工会创新成果一等奖。截至2014年，全区共组织35批、5000余人参加外出疗休养活动。

此外，区总工会与街道工会利用市工人业余大学、成人教育中心等基地办班，加强对职工和工会干部的培训。2013年，辖区新城桥街道总工会获全国职工教育培训示范点。

2007年，区总工会获评江苏省工会工作模范区。2011年，文峰街道总工会被评为全国百家示范乡镇(街道)总工会。

崇川区总工会主席、副主席及任期

主　席(主　任)	张振云	1990年2月~1991年4月
	胡荣生	1991年7月~2001年2月
	印华光	2001年2月~2008年1月
	冯　建	2008年1月~2014年1月
副主席(副主任)	邵　俊	1990年1月~1990年5月
	印华光	1998年12月~2001年2月

陈抗英　1998 年 12 月~2008 年 1 月
许映明　2002 年 3 月~2008 年 1 月
张　暄　2008 年 1 月~2010 年 2 月
陆苏苏　2008 年 1 月~2009 年 9 月
周敬萍　2009 年 10 月~2013 年 4 月
陈　凌　2010 年 8 月~2012 年 1 月
龙　祥　2012 年 9 月~
刘　健　2013 年 7 月~

第八节　港闸区总工会

港闸区总工会的前身为南通市郊区工会工作委员会，建于 1985 年 1 月(20 世纪 50 年代起，南通市区设唐闸、城东、城西、城中四个区工会工作委员会)。1991 年，区划调整后更名为港闸区工会工作委员会。1994 年 5 月，港闸区总工会成立。截至 2014 年末，全区建立工会组织 823 个，工会会员 12.39 万人，建会单位职工总数 12.48 万人，入会率 99.28%。

职工权益保障　1996 年，在企业产权制度改革中，区总工会提出《关于企、事业单位改革中工会工作和职工民主管理的意见》，在股份合作制企业实行民主管理试点，推动改制企业工会主席进入董事会或监事会。

2001~2003 年，区总工会在企业推进以职工代表大会为主要形式的民主管理制度，全面落实职代会职权。南通惟越集团推进民主管理的做法在全省非公企业工会工作经验交流会上作介绍，省总工会主席张艳到惟越集团调研，省厂务公开领导小组推广惟越集团民主管理的做法。

2005 年 7 月，区委、区政府召开全区工资集体协商推进会，全区开展工资集体协商的做法被《工人日报》《江苏工人报》刊登。2008 年，区总工会开展工资集体协商要约行动。2011 年，区总工会推动区委、区政府"两办"下发通知，在全区开展星级劳动关系和谐企业创建活动。截至 2014 年末，企业劳动关系达三星级、四星级和五星级的分别为 231、246、274 家。

2006 年 4 月，区总工会与区人民法院建立诉调对接制度，出台《关于南通市港闸区人民法院与南通市港闸区总工会"大调解"共建对接实施办法》。2007 年，省总工会、省高级人民法院先后转发这一做法。是年，全国总工会和最高人民法院来港闸区作专题调研，全国总工会在工作通报中给予肯定。区总工会被省总工会、省高级人民法院、省公安厅、省农林厅表彰为诉调对接工作先进集体。

工会自身建设　1992 年起，区总工会在基层开展"职工之家"创建活动。1994 年，在全区职工中开展创"六好"职工竞赛，促进"四德"教育的开展。

1995 年，工会组建工作列入党建工作内容，并将企业建会条款写进企业章程，将建会批复作为企业验资的必备条件。1997 年，工会组建增加"双建"(建职工代表大会制度、建平等协商集体合同制度）内容，80%以上的基层工会建成职工认可的合格职工之家。2005 年，全面推行 8 个“一”(即一个班子、一块牌子、一枚印章、一个账户、一本台账、一套工作制度、一个法人资格证书、一个职工活动阵地)的建家标准。

1998 年，区总工会建立工会主席例会学习和交流、探讨工会工作制度，连续 10 年举办工会干部培训班，该做法得到省总工会主席张艳的肯定。2003 年 4 月，区总工会与区政府建立联席会议制度。

2007 年，区总工会被省总工会表彰为工会工作模范区，全区所有街道均被省总工会表彰为工会工作模范街道，在全市率先实现“创模”全覆盖。

帮扶服务职工 1993 年，区总工会开展职工互助互济活动，32 家工会建立职工互助储金。1996 年，在全区女职工中开展“姐妹情，献爱心，人均节约一元钱，筹集下岗女工再就业发展互助金”活动，扶持下岗女职工再就业。是年，区总工会被省总工会评为送温暖工作先进集体。

1998 年，区总工会在市乳品厂职工中集资开办全区首家职工消费合作社——南通市职工消费合作社乳品厂分社，受到省总工会表彰。

2011 年，区总工会开展劳模牵手 100 工程，发动劳模与 109 户困难职工结对帮扶。

2011 年 7 月 27 日，港闸区总工会开展“劳模牵手 100 工程”启动仪式

2012 年起，区总工会持续开展“四+X”(科学定诺、公示承诺、行动履诺、民主评诺）面向职工承诺服务活动，建设职工满意工会。各级工会对照职责和实际，以年初向全体职工承诺、年终对照履诺的方式，实打实的为职工办好事办实事，让职工得实惠，职工对各级工会的满意度大幅提升。是年，区总工会在基层工会全面推行“职工谈心屋”活动，建立“六知晓、六必访、六必谈”制度，即知晓职工的思想观念、知晓工作表现、知晓家庭住址、知晓家庭成员、知晓经济状况、知晓家庭重大事项；无故缺席时必访、职工生活困难时必访、生育必访、生病时必访、家庭不和时必访、婚丧或出现意外时必访；职工入职离职时必谈、晋升职务或调整岗位时必谈、工作中受表扬或批评时必谈、同事纠纷时必谈、工作差错甚至发生事故时必谈、接到职工求助时必谈。

2013 年，区总工会开展职工十分钟文化圈建设，通过职工读书活动、群乐汇大舞台、职工文化节、广场舞比赛等系列活动，服务一线职工的文化需求。

2014 年，区总工会开展港闸职工“一元捐”微心愿助学行动，发动全区职工每人每年捐出一元钱，资助困难职工子女完成学业，获 2014 年度全市工会最佳创新成果奖。

港闸区总工会主席、副主席及任期

主　席(主　任)	杨志高	1990 年 1 月~1998 年 12 月
	曹　军	1998 年 12 月~2008 年 8 月
	范锦坤	2008 年 8 月~2011 年 1 月
	宣志成	2011 年 1 月~
副主席(副主任)	张年英	1994 年 5 月~2001 年 4 月
	秦云美	2004 年 5 月~2005 年 9 月
	杨晓莉	2005 年 9 月~2006 年 3 月
	杨　艳	2006 年 3 月~2008 年 8 月
	陈　亮	2008 年 8 月~2013 年 12 月
	丁晓莉	2008 年 11 月~
	朱卫民	2013 年 12 月~

第九节　南通经济技术开发区总工会

1991 年 4 月，南通经济技术开发区(以下简称“开发区”)工会工作委员会建立。2008 年 11 月，建立开发区总工会。截至 2014 年末，全区建立工会组织 860 个，会员 9 万人。建会单位职工 9.12 万人，入会率 98.7%。

开发区把建立基层工会组织作为维护职工合法权益的基础。从第一批企业落户开发区起，就注重工会组织的建设。1991 年末，区内有各类企业 105 家，其中已建工会 35 家，会员达 3000 人。

1995 年起，区工会推动企业建立平等协商谈判，签订集体合同制度。1997 年，新开镇 40 多家企业签订《新开镇工业企业集体合同》，成为南通市首家签订区域性集体合同的乡镇。

1998 年，区工会兴建 480 平方米、藏书 1.98 万册的职工图书馆面向社会开放。

开发区构建“党工共建”平台，使区内企业的工会组建率、职工入会率均超过 90%，2005 年 10 月，全省开发区工会工作现场推进会在开发区召开。开发区在会上介绍党工团组织实行“组织联合办公，人员相互兼职，职责交叉共负”的工作机制及建立党委与工会联席会议、联合考察、联合培训等制度的经验和做法。2011 年起，开发区总工会大胆探索为外来务工人员管理服务模式，率先在全区建立“三优”后备人才库，包括优秀一线工人、优秀外来务工者、优秀专业技术和管理人员，初步形成“区总工会、基层工会”联动培养模式。发挥国家级“职工书屋”示范作用，在外来务工者中发起成立“书香汇”读者俱乐部，定期开展专题讲座、读书沙龙等活动。组织多名心理、法律、婚姻方面专家走进外来人口集聚区，为外来务工人员开展各类主题讲座和广场咨询活动，4000 余人受益。开展“红色经典·魅力永恒”电影周，免费放映 21 部经典励志红色大片，观影人数达 6000 人次。“探索外来务工人员集聚区工会管理新模式”获全国经济特区、开发区第 24 次工会工作会议(南沙·论坛)二等奖第一名。

2012 年,开发区总工会首创全方位服务青年群体的“星湖有约”服务品牌,针对辖区内青年人多、单身人员多、外来务工者多、心理困惑多,亲人少、朋友少、活动少、收入少等“四多四少”突出现象,成立星湖有约工作联络部、婚恋家庭心理咨询室、职工帮扶服务中心四海家园服务站,聘请资深婚恋咨询师,设立 24 小时婚恋服务热线,招募红娘志愿者 30 人,开展各类交友活动 260 期,成功牵手百余对,促成 60 对单身青年领取结婚证,为1500 余名单身青年建档,对 800 余位有心理问题和行为障碍的青年进行干预、指导,帮助广大单身青年融入开发区、扎根开发区。

开发区总工会开展“星湖有约”活动

2013 年,首创公益品牌“星湖讲坛”说做新模式,为企业职工送法律、送健康、送知识,采取菜单式免费授课,达到“讲”与“做”的有机结合,7000 余名职工聆听各类讲座,实现“星湖讲坛”服务内涵向为职工解困延伸,向进企业、进车间授课延伸,向小课堂多形式延伸。“星湖讲坛说做新模式——职工幸福我铺垫”获 2013 年度南通市工会工作创新成果奖第一名,“星湖讲坛”被全国总工会评为全国职工教育培训示范点。

2014 年,开发区总工会在开发区星湖 101 街区成立联合工会,覆盖 78 家商户、1312 名职工,并与街区商户代表签订工资专项集体合同,实现工资集体协商大突破。

建会以来,开发区总工会获得多项荣誉。1994 年 11 月,被省总工会授予江苏省外商投资企业工会工作先进单位;2002 年 9 月,被省委组织部、省总工会授予江苏省党建带工建、工建促党建工作先进单位;2003 年 8 月,被全国总工会授予全国新建企业工会组建工作先进单位;2006 年 2 月,被省总工会女职工委员会授予江苏省实施女职工五大行动先进集体;2012 年 11 月,获全省开发区(园区)工会帮扶服务工作先进集体;2013 年,获江苏省安康杯竞赛组织工作优秀单位。

南通经济技术开发区总工会主席、副主席及任期

主　席(主　任)	秦锦裕	1991 年 3 月~1998 年 6 月
	东　升	1998 年 6 月~2001 年 3 月
	王世瑞	2001 年 4 月~2004 年 1 月
	洪兰凤	2004 年 1 月~2007 年 3 月
	严　正	2007 年 10 月~
副主席(副主任)	蔡　勇	1991 年 4 月~2001 年 3 月

洪兰凤　2001 年 4 月~2003 年 12 月
赵新叶　2001 年 4 月~2005 年 5 月
顾仁宏　2004 年 1 月~2009 年 3 月
周爱群　2006 年 3 月~2009 年 3 月
张　瑞　2006 年 3 月~2009 年 3 月
李宏图　2009 年 3 月~2010 年 4 月
范宜香　2009 年 3 月~
鞠　强　2009 年 3 月~
杜玉莲　2011 年 4 月~

此外,1997 年 1 月,南通市设狼山旅游度假区工会工作委员会。毛洪飞任工会主席至 2000 年 12 月;曹艳于 2000 年 12 月任工会副主席,至 2002 年 3 月该工会撤销止。

第五章　南通市总工会直属事业单位

2014 年，南通市总工会有南通市工人业余大学、南通国际海员俱乐部、南通市劳动人民文化宫、南通市唐闸工人文化宫、江苏省工人南通疗养院、南通市退休职工公寓 6 家直属事业单位。

第一节　南通市工人业余大学

南通市工人业余大学(以下简称“业大”)位于崇川区段家坝路 129 号，是隶属于市总工会的全额拨款事业单位，建筑面积 5440.72 平方米。核定编制 30 名，2014 年末在职教职工 22 人。内设办公室、教务科、学生科、招生(工会干部)培训科、总务科 5 个科室。

南通市工人业余大学

业大创办于 1963 年 4 月，校名为“南通市业余工业大学”。1966 年 8 月，因“文化大革命”而停办。后于 1979 年恢复办学，当时业大与市职工大学(南通市工交 721 大学)联合办学，实行两块牌子、一套班子的体制，校名为“南通市‘721’大学”。1980 年 6 月，业大单独办学，恢复招生，更名为“南通市工人业余大学”，直属市总工会领导。1983 年 8 月，省政府批准业大建校，是年 10 月报教育部备案。原在濠南路市总工会底楼办学，1986 年迁入现址。

1997 年 1 月，市总工会下属单位南通市职工学校并入业大，实行一套班子、两块牌子运作，维持原经费渠道、建制级别不变。

一、基本建设及资产变化

1985 年 1 月，业大投入 5.6 万元，在段家坝原苏北工人技术学校宿舍(校舍系市总工会 1952 年 9 月申请建造，占地面积 14 亩)，修建学生宿舍 200 平方米。12 月，市总工会投资 60 万元在段家坝路 129 号建造教学楼一幢及附属用房共 2377 平方米。

1986 年，投入 19.32 万元，新建食堂 576 平方米，传达室、配电房各 31.54 平方米。

1988 年，新建宿舍 2585 平方米，造价 71.3 万元。

1996 年，市总工会投入 265 万元，由市总工会下属企业——南通天鑫房地产开发有限公司代建1幢四层教学楼，建筑面积2551.19平方米，于 1999年5月通过竣工验收。

2002年7月，经市总工会同意，业大将原职工学校港闸分校出让给唐闸中学。分校占地面积1631平方米，建筑面积1103平方米，另有传达室等简易房191平方米，总计1294平方米，出让价150万元。

二、教学办班

业大始终坚持面向社会、面向市场，争当地区成人教育中心的办学指导思想，逐步形成以大、中专学历教育、工会干部培训、职工技能培训、继续教育培训、联合办学等多种办学形式共同发展的办学格局。先后开设汉语言文学、工业会计、商业会计、机械制造工艺、工民建、文秘、群众文化管理、财经管理、审计、行政管理、机电、市场营销专业，至1996年6月，业大培养大专生1706人、大专专业证书学员105人。开设各种培训班170多期，培训1.6万人次。

1997年，业大通过国家教委对独立设置成人高校的评估验收。

职工学校并入业大后，业大学历教育方面自有办学层次分为大专和中专。大专属于高等职业教育，办学类型既有业余也有脱产，设有文秘(办公自动化)、电子商务、计算机信息管理、会计学、机电一体化等专业，主要招收参加并通过全国成人高考的各种社会人员。中专设有中等职业教育和中等成人教育，分别招收应届和往届初中毕业生，办学类型为脱产。设有服装设计与工艺、机电技术应用、数控技术应用、电子与信息技术、模具制造技术、电子商务、电子技术应用、汽车运用与维修、航空服务、动漫游戏、工艺美术等专业。业大与市财政局联合举办注册会计师考前复习班7个，与市统计局联合开办经济学专升本自学考试班。此外，举办成人大专复习班，570余人参加；高中文化复习班，320人次参加。2014年，市总工会决定开展优秀农民工学历提升行动，业大开办为期2~2.5年的农民工大专班，100名优秀农民工获得学历提升的机会。

业大常年开展工会干部培训和职业技能培训，并根据基层要求提供菜单式培训，送教到企业，受基层欢迎。被市人力资源和社会保障局认定为市区就业培训定点单位。业大不断拓展培训内容，开展包括家政培训、创业培训等在内的多项培训活动，截至2014年末，家政培训2444人，创业培训1748人。

为充分利用学校自有资源，业大于2006年起与重庆大学网络学院联合办学，至2014年，毕业1120人，在校生1150人；2009年与北京语言大学网络学院联合办学，毕业82人，在校生180人；2012年和华东理工大学网络学院联合办学，毕业21人，在校生81人。同时，业大还先后与河北省廊坊华航航空学校、无锡市新华中专、南京领航技术学校、南京邮电大学、南京林业大学、扬州大学、江南大学等多所学校合作办学，分别设置中专、大专、本科、硕士等学历层次。

自1997年起，业大历年被市委、市政府评为南通市文明单位；2010年被全国总工会授予全国职工教育培训示范点；2012年被省总工会授予家政培训基地；2013年被评为全国工会系统先进就业培训机构。

1996~2014 年南通市工人业余大学大专学历班办学情况汇总表

表 1-5-1

年份	办班数(个)	在校生人数(人)	毕业生人数(人)
1996	3	83	83
1997	4	94	94
1998	6	143	143
1999	6	113	113
2000	7	397	113
2001	8	432	130
2002	8	523	111
2003	8	575	86
2004	7	439	136
2005	5	192	227
2006	5	209	13
2007	5	204	102
2008	5	235	52
2009	5	260	27
2010	5	183	77
2011	5	106	99
2012	2	57	33
2013	6	129	31
2014	6	125	10

2009~2014 年南通市工人业余大学职业技能培训汇总表

表 1-5-2 单位：人

年 份	培训职业、工种	培训人数
2009	家政服务员、护理员、保洁工	410
2010	家政服务员、护理员、保洁工	400
2011	家政服务员、护理员、保洁工	400
2012	创业、护理员、保育员、计算机操作、家政服务员	1502
2013	创业、家政服务员	1547
2014	家政服务员、护理员、计算机操作	792
合 计		5051

2008~2014 年南通市工人业余大学技术工人(农民工)培训汇总表

表 1-5-3　　单位:人

年份	培训工种	培训人数
2008	营业员、计算机应用、服装制作	3700
2009	营业员、计算机应用、服装制作、机床操作、电子	2820
2010	电子、纺织、机械	1117
2011	建筑、服装制作、光电、机械、信息服务	1400
2012	建筑、服装制作、光电、机械、信息服务、汽车线束	1500
2013	纺织、服装制作、机械、机电	1245
2014	机械、电子、机电、计算机应用	1307
合　计		13089

三、南通市工人业余大学校长、副校长,党支部书记、副书记及任期

校　　长　戈雪芬　1990 年 1 月~1998 年 6 月
　　　　　束志生　1998 年 6 月~2003 年 11 月
　　　　　朱雨石　2006 年 9 月~

常务副校长　朱益民　1990 年 12 月~1993 年 9 月
　　　　　束志生　1997 年 1 月~1998 年 6 月
　　　　　任季生　2003 年 11 月~2005 年 10 月

副 校 长　朱益民　1990 年 1 月~1990 年 12 月
　　　　　费元琛　1990 年 12 月~1994 年 11 月
　　　　　任季生　1992 年 12 月~2003 年 11 月
　　　　　周杏如　1997 年 1 月~2001 年 4 月
　　　　　凌　影　2003 年 11 月~2011 年 4 月
　　　　　徐晓静　2011 年 4 月~2014 年 3 月

党支部书记　罗修建　1990 年 1 月~1990 年 9 月
　　　　　祁采平　1991 年 5 月~1994 年 3 月
　　　　　刘　波　1994 年 3 月~2000 年 10 月
　　　　　邢　菊　2000 年 10 月~2013 年 3 月

党支部副书记　刘　波　1992 年 11 月~1994 年 3 月
　　　　　宋　玲　1997 年 1 月~2002 年 10 月
　　　　　徐晓静　2013 年 5 月~2014 年 3 月

注:学校为副处级单位。1992 年 6 月设业余党校,祁采平任校长,罗修建任副校长

第二节 南通国际海员俱乐部

南通国际海员俱乐部(以下简称“海俱”)位于崇川区青年西路5号,1983年经国务院口岸委、全国总工会和南通市政府审批建立,1986年9月经江苏省机构编制委员会批准成立,是为到港国内外海员提供宣传与服务接待的全民事业单位。占地面积4.76亩,建筑面积4297.85平方米。经省编制委员会同意,省总工会决定自1997年1月起,将海俱的管理权下放到南通市总工会。核定编制8名,2014年末在职职工9人。

南通国际海员俱乐部

一、资产运作

海俱筹建初期,全国总工会先期投资110万元人民币,在南通汽运电影院北侧租赁小三层楼(约300平方米)作为筹建处并开始接待海员,为海员提供酒吧和活动室。1984年7月,市总工会投资15.55万元,在青年西路5号新建海俱办公用房及客房570平方米。1986年8月,海俱迁入市青年西路5号。1990年,海俱征地3亩。1995年7月,海俱投入49万元进行第一次改扩建,建筑面积由1650平方米增加到2250平方米。

为盘活土地资产,提高海俱整体形象,2002年11月,海俱与南通金桥置业有限公司(以下简称“金桥公司”)签订《南通国际海员俱乐部扩建改造项目合作协议》。利用金桥公司的技术与资金优势和海俱闲置土地约2000平方米,合作建造1幢六层综合楼,建筑面积4311.12平方米。2004年4月,海俱缴纳226.3万元(其中市总工会拨款200万元)土地出让金。该楼竣工后,2008年11月,双方签订《产权分割协议》,确定该楼底层整个门厅及三层(含三层)以上面积(含电梯及电梯机房)3075.56平方米产权、2269.7平方米土地使用权归金桥公司所有;二层(含二层)以下除底层门厅以外的面积(含配电间和热水房)1160平方米产权归海俱所有,以此冲抵300万元土地作价。

2003年7月,市总工会下发《关于南通国际海员俱乐部合作经营申请的批复》,同意海俱与南通远洋船舶供应服务有限公司(以下简称远洋船舶公司)合作,翻建四层营业用房。8月1日,双方签订《合作协议》:双方合作投资总额为408万元人民币,海俱占51%,远洋船舶公司占49%。海俱以现有部分建筑(海员饭店、舞厅、三层办公楼、西二层楼、门厅、会计室)和场地使用权予以投入,远洋船舶公司投入现金人民币199万元,合作期限8年。2006年2月,双方签订《补充协议》,将双方合作期限由原先的“2003年8

月至2011年8月底”更改为“自2006年1月至2013年12月底止”。翻建、改造工程于2006年1月开工，至2008年8月竣工，建筑面积6378平方米。经审计确认，远洋船舶公司投入资金560万元。2008年7月，双方再次签订《补充协议》，双方合作期限更改为十年(2006年1月~2015年12月)。翻建、改造后，海俱于2009年7月正式对外开放，经营项目有宾馆、餐饮、娱乐会所、酒吧、船舶供应等。合作期间，双方未建立董事会，期内利润分成比例为：海俱51%，远洋船舶公司49%。

二、接待服务海员

25年来，海俱对外接待能力不断提高。对海员的服务从被动到主动，从等船员来休闲活动到主动登轮慰问船员。通过端午送粽子、盛夏送清凉、中秋送月饼、圣诞送礼物，为海员过生日等专题活动，为海员办实事、做好事。同时，向海员赠送书刊和学习资料，广泛宣传南通，为南通的发展添砖加瓦。先后接待海轮1万多艘次，宣传、服务海员15.64万人次。

1990年2月，省总工会在南通召开海俱工作座谈会，推动海俱开展创建“海员之家”活动。1995年7月和2009年11月，全国总工会副主席方嘉德两次考察海俱。1996年4月，南通电视台拍摄介绍海俱接待、服务海员工作的专题片《外国人在南通》，是年“五一”期间在美国芝加哥电视台《中国南通》栏目播放。

2002年，市政府将海俱列为首批改制转企的事业单位，市总工会随即向全国总工会汇报此事，中国海员工会为此专门复函市编委，强调：海员俱乐部的体制变更要由全国总工会统一研究确定，并向国务院有关部门汇报。2002年10月和2007年5月，市总工会两次向南通市市属事业单位改革联席会议提交书面申请，要求暂缓或不将海俱列为转企的事业单位，后海俱未转企。

2009年12月，全国海俱主任工作会议在南通召开，中国海员建设工会主席李铁桥、副主席朱临庆到会讲话，对南通海俱建设给予肯定。海俱多次荣获南通市文明单位，南通市外事服务先进单位、并获得2010年度江苏省工会外事工作先进单位的荣誉。2013年，《江苏工人报》《南通日报》多次报道海俱服务国内外海员工作。

1990~2014年南通国际海员俱乐部服务、接待到港海员统计表

表1-5-4

年份	外轮(艘)	人数(人)	国轮(艘)	人数(人)	合计	
					海轮(艘)	人数(人)
1990	118	1947	52	1356	170	3303
1991	114	1826	47	1222	161	3048
1992	130	2145	67	1747	197	3892
1993	147	2372	94	1705	241	4077
1994	261	2833	74	1752	335	4585
1995	279	3064	78	1904	357	4968
1996	214	2867	108	1238	322	4105
1997	286	3192	57	1365	343	4557
1998	322	5847	162	2015	484	7862

续表 1-5-4

年份	外轮(艘)	人数(人)	国轮(艘)	人数(人)	合计	
					海轮(艘)	人数(人)
1999	381	6661	122	1988	503	8649
2000	355	5768	117	1784	472	7552
2001	342	5556	182	1829	524	7385
2002	503	7980	131	2094	634	10074
2003	512	7793	128	1859	640	9652
2004	547	7552	84	1822	631	9374
2005	631	8805	121	2043	752	10848
2006	608	10091	173	2457	781	12548
2007	584	9596	162	2301	746	11897
2008	507	7603	130	2272	637	9875
2009	218	2616	311	3732	529	6348
2010	85	1785	143	1716	228	3501
2011	64	1216	71	1349	135	2565
2012	52	1092	48	912	100	2004
2013	37	814	49	1078	86	1892
2014	41	901	42	928	83	1829
合计	7338	111922	2753	44468	10091	156390

三、南通国际海员俱乐部主任、副主任,党支部书记、副书记及任期

主　　任　曹　诚　1990 年 1 月~1991 年 11 月
　　　　　　单　镇　1994 年 3 月~1998 年 7 月
　　　　　　戎九柱　1999 年 5 月~2014 年 12 月
　　　　　　崔景华　2014 年 12 月~

副 主 任　王志国　1991 年 11 月~ 1995 年 10 月
　　　　　　单　镇　1992 年 7 月~1994 年 3 月
　　　　　　单　镇　1998 年 7 月~1999 年 5 月(法人代表)
　　　　　　张明贯　1998 年 7 月 ~1999 年 5 月
　　　　　　李亦农　1998 年 7 月~1999 年 10 月

党支部书记　裴照银　1992 年 6 月~1994 年 3 月
　　　　　　王志国　1994 年 3 月~1995 年 10 月
　　　　　　张明贯　1998 年 7 月~1999 年 5 月
　　　　　　戎九柱　2006 年 3 月~2014 年 12 月
　　　　　　崔景华　2014 年 12 月~

党支部副书记　李亦农　1995 年 5 月~1999 年 10 月
　　　　　　戎九柱　1999 年 5 月~2006 年 3 月
　　　　　　蒋聪玲　1999 年 10 月~2005 年 10 月

注:省编委〔1996〕72 号文件明确,海俱于 1998 年升格为副处级单位

第三节　南通市劳动人民文化宫

南通市劳动人民文化宫(以下简称“市文化宫”)位于崇川区环城西路1号,是隶属于市总工会的准公益型事业单位。核定编制40名,2014年末在职职工29人,其中管理人员6人,专业技术人员10人,工勤技能人员13人。内设大型活动办公室、行政办公室、培训中心、物管中心、阵地管理科等职能部门。2014年,市文化宫占地面积16.05亩,建筑面积9800平方米。

南通市劳动人民文化宫

一、基本建设及资产运作

1951年5月,南通市工人和各界人士捐资及苏北总工会拨款33万元,市总工会开工兴建市文化宫,1952年6月竣工。建筑面积11772平方米。其中:主楼6272平方米、电影院和灯光球场1600平方米、工业展览馆3900平方米。时任上海市市长陈毅为市文化宫题写宫名。1961年,按市委要求,灯光球场搬迁至文化宫巷。“文化大革命”中,市文化宫不再隶属市总工会,灯光球场被市房产局盖了老干部宿舍,工业展览馆被南通地区印刷所等单位占用。至此,市文化宫占地面积减少约8.25亩。1973年,市总工会恢复后,市文化宫重新划归市总工会领导,并于1974年恢复开放。1978年1月,电影院翻建落成,占地面积2.7亩,建筑面积3800平方米,观众厅有1816个座位。1992年,市总工会投入70万元,在市文化宫西河沿扩建业务用房600平方米。1993年,市文化宫自筹资金50万元对主楼进行改造和全面装修,对电影院地下室进行开发,开设大型游戏厅。1998年6月,市城西工人文化宫并入市文化宫。2004年,市文化宫被定为市级文物保护单位,2009年由陈毅题名的市文化宫主楼名列南通市十大地标性建筑之首。

2003年4月,市政府拨款50万元用于市文化宫电演院外部改造。5月,根据市政府关于深化企业改革的要求,市文化宫下属企业——市文化宫服务中心按市政府通政发〔2000〕119号文件,对27名职工进行分流,2005年4月,市文化宫服务中心予以注销。

2003~2005年,市总工会投入543万元对市文化宫三厅进行改造,拆除旧房1400平方米,在沿河西侧新建办公、活动用房2060平方米。

2005年3月,市总工会与上海世纪环球电影院线发展有限公司(以下简称“世纪公司”),签订《合资组建南通文化宫世纪影城有限公司合同》。注册资本400万元,世纪公司出资204万元,占51%;市总工会出资196万元,占49%。合同约定:合资期限为12年,经双方协商同意,可以在合资期满前一年内,向审批机构申请延长合资期限。市文化宫世纪影城有限公司(以下简称"影城")以租赁形式,租用市总工会影剧院经营电影放映及配套附营项目,按总营业额扣除电影专项资金和营业税金后的分成比例支付租金。分成租金比例为:第一年度8%;第二年度10%;第三年度起至合同期满500万元以内10%,500万元以上部分为12%。后影城贷款400万元,影城实际总投资为912.34万元。改扩建5个电影厅,建筑面积近4000平方米。影城于2005年4月26日开业。至2013年,影城拥有豪华商务厅、温馨情侣厅、VIP贵宾厅、双人豪华厅等9个专业电影放映厅,其中6个3D放映厅、1个5D放映厅,各厅均设有超大银幕,多厅滚动放映,可同时容纳1200余人观看电影,观众可以在任意时段观赏不同类型的最新大片,真正做到与全球同步,成为南通市首家按现代化标准建设的豪华型多功能影城。

二、开展活动

20世纪50年代起,市文化宫成为全市政治文化活动中心,全市的重要大会(党代会、人大、政协全体会议等)一般都在市文化宫三厅或电影院举行。

市文化宫始终以职工群众的文化生活需要为宗旨,不断开拓创新,取得了一系列成绩。坚持不懈地办好"濠滨夏夜"(1980年创办)、"迎春百花会"(1981年创办)、"五月花"(1986年创办)、"金色之秋"(1986年创办)四大系列文化活动。其中尤以"濠滨夏夜"时间跨度最长、活动规模最大、参与人数最多、社会影响最广而久负盛名。每年夏季历时两个月,在市文化宫广场天天晚上有活动,活动天天有变化,观众天天都爆满。自2002年起,市政府为民办实事工程——环西文化广场成为"濠滨夏夜"的主阵地,由市委宣传部牵头,市总工会、市文化局联办,每周六、周日举办大型文娱活动,同时文化宫小广场仍举办小型多样的文化活动。至2014年,"濠滨夏夜"已连续举办34届。

为充分体现职工"学校和乐园"的办宫宗旨,市文化宫配合党和工会中心工作,开展丰富多彩、寓教于乐的文化体育活动。1993年,在全国总工会召开的文化宫工作会议上,市文化宫主任阚素琴作经验介绍。1994年正月初一,市文化宫与南通广播电台联合举办"空中大舞台",活动覆盖一市六县,市委书记陈根兴、市长徐燕和市总工会主席戈雪芬等出席活动。2001年,与市台办、市文联等单位联合举办"天涯共此时——迎国庆中秋大型联谊晚会。2006年正月初一举办"百狗闹春名犬展示"。多次举办卡拉OK、健排舞、韵律操比赛。2012年8月,举办"长三角"全健排舞邀请赛,近200人参赛,表演曲目11首。这是"濠滨夏夜"进入环西文化广场11年来,第一次整场节目采用纯舞蹈的表演形式。2013年与崇川区总工会联合举办新春农民工大型联谊活动。是年起,每年举办南通市职工文化项目推介会。将全年所开办的文化体育项目通过菜单形式罗列,由企业选择合作项目,让更多的企事业单位参与职工文化活动,搭建全新的开放式职工文化平台。

1990年以来,市文化宫先后举办先进基层党组织、优秀党务工作者、优秀共产党员事迹展览、江苏邮电百年暨南通邮电巨变展、伟大的祖国·可爱的家乡——摄影集邮插花展览、南通——哈尔滨冰雕展等大型展览30余期。尤其是1996年举办的"红岩魂"——白公馆·渣滓洞革命先烈斗争史实展览,市区12万余名干部、职工、学生观看了展览,不少单位在展览现场举行入党、入团宣誓活动。展览还在唐闸文化宫、南通六县(市)以及盐城、张家港、常熟、淮阴等地巡展,累计观众达50多万人次,市区还举办"红岩精神颂”征文比赛。

市文化宫注重加强职工文艺团队和职工兴趣小组建设，建有职工京剧团、职工越剧团、“夕阳红”艺术团、“春之声”合唱团、职工民乐团、碧荷舞蹈团、职工集邮协会、职工灯谜协会、职工桥牌协会、职工数码摄影论坛、职工影评协会、职工书画协会、职工排舞协会13个艺术团队。2001年，职工京剧团蔡永青在全省首届京剧票友大赛中获一等奖，包起俊、杨晓岚亮相中央电视台荧屏，双双获银奖。2003年组织“苏中建设杯——唱响中国近代第一城”声乐大奖赛。2006和2010年，“夕阳红”艺术团两次参加北京“夕阳秀”中老年合唱比赛，均获一等奖，舞蹈《夕阳海韵》获一等奖。2010年组织首届职工器乐比赛。2004年职工灯谜协会举办的“雪馥杯”全国灯谜函寄会猜，收到来自港澳台、东南亚及全国各省市发来的谜条1万余个，规模空前。

1986年，市文化宫首创“三人制”足球比赛，连续举办5届，为职工体育活动增添新项目。1999年，为庆祝建国50周年、市总工会建会50周年，举办南通市“双庆杯”职工足球赛。1998~2012年，连续举办十届南通市职工足球俱乐部杯大赛。其中，第二届“爱情海杯”比赛由南通电视台进行现场直播，首创全国地方电视台对业余足球比赛实况转播，入选1999年南通市十大新闻。2010年7月，市文化宫举办第六届“长三角”城际文化宫联席会，来自全国各地44家文化宫参加活动。

2012年1月，“市文化宫与您有约——公益文化活动日”正式启动，并将此后每个月的第一天定为市文化宫开展“公益文化活动日”的固定日期，先后举办36期，覆盖辐射近2万职工群众。2月，市文化宫建立南通市老年职工艺术学校，学校设有民族舞、古典舞、广场舞、声乐班等班级，丰富老年职工的文化生活。学校不仅注重老有所教、老有所学，还注重老有所乐、老有所为，让学员有更多的表演机会，学员排练的舞蹈、演唱表演登上“濠滨夏夜”的大舞台，多次参加市文化宫组织的进企业、进社区慰问及文化宫“与您有约”公益日活动演出，获得观众好评，也吸引了青年职工的参与。是年起，市文化宫每年开展“职工文化公益行”——基层巡回演出活动，每年下基层演出12–15场，先后到南通四建集团有限公司、文峰城市广场工地、江苏三友集团、江山农化公司、沪通大桥等企业进行慰问演出。举办“万濠进社区”文艺演出，共在10个社区演出，每场观众人数近千人。

2013年8月，市文化宫组织“太平洋财产保险”杯南通市首届广场健身舞大赛，共有20余家单位参加，250余人参与其中，获名次的参赛队伍参加9月1日“‘舞动江海 争当头雁’——首届南通市广场舞大赛颁奖晚会”的展演。这次比赛大力推动广场舞的普及，丰富了职工和市民的文化生活。2014年举办“中国梦·江海风”——“舞动江海”广场舞大赛，比赛共分3个阶段，时间跨度6个月，共有132支队伍2000余人参与，是首次全市性的广场舞比赛。

三、获得的主要荣誉

市文化宫在不同历史时期，为南通市两个文明建设和工运事业发展做出积极贡献。先后获全国工会职工文化先进集体、全国示范工人文化宫、全国五一劳动奖状、全国工会系统文明图书馆、江苏省工人先锋号、江苏省文明单位、南通市宣传思想工作先进集体等20余项荣誉。在市总工会建会40周年、50周年和改革开放30年南通工会工作十件大事评选中，均高票获评；1997 年，被评为南通市文明新风典型；2000 年，获省总工会“创文化品牌，为职工服务”奖牌；2004 年，被评为全国特色文化广场；2007 年，登上《工人日报》“全国工会制造十大品牌”榜首；2008 年，在市委、市政府开展的“南通市改革开放 30 年三十件大事”评选中，又一次位列其中；2013 年获文化部第十届中国艺术节群星奖。

四、南通市劳动人民文化宫主任、副主任，党支部书记、副书记及任期

主　　任	朱明山	1990 年 1 月~1991 年 6 月
	阚素琴	1991 年 6 月~1998 年 3 月
	吴　炜	1998 年 3 月~2003 年 4 月
	崔景华	2003 年 4 月~
副 主 任	徐　贤	1990 年 1 月~1991 年 6 月
	刘德全	1990 年 6 月~1998 年 3 月
	许荣庆	1991 年 6 月~2001 年 3 月
	陈永清	1998 年 4 月~2005 年 5 月
	何凤宣	1998 年 4 月~2012 年 10 月
	崔景华	2001 年 3 月~2003 年 4 月
	谢小兵	2006 年 2 月~2008 年 8 月
	李宝年	2006 年 2 月~2013 年 1 月
	曹建勋	2009 年 6 月~2013 年 1 月
	姜　康	2013 年 1 月~
	申　良	2013 年 1 月~
党支部书记	朱明山	1991 年 6 月~1998 年 6 月
	崔景华	1999 年 3 月~
党支部副书记	刘德全	1990 年 1 月~1991 年 6 月
	崔景华	1998 年 6 月~1999 年 3 月（正科级）

第四节　南通市唐闸工人文化宫

南通市唐闸工人文化宫（以下简称“唐闸文化宫”）位于港闸区唐闸镇公园路 1 号，是隶属于市总工会的准公益型事业单位。核定编制 18 名，2014 年末在职职工 10 人。下设综合办公室、群文科、教育科、电影院、物业管理办公室 5 个科室。建有职工文化活动中心、电影院、职工活动楼及其他辅助用房等。占地面积 10.98 亩，建筑面积 7197.75 平方米。

唐闸文化宫的前身为唐闸工人俱乐部，创办于 1954 年，原址在唐闸资生街，占地面积 0.35 亩，有活动用房 9 间。“文化大革命”中，唐闸工人俱乐部划归文化系统管理，1974 年重新归属市总工会，更名为唐闸工人文化宫。

一、基本建设及资产运作

南通市唐闸工人文化宫

1956年4月，市总工会向省总工会呈报，要求在唐闸兴建工人俱乐部。是年6月，省总工会拨款10万元，在唐闸地区企业的支持下，工人俱乐部开工建设，占地面积14.93亩，建筑面积1800平方米，包括1幢能容纳850名观众的电影院和1幢二层楼剧场。次年建成，相继于1957年7月和1958年元旦对外开放。

1993年，唐闸文化宫将原大门两侧的简易房拆除，新建600多平方米的两层综合大楼，提升了唐闸文化宫的形象。此楼于1996年10月起对外出租，开办天都商场，年租金18万元。

2004年5月，为适应电影文化市场发展，由市总工会投资285万元全面装修改造唐闸文化宫电影院。电影院有航空座椅700张、全新胶片放映机2套、JBL声控系统、宽银幕放映等。

2006年10月，市发改委批准唐闸文化宫扩建工程——职工文化活动中心立项，2007年4月举行奠基仪式，6月正式开工。2011年11月竣工，总建筑面积为4274.83平方米，地下一层、地上三层主体工程及其他配套工程，由市总工会投资共计1567.38万元。1993年建的两层综合大楼全部拆除。

2012年9月，唐闸文化宫职工文化活动中心正式投入使用，设有展览厅、多功能会议厅、教育培训室、乒乓球馆、职工读书站、桌球室、心理咨询室等。

为从根本上解决港闸地区群众文化阵地少和唐闸文化宫资产利用问题，2013年11月，市委常委、市委宣传部部长章树山召集市总工会和港闸区主要负责人会商唐闸文化宫与港闸区政府战略合作问题，并形成会议纪要。2014年3月，市总工会主席葛玉琴与港闸区区长曹金海正式签订《关于南通市唐闸工人文化宫的战略合作协议书》：市总工会将唐闸文化宫的房屋、设备、设施和场地等固定资产（占地面积7325.94平方米，建筑总面积7197.75平方米）委托港闸区政府管理；将唐闸文化宫和港闸区文化馆进行人员整合，实行两块牌子一套班子的工作机制；唐闸文化宫的资产、人员性质、工资待遇、隶属关系不变，接受市总工会和港闸区政府双重领导，港闸区文体新局负责业务考核和职能管理。在职人员经费及运转费用纳入港闸区财政，离退休人员工资福利由市总工会统筹。合作期限30年，通过此次资源整合、强强联合，扩大了文化惠民的成果，有利于唐闸文化宫的发展。

二、开展活动

唐闸文化宫坚持围绕中心、服务基层、服务职工的指导思想，采取自办、联办等形式，积极开展各种文艺演出、艺术培训、电影展映等活动，不断满足港闸地区职工群众精神文化需求。

唐闸文化宫每年春节期间组织辖区企业职工开展文艺演出、曲艺表演、灯谜竞猜、花灯表演等活动，20世纪90年代初发展成“工农兵大联欢”，后拓展为“新春大联欢”，形成坚持数十年服务企业、服务社会的特色文化品牌，每年参与企业70余家，观众人数近2万人次。从1985年起，每年夏季，举办“天乐之夏”活动。1990年4月，在企业组织开展学习全国劳模——平潮饭店经理朱骅活动，举办平潮饭店事迹展览和专场文艺演出，引起较大反响。1993年，举办中国特色社会主义奋勇前进大型图片展。1999年12月，精心组织策划“下岗职工胡明德独唱音乐会”，中央电视台《东方时空》栏目全程拍摄，制作电视专题片《歌者老胡》，在中央电视台一、二、四套播出，影响深远。2000年3月，市文明办、市总工会、港闸区委在唐闸文化宫联合举办未成年人影视教育电影周“普及科学知识”启动仪式，电影院被命名为市未成年人影视教育基地。2005年11月起，唐闸文化宫每年与港闸区公安消防大队联合开展“安全在我心中”系列活动，截至2014年，已举办10届活动。

唐闸文化宫发挥阵地优势，建立各种职工兴趣爱好组织或协会，为职工群众创造活动条件，提供服务。1993年6月，建立港闸区体育舞蹈协会，定期开展舞蹈培训、比赛等。1995年4月，港闸区中小学影评协会成立，每年组织开展优秀影片进校园、影评征文、演讲活动，努力提升中小学生思想道德素质和艺术修养。1990年建立港闸地区职工文化工作联谊会，1999年更名为企业工会主席联谊会。2009年9月，港闸区职工文化体育协会成立，积极组织开展文艺演出、演讲比赛、声乐大赛及体育赛事，满足职工群众的精神文化生活需要。

2006年起，充分发挥文化宫小电影队的服务功能，每年深入企业、军营、学校等地，开展“百场电影进基层”活动。还开展“纪念建党90周年红色电影巡映”“消防知识进基层”等电影展映活动，为职工特别是农民工送文化、送知识、送法律。

三、南通市唐闸工人文化宫主任、副主任，党支部书记、副书记及任期

主任	咸建	1990年1月~1994年7月
	葛志尧	1994年9月~1998年5月
	高旗	2001年3月~2013年1月
	曹建勋	2013年1月~
副主任	吴纪怀	1990年1月~1991年6月
	顾进生	1991年6月~1993年12月
	高旗	1998年5月~2001年3月
	王筱萍	1998年6月~2009年6月
	曹建勋	2007年3月~2009年6月
	韩石华	2009年6月~
党支部书记	咸建	1990年1月~1994年7月
	葛志尧	1994年7月~1998年6月
	高旗	2006年3月~2013年1月
党支部副书记	曹德明	1998年6月~2001年3月
	高旗	2001年3月~2006年3月
	韩石华	2013年1月~

第五节　江苏省工人南通疗养院

江苏省工人南通疗养院(以下简称“疗养院”)位于崇川区花园路80号，是隶属于市总工会的准公益型事业单位。占地面积24.8亩，建筑面积11925.75平方米。核定编制30名，2014年末在职职工19人，下设综合科、疗休养部、体检中心、门诊部四个部门。核定床位150张。

一、基本建设及资产运作

江苏省工人南通疗养院

1952年，市政府将位于芦泾港的陈氏花园(后为南通结核病医院)划给市总工会，创办南通市工人休养所。1954年，更名为南通市工人疗养院，同时在疗养院东侧新建南通市工人休养所，供企业劳动模范、先进生产(工作)者短期休养。1960年，市总工会在唐闸镇创办南通市工人肝炎疗养院，专门接收患肝炎职工入院疗养。“文化大革命”中疗养院停办，1974年，南通市革命委员会决定将位于临港路25号(黄泥山附近)的市革命委员会会议招待所(简称“三所”，含张謇私家花园——“西山村庐”)划给市总工会，恢复疗养院。移交房屋105间，共2862平方米，土地面积14.75亩。市财政补贴三所10万元。1979年11月，市总工会与三所签订《黄泥山会议招待所财产交接协议书》。

1980年，疗养院自筹2.1万元，翻建洗衣房、浴室、厕所231.8平方米。

1984年，疗养院自筹18万元，将危房(礼堂、仓库、集体宿舍)翻建二层疗养病房1010平方米。

1990年，翻建疗养院食堂670平方米。

1991年，疗养院拆除旧房1337平方米，由南通市纺织工业局投资100万元，兴建1幢二层楼房，建筑面积1700平方米(经纬楼)，纺织工人在疗养院疗休养享受八折优惠。此后市化工医药局投资80万元，征地3亩拟建化工分院，1993年，疗养院交付征地费20万元，后因征地未落实等原因，未能建成。

1994年，疗养院兴建碧翠楼，建筑面积1650平方米，总投资110万元。

1996年起，加大疗养院老旧设施改造力度，对二疗区、食堂、舞厅进行改造，投入资金100余万元。

1999年，市人民检察院机关服务中心在对疗养院考察后，投入21万元，疗养院出资6万元改造碧翠楼，改造后，市人民检察院在疗养院举办法制教育培训班等费用抵扣其投资，双方签订协议书。

2004年5月，南通和美电子有限公司对疗养院实行租赁经营，并接受疗养院本部人员 16 人。双方签订合同，租赁费：第一年 58 万元，以后逐年递增 3%。承包期限 20 年。承包期内，如遇政府拆迁，对租赁人的损失从土地及拆迁费中补偿。其间，租赁人对院内设施进行大规模改造。

2005 年，疗养院聘请南通市公正房地产评估公司对疗养院院部资产进行评估，疗养院院内土地和房产总额为 1978.52 万元，建筑总面积 6253.91 平方米。

2007 年初，因南通市举办江苏省园艺博览园建设需要，市政府决定将疗养院从临港路 25 号迁出，异地重建。市政府多次召开搬迁协调会，并对疗养院资产进行评估。3 月 7 日，市政府副秘书长周跃华召集有关部门讨论确定疗养院搬迁问题，形成会议纪要。纪要明确：

1.对疗养院的土地补偿采取土地异地等面积置换方式，由崇川区政府无偿提供相同区位熟地给市总工会。

2.根据拆迁评估结果，兼顾疗养院服从大局支持重点工程建设以及迁建周期等综合因素，补偿总额 1500 万元(其中，搬迁补偿费用 1300 万元，考核奖励费用 200 万元)。

3.疗养院搬迁补偿及考核奖励费用由南通园博园建设股份有限公司(以下简称“园博园公司”)分期支付。

4.疗养院搬迁补偿及考核奖励费用由园博园公司负责筹集。

5.疗养院搬迁后，由园博园公司与市总工会进行资产交接，建立台账资料，对相关物资妥为处置。

2007 年 3 月，市总工会就疗养院搬迁问题向省总工会作专题汇报。省总工会财务部和保障工作部负责人到南通了解疗养院搬迁工作。3 月 29 日，省总工会下发《关于对省工人南通疗养院整体搬迁重建的意见》。市政府副秘书长周跃华召集市规划局、市发改委和崇川区政府会商疗养院选址问题，4 月，市发改委召开选址专题会议，确定选址花园路 80 号，新建疗养院土地面积为 24.8 亩(比疗养院原院内占地面积增加近 10 亩)。疗养院功能以疗养为主，兼旅游接待。5 月 18 日，疗养院与园博园公司完成资产交接，并签订协议书。至此，疗养院原有建筑已拆除 2264.12 平方米，保留的 3989.79 平方米移交给园博园公司。6 月，市发改委下发《关于工人疗养院迁建项目的批复》，疗养院迁建工程正式立项，项目总建筑面积为 6250 平方米。10 月，市总工会向市发改委提出增加建筑规模的申请，获得批准，建筑面积增至 9120 平方米。

2009 年 3 月，疗养院迁建工程开工，年末土建工程竣工。该工程造价 2680 万元。其中：全国总工会拨款 50 万元，省总工会拨款 80 万元，市总工会投入 1570 万元，其余款项为市政府搬迁补偿和疗养院自筹。

2011 年 4 月，经市总工会同意，疗养院与南通四季资产投资有限公司(以下简称“四季公司”)合作经营，四季公司投入资金，完成疗养院室内外装修及基础设施建设。四季公司每年支付疗养院在职和退休人员工资、社会保险、住房公积金、职工福利费。疗养院共有客房 128 间、中西豪华餐厅 16 间，多功能宴会厅、会议中心、购物中心、健身中心、茶吧、酒吧、咖啡厅、棋牌室、卡拉 OK 厅、高清影院等设施设备一应俱全，成为集医疗、旅游度假、办公会议、休闲娱乐为一体的庭院花园酒店式疗休养中心，2011 年 9 月对外营业。

二、疗休养事业发展

疗养院核定床位150张，面向全国职工提供优质的疗休养服务，计划经济时期，武钢、鞍钢、宝钢、南京浦镇车辆厂等国内知名企业职工经常到疗养院疗休养。疗养院积极开展恢复期病人康复治疗与护理，常见病、多发病诊治与护理，慢性病诊治与护理，健康教育与健康促进等多项业务。其中，中医妇科及肛肠科是两大医疗特色，在全国工会疗养系统享有较高知名度。中医妇科由魏树森领衔执业，他师从南通名医喜仰之，在不育不孕领域有不俗的造诣；肛肠科由刘纪崇负责，他系南通医学院知名教授刘爱华之子，其对痔疮治疗有独特医技。

20世纪90年代，疗养院经历从计划经济向市场经济转型的阵痛，经济效益及职工收入大幅缩水。1998年起，疗养院实施人事和分配制度改革，实行全员聘任制，根据奖勤罚懒、奖优罚劣的原则，拉开职工收入差距。通过提供培训班、会议接待场所等途径，积极开拓市场，弥补疗养客源的不足。

1992年9月，疗养院在狼山镇设立中医门诊部。

1999年，疗养院在市区增设中西医门诊部，两年后该门诊部关闭。2000年，设立健怡门诊部，由外单位承包经营，2001年4月更名为南通博爱门诊部，是年，两个门诊部安排职工4人，为疗养院创收10万元。2013年，门诊部转让。疗养院还办了糖尿病中心等“三产”。

2001年起，疗养院先后为市人民检察院和市纪委提供办班、办案场所，增加收入。

2003年4月，由于非典型性肺炎（以下简称“非典”）流行，市政府决定征用疗养院，作为防治“非典”隔离观察场所。疗养院建立领导小组，下设治安、卫生消毒、后勤保障三个小组，制定工作预案，圆满完成接待隔离观察人员任务。7月，彭剑平被市委、市政府评为抗击“非典”工作先进个人。

1990~2014年，疗养院共接待13533人次疗养，接待休养、会议、培训人员超过2万人次。

1994年，副院长魏树森被市总工会授予市五一劳动奖章。1995年、1998年疗养院获评全国工会疗休养事业模范集体、模范科室班组，先后有7人次获“全国工会疗休养事业先进工作者”称号。

1990~2014年江苏省工人南通疗养院接待疗养人数统计表

表1-5-5　　单位：人

年　份	接待人数	年　份	接待人数
1990	1522	2001	199
1991	1478	2002	121
1992	1074	2004	111
1993	1285	2005	93
1994	1327	2006	81
1995	1355	2009	31

续表 1-5-5

年 份	接待人数	年 份	接待人数
1996	1270	2010	36
1997	1039	2011	26
1998	344	2012	450
1999	248	2013	566
2000	297	2014	580

注:2003 年,因“非典”流行,未接待疗休养;2007~2008 年,因疗养院迁建,未开展疗休养活动;2009~2011 年租用外单位开展活动

三、江苏省工人南通疗养院院长、副院长,党支部书记、副书记及任期

名誉院长	魏树森	1996 年 8 月~2012 年 9 月
院长	郁 斌	1990 年 1 月~1998 年 6 月
	朱雨石	2001 年 3 月~
副院长	魏树森	1992 年 5 月~1996 年 3 月
	朱雨石	1998 年 6 月~2001 年 3 月
	刘纪崇	2001 年 3 月~2009 年 6 月
	彭剑平	2009 年 6 月~
党支部书记	郁 斌	1990 年 1 月~1992 年 6 月
	魏树森	1992 年 6 月~1996 年 3 月
	郁 斌	1998 年 6 月~1999 年 3 月
	朱雨石(兼)	2006 年 3 月~
党支部副书记	魏树森	1990 年 1 月~1992 年 5 月
	郁 斌	1993 年 12 月~1998 年 6 月
	马 蓓	1998 年 10 月~2001 年 3 月
	朱雨石(兼)	2001 年 3 月~2006 年 3 月
	彭剑平	2011 年 10 月~

注:1998 年 6 月~2001 年 3 月建立疗养院与退休职工公寓联合党支部

第六节 南通市退休职工公寓

南通市退休职工公寓(以下简称“公寓”)位于崇川区文峰路 19 号,是隶属于市总工会的社会公益型事业单位。占地面积 6.82 亩,建有公寓楼 2 幢、活动室 1 幢及其他辅助用房,领证房屋面积 5181.19 平方米,有养老床位 66 张。核定编制 7 名。2014 年末在编职工 4 人,聘用人员 10 人。

南通市退休职工公寓

一、基本建设及资产运作

公寓创办于1990年。为帮助市区孤寡退休老人解决养老问题，1987年7月，市委决定由市总工会牵头筹建公寓，并将其列为市委、市政府为民办十件实事之一。1989年12月，市总工会筹资135万元开工兴建公寓。其中，省总工会拨款15万元，市政府拨款10万元，市退休职工管理委员会资助5万元；企业捐助40万元（含物品）；市区178个单位的职工捐助5.64万元。一期工程于1990年9月竣工，建成1幢东三层西四层的公寓楼（1号楼），建筑面积1813.49平方米，另建有7间约200平方米的辅助简易平房。是年重阳节开始接收寓员入住。

2000年，公寓原建辅助简易平房墙体裂缝，经鉴定为危险房屋。公寓投入近60万元，拆除简易平房，新建1幢二层寓员活动室，面积250.7平方米。同时修砌东侧临河石坝，改造食堂，安装煤气管道，为寓员活动室安装空调，添置DVD等。

2006年，市总工会研究决定扩建公寓。8月，市规划局批准公寓扩建工程设计总平面图。2007年3月，公寓扩建工程开工，新建1幢地面五层（局部六层）的公寓楼（2号楼），2009年7月竣工，总建筑面积为3117平方米（含半地下车库一层543平方米），主体工程造价523.04万元，加上其他配套工程，市总工会共计投资826.92万元。同时，对1号公寓楼进行装修，为每个房间添置餐桌、晒衣架，封闭阳台，更换床铺，统一安装传呼铃，改造浴室，添置太阳能热水器、浴霸、洗衣机、开水炉等。同时修建寓员休闲锻炼场地，改造传达室、公厕及绿化环境等。

由于资金短缺，2号楼建成后，从2009年5月起一直对外出租，以租金收入补贴公寓经费不足，至2014年底，租金收入176万元。

2012年，市总工会投入30万元装修改造寓员活动室，添置投影仪、音响设备和会议桌椅。

二、服务寓员

公寓十分注重寓员的精神生活，大力宣传贯彻《老年人权益保障法》，经常组织寓员学习，唱寓歌，为老人读报，办好黑板报、专栏等，为寓员营造“老有所养、老有所学、老有所乐”的家园。

25年来，公寓始终坚持低收费、优服务，干部职工艰苦奋斗，开源节流。低值易耗品均从批发市场或超市购进，为寓员服务的许多项目均由职工承担。20世纪90年代后期，为市外经委提供出国务工人员语言培训班场所，2000年此项收入为22.56万元，占公寓年收入的40.47%。2001年，办班27期，培训2215人次。2009~2011年，市总工会确定公寓为市工人业余大学家政服务培训实习基地，获取服务收入。2000年10月，市总工会召开庆祝公寓建立10周年大会，副市长袁瑞良到会讲话。省总工会副主席戈雪芬、市人大常委会副主任严绍恭、市政协副主席马汉坤和市政府老领导任文彬、葛忠康、陈华汝等出席大会。

2010年10月，市退休职工公寓建寓20周年庆祝大会召开，市人大常委会副主任，市总工会主席陆玉明、市老领导马汉坤、陈华汝及市文明办、体育局、商会、退管会的代表出席。

市领导对入住公寓的老人十分关心，每年春节前，市四套班子领导均到公寓看望老人，陪寓员吃年夜饭。市人大、市政协领导多次考察公寓，市政府每年为公寓拨付慰问款2~15万元；市退休职工管理服务中心在敬老节为寓员送月饼、重阳糕；南通汽运集团2816车队每年组织公寓的老人看南通；体臣卫校、新城桥街道等单位经常为入住老人提供理发、做卫生等志愿服务。在公寓建立10周年和20周年之际，公寓接收社会捐款(物)计23.57万元。

截至2014年末，公寓先后收住近600位老人。其中年龄最大的96岁，最小的72岁，平均年龄83岁，先后有95位老人在此走完人生终点。1997年以来，公寓连续8次被评为江苏省和南通市文明单位，多次被市总工会评为先进单位，获"南通市敬老文明号"和"崇川区综合治理先进单位"等荣誉。2000年和2009年，公寓主任喜洁和马蓓分别被授予市、省五一劳动奖章。

三、南通市退休职工公寓主任、副主任，党支部书记、副书记及任期

主任	喜洁	1999年4月~2000年9月
	马蓓	2004年3月~2012年7月
副主任	喜洁	1991年1月~1999年4月
	马蓓	1999年4月~2004年3月
	阮尖	2012年7月~(主持工作)
党支部书记	马蓓	2006年3月~2012年7月
党支部副书记	喜洁	1993年7月~2000年9月
	马蓓	2001年3月~2006年3月
	阮尖	2012年7月~

注：1998年6月~2001年3月建立疗养院与退休职工公寓联合党支部

第二篇　工会工作

第一章　参与国家和社会事务管理

南通市总工会参加国家与社会事务管理，坚持党的领导，把工会工作融入党政全局，为全面履职创造良好条件；推动建立政府与工会联席会议制度，参与法律、法规和政府文件的制定，代表职工参政议政；服务改革发展大局，积极参与企事业单位改革改制，维护职工合法权益。

第一节　坚持党的领导

中共南通市委高度重视工会工作，多次召开全市工会工作会议，制定下发规范性文件，加强和改善党对工会工作的领导。

市委召开工会工作会议　1990~2014 年，市委先后四次召开全市工会工作会议，召集各县(市)区、市相关部门(单位)分管工会工作的领导和中间层次、直属工会主要领导交流工作经验，研究解决一段时期工会工作中的重大问题。

1991 年 2 月，市委书记吴镕在“市总工会工作汇报”上批示：我市的工会工作比较活跃，对稳定发展南通做出了贡献，要继续发扬探索前进的精神，办出特色，提高工人阶级的觉悟，提高素质，自立、超越和有利的激励机制，党委要给予工会工作更多的关心和支持。

1996 年 9 月，市委召开首次全市工会工作会议，专题研究在新形势下进一步贯彻落实党的全心全意依靠工人阶级根本指导方针问题。市委书记陈根兴、市长杨任远出席会议，市委副书记程亚民和省总工会主席徐锡澄到会讲话。市总工会主席戈雪芬作题为“全心全意依靠工人阶级，为实现跨世纪宏伟目标而奋斗”的报告。海门、港闸等县(市)区委，秦灶镇、钟秀乡、南通活塞厂、南通开关厂等 13 家单位作经验交流。

1999 年 5 月，市委召开全市工会工作会议，深入学习贯彻省委《关于在深化改革中进一步全心全意依靠工人阶级和加强工会工作的意见》，研究部署在不断深化改革的新情况下，进一步落实党的全心全意依靠工人阶级根本指导方针，充分调动全市广大职工群众的主动性、积极性和创造性，发挥工人阶级的主力军作用和维护社会稳定的中坚作用。市委书记周福元、省总工会副主席戈雪芬出席会议并讲话。市总工会主席陈心万作题为“高举旗帜，围绕大局，着力推进全心全意依靠工人阶级基本方针的落实”的报告。

海门市、江苏南浦机电集团等8家单位作经验交流。

2002年9月，在南通市工会十一大召开前，市委常委会听取市总工会主席陈心万的工作汇报，市委书记周福元等充分肯定市总工会五年来的工作，同意市总工会召开市工会十一大的方案，决定逐步解决县(市)总工会主席职务高配问题。

2003年10月，市委常委会专题听取市总工会关于贯彻中国工会十四大精神汇报，并对做好全市工会工作作重要指示，对市总工会提出的需要解决的几个问题给予明确答复。

2005年3月，市委召开全市工会工作会议，贯彻全省工会工作会议精神，研究部署加强和改进新形势下南通工会工作。市委书记、市人大常委会主任罗一民到会讲话。市总工会主席张毓余作题为"落实党的'依靠'方针，巩固党的执政基础，围绕带领职工群众为南通跨越发展而奋斗"的报告。海安、海门、崇川等县(市)区委，港闸区政府，市教育工委，兴东镇，林洋公司等14家单位作书面交流。8月，市委书记罗一民主持召开市委常委会，听取市总工会主席张毓余的工作汇报。会议研究确定，将推进工资集体协商制度纳入南通市全面建设小康社会目标管理体系，由副市长朱晋牵头，深入开展调查摸底，通盘考虑基层工会的编制、人员配备和县(市)区总工会主席职务高配问题。同月，市委召开全市学习贯彻中央、省委领导同志对工会工作重要指示精神大会，省总工会副主席张鸿生到会宣讲，市委常委、组织部部长朱红春到会讲话。

2010年4月，市委召开全市工会工作会议，认真学习贯彻全国劳动模范和先进工作者表彰大会以及全省工会工作会议精神，全面分析全市工会工作面临的新形势新任务，研究部署当前和今后一个时期的工会工作。市委书记、市人大常委会主任罗一民和省总工会党组书记、副主席刘广忠出席大会并讲话。市人大常委会副主任、市总工会主席陆玉明作题为"坚持以人为本，发挥工会作用，在开启南通基本现代化建设新征程中再立新功"的报告。崇川、海门、海安三县(市)区委分别作了关于加强和改进工会工作的经验交流。在市委工会工作会议召开后，各县(市)区委普遍召开工会工作会议，交流工作经验，研究解决本地区工会工作的新问题。

市委制定加强工会工作的意见 全市工会工作会议召开前后，根据各县(市)区的实践，经过充分调研和总结提炼，市委先后多次制定加强工会工作的意见，形成推动全市工会工作发展更具长远意义的规范性文件。

1994年12月，市委、市政府"两办"转发市委组织部、市经委、市外经委、市劳动局、市工商局、市总工会《关于进一步改善外商投资企业劳动关系和加强工会工作的意见》。意见要求，要进一步提高对外商投资企业组建工会必要性和紧迫性的认识；加强执法监督和劳动监察工作，依法维护外商投资企业职工的合法权益；强化依法建会意识，加快外商投资企业工会组建步伐；支持外商投资企业工会依法开展工作，充分发挥工会组织的作用；重视对外商投资企业工会干部的配备和管理工作。

1996年10月，市委制定下发《关于全心全意依靠职工群众办企业和充分发挥工会作用的意见》。意见明确，要建设依靠职工群众办企业的领导班子，努力把全心全意依靠工人阶级的方针落到实处；建立健全各项制度，确保职工有效行使当家作主的权利；充分调动职工群众的积极性,搞好企业"三改一加强"(改革、改组、改造、加强管理);保障职工的经济利益,保持企业和社会稳定;加强职工队伍建设,提高职工队伍素质;加强和改善党对工会工作的领导,支持工会独立自主地开展工作。

1998年10月,市委常委会听取市总工会主席陈心万传达中国工会十三大精神。会上,市总工会提出建议市委、市政府解决恢复市政府与市总工会联席会议制度、落实乡镇工会干部编制等10个方面的问题。市委常委会研究决定从7个方面推进全心全意依靠工人阶级方针在基层落实:1.市委定期召开工会工作会议,交流依靠工人阶级的新经验;2.完善市政府与市总工会联席会议制度,研究解决职工群众关心的热点难点问题;3.进一步落实工会协管干部,坚持组织部门与工会联合考察,克服任意变动,安置老弱残、超编等现象;4.乡镇企业工会工作要有专人负责;5.市委、市政府有关部门与工会联手推行厂务公开制度,加强基层民主建设;6.市委、市政府协助工会加快非公有制企业工会组建;7.市政府有关部门支持工会经费收缴工作。

1999年7月,根据中共江苏省委《关于在深化改革中进一步全心全意依靠工人阶级和加强工会工作的意见》,结合南通实际,市委制定下发《关于在深化改革中进一步全心全意依靠工人阶级和加强工会工作的意见》。意见要求,坚持和完善职工代表大会制度;全面推行厂务公开;健全和完善民主评议领导干部制度;积极推行职工董事、职工监事和职工持股会制度;逐步建立民主选择企业经营者制度;建立健全劳动关系调节机制;坚持和规范集体合同制度;进一步完善职工社会保障体系;规范职工下岗和企业裁员,切实做好下岗、失业职工基本生活保障和再就业工作;坚持按劳分配为主,多种分配方式并存的企业内部分配制度,保障职工的经济收入;改善劳动条件,保障职工的生产安全;加强职工教育培训,提高职工队伍素质;健全工会组织,保障各级工会组织的完整独立;加强工会领导班子和干部队伍建设;依法拨交工会经费,切实保护工会财产;加强和改善党对工会的领导。

2005年3月,市委制定下发《关于进一步加强和改进新时期工会工作的意见》,更好地坚持党的全心全意依靠工人阶级的根本指导方针,充分发挥工会组织作为党联系职工群众的桥梁纽带作用。意见共四个部分:第一部分,要求深入贯彻党的全心全意依靠工人阶级的方针,准确把握新时期工人阶级和工会组织的重要地位与作用;第二部分,要求大力加强工会组织建设,进一步扩大党的群众工作的覆盖面和影响力;第三部分,要求积极支持工会履行职责,切实维护职工合法权益;第四部分,要求切实加强和改进党对工会工作的领导,为工会开展工作提供有力保障。

2011年7月,市委制定下发《关于进一步加强和改进新时期工会工作的意见》,推动工会工作创新发展。意见分四个部分:第一部分,阐述了深刻认识加强和改进新时期工会工作的重要意义;第二部分,强调了充分发挥工会组织在加快现代化建设中的重要作用;第三部分,强调了加强工会服务体系建设,要不断增强工会组织服务职工群众的能力水平;第四部分,重申了进一步加强和改善党对工会工作的领导。

第二节 注重源头参与

市总工会重视源头参与,对涉及职工切身利益的法规政策的制定,做到超前调查、积极探索、集思广益、主动作为,推动一大批问题得以解决。

一、参与法律法规和重大改革方案制定

1990年,全国人大就制定新《工会法》广泛征求意见。市总工会认真组织讨论,形成书面意见,除按规定程序上报外,还直呈全国人大常委会委员长和各副委员长。由于书面意见具备一定质量,又采用创新呈送方式,得到全国人大高度重视。在七届五次全国人大会议参阅资料(七)——《中央各部门和地方对工会法(修改草案)的意见》中,列名"南通"为提出意见单位的共有10处,是提出意见最多的单位之一。在正式颁布的《工会法》中,市总工会提出的意见被采纳8处。

20世纪90年代初,市总工会注重参与高层次决策,直接参与《南通市全民所有制企业转换经营机制实施细则》《南通市企业破产试行办法》《南通市企业领导干部管理办法》及《南通市国有企业经营者工资收入管理暂行办法》等70余个地方性和行业性政策、规定的讨论和制定工作,代表职工发表建设性意见,使市委、市政府在制定政策、法规和各项改革措施时,能更好地体现广大职工群众的意愿和要求。

1993年,市总工会参与制定《南通市全民所有制企业转换经营机制实施细则》《南通市企业破产试行办法》《南通市企业公有民营暂行办法》等12个政策文件,提出意见100余条;着手制定与股份制改革试点相适应的民主管理指导性意见,市委办公室、市政府办公室转发市总工会《关于加强股份制企业职工民主管理的试行意见》,为各县(市)区、局和股份制试点企业的职工民主参与提供了依据。

1994年,市总工会作为市现代企业制度试点协调会议的成员部门,参与现代企业制度试点意见的起草,在坚持职工代表大会制度、工会主席参加董事会、履行和完善集体(共保)合同、协调企业劳动关系等问题上提出意见和建议,为工会组织在"转机建制"(转换企业经营机制,建立现代企业制度)中加强职工民主管理创造良好的外部条件。参与制定《南通市企业领导干部管理办法》《南通市国有企业经营者工资收入管理暂行办法》等13个法律法规和政策文件。与市城市社会经济调查队合作测定居民最低生活费标准;与劳动、财政部门联合制定新的职工困难补助标准;对全市100名市以上劳动模范现状作全面调查,代拟《南通市劳动模范评选和管理工作实施办法》;由市总工会提议的"实行重大灾害性事故处理预案"的意见,得到市领导的肯定。

2003年,市总工会对市区调增污水处理费和自来水价格提出建议,认为水价涨幅应与在岗职工收入增加幅度相适应,水价调整应充分考虑下岗失业人员、特困职工和低保家庭等低收入家庭的经济承受力;建议水价上调后,相关部门和单位继续对特困职工和低保家庭实行用水优惠政策,并提高补贴标准和补贴发放范围。

2005年,市总工会通过深入调研,先后就提高住房公积金贷款额度和经济适用房补

贴标准等涉及职工切身利益的问题提出意见和建议，多数得到采纳。

2006年11月，市总工会对市劳动局起草的《南通市市区城镇居民医疗保险试行办法》《南通市市区少年儿童医疗保险试行办法》提出书面修改建议。根据市区城镇居民最低生活保障金调整标准，市总工会提出“自2007年1月1日起，提高市属企业改制分流的部分困难职工生活补助费，由每月240元相应提高到270元”的请示，经市政府同意后实施。

2007年4月，市总工会对《江苏省职工民主管理条例(草案)》中职工代表大会职权、职工代表结构、职工董事职工监事制度、厂务公开等内容提出意见和建议。8月，由于副食品价格上涨幅度较大，加重了原市属企业定补(保养)、续(协)保、月生活费仅270元的低收入职工生活负担，市总工会向市政府提出“提高该类职工生活费标准或发放物价补贴”的请示，经与市财政、物价、劳动、经贸、信访等部门会商后，市政府同意发放一次性物价补贴135元/人，共有5250名职工受惠。

2009年，市总工会根据南通市“十一五”民用自来水价格调整听证会材料，向省内其他市总工会了解情况后，提出建议：一是民用自来水价格调整幅度控制在20%以内；二是继续落实对特困职工家庭的水价优惠政策。自2010年起，市区特困职工享受每月免费使用6立方米自来水的优惠政策。

2011年2月，市政府印发《南通市市区医疗救助暂行办法》，市总工会认定的特困职工及其家庭成员被列入救助对象，从根本上缓解了特困职工及其家庭成员“看病难”的问题。市总工会建立参与社会管理创新领导小组，制定实施方案和部门职责，分解9大项54条任务，提出建立参与监督体系、维权保障体系、协调引导体系、人才网络体系，实施以延伸拓展法、借力整合法、动态融合法、网格运作法为主要内容的工会参与社会管理创新的思路。海安县打造“两个载体”、实施“四大行动”、探索“四项机制”的工会参与社会管理创新模式，被《工人日报》以内参形式报送中央领导。

2012年，市总工会参与起草《南通市人民政府关于进一步加强预防和处置农民工工资问题的工作意见》。

二、参与社会保障制度改革

1991年1月，国务院发布《关于企业职工养老保险制度改革的决定》。1994年7月，《劳动法》颁布并于1995年1月起施行。南通市以养老、医疗、失业、工伤、生育五大保险为主要内容的社会保险制度初步建立。1999年1月，国务院发布《社会保险费征缴暂行条例》，实现社会保险费征缴法制化。2004年9月，市政府下发《关于进一步做好城镇企业职工社会保险工作的意见》，依法推进社会保险全面覆盖实施和各项社会保险基金征缴到位。2010年10月，全国人大常委会颁布《社会保险法》。

养老保险制度改革　20世纪80年代，市政府先后下发《南通市合同制工人养老和医疗保险暂行办法》《南通市国营企业离、退休人员劳动保险统筹暂行办法》《南通市中外合资企业劳动人事管理试行办法》和《南通市临时工社会劳动保险暂行办法》。全市全民、集体、“三资”企业固定工、合同制职工、临时工均纳入不同形式的养老保险体系中。截至1990年末，全市1850家全民和县以上集体企业参保率达48%，10.57万名合同制工人参加社会保险，参保率达 97.1%。

1991 年 11 月，市政府颁布《南通市市区城镇集体企业职工养老保险基金统筹暂行办法》，统筹率暂定为 19%。

针对全市各类养老保险管理办法不统一、衔接不完善、覆盖不全面、社会化程度不高的现状，1992 年 12 月，市政府出台《关于深化企业职工养老保险制度改革的意见》，决定从 1993 年 1 月起，在全市实行新的企业职工养老保险制度，并召开动员大会。自此，养老保险制度改革全面启动，实行职工基本养老保险社会统筹与个人账户相结合的保险制度，市区企业和职工分别按工资总额的 20%、2%缴纳养老保险费。同时，市政府下发《关于机关事业单位养老保险制度改革有关问题的通知》，决定从 1993 年 1 月起，在全市机关、事业单位试行职工养老保险制度。参保对象为：全额预算机关、事业单位的劳动合同制工人和经人事、劳动部门批准使用的临时工；差额补贴、自收自支事业单位的全体职工和经人事、劳动部门批准使用的临时工；金融机构的全体职工以及部、省属驻通机关、事业单位的同类人员。

1995 年 3 月，国务院发布《关于深化企业职工养老保险制度改革的通知》。

1996 年 6 月，省政府出台《江苏省城镇企业职工养老保险规定》。

1997 年 7 月，国务院发布《关于建立统一的企业职工基本养老保险制度的决定》。

1998 年 10 月，市政府下发通知，为逐步向全省统一费率过渡，将职工个人缴费率统一调整为 5%，此后原则上每两年提高一个百分点直至 8%。

2000 年，根据党中央、国务院“两个确保”(确保企业离退休人员基本养老金按时足额发放，确保国有企业下岗职工基本生活费按时足额发放)的要求，南通全面实现养老金社会化发放，所有企业离退休人员均按月通过社会服务机构领取养老金，彻底解决了养老金拖欠问题。

2001 年起，机关、事业单位社会保险职能从人事部门划入劳动部门。

2004 年 9 月，市政府下发《关于进一步做好城镇企业职工社会保险工作的意见》。

2005 年 10 月，国务院下发《关于完善企业职工基本养老保险制度的决定》。

建立失业保险制度 1986 年 7 月，国务院发布《国营企业职工待业保险暂行规定》，标志着国家失业保险制度建立。1992 年 8 月，市政府颁布《南通市职工待业保险试行办法》，规定企业按职工工资总额的 1%，劳动合同制职工按每人 2 元的标准按月缴纳待业保险金。1993 年 4 月，国务院发布《国有企业职工待业保险规定》，单位按本单位职工工资总额的 1%缴纳失业保险费，职工个人不缴费。1995 年 9 月，市政府批转市劳动局《关于全面实行劳动合同制意见》。1999 年，国务院发布《失业保险条例》，单位失业保险缴费比例由 1%提高到 2%，职工由本人不缴费改为按照本人工资的 1%缴纳失业保险费，其中，农民合同制工人不缴费。

由于养老保险和失业保险按照国家和省政府的统一规定执行，地方没有自主权，所以市总工会参与不多。

职工医疗保险制度改革 20 世纪 90 年代初，职工医疗保障以公费医疗和劳保医疗为主。随着经济的发展和改革的深入，问题日益突出，改革势在必行。

1994 年，市总工会通过对 30 余家企业、3.8 万名职工 1993 年度医疗费提取和支付情况进行调研后，撰写“医疗费用上涨过猛，建议实行大病统筹”的议案，提交市人代会，并向市政府报送“困难企业职工医疗费报销难”的信息，为制定市区职工医疗保险方案提供参考。是年，国务院将江苏省镇江市和江西省九江市列为职工医疗保障制度改革的试点城市。

1996年4月，国家体改委等部门决定扩大职工医疗保障制度改革试点，南通被列为全国第二批试点城市。市总工会把代表职工参加医疗改革方案制定作为重点工作，由分管主席担任市医改领导小组成员，派员直接参加医改方案起草组工作；配合市医改办召开工会干部、职工群众座谈会，听取意见；对方案提出了16条修改意见，如将职工个人账户资金增加0.5%等，所提建议多数被采纳。

1997年3月，市政府出台《南通市职工医疗保险暂行办法》，是年4月1日起施行。

1998年12月，国务院下发《关于建立城镇职工基本医疗保险制度的决定》。

2000年6月，市政府颁布《南通市市区城镇职工基本医疗保险实施办法》和《南通市市区城镇职工大病医疗救助暂行办法》，实现从公费医疗制度到社会医疗保险制度的重大历史转变。

2001年2月，市总工会会同市劳动局、市卫生局出台《关于对市区困难企业尿毒症患者血液透析费用实行优惠照顾的通知》。为保证职工基本医疗保险制度的平稳实施，保障职工在医改前应在单位报支的医疗费落到实处，6月，市经济委员会、市总工会、市劳动局联合下发《关于加强南通市职工医疗费清欠工作的通知》，要求对市区城镇国有、集体企业(含改制前)的在职职工、退休人员以及死亡职工，在2000年7月1日前发生的应由单位承担的基本医药费用由企业按规定予以报销。7月，市总工会向市劳动局提交“关于尽快解决市属困难企业退休人员参加医保问题和完善城镇职工大病医疗救助办法的几点建议”，提出对连续工龄男满25年、女满20年的已退休人员免费参加医保，建立职工住院医疗互助金，增加医保工作的透明度等四个方面的建议。市劳动局高度重视，按照一企一策，将76家市属特困企业近3万名职工(含退休)纳入职工医保，省总工会对此予以肯定。

2002年3月，市总工会与有关部门联合对市区职工医药费清欠工作进行检查。据不完全统计，市区76家有清欠任务的企业，拖欠职工医药费3040万元，经过一年的努力，清欠7780人次，清欠医药费计567.83万元，较好地维护了职工的合法权益。省总工会主席张艳对这项工作作出批示，予以充分肯定。5月，市劳动局印发《南通市市区低保职工医疗救助暂行办法》，6月起实施。

2003年，市总工会在调研基础上，起草“关于尽快解决市属困难企业人员参加医保问题和完善城镇职工大病医疗救助办法的几点建议”“关于市属困难(破产)企业退休人员参加医保的请示”等材料，在市“两会”期间提出“关于对低收入职工实行医疗救助的提案”。后经市政府研究决定，多渠道筹集资金，解决市属特困企业职工和退休人员参保经费问题。

2005年8月，市总工会参加由市政府办公室牵头的联合调查组，对市区五大行业20家企业参加社会保险状况进行调查，形成调查报告。

2006年11月，市总工会对市劳动局起草的《南通市市区城镇居民医疗保险试行办法》《南通市市区少年儿童医疗保险试行办法》提出书面修改建议。

2007年,市总工会积极参与市区惠民医疗政策的制定。12月,市政府办公室下发的《关于做好市区惠民医疗工作的意见》,采纳市总工会建议,将市区特困职工及其家庭成员纳入惠民医疗对象。

2009年7月,针对国家新出台的医改方案,市总工会召开深化医药卫生体制改革座谈会,听取工会干部和职工对新一轮医改方案的意见和建议,并形成书面材料上报省总工会。8月,市总工会对《南通市市区城镇职工基本医疗保险实施办法》《市委、市政府关于深化医疗卫生体制改革的实施意见》等政策文件提出修改建议。

2010年,市总工会在《市区城乡医疗救助实施办法》听证会上,提出"将特困职工及其家庭成员纳入医疗救助范围"的建议被采纳。

工伤保险制度改革 南通市工伤保险制度建立较早。1994年11月,市政府印发《企业职工工伤保险试行办法》,市总工会参与该办法制定。办法规定,市属企业按工资总额0.8%缴纳工伤保险基金;县(市)区企业缴纳工伤保险的费率由县(市)区人民政府确定。职工发生工伤后,由工伤保险基金按规定支付工伤待遇。1999年12月,市政府下发《南通市城镇企业职工工伤保险办法》,自2000年4月1日起施行,参保单位按全部职工工资总额的0.7%缴纳工伤保险费。

生育保险制度改革 20世纪80年代,市总工会为生育保险制度的建立作了积极探索,通过广泛开展生育价值大讨论和深入调查测算、起草方案,推动市政府于1988年7月出台《南通市全民、大集体企业女职工生养基金统筹暂行办法》,建立女职工生养基金。同时,市编制委员会批准设立市女职工生养基金统筹管理委员会办公室。市区统筹标准为企业按在职职工每人每年20元,补偿标准按符合计划生育规定的生育女工人数,每人1000元,一次性补偿给企业。是年,全市筹集生养基金278.4万元,2230名计划内生育女职工所在308家企业获得补偿223.3万元。

1990年6月,全国政协调查组来南通考察,对南通等城市实行女职工生育补偿的做法给予充分肯定。1994年9月和1995年9月,市总工会主席戈雪芬先后出席在埃及召开的联合国第三次人口与发展大会和在北京召开的联合国第四次妇女大会,并在大会非政府论坛上两次介绍经验。1994年,市长张佑才荣获全国"女职工之友"的称号。

1999年12月,市政府颁布《南通市城镇企业职工生育保险办法》,自2000年4月起施行。《南通市全民、大集体企业女职工生养基金统筹暂行办法》废止。新办法将适用范围扩大到各类城镇企业,由定额征收改为按全部职工工资总额的0.8%征收;女职工计划内生育的,生育保险基金以生育津贴的形式对企业予以补偿;女职工怀孕后,因生育或流产所需符合规定项目和标准的检查费、接生费、手术费、普通病房住院费和医药费暂按80%的比例,分类限额在生育保险基金中报支;同时对生育引起疾病的医疗费、一次性营养费等作出规定,实现由生养基金统筹向生育保险的转变。此后,数次调低征收比例,提高补偿和报支标准。

2000年3月,市女职工生养基金统筹办公室成建制划归市劳动局,原生养基金统筹未尽事宜一并移交。1988年至移交,共筹集女职工生养基金2648.27万元,补偿近2万名生育女工所在企业,补偿总额1977.38万元。此后,市总工会一直十分关注生育保险的运行情况，多次到企业调研，向劳动部门提出建议。

南通市女职工生养基金统筹收入、支出汇总表

表 2-1-1 单位：万元

年 份	统筹收入	补偿支出	结 余
1988~1992	1136.86	892.40	244.46
1993	267.72	136.00	131.72
1994	274.00	234.50	39.50
1995	232.95	204.80	28.15
1996	234.70	164.50	70.20
1997	197.04	145.36	51.68
1998	160.25	93.74	66.51
1999	103.87	61.04	42.83
2000(1–4 月)	40.88	45.04	–4.16
合 计	2648.27	1977.38	670.89

住房制度改革 1991 年 5 月，市总工会确定市区 20 家单位为市住房制度改革工作联系点，两次召开联系点专题会议，通报住房制度改革进展情况。在开展百户居民房改意愿及职工租住私房情况等专题调查分析的基础上，积极参与南通市住房制度改革方案的讨论，提出制定住房分配暂行办法等 10 条建议，被采纳 8 条。

1992 年 1 月，市政府印发《南通市市区住房制度改革实施方案》。是年，市总工会增加 5 家单位作为市住房制度改革工作联系点。

1999 年起，市总工会积极参与廉租房政策制定，强烈要求将特困职工纳入廉租房保障范围。2000 年 10 月，市政府办公室转发市房改办《南通市市区廉租房管理办法》。截至 2002 年末，市区 98 户享受城镇居民最低生活保障(以下简称“低保”)的职工住上廉租房或享受货币补贴。一名困难女职工住上廉租房后，给市总工会送来写有“人民公仆，扶危济困”的锦旗。

2003 年 8 月 ，市房管局、市财政局、市总工会与市民政局联合下发《关于印发〈南通市市区城镇廉租住房实施办法〉的通知》，明确住房困难的特困职工可申请享受廉租房。

2005 年，经市总工会积极建议，市房管局扩大了廉租房的受益面。

2007 年，市总工会对《市区保障性商品住房供应暂行办法》《市区公共租屋管理试行办法》提出修改意见。

2009 年， 市总工会对市区 76 家企业外来农民工住房及参加社会保险状况进行调查，依据调查数据，向市政府提出“将优秀农民工和缴纳社会保险时间较长的外来农民工纳入市区保障性商品房保障范围”的建议。

2010 年 5 月，市政府办公室下发《转发市总工会等部门关于将优秀农民工和缴纳社会保险时间较长的外来农民工纳入市区经济适用住房保障范围的试行意见的通知》。

2012年,市总工会对《市区公共租赁住房管理实施细则》等提出意见。

职工家属劳动保险待遇 按照国务院《关于工人退休、退职的暂行办法》(国发〔1978〕104号)规定,符合供养条件的职工家属可在企业享受一定的医疗费报销和死亡补助等待遇,但因部分企业未建立台账或台账资料不全,影响到职工家属劳动保险待遇的享受。1991年5月,省劳动局、省总工会下发《关于清理整顿"劳动保险登记卡"的通知》。1992年6月,市劳动局、市总工会联合印发《关于清理整顿"工人职员劳动保险登记卡"的通知》和《关于供养直系亲属范围答复口径的函》,对全市企业职工的"劳动保险登记卡"进行全面清理整顿,并建立健全相关管理制度。全市共印发"劳动保险登记卡"50万份、"供养证"近万份。多数企业健全了职工供养对象的台账。

1995年1月,为适当解决死亡职工遗属的生活困难,建立职工遗属待遇的正常调整机制,市劳动局、市总工会、市财政局联合印发《关于调整企业职工死亡待遇计发办法的通知》,对丧葬费、直系亲属一次性抚恤金、遗属定期补助等作出规定。2月,联合转发省劳动局、省人事局、省财政厅、省总工会《关于调整城镇职工生活困难补助标准的通知》,凡职工家庭人均月收入低于当地社会月平均工资30%的,可向所在单位申请定期补助。

2003年6月,市总工会配合市劳动部门开展职工供养直系亲属情况的调查,并参加省劳动厅与省总工会联合召开的调研座谈会,对完善职工供养直系亲属的政策提出建议。

三、代表职工参政议政

1990年以来,市、县两级工会加强与人大、政协的联系,通过发挥人大代表、政协委员作用,提议案、提案、联合召开会议、组织专题考察等形式,推动有关法律法规的贯彻落实和涉及职工切身利益问题的解决。

1991年1月,戈雪芬、曹冠祥等10名市人大代表在市九届人大四次会议上提出"关于将规划、扩建市劳动人民文化宫列入'八五'规划的建议",要求将西濠小学南侧8000平方米土地划拨给市文化宫用于扩建职工文化阵地。1993年2月,市长徐燕主持召开专门会议,研究确定扩建市劳动人民文化宫。

1992年1月,市政府召开职工代表座谈会,市长徐燕、副市长葛忠康听取职工对市政建设和职工生活方面的意见和建议。

1993年,市总工会提出的企业改革方案须经职工代表大会讨论通过的意见及劳动人事、工资分配、社会保险制度(以下简称"三项制度")改革中落实职工医疗期和待岗人员生活费等问题得到市领导重视,纳入有关文件。7月,市总工会与市人大财经委联合召开南通市贯彻《江苏省外商投资企业工会条例》工作会议。市委副书记、市人大常委会副主任和市政府分管外经工作的副市长均到会讲话,会议要求坚持依法建立工会,依法开展活动,切实纠正有法不依、执法不严、违法不究和以言代法、以权代法的现象,保障有关工会方面的法律法规有效实施。市总工会组织工会界政协委员对开发区的工会工作和职工劳动保护等进行专题考察。

2000年3月,如东县总工会努力拓展宏观参与渠道,在全国率先建立工会与人大联席会议制度。省总工会下发文件,要求全省所有乡镇工会都要与同级人大建立联席会议制度。《人民代表报》《工人日报》头版头条专题报道,《中国工运》以“构建维权有效机制”为题加以介绍,江苏电视台《职工之音》栏目重点推出。

2001 年 5 月,市总工会组织工会界市政协委员考察私营企业劳动保障工作。

2002 年,市总工会在市“两会”上提交“关于进一步完善市区城镇企业职工生育保险办法的建议”,被市劳动保障局采纳。3 月,市人大常委会副主任李炎带领部分常委对市总工会救助困难职工群体工作进行考察。

针对部分困难企业存在欠薪问题和大量民营企业工资支付情况尚未纳入劳动保障部门统计管理的现状,2004 年,省人大代表、市总工会主席陈心万在省人代会上提交关于制定《江苏省工资支付条例》和《就业促进条例》的议案,被省人大列为重点督办议案。同时提出尽快制定出台《企业工资支付办法》,建立企业工资监控网络,执行欠薪报告制度,加强检查监督和对举报的查处,建立欠薪保障金制度等建议。

在 2004 年市政协全委会上,市总工会副主席朱淑娟代表工会界政协委员作题为“关注定补续保职工,共享经济发展成果”的大会发言,引起共鸣。同时提交提案,建议政府采取以下措施:1.提高定补(保养)职工的月生活费标准;2.对续(协)保职工年龄达到男 55 周岁、女 45 周岁时,按月发放一定的生活费至退休,以体现社会公平,帮助这些职工平稳过渡到退休。经过市总工会的不懈努力,市政府于 2005 年 6 月下发《关于为原市属企业改制分流的部分困难职工发放生活补助费的通知》,自是年 7 月 1 日起,为符合条件的续(协)保职工按月发放生活费。鉴于部分市属企业离退休人员因未获得一次性住房补贴而多次集体上访的问题,工会界政协委员在市政协全委会上提交“为改制、破产、关闭的市属企业离退休人员发放住房补贴”的提案,后经多部门会商,这部分老职工均领取了每人 1000 元住房补贴。在市政协专题建言献策会议上,工会界政协委员作了题为“改善和提高企业劳模待遇”的发言。

2005 年,工会界政协委员在市政协全委会上提交“关于提高市区女职工生育保险待遇”的提案和“将市区参加医保的特困职工与低保职工同等享受医疗照顾”的提案,均得到重视。

2006 年 1 月,市总工会出席市“两会”的代表、委员向有关部门提交了“解决低收入职工住房问题,加快保障性商品房建设”和“为企业低收入职工提供小套型、低价位商品房”及“实行城镇居民住院医疗保险”的提案,得到高度重视。会后,市总工会会同有关部门开展了大量的调查摸底和政策制定有关工作,拿出较为完善的方案。在此基础上,市政府决定将保障性商品房建设列为 2007 年为民办实事的项目之一,在市区先后开工建设总计 12.3 万平方米保障性商品房。2007 年 12 月,南通市举办首次保障性商品房电脑摇号配售仪式,438 户符合条件的低收入家庭全部摇到房源。

2007 年,市政府确定的为民办实事十项项目中,有三项源自工会界政协委员提案。为使市区持独生子女父母光荣证退休的企业职工能够享受一次性奖励政策,工会界政协委员连续三年在市政协全委会上提出提案,并多次与相关部门进行沟通联系。在市总工会的呼吁和推动下,2007 年市政府出台《关于对市区持独生子女父母光荣证退休的企业职工实行一次性奖励的实施意见》,决定对市区持《独生子女父母光荣证》退休的企业职工一次性奖励3200元。10月，市人大常委会副主任汤桑林率市人大代表考察农民工权益保护情况。

2008年6月，市政协委员考察民营企业工会建设工作。

2009年，在市政协十届二次会议上，市总工会作题为“强化政府服务功能，团结一心共渡难关”的发言。针对企业和市民反映的改进机关作风、强化政府服务功能方面的意见，提出深入基层调研、增强忧患意识，简化办事程序、提升服务效能，清理评比收费、减轻企业负担，完善绩效考核、切实奖优罚劣的建议。市委常委、常务副市长蓝绍敏作出批示，要求市监察局会同市作风办、市行政审批中心，专题到市总工会听取意见。在市“两会”上，市总工会还提交“对困难再就业人员实行‘爱心助保’计划”的集体提案和“关于为城镇无业老年居民发放生活补贴”的提案。

2011年，在市总工会连续两年以市政协委员集体提案的方式推动和促进下，南通市出台“爱心助保”办法，由政府筹集资金，向南通市区已参加企业职工基本养老保险、缴费不满15年，因失业等原因中断缴费、无法续交养老保险费的困难职工提供助保无息借款。

2012年，工会界政协委员在市政协全委会上提交“免收市属企业灵活就业退休人员社会化管理服务费（每人800元）”的集体提案被市政府有关部门采纳。

四、加强调查研究提高工会参与质量

1992年，为了解职工对深化企业“三项制度”改革的认识，掌握职工思想脉搏，有针对性地做好宣传教育等各项工作，保证“三项制度”改革稳步推进，市总工会在10家改革试点单位召开20个座谈会，有204名职工参加，同时开展千名职工问卷调查。通过调查，对进一步搞好“三项制度”改革提出六点建议。

1994年，市退休职工管理委员会对市区退休职工医疗费用自付情况、退休职工生活状况进行抽样调查，形成调查报告报市政府，得到市政府多位领导批示，督促并推动落实“老有所养”的基本政策。

1997年11~12月，市总工会机关及区局、基层工会干部200余人，分组对市政府确定的47家市属特困、破产企业困难职工的生活状况进行调查。调查发现，47家特困破产企业中有1320户符合困难职工条件。市总工会形成《市属特困、破产企业困难职工的调查及解困建议》报告，向市政府递交《关于请求拨款救助市属特困企业困难职工的报告》。

2003年末，市总工会对市区原市属企业中因下岗职工出“中心”和企业改制、破产、关闭等原因而离开企业，办理定补（保养）和续（协）保手续的老职工开展全面调查。调查显示：截至2003年11月末，市区列入定补、保养的职工5622人，续（协）保职工2906人。这些职工以牺牲个人利益，承担改革成本的特殊方式，为南通市经济和社会发展做出了贡献，但他们的生活状况令人担忧。大多数家庭人均月收入低于500元，比市区居民人均可支配收入800元低得多，且要支付高额的子女教育费用、家庭成员医疗费用和必要的生活支出，经济和精神的双重压力使这些老职工生活质量明显下降。为此，市总工会建议政府采取以下措施：

1.鉴于目前这部分职工家庭人均生活费标准在200元及以下的占83.2%的现状，考虑财政的承受能力，提高定补(保养)职工的月生活费标准，从2004年起，市政府，将定补(保养)职工的月生活费标准调整为不低于300元。

2.为在办理续(协)保手续时工龄已满30年的老职工按时发放生活费至退休。

3.对续(协)保职工年龄达到男55周岁、女45周岁时，按月发放一定的生活费至退休，以体现社会公平，帮助这些职工平稳过渡到退休，也可以缓解部分社会矛盾(如男女职工退休年龄差异、出"中心"与改制政策依据不同)。如按300元/月的标准，每年增加支出100万元左右。

2004年，针对部分劳动模范尤其是在企业工作或退休的劳动模范待遇较低，生活上遇到不少困难，市总工会对955名劳动模范工作生活状况开展调查。向市政府提出为企业离退休劳动模范发放荣誉津贴、增加企业劳动模范医疗保险个人账户金额、增加下岗失业劳动模范的基本生活费或提高分流时的一次性补偿金、设立困难劳动模范帮扶资金等五项建议。其中三项：为企业离退休劳动模范发放荣誉津贴、设立困难劳动模范帮扶资金、为市劳动模范发放春节慰问金先后得到落实。

第三节　建立市政府与市总工会联席会议制度

1990年以后，适应市场经济发展的新形势，市、县两级陆续建立的政府与工会联席会议制度，成为工会主动参与政府政策制定，强化源头维护职工权益、服务改革发展大局的重要渠道。

2004年6月，市政府出台《关于加强政府与工会联系沟通的意见》。意见明确，各级政府在制定国民经济和社会发展计划时，对涉及职工利益的重大问题，应当听取工会的意见；研究制定劳动工资、社会保险、安全卫生等涉及职工利益的政策措施时，应当征询工会方面的意见；政府建立的涉及职工问题的工作机构，要有同级工会的代表参加；各级政府应支持工会依照工会章程独立自主地开展工作，充分发挥工会的民主监督作用。

2004年12月，市政府与市总工会召开联席会议。市长丁大卫主持会议，市委常委、常务副市长蓝绍敏、副市长袁瑞良、张庆平及市政府秘书长朱晋等出席会议。会上，市总工会主席陈心万介绍近年来工会工作的简要情况，反映当前职工关心的改制企业职工权益维护及物价上扬问题，并提请会议讨论解决送温暖工程基金拨款、调整定补(保养)人员生活费标准和为企业离退休市级劳模发放荣誉津贴问题。会议研究决定，自2005年起，市政府将特困职工纳入政府主导的社会救助体系，每年为市送温暖工程基金拨款100万元；为企业离退休劳模按月发放荣誉津贴60元；关于调整定补(保养)人员生活费标准问题，会上未达成一致意见，市长丁大卫指定由市政府秘书长朱晋牵头，由劳动部门、财政、工会共同研究，拿出可行办法。

2005年9月，市政府与市总工会召开联席会议，就改善企业市级离退休劳模和农业劳模有关待遇问题及出台《市政府关于进一步推进企业工资集体协商工作的意见》两个议题进行研究。市长丁大卫主持会议，市委常委、常务副市长蓝绍敏、副市长季金虎、袁瑞良、张庆平、朱晋出席会议。市总工会主席张毓余在会上介绍工会工作。会议原则同意市总工会所提的改善有关劳模待遇方案和《关于进一步推进企业工资集体协商工作的意见(初稿)》。会议认为，工会组织倡导建立积极的工资集体协商机制，是维护广大职工合法权益的有效举措，也是构建和谐社会的客观要求，对稳定职工队伍、构建和谐劳动关系、促进企业发展有着积极的作用，应当高度重视，积极支持。会议要求，要结合各地实际，对推行协商机制企业的涉及面进行科学设定，注意区别对待，分类指导；要注重与相关法律法规的衔接。

2009 年 12 月，市政府与市总工会召开联席会议，商讨将优秀外来农民工和缴纳社会保险时间较长的农民工纳入城市住房保障体系，加强劳动关系协调力度，提高省、市劳模待遇等方面的问题。市长丁大卫主持会议。市人大常委会副主任、市总工会主席陆玉明在会上介绍全市工会工作情况。会议同意将符合南通市政府规定的七种情形的优秀外来农民工直接纳入城市住房保障体系；原则同意将参保时间较长的外来农民工先期试点享受保障性商品房。会议还研究同意市总工会提出的将创建劳动关系和谐企业(工业园区)活动列入政府目标责任考核体系，适时建立市协调劳动关系联席会议制度。同意发放省(部)级劳模低收入生活困难补助金；建立市劳模帮扶资金，市财政从是年起增加劳模帮扶资金拨款，用于市区本级劳模帮扶，由市总工会制定具体发放标准和办法；建立市劳模春节慰问金制度，从 2010 年春节起发放，标准为每人 400 元，所需资金分别由市财政和劳模所在县(市)区及市经济技术开发区财政部门核拨，同级工会发放。

2014 年 12 月，市政府与市总工会召开联席会议，就调整市级以上劳模待遇标准和出台企业工资集体协商暂行办法两项议题进行研究。市委副书记、市长张国华出席会议并讲话。他肯定全市各级工会围绕中心、服务大局，为推动经济社会发展总体平稳、稳中有进作出的贡献，尤其是工会基层组织建设、工资集体协商、安全生产劳动保护、劳模服务管理等多项工作有特色、有创新、有亮点。市委常委、常务副市长韩立明，副市长赵闻斌、黄爱军、沈雷等出席会议。市总工会主席、党组书记葛玉琴介绍工会工作。根据省政府调整省以上劳模待遇标准通知要求，结合南通实际情况，会议研究决定，从 2015 年起调整市以上劳模春节慰问金、特殊困难帮扶资金、荣誉津贴三项标准；进一步推动企业工资集体协商工作开展，把职工利益诉求纳入法治化轨道，促进劳动关系和谐稳定。

第四节 参与企事业单位改革，维护职工合法权益

南通市企事业单位改革改制历时 20 余年，其难度之大、涉及面之广、政策性之强都是前所未有的。市总工会动员组织全市各级工会积极主动参与改革改制全过程，教育引导职工理解支持参与改革，同时，认真调查研究，积极反映职工的利益诉求，维护职工合法权益。

一、企业改革改制历程

20世纪80年代，南通市逐步打破公有经济单一主体发展的格局，形成多种所有制经济共同发展的新格局。在工业企业中重点推行“三改一联”，即：企业领导体制改革，全面推行厂长(经理)负责制；企业经营机制改革，在大中型企业推行承包经营责任制，小型企业实行“改、转、租”；企业内部分配制度改革，进一步打破平均主义；大力发展多种形式的横向经济联合，组建企业集团，同时选择部分企业进行股份合作制试点。在部分企业中探索实施工资总额与经济效益挂钩及投入产出包干等形式的承包经营责任制。加快推行厂长负责制，企业领导体制改革进一步在工交、财贸、物资等系统推开。

1990年，全民、集体企业第一轮承包到期。年末，全市有1776家企业签订新一轮承包合同，同步推行共保合同制，由厂长(经理)代表经营责任集体，工会主席代表职工，签订内部共保合同书。推行承包经营责任制的同时，普遍推行定额、计件、计效工资制。对企业内部科室设置和人员配置按精简、效能原则，由企业根据生产经营实际需要自主决定。

1991年，市政府先后批准市煤炭工业公司经营承包，市供销社直属企业试行总包总挂责任制；批准市区华联商厦等11家商业企业进行经营、定价、分配和用工的“四搞活”改革试点；批转市经委关于南通第三棉纺织厂、南通合成纤维厂等16家市属企业放开经营、转换经营机制试点工作，促使企业加快形成自主经营、自负盈亏、自我约束、自我发展的经营机制。

自1992年开始，企业改革进入以产权制度改革为核心特征的进程，大体可划分为以下六个阶段：

第一阶段：1992~1995年，市政府于1992年2月颁布《南通市企业全员劳动合同制暂行办法》。对首批16家企业试行“三项制度”改革试点。选择规模较大、基础较好的大中型国有企业进行股份有限公司改革试点，尝试进行公司制改组。国有大中型企业以设立股份有限公司为重点，中小型企业则以股份合作制企业和具有股份合作制性质的有限责任公司为主要改制形式。1993年，市政府提出以股份制改革为突破口，推动企业产权制度改革，并进行试点。先后发布《关于加快市属工业发展的决定》《南通市全民所有制工业企业转换经营机制实施细则》和批转市经委《关于南通市市属工业企业转换经营机制工作意见》。要求在落实企业各项经营自主权的同时，逐步把公有制企业改造成股份制企业、仿三资企业；在经营形式上，采用承包、利税分流、税收目标管理、联产并转、企业破产等。市区四甲肉联厂、通玻二厂和南冠公司被列入破产试点企业。12月，市政府颁布《南通市企业公有民营试行办法》。1994年，全市有22家企业被列入省、市建立现代企业制度试点企业。

第二阶段：1995~1997年，以产权制度改革为突破口，按照产权清晰、权责明确、政企分开、管理科学的要求，开始探索建立现代企业制度。1995年11月，市委、市政府召开全市体制改革工作会议，部署1996年企业改制改组任务。要求借鉴外地“先出售后改制”经验，大力推进股份制和股份合作制，深化产权制度改革。市委、市政府“两办”印发《关于推进企业重组，整体搞活市属工业的若干意见》等5个材料，建立市产权制度改革领导小组。1996年8月，市委、市政府下发《关于加快市属企业改革和发展的意见》，召开加快市属企业改革发展动员大会，建立市属企业改革发展工作指导团，下设13个分团。由市委书记陈根兴任团长，市长杨任远任第一副团长，另有11名市四套班子成员任副团长，并从各部门抽调105名副处级以上干部、221名业务骨干到总团和分团工作。根据企业资产规模和经营状况，分别采用增量扩股、租股结合、先售后股、兼并重组、抵贷返租等12种不同的改制形式，完成193家企业改制工作。截至年末，全市共有7647家企业完成产权制度改革，占全市国有、城镇集体、乡镇集体企业总数的90%。共组建股份有限公司62家，有限责任公司1100余家，股份合作制企业4300余家。全市所有股份制企业都有职工股份，总额达23.68亿元，占股本总额的32.07%。

第三阶段:1997~1999年，以优化资本结构、实施兼并破产、减员增效为主要内容。1997年，南通市进入全国111个优化资本结构试点城市行列，大力度推进企业资产重组，优胜劣汰机制加速形成。南通电视机厂、罐头食品厂、橡胶总厂、纺织器材厂、发酵厂、柠檬酸厂、铝加工厂、纺机厂8家国有大中型企业破产；南通印染厂、制药总厂等10家企业实施减员增效；南通合成材料厂、富豪家具有限公司、毛巾厂分别被中国蓝星化学清洗总公司、炜赋集团和江苏大生集团兼并。1998年，南通市建立国有大中型企业改革与脱困领导小组。6月，市政府办公室下发《关于进一步规范企业职工下岗程序加强下岗职工管理的通知》，市政府下发《关于进一步做好我市再就业服务中心管理工作的意见》，要求企业主管部门建立再就业服务中心，有下岗职工的企业原则上应建立再就业服务站，对下岗职工进行托管，托管期限最长不超过三年。9月起，开展纺织压锭工作，全市共压锭21万枚，每减少1万纱锭，减员350人，按政策办理提前退休62人。是年，南通柳新煤矿停办。1999年7月，市委书记周福元召开市区部分企业家座谈会，就国有企业改革发展工作提出要求。市长程亚民专题听取各工业局局长汇报国有企业改革工作。

第四阶段:1999~2001年，抓住企业产权制度改革这一关键，以股权流转、经营层控股、经营者持大股为重点，逐步改变国有股权一股独大和职工人人持股的状况，努力形成经营层控股、经营者持大股的新格局。1999年8月，为打好市属企业深化改革的攻坚战，市委、市政府建立市属企业深化改革指导小组，市委副书记张琛主持召开市属企业深化改革指导小组第一次会议，抽调40余人集中办公。工作重点为:以实行投资主体多元化为重点，加快大中型骨干企业建立现代企业制度步伐；以加速推进股权流转，形成股权核心为重点，进一步放开搞活中小企业；以多种形式的资产重组为重点，加速盘活有效资产，分流安置企业富余人员。对市属17家重点企业推行年薪制试点。2000年8月，市委、市政府召开全市市县属企业深化改革工作会议，要求抓住有利时机，进一步提高组织程度，加大工作力度，加快推进速度，务求市县属企业深化改革工作有新的突破。南通冠达股份有限公司1629万元股份一次性全部退出，转给经营层持有，经营层所持股份比重占总股本的70.84%，其中经营者占35.42%，成为市区股权流转给经营层最多的企业；纺织原料物资公司等企业通过公开招标出售国有股权，实行人资分离；醋酸化工厂、晶体管厂等企业实行股权多元化的公司制改制，降低国有产权在企业中的比重。国有企业改革与脱困攻坚战历时三年。截至2000年，全市共有314家国有小企业通过增量扩股、先售后股、租股结合、兼并破产等形式实行改制，改制面达91%。

第五阶段:2002~2005 年,根据南通市企业改革实际,市委、市政府提出“两退一大”的工作目标,即凡正常经营的一般竞争性领域的国有中小型企业公有资本基本退出,劣势企业通过破产兼并等形式退出市场,努力培育上市公司和大企业大集团。2002 年,完成 107 家市属企业改制,退出公有资本 2.65 亿元,累计置换职工身份 7.84 万人,占市属企业职工总数 88.1%。2003 年 1 月,国务院办公厅转发国家经贸委等部门《关于解决国有困难企业和关闭破产企业职工基本生活问题若干意见的通知》,提出继续做好“两个确保”(离退休人员基本养老金、国有企业下岗职工基本生活费按时足额发放)工作,巩固“三条保障线”(国有企业下岗职工基本生活、失业保险金、城镇居民最低生活保障)。是年,市属企业中有 57 家深化改革,88 家公有股权流转。2004 年,进一步加大对国有企业增量式、开放式改革,对 12 家“大而盈、大而亏、大而难”的国有企业,通过改制重组,有效地盘活存量、优化增量、转换机制;39 家市属企业完成跨地区、跨行业、跨所有制重组;33 家企业依法实施破产。南通市在全省率先完成市属企业产权改革任务,赢得改革先发效应。2005 年 1 月,市委、市政府召开市属企业改革总结会,副市长吴晓春作总结报告,市委副书记王德忠到会讲话。截至是年末,共有 410 家市属企业完成深化改革任务,其中,规模以上企业 149 家,共退出国有资本 17.63 亿元。

第六阶段:2006~2011 年, 市属企业产权制度改革扫尾阶段。坚持国有资本有进有退、优进劣退,分类指导、因企施策原则,继续深化改革。推进市属工贸系统劣势企业和停产、半停产企业的国有资本退出,对“空壳”企业开展清理工作。推进重大资产重组工作,完成南通港口集团资产重组项目,直接引进投资 4.3 亿元;完成市房屋建设开发公司和市土地综合开发公司国有股权转让改革,转让国有资本收益 2.26 亿元。

二、事业单位改革改制历程

1984 年,国务院决定将南通列入 14 个进一步对外开放沿海城市后,全市事业单位纷纷开始探索多种形式的改革。不少事业单位办三产、办实体,如文化事业单位实行“以文养主、以文补文”,医院开展“以工助医”等,有的在内部实行岗位责任制、承包责任制、聘任制等改革。这一时期的改革有一定的自发性、局限性,各方面都很不完善。

1988 年,市政府印发《关于鼓励有条件的事业单位实行企业化管理的通知》,市事业管理协会作为事业单位企业化管理的综合协调机构正式成立。事业单位改革进入探索起步阶段。

1989 年,市政府批转市编委等部门《关于在有条件的事业单位中推行企业化管理若干问题的报告》,全市先后有 292 家事业单位实行企业化管理。

1990 年,市政府颁发《关于事业单位管理改革若干问题的暂行规定》。事业单位根据上级规定和经营自给能力的不同,分别实行目标管理、经济管理、企业管理、专项管理四种不同形式的管理责任制。

1991 年,全市有 2600 余家事业单位先后落实四项责任制。

1992 年,市政府批转市编办等部门《关于深化事业单位改革的意见》,要求事业单位围绕提高社会效益、增强服务功能、转换运行机制的中心,积极稳妥地探索建立起适应事业单位自身特点的组织形式和管理方式。文件还为事业单位改革制定一些优惠政策措施,从此,事业单位改革全面启动。

1993 年,事业单位财务管理和搞活内部分配等方面的改革配套措施出台,扩大自定编制事业单位的范围,41 家实行企业化经营的事业单位下放自定编制权,20 家事业单位调整经费预算管理形式。事业单位管理体制进一步理顺。

1994 年,事业单位改革以支持和鼓励各种社会力量办事业为特点,尝试事业单位社会化发展的新路子。全年批准建立股份制医疗事业单位 1 家,批准推行二级核算制单位 9 家,18 家单位增挂对外服务牌子。全市 51 家经营性和服务性事业单位实行自定编制,自定内设机构。市区新建民营科技机构 207 家,社会力量兴办的医疗机构 14 家,律师事务所 4 家。鼓励事业单位在搞好主业的同时,兴办经济实体,减轻财政负担。

1995 年,市委、市政府"两办"转发市编办等部门《关于进一步深化事业单位改革的意见》,市编办、市人事局牵头建立市属事业单位改革试点联系工作组,选取 10 家市属事业单位作为改革试点。

1996 年,结合党政机构改革,进一步推进事业单位实行聘用制、工效挂钩,加强内部管理,重点对部分事业单位的管理体制、职能配置、布局结构、人员编制、机构性质等进行调整。行使管理职能的事业单位相继进行"三定"。1997 年,配合市级党政机构改革同步进行的市委、市政府直属事业单位改革基本完成,深化事业单位改革取得阶段性成果。

1998 年,事业单位专项改革结合科技、教育、文化、卫生等行业管理体制改革逐步拉开帷幕。主要包括经济鉴证类中介机构脱钩改制、应用型科研机构和勘察设计单位转企改制、高校后勤服务社会化、农村中小学布局结构调整、文化广播新闻出版等行业资源整合等。市直共新建事业机构 25 家,撤销 5 家,核减事业编制 1099 名。结合农村税费改革和乡镇区划调整,开展乡镇事业单位改革,将原来的一些单位进行归并,综合设置为 6~8 家乡镇事业单位;将管理体制由条块管理改为乡镇管理为主,精简 30%左右的财政拨款人员编制。

1999 年,建委所属事业单位改革试点完成;科研机构管理体制改革试点和会计(审计)师事务所改制试点顺利推进;工商、地税、质监部门所属事业单位完成编制上划和管理体制调整工作。

2000 年,全市事业单位改革以产权制度改革和布局结构调整为突破口。科研、卫生和中介服务机构改革工作顺利推进,市政府出台《市属科研机构改革转制工作实施意见》《南通市卫生医疗机构分类管理意见》,10 家市属应用型科研机构改制转企的方案形成,人员分流及转企交接工作平稳进行;卫生体制改革酝酿起步,市属医疗机构分为盈利型和非盈利型两大类,在财政拨款体制、医疗服务价格、税收政策等方面作出重大调整;中介服务机构脱钩改制,5 家会计师(审计师)事务所、14 家律师事务所全部改制,收回事业编制 342 名。事业单位管理体制和布局结构调整顺利进行,质量技术监督系统事业单位整体划转,由省垂直管理;吉星饭店、女职工生养基金管理委员会办公室、人民公园等调整管理体制;实施市能源监测站和节能中心等机构合并重组;优化教育资源配置;拟定《乡镇事业单位机构编制调整的指导意见》等。产权制度改革试点工作拉开序幕,出台《关于推进市属事业单位产权制度改革的意见》;生产经营型事业单位转企试点、交通系统事业单位改革试点先后开展。《南通市事业单位综合配套改革意见》出台。

2001年,市政府出台《关于全面加快经济和社会事业市场化改革进程的意见》。纺工等六大工业局撤销后所属事业单位明确新的主管部门;经济鉴证类中介机构脱钩改制工作基本完成;应用型科研机构改制转企基本结束;医疗卫生体制改革正式启动;教育资源布局调整进展顺利;事业单位产权制度改革和转企试点工作顺利;乡镇事业单位改革取得突破性进展;推进综合配套改革有新进展。通过改革,全市事业机构减少1928家,事业编制减少19890名,实有人员减少20417人。

2002年,南通市在全省率先全面启动市属事业单位分类改革。市政府出台《关于市属行政管理型事业单位改革的实施意见》《关于市属生产经营型事业单位改制转企工作的实施意见》。通过改革,原43家行政管理型事业单位保留33家,撤并8家,转型2家,机构精简18.6%;在职能调整方面,职能回归机关的4家,部门之间职能调整的2家;在人员编制精简方面,43家单位人员编制减少179名,减幅为17.9%;在规范经费渠道方面,一律实行"收支两条线",行政性收费和罚没收入全部上缴财政。生产经营型事业单位列入改制转企的104家,完成改革任务的63家,占总数的68%;精简人员2942名,占63%;分流人员2092名,占58%。是年,出台《市属工程勘察设计单位体制改革实施意见》,草拟《关于市属社会公益型事业单位改革的实施意见》,为下一步改革提供了基础准备。

截至2003年末,列入改制转企的108家市属生产经营型(技术中介型)事业单位注销33家,转企4家,撤销编制调整体制4家,出售改制67家;撤销事业编制7447名,约占总编制的1/3,置换职工身份3466名;妥善安排3266名离退休人员(含提前退休1006名)。同时,全市经济鉴证类事业单位的脱钩改革工作全部结束,市属14家律师事务所、5家会计师事务所改制,并与主管部门彻底脱钩,撤销事业编制 377名。市属9家应用型科研机构的改制转企工作也顺利完成,撤销事业编制558名。

2004年,全面实施市属社会公益类事业单位改革。市政府出台《关于市属社会公益类事业单位改革实施意见》,各项配套措施陆续出台,255家公益类事业单位改革正式启动。

2005年,以加快社会事业市场化进程为重点,着力推进公益型事业单位改革,继续保持社会事业改革在全省的领先地位。16家列入"其他"类的事业单位,撤销11家,改制转企5家。239家市属公益型事业单位分类改革的意见下发到有关部门(单位)。通过改革,共减少机构68家,精简26%;减少编制1800名,精简12%。

2007年7月,市政府召开市属公益型事业单位改革推进会,市委常委、常务副市长蓝绍敏到会讲话。

三、工会支持参与改革,切实维护职工权益

1990年,市总工会加入市体制改革领导小组,派员参与市企业承包办公室工作。

1992年1月,市总工会参与市"三项制度"改革方案制定。建立10家试点企业工会主席例会制度,组织调研小组到企业开展千名职工问卷调查,形成调查报告。3月,举办培训班和辅导报告会。南通机床股份公司举行全员劳动合同签订仪式。8月,通棉三厂签订全员劳动合同。

1993年，市总工会参与《南通市全民企业转换经营机制实施办法》《企业破产试行办法》等10余份文件的起草。派出1名机关干部参加市区通玻二厂、南冠公司破产试点工作组工作，在方案制定、人员分流和职工思想疏导过程中做了大量工作。10月，召开股份制试点企业工会主席座谈会，总结推广南通机床股份有限公司工会正、副主席分别进入董事会、监事会，有效维护职工合法权益的经验。在市总工会九届三次全委会上，要求全市各级工会组织在支持、推进综合配套改革中，坚持实行民主决策、总体受益、充分考虑职工承受能力、保障职工基本生活四条原则。

1993年11月，市委、市政府"两办"转发《关于加强股份制企业职工民主管理工作的试行意见》。市总工会建立转机建制企业工会主席例会制度，重点抓好在转机建制过程中加强民主管理五种基本形式的落实，其中包括组织职工持股会。12月，市委组织部、市总工会联合下发《关于在改革中依法保证工会组织健全的通知》，强调必须在改革中依法保证工会组织的合法地位。

1995年，市总工会等四部门转发省有关部门《关于在建立现代企业制度中加强民主管理的意见》，并制定了实施办法。建立22家现代企业制度试点企业工会主席例会制度，及时研究试点中出现的问题。指导企业民主选举承包人和建立职工持股会，参加市区2家企业选举法人代表和1家企业建立职工持股会工作。4名中层干部参加"先出售后改制"试点和四甲肉联厂破产工作。

1996年，市委建立企业改革发展工作指导团。市总工会主席戈雪芬担任化工分团副团长，1名中层干部参加团部业务组工作，另安排2名机关干部参加轻工分团和粮食分团工作组工作。市总工会对市委、市政府"两办"《市属企业改革转制基本政策(草案)》提出8条修改意见，其中7条被采纳。市纺织工会提出：本系统双职工不同时下岗；单亲(丧偶、离异)职工一般不予下岗；生产一线市劳模(标兵)不予内退或下岗；市总工会发证的特困职工不下岗；孕期、哺乳期女工不下岗的建议得到纺工局行政采纳。市总工会建立58家"先售后股"企业工会主席例会制度。召开改制企业工会工作研讨会，提出必须在公司章程中明确：依法组建工会，通过职工代表大会实行民主管理，建立平等协商、签订集体合同制度等内容；在企业历年工资福利奖励基金结余的量化上，坚持按人量化，不按股量化；不得在工资分配、福利待遇上歧视非持股职工。组织开展企业改革调查，重点参与南通薄荷厂改制，南通橡胶总厂、市针织厂破产工作。

1997年4月，市总工会召开改制企业民主管理研讨会，下发《关于工会参与企业破产、兼并工作的若干意见》，对企业破产、兼并的民主程序、工会资产的处置、职工安置和生活保障等问题予以明确。7月，召开破产试点企业工会主席和主管工会负责人会议，了解相关情况，指导基层工会发挥作用。11月，省总工会在全省推广南通市工会在参与小企业改制中尊重职工选择改制形式和经营者权利的做法。

1998年，市总工会参与《关于推进市属企业股权流转工作的意见》等15个文件的制定。参与"纺织压锭"工作，重点参与市纺工热电厂、南通磷肥厂建立现代企业制度及南通华联商厦兼并方案的论证，参与南通经济技术开发区斯塔维公司破产工作。加强对职工持股会的指导，对南通三棉集团、南通玻璃有限公司等17家企业职工持股会运作情况进行调查，提出相应对策。

1999年8月，市属企业深化改革指导小组建立，市总工会分管领导为成员，抽调3名中层干部参与市属企业深化改革工作。参与南通造纸厂人员分流、市大力钳厂股权流转工作。为做好格林公司兼并华厦商城的具体工作，市总工会邀请法律顾问讨论兼并方案。10月22日，南通百货站因法人代表调整引发群体事件，市政府组成工作组进入该企业被围困，工作组内部意见亦不统一，为化解矛盾，市总工会领导连夜向市委主要领导汇报情况，提出工会意见，市委常委会连夜召开紧急会议，经研究，采纳工会建议，次日凌晨答复职工后，事件得以平息。

2000年3月，市总工会就关闭破产、停产企业职工生活保障和再就业情况进行全面调查，形成调查报告。据调查，自1998年以来，全市破产、停产企业215家，涉及在职职工36697人，退休人员16361人，其中22226人进入再就业服务中心。由于不少企业无产可破，拖欠职工工资、医疗费和集资款数额巨大，实施下岗职工出中心、下岗职工生活保障与失业保险并轨难度很大，市总工会提出“无情调整、有情操作、精心组织、保持稳定，实现关闭破产企业职工平稳安置”等四项建议。6月，参与制定《理顺劳动关系的若干意见》。9月，举办109家深化改革企业工会主席培训班。与市委组织部、市经委加强调研，共同提出推进设立职工董事、监事工作的对策和建议。重点参与家具一厂改制、自行车总厂破产、江苏长虹公司经济裁员、南通造纸厂、南通冶厂人员分流等工作。

2001年，经市总工会多方争取，市政府决定从是年起，将经市总工会和市劳动局共同审定的市属特困企业困难职工春节慰问金纳入市解困资金支出范围。市总工会就下岗职工出“中心”、困难企业退休人员参加医保、清欠职工医疗费进行调查，提出建议，促使问题得到解决。5月，市总工会组织4家特困企业女职工妇女病免费检查。6月，参与下岗职工出“中心”与失业保险并轨工作。8月，市总工会在对20家困难企业进行调查后，就完善市属企业下岗职工出“中心”政策向市劳动和社会保障局提出书面建议，建议在下岗职工出“中心”时，对丧偶、夫妻双下岗、特困职工等8类人员予以照顾。副市长宋家新作出批示：“市总工会的这一建议很好。请市劳动和社会保障局认真研究，等省正式文件出台后，加以完善。”9月，市总工会下发《南通市公司制企业职工代表大会规定》，要求在改革、改制过程中，对于国有资产减持和退出的企业，凡涉及成批职工劳动关系变更和今后生活安排的，其改革、改制方案必须提交职代会讨论通过后才能实施。企业职代会在审议通过改革改制的重大决策时要采用无记名投票的方式，以保证充分发扬民主。召开困难企业工会主席座谈会。参与家具一厂、人民印刷厂、利民皮鞋厂、橡胶总厂、国际广场、通棉二厂等单位因改制或职工分流引起的群体性事件处理；参与通棉五厂因大批终止劳动合同引发矛盾的处理；配合省总工会对南通工艺美术研究所职工上访问题进行调查处理。

2002年，市总工会建立深化改革领导小组，先后参与《企业经济性裁员人员分流意见》《市属企业深化改革中年龄偏大、工龄偏长人员的分流意见》等文件的制定。9月，市总工会在市属企业改革座谈会上发言，反映企业改制中出现的新问题，提出正确处理好加大改革力度与保障职工利益的关系、统一分流政策、减少政策碰撞等建议。重点参与复新面粉厂、石油化工机械厂、丁堰纺织厂、华联商厦、无线电厂等单位改制及群体性事件处理。

2003 年 1 月，市总工会在全委扩大会议上要求，各级工会在深化企事业改革进程中加强源头参与，努力做到“四到位”，即改制方案参与到位、改制程序规范到位、改制成本筹集到位、劳动关系协调到位。4 月，组织机关干部赴浙江学习改制经验。抽调 8 名机关干部参加改制，定期研究分析改制工作中的问题和对策建议，先后参与 100 多家工业及流通企业改制方案的论证和改制工作。切实做到“四参与、四确保”“七公开一通过”，着力把好企业改革、改制方案关，改制方案经职代会审议通过关，企业改革、改制过程中矛盾协调关，企业改革、改制验收关。是年，全市按《公司法》改制的企业建董事会，监事会的分别达到 183 家、180 家；设立职工董事、监事的分别为 166 家、168 家。参与通棉三厂资产重组，曙光漂染厂、利民皮鞋厂、钟表总店、华联商厦改制，合纤厂、印铁制罐厂、长风化机公司破产工作。

2004 年，市总工会派员参与市属事业单位改制工作。11 月，市总工会完成首批 230 家市属改制企业工会属地管理工作。是年，部分市属改制、破产企业退休人员连续上访，并出现数家企业数百名退休人员联合上访、静坐，围堵有关部门的群体事件，要求领取每人 1000 元住房补贴。市总工会会同市经贸委等五部门开展联合调查，据调查：多数市属改制企业根据市财政局的规定，为每个退休人员发放 600~1000 元一次性住房补贴，原工业系统中被列为“授权外”的 27 家企业共有 3378 人未拿到住房补贴。调查认为，这些退休人员的诉求合理，后由市财政局按每人 1000 元标准发放一次性住房补贴。参与大生集团、通棉二厂、南通化工机械厂、南通生化厂、南通医药公司等企业改制。在市属企业改制过程中，部分企业通过兼并重组等改制形式进行退城进郊，市土地储备中心收储原企业的国有划拨土地，但居住在厂区内的职工未能得到妥善安置，影响到土地移交。市政府决定在任港路原电子仪器厂地块兴建“五一职工苑”，安置南通化工机械厂、天字味精厂、晶鑫光学玻璃厂、合成纤维厂、橡胶厂、渔轮厂等企业 235 户搬迁职工。市总工会积极参与市属改制企业厂区职工搬迁领导小组和工作组的工作，为制定厂区职工住房搬迁工作方案提出积极建议，具体负责群力针织厂 9 户职工搬迁工作。经过大量艰苦细致的工作，圆满完成任务。

2005 年，市总工会在市政协全委会上提出“关于落实市政府文件，为参加城镇企业职工养老保险的独生子女父母退休时发放一次性奖励”的提案。是年 6 月，市政府采纳工会意见，由市政府办公室下发《关于为原市属企业改制分流的部分困难职工发放生活补助费的通知》，决定自 7 月起，对原市属企业改制时工龄满 30 年和距法定退休时间不足 5 年的续(协)保人员，按月发放生活费。参与南通港口集团、英瑞集团、宝港油脂公司、海盟公司等单位因改制、股权转让及破产清算等原因引起的职工群体性矛盾的处理。

2006 年，市总工会积极参与大而盈、大而亏企业的改制攻坚。参与东南纺织和方圆纺织等企业的改制破产工作，参与改制遗留问题和群体性事件的处理。市总工会在市政协全委会上再次提交提案，要求兑现企业退休的独生子女父母一次性奖励金。4 月，市政府建立解决市属企业退休独生子女父母奖励金问题协调小组，市总工会领导多次参加相关会议，积极提出建议。

2007 年 7 月，市总工会派员参与市属公益型事业单位改制。11 月，市政府下发《关于对市区持独生子女父母光荣证退休的企业职工实行一次性奖励的实施意见》。12月，我市在全省率先发放每人3200元企业退休独生子女父母奖励金，市区首批为2.5万人发放8000万元，全部由财政支付。市总工会经过3年努力，圆满解决这一难题。

针对部分再就业人员无力缴纳社会保险费的问题，2009年市“两会”期间，工会界政协委员提交“对困难再就业人员实行爱心助保计划”的集体提案，被有关部门采纳。

2011年4月，市政府下发《关于对市区持独生子女父母光荣证的城镇老年居民实施计划生育一次性奖励的通知》，将奖励对象扩大到城镇老年居民。11月，市政府印发《南通市市区特困失业人员爱心助保实施办法》的通知，采纳了工会的意见。

截至2014年末，市区持有《独生子女父母光荣证》的76852名退休人员领取独生子女父母奖励金2.46亿元。

第二章 工会组织建设

在由计划经济向市场经济过渡过程中，工会组织工作面临许多新问题。市总工会多措并举抓组建，不断扩大覆盖面，深入开展建设“职工之家”和创先争优活动，加强工会干部队伍建设，使工会真正“建起来、转起来、活起来”。

第一节 工会组建及会员发展

实行改革开放后，中外合资企业、中外合作企业、外商独资企业（以下简称“三资”企业）、乡镇企业、私营企业及各类新经济组织大量涌现，用工形式多样化，劳务工、农民工群体不断扩大。市总工会通过集体入会、区域建会、行业建会等多种方式推进工会组建，推动各种行业、各类区域的职工加入工会组织。

一、工会组建

1994年4~5月，市总工会对“三资”企业、乡镇企业和私营企业工会组建和工作状况进行调查，形成系列调查报告。5月初，市总工会参与《关于加强乡镇外商投资企业管理工作的意见》修改工作，建议乡镇“三资”企业依法组建工会。

1995年起，市总工会每年下达工会组建指标，驻会常委和各部室与县（市）区及产业工会挂钩督促，全会齐抓新经济组织和乡镇工会组建。是年，市总工会评选表彰一批工会组建工作先进集体。10月，市总工会荣获“全国工会基层工作先进市”荣誉称号。

1996年3月，市总工会转发如皋市总工会《关于加强工会工作、推进企业产权制度改革的意见》。建立新经济组织组建工会定期通报制度，促进组建工作开展。10月，市总工会召开企业改革中工会工作对策研讨会。

1998年5月，市总工会开展较大规模的全市工会组织状况调查。调查发现，全市共有基层工会组织5500家，比1995年增长46.7%；国有企事业单位工会1768家，比1995年略有增加；困难、改制企业工会处于动荡过渡时期，中小国有、集体企业工会数据变化不定，全市200人以下中小国有、集体企业工会1995年为1599家，1996年为1337家，1997年为1347家；大型企业工会逐渐增多，2000人以上企业工会，1995年为17家，1996年为22家，1997年为26家；新经济组织工会稳步发展，已达2496家，其中外商投资企业工会830家，比1995年增加160家；乡镇企业工会1276家，占应建数77.81%，比1995年增加1128家；私营企业工会390家，比1995年增加370家。是年，市总工会转发《全国总工会关于企业集团建立工会组织的试行办法》。为适应企业改制和发展非公有制经济的需要，坚持一手抓改制企业工会的调整改建，一手抓新经济组织工会建设，基本做到企业改制到哪里，工会组织调整改建到哪里。全市新建工会基层组织1300余家，基层工会组织在所有制和经济结构调整中得到巩固和发展。

1999年,全市私营企业工会组建步伐加快,全年新建工会数为前5年的总和,全市近70%的乡镇建立私营企业工会联合会。同时狠抓国有、集体企业工会组织的恢复、整顿、提高。

市总工会将2000年定为“工会组织建设年”。3月,下发《关于工会组织建设年的工作意见》。用四个月时间对全市企事业、机关单位建立工会组织情况进行拉网式普查,排除关停并转和重名企业,最大限度地摸清底数。7月,建立新建企业工会组建工作领导小组,市总工会主席陈心万任组长,下设组建普查、宣传和法律监督三个办公室。8月,市总工会印发《南通市新建企业组建工会目标规划》和《关于进一步加强新建企业工会组织建设的意见》,明确用两年时间基本完成新建企业工会组建任务,并实行责任制。在启东市召开县(市)工会主席例会,交流研讨新建企业建会工作。为最大限度地把新建企业的职工组织到工会中来,市委、市政府“两办”发文,建立市工会组建工作领导小组,指导和协调全市新建企业工会组建工作。市委副书记曹能新任组长,市委常委、组织部部长王德忠和市委常委、副市长罗一民任副组长,16个部门负责人为成员。9月,召开领导小组第一次会议,市总工会主席陈心万在会上介绍新建企业工会组建工作情况,讨论领导小组职责、议事规则和成员单位工作职责。会后采取一系列切实有效的措施,在较短时间内,形成“党委重视、政府支持、工会主抓、各方配合、整体推进”的工会组建工作格局。10月,市委、市政府“两办”转发《关于进一步加强新经济组织工会组织建设工作的意见》。11月,市委召开南通市新经济组织工会组建工作会议。是年,全市23万名职工入会,其中,外商投资企业9万人,私营企业3万人,乡镇企业11万人。

2001年6月,市委组织部、市劳动和社会保障局、市工商行政管理局和市总工会联合表彰新建企业工会组建工作先进集体12个,先进个人70名。市总工会下发《工会组织建设规范标准》。

2002年,市总工会与市劳动和社会保障等部门联合开展劳动年检,推进工会组建工作,完成全国总工会提出的“两个大多数”(大多数企业建会,大多数职工入会)目标。

2003年,市总工会下发《关于实施工会工作四大推进措施的意见》,采取“依法、社会、竞争、创新”推进措施,推动工会各项工作。开展原国有、集体改制企业工会组织整顿、重建、巩固工作。12月,市总工会副主席李仕春被评为全国新建企业工会组建工作先进个人。

2004年12月,市总工会启动市区工会会员优惠服务活动,确定首批优惠服务定点单位11家,举行授牌仪式。

2005年5月,市总工会在通州市召开基层工会工作会议。8月,全国总工会基层组织建设部部长郭稳才一行到南通调研工会组织工作。12月,市总工会召开工会会员优惠服务定点单位座谈会,确定第二批优惠服务定点单位11家,签订《优惠服务承诺书》。

2008年,市政协对私营企业工会组建工作进行考察,将县(市)、区部分组建难点企业作为重点考察单位,直接推动工会组建工作。

2009年2月, 全国总工会基层组织建设部副部长杨洪林一行到南通调研企业工会工作。10月,市总工会召开全市工会组织工作研讨会。11月,全国总工会基层组织建设部部长郭稳才到南通调研“双措并举，二次覆盖”工作。

2010年，全国总工会提出“两个普遍”（依法推动企业普遍建立工会组织、普遍开展工资集体协商）的工作要求。市总工会深入推进“广普查、深组建、全覆盖”集中行动，制定企业普遍建会三年规划，开展“百日建会集中行动”和“劳务派遣工集中入会行动”。4月，开展出租车企业建会和司机入会情况调研。7月，市总工会被全国总工会表彰为“双措并举，二次覆盖”先进单位，成为江苏省唯一获此荣誉的设区市工会。是年，全市出租车企业100%建会。

2011年，市总工会下发《南通市2011~2013年推动企业普遍建立工会组织工作规划》和《关于开展推进普遍建会百日集中行动的通知》等文件，对建会工作提出要求。全市各级工会以第二次全国经济普查企业法人单位数为依据，按照企业名录逐一进行实地核查，做到“四清”（未建会企业数量、所在区位、未建会原因和推进建会情况）。

2012年，以世界500强等跨国公司、商务楼宇、项目工地、小型微型非公企业为重点，拓展工会组建新领域。市总工会获全省市、县（市）区组建工会和发展会员工作考核优秀奖，名列全省第二。5月，全省非公企业县（市）区建设会议在海安召开。

2013年，市总工会全面启动“工会基层基础建设三年行动计划”，开展未建会企业集中建会行动。召开全市工会基层基础工作会议，重点推进职工50人以上未建会企业组建工会。

2014年，市总工会把非公企业、混合所有制企业和开发区（园区）、工业集中区作为组建重点，把“两新”（新经济、新社会）组织、城区现代服务业、农村经济合作组织、城市综合体（商圈）及城市社区、乡镇驻地作为推进企业普遍建会的延伸区域。以全国工会基层组织建设管理系统为依据，重点推进职工25人以上、开业一年未建会企业的工会组建，向小型边缘企业、服务业、民办非企业和农业产业链等拓展，把农民工、非正规就业职工更好地组织到工会中来。5月，全国总工会副主席刘国中到南通调研加强基层工会建设工作。

二、大力发展基层组织

“三资”企业建会　为加强外商投资企业的工会工作，1988年5月，市总工会结合组织体制改革，组建南通市“三资”企业工会联合会，首批13家企业工会参加，成为江苏省首家市级“三资”企业工会联合会。

1989年4月，在南通市九届人大常委会第八次会议上，以决议方式通过《南通市中外合资、合作经营企业工会暂行办法》，由市总工会公布施行。

1991年起，市总工会把“三资”企业建会情况列入县（市）区、局（公司）工会工作竞赛评比条件。

1992年起，市总工会把“三资”企业建会工作列入年度工会目标管理，年初提出目标要求，年终对目标完成情况进行严格考核。市总工会对“三资”企业工会进行专题调查，了解工会组建及相关情况。是年，全市组建“三资”企业工会71家。

1993年7月，市总工会与市人大财经委联合召开贯彻《江苏省外商投资企业工会条例》工作会议。是年，新建“三资”企业工会121家，组建率达85%。

截至1994年4月，全市累计开业投产的“三资”企业达730家，其中，已建工会246家，建工会筹备组55家。已建工会单位职工5.68万人，工会会员4.79万人，职工入会率达84.33%。9月，“三资”企业组建工会情况由季报改为月报。12月，市委、市政府“两办”联合转发市委组织部、市经济委员会、市对外经济贸易委员会、市劳动局、市工商局、市总工会等6家单位《关于进一步改善外商投资企业劳动关系和加强工会工作的意见》。

1995年4月，市总工会开展全市“三资”企业组建工会、开展工作情况检查。在市委组织部等部门大力配合下，“三资”企业工会组建率达94.24%。

1996年3月，市总工会、市外商投资企业协会联合下发《关于在外商投资企业开展“双爱双评”建家活动的意见》。12月，联合召开全市开展“双爱双评”活动经验交流会，6家单位在会上介绍经验。是年全市外商投资企业累计建会719家，占应建数的99.17%。

1997年1月，市总工会副主席秦炳龙被评为全国新经济组织工会工作先进工作者。

1998年6月，南通市外商投资企业工会联合会(以下简称“联合会”)成立。市总工会副主席秦炳龙任会长。这标志着南通在健全外商投资企业工会组织领导机构方面又迈出重要一步。改建后的“联合会”由各县(市)区、局“联合会”按照代表制和联合制的原则组成，将原来“市三资企业工会联合会”领导型和管理型转为指导型和服务型。

2004年10月，全省开发区工会工作现场推进会在南通经济技术开发区召开，省总工会副主席张鸿生到会讲话。

2005年6月，市总工会开展台商投资企业工会组建调查。8月，召开全市省级开发区工会组建工作会议，全面推进开发区外商投资企业工会组建工作。

2006年7月，市总工会召开全市推进外资企业工会组建和农民工入会工作会议。9月，开展外资企业工会组建工作调研。

2007年3月，经过市、区两级工会不懈努力，由世界500强企业泰国正大集团投资的南通易初莲花公司工会成立，成为易初莲花公司在中国投资企业中第一个建立工会组织的企业。

2008年1月，南通永兴多媒体公司建会。2月，南亚塑胶南通公司建会，至此，台塑集团在南通投资的9家企业全部建立工会。9月，市总工会在海安县召开省级开发区工会组建工作会议。

2011年，市总工会推动江苏圣果葡萄酒业有限公司等10家世界500强在南通投资企业建立工会组织。

乡镇、私营企业建会　1991年起，市总工会通过走访、开座谈会和问卷调查等方式，对全市乡镇企业组建工会及工作情况进行多次调研，对乡镇和乡镇企业工会在职干部进行规范化岗位培训。11月，全国总工会组织部部长肖锡甲一行到南通考察乡镇企业工会工作。

1993年，市总工会、市乡镇企业管理局联合下发《南通市乡镇企业工会暂行办法》。是年，市总工会开始进行私营企业组建工会试点工作。

1994年4月，南通市首家私营企业工会——通州市第四纺织机械厂工会建立。9月，市总工会召开乡镇企业工会工作经验交流会。是年，私营企业组建工会试点工作取得突破，全市4家私营企业建立工会。全市已建乡镇企业工会669家。

1995年，市总工会转发全国总工会、中央统战部、劳动部、国家工商局联合下发的《关于在私营企业组建工会和开展工会工作的通知》，建立乡镇企业、私营企业组建工会季度统计制度。崇川区、港闸区总工会积极推进村办企业组建工会和村工会工作委员会筹建试点工作。是年，港闸区建立4个村工会工作委员会。全市建立私营企业工会11家。

1996年5月，市总工会、市工商局、市劳动局联合下发《关于在私营企业组建工会、开展工会工作的意见》。年末，组建乡镇私营企业工会联合会4家。11月，市总工会、市工商局联合召开南通市私营企业工会工作研讨会。全市825家乡镇企业建立工会，占应建数的59.7%；累计建立乡镇工会255家，完成乡镇工会组建任务；累计建立私营企业工会30家。

1997年5月，市总工会与市乡镇企业管理局联合下发《关于加快组建乡镇企业工会并积极开展工会工作的意见》和《南通市乡镇企业工会工作暂行办法》，要求加强乡镇企业工会组建步伐，年内组建率达到95%以上。6月，市人大常委会审议通过《南通市私营企业工会暂行办法》。9月，市总工会召开《南通市私营企业工会暂行办法》新闻发布暨私营企业工会工作会议。

1998年12月，南通市私营企业工会联合会成立，标志着全市私营企业工会工作有新进展。全市共组建7个县(区)级和107个乡镇私营企业工会联合会。

1999年，私营企业工会联合会组建步伐进一步加快，全市70%的乡镇建立私营企业工会联合会。

2000年，全市累计建立私营企业工会2500家，组建乡镇集体企业工会1800家。

农民工为主体的基层工会建设 2003年11月，南通港口集团通州港务公司农民协议工宏达工会成立，这是全市首个以农民工为主体的基层工会。如皋市建筑施工项目遍布全国，2004年，如皋市18个驻外分公司全部建立工会委员会，各项目部都建立工会小组，发展工会会员1.27万人。

2004年4月，市总工会开展进城务工人员情况调查。6月，召开进城务工人员入会与维权工作会议。市总工会下发《南通市进城务工人员入会与维权工作实施方案》，与市建设局联合下发《关于进一步加强建筑业进城务工人员入会与维权工作的意见》。

2006年2月，市总工会下发《关于做好节后外出农民工集体入会工作的紧急通知》。3月，市、县(市)区总工会分别在如皋市江中集团、崇川区新绿叶公司和市劳动人民文化宫广场举行进城务工人员集体入会仪式。8月，市总工会与市人事局、市劳动局联合下发《南通市劳务(农民)工加入工会、会籍管理及工会经费提取办法》。

2009年，市总工会开展农民工会籍管理和出租车行业从业人员情况普查。12月，如皋市总工会在北京建立全国首家工会“流动会员之家”。全国总工会基层组织建设部副部长杨洪林、省总工会副主席张鸿生为“流动会员之家”揭牌。

2010年10月，市总工会开展为期三个月的劳务公司建会集中行动。

三、发展区域、行业工会

产业行业工会 1995年，市总工会积极开展工会联合会试点工作，筹建教育、农水工会联合会。7月，市总工会印发《南通市产业工会联合会章程》。

1997年1月,市农水工会联合会成立;9月,市教育工会联合会成立。

2001年,针对市、县两级党政机关机构改革全面铺开的实际,为保证机构改革中工会组织完整,中间层次管理不断层,市总工会与市编委联合下发《关于南通市产业(系统)工会组织设置若干问题的意见》。市委、市政府转发《关于市属国有资产控股(集团)公司工会组织建设和社会治安综合治理的工作意见》。结合党政部门改革,完成交通、房管等8个产业工会的干部调整配备工作;做好民政、粮食等3个产业工会由工会工作委员会向工会联合会体制过渡工作,新组建的6个国有资产(控股)集团公司全部建立工会联合会。产业(系统)、控股(集团)公司工会组织领导体制基本健全和完善,为工会工作新发展奠定组织基础。

2002年,市区90%以上产业(系统)完成由工会工作委员会向工会联合会过渡,按规定配备专职工会干部。

2004年,按照自上而下的原则,探索建立县(市)区以下行业工会联合会。

2007年,市总工会开展市区产业工会组织状况调研,进一步严格产业工会考核机制,正常例会制度,加强产业工会对基层工会特别是改制企业工会的指导和服务力度。

2010年1月,苏通科技产业园工会成立。7月,市总工会与市编委联合下发《关于南通市产业(系统)工会组织设置若干问题的意见》。

2012年,市总工会进一步加强县以下行业工会建设,全年新建行业工会30家。年末,全市建立各类行业工会联合会101家,其中县级30家、镇级71家。

2013年9月,市总工会下发《关于进一步加强城市产业工会工作的意见》,召开全市城市产业系统工会工作会议,将产业工会分为3个片组,各片组分别按季开展活动。新增4个市级产业(集团)工会。

2014年7月,召开全市产业系统工会工作会议。

乡镇(街道)工会工作 1994年,海门市符合建会条件的乡镇全部组建乡镇工会工作委员会。全市建立乡镇工会74家(含筹建组)。

1996年1月,市总工会向市编委提交《关于要求在党政机构改革中明确乡镇工会专职干部编制的报告》。

1997年7月,市总工会召开全市乡镇工会工作经验交流会。

1998年,市总工会开展乡镇劳动关系状况和工会组织现状调查。是年,全市255个乡镇全部建立工会。

1999年,市委组织部、市总工会联合下发《关于加强工会干部管理的几点意见》,强调"在经济发达、职工人数较多的乡镇必须配备专职工会干部"。

2000年,抓住乡镇区划调整的机会,市总工会向有关部门提出充实和加强乡镇工会干部的建议。如东县26个乡镇全部落实工会干部编制,全市50%以上的乡镇配备专职工会干部,40余家乡镇工会改建为工会委员会。海门市在经济发达、职工人数较多的乡镇建立镇工会联合会。启动村、社区、市场工会建设,并初步形成组织体系。

2001年,为解决乡镇工会组织机构、人员设置等问题,市总工会多次争取,在市委、市政府出台的《关于南通市县(市)区、乡(镇)机构改革的指导意见》中明确,乡镇要设置工会工作职位,配备工会专职干部。全市154个乡镇中,122家乡镇工会配备专职工会干部 129 名。组织开展省总工会"创建合格乡镇工会、评选百强示范乡镇工会"活动和"南通市星级乡镇工会"创建活动。9 月,全省乡镇工会工作会议在南通召开,全国总工会基层工作部副部长田裕琨,省总工会领导张艳、张鸿生,市领导王德忠等出席会议,市总工会、崇川区钟秀乡等 6 家单位和个人在会上介绍经验。

2003 年 11 月,市总工会召开全市社区工会工作推进会。市委办公室转发市委组织部、市民政局、市总工会联合下发的《关于加强社区工会工作的意见》。

2004 年 8 月,全省首个乡镇总工会——海安镇总工会成立。省总工会副主席张鸿生出席成立大会。9 月,市总工会在海安县召开全市乡镇工会工作会议,交流加强乡镇工会建设经验。会议期间,参观海安镇、曲塘镇和双弘纺织厂,表彰 33 名市优秀乡镇工会干部。10 月,市委办公室转发市总工会与市委组织部《关于加强乡镇工会建设的意见》。

2005 年 5 月,市总工会下发《关于开展建立乡镇(街道)总工会试点工作的意见》。

全国总工会自 2005 年起开展评选"全国百家示范乡镇(街道)工会"活动,海安镇总工会被评为首批"全国百家示范乡镇(街道)工会"。2007 年 1 月,崇川区文峰街道在省内率先建立街道总工会。

2008~2010 年,全市 46 个乡镇被评为全省工会工作模范乡镇。

2010 年 1 月,市总工会下发《关于在新一轮乡镇机构改革中明确工会机构专职编制的通知》。

2012 年起,市总工会连续 3 年在全市未获省工会工作模范乡镇(街道)中开展南通市工会工作模范乡镇(街道)创建工作,下发创建活动通知和考核办法。9 月,全国总工会在湖北召开乡镇(街道)工会工作座谈会,市总工会在会上交流经验。

截至 2013 年末,全市有 17 个乡镇被评为市工会工作模范乡镇。

2014 年 11 月,全国乡镇(街道)工会工作交流观摩会在海门市召开,全国总工会副主席、书记处书记范继英、省总工会主席邢春宁、市委书记丁大卫等参加会议。全国总工会调研组在南通调研加强基层工会建设工作,并召开江苏省各地级市总工会主席座谈会。

南通市基层工会组织及会员数统计表

表 2-2-1　　单位:个、万人

年份	工会数	基层工会数	会员数
1990	2669	2345	43.87
1991	3354	3030	57.61
1992	3647	3323	63.11
1993	3823	3499	66.92
1994	3798	3474	64.84
1995	4075	3751	64.17
1996	3987	3663	60.71
1997	3671	3347	57.59
1998	3540	3216	55.96

续表 2-2-1

年份	工会数	基层工会数	会员数
1999	3585	3261	56.38
2000	4640	4316	70.97
2001	8454	8130(含覆盖数)	82.22
2002	6071	5747	90.21
2003	6469	5988	88.52
2004	7064	6784	96.13
2005	8564	7563	102.19
2006	9400	8726	114.82
2007	10462	9766	130.18
2008	11538	10939	141.13
2009	12812	11774	149.64
2010	13814	12791	157.60
2011	15700	14648	169.40
2012	16678	15555	181.90
2013	17640	16489	194.84
2014	18463	17340	205.21

第二节　工会规范化建设

1990~2014 年，南通市工会组织和工会会员数有了新的发展，市总工会通过理顺工会组织体制，开展建设职工之家、党工共建、创先争优、达标创模等活动，加强工会自身建设，激发工会内在活力。

一、建设"职工之家"

1990 年，市总工会制定《继续深入建设职工之家的实施方案》和《合格职工之家基本条件》，并由市委办公室转发。

1991 年，市总工会下发《关于继续深入开展建设"职工之家"活动的补充意见》，考核确认合格职工之家 787 个。

1992 年 10 月，市委办公室转发市总工会《关于继续深入开展建设职工之家活动的实施方案》。截至年末，全市基层工会中已有 1543 家合格职工之家，120 家市级模范职工之家，19 家省级模范职工之家。

1994 年，4 家基层工会被评为"全国模范职工之家"，6 家分工会和工会小组被评为

"全国模范职工小家",19 家基层工会被评为 "省模范职工之家";2600 余家基层工会被市总工会确认为"合格职工之家",9393 家分会和工会小组建成"合格职工小家"。

1995 年,市总工会评选表彰一批市模范职工之家、先进职工之家、优秀工会工作者、优秀工会积极分子和优秀工会之友。是年,副市长李炎被评为全国优秀工会积极分子。

1997 年 8 月,市总工会印发《关于贯彻落实工会工作总体思路,把建设职工之家活动提高到新水平的实施意见》。

1998 年起,市总工会连续五年每年组织开展建设职工之家活动总结、自查、考核和确认。10 月,市委常委、市委组织部部长王德忠被评为全国优秀荣誉工会积极分子。

2000 年,市总工会对"全国模范职工之家"进行复查验收。

2001 年,市总工会下发《关于在新建企业工会开展建设职工之家活动的意见》,在非公有制企业全面开展创建"合格职工之家"活动。

2003 年 9 月, 市委常委、市委组织部部长朱红春被评为全国优秀荣誉工会积极分子,市总工会副主席钱祥圣被评为全国优秀工会工作者。11 月,市总工会召开"建设合格工会、争创示范工会"活动推进会。

2004 年 6 月, 根据省总工会要求, 市总工会对省级以上模范职工之家进行专项检查。

2006 年 11 月,市总工会与市工商联、市外资企业协会联合下发《关于在全市非公有制企业开展"双爱双评"工作的意见》;12 月,联合下发《关于在全市外资企业、民营企业开展"双爱双评"工作的意见》。

2007 年,市总工会下发《关于开展创建"合格区域性职工之家"活动的实施意见》,在乡镇(街道)以下各类区域性工会联合会中开展建设"合格区域性职工之家"活动。12 月,市总工会与市工商联、市外资企业协会联合举行全市非公企业"双爱双评"活动启动仪式,市委常委、组织部部长郭腊军到会讲话。

2008 年,市总工会深入开展固本强基建设"职工之家"活动。

2009 年 3 月,市总工会开展"合格区域性职工之家"建设试点工作。9 月,市总工会汪俊被评为全国优秀工会工作者,获全国五一劳动奖章。

2010 年,在省总工会十二届四次全委(扩大)会议上,市总工会作题为"激发基层活力,加强队伍建设,在创先争优中提升工作水平"的经验介绍。9 月,市总工会召开模范职工之家表彰暨工会创先争优推进会。

2011 年 7 月,市总工会建立"全国模范职工之家研究会",市总工会调研员朱淑娟担任会长,会员单位 32 家。10 月,市总工会副主席李仕春被评为全国优秀工会工作者。

2013 年 2 月,市总工会被评为全国建家评家工作先进单位。

2014 年,市总工会下发《关于创新深化职工之家建设,充分激发工会组织活力的意见》及《职工之家建设管理办法》,推进"五个一"标准(一个健全的工会组织、一个完善的维权机制、一个丰富的活动平台、一个可靠的基础保障、一个良好的社会评价)和"五化"建设(活动网络立体化、服务功能实体化、维权职责明晰化、运行机制科学化、评价体系社会化)。10 月,在全国"深化职工之家,实践两个信赖"培训班上,市总工会就职工之家"五化建设"作经验介绍。

二、理顺工会组织体制

1993年7月，市总工会对“三资”企业工会管理体制作初步调整，按照工会组织与党组织隶属关系一致的原则，明确市区“三资”企业工会组织隶属关系。

1995年5月，市总工会出台《关于理顺市区有关三资企业工会组织隶属关系的通知》，将原市“三资”企业工会联合会下属27家基层工会划归各区、局工会管理，无主管单位的基层工会由市总工会管理。

1998年6月，市总工会改建南通市外商投资企业工会联合会，市总工会副主席秦炳龙任会长。

1999年，全市70%的乡镇建立私营企业工会联合会，乡镇工会与私营企业工会联合会的关系逐步理顺。

2000年6月，市总工会下发《关于机关工会组织建设若干问题的意见》，规范机关工会工作。对市区不设产业工会的局下属企事业单位的工会组织，职工（会员）人数在300人以上的单位，原则上由市总工会直接领导和管理；300人以下的单位，市总工会委托市级机关工会领导和管理。所属企事业单位满5个以上的局，按照联合制、代表制原则，建立局工会联合会或委员会，局工会接受市级机关工会领导和管理。是年，市总工会理顺纺织、化工等行业工会组织体制，赋予其行业管理职能。全市重建、确认改制企业工会6290家。

针对乡镇工会组织的普遍调整和大量村级工会、社区工会、新建企业工会组织的建立，以及改制企业工会组织的新建、重建，为规范工会组织建设，全面提高工会组织特别是新建工会的整体工作水平，2001年3月，市总工会下发《工会组织规范化建设标准》，对公有制企业、非公有制企业、村（社区）工会制定不同的规范化建设标准。

2003年12月，市总工会下发《关于进一步理顺工会组织管理体制加强会员会籍管理的意见》，逐步完善工会组织体制。

2004年，为顺应市属企业改制不断深入和国有控股公司整合的新形势，市委组织部决定，市属改制企业党组织关系全部属地管理。9月，市委副书记王德忠到市总工会调研市属改制企业工会属地管理问题。12月，市总工会下发《关于在市属改制企业属地化管理中调整和理顺工会组织管理体制的意见》，明确改制后职工人数500人以上的企业工会组织由市总工会直属工会工作部管理；500人以下的和原由市总直属工会工作部管理的部分企业，参照党组织管理体制，一般由生产经营所在地的工会组织管理；企业注册地和经营地不一致的，一般由企业主要经营地的工会组织管理。12月，首批市属工商改制企业工会属地管理交接仪式在市总工会举行，首批207家企业实行属地管理，涉及工会会员1.48万人。

2005年1月，市总工会下发《关于调整市属工商企业工会组织管理体制的通知》，决定撤销市纺织控股等5家工会，原管辖工会移交三个区管理。下发《关于建立县以下行业工会联合会的若干问题》，明确性质职能，理顺管理体制。

2007年，市总工会制定《贯彻企业工会工作条例三年规划》，深入开展基层工会规范化建设活动。海门市总工会开展的“贯彻《条例》、打造活力企业工会六大行动”得到省总工会主席张艳肯定。5月，推动第二批市属改制企业属地管理工作，市总工会制定《关于进一步理顺市区改制企业工会组织管理体制的工作意见》，对市区10个产业和市总工会直属的119家基层工会的隶属关系进行调整，第二批110家企业实行属地管理。

2010年6月，市总工会下发《关于在新一轮政府机构改革中，同步做好工会组织调整设置等工作的通知》。召开工会组织体制建设座谈会。

2011年，市总工会紧跟政府机构改革步伐，着手理顺工会组织体制，联合市编办出台《关于南通市产业（系统）工会组织设置若干问题的意见》。

三、创先争优、达标创模活动

2000年，市总工会下发《关于工会组织建设年的工作意见》和《工会组织建设达标竞赛活动办法》，在达标基础上设立优胜奖。是年起，用3年时间组织县（市）总工会开展争创“江苏省工会工作十强县（市）”活动，全面提高县级工会工作水平。3年内，六县（市）总工会先后跨入“省工会工作十强县（市）”行列，总数位列全省各市之首，实现“满堂红”。

2002年3月，市总工会在市区开展“建设合格工会、争创示范工会”竞赛活动，召开推进城市工会工作动员大会。

2003年，市总工会召开“建设合格工会、争创示范工会”推进大会。

2004年12月，市总工会召开“建设合格工会、争创示范工会”大会，表彰“建创”工作先进集体和先进个人。

2005年起，全国总工会开展全国百家示范乡镇（街道）工会评选活动，海安县海安镇总工会首批获评。10月，市总工会召开“争创江苏省工会工作模范市、县（市）区活动”（以下简称“创模”）动员大会，全面加强工会自身建设，并以此为契机，在基层工会广泛开展“达标创模”活动，各级工会组织建设进一步加强。

2006年8月，南通市“创模”工作接受省总工会考核验收，召开“创模”汇报会，市领导曹能新、朱晋、张毓余等出席。在省总工会首轮考核评比中，南通市获地级市总分第一名的成绩；海安县、通州市分别获县（市）区总分第一名和第三名，成为全省首批工会工作模范市、县（市）。

2007年，海门市、如东县、崇川区进入省模范县（市）区工会行列。是年，如东县掘港镇总工会被评为全国百家示范乡镇（街道）工会。

2008年，启东市、如皋市、港闸区获评省工会工作模范县（市）区工会，南通实现“创模”大满贯，总数再次位列全省之首。是年，市总工会启动争创省模范乡镇（街道）工会活动。

2009年起，市总工会连续两年在全市省级开发区中开展“南通市工会工作模范开发区（园区）”创建活动，经严格考核评审，6家开发区工会获得市总工会表彰。

2011年，崇川区文峰街道总工会被评为全国百家示范乡镇（街道）工会。海安经济开发区和南通高新技术产业开发区获评首批“全省工会工作模范开发区”；2012~2013年，海门经济开发区、启东经济开发区、海门工业园区、如东经济开发区获评“全省工会工作模范开发区”。

四、基层工会民主政治建设

1996年，市总工会加强企业集团工会建设，完善基层工会民主选举制度和工会会员代表常任制。

1998年，市总工会下发《工会组织建设规范标准》，指导各级工会加强规范化建设。

1999年，市总工会在全市推广海门市总工会开展评议整顿基层工会活动的经验。

2000年，如东县在全国率先建立县、乡两级人大与工会联系制度。

2004年3月，市总工会召开县(市)工会主席例会，专题研讨乡镇会员代表常任制问题。下发《关于建立乡镇(街道)工会会员代表大会代表常任制的暂行规定》《关于建立乡镇(街道)工会会员代表活动制度的暂行规定》等文件，在全市实行乡镇(街道)工会会员代表常任制。下发《关于在工会系统内开展“双评”活动的意见》，全面推进“会员评议工会、下级工会评议上级工会”活动。10月，下发《南通市基层工会直接选举工会主席试行意见》。

2006年8月，市总工会下发《关于做好〈企业工会工作条例(试行)〉宣传学习贯彻工作的通知》，举办工会领导干部研讨班，重点学习《企业工会工作条例(试行)》。

2007年起，市总工会连续三年开展深入贯彻《企业工会工作条例》，推进基层规范化建设。

2008年，市总工会推行非公企业工会主席直选制度。12月，如东县建立工会与人大联系制度作为南通的“全国第一”收入《第一南通》一书。

2009年3月，市总工会在如皋市召开县级工会代表常任制推进会，全面推广县级工会会员代表大会代表常任制。下发《南通市基层工会会务公开工作意见》，不断推进工会组织自身的民主化进程。

2010年，市总工会在全市基层工会推行以公开年度工作完成情况、公开集体合同文本等为内容的“九公开”，初步形成以“会员评家、会员代表常任制、工会主席直选”等为内容的基层工会民主化、群众化建设制度体系。全市2039家企业直接选举工会主席。7月，在全省工会组建会议上，市总工会作“推进企业工会主席直选，发挥企业工会作用”的经验介绍。

2011年，市总工会召开会务公开工作座谈会。市总工会被评为全国建家评家工作先进单位。会务公开工作获全国工会基层组织建设创新成果奖。4月，全国总工会基层工会主席选举工作调研组到南通调研。

2012年3月，全国总工会基层组织建设部部长郭稳才到海安县调研南通乡镇工会会员代表常任制和会务公开工作。是年，在全市21个乡镇(街道)、70个村(社区)、9个开发区(园区)、211家企业开展“双亮双代双评”(工会组织亮牌子、工会主席亮身份；职工诉求工会组织代言、职工事务工会干部代理；会员评议工会工作、会员评议工会主席，以下简称“三双”活动)活动试点，试点成功后及时推广。5月，全省非公企业县(市)区建设会议在海安召开，推广南通在基层工会开展“三双”活动的做法。11月，全国总工会基层组织建设部副部长张晓辉对南通开展“双亮”工作进行调研。海安县职工事务工会干部代理活动、港闸区“4+X”承诺行动、启东市“六有三亮”行动、如皋“双亮”活动和海门市

“三亮四评”活动均取得显著成效。省总工会党组书记刘广忠作出批示，认为南通“三双”活动“体现了务实创新服务在基层的思路，值得借鉴推介”。12月，全国基层工会会员代表常任制工作座谈会在南通召开，市总工会和海安县总工会、如皋市总工会、海门金轮公司介绍经验，全国总工会副主席段敦厚出席会议并讲话。市总工会在全国总工会召开的“落实会员‘四权’，增强基层工会活力”研讨会上作经验介绍。市总工会“三双”活动工作获全国工会基层组织建设创新成果奖。

2013年2月，市总工会“三双”活动获全国工会基层组织建设创新成果奖。6月，市总工会在全省工会主席培训班上作“深入推进会员代表常任制，切实加强基层工会民主建设”的经验介绍。在全国总工会召开的“深化‘双亮’，落实‘四权’”示范单位工作推进会上作书面经验交流。8月，市总工会下发《关于加强工会基层基础建设的实施方案》，召开工会基层基础建设会议。全市基层工会组织亮牌子、工会干部亮身份的达80%以上，企业实行会务公开、开展“双评”覆盖面达90%以上，4500余家企业实行面向职工实事承诺，承诺事项1万余项，工会干部代理职工各类事务2.6万余件。12月，省委组织部、省总工会在南通召开全省工会“三公开四统筹”经验交流会，省委组织部副部长盛克勤、省总工会主席邢春宁到会讲话。市总工会党组书记、副主席葛玉琴在会上作题为“建制度促规范，重实践求实效，切实推进工会会员代表常任制工作”的经验介绍。

2014年，全市开展工会主席直选的非公企业6776家，占非公企业工会总数的64%。3月，省总工会纪检组组长李晓洲到南通调研基层工会干部队伍建设情况。4月，全国总工会组织部到南通调研工会民主选举工作。是年，市总工会四级联动推进会员代表常任制工作获全国工会基层组织建设创新成果一等奖。

五、“党工共建”活动

2000年，全市形成“党建带工建、工建促党建”“党政工齐抓工会组建工作”的格局。

2001年11月，市委组织部、市总工会联合召开全市非公有制经济组织“党建带工建，工建促党建”工作会议。全市建立50个“党建带工建”示范点。

2002年，市委组织部与市总工会联合召开全市非公有制经济组织“党工共建”工作会议，4家单位作经验交流。

2005年，市总工会在全省第二次“党建带工建”工作经验交流会上作介绍。

2006年3月，市总工会与市委组织部联合开展“党工共建”调查；6月，与市委组织部联合下发《关于近年来全市“党建带工建”情况的通报》。

2007年4月，市总工会与市委组织部联合召开非公企业“党建带工建”工作经验交流会，市委副书记王德忠到会讲话。县(市)区普遍与组织部门联合开展党工组织组建推进月和百日推活动。

2009年9月，市总工会与市委组织部联合开展“两新”(新经济、新社会)组织调研。市委常委、组织部部长郭腊军在全省工会工作会议上作“坚持依靠方针，落实高配要求，推动工会工作不断开创新局面”的发言。

2010年4月，省调研组到南通调研非公企业“党工共建”工作。8月，市总工会与市委组织部等部门联合下发《关于深入推进党建带群建创先争优的实施意见》。启东市、通州区通过选派党建工建指导员，参与指导企业党工组织的建立和规范。

2011年11月，省联合督查考核组对南通党建带群建工作进行督查考核。积极推进“四统筹一创争”（党组织和工会组织的组织统筹覆盖、人员统筹配置、活动统筹开展、保障统筹落实，创建先进基层党组织、模范职工之家，争做优秀共产党员、文明职工）活动。2012年，全市有32家企业、2个片区获省委组织部、省总工会表彰。

2013年10月，市总工会与市委组织部对9个县（市）区和部分产业（系统、园区、集团公司）党建带工建情况进行联合调研，培植、选树、推荐的30个非公企业和2个片区，被确认为全省第二批“四统筹一创争”示范企业和示范片区，有力推动党建带工建“三公开四统筹”活动的开展。

2014年8月，全省开发园区非公企业党建工作组到南通调研。是年，全市有100家企业、9个片区被省委组织部和省总工会联合表彰为全省“四统筹一创争”示范企业和示范片区。

第三节　工会干部队伍建设

加强各级工会干部配备，建设一支高素质的工会干部队伍，是做好工会工作的组织保证。1990年以来，市总工会在推进市、县（市）区工会主席职务高配，选聘专职工会工作者等方面作了有益探索。

一、市、县（市）区工会主席职务高配

市总工会十分重视县（市）区工会领导班子选配，将选优配强县（市）区工会一把手作为加强县（市）区工会工作的关键环节。

1998年9月，市总工会下发《关于进一步加强县级工会工作的若干意见》，明确建立专题研究县级工会工作、市总党组成员定点联系、定期召开县级工会主席例会、实行县级工会工作目标管理等四项基本制度。10月，市总工会召开县（市）工会主席交流研讨会。

1999年3月，市总工会和市委组织部联合下发《关于加强工会干部管理的几点意见》，对上级工会协助党委管理工会干部工作作出详细规定。

2004年12月，市委批准如东、海门、海安三县（市）总工会主席为副处级干部。

2005年8月，市委书记罗一民主持召开市委常委会，专题听取工会工作汇报，原则同意推进县（市）区工会主席职务高配问题。市总工会在县（市）区工会换届时坚持与组织部门共同考察、共同协商、共同推荐的原则，做好工会干部协管工作。为落实中央关于县（市）区工会主席职务高配的意见，市总工会多次向市委分管领导汇报，提交书面请示，要求从处级职数中拨出专门名额解决县（市）工会主席职务高配问题，被市委采纳。9月，市委批准如皋、通州、启东三个县级市总工会主席为副处级干部。至此，南通市率先在全省实现所辖县（市）总工会主席全部按副处级配备。

2006年2月，市总工会主席张毓余任市人大常委会副主任。

2007年,继市、县(市)总工会主席全面实现职务高配后,崇川、港闸、南通经济技术开发区三区总工会主席实现职务高配。12月,如东县总工会主席蔡瑞平任如东县人大常委会副主任。

2008年2月,市人大常委会副主任陆玉明任市总工会主席。如皋市、如东县、崇川区、港闸区总工会主席调整,市总工会及时向市委组织部汇报,新当选的4名工会主席职务高配问题当年得到解决。

2011年1月,海门市总工会主席管云山任海门市人大常委会副主任。

二、选聘专职工会工作者

1995年,市总工会开展全市基层工会专职干部及兼职工会主席情况调查。全市专职基层工会主席891人,占基层工会主席总数的23%。

1997年,全市专职基层工会主席占基层工会主席总数的比例下降为17%。

2003年,经市总工会同意,崇川区总工会招聘专职工会干部16人。市总工会推广如东县和南通经济技术开发区为基层工会干部发放兼职补贴的做法。

2007~2010年,全市选聘专职工会工作者120人,社会化兼职工会工作者334人。市总工会每年拨款8万元,用于市区32名职业化工会干部工资补贴,并要求各县(市)总工会配套一定资金用于职业化工会干部工资补贴。

截至2011年,市总工会累计招聘专职工会工作者120余人。

2013年6月,市总工会招聘职工服务中心工作人员8名。

三、工会干部队伍建设

1991年末,市总工会进行机构和人事制度改革,实行双向选择聘任(聘用)制度,为充分发挥机关干部的聪明才智创造良好的环境。

1992年10月,市总工会下发《所属事业单位实行全员聘任(用)合同制的意见》。

1997年6月,市总工会下发《关于在市总工会机关和直属单位开展"讲职业道德,树工会形象"活动的意见》,开展以优质服务、优良作风、优良秩序、优美环境为主要内容,以创建文明部室、争当文明职工为主要目标的主题教育活动。据调查,县(市)区、局工会专职干部中,大、中专以上学历82人,比1990年增加64%;初中及以下的由1990年36人减为6人,减少83.3%。70名县(市)区、局工会领导干部中,大专以上文化程度49人,占70%;初中2人,仅占2.8%。市总工会机关干部大专以上文化程度49人,占75%。

2001年,市总工会印发《市总工会机关工作人员平时考核工作实施办法》。

2002年7月,市委办公室印发《市总工会机关主要职责、内设机构和人员编制规定》,市总工会机关进行机构改革,中层干部实行竞争上岗。

2003年2月,市总工会下发《关于在全市创建学习型工会的实施意见》,贯彻落实党的十六大提出的"建设学习型社会"精神,全面提高工会干部队伍素质。

2004年,为加大对工会干部自身权益的维护力度,市总工会设立"市区工会干部权益保障金"20万元,印发《南通市市区工会干部权益保障金使用办法(试行)》。工会干部因依法开展工会工作,自身权益受到严重侵害、受到人身伤害或患重病等,可获得一次性补助500~1000元。8~11月,市总工会组织部副部长成飞赴浙江省温州市挂职,任温州市鹿城区总工会主席助理。

2006年11月~2007年4月,市总工会机关干部王海兵赴如东县掘港镇挂职,任掘港镇镇长助理。

2008年8月,市总工会对经济技术部部长和女职工部部长岗位实行选拔上岗。

2011年7月,市总工会下发《关于机关中层领导干部最高任职年龄、定期轮岗和改任非领导职务的意见》,先后开展4个中层正职领导职位竞争上岗和中层副科职、非领导职务的选拔上岗。

2012年2月,市总工会启动职业道德主题教育实践活动。7月,出台《南通市工会干部行为准则》。8月,市总工会举办首期"道德讲堂"活动。

2013年6月,市总工会开展机关干部交流轮岗工作,中层正职交流2人,中层副职交流1人。

四、工会干部培训

1992年,市总工会大力推进工会干部规范化岗位培训,通过选送到省总工会干校培训、举办脱产培训班和参加自学考试等途径,全年举办11期工会专职干部培训班。对全市预算内国营企业工会主席岗位培训情况进行调查。组织工会专职干部参加《马克思主义基本原理》《劳动法学》自学考试。5月,组织工会干部赴张家港市总工会学习。12月,赴上海市宝山区总工会和宝山钢铁厂,学习企业改革和工会工作。

1993年,制定《南通市总工会所属企事业单位专业人员继续教育规划和继续教育实施意见》。深入开展工会干部规范化岗位培训和大中型企业工会主席岗位任职资格培训。12月,举办工会干部培训班,主要学习《邓小平文选(第三卷)》《中共中央关于建立社会主义市场经济体制若干问题的决定》、中国工会十二大报告等内容。

1994年,市总工会分别举办工会干部规范化培训班、中间层次工会干部业务培训班、国有大中型企业工会主席短期适应性培训班和"三资"企业、乡镇企业工会主席业务培训班,累计有1459名工会专职干部取得岗位培训合格证。

1995年5月,市总工会制定《关于进一步加强工会干部教育工作的意见》,拟用五年时间完成新一轮工会专职干部上岗资格培训,并建立相关制度。

1996年,市总工会转发省总工会文件,全面贯彻落实《全国总工会关于加强工会系统办班管理的暂行办法》。全市工会干部调训工作在全省名列前茅。

1997年,市总工会完成400名工会专职干部上岗资格培训和3586名专兼职工会干部适应性培训。

1998年,市总工会下发《南通市工会干部教育培训工作三年规划》。以新经济组织和改制企业工会干部为重点,有计划、有针对性地开展培训,超额完成省总工会下达的培训任务。

1999年,外商投资企业、乡镇企业、私营企业工会参加培训人数明显增多。8月,市总工会组织部分机关干部赴常熟、江阴等地学习。

2000年,市总工会组织机关工作人员和直属企事业单位领导班子成员开展中国加入世界贸易组织知识培训。举办乡镇、基层工会干部上岗资格培训班。在全市工会干部中大力推进计算机知识培训。

2001 年，市总工会印发《南通市总工会干部培训办班管理的暂行规定》。11 月，举办工会干部上岗资格培训班，主要内容为新修订的《工会法》和工会基本业务知识。

2002 年 11 月，市总工会举办乡镇工会干部培训班，完成省总工会提出的所有乡镇工会专职干部轮训一遍的任务。新建企业工会干部培训面达 90%。

2003 年起，市总工会每年在市委党校举办一期工会领导干部研讨班，主要对象为中间层次工会主席、基层工会干部代表和市总机关干部。7 月，市总工会主席陈心万率机关中层以上干部赴昆山市总工会学习。8 月，组织县(市)区工会干部赴牡丹江市总工会学习交流。11 月，在市委党校举办学习中国工会十四大精神研讨班。

2004 年 7 月，市总工会在市委党校举办工会领导干部研讨班。

2005 年，市总工会下发《2005 年工会系统干部学习培训计划》《2005 年工会干部普法教育培训计划》，重点培训江苏省人大相继出台的“一办法五条例”(《江苏省实施〈工会法〉办法》《江苏省劳动合同条例》《江苏省社会保险费征缴条例》《江苏省工资支付条例》《江苏省集体合同条例》《江苏省安全生产条例》)，用一年时间对全市各级工会领导机关和基层工会专兼职干部进行全面轮训，全年办班 12 期。

2006 年，市总工会继续开展“一办法五条例”培训。9 月，在市委党校举办工会领导干部研讨班，主要培训《企业工会工作条例(试行)》和南通市“十一五”规划。

2007 年，市总工会下发《南通市工会干部教育培训“十一五”规划》《南通市总工会机关干部学习计划》，完善工会干部培训教育机制。12 月，在市委党校举办工会领导干部培训班，主要培训党的十七大精神和《劳动合同法》。

2008 年 8 月，市人大常委会副主任、市总工会主席陆玉明率领市、县(市)区工会干部赴苏浙沪就工会重点工作推进、工会工作创新、工会机构设置和工会组织体制建设等问题进行学习考察。12 月，在市委党校举办工会干部研讨班，主要培训中国工会十五大精神和新修改的《中国工会章程》。

2009 年，市总工会实行分层分级负责，坚持定期考核通报，不断完善工会干部培训机制。

2010 年 5 月，市总工会举行原仪征市总工会主席陈小星先进事迹报告会。

2012 年，市总工会下发《工会干部教育培训五年规划》，全市培训各级各类工会干部 36157 人次。

2013 年 1 月，在市委党校举办全市工会干部学习班，主要学习党的十八大精神、推动工会工作创新发展、工会组织规范化建设等内容。12 月，在北京中国劳动关系学院举办全市工会干部培训班，这是市总工会首次在市外举办工会干部培训班。

2014 年，市总工会实施工会干部队伍“双百双千双创”工程，每年重点培训百名基层以上工会领导干部，组织送教上门，巡回培训千名基层工会干部；县(市)区级工会全年培训百名镇级工会干部，自主培训千名基层工会干部；推动各级工会干部创新工作思路，创优工作业绩。12 月，在上海交通大学举办全市工会干部素质提升研修班。

第四节　直属基层工会工作

一、组织体制

1990年，全市基层工会均由县（市）区、产业（系统）工会管理。随着省、部属企业的建立和金融、农水等系统工会组织体制调整及市属企业改革改制，无主管单位增多，市总工会开始直接管理这些基层工会，截至2000年，市区有直属基层工会49家。

2001年6月，市总工会筹建直属工会工作部。

2002年8月，市总工会直属工会工作部建立，管理市区直属基层工会78家。

2004年，为顺应市属企业改制不断深入和国有控股公司整合的新形势，市委组织部决定，市属改制企业党组织关系全部属地管理。市总工会经认真研究后下发文件，明确改制后职工人数在500人以上的企业工会组织由市总工会直属工会工作部管理；500人以下的和原由市总直属工会工作部管理的部分应属地管理的企业工会，参照党组织管理体制，由生产经营所在地的工会组织管理。经2004年和2007年两次调整，至2008年，市区直属基层工会有74家，2014年为88家。

市总工会直属工会工作部建立后，将所属基层工会分为7~9个片，以利于各项活动的开展。

二、特色活动

2003年4月起，直属基层工会开展“建设合格工会、争创示范工会”竞赛活动，每年由市总工会直属工会工作部表彰10~15个优秀基层工会和10~15名竞赛活动优秀组织者，予以通报表彰。5月，完成《南通市直属基层工会工作制度汇编》的编印工作。为纪念全国总工会开展建设职工之家活动20周年，在直属基层工会中广泛开展建设职工之家20周年成果展示活动，采用职工喜闻乐见的摄影、绘画、书法、演唱、演讲、收藏、体育竞技、小绝活、诀窍演示、图片实物展示等多种表现形式。

2004年，在直属基层工会和职工中开展以“祖国颂”为主题的书画展、黑板报比赛，有26家工会选送书法作品49幅、绘画作品23幅、黑板报14块。天生港发电有限公司公司等单位选送的作品获得书画类一等奖，远洋船务等3家单位选送的黑板报获得前三名，南通电信公司等单位被评为“基层工会优秀组织奖”。

2005年，开展“直属工会干部文化沙龙”系列活动。5月，组织南通市直属工会干部“小灵通杯”乒乓球比赛，40家直属单位工会干部参加。顺达集装箱公司包炯等3人获得男子单打前三名，中远船务曹雨林等3人获得女子单打前三名。国庆前夕，组织“南通市直属工会干部‘迎国庆’扑克牌80分比赛联谊活动”，50余名工会干部参加。

2007年5月，举办南通市直属工会“和谐杯”职工羽毛球比赛，16支代表队参加团体比赛，18人参加男子单打比赛，16人参加女子单打比赛，16个队参加混合双打比赛。南通科技公司获团体赛冠军，邮政公司童晓佳、建设银行孙玉婷分获男女单打冠军，江苏银行赵晓欣、崔美玲获得混双冠军,8 家单位获优秀组织奖。12 月,举办南通市职工“和谐之声”合唱比赛,供电公司等 3 家单位分获前三名。

为纪念建党 90 周年,2011 年 6 月,组织直属职工“跟党走、立新功”大合唱比赛,三友集团等 10 家单位共 777 名职工参加比赛。全健排舞在各直属基层工会得到广泛推广,成为深受广大职工喜爱的群众性健身项目。为认真贯彻落实《全民健身计划纲要》,展示直属职工健康向上的精神风貌,11 月,举办直属职工“强健身、展风采”全健排舞比赛。共有 20 余支代表队 400 余名职工参加比赛,供电公司等 3 支代表队分别获得前三名。在南通市职工纪念中国共产党成立 90 周年“永远跟党走”歌咏晚会上,9 家直属基层工会职工参加演出。

2012 年起,连续开展直属工会干部文化沙龙步步高升活动,受到直属基层单位的一致好评,促进直属基层工会之间交流,丰富直属基层工会干部的业余生活。9 月,召开直属基层工会班组建设经验交流(研讨)会,19 家单位 29 个班组参加研讨。中共十八大代表、全国五一劳动奖章获得者、中国银行优秀员工蔡淑娟等 8 个优秀班组代表在会上作交流发言。11 月,召开直属基层工会工作成果、创新成果“双十佳”评审会。

为进一步深化工会帮扶服务工作,构筑帮扶服务长效机制,不断提升工会帮扶服务工作水平,2013 年 9 月,召开直属基层工会帮扶服务工作经验交流(研讨)会,供电公司等 7 家单位作经验交流发言。10 月,召开市直属基层工会工作会议,柴油机股份有限公司等 8 家工会作经验交流发言。11 月,召开市总直属工会工作(创新)成果评审会,表彰 10 项优秀职代会提案和 10 项工会工作(创新)成果。醋纤公司的“企业电视台”项目获得一等奖;电信公司的“员工家庭 3G 移动互联网应用大赛”等 3 个项目获得二等奖;南通邮政等单位的参评项目获得三等奖。会上展示的 10 项工作(创新)成果基本涵盖了工会工作的各个方面,各具特色、硕果累累;10 项优秀职代会提案内容多元、成效显著,充分体现了直属基层工会干部脚踏实地的工作态度和追求卓越的工作状态。

“十二五”以来,直属工会连续开展“建功‘十二五’、创新促发展”优秀竞赛单位、竞赛项目评选活动。各基层工会围绕“十二五”发展目标,以提高劳动者素质为重点,以创建“工人先锋号”为载体,在科技创新、服务创新、管理创新上,在技术培训、岗位练兵、劳动竞赛上,在“六型”班组建设、“6S”标准化现场管理上取得了丰硕成果,涌现出以全国劳动模范南通中远船务总经理倪涛为代表的一批优秀管理者和以全国“五一”劳动奖章获得者中国银行员工袁卫华为代表的一批优秀员工队伍,涌现出蔡淑娟班组、通大附院急诊科、电信客服中心等一批优秀团队,为企业在凝心聚力、效率效益、社会形象、长远发展等方面做出了贡献。2014 年,通过申报评比通大附院等11 家单位被表彰为优秀竞赛单位,石油公司等单位的 23 项竞赛项目分获一、二、三等奖,邮政局张慧等 10 名工会干部被评为优秀组织者。

直属工会持续开展建设“职工之家”“职工小家”活动,充分发挥会员主体作用,促进基层工会制度化、规范化建设,11 家单位先后获得“全国模范职工之家”荣誉称号。

三、工作典型

全市直属基层工会常规工作开展有序，重点工作推进有力，特色工作亮点纷呈。一是“两个普遍”全面覆盖，精华制药等单位工会将合同工、劳务派遣工吸收入会，与编内职工享受同等会员待遇；醋纤公司等企业工会把员工绩效、带薪年休假、疗休养等福利以制度的形式加以规范落实，切实保障职工的合法权益。二是服务大局积极有效。中远船务公司工会的“青蓝工程”“职工技能大赛”成为特色鲜明、影响深远的工会品牌工程；电信公司、供电公司等单位积极创建劳模工作室，充分发挥劳模的示范引领作用；中远川崎公司工会的“创明星班组”、供电公司的“班组精益管理年”活动，积极推进班组管理水平的提升；南通石油分公司的“三亮、三比、三评”活动，打造良好的窗口形象。烟草公司的“江海同舟行”帮扶体系、醋纤公司设立的“南纤奖（助）学金”等，展现企业的社会责任意识。三是文体活动丰富多彩。人保公司等单位工会加大文体活动阵地建设力度，给职工提供舒心的休闲娱乐、文体活动场所；通大附院工会建立16个职工文体协会，电信公司积极开展“健康快乐行”系列活动，中国银行工会开展文体活动呈现“三高两多”（即领导重视度高、员工参与度高、活动开展频率高，项目总量多、获奖奖项多）现象，直属工会职工文体活动蓬勃开展。四是创新工作各有特色。大唐吕四港发电公司实施“五要”（实行厂务公开，实现员工“要知道”；拓宽交流渠道，实现员工“要参与”；构建制度保障，实现员工“要做主”；健全监管体系，实现员工“要监督”；提升工作成效，实现员工“要满意”）工程，确保员工切实以主人翁姿态参与企业建设，构建和谐的企业氛围；南通宝钢公司建立“员工健康保障计划”，以赠送健康点数的形式，有效促进职工身心健康；南通邮政公司的“名师带徒”活动、工商银行的“1+1+1”培训模式，为提高职工技能素质搭建平台，江苏三友集团公司的“职工互助基金”制度和“特殊车间”做法，做到帮扶的实效化、常态化；南通石油分公司的“五小工程”建设，切实把服务和温暖送到基层，送到职工身边。

第三章 工会宣传与职工教育

20世纪90年代以来，南通市各级工会组织围绕不同时期党和政府的中心工作，不断壮大宣传阵地，丰富宣传工具，针对职工队伍实际，采用灵活多样、喜闻乐见的形式，宣传党的路线、方针、政策，开展精神文明建设和职工文化建设活动，为锻造有理想、有道德、有文化、有纪律的"四有"职工队伍贡献力量。

第一节 职工思想政治工作

思想政治工作是一切工作的生命线。各级工会组织充分发挥工会思想政治工作的优势和特色，通过开展各项主题教育活动，稳定职工队伍，调动职工主人翁积极性，团结和带领职工坚定克服困难的信心，促进经济和社会各项事业的发展。

一、政治理论教育

1990年2月，市总工会表彰"国家有困难，我们怎么办"大讨论活动先进集体27个，优秀组织者39人。3月，市总工会召开全市职工思想政治工作会议，15家单位作经验介绍。7月，围绕"一要稳定，二要鼓劲，三要发展"的总要求，紧扣生产经营和职工思想实际，在全市开展"国家、企业有困难，我们怎么办"大讨论，召开经验交流会，17家单位作经验交流。9月，围绕"大讨论"，举办"主人翁赞"演讲比赛，34人参加演讲。据统计，全市有40万名职工投入"大讨论"活动，近10万名职工直接参加讨论；各级工会发动职工撰写征文5924篇，在省总工会举办的征文竞赛中，南通有9篇文章获奖。

1991年，市总工会开展"双基"（基本路线、基本国情）和"四职"（职业责任、职业道德、职业纪律、职业技能）教育，各级工会在职工中广泛开展以"三热爱"（热爱党、热爱祖国、热爱社会主义）为主题的"大歌颂"系列活动，并确定15个联系点。市总工会分别举办"七一歌会""党在我心中"征文和演讲比赛等系列活动。4月，省总工会在南通召开"三热爱"教育活动现场交流会，市总工会及6家基层单位在会上作介绍。同月，市总工会召开"三热爱"活动经验交流会。6月，市总工会代表江苏省参加全国总工会召开的"三热爱"教育经验交流会，作专题交流发言。7月，为纪念建党70周年，市总工会举办"光辉的七十年"党史知识竞赛、"七一"歌会和"可爱的祖国、美丽的家乡"征文等系列活动。南通市开展"三热爱"教育活动的做法，得到全国总工会和省总工会的肯定。9月，市总工会邀请中宣部调研员、中华教育艺术研究会暨中华教育艺术家协会副理事长、总干事长曲啸来南通作报告，会后，制作报告录像在全市播放200余场，近20万职工受到教育。

1993年，市总工会组织工人理论骨干参加"两论"（邓小平理论、社会主义市场经济理论）专题研讨。

1995年，市总工会举办"爱国主义教育"系列比赛活动，3.25万名职工参加"爱国主义教育"百题知识竞赛。

1998年7月，市委宣传部与市总工会等11家单位联合发起"看成就、话改革、争贡献"主题教育活动。为具体安排和落实这一教育活动，市总工会在全市职工中广泛开展"我在改革大潮中"征文和演讲活动。11月，如皋教师进修学校徐芹霞获省总工会演讲比赛冠军。

1999年，各级工会普遍对职工进行爱国主义和马克思主义唯物论、无神论的教育；6月，市总工会举办"职工理论学习成果演示会"，省总工会宣教部和市委宣传部领导到会指导。11月，市总工会与市委宣传部、市教委联合举办"知我中华，爱我中华"微缩景观展览，并开展观后感征文比赛活动。

2000年4月，市总工会开展"致富思源、富而思进"教育活动，举办"双思"教育理论骨干培训班和专题讲座等。市职工理论学习中心组编写《学习与思考》《职工维权手册》《学习党的十六大文件、学习〈工会法〉百题问答》《进城务工人员100问》《民营企业工会工作指南》等职工学习读本。

2001年，市职工理论学习中心组创编宣传"三个代表"重要思想、宣传《工会法》的文艺节目，下基层展演。

2003年，市总工会认真贯彻省总工会和市委《关于开展"学习'三个代表'、力争'两个率先'主题教育活动"的意见》，根据市委提出"打造中国近代第一城"和"南通要争当苏北'两个率先'排头兵"的目标，制定"唱响'第一城'、勇当'排头兵'"活动实施计划。组织全市13万名职工参加学习党的十六大精神知识竞赛，市总工会获省总工会颁发的特别组织奖。

2005年6月，市总工会开展以"弘扬'三创'精神，推进跨越发展，构建和谐社会"为主题的南通精神大讨论活动。8月，下发《关于在全市职工中进一步开展南通精神大讨论活动的通知》，召开进城务工人员座谈会，畅谈南通精神的精髓。

2006年，市总工会在全市开展社会主义荣辱观教育活动，下发《关于认真组织"弘扬劳模精神，践行'八荣八耻'，推动南通腾飞"宣传月活动的通知》，召开劳动模范、工会干部、职工代表三个层次的树立"社会主义荣辱观"座谈会；与市纪委等部门共同举办"江海廉政文化节"廉政歌曲歌咏大赛；与市委宣传部联合推出如皋"137爱心邮路""无红包医院"——市第三人民医院等先进典型。8月，召开"南通精神"大讨论进城务工者座谈会。组织职工开展"十一五"规划的学习和宣传，11万名职工参加省、市"十一五"规划知识竞赛，市总工会获优秀组织奖。举办"五年后我心目中的南通"征文、演讲比赛，60余篇征文获奖。

2008年，市总工会开展党的十七大精神学习和宣传，组织职工参加由全国总工会举办的"党的十七大精神知识竞赛"活动，13名职工分别获得一、二、三等奖。6月，抓住苏通大桥通车和纪念改革开放30周年契机，在全市职工中开展"推动思想解放，迎接桥港时代"主题教育活动，要求基层单位重点围绕"我说改革开放30年"、科学发展"南通现象"、进入桥港时代"经济大跨越、观念大转变"等主题举办讲座，宣传改革开放30年来取得的新成就。

2009 年，在新中国成立 60 周年和市总工会建会 60 周年之际，开展“共铸理想信念，共促科学发展”主题教育活动。组织职工学习中国工会十五大精神，印发《中国工会十五大精神学习问答》2 万册。

2011 年 7 月，市总工会获全省职工学习“十二五”规划知识竞赛优秀组织奖。

2012 年，市总工会组织职工深入学习宣传党的十八大精神。

2013 年，市总工会组织 13 万名职工参加党的十八大知识竞赛，下发辅导读本。学习宣传中国工会十六大精神。

二、“创树”主题教育活动

1992 年，市总工会在全市职工中广泛开展“主人翁形象自我设计和塑造”活动，采取“学习、讨论、设计、塑造”等形式，引导职工坚定社会主义信念，增强主人翁意识，积极投身“八五奉献杯”立功竞赛活动。

1993 年，市总工会深入 47 家企业，召开 19 个座谈会，举办征文比赛、知识竞赛、黑板报比赛、“企业精神颂”歌咏比赛等，征集企业精神。3 月，召开“全市职工主人翁形象设计与塑造”经验交流会，22 家单位交流经验。5 月，市总工会决定将“主人翁形象自我设计和塑造”活动与省总工会“创企业精神，树主人翁形象”（以下简称“创树”活动）活动接轨，下发实施方案，成立主题教育领导小组，下设办公室。11 月，全省“创树”活动经验交流会在南通召开。12 月，开展全市“百家优秀企业精神”评选，推动“创树”活动深入开展。

1994 年，市总工会开展“职业道德、家庭美德、社会公德、个人品德”（以下简称“四德”）教育活动。5 月，市总工会宣教部和市纺织工会联合编印《四德简明读本》2 万余册下发基层。12 月，市总工会召开“四德”教育经验交流会，7 家单位作经验介绍，33 家单位作书面交流。市总工会与市广播电台经济台在《今晚佳宾》节目中开展 8 次由 17 家单位参与的“九十年代主人翁形象大家谈”空中大讨论。

1995 年，“创树”活动重点到班组，以“树企业形象，展‘四德’风采，兴班组新风”为重点，促进职工素质的全面提升。市总工会与市文明办联合下发《在全市各行各业选树“职业道德明星”的通知》。4 月，在市供电局召开“敬业在班组，闪光在岗位”现场经验交流会，省总工会主席徐锡澄到会讲话。会后，徐锡澄参观了市色织一厂，听取色织一厂立足班组开展“创树”活动的经验介绍。

1996 年，市总工会下发《关于进一步深化“创树”主题教育活动的实施方案》，开展“三学三树两提高”（学理论、学技能、学法律，树立正确的人生观、价值观、世界观，提高职业道德、职业技能水平）活动。5 月，总结南通商业系统“创无可挑剔班组”和市第三人民医院“无红包医院”经验，在全市开展“创建无红包医院（单位）”活动。是年，市总工会下发“学习李素丽，行业树新风”的意见，表彰职业道德明星 70 名。

1997 年，市总工会进一步深化“创树”主题教育活动，在全市开展“创文明窗口、建文明行业”活动。4 月，市委宣传部、市总工会、市文明办与市纠风办联合召开全市“讲职业道德、树示范窗口、创文明行业”现场交流会，市委常委、副市长、宣传部部长宋家新出席会议并讲话。会上，表彰“创树”主题教育活动先进集体 80 个和优秀职工思想政治工作者87 名。6 月，市总工会印发《关于在市总工会机关和直属单位开展“讲职业道德，树工会形象"活动的意见》,开展以"四优、两文明"(优质服务、优良作风、优良秩序、优美环境,建设文明部室、单位和文明职工队伍)为主要内容的"创树"主题教育活动。

1999年,市总工会开展"面向新世纪,树立新形象"征文比赛。

2000年,市总工会下发《关于深化"创树"主题教育活动的意见》,在全市职工中开展"双学双比一争当"(学理论、比觉悟、学技能、比贡献,争当文明职工)活动,充分发挥广大职工在改革、发展、稳定中的主力军作用。市总工会围绕"创树"主题教育活动开展情况进行调查研究,撰写《职工思想政治工作的创新之举——关于开展"创树"主题教育活动》的调查报告。

三、争当文明职工活动

1995年,如东县教育工会在全县中小学生中实施"三五"德育工程。以"五爱"教育(爱祖国、爱人民、爱劳动、爱科学、爱社会主义)培养学生高尚情感;以"五自"训练(自理、自学、自律、自护、自强)提高学习综合能力;以"510"活动(每学期读10本好书或10篇好文章、看10部优秀爱国主义影视片、唱10首好歌、讲或听10个好故事、每月收集背诵10条名言警句)培养学生优秀品质。

1997年,为深入学习、贯彻党的十五大精神,大力推进社会主义精神文明建设,同时更好地配合文明城市创建工作,市总工会在长期开展"创树"主题教育活动的基础上,与市文明办联合开展"争当文明职工"活动,每两年表彰一次活动中涌现的先进典型。

1998年1月,市总工会与市文明办下发《关于在全市职工中广泛开展"争当文明职工"活动的实施意见》,召开"争当文明职工、争创文明单位"经验交流促进会。8月,市委宣传部、市文明办、市总工会联合举行"郑林义同志先进事迹报告会",市总工会下发《关于开展向郑林义同志学习,争当文明职工活动的决定》。

1999年3月,市总工会与市文明办联合召开"争当文明职工"经验交流会,表彰市文明职工77名、争当文明职工活动示范单位57家、争当文明职工活动优秀组织者46名。市江山农化公司、如皋矿山机械厂、市公交公司等单位在会上作交流发言。是年起,此项活动被列入江苏省创建文明城市必查内容。

2001年4月,市总工会把开展"新世纪南通职工新形象"大讨论作为"争当文明职工"活动的重要载体,下发《关于在全市职工中开展"新世纪南通职工新形象"大讨论的意见》。

2003年,市总工会在全省率先开展"创建学习型工会、创建学习型班组(岗位)和争当文明职工"(以下简称"两创一争")活动。

2003~2007年,全市70%以上企事业单位开展"两创一争"活动,选树表彰1000个学习型班组。

从2007年起,市总工会联合市文明办开展"创建五一文明班组(岗),争当文明职工"活动,把"思想领先作风好、道德高尚精神好、学习成才氛围好、团结和谐风气好、工作业绩一流好"作为五一文明班组评比标准,每两年评出10个示范班组。

2010年,市总工会联合市安监局、市人社局、团市委在南通中远船务公司召开全市创建"安全合格班组"活动现场会,下发《关于开展创建"安全合格班组"和评比"星级安全合格班组”活动的通知》。

截至 2014 年末，全市 93%的基层工会开展“争当文明职工”活动。市总工会与市文明办联合表彰市文明职工(标兵)443 名。

南通市文明职工(标兵)评选情况汇总

表 2-3-1

年 份	市文明职工(人)	“争当文明职工”先进集体(个)	“争当文明职工”优秀组织者(人)	市文明职工标兵(人)	“创争”活动先进单位(个)	“创争”活动优秀组织者(人)
1997~1998	77	57	46			
1999~2000	76					
2001~2002	100	47	28			
2003~2004	90	39	32			
2005~2006				20	20	18
2007~2008				20	10	9
2009~2010				20		10
2011~2012				20		10
2013~2014				20		10
合计	343	143	106	100	30	57

2004~2014 年，南通连续十一届每届均有职工入选“江苏省十佳文明职工”，入选率列地级市之首。其中，2009 年有两人同时入选。

南通市获评江苏省十佳文明职工名单

表 2-3-2

年份	姓 名	工作单位及职务
2004	丁山燕	如皋市聋哑学校教师
2005	姚泽炎	长江引航中心南通引航站引航员
2006	姚泽民	江苏如皋市邮政局白蒲支局投递员
2007	严汉圣	南通港口集团姚港港务分公司维修队队长
2008	方 岐	江苏中联风能机械有限公司生产部工艺员
2009	丁雪峰	如皋市供电公司变电检修工区主任
	谭德凤	海安县鑫缘制丝有限公司缫丝工
2010	周跃军	南通市体育运动学校高级教练
2011	周亚军	海安县海海毛绒制品有限公司工人
2012	徐洪保	南通市华荣建设集团有限公司架子工工长
2013	赵孔标	江苏熔盛重工有限公司焊接技术员
2014	李兰女	南通双莲纺织有限公司纺工场工艺员

四、“创建学习型组织，争做知识型职工”主题教育

2003年初，为认真贯彻党的十六大精神，进一步适应创建“学习型社会”要求，根据省总工会统一部署，市总工会在全市开展“创学习型工会、创学习型班组(岗位)和争当文明职工”活动。5月，市总工会编印、下发《创建学习型组织简明读本》7000册。8月，市总工会邀请清华大学教授王志耘来南通作专题讲座。10月，市总工会举办学习型组织理论骨干宣讲员培训班，邀请省总工会干部学校教授安尔康、徐东新主讲。受培训的宣讲员在基层进行广泛宣讲，全市创建学习型组织活动面达到30%的既定目标。

2004年3月，市总工会召开全市创建学习型组织活动表彰暨推进会，确定75个创建试点班组，大力普及和应用学习型组织理论，提升企业团队、班组团队、职工团队的学习力和创造力。下半年，市总工会选择5个先进典型，在媒体上进行重点宣传，《南通日报》先后两次在头版头条位置作专题报道，在全市职工中产生强烈反响。全市开展向“金牌工人”许振超和“知识型职工楷模”邓建军学习活动，涌现出一批学习型、知识型、技能型、专家型职工。

2005年2月，市总工会与市文明办等九部门联合下发《关于贯彻省九部门意见精神，在全市开展“创建学习型组织，争做知识型职工”活动的实施意见》，成立“创争”活动领导小组，市总工会主席张毓余任组长。各县(市)共组织开展50个学习型企业和120个学习型班组的试点和培育工作。各区、产业(系统)、控股(集团)公司和市直属基层工会均有学习型班组、学习型团队“试验田”。市总工会直接抓好10个学习型企业和30个学习型班组的创建试点，其中16个企业和班组被评为“江苏省学习型组织示范点”。8月，市总工会下发《南通市学习型组织和知识型职工奖励办法》。12月，市总工会等九部门联合表彰知识型职工标兵10名、优秀知识型职工95名、优秀学习型组织95个、创争活动优秀组织者19名。是年，江苏申海集团职工方岐被评为全国知识型职工。

2006年，市总工会进一步深化“创争”活动，遴选40个优秀学习型组织案例和5名知识型职工标兵事迹，汇编成《追求卓越——创建学习型组织的探索与实践》一书，供基层学习借鉴。

2008年，市总工会先后对80家不同类型的企业和100名职工进行问卷调查，深入基层召开21个座谈会，确立50个学习型工会和100个学习型班组为试点，指导基层开展学习型组织创建活动。

2009年，南通江海电容器有限公司被评为全国“学习型组织”优秀单位，1个班组被评为全国“创争”活动先进班组，南通港口集团集装箱公司王飞和中国移动江苏公司南通分公司施建荣被评为全国知识型职工先进个人，1人被评为“创争”活动优秀组织者。

2010年，市总工会重点围绕全市职工素质提升工程五年规划，深入开展“两创两争”活动，进一步加快职工队伍知识化进程，提高职工队伍的整体素质。5月，市总工会宣教部被省委宣传部表彰为“全省宣传思想工作先进集体”，为全省工会系统唯一获奖单位。

2013年，全市各级工会组织“创建学习型组织、争做知识型职工”活动覆盖面达70%以上。

第二节 职工教育工作

南通工会职工教育工作以组织职工读书自学和办好工会职工学校为重要抓手，在提高职工文化技术素质，服务职工、服务改革发展中发挥积极作用。

一、职工读书自学活动

南通市职工读书自学活动起源于1982年唐闸工人文化宫组织的职工读书自学小组。

1991年8月，城西工人文化宫组织城西地区17家单位的40名职工建立职工学理论小组。

1992年，在建立社会主义市场经济过程中，企业竞争日趋激烈，广大职工为适应改革开放的新形势，迫切要求学技术、学管理，职工读书自学活动开始升温。是年，市总工会召开第五次职工读书自学活动表彰大会。

1993年5月，市总工会下发修改后的《南通市职工自学成才奖励条例》。7月，与市委宣传部、市教委、市文化局、团市委联合发文，建立市职工读书自学活动指导委员会，市总工会主席戈雪芬任主任。为做好自学成才奖评审工作，11月，建立市职工自学成才奖评审委员会，市总工会副主席陈心万任主任。

1994年，根据市委七届八次全体(扩大)会议提出在全市广泛开展群众性“学理论、学知识、学科学、学技术”的要求，全市12.5万名职工参加“四学”活动。市总工会被全国总工会表彰为职工读书自学活动先进集体。

1995年，市职工读书自学活动指导委员会下发《南通市开展“学理论、学文化、学科学、学技术、学管理、学法律”活动的三年规划》。4月，市总工会编印“六学”活动系列学习材料下发基层。是年，市区城西地区恢复、组建工人理论队伍56个，培养学理论积极分子1700余人。

1996年5月，全国21省、市总工会“六学”暨读书自学活动研讨会在南通召开。是年，南通市被全国总工会确定为全国5个职工读书自学活动试点城市之一。城西工人文化宫报送的题为“用正确的理论武装人”的论文，被《中国工会理论文库》收录。9月，城西工人文化宫被全国总工会表彰为全国职工读书自学活动先进集体。

1997年6月，市总工会举办以“爱我香港，爱我中华，兴我南通”为主题的首届职工读书节和南通市职工“迎香港回归”暨“首届职工读书节”专场文艺晚会，省总工会主席徐锡澄、市领导宋家新等出席开幕式。读书节期间，市总工会还举办了“南通市首届职工读书节首日封”“南通市职工读书自学活动十五年回顾展” 等展览及特价书市、新书推荐、图书交流、香港回归专题报告会、文学读研会等系列活动。

1998年6月，市总工会被全国总工会表彰为全国职工读书自学活动先进集体。9月，在城西工人文化宫职工理论队伍的基础上，市总工会建立由35人组成的市职工理论学习中心组。

1999 年下半年，市总工会根据新形势、新情况，对《南通市职工自学成才奖励办法》进行较大幅度修改。

2000 年 4 月，市总工会在全市建立 100 个企业职工业余读书小组；12 月，市委、市政府"两办"发文，将市职工读书自学活动指导委员会升格，由市委常委、组织部部长朱红春任主任，市总工会主席陈心万任常务副主任。

2001 年 1 月，市委、市政府"两办"下发《南通市鼓励职工读书自学成才规定》。市总工会被全国总工会表彰为全国职工读书自学活动先进集体。

2002 年，市总工会表彰职工读书自学成才者 40 名，职工读书自学活动先进集体 26 个，优秀组织者 17 人和职工读书自学活动积极分子 52 人。授予钱红、胡林等 10 人市五一劳动奖章。这一重奖读书自学成才者的做法，成为全省首创，在职工中产生积极反响。

2008 年 5 月，市总工会开展"职工书屋"建设工作，要求全市一线职工特别是农民工工作和居住相对集中的企事业单位、社区、工业园区、乡（镇）村和重点建设项目工地都要普遍建立"职工书屋"，并提出用 5 年左右时间，在全市建设"职工书屋"600 个、省"职工书屋"示范点 57 个、全国"职工书屋"示范点 20 个，逐步建成阅读条件完备、广泛覆盖职工群众的工会读书设施网络。

2011 年 10 月，市总工会编纂《职工教育工作读书自学活动回眸》一书，作为内部资料出版。

2010 年，为解决部分"职工书屋"藏书少的困难，市总工会组织各级工会捐书 15.72 万本。5 月，市总工会在全省"职工书屋"建设经验交流会暨职工读书月活动启动仪式上作经验交流。7 月，市总工会荣获首届"江苏职工读书月"组织奖。是年，江苏熔盛集团"职工书屋"获"全国优秀示范点"称号。

2012 年 5 月，第三届"江苏职工读书月"启动仪式暨企业文化职工文化现场推进会在江苏熔盛重工有限公司举行。省总工会副主席张鸿生出席活动并讲话。市委常委、宣传部部长章树山，市人大常委会副主任、市总工会主席陆玉明，省新闻出版局副局长黄海宁，省科学技术协会副主席冯少东，江苏熔盛重工有限公司董事长、党委书记邬振国及省文明办、省文化厅相关部门负责人出席启动仪式。南通市首届"全民阅读活动"和第九届"南通韬奋读书节"相继启动。

2013 年，市总工会将五月定为"职工读书月"，围绕"读书愉悦生活，知识成就梦想"主题，在职工中提倡每天阅读 1 小时，培养职工阅读习惯，激励职工多读书、多学习，用知识和智慧创造美好生活。12 月，市总工会获全省第四届职工读书月活动优秀项目奖。

2014 年，市总工会围绕"读书·劳动·圆梦"主题组织读书活动，全市近 20 万名职工参加，掀起了新一轮职工读书热潮。市总工会获第五届全省职工读书月活动优秀组织奖和优秀项目奖。

2008~2014 年南通市获评全国及省级职工书屋示范点

表 2-3-3　　单位：个

年份	全国职工书屋示范点	省级职工书屋示范点
2008	4	8
2009	4	8
2010	4	8
2011	6	8
2012	4	8
2013	4	8
2014	6	8
合计	32	56

二、参与职工教育管理

为贯彻落实中央有关文件精神，履行工会教育职能，使工会组织在搞好职工教育、培养“四有”职工队伍方面发挥应有作用，1990 年 9 月，市总工会下发通知，恢复工会系统职工中等学校教研会学科组活动，建立语文、数学（含机械制图、机械基础等专业）、理化（含理力、材力、电工学等专业）、政治、工会干部培训 5 个组。各职工学校共办 619 个班，培训职工 3.6 万人次，其中工会干部和工会积极分子 1692 人次。全市工会系统 8 所学校建有一支能胜任职工教育的专兼职教师队伍，有专职教师 107 人，其中高级职称 6 人、中级职称 55 人、初级职称 40 人、有兼职教师 98 人。10 月，市总工会组织互查组对 8 所职工学校进行互查。

1991 年 4 月，市总工会下发《关于基层工会参与职工教育管理，维护和保障职工学习权益的意见》，明确基层工会参与职工教育管理的重点是：积极参与职工教育工作的领导，建立健全工作制度，参与并协助行政认真贯彻落实党和国家有关职工教育的方针、政策、规定等，参与制定职工教育规划、计划、职工教育奖惩条例和其他有关重要规章制度；协助行政落实有关职工教师的政策；维护和保障职工的学习权利。9 月，市总工会召开职工教育表彰会，表彰 99 名先进职工教育工作者。

1992 年 3 月，省总工会职工中等教育研究会二届一次理事会在南通召开。

1993 年 4 月，市总工会为贯彻省总工会、省教委、省人事局、省劳动局下发的《关于加强工会参与职工教育管理工作的意见》，由市总工会起草，市教委、市人事局、市劳动局充分讨论，联合下发《关于加强工会参与职工教育管理工作的意见》。是年，市职工学校在编教职工 23 人，办班 90 个，学员 4062 人次，其中专业班 9 个、职业高中班 2 个、成人高中班 75 个。工人业余大学报考学生 816 人，录取 477 人，在校生达 658 人。

为进一步加强各级工会参与职工教育管理工作，1994 年 5 月，市总工会开展工会职工学校办学情况调查，全市建有市区工人业余大学和职工学校各 1 所，6 县（市）各有 1 所职工学校，如东县还以职工学校为中心在 7 个区镇建立分校，形成办学网络。8 所学校有 103 名专职教师和工作人员，其中高级职称 8 人、中级职称 61 人。1990~1993 年共办班 2436 个，培训职工 17.65 万人次；其中举办各类技术业务培训班 741 个，培训职工 3.75 万人次。6 月，市总工会召开工会参与职工教育管理工作座谈会。8 月，为进一步促进市工人业余大学和各职工学校办好经济实体，市总工会在如东县职工学校召开校办经济实体经验交流会。9 月，市职工学校和如东县职工学校被评为全国工会办学先进单位，列为全国示范职工学校，市总工会陆伯明被评为“全国工会职工教育先进工作者”。

1995 年 3 月，全国总工会召开全国工会办学工作会议，市总工会以“适应市场经济，认真履行职能，努力提高工会自身办学水平”为题在会上作经验介绍。5 月，省总工会召开全省工会职工教育工作会议，市工人业余大学作题为“全面提高教学质量，努力适应市场经济的需求”的经验介绍。8 月，市总工会召开全市职工教育工作会议，总结 1991 年以来全市职工教育工作，全市呈现出“以参与管理为基础，以自身办学为依托，以读书自学为重点”的职工教育工作新格局。是年，省总工会两次对市职工学校进行检查评估，市职工学校被省政府授予“省模范职工学校”称号。

1996 年，市职工学校被全国总工会列为“1150 工程”试点学校。

1997 年，市职工学校与市工人业余大学合并办学，实行一套班子、两块牌子，做到优势互补，资源共享。

1998 年，面对企业改制的新形势和下岗职工不断增多的新情况，全市各职工学校、业余大学、文化宫、职工技协、女职工培训中心、区局系统工会共建下岗职工培训中心 70 个，开办电脑、摩托修理、家电维修、车工、电焊、缝纫、厨师、保育、再就业指导等各类班级 375 个，培训人数 2.15 万人，通过培训后再就业的有 7129 人。市总工会组织市、县（市）业大、职校的教师，分别在通州、如东、如皋等地开展政治、语文、数学等课目的教学研讨活动，共收到论文 12 篇。

1999 年上半年，市总工会宣教部深入县（市）和近 30 家企业，就职工对下岗和进入再就业服务中心的看法、下岗职工培训情况进行调查，形成调查报告“强化服务中心职能，推进再就业工程”，被全总《工运研究》刊用。论文“关于下岗职工培训的几点做法和思考”在全国职工教育协会城市职工教育专业委员会第三次年会上发表，获三等奖。12 月，市职工学校被全国总工会授予“全国工会系统示范性职工中等学校”称号。

为进一步加强全市职工教育工作，着力提高劳动者的综合素质，促进企业深化改革和社会经济全面发展，2000 年 7 月，市总工会与市教委、市经委、市人事局、市劳动局在调研的基础上，起草《关于在企业改革和发展中进一步加强职工教育工作的意见》；9 月，由市政府办公室印发各有关单位执行。10 月，在全国总工会职教协会第 4 次年会上，市总工会作题为“在企业改革和发展中进一步加强职工教育工作”的经验介绍。

随着进城务工人员急剧增多，为加强对农民工的技能培训和文化知识教育，2005 年，市总工会在开发区建立职工周末学校 20 余所，受到农民工的欢迎，受教育人数累计达 2000 余人。

2010 年起，根据省总工会下发的《关于全面推进职工素质建设工程三年规划（2010~2012）》，市总工会深入开展职工素质建设提升工作。

2011 年 12 月，由 7 位老同志编纂的反映南通市职工教育工作和读书自学活动的新书《丹心 铺路 辉映》出版。

2013 年，市总工会开展工会实施职工素质建设工程情况调查，形成调查报告上报省总工会。全市新增 5 家全国职工教育培训示范点。

2014 年，市工人业余大学开办优秀农民工大专班，学制 2~2.5 年，100 人入学。

截至 2014 年末，全市有 19 家单位被评为全国职工教育示范点，市工人业余大学、南通中远川崎船舶工程有限公司教育培训中心被评为全国职工教育培训优秀示范点。

第三节　工会新闻宣传工作

市总工会十分重视新闻宣传工作，自 20 世纪 90 年代初起，把每年 5 月定为工会工作宣传月，集中宣传工会工作和工人阶级风采。除通过本市主流媒体加大对南通市工人运动和工会工作的宣传报道外，还充分发挥各级工会媒体的作用，市总工会设立《江苏工人报》记者站，在机关编制内安排《工人日报》驻会记者 1 名。

一、五一宣传月

1994 年起，市总工会开展“五一宣传月”活动，每年选择一个主题，在五月份开展集中宣传。20 世纪 90 年代，宣传的主题为“主人翁风采”“展主人风采，树主人形象”“五月的风采”等；21 世纪初，宣传的主题为“展劳模风采，树主人形象”“创现代企业精神，树新世纪职工形象”“展劳动者风采，迎十六大召开”等；2004 年以后，以弘扬劳模精神、讴歌劳动创造、建设和谐南通、践行“八荣八耻”及读书、劳动法律宣传服务等为主题。市总工会连续 20 年开展“五一宣传月”活动，影响广泛，是全省地级市工会唯一的宣传工作品牌。

二、开展“五一新闻奖”评选活动

1998 年 5 月，市总工会联合市委宣传部在全省率先设立“五一新闻奖”，面向驻通及市内主流媒体记者，此后每年评选一次。2006 年起，增加市新闻工作者协会为主办单位。

2002 年以来，市总工会深化和拓展“五一新闻奖”评选活动，下发《关于进一步做好南通市“五一新闻奖”评选工作的意见》，修订新的参评办法，扩大参评范围，增设工会干部、职工通讯员组别。省总工会于 2008 年借鉴南通市做法，在全省推广并设立省级“五一新闻奖”。

至 2014 年末，市“五一新闻奖”共评选十七届，共计 1401 件作品参评，其中 605 件获奖。

1998~2014 年南通市历届“五一新闻奖”评选汇总表

表 2-3-4

届数(年份)	组别	一等奖	二等奖	三等奖	参评作品数	获奖作品数
第一届(1998 年)		2	5	15	75	22
第二届(1999 年)		2	6	16	78	24
第三届(2000 年)		2	5	17	66	24
第四届(2001 年)		2	6	16	45	24

续表 2-3-4

届数(年份)	组别	一等奖	二等奖	三等奖	参评作品数	获奖作品数
第五届(2002 年)		2	6	17	63	25
第六届(2003 年)		2	8	16	62	26
第七届(2004 年)		2	8	17	52	27
第八届(2005 年)		2	7	12	48	21
第九届(2006 年)	①	3	8	15	69	42
	②	2	5	9		
第十届(2007 年)	①	3	8	16	116	44
	②	2	5	10		
第十一届(2008 年)	①	3	9	13	106	43
	②	2	6	10		
第十二届(2009 年)	①	4	9	16	115	49
	②	3	6	11		
第十三届(2010 年)	①	4	9	15	106	50
	②	2	8	12		
第十四届(2011 年)	①	3	8	12	84	37
	②	2	4	8		
第十五届(2012 年)	①	3	8	13	98	45
	②	3	6	12		
第十六届(2013 年)	①	3	9	14	111	51
	②	3	9	13		
第十七届(2014 年)	①	3	9	13	107	51
	②	3	9	14		
合计		67	186	352	1401	605

注:①新闻记者组 ②工会干部、职工通讯员组

三、创办《南通工人报》

1992 年 4 月,市总工会申请创办机关报《南通工人报》,获得省新闻出版局非出版单位印制非营利性的资料性图书准印证。该报半月一期,四开四版,创刊号于 5 月 1 日出版。全国总工会副主席郑万通、省总工会主席陈斌良、市委书记陈根兴、市人大常委会主任朱剑、市长徐燕、市政协主席唐真寿、省总工会副主席徐锡澄等分别为《南通工人报》题词。

1993 年 5 月,市总工会召开《南通工人报》创刊一周年庆祝大会,市委书记陈根兴、副书记戴志良、副市长李炎、葛忠康等出席。

《南通工人报》从创刊时的半月刊,逐步发展到旬刊、周刊、周二刊。由于未能申请到公开刊号,自 1998 年起,由省内刊号改为内部资料,并改为周刊。1999 年,全国报刊整

顿;2000 年 1 月,《南通工人报》停止发行,改为《南通工人》杂志(内部资料)。《南通工人报》共出版 413 期,刊登各类稿件近 3 万篇(幅)。2000 年 2 月,《南通工人》杂志(内部资料)出版首期,为双月刊。2013 年 8 月,《南通工人》杂志停刊,共出版 82 期。

四、重大宣传典型

市总工会在做好日常宣传工作的同时,注重发现典型,集中宣传,发挥先进典型的引领作用。

南通平潮饭店 南通平潮饭店从 20 世纪 80 年代初开始,以全心全意为人民服务为宗旨,把弘扬雷锋精神作为办店之本,大胆改革传统的经营管理方式,创造了闻名遐迩的“朱骅模式”,成为全国商业系统投入少、产出多、优质服务的一面旗帜。商业部部长胡平曾在《人民日报》刊出“用雷锋精神办店”的通讯后作出批示:“平潮饭店的经验好,扎实,有特色。他们闯出的路子符合中国国情,饮食服务行业应当面向广大群众,以中低档为主,不能盲目追求高标准,追求洋气。我们提倡饮食文化,首先要体现这种精神,他们的经验应当认真推广。”平潮饭店被全国总工会授予全国五一劳动奖状。1989 年,平潮饭店经理朱骅当选全国劳动模范,成为全国重点宣传典型。

早在 80 年代初,《新华日报》、新华社《半月谈》等媒体就曾对朱骅进行采访报道,在全国引起较大反响。1990 年,南通市委在全市开展“学雷锋、学平潮饭店、学朱骅”(以下简称“三学”)活动。4 月,市总工会在全市部署开展“三学”活动,在平潮饭店召开“三学”报告会,举办平潮饭店事迹展览,会同市委宣传部组织全市“三学”演讲比赛和文艺汇演,召开“三学”活动经验交流会,6 家单位作经验介绍,在专题征文活动中,收到论文 55 篇,评出优秀论文 16 篇。“三学”活动规模空前,全市 70%职工受到教育。2 月,省财贸工会发出《向平潮饭店和朱骅同志学习的通知》。3 月,《工人日报》总编等数十名记者驻平潮饭店深入采访,从 4 月 11 日起进行为期半个月的“平潮饭店系列报道”,并配发题为“春风能暖万人心”评论。由《工人日报》编辑的全面反映平潮饭店先进事迹的书籍——《闯路楷模》在全国发行。参加全省财贸工会工作会议的近百名代表,实地考察平潮饭店的服务内容,听取朱骅的经验介绍。商业部副部长潘遥撰写“向平潮饭店学习”一文,号召全国商业系统从四个方面向平潮饭店学习。5 月,省总工会主席陈斌良批示:“一定要让朱骅和平潮饭店的经验在全省职工中发扬光大。”国庆期间,朱骅以全国著名劳动模范的身份在北京人民大会堂作事迹介绍,中共中央总书记江泽民等党和国家领导人听取报告并接见朱骅等 5 名全国劳模。是年,朱骅先后在东北、华北等省、市进行事迹宣讲数十场次。

文明职工楷模——郑林义 郑林义是中水南通海狮船舶机械公司一名普通职工。他车、钳、铣、磨技术过硬,十余次被评为企业先进工作者。1998 年 4 月 24 日,在市区内燃机车厂,为保护集体财产与窃贼英勇搏斗,因流血过多,当场牺牲,年仅 46 岁。6 月,市总工会下发《关于在全市职工中开展向郑林义同志学习,争当文明职工活动的决定》。7 月,《南通工人报》以“文明职工的楷模——记南通市‘4·24’勇斗歹徒、壮烈牺牲的英雄郑林义”为题作专题报道,并配发评论“学习郑林义,争当文明职工”。《南通工人报》开设“学英雄、树新风、争当文明职工”专栏,开展“怎样争当文明职工”征文。8 月,省民政厅追认他为"革命烈士"。市委宣传部、市文明办、市总工会联合举行郑林义同志先进事迹报告会,宣传郑林义正直善良、助人为乐的奉献精神;公字当头、恪尽职守的敬业精神;嫉恶如仇、见义勇为的大无畏精神。市文明办授予郑林义"南通市精神文明标兵"称号,市总工会追授其"文明职工楷模"荣誉称号。9月,由市总工会牵头,市文化宫组织创作一批歌颂郑林义的文艺节目,在"濠滨夏夜"举办"文明职工楷模郑林义"事迹专场晚会。

无红包医院——南通市第三人民医院 市第三人民医院(以下简称"三院")从1995年起坚持不懈,多措并举,打造"无红包医院"品牌。11月,三院率先在全市医院中采取签"医患道德合约"的办法,从医护人员职责、病人和家属须知、违约处理等三个方面定14条规章。12月,三院在医院大门口挂上"无红包医院"铜牌,向全社会宣告:谁收受红包,病人就可以砸这块牌子;谁收受红包,病员一切医疗费由谁承担,并与职称、分房、津贴等个人利益直接挂钩。

1996年4月,市纠风办、市卫生局经过近半年的明察暗访,联合授予三院"无红包医院"铜牌,三院成为全国首家由政府部门命名的"无红包医院"。5月,《工人日报》率先刊登长篇报道"这里缘何无'红包'?——南通市第三人民医院树立良好医德医风纪实"。9月,中央电视台《焦点访谈》以"无红包医院"调查为题,报道三院创建"无红包医院"的情况。《人民日报》《光明日报》《新华日报》《新华网》等数十家主流媒体对"无红包医院"经验作深度报道。

三院不断拓展"无红包医院"的内涵。开展"假如我是病人,假如我是病员家属"的大讨论和"亲情优质服务""忘我奉献杯""爱我三院,再创佳绩"等系列活动。不断健全监督制约机制,病人入院,医院发给《告病人及家属书》,出院时填写《病员满意度测评表》。规定收到红包必须在24小时内退还患者或上缴医院行风办公室,否则按"收一罚十"处理。院内建立行风举报领导接待制,院外建立由多方人士组成的监督员队伍,将行风情况与综合目标责任制考评紧密结合,对主动退还或上交红包的医护人员给予奖励。

2006年10月,省委书记李源潮考察三院。省卫生厅作出决定,在全省卫生系统深入开展向南通三院学习活动。11月,市卫生局、市政府纠风办联合下发《关于全面推进创建无红包医院活动的意见》,并召开千人动员大会。活动分公示承诺(个人向科室承诺、科室向医院承诺、医院向社会承诺)、检查命名、督查巩固三个阶段,全市317家医疗单位开展创建活动,其中223家挂上"无红包医院"的牌子。截至2010年9月,全市医务人员退还红包8063个,共456.8万元;有15人因收受红包受到处理。

创建"无红包医院"活动,受到国务院总理温家宝称赞,得到中纪委和省纪委的充分肯定,成为南通廉政建设的靓丽品牌,成为精神文明建设的一面旗帜。2007年4月,卫生部部长高强批示:"对南通的经验进行深入细致的总结,通过适当方式扩大宣传,积极推广。"10月,省委书记罗志军提出:"无红包医院要在全省重点推进,以进一步弘扬高尚医德,形成江苏特色。"2007~2009年,创建无红包医院连续3年被评为南通市反腐倡廉建设十件大事;2008年,入选《南通改革开放30年三十件大事》。三院连续多年被评为省级文明医院,1994年被评为"全国卫生系统先进集体",2009年获全国职业道德双十佳标兵单位。2005年和2010年,院长王陆军、副院长章幼奕先后被评为"全国劳动模范"。

文峰大世界满意工程 1995年12月,文峰大世界连锁发展股份有限公司(以下简称“文峰大世界”)开业,并向社会发表“CI”宣言,向广大消费者作出满意服务的郑重承诺,制定《满意工程章程》。其核心和主要目标是一切从顾客出发,一切对顾客负责,一切让顾客满意,一切让顾客放心。20年来,“满意工程”的服务承诺从初期的二十一条逐步增加至36条,文峰大世界全体职工努力用真情实意去实施“满意工程”,当顾客遇到困难或发生意外时全力相助,解困援危。多年来,文峰大世界对“满意工程”进行深层次挖掘,寻求新突破,实现三个转变,即:从重外延服务向重内涵服务转变,从重形式服务向重内容服务转变,从重微笑服务向重知识服务转变,给企业注入新的生命力。满意工程、服务品牌、顾客服务代理制等全新服务项目得到推行,企业的影响力不断提升。《南通工人报》对文峰大世界开展的“满意工程”进行集中宣传。

文峰大世界先后获得全国文明单位、全国实施用户满意工程先进单位、全国诚信店、全国商业名牌企业、全国职业道德建设先进单位、江苏省文明标兵等50余项荣誉。

如皋市邮政局“137爱心邮路” 如皋市邮政局137名乡邮员承担着全市20个镇(区)邮政投递的重任,无论刮风下雨、酷暑寒冬,每天工作近10个小时,每人日均投递行程50余公里,最长的近80公里。1998年以来,137名乡邮员在优质高效完成繁重的邮政投递任务的同时,在137条7300余公里的乡间邮路上,主动承担社会责任,先后为280余位无儿无女、需要帮助的孤寡老人奉献真爱。老人生病时为他们求医问药,农忙时为他们助耕助种,雨雪时为他们上房堵漏,卧床不起时为他们擦身洗澡,逢年过节给他们送去祝福,十几年如一日坚守演绎着一个个尊老敬老的动人故事,把一条条乡间邮路变成密切党群血肉联系的“连心路”,扶危济困的“和谐路”,建设社会主义新农村的“新风路”,用真爱、真心、真情筑就一条播撒践行社会主义核心价值体系文明新风的“爱心邮路”。白蒲支局乡邮员姚泽民,在邮路上先后帮扶5位孤寡老人,他精心照顾、陪伴刘镜寰到103岁,就在刘老去世前一年市政府举办的“万岁宴”上,老人挥笔写下“共产党好”的条幅,还委托十六大代表陈美珍带到北京。刘老逢人就说,小姚是党派来照顾他的亲人。刘老去世后,姚泽民又与无儿无女的吴敬林、张兰英夫妇结成帮扶对子。二老体弱多病,姚泽民忙前跑后,将老人当自己的父母尽心尽力服侍。有时候姚泽民工作忙实在没有空,就让爱人去吴家帮忙。后来吴敬林老人去世,姚泽民像亲儿子一样为老人戴孝守灵、操办后事,镇上的人都说,吴老的后事办得很体面,一点不比有儿女的差。2006年,姚泽民被评为“江苏省十佳文明职工”;2007年,获全国五一劳动奖章。

2006年,“爱心邮路”被中宣部列为精神文明建设全国重大典型。4月,邮政总局在北京隆重召开表彰大会,授予如皋市邮政局“爱心邮路”全国邮政系统先进集体,表彰137名乡邮员主动帮助216位孤寡老人和困难群众的先进事迹,邮政总局局长刘安东在讲话中要求全国邮政系统干部职工深入学习“爱心邮路”的先进事迹和崇高精神。在南通市庆祝“五一”暨表彰会上,“爱心邮路”代表作事迹演讲。

2007年,《江苏工人报》率先发表两篇长篇通讯,对如皋市邮政局137名乡邮员敬老爱老、扶危济困的先进事迹进行报道,之后,全国多个媒体报道“爱心邮路”先进群体。

“爱心邮路”先后获得南通市第26次文明新风典型、南通市行业形象代表、南通市“创先争优优秀服务品牌”、江苏省第七届精神文明建设新人新事、江苏省十大优质服务品牌、50位新中国成立以来感动江苏人物、全国首批工人先锋号、全国五一劳动奖状、慈善领域政府最高奖项——2007年度中华慈善奖“最具慈善行为楷模”等荣誉。五集电视片《春天·2011发生在“爱心邮路”上的故事》在美国播出后，以社会主义核心价值为主要内容的东方慈善文化受到广泛称赞。

南通铁军精神 南通建筑铁军发轫于20世纪50年代，参加过北京人民大会堂、军事博物馆等标志性工程建设，以艰苦奋斗、敢打硬仗闻名于京城。1958年，被建筑工程部树为全国的一面旗帜，《人民日报》在头版头条显著位置刊文并配发社论，宣传南通建筑工人的优秀事迹。总司令朱德称赞南通建筑工人是艰苦奋斗的“老八路”。80年代初，南通建筑队伍挺进西藏高原，承接为庆祝西藏解放30周年而兴建的拉萨饭店的政治任务，在气候恶劣的条件下，创造当年施工、当年交付使用的奇迹，被中央及有关领导誉为“南通铁军”。拉萨饭店工程荣获全国首批建筑质量最高荣誉奖——“鲁班”奖。此后，南通建筑队伍的足迹遍及长城内外、大江南北，先后跻身于32个国家和地区的建筑市场。截至2014年，“南通铁军”获83次鲁班奖。

为宣传“敢为人先，战求必胜，艰苦奋斗，争创一流”的“南通铁军精神”，激励全市职工投身改革开放和经济建设的热情，1999年6月，市总工会与市建工建材局联合开展“南通铁军精神颂”系列活动，召开“南通铁军精神颂”新闻座谈会，举办“南通铁军的辉煌”成果展。市委书记周福元亲笔题词“学铁军精神，做创新主人”。《人民日报》《工人日报》及省、市新闻媒体联合开展“南通铁军精神”宣传报道工作。

第四节 职工文体活动

一、阵地建设

1990年，市总工会深入到10个区、局和单位对职工体育活动设施、条件及其工作情况进行调查，形成《关于全市职工体育工作的意见》，引起政府重视，同时制定《南通市合格基层俱乐部条件》，加强对基层群众文化、体育工作的指导。

1992年，市总工会制定《南通市总工会俱乐部工作联合会章程（草案）》，共6章21条。

1993年，全市有基层职工体育协会220个，专、兼职体育干部846人，各种运动队3221个，业余运动员3.7万名。经常参加体育锻炼的职工占职工总数31.5%。

1996年10月，在全省工会基层俱乐部工作会议上，南通市获全省“先进基层俱乐部”10家、“先进俱乐部工作者”10人。

1997年，市总工会开展“创合格基层俱乐部”活动。

1998年，市总工会选树10家“先进基层俱乐部”。

2000年，市总工会根据省总工会要求开展基层俱乐部调查，认真总结俱乐部在推进企业发展中的历史作用，摸清俱乐部的现状和发展中出现的新情况、新问题，并提出加强和改进俱乐部工作的对策意见。

2007年7月，市职工文化体育协会成立，市总工会副主席钱祥圣任协会会长。下设

“春之声”合唱团、“夕阳红”合唱团、服饰表演团、京剧团、越剧团、集邮协会、灯谜协会、碧荷舞蹈团、桥牌协会、民乐团、数码摄影论坛、影评协会、书画协会、排舞协会等14支团队。各团队常年活跃在精神文明建设第一线,多次在省、市乃至全国比赛中获奖。

2012年,市总工会下发《关于推动企业文化职工文化建设的意见》,加强工会基层文化工作和群众性文化体育活动,让职工走进教室、走上舞台,不断丰富职工精神文化生活。

2013年,市总工会根据全国总工会等四部门联合下发的《关于组织开展文艺工作者深入职工创作实践活动的通知》要求,指导市文化宫制定《“职工文化工作者深入基层创作实践”活动实施方案》。活动期间,职工文艺工作者创作出语言类作品11件,为基层单位创作《江山之歌》等脍炙人口的企业歌曲7首,累计为基层单位指导培训60余次,举办慰问演出活动15场,覆盖南通主城区和周边县(市)。市劳动人民文化宫开展文化工作者深入基层创作实践活动成绩突出,2013年1月,被全国总工会授予全国五一劳动奖状。

二、职工文艺

1990年9月,市总工会举办职工文艺创作节目调演,共调演16个节目。市公交公司职工创作排演的小品《终点站》,被全国总工会调赴北京参加全国戏剧小品比赛,获优秀奖。

1991年,市总工会响应全国总工会号召,在全市各行各业和广大职工中开展以“三热爱”(爱党、爱国、爱社会主义)为主题的“大歌颂”系列活动。各级工会采用故事会、演讲会等形式,宣传各单位先进模范人物事迹,用工人阶级的先进思想启迪广大职工。

1992年,市总工会举办工农兵大联欢活动。

1993年,市总工会举办“企业精神颂”歌咏比赛和黑板报比赛。

1994年,市委宣传部和市总工会等部门联合举办“祖国万岁”大型歌咏比赛。参赛人数达2100人,市领导杨任远、宋家新、葛忠康、褚佩言参加市级机关代表队登台演唱。

1995年,市总工会举办爱国主义教育影视歌曲演唱比赛,王剑等9位歌手获最佳演唱奖。

1996年,为更好地配合宣传市属企业改革发展工作,市总工会举办讲座报告、征文展评、广播演讲比赛、黑板报比赛、纪实摄影展评和灯谜展猜等形式的南通市职工“改革与发展”宣传系列活动。9月,举办“改革与发展”专场文艺演出。11月起,为深入宣传贯彻党的十四届六中全会精神,充分发挥职工文化优势,市委宣传部与市总工会联合举办以加强精神文明建设,推动企业改革发展为主题的南通市职工“精神文明颂”文化宣传系列活动。

1997年,市总工会举办以“爱我香港、爱我中华、兴我南通”为主题的南通市首届职工读书节及专场文艺晚会和“回归颂”征文展、“话说香港回归”职工演讲比赛等活动。

1998年,市总工会与市委宣传部联合举办“雄鹰杯”声乐大赛。

1999年,市总工会开展庆祝建党80周年、迎澳门回归、南通解放50周年、市总工会建会50周年主题教育等10项活动。市总工会与市委宣传部等联合举办庆五一首届工人电影节,市委书记周福元为首届工人电影节题名。举办“南通工人运动在前进图片展”。

2000年，以江苏省承办第六届中国艺术节为契机，市总工会大力推动基层群众性文化活动。3月，市总工会组织开展“国有企业改革和发展”百题知识竞赛、“三五”普法知识竞赛。8月，省总工会在南通召开“工会创群众文化品牌现场会”，省总工会主席张艳、副主席张鸿生，市委常委、市委宣传部部长洪锦华出席现场会并讲话，全省13个市总工会主席、宣教部部长、文化宫主任汇集南通。11月，在省总工会举办的全省“走进新时代职工明星歌手大赛”中，南通市代表队3人荣获“省职工明星歌手”称号，1人荣获“省职工优秀歌手”称号。

2001年，为纪念建党80周年，市总工会举办“党在我心中”演讲比赛，组织职工艺术团赴基层慰问演出。市总工会被评为全省上半年重大宣传活动一等奖。

2003年7月，市委宣传部、市总工会、市文化局和市文联联合举办“苏中建设杯”唱响中国近代第一城声乐大奖赛；8月，市文化局和市总工会联合举办南通市首届企业歌曲大赛。

2004年，市总工会举办“创业、创新、跨越、奋进”南通市职工文艺会演。活动分为“安全在我心中”职工曲艺小品和职工综合文艺演出两个专场。9月，市委宣传部、市文化局、市教育局、市广电局、市总工会和南通日报社联合主办南通市第二届合唱节。9月，市总工会举办“祖国，我永远热爱您”——迎国庆55周年文艺晚会。

2005年6月，市总工会与团市委等部门联合举办“纪念抗日战争胜利60周年青年歌手大赛”。

2006年，市纪委、市委宣传部、市级机关工委、市文化局、市教育局、市广电局、市总工会和南通日报社联合举办南通市第三届“炜赋杯”合唱节暨“江海廉政文化节”廉政歌曲歌咏大会。在全市职工中开展“五年后我心目中的南通”演讲比赛。市总工会先后被省总工会表彰为江苏省工会新闻舆论宣传先进集体、江苏省职工“学习劳模先进、弘扬三创精神”演讲比赛优秀组织奖、全省职工“十一五”规划知识竞赛优秀组织奖。

2007年1月，市总工会举行南通市“为农民工送电影”首映仪式，唐闸文化宫建立流动放映队。市总工会围绕第九届亚洲艺术节开展群众文化活动，举办24场广场演出，荣获“五大活动”（第九届亚洲艺术节、第五届江苏省园艺博览会、2007中国南通港口经济洽谈会、第三届世界大城市带发展高层论坛和首届国际友城交流大会）先进集体。此外，接待日本青年座话剧团赴通演出。参加省总工会、全国总工会曲艺小品大赛，小品分获金、银奖；相声分获银奖和铜奖；歌曲创作获二等奖；市总工会获优秀组织奖。举办“和谐之声”合唱比赛。

2008年8月，市总工会与市委宣传部等部门举办“南通职工纪念改革开放三十周年文艺晚会”。

2009年，市总工会全面开展庆祝建国60周年“与祖国同行”职工文化艺术系列活动。一是开展“共铸理想信念，共促科学发展”主题教育活动，在全市职工中开展以“迎国庆，做奉献”“我读书、我快乐、我奉献”为主题的感言征文活动和优秀企业歌曲征集活动；二是开展“迎国庆讲文明树新风”主题教育活动，在全市开展“怎样做一个文明的南通人”——外来务工人员大讨论座谈、“双庆”职工书法作品展览、职工文艺会演等系列活动；三是宣传一批劳模典型，推荐全国重点宣传人物典型1人，推荐江苏省劳模先进宣传典型5人,产生广泛影响。市总工会被省总工会授予“与祖国同行”职工文化系列活动优秀组织奖。

2010年7月,为纪念“濠滨夏夜”创办30周年,市总工会举办“母亲河之夜”主题晚会。9月,“江海墨韵”——纪念“濠滨夏夜”30周年书画家为您服务活动精彩上演,苏子龙、侯德剑等数十位书画名家登台泼墨。

2011年,市总工会组织开展中国共产党成立90周年系列纪念活动,指导和动员各级工会以“唱红歌、看红书、写红文”为主题,组织开展“红色记忆”声乐大赛、“跟党走、立新功”大合唱比赛、“红色影片巡映”等系列活动。7月,市总工会主办“坚定跟党走,建功十二五”纪念建党90周年演讲比赛。市总工会宣教部被省总工会表彰为“庆祝建党90周年职工文化系列活动”优秀组织奖。

2014年,市总工会与市委宣传部、市电视台联合举办“舞动江海”广场舞大赛。大赛共设12个赛区,吸引132支代表队、2000余人参赛。开展文化进基层活动,全年共组织进企业、进工地送电影100多场,各类文化活动126场(次),其中送文化下基层36场(次),公益展览15期,公益演出12场,业务干部下基层辅导120次。

三、职工体育

20世纪90年代初,全市各大系统开展篮球、足球等30余项职工喜爱的体育活动,有各种厂级代表队、兴趣小组948个,2.27万名职工经常参加工会组织的体育活动,职工中流行“早跑步、晚打球、空余时间下盘棋”的顺口溜。

1990年,省第十二届运动会南京举行,本届运动会足球比赛在南通进行。5月,省职工棋牌协会在海安县成立,同时举办省职工桥牌邀请赛。

1993年10月,市总工会联合市经委、市外经委举办市第六届运动会职工部田径比赛,市总工会组团参加比赛。

1994年无锡市举办省第十三届运动会。4月职工部围棋、象棋比赛在南通举行。12月,市总工会与市体委等10余个部门联合举办“中南房产杯”全民健身运动大会暨万人长跑活动。

1996年4月,市职工体育协会成立,市总工会副主席陈心万任协会主席。5月,市总工会举办“华能杯”职工万人长跑活动。

1997年,市总工会以国务院颁布的《全民健身计划纲要》为准绳,以增强职工体质为出发点,以大众体育活动为龙头,以健身、强心、娱乐、交流为落脚点,积极开展丰富多彩的体育健身活动,掀起全民健身活动热潮。7月,市总工会建立市第七届运动会职工部组委会,承担市七运会职工部乒乓球、桥牌和韵律操3个项目的比赛任务。

1998年,南京市举办省第十四届运动会。市总工会和市体委联合成立省十四运职工部南通市参赛领导小组,共参加8项比赛,取得金牌15枚、银牌8枚、铜牌8枚及团体298分的成绩,金牌总数列全省职工部第一,团体总分列全省第五,取得了南通市职工部组队参赛历史上的最好成绩。4月,市总工会与市体育总会联合举办南通市首届“南星杯”健美比赛;12月,市体育运动委员会、市教育委员会和市总工会联合举办“奔向21世纪”万人元旦健身长跑活动,市长程亚民扣动发令枪。6月,市总工会李建华被评为全国职工体育先进个人。

2000 年 10 月,为支持北京申办 2008 年奥运会,市总工会、团市委、市乒乓球协会联合举办"奥运杯"乒乓球比赛,比赛分为儿童组、少年组、中青年组和老年组四个组开展,共 120 余人参加比赛。

2001 年,市总工会建立市第八届运动会职工部组委会,承担市第八届运动会职工部桥牌、游泳、乒乓球比赛任务。

2002 年,苏州市举办省第十五届运动会。市总工会和市体委联合成立省十五运职工部南通市参赛领导小组。共参加 7 项比赛,金牌数和团体总分分列全省第六、第五。

2004 年 10 月,市总工会与有关单位联合举办"铁人杯"南通市首届家庭健身大赛和第三届"斯倍威"羽毛球业余大奖赛。

2005 年 5 月,市总工会与市体育局联合举办"港德杯"市第六届足球俱乐部大赛。

2006 年,南通市举办省第十六届运动会。省十六运职工部共设 11 个比赛项目,羽毛球和游泳比赛由南通承办。4 月,建立省第十六届运动会职工部南通赛区组委会及工作机构,副市长杨展里任组委会名誉主任,市人大常委会副主任、市总工会主席张毓余任组委会主任。职工部南通代表团获得金牌 22 枚、银牌 15 枚、铜牌 19 枚,团体总分 569 分,金牌总数和团体总分均列全省第二。市总工会荣获"优秀组织奖"和"体育道德风尚奖",并被市政府记三等功。12 月,市总工会召开省十六运表彰迎新联欢会。

2007 年 5 月,市总工会与市体育局等部门联合举办"尤克斯杯—新晟杯"职工羽毛球比赛。市总工会倡导全市职工"每天锻炼一小时,快乐工作每一天,幸福生活一辈子"。8 月,组织近万名职工参加"牵手迎奥运,万人齐步走"(南通站)活动。

2008 年,市总工会开展"全民健身与奥运同行"系列活动。9 月,市总工会建立市第九届运动会职工部工作机构。市九运会职工部比赛设乒乓球、羽毛球 2 个项目,市总工会按照"严肃认真、周到细致、安全可靠、万无一失"的要求组织各项工作,圆满完成办赛任务,被市政府授予"体育工作先进单位"。

2008 年,为迎接北京奥运会召开,广泛动员职工参与奥运、奉献奥运,市总工会组织开展"职工 80 分比赛""新晟杯"职工羽毛球大赛和"凯胜杯"羽毛球团体邀请赛。

2010 年,常州市举办省第十七届运动会。市总工会建立省十七运职工部工作机构,共参加 12 项比赛,取得金牌 12 枚、银牌 18 枚、铜牌 11 枚及团体 544 分的成绩,金牌总数和团体总分均列全省第三。省第十七运职工部"寰亚企业"杯男子足球(中年组)比赛在南通举行决赛,南通寰亚企业代表队获得金牌。南通被省总工会评为最佳赛区,市总工会获组织奖。6 月,"生态文明,与我同行"南通环保联合行动启动仪式举行,市人大常委会副主任、市总工会主席陆玉明为"生态文明,与我同行"工会行动分队授旗。10 月,在省运会全健排舞比赛中,南通市获 1 枚金牌、1 枚银牌和 1 个第四名的好成绩。12 月,市总工会召开参加省第十七届运动会职工部比赛总结表彰大会。

2012 年,市职工文化体育协会第二届会员大会召开,选举产生新一届理事会,钱祥圣任协会名誉会长、崔景华任会长。推动全民健身活动在企业职工中普遍开展,重点推广全健排舞、第九套广播操等项目,圆满完成省第六届全民健身运动会的排舞参赛任务,参加集体自选和双人项目,均获一等奖(第二名)的好成绩。

2013年，市总工会成功举办市第十届运动会职工部比赛。共有72家单位，751名运动员参加4个大项、2个组别60个小项的比赛；有15家单位获体育道德风尚奖，7家单位获竞赛优秀组织奖，7家单位获全民健身活动优秀组织奖，791人次获奖，参与运动员与获奖人数为历届最多。组织参加“8·12体育日濠河生态游”活动。

2014年，徐州市和淮安市联合举办省第十八届运动会。市总工会组织职工参加十八届省运会职工部12个大项的比赛，共获得19枚金牌、15枚银牌和18枚铜牌，团体总分列南京、徐州之后，金牌数列南京、淮安之后，团体总分和金牌数均为第三，职工体育代表团获优秀组织奖，南通赛区被评为最佳赛区。市总工会被省体育局表彰为“群众体育先进集体”。

四、品牌活动

“濠滨夏夜”等广场文化活动 “濠滨夏夜”是市劳动人民文化宫于1980年7月创办的夏夜广场文化活动，每年夏季在文化宫的露天舞台上，由职工群众演出、展示自己编创的文艺节目。

1997年，“濠滨夏夜”入选“南通市文明新风典型”。2000年8月，全省工会创职工文化品牌现场会在南通召开，“濠滨夏夜”被省总工会授予“职工文化品牌”，同时授予市总工会“创文化品牌，为职工服务”奖牌。2002年，南通环西文化广场建成，市委、市政府决定把广场作为“濠滨夏夜”的永久舞台，主办单位由原来的市总工会一家升格为市委宣传部、市总工会、市文化局三家联办，市劳动人民文化宫具体承办，将“濠滨夏夜”打造成为群众文化的重点品牌，演出规模不断扩大，内容更加丰富，形式更为多样，成为演绎时代主旋律的“草根”舞台。

自1980年以来，这一由工会搭台、市民唱主角的“草根戏”届届接力、代代相传，共举办1600余场次演出，展示1.5万个节目，观众多达520万人次，市区居民人均在“濠滨夏夜”舞台下当过7次观众，且从未发生过一起治安事件，被广大市民誉为“江海大地上一朵永不凋谢的文明花”。2004年，被文化部中国群文学会评为全国特色文化广场，是工会系统首家全国特色文化广场；2007年，名列全国工会制造十大品牌之首；2008年，被评为南通市改革开放30年三十件大事之一和南通工会改革开放30年十件大事之一；2013年获文化部第十六届“群星奖”。

“濠滨夏夜”活动作为职工文化广场活动的成功样本产生了广泛影响，与此同时，市总工会积极调整思路，创新手段，延伸触角，打破地域局限，大力推广和复制“濠滨夏夜”模式，先后打造出市文化宫“金色之秋”、唐闸工人文化宫“天乐之夏”、海安县“海陵之夏”、海门市“海门之夏”等一批特色鲜明、影响广泛的职工文化广场活动新品牌，成为精神文明“南通现象”中一道亮丽的风景线。

职工明星艺术家选树活动 为进一步弘扬社会主义先进文化、繁荣职工群众文化，2002年5月，市总工会与市文学艺术界联合会共同开展首届市职工明星艺术家选树活动，评选出职工明星歌唱家、作曲家、书法家、灯谜家、花艺设计家各一位，并进行作品展示。此后，每两年评选一次。截至2014年，共举办七届职工明星艺术家选树活动，先后评选出35位职工明星艺术家。2005年，该活动被省总工会评为2004年度工会工作革新成果奖。

南通市历届职工明星艺术家名单

表 2-3-5

时间	届数	艺术种类	获评者姓名
2002 年	一	歌唱	潘　强
		作曲	钱　冰
		书法	李夏荣
		花艺设计	郘　帆
		灯谜	朱建铭
2004 年	二	表演	陈培根
		歌唱	朱永祥
		演讲	徐芹霞
		书画	施志淮
		邮品收藏	李汇祥
2006 年	三	声乐	胡明德
		表演	尹　建
		绘画	许旭华
		声乐	范琴美
		表演	崔怀美
2008 年	四	灯谜	王栋臣
		书法	谷　芒
		歌唱	银　毅
		摄影	彭常青
		门券收藏	冯亚东
2010 年	五	小品曲艺	吴爱华
		书法绘画	卫剑波
		声乐	郑雪梅
		主持表演	冯建军
		声乐主持	何志勇
2012 年	六	声乐	吴　量
		书法	蔡金星
		小品曲艺	喜　嘉
		声乐	李　纯
		书法	吴叔儒
2014 年	七	灯谜	杨建敏
		绘画	蔡志忠
		表演	顾新明
		盆景	陈志祥
		书法	钱建林

工农兵大联欢　唐闸工人文化宫每年春节期间组织辖区企业职工开展文艺演出、曲艺表演、灯谜竞猜、花灯表演等活动，20 世纪 90 年代初发展成“工农兵大联欢”，1999 年更名为“新春大联欢”，形成坚持数十年服务企业、服务社会的文化特色品牌，每年参与企业 70 余家，观众近 2 万人次。

第四章 工会经济技术

工会经济技术工作是工会服务于党和国家工作大局，围绕企事业单位中心工作组织开展的旨在激发职工主人翁精神，调动和发挥广大职工积极性和创造性的一项直接生产实践活动，包括：劳动竞赛、合理化建议、技术革新、技术协作、发明创新、技术培训、岗位练兵、技术比赛、劳动模范评选表彰及管理服务等工作。

第一节 劳动竞赛

1990年，各级工会围绕市总工会提出的深入开展以“双增双节”（增产节约、增收节支）为主要内容的“五创”（创先、创优、创新、创汇、创最佳效益）、“两个一”（每人提一条合理化建议、增收节支一百元）活动的总要求，开展50万名职工技术大练兵、50个工种技术大比武活动。如，外贸生产企业开展创汇竞赛，“三资”企业开展“开放杯”竞赛，十大窗口行业开展优质服务竞赛等，竞赛活动覆盖至生产、经营、管理、科研等各个领域。有7项合理化建议、技术革新成果被省总工会表彰，4名职工被省总工会授予“合理化建议、技术革新能手”称号。

1991年，各级工会开展以科技、质量、品种、效益为主要内容的“八五奉献杯”立功竞赛。市总工会召开群众生产分析会，就开展“八五奉献杯”立功竞赛进行专题部署，全市初步形成了政府领导、工会主管、各方配合、齐抓共管的竞赛新格局。市总工会重点组织销售大户、利税大户、耗能大户、亏损大户间的厂际竞赛。召开合理化建议、技术革新成果表彰会，表彰先进集体16家、优秀项目52个、积极分子7人。南通醋酸化工厂和7名职工分别被全国总工会、国家计委授予“合理化建议、技术革新、技术改进活动先进集体”和“积极分子”称号。

1992年，各级工会动员和组织职工广泛开展“八五奉献杯”立功竞赛，开展合理化建议、发明创造和技术协作活动。立功竞赛参赛企业2041家，参赛职工48.5万人，创产值1.13亿元，节约能源价值共计7408.9万元；开展合理化建议活动单位2460家，参加人数25.07万人，创造（节约）价值3152万元。4月，市经委、市财政局、市总工会联合召开全市重点企业“八五奉献杯”立功竞赛总结交流大会，表彰先进单位19家、达标单位46家、先进个人84人、优秀组织者22人。

1993年，我市群众性“八五奉献杯”立功竞赛活动继续以“提高质量、增进效益、扭亏增盈”为主要内容。市总工会重点开展“税收、扩销、扭亏、节能”四大户竞赛。“三资”企业工会联合会开展“四比四赛”活动，建工行业开展“双文明承包队”竞赛和职工岗位练兵活动，收到良好效果。在中国青年奥林匹克技能竞赛中，启东建筑安装公司倪兵、海安第二建筑公司李向阳和通州市第三建筑工程公司张爱民分获建筑行业竞赛第三、七、八名。

1994年,市总工会围绕企业“双增双节”、扭亏增盈,开展以增强国有大中型企业活力和“强化质量管理、调整产品结构、优化服务、出口创汇、促进销售”为重点的立功竞赛活动。与市经委、市财政局、市税务局联合召开“八五奉献杯”立功竞赛经验交流暨表彰会,总结推广市棉织五厂、如东啤酒厂等单位开展竞赛扭亏为盈的经验。是年,市教育系统开始实施“青蓝工程”,推动教师队伍快出人才。市教育工会开展市区50对师徒结对活动,并在全市推广。

1995年,市总工会与市劳动局联合举办31个工种技术大比武,全市“八五奉献杯”立功竞赛卓有成效。市总工会组织开展“提一条合理化建议,办一件实事”活动,城建系统开展“重点工程赛”,商业、供销系统开展“优质服务竞赛”,卫生系统开展“争做合格白衣天使”竞赛,市级机关开展“公仆杯”竞赛等。

1996年,市总工会组织开展以“树新风、建新业、创效益、争一流”为主要内容的“九五创业杯”立功竞赛活动,市政府转发活动意见。市总工会重点组织108家亏损大户的扭亏增盈竞赛和37项重点工程竞赛。

1997年,市总工会组织开展市级机关干部电脑操作比赛,7月,召开电脑比赛授奖大会,市委常委、组织部部长王德忠,市总工会主席戈雪芬参加会议。

1998年,市总工会围绕实现市委提出的国内生产总值增长11%的目标,组织动员广大职工以主人翁姿态,广泛开展“九五创业杯”重点工程立功竞赛活动,实现降本增效8428.86万元,合理化建议创经济效益9192万元,31万名职工参加各类技术培训和岗位练兵活动。

1999年,市总工会开展“九五创业杯”劳动竞赛。举办4个行业8个工种操作技能大比武,50余人获“操作能手”称号。

2000年,市总工会广泛开展群众性“经济技术创新工程”“岗位创新立功竞赛”“重点工程竞赛”“三创六小”(成本创最低、效益创最高、品牌创最好和小核算、小革新、小改进、小建议、小节约、小经验)活动,引导职工在实现“九五”目标中建功立业。市纺织行业管理办公室、市劳动局、市总工会和团市委联合举办全市纺织粗纱工职业技能竞赛,授予3人“市技能状元”称号、17人“优秀操作能手”称号、23人“操作能手”称号。

2001年,市总工会开展以“三创三赛三争”(思维创新、技能创新、岗位创新;创新立功竞赛,优质服务竞赛,重点工程竞赛;职工争当“创新能手”,班组争当“创新工程示范岗”,企业争出“创新成果”)为主要内容的经济技术创新活动。

2002年,市总工会初步建立创新工程管理机制和激励机制。召开推进会,促进创新工程深入开展。全市参加创新工程的职工达41万人,实施技术改造、技术革新等项目1218项,合理化建议采纳率和实施率分别为43.6%和35.24%。

2003年,围绕市委、市政府“双超”(GDP超千亿元,财政收入超百亿元)目标,市总工会建立创新工程联系点42个。与市劳动局、市经贸委联合举办“小灵通杯”职业技能大赛、“海花杯”烹饪技术大赛。组织开展苏通大桥北接线、盐通高速公路南通段、通启高速公路等重点工程立功竞赛。

2004年,市总工会启动“创业、创新、创优”竞赛活动,2月,召开全市职工群众性经济技术创新工程表彰暨推进会。4月,召开全市庆五一暨百万职工投身跨越发展动员大会，下发《南通市职工“创业、创新、创优”竞赛活动方案》。开展进城务工人员立功竞赛。联合劳动保障部门开展数控、缫丝、美容美发3个工种技能比赛。

2005年，为推动“创业、创新、创优”竞赛深入开展，市总工会评选首批“十佳建设功臣、十佳技术能手、十佳用户满意服务明星”，并授予南通市五一劳动奖章。与市交通局联合召开重点工程(通启高速公路)劳动竞赛总结表彰大会。与市经贸委联合开展“我为建设节约型社会做贡献”——百万职工节约大行动。市总工会被表彰为“江苏省群众性经济技术创新工程优秀组织单位”。

2006年3月，市总工会召开“当好主力军，建功‘十一五’，建设新南通”竞赛活动动员大会，精心组织“五大竞赛”(重点工程、“六小”活动、优质服务、职工职业技能、“安康杯”)活动。在43个规模和影响较大的工程建设项目中开展劳动竞赛，参赛职工近4万人次。4月，与市交通局联合召开盐通高速公路工程劳动竞赛总结表彰大会。与有关部门联合开展首届五“十佳”(十佳金点子、十佳科技创新成果、十佳建设工程、十佳技术能手、十佳用户满意服务明星)推荐评选活动，评选表彰一批创新工程示范岗、创新能手和创新工程先进单位。市总工会获江苏省百万职工职业技能大练兵活动优秀组织单位。

2007年3月，市总工会召开“当好主力军，建功‘十一五’，建设新南通”竞赛活动推进会议，表彰一批先进集体和先进个人。与市交通局联合开展苏通大桥北接线工程劳动竞赛。组织开展“争当用户满意服务明星”竞赛活动和“我为节约献一计”合理化建议活动。举办船舶、出租车、公路管理、化工分析、美容美发、餐厅服务、驾培行业职工职业技能大赛。

2008年，市总工会与相关单位联合下发《关于在全市十大重点工程项目建设中开展劳动竞赛活动的通知》，把重点工程竞赛向县(市)延伸，并依托县(市)、产业工会组织开展。为应对金融危机，组织开展“立足岗位促发展，创新创造保增长”主题竞赛活动。11月，市粮食局、市总工会、市劳动和社会保障局联合举办粮油保管员职业技能大赛，6县(市)和市区7个代表队的35名选手参赛。组织8000余名职工参加全国职工节能减排环保知识竞赛。12月，在如东县召开江苏洋口港一期工程劳动竞赛总结表彰暨全市十大重点工程劳动竞赛推进大会，举行隆重的授旗仪式。开展第二届全市职工科技创新成果评选活动，市总推荐的2个科技创新成果、1个操作法入选全省“十佳”(十大科技创新成果、十大先进操作法)。在全市普遍开展创建“工人先锋号”活动，评选首批市级工人先锋号60个。

2009年，市总工会精心组织开展“立足岗位促发展，创新创造保增长”主题活动，组织万名职工大创业，十万职工大比武，百万职工大练兵。召开全市庆“五一”暨“共同约定行动”保增长促发展推进大会，通过“共同约定行动”深入推动劳动竞赛。组织职工开展“企业有困难，职工怎么办”大讨论、“我为企业发展献一计”等系列活动。市总工会命名表彰80个“工人先锋号”。11月，组织“万达杯”职工职业技能大赛和“斯得福杯”客房服务员技能大赛。

2010年1月，市总工会与中国银行南通分行联合召开2009年度创“工人先锋号”总结表彰大会，表彰200个市级“工人先锋号”。联合8个部门下发《关于深入开展全市职工科技创新竞赛活动的意见》和《关于广泛开展创新创造劳动竞赛，加快经济转型升级活动的意见》，开展第三届“十佳操作法、十佳合理化建议、十佳创新成果”评比活动，推荐12个项目参加全省、全国评选，其中江苏力星钢球有限公司汤国华被评为第三届全国职工优秀技术创新成果二等奖，2项获全省十大创新成果奖，第一完成人被授予省五一劳动奖章。与市春运办、市文明办等联合开展“文明与春运同行”劳动竞赛。与市科技局等联合下发《关于深入开展全市职工科技创新竞赛活动的意见》，开展“我为创业创新发展献一计”竞赛和“我为节能减排献一计”竞赛。探索建立首席员工制。

2011年，市总工会全面开展“建功‘十二五’，创新促发展”劳动竞赛活动。与市经信委启动“我为节能减排献一计”专项合理化建议活动。与相关部门开展保障性安居工程建设劳动竞赛、连申线南通段航道整治重点工程劳动竞赛等。在省总工会表彰的“十一五”时期职工优秀科技创新成果中，南通市有2人获奖，占全省1/3。有1项职工创新成果在中国海峡两岸职工创新成果会上被评为金奖。市总工会被省劳动竞赛委员会评为“‘十一五’时期竞赛优秀组织单位”。

2012年，围绕市党代会提出的任务，市总工会组织开展多层次、多形式的劳动竞赛。与市城乡建设局联合开展城建工程立功竞赛。举行连申线南通段航道整治工程全线试验检测技能比武竞赛活动。评选第四届“十佳科技创新成果、十佳金点子、十佳操作法、十佳事故隐患及职业危害排查治理、十佳节能减排合理化建议”，推荐优秀职工创新成果、技能人才、劳模创新工作室等参加首届江苏省职工科技周活动。与相关部门联合开展建设创新型企业、“百名诚信之星”“满意服务明星”等评选活动。

2013年，市总工会积极响应市委、市政府“强信心、解难题、稳增长”的号召，与相关部门联合发出服务企业承诺，组织开展“走基层、强服务、促发展”主题活动。大力开展以“稳增长促发展”为主要内容的劳动竞赛，围绕重点工程建设，与建设、交通、房管等部门组织开展城建工程立功竞赛、沿海交通重点工程劳动竞赛、保障性安居工程劳动竞赛等。围绕促进小微企业发展，与人民银行开展“小微企业金融服务升级扩面”劳动竞赛。组织职工积极参加第四届全国职工优秀技术创新成果评选，1项成果获第四届全国职工技术创新成果优秀奖。组织市创新型企业、重点能耗企业和环保重点监控企业参加全省“十百千”示范性劳动竞赛。注重在非公企业组织开展劳动竞赛，9月，非公企业劳动竞赛工作经验在全国会议上作交流。

2014年3月，市总工会分别与市交通局、市人民银行召开沿海交通重点工程、“小微企业金融服务升级扩面”劳动竞赛总结表彰大会。4月，召开城建工程首轮百日劳动竞赛暨质量管理年活动动员大会，启动新一轮城建工程百日劳动竞赛。经过努力争取，将沪通长江大桥工程劳动竞赛列入省十大重点工程劳动竞赛。联合市发改委、市经信委举办首届职工技术创新成果评比，共有98项创新成果、51项合理化建议、43项操作法、37项隐患排查合理化建议、66项专项合理化建议参加评选，评选出“十佳科技创新成果”“十佳金点子”“十佳操作法”、10个事故隐患排查治理合理化建议。开展“创建工人先锋号，满意服务在南通”窗口行业劳动竞赛。开展“我为节能减排献一计”活动，收到合理化建议66项，评选出一等奖1项，二等奖3项，三等奖6项。

此外，海门市总工会从1996年起，连续18年每年开展万人劳动竞赛，为提高职工技能、展示职工风采提供舞台；海安县总工会联合有关部门开展的“六比六赛”，启东市总工会坚持10余年开展的“为劳动者喝彩”等形式多样的劳动竞赛均产生广泛影响。

第二节 技能提升

企业发展，职工为本。各级工会把提升职工队伍技能素质、培养造就知识型、创新型职工队伍作为工作重点，通过大力开展岗位练兵、技术比武、技能竞赛、技术交流等活动，努力建设一支适应现代化建设要求，有智慧、有技术、能发明、会创新的高素质职工队伍。

1990年，市总工会与市劳动局等6家单位联合发起组织职工技术练兵、技术比武活动，经过层层选拔，角逐出市级技术能手458名、状元53名。

1992年，市总工会大力开展群众性技术练兵、技术比武、技术革新和技术扶贫活动。各级工会重视职工基本技能的日常训练，组织各类技术能手深入工厂、车间、班组巡回操作表演，开展厂际、厂内技术帮带、示范活动；组织技术比武706场次，涉及工种62个。

1995年，市总工会组织发动科技人员送技术、送信息、送服务成果下乡，积极参与技术市场竞争和"科教兴市"活动。市总工会与市劳动局等部门联合举办31个工种的技术大比武。推荐南通合成氨厂职工倪春明参加全国手工电弧焊比赛，获"全国焊接技术能手"称号。市总工会还总结了如皋毛巾厂女挡车工张薇的"84字"先进操作法。

1996年，市总工会总结推广市色织二厂"职工学技能争当技术明星"的典型经验，组织高级技工、技师、高级工程师进行焊接操作表演和热处理技术咨询，激发职工学技能、学本领的热情。全市组织开展市级24个、县级73个工种的大比武，涌现出一大批操作能手。

2000年，市总工会注重提高职工队伍素质，组织迎新世纪计算机知识培训和竞赛。

2002年，市总工会以提高职工综合素质为目的，鼓励职工学习新知识，掌握新技能，创造新业绩，争当新型劳动者。南通帝人有限公司组织职工积极参加创新活动，教育引导职工不断提高文化技术水平。

2003年，市总工会举办"小灵通杯"车、钳、铣、焊四个工种的职业技能大赛，122名选手参赛，并授予各工种第一名选手"技术状元"和市五一劳动奖章称号。与市经委等部门联合举办南通市"海花杯"烹饪技术大赛，吸引150余名烹饪好手参赛，市总工会授予29名选手"群众性经济技术创新能手"称号。

2004年，市总工会积极搭建提高职工技能的活动平台，与市劳动局等5家单位联合制定《南通市高技能人才评选奖励办法》，转发海安县《关于实施职工技能提升工程的工作意见》。举办全市"职大杯"维修电工技能大赛。

2005年，市总工会通过各种形式的技能竞赛挖掘和激活人才，市、县（市）区和行业工会直接组织和参与各类技能竞赛37场次，涉及汽车维修、钢筋工、木工、餐饮服务等59个工种，通过技能竞赛晋升中级工的技术工人达10936名、晋升高级工及以上技术等级的1200名（其中技师820名）、获得"技术能手"称号的21名。组织具有代表性的群众性经济技术创新成果参加"长三角"青年人才科技成果展示交流会。

2006年5月，市总工会、市劳动局、市经贸委、市科技局和市教育局联合举办"十一五"全市职工职业技能大比武总动员暨小学教师技能竞赛开幕式。全市开展10个行业15个工种技能大比武，产生"市技术状元"15名、"市群众性经济技术创新能手"和"市技术能手"106名，800余人获得高级以上职业资格证书，1000余人晋升职业资格。

2007年，市总工会与相关部门联合举办十大行业（工种）技能大赛，完善竞赛激励措施。全市参与技术练兵的职工达80余万人次，参加技能比武职工达12万人次，在竞赛活动中产生"市技术状元"14名，"市群众性经济技术创新能手"和"市技术能手"87名，200余人获得高级以上职业资格证书，1200余人晋升职业资格。海门邮政局江明明在全国大赛上获得邮政营业工种第一名。10月，市交通局、市总工会、市劳动局、市人事局联合主办，市公路管理处承办全市公路职工职业技能大赛。市总工会对获得优异成绩的32名选手授予"南通市群众性经济技术创新能手"称号。12月，市交通局、市公安局、市总工会、市劳动局联合举办，市运输管理处和市驾培协会承办全市首届驾培行业汽车驾驶教练员技能竞赛，大赛组委会对取得理论和实践成绩双合格的选手，颁发国家高级工职业资格证书。

2008年，市总工会普及推广创造学知识。举办"紫琅杯"数控技能大赛暨全国数控技能大赛选拔赛等10个行业职工技能大赛。培训职工近10万名，参赛选手4000余人，其中500余人通过比赛获得高级工资格。通过举办比赛，为职工构建"培训—比武—晋级"的绿色通道，激发广大职工竞技成才的热情。11月，市总工会举办首期技术工人培训班。

2009年，市、县（市）区两级工会直接组织技能比赛50场，参加决赛职工4049人。组队代表江苏省参加第三届全国职工职业技能大赛数控机床"装修调"工种比赛。

2010年，市总工会与相关部门联合承办全省数控职业技能比赛，有3个工种在全省职业技能比赛中夺得第一名，评选表彰"市十佳技术能手"。开展农机维修、移动通信、宽带维护等行业职业技能竞赛。海门市总工会举办以"知识决定命运，技能改变生活"为主题的首届职工技能节，命名表彰首届"首席技工"10人，邀请新时期产业工人杰出代表许振超作"努力做国家建设需要的合格劳动者"报告。开展首届安全生产隐患排查治理技能竞赛。12月，在第三届江苏省职工十大科技创新成果、十佳合理化建议、十大先进操作法评选中，南通贝斯特机械工程有限公司沈宏山的"模糊控制型高效水帘喷漆室系统"项目和南通建工集团股份有限公司易兴中的"空间悬索结构式模板支撑平台及其应用技术"项目荣获十大科技创新成果；南通双宏纺织有限公司夏春明的"粗纱机吹吸风节能管路设计"荣获十佳合理化建议。

2011年，市总工会在江苏熔盛重工有限公司举办"熔盛杯"全市船舶行业职工职业技能大赛。全年共举办10个行业27个工种比赛，参加决赛职工1192人，通过比赛获中级工证书215人、高级工证书421人，"市技术能手"和"五一创新能手"93人。在全省十大职业技能竞赛中，海安县绿华农机专业合作社陆华获农机维修技能竞赛第一名；海安县人民检察院顾祁荣获检察文书竞赛第一名；南通供电公司李云鹏获电力自动化场站端调试检修技能竞赛第一名；南通华荣建设集团徐洪保获建筑架子工竞赛第一名。推荐市工贸技工学校为全国职业培训示范基地，推荐谭德凤等3人入选省技能大师工作室，推荐江苏安惠公司等21家企业为省科技创新型企业。

2012年，江苏熔盛重工有限公司承办第四届全国职工职业技能大赛焊工决赛，南通市数控装修调、焊工两个工种代表江苏省参加全国比赛,分别获得团体第二名、第十名的好成绩。联合相关部门举办全省首届技能状元大赛南通赛区选拔赛,举办 17 个行业、48 个工种比赛,1483 名职工参加决赛。市工人业余大学开设"技能+学历"企业优秀员工学历提升班,开展企业高技能人才使用、培养情况调研,与人社部门开展首批高技能人才培训基地、高技能人才评选活动。市总工会"创新开展职业技能竞赛,构建农民工技能成长'快车道'"经验在全省工会创新成果评选中获二等奖。

2013 年,市总工会与相关部门联合举办 15 个行业 34 个工种职业技能大赛,举办第二届技能状元大赛,参加市级决赛职工超过 1000 人次。与市人社局联合开展技能大师工作室评选活动,评出首批 8 家技能大师工作室。举办首届职工科技创新讲坛,通过专家讲、职工谈、大家议、相互看等形式,探索职工创新发展规律,激发职工创新活力。

2014 年,实施"职工成长计划",组织百个工种比赛,帮助万名职工提升技能等级,组织百万职工开展岗位练兵。市总工会联合市人社局等部门举办 14 个行业、40 个工种技能大赛,参加决赛职工 1292 名,产生"五一创新能手"155 名、"技术状元"31 名。与市人社局等部门组织职工参加第二届全省技能状元大赛,职工组有 12 人获三等奖、12 人获优秀奖。

第三节　班组建设

1990 年,市总工会开展班组安全知识竞赛活动,会同市经委、市劳动局开展创建安全合格班组活动,及时进行表彰、交流。

1992 年,全市 20133 个班组达到安全合格班组标准。

1995 年,市总工会与有关方面联合下发加强班组思想政治工作意见,组织近千名班组长参加全国和市级岗位培训。开展企业创"四优"班组竞赛活动,在供电局召开"把班组建设成职工第二家庭"现场会。市总工会与市经委联合开展"四优"班组评比活动,共评出先进班组 94 个。

1999 年,市总工会开展创"四优"班组和"421"活动(40 万名职工参加培训、20 万名职工参加岗位练兵、10 万名职工参加技术比武)。与市经委联合召开班组工作现场经验交流研讨会。

2007 年,市总工会试点推进创建"工人先锋号"活动,启东市命名首批"工人先锋号"班组。组织开展"节约型班组"和"职工节约标兵"评选活动。

2010 年, 深入开展创建安全合格班组和评比星级安全合格班组活动, 制定创建标准。3 月,市总工会、市安监局、市劳动局、团市委联合在南通中远船务工程有限公司召开全市创建安全合格班组现场会。与相关部门联合开展督查、考核。全市 1108 家企业的 3658 个班组获评星级安全合格班组,其中三星级 2596 个。

2011 年,市总工会联合相关部门下发《关于加强班组建设的指导意见》。举办劳动保护监督员暨班组长培训班,163 人参加。是年,1355 家企业申报 3258 个班组为星级安全合格班组,其中三星级 1400 个。

2012 年 1 月, 市总工会与市安监局等部门联合召开全市安全合格班组创建活动推进大会，副市长徐辉到会讲话。9月，全国总工会经济部创新处处长康兵来南通专题调研企业班组建设工作，如皋双钱轮胎公司在全国班组建设工作会议上作经验介绍。

2013年，市总工会创建安全合格班组活动经验在全省班组建设现场推进会上交流。

2014年，市总工会联合市城市管理局在市区设立首批环卫工人"安康驿站"35个，向每个站点赠送微波炉、应急药箱、电热水壶、书报等。

第四节 职工技术协作

1990年以来，市职工技术协会（以下简称"职工技协"）坚持为国分忧、为企业解难、为职工服务的宗旨和团结协作、艰苦奋斗、开拓创新精神，实行有偿技术服务、参与技术市场和兴办职工技协事业，在推进企业技术进步，加速技术创新进程，提高职工素质，促进经济发展中做出成绩。

20世纪90年代初，各级职工技协开始尝试兴办实体，壮大技协实力，走自主发展之路。1990年4月，市职工技协组织以劳动模范、能工巧匠和技协积极分子为主体的"科技大篷车"职工技术服务团，深入到海安县生产第一线，开展技术攻关等8个内容的系列服务活动，帮助企业解决生产、技术难题26个，并提供经济信息、培训专业人员。

1991年6月，南通市部分地区暴雨成灾，特别是海安里下河地区受灾严重。海安县总工会组织职工技协的专业技术人员，组成抗洪救灾小分队，抢修设备400余台，挽回经济损失数十万元。是年，全市有40余家职工技协恢复活动，上交税收300余万元。市职工技协承担江苏省第二届手工电弧焊技术比武的具体工作，南通参赛的6名选手中有5人进入前十名，并夺得冠军、亚军。

1993年，市职工技协在职工中大力推广创造学。职工技协有偿服务组织达到300余家，项目成交额1000万元以上。

1994年8月，市职工技协召开第四次代表大会，表彰职工技协先进集体34家、先进个人47人和优秀成果44项。市总工会副主席秦炳龙当选市职工技协第四届委员会会长。据统计，1990~1994年间全市职工技协兴办实体118家，技术革新344项，技术服务项目774项，技术扶贫项目26项，合计贸易成交额达1400万元，上交税金54.8万元，为工会和职工技协活动提供资金200万元。如东化肥厂职工技协兴办的东昌化工实业公司，自主开发新产品，年销售额达6000万元，解决200余名富余职工的就业问题。是年，市职工技协获"全国技协先进集体"荣誉。

1995年，市职工技协完成技术扶贫项目32项，创经济效益66.24万元。

1996年，随着企业产权制度改革的深化，职工技协工作遇到了许多新的矛盾和问题。由于产能过剩、市场疲软，企业生产经营遇到了很大困难，职工技协组织数和服务项目数锐减，收入大幅下降，一些技协干部和会员产生了悲观畏难情绪。为此，市职工技协决定开展一些规模较大的群众性科技攻关活动，帮助企业渡过难关。同时扩大影响，稳定技协队伍。市总工会联合市经委下发《关于在企业技术创新中进一步重视和发挥职工技协作用的意见》。各级职工技协组织开展技术攻关、技术开发、技术扶贫等活动，在帮助企业提高技术素质方面发挥了积极作用。是年,全国职工技协系统开始实施“一十百千万技协工程”,主要内容是:每位会员每年参加一项技协活动,每年评选表彰十大能工巧匠,每年帮扶百家亏损企业,每年攻关千项技术难题,每年完成万人培训任务。为确保工程实施,市职工技协加强基层技协组织建设,按照“搞活老技协、发展新技协、培育强技协”的精神,对职工技协组织进行全面整顿,并发放团体会员证。

1998 年,各级职工技协注重技术开发和推广应用新技术,实现技工贸产值 2500 余万元。

1999 年,全市新建基层职工技协组织 150 余家。据统计,从 1995~1999 年,全市职工技协共完成技术攻关 1053 项,技术开发 634 项,推广新技术 743 项,实施技术帮扶项目 218 项,培训职工 16.49 万人。

2000 年,市总工会下发《关于深入开展创建合格技协活动的意见》。12 月,市职工技协召开第五次代表大会,表彰职工技协工作先进单位 39 个、先进个人 90 名、职工技协之友 32 名及优秀成果 57 项。市总工会副主席秦炳龙当选市职工技协第五届委员会会长。为纪念市职工技协成立 20 周年,市职工技协组织编写了《南通技协 20 年》一书。

21 世纪以来,全市各级职工技协在开展无偿技术协作活动的同时,大力开展以技术开发、技术转让、技术咨询、技术服务为内容的“四技”活动。

2001 年,市总工会召开庆祝中国职工技协成立 40 周年大会。

2006 年 6 月,根据市政府对事业单位改制的要求,市职工技术协作交流站注销,其职能、业务并入市职工技协办公室。

2009 年 3 月,市总工会下发《关于进一步加强职工技协工作的通知》。市职工技协印发《财务管理暂行办法》。4 月,市职工技协召开第六次代表大会,通过《南通市职工技术协会章程》,表彰职工技协工作先进集体 15 个、先进个人 20 名和优秀成果 18 项,举办全市职工创新成果发布暨创造学讲座。市总工会副主席钱祥圣当选市职工技协第六届委员会会长。

2012 年,市职工技协指导市模具协会完成换届工作。

2014 年 11 月,市职工技协第七次代表大会召开,选举产生市职工技协第七届理事会。市总工会主席葛玉琴担任市职工技协名誉理事长,副主席杨哗鹃当选理事长。

南通市职工技术协作委员会主任(会长、理事长)名单

表 2-4-1

届　次	换届时间	名誉主任	主　任	副　主　任
三	1989 年	张佑才	陆玉明	戴焕林　陶国柱
四	1994 年	李　炎　马汉坤	秦炳龙	陶国柱　戴焕林　崔家龙
五	2000 年	季金虎	秦炳龙	陶国柱　刘德林　曹　阳
六	2009 年		钱祥圣	成　飞　严汉圣　徐国芬　谈育龙
七	2014 年	葛玉琴	杨哗鹃	成　飞　徐如林　丁雪峰

第五节 劳动模范评选和管理服务

由各级政府主导评选的劳动模范和先进工作者(以下简称“劳模”)及由各级工会负责评选的五一劳动奖章、奖状获得者是工人阶级和劳动群众的优秀代表。劳模工作,包括劳模评选、劳模精神宣传、劳模管理服务等。

一、劳模、先进集体和五一劳动奖章、奖状评选

劳模分为全国劳模、省部(委)级劳模、市劳模,部分县(市)区也评选劳模。劳模评选由各级党委、政府牵头,各级工会承担劳模评选办公室的具体工作。全国和省劳模每五年评选一次,市劳模每三年评选一次。评选市劳模当年,市委、市政府均举行隆重的表彰大会或颁奖仪式。

1950~2014 年,南通市有 8430 人次获评市以上劳模。其中,全国劳模 125 人次,省、部级劳模 2883 人次,南通市劳模 5422 人次。截至2014 年末,南通健在市以上劳模总数为 4596 人。其中,全国劳模 109 人,省部级劳模 1749 人,南通市劳模 2738 人。

2005 年,7 名进城务工人员首次当选南通市劳模。

1990~2014 年南通市荣获各级劳动模范(先进集体)数汇总表

表 2-4-2　　　　单位:人、个

评选年份	全国劳模	省部级劳模	省先进集体	市劳模	市先进集体
1990		5			
1991		123	42	502	151
1992		2			
1993		9			
1994		15			
1995	14	13		296	101
1996		149	44		
1997		1			
1998		4		296	
1999		15			
2000	15	14			
2001		135			
2002		2		299	80
2003		7			
2004		12			

续表 2-4-2

评选年份	全国劳模	省部级劳模	省先进集体	市劳模	市先进集体
2005	15	1		300	
2006		111			
2007		13			
2008		7		298	
2009		6			
2010	15	14			
2011		111		300	
2012		17			
2013		7			
2014		4		300	
合计	59	797	86	2591	332

五一劳动奖状、奖章是由工会设立的授予先进集体、先进职工的荣誉称号，一般每年评选一次，对有特殊贡献的职工，亦单独授予(追授)五一劳动奖章。评选劳模当年，原则上不评选本级五一劳动奖章、奖状。全国总工会于 1989 年首次评选全国五一劳动奖状、奖章。市总工会从 1993 年起，开始评选南通市五一劳动奖章，首次评选 97 人。南通医学院以顾晓松、汤锦波为代表的优秀青年教师群体，在完成繁重的教学任务之余，挤出时间搞科研，仅 1996 年就获得国家自然科学基金 110 万元，承担 4 项国家级，9 项省(部)级课题研究。1997 年，市总工会授予通医优秀知识分子群体五一特别奖。

2002 年 9 月，市总工会分别授予海安县支教群体和海安初级中学教师景宝明市五一劳动奖状和市五一劳动奖章。

从 2003 年起，为表彰到南通投资的外国友人和香港、澳门、台湾同胞为南通经济建设和社会事业发展做出的积极贡献，市总工会开始评选市五一荣誉奖章。是年，6 人获此奖。

2005 年 5 月，市总工会授予南通汽运集团勇斗歹徒而负伤的驾驶员王志军市五一劳动奖章。

2006 年 6 月，海安县总工会获全国五一劳动奖状。7 月，市总工会授予勇斗歹徒、不畏牺牲的唐闸派出所教导员李德荣南通市五一劳动奖章。

2007 年，海安县苏中集团被全国总工会授予全国五一劳动奖状。

2010 年，市总工会追授“世博”保电海安供电公司职工龚顺明市五一劳动奖章。如皋市供电公司获全国五一奖状。

2012 年 3 月，市总工会授予“排雷英雄”尤建华所在查报站市五一劳动奖状。制定《南通市五一劳动奖状、奖章、工人先锋号评选管理工作暂行办法》。8 月，全国总工会追授烈火中救人牺牲的好青年周江疆全国五一劳动奖章。11 月，市总工会授予因救人被烧成重伤的教师周福如南通市五一劳动奖章。

2013 年 1 月，市劳动人民文化宫获全国五一劳动奖状。是年，市总工会追授修车老人胡汉生南通市五一劳动奖章。

2014 年 2 月，市总工会追授见义勇为好职工赵顺秋南通市五一劳动奖章。

1990~2014 年，南通市获全国、省、南通市五一劳动荣誉奖章的分别有 118、234 和 1275 人。

1990~2014 年南通市荣获各级五一劳动奖章、奖状数汇总表

表 2-4-3　　单位：人、个

年份	全国		省级			市级		
	奖章	奖状	奖章	奖状	荣誉奖章	奖章	奖状	荣誉奖章
1990	1							
1991	6	2	8	1				
1992	5	2	6	1				
1993	6	2	6	1		97	98	
1994						100	82	
1995			8	1				
1996	6	1	2			63		
1997	5	1	8	3		62		
1998	5	2	8	3				
1999	6	1	8	3				
2000			8	3		66		
2001	5	1						
2002	5	1	12	3		11		
2003	5	1	16	4	2	88		6
2004	8	1	14	4	4	90		5
2005			11	4	4	55		
2006	5	2				67		
2007	5	1	10	5	4	57		
2008	5	1	20	7	4	50		
2009	8	1	16	6	4	71		
2010	1		13	6	4	43		
2011	7	1	11			62		
2012	9	1	14	7	4	106		
2013	6	2	18	7	4	96		
2014	6	1	17	7	3	80		
合计	118	25	234	76	37	1264	180	11

二、劳模精神宣传

1990年，各级工会组织职工广泛开展“三学”（学雷锋、学平潮饭店、学朱骅）活动。市总工会除安排全国劳模朱骅作8场报告，制作录像、录音巡回播放外，还会同市委宣传部组织平潮饭店事迹报告团在全市作巡回报告25场。

1991年五一节前后，各级工会采用故事会、演讲会等形式，宣传各单位先进模范事迹，用工人阶级的先进思想启迪职工，促进全市进一步形成学先进、做主人、创一流、争贡献的热潮。市总工会组织劳模事迹报告团巡回报告近50场，听众达3万余人次。

1994年，市总工会组织百名劳模先进看南通，参观发展中的中远船厂、江海港区和经济开发区，组织先进模范事迹报告团进行宣讲。为南通广播电台《江海新潮》栏目提供大量素材。

1995年，市总工会以评选全国劳模和召开市劳模、先进集体表彰大会为契机，大力宣传劳模先进思想和事迹，各级工会组织劳模事迹报告会36场，近5万名职工听取报告，20万名职工观看劳模事迹录像。

1996年，《南通工人报》集中报道省劳模潘美兰的典型事迹，在全市掀起学习潘美兰热潮。市文化宫举办劳模事迹展览。

1998年，市总工会编撰《劳模风采录》，宣传1995~1997年度296名市劳模事迹。

2001年，市总工会编撰《新世纪劳模风采录》，宣传1996~2002年度132名省劳模事迹。

2002年，市总工会开展“展劳动者风采，迎十六大召开”宣传月活动，编印《新世纪、新形象、新风采》劳模画册。

2003年，市总工会开展“弘扬劳模精神，讴歌劳动创新”宣传月活动。

2005年2月，市总工会举办劳模新春联谊会，会上，全国劳模李庚南向市委常委、组织部部长朱红春呈交了《献计献策建议书》，汇集246名劳模为家乡建设提出的459条“金点子”。5月，市总工会深入开展“弘扬劳模精神，建设和谐南通”宣传月活动。

2006年2月，市总工会举行劳模“十一五”创新业、立新功启动仪式暨劳模联谊会，启动“五大行动”（百名劳模事迹宣传、百名劳模名师带徒、百名劳模岗位创新、百名劳模建言献策、百名劳模真情助困）。4月，市总工会召开庆祝五一暨表彰会，如皋市邮政局“137爱心邮路”等先进典型作事迹演讲，市委书记罗一民讲话。10月，市总工会下发《关于在全市劳模中开展我为建设和谐社会建言献策活动的通知》。

2007年2月，市总工会召开劳模创新业、立新功“五大行动”推进会。通过举办报告会、演讲会、座谈会等形式，大力宣传劳模事迹。全市新闻媒体积极宣传百名劳模事迹。开展“我为节约献一计”活动，收到各级劳模合理化建议120余条。

2008年，市总工会动员劳模群体为四川地震灾区捐款27万元。

2009年2月，市总工会举行首批劳模创新工作室授牌仪式暨劳模新春联谊会，全市共创建劳模创新工作室53家。组织百名劳模向全市职工、劳模发出为实现“扎实保增长、全面达小康”建功立业倡议。在建国60周年之际，集中开展了为期两个月的“走近劳模、传承精神”系列活动。在《南通日报》开辟“六十年60人事迹”专栏，在南通电视台开设《永远的旗帜》专栏，宣传劳模事迹。召开“喜迎国庆、永葆先进”劳模座谈会，邀请60名劳模、优秀农民工代表参加座谈会。

2010年2月，市总工会召开劳模迎新春座谈会。3月，修订《南通市劳模评选管理办法》。南通电视台为新当选的全国劳模摄制新闻纪录片，在新闻频道黄金时间连续播出。举办全国劳模事迹展、报告会等。大力推广劳模创新工作室做法，全市共创建劳模创新工作室151家。选树“排雷英雄”尤建华作为学习典型。全国总工会经济部副部长王新卫来南通调研劳模创新工作室工作。市教育工会组织“百名劳模回看南通教育”活动。

2011年，市总工会启动以“创新我先行，创优作表率”为主要内容的劳模“双创”主题实践活动。提出“十二五”期间，每个劳模每年参加一次培训教育、参加一次技能比赛、提出一条创新建议、参加一次公益活动、帮扶一名困难职工的目标。下发《关于进一步规范劳模创新工作室创建活动的实施意见》，建立劳模创新工作室153家。市教育工会开展“劳模工作室与乡村教师手牵手”活动暨城乡教师“168手牵手工程”。

2012年3月，市总工会召开劳模工作暨“双创”活动推进大会，会上表彰十佳劳模创新工作室、十佳劳模创新能手、十佳劳模名师、十佳劳模爱心使者，省总工会副主席胡同军、副市长徐辉到会讲话。编印劳模“五大行动”活动画册，《江苏工人报》专版宣传南通劳模“五大行动”情况。中国银行南通分行举行袁卫华劳模创新工作室揭牌仪式。南通供电公司、南通港口集团等单位召开创建劳模创新工作室座谈会、观摩交流会。

2013年，市总工会举办“中国梦·劳动美”展览和“讲述我身边的劳模故事”演讲比赛，召开学习马富精神五十周年座谈会。开展劳模创新工作室情况调研，开展劳模创新网络培训。

2014年，市总工会开展劳模精神“四走进”(进校园、进基层、进企业、进机关)活动。5月，举行“四走进”活动首场劳模事迹报告会。主流媒体开辟“劳动者之歌”“身边的感动”“劳模风采”等专题、专栏，跟踪报道劳模50人次。开展劳模创新工作室调研，表彰第二批十佳劳模创新工作室，举办“劳模创新·助力转型”第二届职工创新讲坛。2家劳模创新工作室受到省总工会表彰。

三、劳模管理服务

各级工会从学习、工作和生活等各个方面关心劳模。

1992年9月，市总工会首次组织全国劳模、全国五一劳动奖章获得者赴北戴河工人疗养院休养。组织30名劳模和五一劳动奖章获得者赴黄山梨园疗养院休养。

1994年，如皋市总工会出台劳模补充保险办法，港务系统对劳模分房、家属子女工作安排等方面给予照顾，解决后顾之忧，以利于更好发挥劳模作用。市总工会对全市100名市以上劳模的工作、学习和生活状况进行走访调查，为代拟《南通市劳动模范评选和管理办法》及实施细则作准备。

1995年6月，市政府出台《南通市劳动模范评选和管理实施办法》，市总工会完成2000余名劳模档案的电子化管理。是年，市总工会组织三批140名劳模赴北戴河疗休养。

1996年，根据市政府《南通市劳动模范评选和管理实施办法》，全市104名劳模及配偶、子女办理农业户口转非农业户口。南通邮电局以优惠价格为市区 200 余名劳模安装住宅电话。

1997 年 4 月，南通市劳动模范协会成立大会召开，通过《南通市劳动模范协会章程》,选举产生首届理事会。聘请市领导曹能新、施景钤、李炎、马汉坤为名誉会长,市总工会主席戈雪芬任会长,选举副会长 15 人,市总工会陶国柱任秘书长。5 月,市总工会与南通平安保险公司联手开办劳模补充养老保险,先后为 112 名劳模办理补充养老保险。

1998 年国庆期间,市总工会组织部分一线劳模赴北京观光。

2002 年,市总工会对全市各级劳模基本状况进行调查,共调查登记全国劳模 67 人,省部级劳模 1502 人,市级劳模 1425 人。通过调查,基本掌握劳模的生活、思想等方面状况,开展与困难劳模结对帮扶工作。走访慰问劳模 100 余人,组织 10 批 130 名劳模、先进人物赴香港、澳门及汤山疗养院等地疗休养。

2003 年,市总工会对各级劳模基本状况进行普查,建立健全劳模纸质档案,开发劳模管理软件。实施对知名、特困劳模的长期跟踪计划,做到"每季必联系、重大节日必慰问、生病必看望、死亡必吊唁"。南通瑞慈医院连续三年每年拿出 10 万元设立劳模重病救助资金,解决部分劳模患重病就医难的问题,至 2004 年上半年,有 31 名劳模在该院就医,减免医疗费 14.5 万元。市总工会设立劳模解困金,开展劳模手拉手帮困活动。是年起,发放全国、省劳模春节慰问金,全国劳模 500 元、省劳模 300 元,资金由中央和省财政分别拨付。10 月起,企业离退休的全国、省劳模分别按月享受劳模荣誉津贴 100 元和 80 元。

2004 年初,在市政协专题建言献策会议上,市政协工会界委员作"改善和提高企业劳模待遇"的发言。4 月,南通市劳模定点医院签约仪式在市第三人民医院举行,市总工会分别与市第三人民医院、市社区巾帼健身中心签订劳模就医、健身优惠协议。5 月,市劳模协会第二次会员代表大会召开,修订《南通市劳动模范协会章程》,选举市总工会主席陈心万为市劳模协会会长,选举副会长 8 人,市总工会陈德循任秘书长。市委常委、副市长蓝绍敏到会讲话。10 月,市政府办公室转发市总工会等部门《关于改善和提高企业省以上劳动模范待遇实施意见的通知》,对企业省以上劳模基本医疗保险、荣誉津贴及住房保障等待遇作出明确规定。12 月,市总工会制定的《南通市劳模解困资金使用和管理办法》正式实施。

2005 年,举办劳模新春联谊会,六县(市)及崇川区、港闸区均建立劳模协会。3 月,市劳模协会召开劳模工作暨"双创"活动推进大会,省总工会副主席胡同军、副市长徐辉出席会议。10 月,市政府办公室转发市总工会等部门《关于改善市区企业离退休市级劳动模范和老年农业劳动模范待遇的意见》。文件规定,自当月起,为市区企业已离退休的市级劳模按月发放荣誉津贴,每人每月 60 元;对市区男年满 60 周岁、女年满 55 周岁的农业劳模按月发放生活补贴,全国农业劳模 100 元、省部级农业劳模 80 元、市级农业劳模 60 元。10 月,举办首届劳模、先进人物乒乓球比赛,全市 13 支代表队共 70 名劳模参加比赛。组织 200 名劳模看家乡新貌活动。

2006 年,创新劳模"三金"(春节慰问金、特困补助金、低收入补助金)发放方法,为劳模办理邮政储蓄卡,实行银行打卡发放。组织百余名劳模赴南京汤山、新加坡、马来西亚、泰国、港澳、云南等地疗休养。是年10月,组织百名老劳模夜游濠河。认真做好劳模破格申报技师和高级技师工作,申报高级技师和技师的劳模分别为82名和63名。

2007年,为全市3850名劳模邮寄特制的新春贺卡。安排市区489名企业退休劳模免费体检。组织百余名劳模赴南京汤山、日本、桂林等地疗休养。4月,市总工会自筹5万元,组织生产一线劳模40人乘坐南通至北京首发特快列车进京观光。是年,市区284名企业离退休劳模享受荣誉津贴。

2008年,集中开展省部级劳模生活状况调查,为614名企业离退休劳模办理享受劳模荣誉津贴手续,组织农民工劳模80人赴南京汤山疗休养,联合《江海晚报》社、恒安人寿保险公司为市区省以上劳模540人赠送《江海晚报》,为3772名劳模寄发春节慰问明信片。

2009年,在市政府与市总工会召开的联席会议上,市政府同意建立市劳模春节慰问金制度,每人400元,为全省最高。同时,将市级困难劳模帮扶金从每年20万元增加到40万元。市总工会对劳模生活状况进行普查,发放调查表5000份,调查内容除收入情况外,还涉及住房、医保、特殊困难等21项。国庆期间,走访慰问21名全国劳模。组织49名劳模赴南京汤山、云南等地疗休养和观光。9月,市总工会和劳模协会开展"走近劳模、传承精神"活动,建立劳模健康档案,做好跟踪服务。

2010年,市政府办公室下发《关于提高市以上劳动模范待遇的意见》,得到《工人日报》《中国职工科技报》等媒体关注。市总工会制定《南通市劳动模范帮扶资金使用和管理办法》。配合上海市总工会做好五批千名全国劳模世博参观团来南通游览参观的服务工作,受到好评。7月,全国总工会经济部发来感谢信,上海市总工会也向南通市总工会赠送锦旗。市总工会向为本次活动提供热情服务的南通市公安局警卫处赠送"服务劳模献真情,展树公安新形象"锦旗。组织市区百名劳模免费游世博。

2011年,认真贯彻落实市政府《关于提高市以上劳模待遇的意见》,做好劳模"三金"发放工作。5月,市劳模协会组织部分劳模参加"纽崔莱动力新干线"健康体验活动。组织市区全国劳模免费体检。

2012年,市总工会下发《南通市五一劳动奖状、奖章和工人先锋号评选管理工作暂行办法》。教师节期间,慰问一批知名劳模教师。开展全国劳模、省劳模"三金"专项检查工作,开展市区劳模生活和住房情况调研。分批组织劳模83人参加疗休养,40人参加南通江海旅游节开幕式。组织全国劳模51人免费体检。

2013年,加强劳模管理基础工作,开展省部级以上劳模调研,整理全国劳模简介,编纂《劳模人物传》和市劳模名录。对近十年来全国劳模"三金"使用情况进行自查,接受全国总工会、省总工会检查,得到检查组的充分肯定。组织全国劳模、市区企业退休劳模、农民劳模400余人免费体检。组织省以上劳模80人参加全国总工会、省总工会组织的疗休养活动。劳模管理服务工作得到市委书记丁大卫批示肯定。

2014年,市总工会与市政府召开联席会议,研究提高劳模待遇问题。12月,市政府办公室下发《关于提高市以上劳动模范待遇标准的通知》。通知规定自2015年1月起,省劳模春节慰问金由每人500元调整为1000元;市劳模春节慰问金由每人400元调整为500元;省劳模特殊困难帮扶资金标准由每人3000元提高到5000元。对离退休并保持荣誉的市以上企业劳模和男年满 60 周岁、女年满 55 周岁的市以上农民劳模发放荣誉津贴。全国劳模(包括享受同等待遇人员)荣誉津贴提高到每人每月 300 元,省劳模荣誉津贴提高到每人每月 200 元,市劳模荣誉津贴提高到每人每月 100 元。组织劳模代表参加2014 中国南通江海国际博览会、新春联谊会、"劳动状元秀"、劳模学子结对子等活动。市、县两级工会组织1220 名劳模免费体检,1112 名劳模免费疗养。

南通市劳动模范协会会长、副会长名单

表 2-4-4

届 次	时 间	会 长	副 会 长
一	1997 年	戈雪芬	李从福 李庚南 陈心万 秦炳龙 崔家龙 鲍乾元 徐长江 包洪如 薛家宽 姜剑国 曹玉兰 易 昕 刘天生 范小辉 陶国柱
二	2004 年	陈心万	钱祥圣 刘德林 骆德龙 蔡建国 徐长江 陈志凌 顾晓松 李庚南
	2005 年	张毓余	

2002~2014 年南通市劳模"三金"发放统计表

表 2-4-5

单位:万元

年份	春节慰问金		特困补助金		低收入补助金		全年合计	
	人次	金额	人次	金额	人次	金额	人次	金额
2002	69	3.45					69	3.45
2003	1694	52.20	16	6.50	24	13.48	1734	72.18
2004	1599	49.31	18	5.40	24	12.56	1641	67.27
2005	1719	53.19	221	22.86	20	12.06	1960	88.11
2006	1725	53.35	223	27.28	19	11.90	1967	92.53
2007	1792	55.34	324	40.10	24	12.74	2140	108.18
2008	1778	58.87	221	23.96	30	23.17	2029	106.00
2009	1762	58.39	325	32.22	22	23.00	2109	113.61
2010	2362	116.79	592	77.13	75	51.46	3029	245.38
2011	2430	119.41	636	124.59	105	44.69	3171	288.69
2012	2479	130.79	673	111.73	41	30.45	3193	272.97
2013	2491	132.75	690	130.35	53	33.22	3234	296.32
2014	2486	219.90	821	195.05	37	23.39	3344	438.34
总计	24386	1103.74	4760	797.17	474	292.12	29620	2193.03

第五章 工会劳动保护

依据法律赋予工会的职权，组织开展职工安全生产宣传教育，监督企业和有关方面贯彻国家劳动安全卫生法律、法规，是工会劳动保护工作的职责，发动职工群众参与安全生产工作，切实维护职工在生产劳动过程中安全与健康合法权益。

第一节 工会劳动保护组织建设

市总工会加强工会劳动保护组织网络建设，健全劳动保护监督机制，加强与安监部门联系，提高劳动保护监督员素质，为开展工会劳动保护工作奠定基础。

一、强化劳动保护组织网络建设

市总工会设立劳动保护工作职能部门，配备专职劳动保护干部。工会劳动保护职能1989~1998年，设在市总工会权益保障办公室；1998~2002年，设在生产保护部；2002年以后，设在经济技术与劳动保护部。2005年，市总工会建立工会劳动保护监督检查委员会。

20世纪90年代，在县(市)区、产业工会配劳动保护监督检查员；在企业设立工会劳动保护监督检查委员会；在生产班组配劳动保护检查员。至1996年，全市工会劳动保护骨干有1612人。

2005年末，全市规模企业工会劳动保护网络建设率达60%以上。

2006年，全市有工会劳动保护监督检查委员会(小组)6003个，监督检查员1355人，工会小组劳动保护检查员26002人。

2013年，市总工会试行在乡镇、园区建立工会劳动保护监督检查员片区服务站，通过合理划分片区，整合资源，设立服务站点，实行网络化管理、全覆盖服务，把非公小微企业纳入劳动保护和安全生产管理体系。12月，在如东县召开全市工会劳动保护监督检查员片区服务站组建推进大会，全市建立片区服务站6家。

2014年6月，全省工会劳动保护监督检查员片区服务站建设现场推进会在海门市召开，推广海门经验，全省各市、县(市)总工会以及省有关产业和企业工会的100余名工会干部参加。至年末，全市建立工会劳动保护监督检查委员会(小组)14510个，监督检查员61768人。

二、健全劳动保护工作机制

1993年，省总工会生产劳动保护工作会议在南通召开。

1994年，市总工会提出“实行重大灾害性事故处理预案”的建议得到市政府采纳，市安全生产委员会专门发文部署。

1995 年,市总工会参与制定全市年度安全生产责任保证书。全市制定重大灾害性事故处理预案 17 个。

1996 年,南通在全国率先实行工会劳动保护工作责任制,市总工会与各县(市)区局和直属工会签订责任保证书,在组织网络、工作目标、保证措施、考核手段等方面提出量化指标,全市有 3079 家基层工会与上级工会签订责任保证书。

1998 年起,市总工会推广南通供电公司职工代表参加安全巡查的经验,提高劳动安全监督效率。

2002 年,在制定《南通市工会劳动保护工作暂行办法》的基础上,市总工会下发考核细则,推进《暂行办法》的贯彻落实。与建设部门联合在全市建筑企业推行"工会组建跟着工程走,工会安全监督跟着项目走"的工会劳动保护监督新举措,将"两个跟着走"纳入建筑行业文明工地考核内容,实行一票否决制。试行劳动保护监督检查"六本台账及安全检查表"。

2004 年起,在全市开展企业劳动保护工作合格、示范工会评选活动。9 月,在全国劳动保护工作会议上,市总工会介绍实行"两个跟着走"的经验。

2005 年,市总工会制定《南通市工会劳动保护办法》,建立市工会劳动保护监督检查委员会,得到省总工会肯定。

2006 年,全市评选劳动保护工作合格工会 1074 家,百人以上生产型企业合格率达到 78.9%,评选省、市劳动保护示范工会 6 家和 11 家。先正达南通农作物保护有限公司通过国家级职业安全卫生示范单位考核验收。海安县总工会因劳动保护工作成绩突出,被授予全国五一劳动奖状。

2014 年,市总工会制定基层工会劳动保护工作标准。

三、建立联席会议制度

2005 年6 月,市总工会与市安监局在全省率先建立联席会议制度,召开首次联席会议。是年起,不定期召开联席会议,互通工作情况,共同策划重大活动,推进重点难点工作,在企业安全管理、职工劳动保护等方面发挥重要作用。12 月,召开第二次联席会议,商讨 2006 年双方重点合作事项及面临的劳动安全卫生热点、难点问题。

2006 年 12 月,召开第三次联席会议,双方通报全年劳动保护工作和安全生产形势,商讨下一阶段职工安全生产知识电视培训事宜。

2008 年 4 月,召开第四次联席会议,商讨全市职工安全生产知识电视培训工作及总结表彰大会相关事宜。

2009 年 4 月,召开第五次联席会议,协商开展"濠滨夏夜"安全生产专场文艺演出相关事宜。11 月,召开第六次联席会议,通报安全生产电视培训情况,探讨深化电视培训工作措施。

2011 年 12 月,召开第七次联席会议,研究实施"五个一百工程"(百万职工远程安全培训,百场职工安全文化活动进基层,百家"安康杯"竞赛示范企业培养,百个安全合格示范班组选树,百名事故隐患排查技术能手竞赛),推进职工安全文化建设。

2012年10月，召开第八次联席会议，研究加强企业职业卫生和建设项目“三同时”验收等工作。

2013年8月，召开第九次联席会议，研究下发《关于在职业危害高危行业企业深化推行劳动安全卫生专项集体合同的通知》。

2014年3月，召开第十次联席会议，重点研究合力推进工会劳动保护监督员片区服务站建设工作。

四、提升工会劳动保护干部素质和能力

1998年，市总工会姚光谱被全国总工会表彰为全国优秀劳动保护监督检查员。

2005年，市总工会对1000余名工会劳动保护干部(以下简称“劳保干部”)进行《江苏省安全生产条例》培训。

2006年，对995名省、市级工会劳保干部进行年度工作实绩考核。其中，市总工会直接考核274人，建立健全全市工会劳动保护监督员档案。

2007年，全市举办工会劳保干部培训班97期，培训3780人。对省、市级工会劳动保护监督员1343人进行年度工作实绩考核。

2008年，全市举办工会劳保干部培训班108期，培训6780人。

2009年，全市举办工会劳保干部培训班118期，培训8780人。

2011年11月，市总工会举办工会劳动保护监督检查员暨企业班组长培训班，学习贯彻全国总工会关于工会劳动保护监督检查三个条例(《工会劳动保护监督检查员工作条例》《基层工会劳动保护监督检查委员会工作条例》《工会小组劳动保护检查员工作条例》)等，163人参加培训，考试合格的颁发工会劳动保护监督检查证。全市举办工会劳保干部培训班126期，培训8560人。

2012年，市总工会与通州区总工会、市建设工会联合举办8期工会劳动保护监督检查员培训班，培训1440人。

2013年，市总工会举办1期化工行业工会劳动保护监督检查员培训班，培训180人。组织28名基层工会劳保干部参加省总工会培训。与通州区、市建设局等联合举办工会劳动保护监督检查员培训班，培训683人。

2014年，市总工会分别与通州区、海门市总工会联合举办工会劳动保护监督检查员培训班，共培训569人；组织15人参加省总工会劳动保护监督检查员培训。

第二节 “安康杯”竞赛活动

“安康杯”竞赛活动是把竞争、奖励、激励机制应用于安全生产活动中的群众性安全与健康竞赛，是劳动竞赛在安全生产工作中的具体实践和延伸。

1992年，市总工会在南通县召开全市百日安全无事故竞赛经验交流会。

1998年，全国总工会和国家经贸委推广内蒙古自治区开展“安康杯”竞赛的经验，在全国逐步展开“安康杯”竞赛。

2000 年，全市各级工会广泛开展以“十个一”(读一本安全生产知识的书、提一条安全生产建议、查一起事故隐患或违章行为、写一条安全生产体会、做一件预防事故的实事、看一场安全生产录像或电影、接受一次安全生产知识培训、忆一次事故教训、当一天安全检查员、参加一次安全生产签名活动)为主要内容的“安康杯”竞赛，250 家企业参赛。市总工会首次将高温慰问与安全生产检查有机结合。

2001 年，市总工会推广“事故隐患和职业危害监控法”。

2002 年，组织省政协在南通委员视察非公企业安全生产劳动保护工作。

2003 年，全面贯彻《安全生产法》，与市安监局联合组织“供电杯”安全在我心中演讲及安全图片巡展活动。组织“十万名职工为安全签名”、安全生产和劳动保护法律咨询活动，制作“安康杯”竞赛专题黑板报 2200 余块。市总工会被全国总工会评为“安康杯”竞赛优秀组织单位。

2004 年，以“安康杯”竞赛为抓手，注重提高职工自我保护意识、企业隐患排查能力。举办“安全在我心中”职工曲艺小品大赛。参加“安全月”大型广场宣传咨询活动和节能宣传周广场咨询活动。

2005 年，将“安康杯”竞赛活动纳入全市安全生产目标考核体系。市总工会和市安监局联合举办“安全在我心中”专场文艺巡回演出。开展“安全在我心中”曲艺巡演、知识竞赛、演讲比赛等系列活动。开展“三送”(送知识、送清凉、送安全)为主题的高温慰问活动，直接慰问高温作业企业 20 家和高温一线职工 3000 人。

2006 年，积极拓展“安康杯”竞赛“十个一”活动，“安全流动学校”“安全互保”“无违章班组竞赛”“职工代表安全巡视”成为企业抓好群众性安全生产的重要手段。重点开展“一封安全家书”评选活动，市总工会被评为全国“安康杯”竞赛优秀组织单位。

2007 年 3 月，市总工会与市安监局联合开展“安全在我心中”漫画征集评选和“说案例、讲安全”活动，全市征集安全漫画作品 1387 幅。6 月，举办“安全在我心中”漫画巡展，将部分优秀作品制成漫画展板，到 109 家企业和建筑工地展出，参观展览职工达 5 万余人，制成 1.5 万本漫画册赠送给农民工。唐闸工人文化宫举办送安全电影进社区活动。开展“关爱行动”，落实防暑降温措施，走访 27 家企业、103 个作业岗位、7 个工地，慰问职工 4000 人。开展市“安康杯”竞赛活动先进集体和先进个人评选活动。海安县苏中集团被评为全国“安康杯”竞赛优胜企业。

2008 年，开展“安康论坛”安全征文活动，在南通工会网站开辟“安康论坛”，开展“安全在我心中”警句征集以及“祝你平安”安全短信(彩信)祝福活动，共征集安全警句 8710 条、发送短信 1.56 万条，编印、发放《安全警句册》2 万份。

2009 年，组织开展“安全在我心中——全家安全总动员”活动，在全省职工“全家安全总动员”优秀节目汇演中，南通市选送的 6 个节目分别获二等奖 1 个，三等奖 3 个，优秀奖 1 个。与市安监局、市劳动局联合举办以“关爱生命，安全发展——与安全同行”为主题的濠滨夏夜安全生产专场文艺演出。组织“关爱职工安全与健康”专家进企业特别行动，组织市第三人民医院专家到 20 家重点企业，为职工送去职业安全卫生知识，为 500 名农民工提供健康体检。

2010 年 4 月，全市有 8 家单位被评为全国“安康杯”竞赛优胜企业，其中如皋市供电公司荣获全国五一劳动奖状，是继苏中集团后南通市第二个获此殊荣的单位。南通市开展“安康杯”竞赛活动经验在全省劳动保护工作会议上交流，市总工会副主席钱祥圣被评为全国“安康杯”竞赛活动优秀组织者。

2011 年，举办“工伤保险杯”第三届事故隐患排查治理技能竞赛，45 人参加决赛。在全省职工“安全在我心中·守护平安——安全歌曲大家唱”活动中，全市有 3 个作品获奖，市总工会获优秀组织奖。

2012 年，做优、做强、做实“安康杯”竞赛活动品牌，做好全国“安康杯”竞赛第四督查组来南通检查相关工作，牵头开展省内互查活动。市总工会被评为全国“安康杯”竞赛优秀组织单位。

2013 年，开展“安全在我心中——我身边的安全故事”活动；发动职工参加全国职工安全卫生知识普及教育和学习竞赛活动；与市卫生局、市安监局等部门联合开展“职业病防治”宣传周活动。组织开展夏季高温“送清凉、送法律、送安全”活动，直接走访 32 家企业、102 个高温作业岗位、9 个建设工地，慰问 5000 名高温一线职工。市总工会联合市安监局表彰 2012 年度“安康杯”竞赛先进集体和先进个人。

2014 年，把“安康杯”竞赛活动纳入全市安全生产目标考核体系，走进企业开展职业安全与健康咨询，发放宣传手册 800 余份，与相关部门举行全市职业病防治工作情况新闻发布会。如皋双钱集团工会主席陆建平因开展“安康杯”竞赛成绩突出被授予江苏省五一劳动奖章。市总工会荣获 2013 年度全国“安康杯”竞赛优秀组织单位。

1998~2014 年全市“安康杯”竞赛参赛统计表

表 2-5-1

年份	参赛企业(个)	参赛职工(万人)	年份	参赛企业(个)	参赛职工(万人)
1998	150	3.56	2007	2175	53.91
1999	186	4.85	2008	2625	59.62
2000	215	6.22	2009	2791	61.15
2001	302	8.97	2010	3261	68.10
2002	339	15.68	2011	3776	75.50
2003	857	26.40	2012	3567	66.21
2004	1069	33.20	2013	4185	82.17
2005	1558	34.50	2014	4013	79.13
2006	1769	47.45			

第三节　职工安全知识培训

组织职工参加各级各类安全卫生教育培训，对于提高职工安全素质，防止事故和职业病发生，保障职工生命和身体健康，有着十分重要的意义。

1990 年，各级工会认真贯彻执行“一遵、二反、三落实”(遵章守纪；反违章指挥，反违章操作；落实安全生产责任制，落实安全措施，落实安全生产组织)方针，把工作重点放在基层，组织以安全生产为主题的文艺节目，深入基层巡回演出。

1993年，市总工会重点抓好《南通市女职工劳动保护暂行办法》《南通市企业生产辅助设施标准》的贯彻落实，开展“安全心里话”征文活动。

1999年，市总工会落实工会劳动保护“三个条例”。

2002年，市总工会与相关部门重点抓好化工和建工行业安全培训工作。

2003年，市总工会组织企业参加全国职工安全生产知识电视培训活动（以下简称“电视培训”），采取政府统一规划、积极推动、经费扶持、监督考核，企业积极组织、安排时间、落实人员、保障经费，职工积极参与、自习为主、面授为辅、考核成绩与切身利益挂钩等方法，全市参加培训职工达22.67万人。以各地文化宫为基地，组织职工观看安全生产教育片近30部，观看职工达10万余人次。中国致公党中央名誉副主席、著名学者、安全工作专家杨纪柯致信国务院总理温家宝，充分肯定南通做法。12月，温家宝第一次批示“请全总、安全生产局研究，望告”，肯定南通市开展电视培训工作经验。

2004年10月，杨纪柯到海安对电视培训开展调研，并再次致信温家宝总理，提出“在全国推广”建议。12月，温家宝第二次对南通市开展电视培训工作批示“纪柯同志意见很好，请国家安监局会同有关部门研究。”

2005年，市总工会和市安监局联合下发《关于开展全市职工安全生产知识普及教育活动的通知》，召开推广海安县安全生产知识培训经验现场推进会。11月，省总工会在海安县召开职工电视培训现场会。

2006年，电视培训在政府指导下，各级工会和安监部门积极配合，扎实推进培训工作。2月，温家宝对杨纪柯再次赴海安调研情况报告后，第三次对南通市开展电视培训工作批示“纪柯同志多次就电视培训提出建议，均很有益。全总和安监总局要认真研究采纳。”是年，全市参加培训和考试职工达25万人，其中农民工10万人，超出计划的19%。6月，推动市政府召开全市职工电视培训动员大会，全面启动“十一五”百万职工电视培训活动。市总工会获全国职工安全和消防卫生知识普及教育优秀组织单位。县(市)区均将电视培训纳入政府或安委会工作计划，将培训任务分解至乡镇及有关部门，并签订责任状。

2008年，深入实施百万职工电视培训工程，参加培训职工达24.7万人。将培训任务分解到县(市)区，并列为2008年“安全生产监督管理责任书”及年度考核指标。与市安监局联合召开“百万职工安全生产知识电视培训工程”推进会议，对55个先进集体和53名先进个人予以表彰。

2009年，南通市提前完成百万职工电视培训工程五年任务，累计培训职工110.8万人。

2010年，市总工会与市安监局等部门联合在全市开展“百万职工安全生产知识网络培训工程”，实施第二轮百万职工安全生产知识全员培训。培训突出农民工群体，利用网络平台，针对不同行业特点，有针对性地设置课程，全市8万人参加培训。

2011年，全市参加安全生产知识网络培训职工达12万人。

2012年，市总工会联合市安监局下发《关于进一步加强职工安全文化建设的意见》，通过实施“五个一百工程”，集中开展职工安全文化建设。与市安监局联合召开安全生产知识培训总结表彰会议。

2013 年，市总工会与市安监局等单位联合开展企业外来务工人员安全培训。

2014 年，市总工会联合市人社局等部门举办生产型企业工伤预防和工伤保险政策培训班。

第四节 事故隐患排查和职业危害防治

针对企业生产中存在的事故隐患和职业危害，发动、组织广大职工群众广泛开展各种卓有成效的预防事故和职业危害的活动，是工会劳动保护工作的一项重要任务。

1989 年下半年开始，由市总工会牵头，会同市经委、市劳动部门，在全市组织开展“创建安全合格班组”活动，并将其纳入安全目标责任制考核内容。

1993 年起，市总工会认真贯彻省总工会制定的“事故隐患和职业危害监控法”，建立起有毒有害化学物质信息卡、危险源点警示卡和安全检查提示卡，在全市企业普遍推广。

1998 年，南通市工会劳动保护工作坚持预防为主，独立开展群防群治有了新突破，推广应用国际劳工组织有毒有害化学物质信息卡的试点工作被全国总工会表彰，国际劳工组织北京局首次为受表彰的单位及个人发函祝贺。10 月，市总工会应邀在全国总工会海南师资培训班上作范例示教。是年，全市伤亡事故较 1997 年同期有明显下降，死亡 3 人以上的重大事故为零。

1999 年 9 月，全国总工会建筑安全检查表应用修订研讨会在南通召开。受全国总工会委托，市总工会会同市建筑总公司等制作了“建筑安全”科教片，这是一部建筑施工现场安全标准化管理的教育片。

2002 年，市总工会参与全市有毒有害化学品生产销售和使用专项整治工作，发动广大职工排查和整治事故隐患，把实施危险源点监控法与“安康杯”竞赛活动有机结合。

2005 年，市安监局、市疾控中心与市总工会召开联席会议，商讨进一步加强职业危害和职业病防治等方面的问题。推广应用“监控法”，推行“工会主动参与改善中小企业劳动安全卫生状况工作法”(简称 POSITIVE)，日本国际劳动财团项目官员元林稔博先生来南通考察并充分肯定，称赞南通是中国推广该工作法的榜样。

2006 年，市总工会进一步实施“监控法”，加强对危险源点的监控，对危险源点和职业危害进行初步排查建档，对市直属企业 226 个 A 级监控点实施了监控措施并挂牌监控。全市百人以上的生产型企业推广应用“监控法”达到 73%。

2007 年，全市百人以上生产型企业推广应用“监控法”达到 75%。各级工会组织参加各类安全检查 1105 次，查出事故隐患 6050 项，提出整改意见 3980 条，发出“隐患整改通知书”73 份，采纳率 75%。

2008 年，为保奥运、促发展，结合全国安全生产百日督查专项行动，市总工会组织开展“查找岗位隐患”“事故假想”等活动。全市各类企业共查找事故隐患 14521 条，排查消除事故隐患 12340 条，治理整改率达到 85%。

2009 年，市总工会开展全市首届安全生产隐患排查治理技能竞赛活动，通过以赛带训、以赛带练，引导企业深入开展安全生产事故隐患排查治理。在“岗位隐患治理”活动中，企业组织职工共查找事故隐患 17860 条，消除事故隐患 15432 条，治理整改率达到86.4%。开展“职工安全生产权利义务卡”征集活动，累计征集 1.5 万张。转发海门市《关于在全市企业中推行签订劳动安全卫生专项集体合同的通知》，推广海门市的做法。

2010 年，市总工会联合安监等部门全面推广应用“1+3”安全监控体系（事故隐患和职业危害监控法加事故隐患和职业危害动态管理机制、系统评价机制、持续改进机制），制定《南通市“1+3”安全监控工作体系实施方案》，并召开专题会议。全市有 2800 余家企业实施“1+3”安全监控体系，其中，1200 家对原已实施监控体系进行了完善，规模危化品生产企业实现“1+3”安全监控体系全覆盖。开展全市第二届安全生产隐患排查治理技能竞赛活动。

2011 年，市总工会组织人员到淮安市学习全面推广应用“1+3”安全监控体系的经验，联合市安监局等部门，召开专题会议，在全市规模以上企业全面推广淮安经验。开展“工伤保险杯”全市第三届安全生产隐患排查治理技能竞赛活动。

2012 年，市总工会认真开展“四项排查”活动（突出信访问题、有风险的预警项目、安全事故隐患、基层基础工作薄弱环节），突出抓好党的十八大期间工会劳动保护工作。开展全市化工、造船和钢丝绳制造行业职业危害防治基本状况调查，征集推行职业危害告知卡、“1+3”安全监控图卡和劳动安全卫生集体合同优秀文本。开展有限空间作业场所专项排查治理活动。

2013 年，市总工会与有关部门联合开展“职业病防治”宣传周活动。及时转发全国总工会《关于充分发挥工会劳动保护监督检查作用，促进企业安全生产的紧急通知》，组织职工开展“查找我身边的消防安全隐患”专项活动，开展安全监督检查活动 136 次，督促企业整改危害职工身心健康和生命安全的事故隐患 260 件。联合安监支队，进行劳动保护监督检查。积极推动职业危害高危行业企业深化推行劳动安全卫生专项集体合同。

第五节 工会劳动保护宏观参与

市总工会参与有关政策文件的制定，从源头上维护职工在劳动过程中的安全与健康权益。履行工会法定职责，参加生产安全事故调查处理。

1992 年，市总工会对 1987 年以来连续五年的工伤事故，进行深入系统分析和论证，针对隐瞒事故等突出问题，提出相应措施和建议，得到市政府的充分肯定和采纳。

1993 年，各级工会进一步加强职工劳动保护工作的检查监督。市总工会参加 5 次全市安全生产大检查和 8 次“三同时”（对新建、扩建企业和技术改造工程中的劳动条件和安全卫生设施与主体工程同时设计、同时施工、同时投产使用进行监督）验收，参与处理31 起工伤事故，与有关部门对全市第一批重大隐患整改项目进行跟踪监督检查。

1994 年，各级工会进一步加强安全生产和职工劳动保护工作的检查监督。市总工会参与处理工伤死亡事故 26 起，其中 4 起为重大事故。参加安全生产、劳动保护执法大检查、劳动用工大检查和三资企业女工劳动保护大检查，提出改善安全生产和劳动条件的建议。是年,在参与处理两起特大火灾事故后,市总工会向市政府提出建议,呼吁强化预防措施,组织专门力量,研究和制定南通市重大灾害性事故紧急处理预案,得到市政府和相关部门重视并取得共识,研究确定农药厂大量氯气泄漏、江海危险品库区火灾爆炸、汽渡火灾等7个预案。市总工会牵头起草汽渡火灾和海损事故2个预案,通过了专家评审。从1995年起,市政府把这项工作纳入各级政府和部门的责任目标。由市安委会发文,在各县(市)和重点行业、企业实施,完成预案17个,并对预防和处理灾害性事故作了首次演习。这项工作产生了广泛影响,《中国工运》等报刊作了介绍。

1995年,《劳动法》实施后,各级工会和劳动行政部门对企业执行劳动标准的情况进行检查,督促企业严格执行《劳动法》规定的工作时间、休息休假等各项劳动标准。市总工会对219家企业、3314名职工进行安全生产和劳动保护执法情况问卷调查。各级工会积极协助和督促行政不断改善职工的劳动条件和作业环境。参与调处工伤事故16起。

1998年,受国家安全生产监督管理局委托,市总工会起草《建筑安全检查表》,为在全国加强建筑业安全检查工作做出贡献。

2002年,市总工会深入开展安全生产大检查、专项整治活动,有效遏制了重特大事故的发生。加强对基层的指导、服务、培训力度,积极参与新建、扩建、改建工程劳动安全卫生"三同时"审查验收和工伤事故调查处理。组织省政协在南通委员对非公企业安全生产劳动保护情况进行考察。是年,市总工会姚光谱应邀参加由国家安全生产监督管理局三司组织的安全检查表研制专家组,被省总工会特聘为劳动保护专家咨询组成员,参与全国总工会、江苏省总工会编制劳动保护教材、培训和检查验收等工作。

2003年,市总工会对全市110家企业尘毒和治理情况进行调查。参加78个项目的安全预评价和"三同时"验收。

2004年,市总工会在全市145家企业中开展万名职工劳动保护权益调查。对40余个项目进行"三同时"监督,对14起伤亡事故进行分析和处理。

2005年,市总工会开展工会劳动保护法律法规落实情况调查,调查1250家企业、3960名职工。配合国家安监总局开展企业职业安全卫生情况调查。全年参加20起事故调查,参加7个较大项目"三同时"验收。

2006年,各级工会参加1169起事故的调查处理,其中市总工会直接参加26起死亡事故的调查。

2007年,市总工会下发《参与"安全生产月"活动工作要点》。参加22起死亡事故的调查,对市级管辖的3个建设工程8个项目进行劳动安全卫生设施的审查验收。

2009年,市总工会参与《市政府关于进一步加强劳务用工安全生产管理工作的指导意见》《南通市安全生产委员会成员等有关单位安全生产工作职责》等文件的起草和修改。

2012年,市总工会参与市政府安全生产目标管理考核。联合公安等部门开展省级"平安企业"推荐工作,参加11起事故调查,联合市安监局、市经信委开展优秀安全管理企业家评选表彰工作。

2013年,市总工会参与筹建市工伤预防协会,与市安监局等部门建立职业病防治工作联席会议制度,联合举行 2012 年较大安全生产事故新闻通气会。参与 15 起事故调查处理,提出 57 条处理建议。

2014 年 4 月,如皋市双马化工集团发生爆燃事故,市总工会积极参与事故处理。9 月,全国总工会在沈阳召开全国工会劳动保护基层基础建设现场推进会,市总工会主席葛玉琴在会上作题为“主动作为,找准定位,努力构建工会劳动保护工作新模式”的交流发言。

南通市总工会参与工伤事故处理汇总表

表 2-5-2

年份	参与处理数(起)	年份	参与处理数(起)
1990	18	2003	21
1991	26	2004	14
1992	21	2005	20
1993	31	2006	26
1994	26	2007	22
1995	16	2008	18
1996	14	2009	16
1997	13	2010	14
1998	11	2011	15
1999	21	2012	11
2000	19	2013	15
2001	20	2014	14
2002	17		

第六章　职工民主管理

20世纪90年代以来，南通工会始终围绕促进企业改革发展和维护职工合法权益的"双赢"目标，组织职工参与民主管理，逐步建立健全职工代表大会、集体协商、厂务公开、职工董事监事等各项制度，形成了工会与党委、政府、社会各界通力合作，联手推进职工民主管理的工作格局，为构建和谐劳动关系、促进经济健康快速发展发挥作用。

第一节　职工代表大会

职工代表大会(以下简称"职代会")是企事业单位民主管理的基本形式。在不同时期、不同所有制企业中坚持和完善职代会制度，是切实落实全心全意依靠工人阶级方针的具体体现，是保障职工民主权利、促进企业健康发展的重要制度。

一、公有制企事业单位完善职代会制度

20世纪90年代初，南通市建立厂、车间(分厂)、班组三级民主管理制度。1990年4月，市总工会召开车间民主管理交流研讨会。5月，制定《车间(分厂)民主管理工作暂行办法》。截至年末，50%的大中型企业推行车间级民主管理，开展班组民主管理试点。

1992年，南通市开始进行转换大中型企业经营机制和股份制改革，同时作为配套措施，启动实施劳动、人事、分配三项制度改革，并选择不同类型企业作为改革试点。市总工会积极参与，定期召开试点企业工会主席例会，指导基层在促进企业转换经营机制中落实职工民主权利。3月，市总工会下发《南通市班组民主管理工作暂行办法》。4月，召开企业班组民主管理工作经验交流会，全国总工会基层工作部、省总工会民管部及市经济体制改革委员会、市委组织部的领导参加会议。通棉三厂等4家企业在会上交流经验，市总工会主席戈雪芬要求各级工会在深化企业改革中加强民主管理工作，强化厂级职代会，普及车间职代会，扩大班组民主管理试点。是年，70余家企业试行职代会表决票决制。

1993年，市总工会组织545家国有企业12852名职工代表自查企业民主管理工作。

1994年末开始，全市进行现代企业制度和"先售后股"试点改革，市总工会参与起草《现代企业制度试点意见》，提出"坚持职代会制度、工会主席参加董事会、履行完善共保合同制度"等建议被采纳。组织545家国有企业、1.29万名职工代表参与企业民主管理自查工作。

1995年5月，市总工会、市纪委、市体改委和市劳动局四部门联合出台《关于在转换企业经营机制建立现代企业制度中加强职工民主管理的意见》，要求坚持和完善职代会制度，适应新体制要求调整职代会职权。市委组织部、市委宣传部、市经委和市总工会联

合开展评选“依靠职工办企业优秀厂长”活动。7月,与市纪委、市监察局、市经委联合推动建立国有企业业务招待费使用情况向职代会报告制度。11月,市总工会王霞春、汪俊被评为全国优秀民主管理工作者。

1996年1月,市总工会下发《关于在企业产权制度改革中加强工会工作和职工民主管理的若干意见》,明确提出企业改制方案、实施细则、募股办法、公司章程等必须经职代会讨论通过并作出决议后才能实施等意见。市委组织部、市委宣传部、市经委和市总工会联合召开“依靠职工办企业优秀厂长表彰大会”,表彰优秀厂长(经理)45人。3月,部署开展职代会制度自查活动。组织实行现代企业制度和“先售后股”试点改革企业工会主席先后赴省总工会参加培训、赴上海纺织系统学习先进经验。

1997年1月,市总工会制定《关于市属改制企业加强和完善职工民主管理的试行意见》,着重加强对职代会规范操作的指导。2月,市委组织部、市经委、市监察局、市总工会联合下发《关于加强民主评议企业领导干部工作的通知》,要求职代会每年组织一次民主评议企业中层以上领导干部,以加强群众监督,促进领导班子建设,促进企业改革发展。7月,召开全市企业民主管理经验交流会,市粮食局党组、南通电子专用设备厂和南通方圆纺织有限责任公司工会等单位介绍经验,市委副书记曹能新到会讲话。是年末,全市开展民主评议企业领导干部的国有集体企业1181家,被评议的企业领导干部9481人,其中,329人受到表彰、奖励或晋级,89人被交流,190人被免职,22人受到降职处理。市总工会“在中小企业改制中切实保障职工的合法权益——对南通市中小企业‘先售后股’情况的调查”在《中国工运》刊登。市总工会参与企业改制经验在全国总工会召开的会议上作介绍。是年,市总工会派员为新疆生产建设兵团工会举办的改制培训班授课。针对全市“先售后股”改制企业的实际情况,为解决好股东与职工权益的关系,召开改制企业民主管理研讨会,制定下发《职代会操作办法(试行)》《区域(行业)职代会实施办法(试行)》,对股份合作制企业职工股东大会具体操作作了探索性的规定。

2001年10月,市总工会开展推进两个机制(以职代会为基本形式的职工民主管理机制和以开展平等协商签订集体合同为主要形式的协调劳动关系机制)建设情况的调查,形成调查报告。

2011年,市总工会开展职代会规范化建设年活动。3月,下发《职工代表巡视检查活动试行办法》,要求各级工会定期组织职工代表对职代会决议贯彻落实情况等十项内容进行巡视检查,保证职工代表民主参与渠道的畅通。4月,制订《关于开展职工代表述职评议工作试点的指导意见》,要求各县(市)区选择不少于10家企事业单位和1个区域(行业),各产业(系统)不少于1家企事业单位作为试点,从根本上保证代表发挥作用,实现代表作为。

2012年,中央纪委、中央组织部等六部门联合下发《企业民主管理规定》,市总工会及时组织学习和宣传贯彻。3月,在全省率先下发《关于建立企业民主管理数据库的通知》,要求将职代会、集体合同、工资集体协商和劳动关系和谐企业创建等情况实名录入、据实填写、动态更新。4月,到县(市)区开展调研检查活动,推动、督促职工代表巡视检查、述职评议制度落到实处。8月,全市数据库基本建成。在全市推广建立职代会“一函两书”制度,即:职代会换届提示函、职代会超期整改建议书和职代会超期整改情况报告书。10 月，市总工会在全市企事业单位中开展"十佳职工代表""优秀职工代表"评选活动。

2013 年 4 月，经逐级推荐、组织评审、公开公示等环节，市总工会首次表彰"南通市十佳职工代表"和 52 名"南通市优秀职工代表"。

2014 年 2 月，为贯彻党的十八大精神，市总工会下发《关于建立"4321"定点挂钩联系制度推动企业协商民主深化发展的通知》，要求建立市、县(市)区、乡镇(街道、园区)三级工会与企业定点挂钩联系制度，其中，市总工会分管领导、部门负责人和一般干部各与 4、3、2 家，县(市)区总工会分管领导、部门负责人各与 3、2 家不同类型企业建立联系制度；乡镇(街道、园区)工会负责人与 1 家企业建立联系制度。全市共建立联系企业 120 家。市总工会在对本级联系点开展实地调研的基础上，指导各企业总结提炼符合企业个性特色的协商民主经验，其中海安双弘纺织有限公司在 9 月召开的全省职代会制度规范化建设经验交流会上做经验交流，通州区总工会和海门中南建设集团的做法得到省总工会推介。7 月，在全市企业中开展"说协商、话民主、促和谐"感言感悟征集活动，征集通过集体协商、职代会、厂务公开等制度化平等协商渠道，就企业发展的重大问题和涉及职工切身利益的重要事项展开对话、沟通、协商、妥协、合作而产生的心灵感悟或得出的实践结论。截至 8 月末，共收到应征作品 1021 条，经多轮评审，评出一等奖 3 个，二等奖 12 个，三等奖 37 个，入围作品 80 个，汇编成《"说协商、话民主、促和谐"感言感悟集锦》，在全省企业协商民主汇报交流会上作展示，被誉为浓缩的企业协商民主精华本。9 月，表彰"十佳职工代表"，并颁发市五一劳动奖章，召开"十佳职工代表"先进事迹推介会，此做法在全省开了先河，其他地市也相继跟进。

1990~2014 年，全市共进行三次大规模的职工代表培训。1990~1992 年，对职工代表开展民主管理基本知识系统培训，市总工会培训师资 343 人，全市培训职工代表 2.4 万人。1993 年 9 月，市总工会被全国总工会表彰为职工代表培训工作先进单位、市总工会王霞春被全国总工会表彰为职工代表培训优秀教师，同时，南通港务局工会、如皋市总工会、如东县总工会被省总工会表彰为职工代表培训工作先进单位。1997~1998 年，对职工代表普遍进行集体协商与集体合同基本知识与能力培训。1997 年 4 月，市总工会下发《集体协商和集体合同培训工作计划》，并举办三期师资培训班，共培训 150 余人。基层的培训任务由经过培训的师资承担，培训教材由全国总工会指定。2008 年 1 月，《劳动合同法》和《江苏省企业民主管理条例》实施，全市举办培训班 48 期，培训职工代表 9200 余人，印发辅导材料 1.5 万册。

二、非公有制企业建立职代会制度

企业改制的深入，推动全市非公有制经济迅猛发展，在非公有制企业中加强民主管理、维护职工合法权益成为工会工作的重点。

1993 年 11 月，市委、市政府"两办"转发市总工会《关于加强股份制企业职工民主管理工作的试行意见》。

1998 年 5 月，市总工会召开公有股权退出企业民主管理情况座谈会。

2000 年，以私营企业南通五金机电公司建立首家职代会为标志，全市非公有制企业职代会建设进入试点实践阶段，职代会制度逐步向非公有制企业延伸。2月，市厂务公开协调小组办公室下发《关于普遍建立和规范职工代表大会报告制度的通知》。

2001年9月，市总工会下发《南通市公司制企业职工代表大会规定》。

2002年，市总工会将推动非公有制企业建立职代会列为当年的重点工作。按照"工会组织建到哪里，职代会制度就建到哪里"的工作思路，实现建家与建制同步，选树南通惟越集团和江苏林洋电子公司等典型。惟越集团董事长、总经理陈志凌在全省非公有制企业工会工作经验交流会上，以"民主管理是企业凝心聚力的法宝"为题作了交流发言。海安县委把职代会和平等协商、集体合同两个机制建设列入党建工作考核内容，如东县、港闸区出台《关于在新建企业建立职工代表大会制度的意见(试行)》。6月，市纪委、市委组织部、市委企业工委、市经贸委、市劳动局、市监察局、市总工会等七个部门联合下发《南通市非公有制企业实行职工代表大会制度的暂行办法》，就非公有制企业实行民主管理的基本形式和职代会所享有的参与建议权、审议通过权、评议监督权、选举罢免权等作了明确。

2003年7月，市总工会组织对各县(市)区非公有制企业民主管理情况进行调研检查。10月，下发《关于深入推行非公有制企业职代会制度的意见》。11月，召开全市非公有制企业民主管理工作经验交流研讨会，19家不同类型的单位介绍经验，8个县(市)区作研讨发言，市总工会主席陈心万作总结讲话。是年，全市已有1562家非公企业建立职代会制度，比上年增加925家，增幅为145%。其中905家百人以上企业，建制率为91%。

2004年，市委把非公有制企业推进职代会制度建设工作纳入"机关作风建设"和"市级机关创建全省最佳办事环境"的重要指标进行部署和考核，市人大将此列入考察内容进行督查，市总工会开展"百家非公有制企业民主管理示范单位""百家民主管理优秀组织单位"评选表彰活动。12月，市总工会被评为"江苏省探索非公有制企业职代会建设先进单位"。

2005年，市总工会建立非公有制企业职代会制度建设推进组。海门市委办公室、市政府办公室转发海门市纪委等六个部门《进一步加强非公有制企业职工民主管理的意见》、崇川区制定《关于在社区、村非公有制企业推行集群职代会制度的工作意见》，形成海门行业职代会、通州兴东镇村级区域职代会、崇川区商业一条街、楼宇、商场超市、餐饮等服务业职代会等特色经验。年末，全市有13754家非公有制企业建立职代会制度，其中以联合职代会形式覆盖的企业7227家。

南通市十佳职工代表名单

表2-6-1

表彰年份	姓　名
2013	李克勤　张爱民　徐相军　李忠卫　陆红辉　叶晓亮　沈　云 朱红耀　吴东海　沈建春
2014	陈日明　孟爱军　茅海忠　何冰洁　姚桂萍　葛明霞　徐　建 周拥军　鲁星光　高宜友

第二节 集体协商与集体合同

通过集体协商签订集体合同，是市场经济条件下职工参与管理、表达诉求、维护权益的重要途径。南通推行集体协商制度的工作，经历在企业承包中签订共保合同、按照《劳动法》规范推进集体合同、依法推进工资集体协商等发展阶段。

一、共保、集体合同

共保合同制诞生于20世纪80年代。由企业厂长(经理)代表行政、工会主席代表职工签订共保合同，确保企业承包目标的实现和职工物质利益的提高。1988年5月，市总工会在通棉三厂召开签订共保合同现场会，推广该厂由厂长代表行政、工会主席代表职工，在职工代表大会上签订共保合同的做法，此举将厂长在企业经营中的管理权威和职工的主人翁地位有机统一起来，形成企业利益共同体。8月，市总工会、市体改委联合召开共保合同经验交流会，通棉三厂、色织二厂、人民印刷厂等企业介绍经验。

1990年，市总工会联合市体改委、市经委下发《关于在承包企业进一步推广共保合同制的意见》。

1991年，全市实行二轮承包的企业中有741家签订共保合同，占应签数的80%。市总工会与市体改委、市经委联合召开推行共保合同研讨会。

1992年4月颁布施行的《工会法》提出："工会可以代表职工与企业、事业单位行政方面签订集体合同"，首次提及"集体合同"。是年，推行共保合同工作被全市职工评选为近五年中工人运动、工会工作十件大事之一。到年末，全市实行二轮承包的近千家企业实行共保合同制。

1993年2月，市总工会等三部门联合转发省总工会、省体改委、省计经委《关于在转换企业经营机制中进一步完善发展共保合同制的意见》，召开市区共保(集体)合同制研讨座谈会。

1994年7月，《劳动法》颁布。12月，劳动部出台《集体合同规定》，明确以集体合同的形式保护职工劳动报酬、工作时间、休息休假、劳动安全卫生、保险福利等方面的合法权益。通棉三厂在年度职代会上签订《企业利益共同体集体协议书》，对共保合同与集体合同的接轨进行有益的探索，市总工会在全市推广其做法。

1995年，市总工会将推进建立集体合同制度作为贯彻《劳动法》、加强工会基层建设的"牛鼻子"工程。1月，市总工会下发《关于做好共保合同与集体合同接轨工作的通知》。3月，举办建立集体合同制度培训班。4月，全国总工会召开共保合同与集体合同接轨专题研讨会，市总工会在会上作交流发言。5月，市经委、市劳动局和市总工会联合召开市区现代企业制度试点企业、部分三资企业和市属工业企业推行集体合同制度座谈会。7月，市总工会与市劳动局就集体合同登记备案等工作召开县(市)工会与劳动部门座谈会，召开市区推行集体合同制度经验交流会和企业行政领导推行集体合同制度座谈会。同时，抓住一批不同类型的典型，在签订集体合同上先行一步、规范操作、加强合同中期管理。色织一厂和通棉三厂的经验在全国总工会主席团会议上作交流。市总工会对签订集体合同工作实行季度通报制度，到年末，全市有233家企业签订集体合同，405家企业在共保合同中充实了劳动关系内容。

1996年9月，江阳服装公司和南通海狮船舶机械有限公司公司开展集体谈判（协商）、签订集体合同的经验在全市工会工作会议上进行交流。通棉三厂的经验在全省工会工作会议上交流。12月，市总工会下发《关于加强集体合同档案管理的通知》，要求建立健全基层企业—企业主管工会—县(市)区总工会三级集体合同档案。

1997年，为解决大量乡镇企业签订集体合同的难题，市总工会积极开展区域性集体协商和集体合同的试点工作，下发合同文本和《民主管理文件资料汇编》，深入乡镇进行具体指导。推广新开镇在签订区域性集体合同前，由下属企业行政和工会在合同上签字认可的做法。是年，有20余个乡镇签订区域性集体合同。建立和完善市—县—县中间层次—基层企业四级集体合同档案。

1998年，市总工会对推行平等协商、签订集体合同工作实行“786”目标管理，即：全市建会企业签订率达70%，国有、集体、乡镇企业签约率和覆盖率达到80%以上，外商投资企业和私营企业达到60%以上。全国总工会首次对推行集体合同工作进行表彰，市总工会被评为全国集体合同建制先进单位，市总工会汪俊被评为全国集体合同建制工作先进个人。

1999年，进一步扩大集体合同建制面，认真做好合同到期和改制企业集体合同的续签、重签工作，集体合同建制企业总数达4400家，比1998年总量翻一番。8月，市总工会被评为江苏省推行集体合同工作先进单位。

2001年10月，市总工会与市劳动局、市经贸委联合下发《关于建立健全集体合同工作监督保证机制的意见》。钟秀乡工会在全省推行集体合同、劳动合同制度会议上作“推进集体合同制度，协调企业劳动关系”的经验交流。

2002年4月，市劳动局、市经贸委、市总工会、市工商局和市企业管理协会联合下发《关于贯彻〈关于实施“集体合同和劳动合同管理年”的工作意见〉的通知》。7月，市委、市政府召开全市推进集体合同和劳动合同制度工作会议，海门市委、市政府、大生集团、醋酸纤维有限公司、惟越集团作大会交流发言，市委副书记王德忠到会讲话。

2003年7月，市总工会与市劳动局监察支队联合开展为期一个月的“集体合同、劳动合同签订与履行情况”执法大检查。11月，市人大代表、政协委员考察检查，督促企业落实集体合同条款。

2004年3月，市总工会开展集体合同工作调研评估活动，形成《关于推行集体协商和集体合同制度的调查报告》，并就制定《江苏省平等协商和集体合同条例(草案)》提出建议。

2014年6月，市总工会转发全国总工会《深化集体协商工作规划(2014~2018年)》，并抓好落实工作。

二、工资集体协商

南通市工资集体协商工作起步于20世纪80年代。中日合资南通力王公司和中美合资南通醋酸纤维公司分别于1988年、1989年首开全市工资集体协商工作的先河。

1998年4月,市总工会转发全国总工会《工会参加工资集体协商的指导意见》,确定12家工资集体协商试点单位。10月,召开推行工资集体协商制度座谈会。

2000年初,市总工会在全市确定100家不同类型的企业作为首批推行工资集体协商试点。4月,市总工会与市劳动局联合下发《南通市企业工资集体协商工作意见》,确定"南通市企业工资集体协商协议(样式)"。联合举办建立工资集体协商机制报告会,推出9家工资集体协商典型。10月,联合召开企业工资集体协商座谈会,8家企业交流经验。至年末,100家试点企业全部签订工资集体协商协议。

2001年3月,市总工会与市劳动局联合下发《关于进一步推行工资集体协商制度的实施意见》。

2002年,海门市总工会在抓好工资集体协商普遍建制的同时,积极探索行业性工资集体协商途径,推出以货隆镇17家铝合金加工业为代表的全市首份行业工资集体协商协议。此后,又促成9个行业的工资集体协商协议签订。

2003年末,全市有1963家企业推行工资集体协商制度,比上年净增1151家,同比增长142%,签订行业(区域)工资协议37份。

2004年,省、市总工会两次赴海门,总结该市跨区域工资集体协商的经验,海门市签订行业工资集体协商协议成为全省、全国的创新之举。

市总工会将2005年确定为工资集体协商"行动年"。通过建制、扩面、提质"三同步"推进平等协商和集体合同制度的建立与完善。3月,市委下发《关于进一步加强和改进新时期工会工作的意见》中,明确要求各级政府把企业工资集体协商作为实施"富民工程"、构建和谐社会的重要内容,列入目标管理考核体系。是年起,每年集中开展工资协商春秋季"双百日"要约行动,全市上下整体联动,形成声势。5月,市总工会建立工资协商指导小组,并开始建立市、县两级工资协商指导员队伍。10月,市政府出台《关于进一步推进企业工资集体协商工作的意见》,要求全市符合条件的各类企业工资集体协商建制率三年内分别达60%-80%以上。11月,市政府召开全市企业工资集体协商工作会议。12月,市总工会与市劳动保障部门在市属企业中创新推行"一函六书"制度,即"特别提示函—要约书—回复书—整改建议书—限期改正指令书—工资审查意见书—履约报告书",环环相扣,递次开展。其中"特别提示函"的制度设计初衷是为了解决实际工作中,一些企业经营者不愿谈、不肯谈,部分工会干部不敢谈、不会谈等问题,由市劳动部门和市总工会向企业行政和工会共同发出,用善意提醒取代"指令性"工作要求,受到了企业行政和工会的欢迎,推动建制工作进入快车道。

市总工会将2006年确定为工资集体协商"发展年"。年初,召开市协调劳动关系三方会议,将工资集体协商工作列为全年工作重点。3月,市总工会、市劳动局、市企业联合会联合下发《关于深入推进企业工资集体协商工作的实施意见》。工资协商指导员队伍建立一年后,涌现出一批优秀工资协商指导员,通州市石港镇工会主席高和清成为全省典型。9 月,在省总工会工资协商成果展示会和培训提高班上,高和清介绍指导企业开展工资协商的做法和体会。同月,开展全面建设工资协商“152 工程”,即在全市树立100家,在县(市)区树立 50 家,在产业、乡镇各树立 2 家不同类型、各具特色、可借鉴性强的工资协商典型。11 月,市协调劳动关系三方对各县(市)区推进工资协商工作情况进行调研检查。下半年,在总结市属企业试点经验的基础上,市总工会向县(市)区下发《关于推广“一函六书”制度的通知》,印发“一函六书”样本,在全市推广。

市总工会将 2007 年确定为工资集体协商“普及年”,印发“企业工资专项集体合同(样本)”。5 月,开展企业工资协商建制质量和工作成效调查,抽取 1500 家企业样本,通过企业高管、工会干部、职工三类调研问卷,了解工资集体协商制度建立与运行情况、工作成效,以及职企双方的主观感受、评价和建议,形成调查报告。

2008 年,工资集体协商工作纳入市政府重点工作目标,实行季度督查,建立通报制度,有力推动工资集体协商工作的深入开展。是年,全市推行“一函六书”制度经验分别在全国、全省工会工资集体协商研讨会上作介绍,成为南通工会工作的一个品牌。7 月,全国总工会党组书记、副主席孙春兰在全国总工会办公厅《工会要情》(第 89 期)对“南通市总工会‘一函六书’推进工资集体协商”作出批示“南通的办法很好。”是年起,市总工会聘请一批懂政策、精业务、会协商的人员担任协商指导员,推荐高和清和南通建工集团公司工会主席沈洪波担任为省级工资集体协商指导员和谈判员。

2009 年,针对国际金融危机对国内经济的影响,市总工会制定《关于适应经济形势新变化深化工资协商的意见》,开展金融危机背景下工资协商案例征集活动。8 月,转发《通州区总工会关于在全区全面推行“二元化工资集体协商工作”的意见》。在全省工资协商交流展示会上,南通建工集团工会主席沈洪波以“当好职工方首席协商代表”为题参与职工论坛交流。

2010 年是劳资矛盾多发的一年。从富士康跳楼事件到南海本田停工事件,代表工人利益的工会组织面临前所未有的挑战。为了促进劳资关系和谐,是年,全国总工会提出“依法推动企业普遍建立工会组织、普遍开展工资集体协商”(以下简称“两个普遍”)的工作目标。4 月,南通有 6 人参加全省工资集体协商指导员、谈判员培训班,沈洪波在培训班上授课。5 月,市总工会下发《关于推进行业性工资集体协商工作的指导意见》,实施分类指导,同时,对启动要约、协商准备、正式协商、审议通过、审查备案、公布公示、履行报告等协商程序进行明确,确保运作规范。12 月,“南通市推行‘一函六书’制度激活工资协商内在动力”获全省厂务公开民主管理创新实践成果一等奖。

2011 年,市总工会着重在非公有制中小企业、世界 500 强在华企业、区域性、行业性企业工资集体协商三个重点领域加大推进工资集体协商力度,不断提高协商质量,切实发挥协商作用。2 月,开展企业工资协商建制质量和工作成效调查,抽取 200 家企业样本,形成调查报告。3 月,在省内率先建立由 3 名资深劳资干部组成的工资协商专家指导组,制定相关管理办法。是年,市委、市政府把工资集体协商工作纳入南通市国民经济和社会发展“十二五”规划纲要。5 月,市人大常委会主任会议专题听取市政府关于企业开展工资集体协商情况的汇报。市总工会首次开展工资集体协商典型案例征集活动,征集典型案例近百个,从中选取优秀典型案例 15 个,编辑《工资集体协商典型案例选》。9 月,举办全市工会工资集体协商指导员、谈判员培训班,194 人参加培训。12 月,市政府出台《关于深入推进企业工资集体协商工作的意见》。

2012 年 3 月，市总工会再次开展工资集体协商典型案例征集活动，征集典型案例 94 个,优选 35 个,编辑《工资集体协商典型案例选(二)》。4 月,全省行业工资集体协商现场推进会在海门市召开，推广该市开展行业工资集体协商经验和以行业工会建设为平台,以“三位一体”(在建立行业工会的同时,同步建立落实行业职代会和行业集体协商制度)工作机制为工作基础,以深度调研—汇总测算—制定协商草案—要约协商—修订形成正式文本—行业职代会审议—签约确认—劳动部门鉴定—生效文本下发执行—不定期督查落实等 10 大流程为主要内容的行业工资集体协商工作法。8 月，印发新编“工资专项集体合同(参考样本)”。11 月,市协调劳动关系三方联合下发《关于申报劳动关系和谐企业(示范区)的通知》中明确,将工资专项集体合同签订及履行情况纳入劳动保障监察书面审查范畴，列入劳动关系和谐企业和劳动保障守法诚信单位评选的基本条件,实行一票否决。

2013 年 2 月,市总工会召开全市工资集体协商先进表彰会,表彰先进集体 10 个,先进个人 30 人。开展第三次工资集体协商典型案例征集活动,征集典型案例 104 个,优选 34 个编辑《工资集体协商典型案例选(三)》。3 月，部署开展全市工资集体协商评价工作，分层制定推进工资集体协商工作的评价细则。海门市总工会在全省考核中，以县(市)级工会总分第二的成绩获得 2012 年度江苏省工会工资集体协商工作优秀奖。是年起,市总工会每年向崇川、港闸、开发区总工会各拨付工资集体协商专项工作经费 5 万元,并制定《工资集体协商专项工作经费使用管理办法》,以促进建制率的提高和建制工作的规范化。8 月,市总工会在海门市召开工资集体协商典型案例评析暨工资协商工作推进会,重点推介海门市经验,同时表彰“工资集体协商典型案例”优秀组织者和优秀典型案例,市总工会党组书记、副主席葛玉琴到会讲话。召开工资集体协商典型经验交流会。9 月,在全市企业中启动工资集体协商星级企业创建活动,以一、二、三星级递度创建为基本形式,以扩大企业参与面、职工知晓率和职工满意度为基本导向,以提升工资集体协商质效为基本要求,力争通过三年的努力,使全市 50 人以上建会企业 90%以上达到星级标准,其中二、三星级分别达到 45%、35%以上,星级企业创建活动属省内首创。10 月,市协调劳动关系三方联合召开全市工资集体协商工作推进会,崇川区总工会、海门市化工行业工会联合会、南通双弘纺织有限公司、江苏快达农化股份有限公司等 4 家单位作典型经验介绍，与会人员观看海门市电动工具行业工资集体协商实况录像。11 月,市总工会根据《关于做好企业工资集体协商评价工作的通知》和《企业工资集体协商评价细则》开展 2013 年度企业工资集体协商考核评价工作。

2014 年 2 月,在主动申报、提交资料的基础上,市总工会组织“现场抽签、交叉互评、即时打分”,经党组讨论通过,表彰 6 个县(市)区总工会、8 个乡镇(街道、园区)工会、9 家市总工会直属企业为 2013 年度工资集体协商优胜单位，下拨专项奖励经费近 17 万元。是年,对市总工会工资协商专家组成员进行调整。3 月,开展企业工资协商建制质量和工作成效调查,抽取 200 家企业样本,通过三类调研问卷,统计分析形成调查报告。4 月,市总工会和海安县总工会在全省工资集体协商工作考核中,分别获地级市总分第二和县(市)级总分第三的成绩,被评为工资集体协商工作优秀奖。7月,开展第四次工资集体协商典型案例评选活动,从118个案例中选出42个编印《工资集体协商典型案例选(四)》。10月,崇川区总工会召开行业工资集体协商经验交流暨八仙商贸城行业工资集体协商现场会,市总工会组织各县(市)区总工会分管领导和民管部长观摩学习。是年,海门市总工会、市总工会纪检组组长叶新春、海门市电动工具行业分别被表彰为全国工会贯彻落实工资集体协商三年规划先进集体、先进个人和全国行业集体协商典型。

第三节 厂务公开

一、组织、制度建设

20世纪90年代,经济体制改革进入攻坚阶段,为适应加强基层民主建设要求,满足广大职工了解、参与企业改革愿望,实行厂务公开。

1995年9月,市监察局、市经委、市总工会联合转发三部委《关于国有企业实行业务招待费向职代会报告制度的规定》。

1998年末,建立南通市厂务公开工作协调小组,与党建工作领导小组、国有企业领导班子考核领导小组三合一,由市委副书记曹能新任组长,市委、市政府负责同志为副组长,相关部门负责人为成员,办公室(以下简称"厂开办")设在市总工会。

1999年3月,市委办公室转发市委组织部、市总工会、市经委和市监察局四部门《关于在企业推行厂务公开、加强民主管理工作的意见》。是年,市政协委员两次考察厂务公开工作。

2000年11月,市厂开办下发《南通市厂务公开工作考核实施意见》。

2001年,建立市厂务公开协调小组会议制度、协调小组办公室碰头会议制度、厂务公开工作进展情况通报制度、考核制度等。

2004年6月,市总工会制定实施方案,先后参与对国有企业落实"三个不得"(不得在企业重组改制和破产、资产运营、产权交易过程中擅自决定或为个人和亲友谋取私利,不得在招标采购中收取回扣,不得在企业重组改制、破产中损害国家和群众利益)规定的检查考核和对全市驻通省、部属企业、市各直属国有企业和国有控股、参股企业开展党风廉政建设和反腐倡廉情况的检查调研活动等。是年,市委将厂务公开纳入《关于建立健全教育制度监督并重的惩治和预防腐败体系的决定》。

2005年5月,市厂务公开协调小组召开会议,下发《关于建立健全厂务公开工作质量评价体系的意见》《厂务公开协调小组职责范围、议事规则及成员单位工作分工》《厂务公开工作责任追究制度》《厂务公开协调小组成员单位联系制度的通知》。7月,市委、市政府"两办"下发《关于深入推进厂务公开工作的意见》。

2010年6月,市厂开办转发《江苏省十部门〈关于进一步加强全省厂务公开工作的意见〉》。

2013年起,市厂开办组织"厂务公开民主管理创新实践成果"申报评审活动,鼓励各地不断探索和创新思路、举措，推动全市厂务公开民主管理工作深化。

南通市厂务公开协调小组组长、副组长名单

表 2-6-2

时　间	组　长	副　组　长
1998 年 11 月	曹能新	王德忠 宋家新
2005 年 6 月	曹能新	朱红春 吴晓春 黄鹤群 陈蔓生 张毓余
2008 年 5 月	郭腊军	陆玉明 朱　晋 黄建东 陈蔓生
2012 年 2 月	韩立明	陆玉明 徐　辉 刘　锋 宗剑峰
2014 年 11 月	张兆江	葛玉琴

二、发展过程

1996 年 6 月，市监察局、市经委和市总工会联合对市纺工、机械、轻工等 13 个系统所属国有企业实行业务招待费使用情况向职代会报告制度进行检查，检查结果显示：市属 192 家企业已实行报告制度的 111 家，占 57.8%；抽查 18 家企业，其中已实行的 14 家。该制度的实施对加强企业领导干部廉洁自律、强化企业民主管理、提高企业经济效益起到积极作用。

1997 年，全市 490 家国有企业中，有 464 家实行业务招待费向职代会报告制度，占 94.7%。业务招待费支出比上年度减少 408.6 万元，降幅为 30%。

1998 年 11 月，市总工会先后三次到江苏南浦机电集团调研后，于 12 月向市委提交报告，市委书记周福元作出批示，市委办公室《转发市总工会〈关于建议推广江苏南浦机电集团实行厂务公开经验报告〉的通知》。

1999 年 1 月起，市自来水公司每季度举办一次"职工论坛"，每次有 10 名左右职工在论坛上向领导反映情况，提出问题和对策建议，实行自下而上的沟通，与厂务公开相辅相成。4 月，市委组织部、市总工会、市经委和市监察局联合在江苏南浦机电集团召开全市推行厂务公开工作现场会，市委常委、组织部部长王德忠到会讲话。市总工会认真抓好 48 家厂务公开示范单位的规范运作，涌现出一批先进典型。如南通江山农药化工股份有限公司实施比质比价采购公开、方圆纺织有限公司"两会"换届改选中工会主席担任副董事长、工会副主席担任监事会主席、市自来水公司举办职工论坛活动等。市厂开办转发推广南通供电局、南通粮油进出口接运公司、通棉三厂等单位的经验。全市坚持业务招待费和企业领导干部廉洁自律情况向职代会报告的企业分别为 632 家和 576 家。

2001 年 1 月，由市纪委、市委组织部、市经委、市总工会等部门人员组成联合考核验收组，对推行厂务公开先进单位和先进企业推荐单位进行考核验收。2 月，在如皋市召开会议，就推进和深化全市厂务公开工作进行全面部署。4 月，在全市庆"五一"表彰大会上，对 8 家推行厂务公开先进单位和 81 家先进企业进行表彰。年末，全市 557 家国有、集体和公有资产占主体的公司制企业实行厂务公开、规范运作；274 所学校、医院和科研院所等事业单位推行内部事务公开；在 145 家非公有制试点企业中，116 家初步推行厂务公开。

2002 年 6 月，市总工会传达学习中办、国办《关于在国有企业、集体企业及其控股企业深入实行厂务公开制度的通知》。年末，全市 326 家国有、集体和控股企业 100%实行厂务公开制度；292 所学校、医院、科研院所等事业单位推进事务公开达 95%，已建会的 1367 家非公有制企业厂务公开建制面达 41%。

2003 年 5 月，市厂开办转发中纪委等五部委《关于深入学习贯彻党的十六大精神做好 2003 年厂务公开工作的通知》。

2005 年 5 月，在全市国有企业领导干部廉洁自律工作会议上，市总工会主席张毓余传达省厂务公开经验交流会议精神。8~9 月，市总工会先后两次与市纪委、市委组织部、市经贸委、市国资委等部门组成联合检查组，对国有、集体及控股企业领导干部廉洁自律工作目标中"推进民主管理，搞好厂务公开"情况进行督查。是年，市总工会获得"江苏省厂（院、校、所）务公开先进组织奖"。

2006 年，为纪念《国营企业职工代表大会暂行条例》颁布 25 周年，省厂务公开协调小组开展纪念依法推行职工民主管理 25 周年征文活动，市总工会获征文组织奖。7 月，全国第四次厂务公开民主管理调研检查，市总工会对市各直属企业开展自查自评工作，组织填写《厂务公开工作质量评价表》。10 月，市总工会分别到汽运集团、粮油接运公司、烟滤嘴公司、自来水公司等单位开展厂务公开等情况的调研。

2007 年 5 月，南通建工集团荣获全国厂务公开民主管理工作先进单位。7 月，全市有 17 家单位获得"江苏省厂务公开民主管理先进单位"称号。年末，全市单独建立厂务公开民主管理的企事业单位累计达到 8807 家，另有 8000 余家通过区域（行业）等建制形式建立厂务公开民主管理制度。

2008 年全球金融危机爆发后，市总工会机关干部分别深入 40 余家企业开展调研，了解企业发展困难和对职工影响。

2009 年 3 月，市委、市政府"两办"转发市协调劳动关系三方委员会《关于深入开展"共同约定行动"的意见》，召开全市"共同约定行动"推进会。开展"共同约定行动"征文活动，全面深化企业民主管理主题活动。南通回力橡胶制品有限公司面对金融危机的冲击，以厂务公开民主管理形式借民力、集民愿、聚民智，采取职工轮休抓培训、降本增效度难关等一系列转危为机的举措，产生良好的效果。市总工会在省厂务公开协调小组开展的征集"国际金融危机背景下企业民主管理"论文征文活动中获一等奖。

2010 年 5 月，市总工会"开展共同约定，实现合作共谋"的经验在全省深化厂务公开民主管理工作经验交流会上作介绍。全市 24 家企业被表彰为江苏省厂务公开民主管理先进单位。8 月，全国第六次厂务公开民主管理工作调研检查组在南通、如东开展调研检查，分别到南通中远船务工程有限公司、江苏九九久科技有限公司听取汇报。11 月，市厂务公开协调小组获全国推动厂务公开民主管理工作先进单位，市五金机电有限公司获全国厂务公开民主管理先进单位。12 月，市总工会"推行'一函六书'制度，激活工资协商内在动力"在全省首次厂务公开民主管理创新实践成果评选中获一等奖，市总工会同时获优秀组织奖。另外，海门市"企业规章制度回查检验制度"获一等奖、启东市"创建劳动关系和谐企业评估改进行动"、海安县"对和谐企业实行四率年检"获二等奖，通州区"二元化工资集体协商"获三等奖。

2011年，按照省《厂务公开工作质量考核暂行办法》规定，市总工会下发《关于做好厂务公开工作质量考核工作的通知》，要求各县(市)区、产业系统对所属国有、集体及控股企业厂务公开工作质量建设情况进行一次重点抽查考核。5月，与市纪委、市委组织部等部门联合对市区8家生产规模较大、具有行业代表性的国有企业，以听、查、问、谈、测等形式实施全面考核检查。6月，会同省厂务公开调研检查组，分别对3家国有企业落实《厂务公开工作质量考核暂行办法》情况进行调研考核，促进厂务公开工作质量提升。市厂开办先后转发《市民政局关于规范职工参与民主管理、民主决策和民主监督的工作细则》和《海门市企业厂务公开"五个一"工作机制实施办法》。12月，海门市总工会"行业工资集体协商'十大流程'工作法"获全省厂务公开民主管理创新实践成果一等奖，市总工会"提升职工代表素质，夯实职代会工作基础"获二等奖，崇川区"逐级落实'双向责任'制，积极推进区域工资集体协商"、通州区总工会"构建'2+X工资协商模式'，力促企业与职工利益双赢"、如皋市"推行职工代表常任制，促进职代会规范化建设"、海安县"坚持'六项制度'，充分发挥职工代表在闭会期间的作用"获三等奖。市总工会获得优秀组织奖。

2012年，全市27家单位被表彰为"江苏省厂务公开民主管理先进单位"，7家单位被表彰为"江苏省推动厂务公开民主管理先进单位"。

2013年7月，中国电信股份有限公司南通分公司、双钱集团(如皋)轮胎有限公司、江苏通州四建集团有限公司3家企业被评为全国厂务公开民主管理先进单位。11月，市厂开办召开2013年度市厂务公开民主管理创新实践成果现场评审会，海门市总工会"普遍建立乡镇(园区)工资协商指导站"获创新实践成果一等奖，通州区总工会"探索"三谈三增"活动，创新民主管理形式"、崇川区总工会"个性协商，分类指导，构建多样化工资集体协商长效机制"和港闸区总"劳动关系'星'级和谐企业创建"等3个项目分别获得二等奖，另有5个申报项目获得三等奖。12月，海门市总工会"普遍建立乡镇(园区)工资集体协商指导站"和通州区总工会"开展三谈三增民主管理活动"被评为2013年度"全省厂务公开民主管理创优实践项目"。

2014年12月，市总工会"建立'四全'工作机制，推进企业协商民主"被认定为"全省厂务公开民主管理创优实践项目"，海门市总工会"积极推进行业工资协商指导站建设"和如皋市总工会"建立企业和谐发展指数评价体系"被认定为"全省厂务公开民主管理创新实践项目"。

第四节 和谐劳动关系企业创建

2005年,市总工会与市劳动和社会保障局、市经贸委、市企业联合会联合开展创建劳动关系和谐企业(园区)活动,并建立市劳动关系和谐企业评审办公室。10月,在全国协调劳动关系三方机制工作会议上,南通醋酸纤维有限公司荣获“全国创建和谐劳动关系模范企业”称号。

2006年3月,市协调劳动关系三方委员会召开会议,联合下发《关于开展创建劳动关系和谐企业活动的意见》,确定每年评选表彰一批市级劳动关系和谐企业。11月,联合开展考核检查。

2007年1月,经过组织申报、考核检查、公示等环节,表彰首批“市劳动关系和谐企业”94家。经省相关部门严格考核、公示,18家企业被评为首批“江苏省和谐劳动关系模范企业”。2月,市人大常委会副主任、市总工会主席张毓余、市劳动局副局长顾忠贤等为获“省和谐劳动关系模范企业”称号的企业上门授牌。启东市总工会积极探索开展创建劳动关系和谐企业“评估改进行动”,取得明显成效,形成职工群众参与评估—明确整改时限—落实改进责任—接受职工监督的长效创建机制。8月,市总工会转发启东市总工会《关于开展创建劳动关系和谐企业“评估改进行动”的意见》。南通双弘纺织有限公司和海安经济开发区成为首批“全国模范劳动关系和谐企业与工业园区”。推动市委将创建劳动关系和谐企业纳入《关于建设社会和谐新南通的实施意见》。12月,评选表彰“市劳动关系和谐企业”92家和“市劳动关系和谐工业园区”2家。是月,全市18家企业和1个园区被评为第二批“省和谐劳动关系模范企业”和“省和谐劳动关系模范工业园区”。

2008年4月,省协调劳动关系三方委员会下发《关于开展创建和谐劳动关系企业评估改进行动的意见》,推广启东经验。11月,评选表彰105家“市劳动关系和谐企业”和1家“市劳动关系和谐工业园区”。

2009年3月,启东市总工会在全省创建劳动关系和谐企业现场经验交流会上作交流发言。如皋市总工会深化和谐企业创建形式,联合多部门开展以“企业发展好、劳动关系好、环境关系好、社会关系好、企业文化好”等“五好”为标准的和谐企业创建活动,影响力不断扩大。7月,市总工会、市劳动局、市经贸委、市工商联、市企业联合会(企业家协会)五个部门共同部署开展市劳动关系和谐企业与工业园区申报评审工作。12月表彰“市劳动关系和谐企业”149家。

2010年,制定《关于加强创建南通市劳动关系和谐企业制度建设的若干规定》,健全和完善以宣传发动、预申报、辅导、预审、抽检、正式申报、考评、公示、表彰、回访等十项制度为主要内容的创建体系,推动创建活动深入开展。11月,表彰“市劳动关系和谐企业”120家。如皋市委将评选“十佳和谐模范企业”纳入市委、市政府年终联合表彰,并采用“星级考核”方法,根据劳动关系和谐程度,对企业分别评定为一至五星级,促进创建工作向纵深推进。

2011年,针对考评工作中发现的问题以及县(市)区对评比表彰周期的建议,将原定的一年一评比改为两年一表彰，切实提高创建水平和创建质量。8月，南通金通灵风机股份有限公司和南通建工集团股份有限公司被表彰为全国模范劳动关系和谐企业。12月，南通双弘纺织有限公司董事长杨广泽在全省构建和谐劳动关系先进表彰暨经验交流会上作题为“以文化引领、铸和谐之魂”的经验交流发言，10家企业和1个园区被评为第三批省模范劳动关系和谐企业和工业园区。

2012年11月，市人社局、市经信委、市总工会、市工商联联合启动新一轮和谐劳动关系企业和示范园区创建活动，首次提出对获得市级劳动关系和谐企业(示范区)荣誉称号满三年的单位，按照省人社厅等五部门制订的《劳动关系和谐企业评价规范》规定的标准进行评估复核，对复核未达标或超过四年不申请复核的单位，由市评审办公室收回原颁发的奖牌，取消荣誉。针对实际评比工作中，定性多、定量少、刚性不足等问题，如皋市总工会开始探索建立企业和谐发展指数评价体系，将定性要求与定量指标相结合，努力推动和谐创建工作的标准化管理，联合20余个政府部门制定《如皋市和谐模范企业考核细则》《如皋市企业和谐发展指数评价表》，先由相关部门对照相关指标对企业评分，再由如皋市总工会根据权重进行汇总计算，在一定范围内将评价结果发布，促进企业及时整改。

2013年9月，表彰74家企业和1个工业园区为“市劳动关系和谐企业(示范区)”。海安县建立由县长担任组长，15家成员单位组成的和谐企业创建领导小组，每年召开全县表彰大会，由县委、县政府及时兑现奖励、扶持政策。

2014年3月，全市22家企业和1个工业园区被评为“省模范劳动关系和谐企业和工业园区”。

第五节 劳动关系三方协调机制

为加大协调劳动关系力度，拓宽工会参与社会事务管理、维护职工合法权益的渠道，2000年5月，市劳动局、市总工会、市经委及市企业家协会建立劳动关系三方协调机制，办公室设在市劳动局。同月，在市总工会召开第一次会议，就妥善处理下岗职工劳动关系、企业结构调整过程中出现的热点、难点问题，加强劳动合同基础管理工作，以及完善劳动合同运行机制等问题进行研究讨论。2006年、2009年两次调整组成人员名单。多年来，形成劳动关系三方联合开展宣传培训、监督检查、总结表彰、推动地方政策出台等活动形式。一般每季度召开一次会议，年底年初侧重研究确定下一年度重点工作事项，年中主要针对某项工作进行专题会商研究。

2001年5月，市总工会召开建立劳动关系协调机制经验交流会。

2004年7月，市劳动关系三方协商会议召开，就农民工入会、社会保险缴纳、外资企业与职工终止劳动合同经济补偿金支付等劳动关系中的热点问题进行探讨，达成共识。

2005年以来，市总工会每年集中开展工资集体协商春秋季“双百日”要约行动，联合举办工资集体协商培训班。

2006年3月，市总工会、市劳动和社会保障局、市企业联合会出台《关于深入推进企业工资集体协商工作的实施意见》。在全市开展创建劳动关系和谐企业活动。至2014 年，四次共同组织推荐、申报“省模范劳动关系和谐企业和工业园区”。

2009 年，全市近万家企业签订“共同约定责任书、承诺书”。

2011 年，三方经多次会商，积极推动政府出台《关于深入推进工资协商工作的意见》。

2013 年 5 月，市人社局、市经信委、市总工会、市工商联联合下发《关于印发〈南通市集体合同(工资专项集体合同)审查办法〉的通知》。市总工会代拟《南通市企业工资集体协商工作暂行办法(征求意见稿)》，市劳动关系三方多次会商讨论修改后，提请市法制办审核，9 月召开听证会，20 余家企业及行业(区域)的行政负责人、工会主席参加会议，提出建议。

第七章 职工生活保障

20 世纪 90 年代以来，在由计划经济向市场经济过渡时期，职工生活保障工作面临诸多难题。市总工会加强源头参与，积极参政议政，在实施送温暖工程，完善帮扶救助机制，帮助下岗失业职工再就业，维护农民工合法权益等方面积极作为，帮助一大批困难职工走出困境，产生广泛的社会影响。

第一节 实施送温暖工程

帮扶救助困难职工是各级工会的重要责任。计划经济时期，主要通过企业工会发放补助或开展单位内职工互助互济活动来帮扶困难职工。1992 年起，全国总工会提出在元旦、春节期间广泛开展以“进万家门，知万家情，解万家难，暖万家心”为内容的送温暖活动，后拓展为“送温暖工程”，使帮扶救助工作逐步纳入制度化、规范化、社会化轨道。

一、建立市送温暖工程领导小组

1994 年 8 月，市总工会下发《关于实施送温暖工程的意见》，建立实施送温暖工程领导小组。

1995 年 4 月，市委、市政府“两办”联合转发市总工会《关于继续实施送温暖工程的意见》。5 月，市政府办公室发文，建立市送温暖工程领导小组。副市长李炎任组长，市政府秘书长陆兴达、市总工会主席戈雪芬任副组长，市经委、市劳动局等 16 个部门为成员单位。领导小组每年召开 1~2 次会议，组织参加元旦春节期间对市区特困企业、困难职工的慰问活动。6 月，市送温暖工程领导小组召开继续实施送温暖工程动员会，市委副书记程亚民到会讲话。

1996 年 1 月，市长常务会议研究送温暖工程相关工作。市长杨任远等要求全市送温暖工程做到经常化、制度化、社会化；建立一个办事机构，设在市总工会；形成一套工作制度；筹集一项专门基金。副市长李炎召集市送温暖工程领导小组会议，听取市总工会主席戈雪芬关于工会对市区 28 家特困企业和困难职工调查情况的汇报，以及帮助百户特困职工家庭的建议。会议要求市总工会进一步办好职工友爱互助储金会，扩大互助范围，争取建立职工扶贫解困金。研究确定建立送温暖工作部门责任制、走访慰问制、工作例会制、评比、表彰等五项制度，并形成会议纪要。市总工会拨款 30 万元，设立市送温暖工程基金。市领导带头捐款，市级机关 68 家单位、8698 人捐款 20.21 万元。市委书记陈根兴为市送温暖工程基金题词“送温暖，献爱心”。年末，县(市)总工会均建立送温暖工程基金，全市筹集 200 余万元。

1997 年 1 月，市送温暖工程领导小组召开实施送温暖工程工作会议，表彰先进集体 42 个、先进个人 41 人。市总工会表彰先进集体 12 个、先进个人 12 人。12 月，市总工会领导列席市委常委会，提出将市区 1400 名困难职工纳入政府救助范围，市委书记周福元在会上要求将市总工会调查的困难职工列为救助重点。是年，实施送温暖工程被评为南通市工人运动和工会工作十件大事之一，得票数列第二位。市总工会分别被全国总工会和省总工会授予“送温暖工程先进单位”称号。

1998 年 12 月，市送温暖工程领导小组召开实施送温暖工程经验交流会，市级机关工委等 5 家单位作经验介绍，副市长袁瑞良到会讲话。

1999 年，市总工会再次分别被全国总工会和省总工会表彰为送温暖工程先进单位。

2000 年 1 月，市总工会在全省率先开通春节送温暖热线电话。4 月，在全省工会保障工作会议上，市总工会作题为“建立机制，实事实办，使送温暖工程制度化、经常化、社会化”的发言。12 月，市送温暖工程经验交流暨表彰会召开，表彰先进单位 30 个、先进个人 30 人，市总工会表彰先进单位 18 个、先进个人 18 人，华能南通分公司等 4 家单位作经验交流。副市长袁瑞良到会讲话。

2001 年 2 月，市送温暖工程领导小组下发《送温暖工程领导小组成员单位职责》。11 月，市送温暖工程领导小组召开经验交流会，表彰先进单位 54 个、先进个人 59 人。

2002 年 1 月，市送温暖工程领导小组召开会议，听取市总工会主席陈心万的工作汇报，讨论领导小组成员单位职责分工，副市长张庆平到会讲话。3 月，市人大常委会副主任李炎率领部分市人大常委到市总工会对开展救助困难职工群体工作进行考察。11 月，为纪念实施送温暖工程十周年，召开全市送温暖工程经验交流会，15 份经验材料在会上交流，表彰先进单位 54 个、先进个人 59 人。副市长张庆平到会讲话。

2004 年 12 月，市送温暖工程领导小组召开表彰会，表彰先进集体 50 个、先进个人 58 人。是年，人民日报《时代潮》特刊——《共产党人》杂志刊登南通市送温暖工程专题报道。

2005 年起，市政府每年为市送温暖工程基金拨付 100 万元，其中 20 万元用于劳模解困。是年，三个区总工会均建立送温暖工程基金，市总工会为各区提供铺底资金 8 万元。

2007 年 1 月，市送温暖工程领导小组召开会议，听取市总工会工作汇报，讨论表彰事宜，副市长朱晋到会讲话。2 月，表彰先进集体 43 个、先进个人 54 人。

2008 年 12 月，市送温暖工程领导小组召开会议。副市长朱晋，市人大常委会副主任、市总工会主席陆玉明等出席。

2009 年起，市政府每年为市送温暖工程基金拨款由 100 万元增加到 160 万元，其中 40 万元用于劳模解困。

南通市送温暖工程领导小组组长、副组长名单

表 2-7-1

时　间	组　长	副　组　长
1995 年 5 月	李　炎	陆兴达　戈雪芬
1997 年 1 月	李　炎	季金虎　陆兴达　冯祖祥　周　建　戈雪芬
1998 年 9 月	袁瑞良	陆兴达　陈心万
2001 年 12 月	张庆平	朱　晋　陈心万
2003 年 10 月	蓝绍敏	朱　晋　陈心万

二、参与帮扶困难企业

1990 年 1 月，市总工会下拨停产、半停产企业职工救济款 3.1 万元（含省总工会拨款），帮助职工解决生活困难。市、县总工会建立处理停产、半停产企业职工生活问题领导小组。春节前，市总工会出资 5.7 万元，走访慰问 69 家企业。

1992 年 1 月，省、市总工会共拨款 4.5 万元，补助有特殊困难的职工。

1993 年，市委、市政府决定组织市级机关帮扶困难企业，25 家企业被列入帮扶。其中，市总工会帮扶中华唱片厂。12 月，市总工会建立帮扶工作领导小组和工作小组，下发《关于协助做好对特困企业和特困职工帮扶工作的通知》，明确市总工会副主席秦炳龙负责中华唱片厂工作组，两位联络员驻厂帮助工作。全市工会共挂钩帮扶 23 家企业。

1994 年春节期间，市总工会支付 2.5 万元，慰问 350 余名特困职工。市机械系统工会开展为困难企业职工献爱心活动，筹集慰问款 2.3 万元。3 月，市总工会权益保障办公室被省总工会表彰为工会保障工作先进集体。

1995 年起，市总工会在继续帮扶中华唱片厂的同时，增加帮扶市电表二厂，抽调中层干部到厂挂职，帮助企业制定改革方案、清收货款。10 月，市总工会主席戈雪芬带队到电表二厂研讨帮困工作。为解决企业新品上马所需资金，市总工会领导多次与银行联系，帮助两家企业解决贷款 70 万元。同时，提供 7 万元帮助企业恢复生产。市职工技术协作交流站为电表二厂提供流动资金 12.2 万元，市总工会及直属企事业单位捐款 2.18 万元。1996 年，全市各级工会挂钩帮扶 30 家困难企业。

1997 年末，市总工会对 63 家停产、半停产企业进行调查，涉及职工 2.79 万人，其中下岗工人 1.44 万人，下岗率达 51.6%。核定救助对象 1.28 万人。

1998 年 4 月，市委、市政府“两办”联合下发《关于对市属困难企业实行结对帮扶的通知》，确定 51 家市属困难企业享受优惠政策。各级工会挂钩帮扶的 30 家企业中，扭亏减亏 8 家，完成扶贫项目 7 项。

1999 年 2 月，市总工会将困难企业的困难工会干部列入慰问对象，举办困难企业工会干部联谊会，开展“为送温暖的人送温暖”活动。4 月，市政府办公室发文确定 56 家市属企业当年享受有关优惠政策。

2000 年 10 月，市总工会组织 42 名困难企业工会主席短期疗休养，安排体检，学习企业改制相关文件，交流困难企业工会工作，赴江阴、常熟参观。

2002 年 1 月，市政府确定 76 家市属企业为困难企业。

经市总工会积极争取，市政府决定从1998年起，每年春节慰问市区特困职工和市属特困企业困难职工、困难退休人员的经费由市政府解困基金支付，慰问对象由市总工会和市劳动局共同审核确定。从2004年起，对定补、保养，续(协)保人员发放春节慰问金，十年共慰问5万人次。2007年以后，因市政府为续(协)保及距法定退休不足五年的市属企业下岗职工按月发放生活费，慰问对象逐年减少。

三、实行特困职工证制度

1995年，市总工会在市区实行“特困职工证”制度，按户建立特困职工纸质档案。3月，市总工会与市劳动局、市教委、市房改办、市工商局、市国税局联合下发《关于对南通市市区特困职工实行特殊照顾的暂行办法》。8月，市区45名特困职工领取首批特困职工证。9月，市长杨任远、副市长崔印能批示，中秋、国庆两大节日，市政府对市区特困职工家庭低价供应猪肉、海水鱼和大米、菜油。

1996年起，各县(市)陆续实行“特困职工证”制度。

1997年起，将对市区特困职工优惠供应粮油、副食品改为按家庭成员每人每月8公斤大米、0.25公斤食用油，每户每月20千瓦时电费、10吨水费发放现金补贴，户均年补贴约1000元。所需资金经副市长崔印能批准，由市物价局从市场物价调节基金中支付。

1998年，市区发放特困职工(家属)医疗卡297份，凭卡享受医疗“三免三减半”(免收挂号费、门诊诊疗费、注射费，减半收取住院诊疗费、床位费和手术费)的优惠。江苏电视台《大写真》栏目以“特困职工医疗卡”为题拍摄专题节目，获得广泛好评。

1999年末，市总工会主动与市民政局协调，将符合条件的31名特困职工纳入“低保”。是年起，市区特困职工生活补贴由市总工会从送温暖工程基金中支付。

2002年起，按市有关文件规定，市自来水公司对市区特困职工实行水费差额补贴，按每户每月补贴20吨用水计算，将水费差价补给市总工会。是年，全市“低保”家庭达到5000余户、1.3万人，市总工会编印“城市居民最低生活保障政策宣传资料”，指导符合条件的困难职工按程序申请“低保”。同时，建立市、县总工会与民政低保工作联席会议制度，共同推进“低保”扩面工作，实现应保尽保。当年，市区750户困难职工进入“低保”。是年起，市总工会对市区特困职工家庭每户每年发放水电气补贴200元。

2003年8月，市房管局、市财政局、市总工会与市民政局联合下发《关于〈南通市市区城镇廉租住房实施办法〉的通知》，住房困难的特困职工可申请享受廉租房政策。11月，市总工会主动联合市广电局、市物价局下发通知，自2004年1月起，特困职工可享受有线电视初装费、收视费减免50%的待遇。

2004年起，市区特困职工申报条件与低保标准挂钩，规定申报者家庭人均收入高于城镇低保标准的10%左右。同时，对特困职工水电气的补助标准由200元/户·年，提高到300元/户·年。7月，市总工会联合市人事局、市民政局下发《关于做好特困家庭大、中专毕业生推荐就业工作的通知》，优先推荐就业，免收相关费用。市公交公司对市区特困职工家庭义务教育阶段子女办理学生IC卡每月优惠10元。在管道燃气价格上调后，对低保、特困职工家庭的人工煤气价格仍维持原价。11月，市政府办公室转发市总工会等12个部门《关于建立完善市区特困职工帮扶救助机制的实施意见》，进一步保障特困职工的基本权益。

2005年9月，市总工会首次为市区特困职工发放每户200元中秋节慰问金。11月，市总工会与市劳动、卫生部门多次协商，联合下发《关于对市区特困职工实行医疗救助的通知》，明确特困职工享受大病医疗救助和医疗服务收费减免政策的具体范围和操作办法。

2007年，根据省总工会要求，市总工会将市区特困职工信息全部录入全省特困职工电子档案数据库。根据市区自来水和管道燃气价格上涨情况，将特困职工家庭年水电气费补贴提高60元，每户发放上半年动态价格补贴200元和自来水节水龙头2只。

2008年，根据上级要求，市总工会积极与有关方面联系协调，在对民政慈善超市进行实地考察的基础上，借助社会资源设立工会爱心超市和爱心药店。10月，举行授牌仪式，分别向15个慈善超市和华氏康乐大药房的15个药店授予"工会爱心超市"和"工会爱心药店"标牌，为市区特困职工每户每月发放爱心购物卡50元和爱心购药卡30元。施行一年后，召开相关人员座谈会，广泛听取意见。2009年7月起，停办爱心超市和爱心药店，改由市总工会按每月80元的标准，通过邮政储蓄银行按季发给特困职工。是年，"建立完善特困职工扶贫帮困救助机制"入选"改革开放30年南通工会十件大事"。

2009年，市总工会在全省率先实行特困职工申报标准城乡一体化，并将外来务工人员纳入申报范围。是年，在市人代会上，有代表提出将特困职工纳入政府对城镇低保户粮油实物救助范围的建议。市总工会积极协助市民政局和市财政局办理该议案 所提方案被市政府采纳。是年下半年起，市区特困职工每月凭卡领取40元救助物资。是年起，市区特困职工被纳入政府大病医疗补助范围。

2010年，市总工会建立特困职工电子档案2719份。

截至2014年，全市市、县两级工会累计发放特困职工证14020份。

1995~2014年市、县总工会发放"特困职工证"一览表

表2-7-2　　单位：份、人

年度	市区		县(市)	
	发证数	家庭人口数	发证数	家庭人口数
1995	45	166	–	
1996	100	342	213	702
1997	103	344	269	860
1998	108	354	443	1391
1999	109	348	541	1790
2000	81	256	405	1268
2001	101	310	403	1335
2002	211	651	487	1530
2003	276	893	504	1567

续表 2-7-2

年度	市区		县(市)	
发证数	家庭人口数	发证数	家庭人口数	年度
2004	274	871	491	1576
2005	264	815	553	1780
2006	253	801	579	1851
2007	247	764	550	1753
2008	235	683	585	1894
2009	285	844	546	1803
2010	293	859	656	2228
2011	296	891	658	2079
2012	281	839	681	2207
2013	266	797	691	2371
2014	247	729	690	2145
合计	4075	12557	9945	32230

四、开展结对帮扶活动

20 世纪 90 年代中后期，随着经济体制改革的深入，一些市属企业关停破产。因社会保障制度、社会救助体系不完善，部分下岗职工家庭陷入困境。南通市在全省率先开展市级机关党员干部与困难职工结对帮扶活动，在为困难职工排忧解难的同时，进一步密切党群干群关系，加强机关作风建设，取得良好的社会反响。

1996 年，市总工会和市级机关工委发起市级机关、直属单位与市区特困职工结对帮扶活动，结对帮扶 87 户。至 1998 年末，40%的家庭脱贫。

1999 年 5 月，根据市委常委、组织部部长王德忠提议，由市委组织部、市级机关工委和市总工会联合开展市级机关、直属单位党员干部与特困企业困难职工结对帮扶活动。市总工会承担组织工作，先后召开 78 家市属困难企业工会主席座谈会，对企业工会申报结对帮扶对象、做好准备工作进行部署。三部门共同审定首轮结对帮扶对象，联合发文，将帮扶任务分配到帮扶单位党组织。帮扶工作每两年为一轮，帮扶对象原则上每年调整一次，确保将每年新增的市区特困职工全部纳入结对帮扶范围。6 月，召开市直单位万名党员、干部与特困企业困难职工结对帮扶动员大会，王德忠在会上讲话。7 月，省委组织部、省总工会转发《南通市开展市直单位万名党员、干部与特困企业困难职工结对帮扶活动的意见》。帮扶活动中，市直单位领导挂帅，认真宣传发动，制定帮扶措施，采取上门慰问、修建危房、安排就业、经济资助等多种帮扶形式。是年，结对帮扶活动被市精神文明建设委员会评为第 23 次文明新风典型。

2000 年 6 月，市委组织部、市级机关工委和市总工会联合召开结对帮扶经验交流会，11个单位和个人作交流发言。

2001年1月，结对帮扶活动被省委宣传部等5家单位评为江苏省第四届精神文明建设新人新事典型。6月，召开结对帮扶活动总结表彰暨第二轮结对帮扶动员大会，表彰先进集体25个、先进个人29人。

2002年5月，对第二轮结对帮扶活动开展情况进行全面检查。根据部分帮扶对象生活困难重、脱贫难度大的现状，30余家帮扶单位建立帮扶专项资金，其中，市审计局筹集2.5万元，市水利局局长严君毓带头捐款1000元，机关干部捐助1万元，为帮扶对象修建住房。

2003年5月，联合下发《关于市级机关、市直单位党员干部在抗击"非典"斗争中切实关心好帮扶对象的通知》。6月，对帮扶活动情况进行检查。11月，召开结对帮扶工作会议。市委常委、组织部部长朱红春主持，市醋酸纤维公司党委、房管局党组、供电公司党委作经验介绍，市委副书记曹能新到会讲话。

2004年11月，对第三轮结对帮扶活动进行联合抽查，并作通报。

2005年7月，省联合检查组对南通市开展结对帮扶活动进行检查。12月，召开全市结对帮扶工作会议，表彰先进集体22个、先进个人30人，市委副书记曹能新到会讲话。是年，市总工会被省委组织部、省劳动厅、省民政厅及省总工会联合表彰为结对帮扶先进集体。

2006年9月，对第四轮结对帮扶活动进行联合检查，并下发书面通报。

2007年12月，召开全市结对帮扶工作会议，表彰先进集体25个、先进个人34人，市委副书记王德忠到会讲话。

2008年10月，联合对第五轮结对帮扶活动进行中期检查。

2009年9月，各帮扶单位对第五轮结对帮扶活动进行自查总结。

2010年1月，市级机关、市直单位与特困职工结对帮扶工作会议在行政中心召开，市公安局、市交通局、醋酸纤维公司作经验交流，会上表彰先进集体37个、先进个人40人，市委常委、组织部部长郭腊军到会讲话。9月，对第六轮结对帮扶活动进行检查。南通市开展结对帮扶活动宣传报道——"将帮扶进行到底"被《江苏工人报》和《科学发展在中国》丛书刊用。

2011年1月，联合下发《关于第六轮结对帮扶活动检查情况的通报》。

2012年1月，结对帮扶工作会议召开，表彰先进单位40家和先进个人34人，市委常委、组织部部长韩立明到会讲话。

2013年，联合下发《关于第七轮结对帮扶活动检查情况的通报》。

1999~2014年的十五年中，市级机关、市直单位党员干部共与3956户(次)特困、困难职工家庭结成帮扶对子，提供帮扶款物1320.4万元，资助3667名困难职工家庭的子女上学，帮助1104名困难职工及其家庭成员实现就业和再就业，大部分困难职工家庭经过帮扶基本脱贫。

市级机关开展的结对帮扶活动，影响带动了各县(市)区普遍开展党员干部与困难群体开展结对帮扶活动，形成全社会扶贫济困、和谐共进的强大合力。县(市)区近2万名党员干部共帮扶1500余户困难职工。市地税局、市房管局另各自帮扶100户困难职工和其他困难家庭。

市级机关党员干部与特困(困难)职工结对帮扶活动统计表

表 2-7-3

起始时间	轮次	帮扶单位(个)	帮扶对象(户次)	筹集资金(万元)	资助金额(万元)	帮助再就业(人次)	助学人次	脱贫户数
1999.5	一	123	808	118	98	512	452	213
2001.6	二	121	756	39.8	32.9	31	436	37
2003.11	三	126	560	210	180	107	423	329
2005.9	四	138	437	199	160.5	109	479	109
2007.12	五	133	348	257	200	104	416	76
2010.1	六	88	341	220	219	84	517	81
2012.1	七	116	368	315	299	70	423	196
2014.1	八	116	338	207	131	38	521	63
合计			3956	1565.8	1320.4	1055	3667	1104

五、开展助学活动

南通自 1995 年实行“特困职工证”制度起,就按照市总工会等单位《关于对南通市市区特困职工实行特殊照顾的暂行办法》等文件,开展助学活动。对符合计划生育政策的特困职工子女,在中、小学就读的,免交学杂费;集资办学的学校,免收集资费;在技工学校、职业中学就学的,学杂费减半;在大专院校就读的,由市职工友爱互助储金会提供每学期 1000 元借款,待其毕业后归还。

1996 年,市总工会与市级机关工委开展与特困职工结对帮扶活动,把助学作为首要内容。对未落实帮扶单位的 80 余名特困职工子女,在享受减免学杂费的基础上,经市总工会多方努力,争取到 3.5 万元捐款予以资助。是年,耄耋之年的离休干部陈明得知特困职工郧明兰的女儿张燕考取南通师范学校,无法凑齐学费后,到市总工会捐出 1000 元,并承诺就学期间,每月提供 100 元生活费,还给张燕写信,鼓励其努力学习。随后市总工会安排双方见面,《江海晚报》以“张燕认奶奶”为题进行报道。

1998 年 7 月, 市总工会与南通师专联合开展暑期大学生为困难职工子女义务家教志愿者活动。8 月,市商业银行、江苏冠达集团、市慈善会和南通醋酸纤维公司工会捐款 3.7 万元,资助 80 名特困职工子女。

1999 年开始的市级机关、直属单位万名党员干部与困难职工结对帮扶活动,把助学作为帮扶重点。

2000 年秋季开学前,市总工会募集 3.5 万元,资助未列入结对帮扶的 49 名困难职工子女。

1995~2000 年,市总工会通过热心企业、爱心市民捐款或结对资助,先后助学 1800 人次,总金额达 104.5 万元。

2001年，市总工会正式启动“金秋助学”活动，每年秋季开学前为市区特困、困难职工子女发放助学金。

2002年，市总工会劝募志愿者开展以募集“寒窗基金”为主要内容的专项劝募活动，两年募集17.89万元。是年，市总工会与市交通局联合开展交通援助行动，向市区特困、低保职工家庭在外地大、中专院校上学的子女发放免费乘车证，凭证在春、秋季开学时享受免费乘车服务。活动由市交通局提供资金支持，市总工会负责调查审核，南通汽运集团具体承办。

2003年1月，举行免费乘车证发放仪式，首批发放65份。8月，南方批发市场董事长、总经理厉和明出资10万元(后又增加4万元)设立厉和明助学金，资助市区部分特困职工子女就学。10月，团市委、市劳动局、市民政局、市总工会联合开展“特困职工家庭子女助学行动”，资助特困职工子女完成九年义务教育。下半年发放第二批免费乘车证165份。

2004年，市总工会组织厉和明与资助对象座谈。在苏州大学艺术系就学的杨纪设计制作了一只工艺花瓶赠送给厉和明，表达感激之情。南通三樱公司总经理、帝人公司陈德余和市自来水公司退休人员黄经逸结对资助6名特困职工子女。

2005年起，交通援助改由市总工会为符合援助条件的学生直接发放寒暑假往返四次的交通援助金直至毕业，当年发放3.31万元。8月，省总工会电视制作中心来南通拍摄反映工会连续11年开展助学活动的专题宣传片，在江苏电视台《职工知音》第205期播出。

2007年4月，市总工会联合市公交总公司，为61名特困职工家庭的小学、初中学生办理免费公交IC学生卡，同时为46名高中生发放200元/人的交通补贴。是年，中日合资三菱丽阳高分子材料(南通)有限公司和南通丽阳化学有限公司共同出资5万元，设立三菱丽阳助学金，资助51名特困、低保职工家庭初、高中学生。

2008年起，市总工会设立“外来困难农民工子女助学金”，江苏三友集团出资12万元(后两次增资，总金额达32万元)冠名。首批向市区中、小学就读的84名外来困难农民工子女发放助学金4.2万元。

2009年8月，向52名外来困难农民工子女发放助学金2.6万元。

2010年5月，南通邮政储蓄银行出资3万元，资助30名外来困难农民工子女。8月，市总工会首次为特困职工家庭的学龄前儿童发放每年300元/人的资助金。

南通市总工会金秋助学金发放统计表

表2-7-4

年 份	资助人数	资助金额(万元)
2001	219	15.50
2002	445	26.16
2003	567	28.93
2004	302	21.00
2005	377	31.71

续表 2-7-4

年 份	资助人数	资助金额(万元)
2006	388	46.21
2007	461	54.00
2008	460	59.89
2009	433	57.17
2010	412	56.65
2011	396	62.30
2012	302	43.72
2013	356	42.81
2014	369	45.99
合计	5487	592.04

六、实施大病救助

20 世纪 90 年代初，职工医疗保险制度尚未建立，患大病职工特别是部分年轻职工因无力承担医疗费而求助，市总工会通过社会力量提供一定帮助。1994 年市职工友爱互助储金会和 1996 年市送温暖工程基金相继建立后，均以资助患重病困难职工为重点，救助力度逐年加大。

开展日常救助 1992 年 4 月，市有色铸造厂职工张庆患尿毒症，企业在支付十几万元医疗费后与其终止劳动合同。市总工会为张庆募得定向资助款 3.3 万元，并于 2001 年帮助其参加职工医疗保险。2012 年张庆办理因病提前退休手续。至 2014 年末，他已做血液透析 23 年，成为市区的“血透达人”。

1999 年 3 月，市总工会接到南通毛纺厂失业女工金建英因患脑瘤无钱手术而危及生命的来访后，通过新闻媒体开展挽救金建英生命的宣传发动，募得捐款 5 万余元。市总工会联系上海华山医院，为金建英成功进行脑瘤切除手术。金建英向市总工会赠送写有“职工之家，恩重如山”的锦旗。在救助金建英过程中，如东县缫丝厂患尿毒症女工丛慧捐出 50 元，并流露出轻生念头。市总工会领导与新闻媒体记者赶赴丛慧家中进行采访并做思想工作。随后，市、县总工会联合开展“为献爱心的人献爱心”的爱心接力活动，募集捐款 7 万余元。11 月，丛慧肾移植手术成功。金建英向丛慧和另一名曾为她捐款后身患白血病的同事各转捐 5000 元。

2000 年 1 月，全国总工会副主席卢展工到南通慰问。市电表二厂下岗职工葛志良得到慰问。葛志良的儿子葛军身患尿毒症，无力承担巨额医疗费。卢展工嘱托市领导，尽力挽救葛军的生命。次日，副市长袁瑞良召集部分企业负责人座谈，商讨救助方案。爱心企业和个人捐款共计 18 万元。鉴于当时南通肾移植手术不多，且肾源紧张，市第一人民医院联系常州市人民医院专家，于 8 月来南通为葛军做肾移植手术。经积极治疗，葛军于

11月出院。市第一人民医院免除其近10万元医疗费。2002年,市总工会动员葛军申办小超市,并依据相关政策帮助其参加社会保险。

2002年,市总工会与市审计局、南通华容集团、南通农校为南通电子仪器厂患肝癌的工会干部仇宏林捐款7000元。

减免医疗费 1996年1月,市送温暖工程领导小组研究决定,向市区特困职工及家属发放优惠就诊卡,提供医疗帮助。10月,市卫生局下发《关于特困职工(家属)持专用就诊卡到定点医院就诊给予优惠的通知》,每人可就近指定2~3个医疗单位诊治,两年共发放优惠就诊卡464份,指定医院37家。

2001年2月,市总工会与有关部门联合下发《关于对市区困难企业尿毒症患者血液透析费用实行优惠照顾的通知》,对符合条件的对象发放"血液透析优惠卡",在市属医院血透时按8折收费。先后发证44份,减免费用30余万元。年末,特困职工及家属2800人次在就诊时减免挂号费、手术费、注射费共计50余万元。

2002年1月,工会界政协委员在市政协全委会上提出"对低收入职工实行医疗救助"的提案,得到政府部门采纳。6月,《南通市市区低保特困职工医疗救助暂行办法》实施。

经市总工会积极争取,从2009年起,市区特困职工家庭开始享受政府惠民医疗待遇。在享受基本医疗保险待遇后,个人自付的医疗费用按50%给予补助,每人每年累计享受补助金额不超过3万元。是年,685名特困职工及家属获得惠民医疗证。

发放大病医疗救助金 从2006年起,市总工会每年从送温暖基金中拨出专款,为患重病的市区特困职工及家属发放大病医疗补助金,以减轻医疗负担。

2006~2014年南通市总工会大病医疗补助金发放统计表

表2-7-5

年 份	发放人次	发放金额(万元)
2006	44	4.40
2007	115	11.24
2008	165	13.30
2009	174	34.80
2010	103	20.60
2011	171	32.70
2012	149	45.10
2013	185	81.25
2014	185	89.84
合计	1291	333.23

七、争取社会支持

深入实施送温暖工程，救助特困、困难职工需要大量资金。市总工会除从有限的工会经费中拨出部分资金，积极争取市政府资助外，还多方联系，得到有关部门、人民团体和社会各界的鼎力相助。从1994年建立市职工友爱互助储金会，到1996年建立市送温暖工程基金；从1997年开展“献爱心，一日捐”活动，到2002年组建工会劝募志愿者队伍、建立社会捐助接收点；从1996年结对帮扶特困职工家庭，到2008年建立爱心帮困基金会，众多企业和爱心人士慷慨解囊。

1993年，南通天生港发电厂和华能南通分公司为张庆捐款3.3万元。

1994年，市职工友爱互助储金会建立期间，收到单位和个人捐款21万元。其中：南通醋纤公司工会主席杨纯辉个人捐款1000元，退休聋哑老人凌鸿鸣捐出一个月退休金200元。

1996年1月，市总工会建立送温暖工程基金期间，收到捐款20.49万元，其中：市劳动局5万元，华能南通分公司1.5万元，人民银行、市房管局、中南房地产开发公司、南通醋纤公司工会各1万元，通棉二厂、南通高速客轮公司各5000元，市墙体材料厂6000元，通棉三厂6180元，个人捐款7.77万元。市红十字会提供2吨大米和200条棉被。团市委、市妇联开展“希望工程”“蓓蕾行动”，为120名特困职工子女提供助学款近4万元。8月，南通振南商厦为市区110名特困职工子女捐赠书包。

1997~1998年，市物价局从市场物价调节基金中拨款22万元给市总工会，为市区特困职工家庭发放生活补贴。

1997~2009年，市自来水公司为市区特困职工提供水费补贴10万余元。2010年起，该公司直接为市区特困职工每户每月减免6吨水费。

1997年，南通商业银行向市总工会捐款4万元。

1998年元旦期间，南通东大公司与市总工会联合举办“金乳泉酒献爱心销售”活动，所得款5000元捐给市送温暖工程基金。市红十字会捐赠大米5000公斤，厦门中鹭植物油公司南通经销处捐赠食用油400公斤，南通大华洋集团捐赠羽绒被40条。中秋节期间，南通永丰食品公司向市区特困职工和退休职工公寓寓员赠送月饼300斤，价值3000元。是年，向市总工会捐款的还有南通中远船务公司和江苏冠达集团各1万元，南通慈善会6000元，南通醋纤公司和南通邮电局各5000元。

1999年1月，市红十字会向市区困难职工捐赠大米12吨，棉被200条。7月，河南新飞集团捐赠12台冰柜。是年，市总工会与新闻媒体联手，为金建英和丛慧募得善款13万余元，其中市计划委员会和天生港居委会、通城建筑水电安装公司总经理周林华各5000元，狼山广教寺4500元。是年，部分市送温暖工程领导小组成员单位和企业向市总工会捐款，其中市经委3万元，市教委2万元，市房管局1.8万元，市劳动局1.3万元，市工商局、南通中远船务公司和南通农药厂工会各1万元，南通移动通信公司6000元，市财政局、市卫生局各5000元，市地税局2000元，市财办2000元，市松平律师事务所老干部4000元，南通无线寻呼公司3000元。

2000年1月，部分企业为葛军捐款，其中：南通顺达集装箱公司3.5万元，南通华能电厂 3 万元，南通文峰大世界 2.14 万元，南通机床厂 2.08 万元，南通天生港发电厂 2 万元，南通江山农化公司 2 万元，南通商业银行 1.3 万元。是年，部分单位向市总工会捐款，其中：南通化轻公司 2 万元，南通商业银行 1.6 万元，申银万国证券、房地产开发公司、苏通房地产开发公司、华迪房地产开发公司各 1 万元，通城水电安装公司 8000 元，工商银行南通分行、太平洋保险、人寿保险、华泰证券公司、华威房地产开发公司、商业网点开发公司、宏泰房地产开发公司各 5000 元，中城置业开发公司 4680 元，南通松平律师事务所 4000 元。市少儿书店总经理杜国元为“母爱助学”活动提供书籍和学习用品，为市退休职工公寓捐款、捐物 6000 余元。

2001 年 2 月，浙江步森集团出资 3 万余元，与南通文峰大世界联合开展“帮困助学献爱心”活动，资助市区和六县(市)困难职工家庭百名小学生，向每人赠送新书包和 150 元现金，提供午餐。

2002 年春节前，南通恒祥服装有限公司总经理将政府奖励金 1 万元捐给市总工会，罗莱家纺公司捐赠床上用品四件套 40 套。市总工会社会捐赠接收工作点收到 44 个单位、个人捐赠的 2.02 万元和 140 件床上用品(价值 1.5 万元)。6 月，南通江花粮贸有限公司向市区特困、困难职工赠送大米 2500 公斤。

2003~2004 年，南方批发市场董事长、总经理厉和明先生出资 14 万元，在市总工会设立厉和明助学金。

2006 年“五一”期间，市劳动人民文化宫与南通供电公司、天生港发电有限公司、华能南通电厂工会联合举办职工书画义卖活动，义卖所得 3.08 万元全部捐给市送温暖工程基金。

2007 年 2 月，南通家纺商会和南通永兴国际车城董事长吴涌军捐赠 600 条棉被，南通音乐龙餐饮娱乐有限公司捐赠价值 5 万元的保暖内衣。3 月，市总工会与南通安莱装饰有限公司联合举行“感受春天，关爱环保——安莱装饰杯义捐大行动”，共募得捐款 1.16 万元。是年，中日合资三菱丽阳高分子材料(南通)有限公司和南通丽阳化学有限公司共同出资 5 万元，设立三菱丽阳集团助学金。

2007~2013 年，江苏三友集团分三次向市总工会捐赠 32 万元，冠名设立江苏三友外来困难农民工子女助学金。

2008 年 12 月，市爱心帮困基金会成立期间，收到捐款 93.7 万元。其中，南通化轻公司、江山农化股份公司、醋酸纤维公司各捐 10 万元；江苏银行捐 6 万元；南通电信公司、文峰集团和大地房地产开发公司各捐 5 万元。其余为市级机关、教育、卫生系统，市慈善总会、红十字会、南通建工集团等单位及职工个人捐款，南通亚萍国际有限公捐赠棉被 300 条。

2009 年 9 月，中国银行南通分行向市总工会爱心帮困基金会捐款 10 万元。

2007~2011 年，市红十字会为特困职工在大学就读的子女，提供助学金 19.2 万元。每年春节前提供约 2 万元的慰问款或物资。

2010 年 5 月，南通邮政储蓄银行出资 3 万元，资助外来困难农民工子女。

2012 年 12 月，南通醋纤公司工会为患大病职工蔡燕定向捐助 1 万元。

第二节 职工互助互济

一、建立市职工友爱互助储金会

开展职工互助互济活动是工会的优良传统。1985 年 7 月，南通市在全国率先创办尊老互助储金会。为响应中国工会十二大提出的“大力兴办职工互助补充保险，切实维护职工具体利益”的号召，缓解患大病职工的经济负担，市总工会于 1994 年建立市职工友爱互助储金会(以下简称“储金会”)。

1992 年 1 月，市总工会就建立储金会到基层调研，召开职工座谈会，听取意见和建议。对 32 家企业、6 万名职工患大病率、死亡率、工资总额、医药费报销和个人自付数额进行两年跟踪调查，得出在职职工患大病率为 2.37‰、死亡率为 1.58‰的数据。随后，对储金的收、支、增值进行反复测算，在广泛征求意见的基础上，制定方案，起草章程，先后八易其稿。

1993 年 1 月，市总工会九届二次全委(扩大)会议同意建立储金会。召开工会互助补充保险工作交流研讨会，推广如皋市如城小教工会、南通港务局等单位办好互助补充保险的经验。

1994 年 1 月，《储金会章程》在市总工会九届四次全委(扩大)会议上通过。3 月，由工会干部和职工代表 15 人组成的市储金会管理委员会成立(以下简称“管委会”)，市总工会主席戈雪芬任主任，市总工会副主席陆玉明、市总工会权益保障办公室主任朱淑娟任副主任。3 月，市总工会下发《关于建立南通市职工友爱互助储金会的通知》，召开管委会第一次会议，对《储金会章程》及实施细则提出修改意见，部署发动职工加入储金会及筹资工作。4 月，召开新闻发布会，市总工会主席戈雪芬向新闻界、工会干部、企业家和劳模代表通报储金会筹建情况，并决定市总工会为储金会拨付 30 万元铺底资金。市四套班子和有关部门的领导参加会议，市领导徐相林、李炎等带头参加储金会，20 家单位及个人当场捐款 7.35 万元。5 月，市总工会组织六县(市)总工会干部赴常熟市总工会学习互助补充保险工作。储金会为 20 名职工发放首批补助金，每人 600—1000 元。江苏人民广播电台来南通采访储金会工作，市总工会主席戈雪芬等接受采访。市总工会机关干部深入 200 余家企业，广泛宣传发动。年末，南通市在全省率先实现市、县工会全部建立职工互助补充保险组织的目标。

1995 年 5 月，在全省“送温暖工程”成果发布会上，市总工会作题为“互助补充保险，温暖千家万户”的成果发布。6 月，市总工会召开储金会表彰会，表彰特等奖 10 个、一级组织奖 47 个、组织奖 28 个，播放专题录像片《献给困难职工一片情——“储金会”建立一周年回访录》。

1996 年 6 月，江苏省职工互助互济会成立暨互助补充保险工作表彰大会在南通举行，市总工会作题为“办好互助补充保险，强化工会维护职能”的发言。在动员职工参加市、县级储金会的同时，市总工会还鼓励有条件的企业自行建立互助补充保险组织。全市736个基层工会、20.6万名职工参加本单位的互助储金会，符合条件的职工可获得双份补助。是年，市、县总工会干部136人参加省互助养老保险，每份1000元，南通投保17.3万元。此项保险于2008年6月停办，本金、利息及会员分红均通过市、县(市)总工会返还给会员。

1997年4月，市总工会表彰职工互助补充保险工作先进单位137个。互助范围扩大到入会职工未成年子女。

1999年5月，市总工会举办职工互助补充保险及医改理论研讨培训班。

2000年3月，召开管委会委员会议，修改《储金会章程》，递补2名委员。鉴于银行存款利率连续下调和利息税开征，储金增值更为困难，为规避风险，决定停止吸收会员。

2005年5月，市总工会发文，调整管委会成员，市总工会主席张毓余任管委会主任，市总工会副主席朱淑娟、生活保障部部长钱兴如任副主任。

2007年6月，根据全国总工会文件和省总工会要求，召开管委会委员会议，经讨论决定，从7月起停办市储金会并清退储金，会议对储金增值部分的处置形成一致意见：对退储前发生的符合《章程》规定的补助对象继续予以补助；在办理退会手续时向会员赠送一份价值20元左右的纪念品(雨披)，与储金本金一并发放；余款待清退结束后充实市送温暖工程基金。市人大常委会副主任、市总工会主席张毓余到会讲话。会后，下发"会议纪要"。随后，市总工会制定停办清退实施方案，编写宣传提纲，积极做好退储工作。

截至2008年4月，市储金会累计为68364人办理退会手续，退还储金613.83万元。未退会人员储金本金74.91万元作挂账处理。储金会累计结存的415.36万元，扣除尚未退储及发放退储经办人员补贴等费用后，实际结余资金300.52万元。在银行存款和购买国债到期后，全部充入依法成立的市爱心帮困基金会，继续用于帮扶救助特困、困难职工。

2009年5月，召开管委会最后一次委员(扩大)会议，通报储金会停办清退工作，确定对尚未退储的会员，由本人凭证件到市总工会保障部办理退储手续。至2014年末，尚有6825名会员未办理退会手续。

市、县两级储金会累计为7224人次办理大病和死亡补助，共计补助530.55万元。

此前，由市退休职工管理委员会举办的市尊老互助储金会有会员17.1万人，资金总额达934万元，累计补助5.2万人，补助金额404.4万元。该储金会于1998年11月停办，向会员退还储金。

1994~2007年南通市、县两级职工互助补充保险组织运行情况统计表

表2-7-6

年份	会员数（万人）		资金总额（万元）		累计补助人数（人次）		累计补助金额（万元）	
	总数	市级	总数	市级	总数	市级	总数	市级
1994	8.80	2.97	343.99	155.00	169	119	10.46	8.52
1995	14.10	4.93	457.00	320.00	551	249	40.15	16.76
1996	17.60	6.10	777.68	427.95	983	450	66.70	31.00
1997	18.80	6.80	1259.74	639.75	1520	727	102.00	48.50
1998	21.31	7.41	1377.68	704.90	1734	949	121.42	63.23

续表 2-7-6

年份	会员数（万人）		资金总额（万元）		累计补助人数（人次）		累计补助金额（万元）	
	总数	市级	总数	市级	总数	市级	总数	市级
1999	22.22	7.56	1501.46	773.95	2813	1160	178.22	75.10
2000	22.97	7.52	1573.47	729.97	3340	1373	207.30	86.40
2001	21.80	6.54	1566.56	851.92	3900	1388	221.00	87.23
2002	19.60	6.46	1583.49	877.62	3963	1652	250.80	100.70
2003	18.79	6.14	1494.00	626.00	4589	1806	292.93	110.73
2004	18.80	5.67	1309.81	588.30	5239	2033	318.90	123.30
2005	18.40	5.54	1500.00	578.80	6577	2128	481.88	128.90
2006	18.22	5.51	1425.00	576.00	6797	2217	497.59	133.70
2007	14.14	1.20	1173.21	455.00	7224	2526	530.55	150.00

二、组织“献爱心一日捐”活动

1996 年，通州市总工会联合通州团市委、通州市妇联等部门开展“送温暖、献爱心”活动，收到捐款 14.44 万元。

为动员广大职工参与帮扶困难职工，市总工会于 1997 年 9 月发出《关于在全市职工中开展“献爱心一日捐”活动的通知》，要求各级工会广泛发动，动员有正常工资收入的职工每年捐出一天的劳动报酬，为工会开展帮扶活动提供资金支持。捐款实行分级管理，各区、局、产业、机关工会及下属单位职工捐款的 60%留本单位工会使用，交主管工会和市总工会各 20%；直属单位捐款的 60%留本级工会，用于结对帮扶及其他困难职工的解困，40%上交市总工会，充实送温暖工程基金。多数县（市）总工会也相继开展“献爱心一日捐”活动。这一做法后被市慈善总会等多家团体采用。基层单位对多头捐款，颇有意见。从 2013 年起，市总工会主动与市慈善总会协商，由市慈善总会牵头，多部门联合开展“献爱心一日捐”活动，市慈善总会将捐款总额的 40%拨给市总工会，并形成会商纪要，这一做法较好地解决了基层反映的问题。

1997~2014 年南通市工会“献爱心一日捐”活动捐款汇总表

表 2-7-7　　单位：万元

年　份	捐款总额	上交市总工会捐款
1997~1998	120.00	22.27
1999	180.81	29.13
2000	133.40	21.85
2001	316.00	36.58
2002	200.00	34.98
2003	250.00	32.30
2004	275.00	44.00

续表 2-7-7

年 份	捐款总额	上交市总工会捐款
2005	360.00	46.29
2006	366.00	50.26
2007	316.00	57.47
2008	312.00	56.97
2009	340.00	126.13
2010	275.00	77.77
2011	368.65	154.74
2012	250.64	93.71
2013	65.10	19.53
2014	204.13	65.32
合计	4332.73	969.30

三、建立社会捐助接收点和劝募志愿者队伍

为进一步开展经常性社会捐助活动,2002 年 1 月,市总工会申领到由民政部颁发的“社会捐助接收工作点”的统一标识,开通捐赠热线 5500110,印发 5.5 万份以“伸出你的手,献出你的爱,帮助困难职工共度难关”为主题的邮政公益广告。南通电视台《新闻面对面》栏目制作送温暖专题节目,邀请南通醋酸纤维有限公司、南通松平律师事务所等捐赠代表和受助职工 17 人在演播厅座谈交流。通过新闻媒体广泛宣传,在全市引起较大反响,节目播出后,收到捐款 2.02 万元,棉被、棉毯 85 件,床单、被套 55 件等,价值 1.5 万元。其中,市自来水公司的两位职工向市总工会捐助接收点送来 500 斤大米和 100 斤食用油。3 月,市总工会依据《公益事业捐赠法》,决定在市区组建工会劝募志愿者队伍。经过认真部署和积极发动,吸引一批热心社会公益事业的工会干部、工会积极分子报名,经过组织审核、推荐,确定劝募志愿者 88 名,分成 5 个片开展活动,每个片确定 2 名召集人,负责劝募活动的组织联络工作。5 月,市总工会召开工会劝募志愿者队伍成立会议,印发《劝募书》和劝募活动简介,向每位志愿者发放“劝募工作证”,要求持证上岗。当年主要开展三项劝募活动:一是为特困职工子女募集“寒窗基金”,开展助学活动;二是开展“月是中秋圆——为特困、低保职工募集过节食品”活动;三是开展为特困、低保职工家庭募集御寒衣被活动。劝募志愿者在企业接送车、小区、车间、班组等多种场合开展劝募工作。华能电厂、天生港电厂和技术监督局的劝募志愿者都募得捐款 1 万元以上。

2003 年春节前,劝募志愿者募集“寒窗基金”17.89 万元,床上用品 277 件,衣裤 1429 件(条),大米 190 公斤,食用油 35 公斤;为下岗失业职工募集岗位信息 1100 个,帮助 300 余人实现再就业。6 月,市总工会召开劝募志愿者队伍成立一周年表彰会,表彰“优秀工会劝募志愿者”10 人,“先进工会劝募志愿者集体”2 个,4 个集体和个人代表发言。是年,市总工会被市民政局评为社会捐赠工作先进集体。

2004 年,劝募志愿者继续开展为下岗失业职工募集岗位和募集“寒窗基金”活动。4

月，市总工会“组建工会劝募志愿者队伍，开辟救助困难职工新途径”的做法被省总工会评为工会革新成果奖。

2005 年，市总工会劝募志愿者队伍被市文明委表彰为第 27 次文明新风典型。

四、依法设立市爱心帮困基金会

南通市爱心帮困基金会(以下简称“基金会”)是全省工会系统第二个依法设立的非公募公益基金会。基金会的建立，标志着全市工会送温暖和困难职工帮扶救助资金的筹集、管理和运作迈上法治化和规范化轨道，具有里程碑意义。

2008 年 6 月，市总工会向省总工会提交建立基金会的请示。7 月，省总工会批复同意。在向省有关方面咨询并完成相关文件资料的准备工作后，8 月，省民政厅批复准予基金会设立登记。9 月，召开基金会首届一次理事会，选举市人大常委会原副主任、市总工会原主席张毓余为理事长，市总工会副主席朱淑娟、南通化轻公司总经理骆德龙、南通江山农化股份有限公司总经理蔡建国为副理事长，市总工会生活保障部部长钱兴如为秘书长。审议通过《基金会章程》《基金会基金管理暂行办法》，审议决定基金会 2008~2009 年度经费收支预算方案和基金会成立大会方案。12 月，举行基金会成立大会，省民政厅民间组织管理局副局长张建生、市政协副主席袁瑞良共同为基金会揭牌，市人大常委会副主任、市总工会主席陆玉明讲话，市民政局副局长方建新代表祝贺单位致贺词，副市长朱晋到会。市政府向基金会拨付铺底资金 100 万元。南通化工轻工公司等 20 余个单位和个人现场捐款捐物，共计 93.7 万元。会上，还向 10 名特困职工代表发放每人 2000 元的大病医疗救助金和棉被。

2009 年起，市总工会每年均委托南通新天会计事务所对基金会上年度的基金收支情况、财务状况进行审计，按规定完成年报、年检工作。基金会每年召开一次理事会，听取、审议基金会上一年度工作报告；听取、审定基金收支情况报告；审议决定下一年度收支预算方案；讨论决定其他重要事项；制作会议纪要。11 月，召开基金会一届二次理事会，讨论通过《关于增加对特困职工在幼儿园的学前子女资助项目和提高特困职工家庭义务教育阶段在校子女助学金的建议》；审议批准《基金会财务管理办法(试行)》；经出席会议的理事表决，同意将结余资金通过购买银行理财产品、委托银行理财或委托南通国有资产投资控股股份有限公司进行投资的方式实现保值增值；商讨募集资金的相关工作；递补 3 名理事。

2010 年 11 月，召开基金会一届三次理事会，递补 3 名理事。

2011 年 11 月，召开基金会一届四次理事会，讨论决定增设市区特困职工物价补贴发放项目及标准等。张毓余因退休辞去理事长职务，选举朱淑娟担任基金会第二届理事会理事长，增补市总工会副主席季金祥为副理事长，增补副秘书长 1 名。

2012 年 11 月，召开基金会二届一次理事会，讨论决定将市区特困职工大病医疗救助金标准从每人每年 2000 元提高到 3000 元，春节慰问金标准从 800 元提高到 1000 元，递补 4 名理事和和 1 名监事，市总工会生活保障部部长王海兵任秘书长。

2013 年，基金会运行情况上传网站；参加市民政局组织开展的基金会问卷调查。11

月，召开基金会二届二次理事会，讨论决定提高特困职工大病医疗救助金标准1000元；递补理事5名，监事1名。

2014年12月，召开基金会二届三次理事会，讨论决定提高困难职工大病医疗救助金标准1000元。是年，基金会在省民政厅开展的全省社会组织评估中获评4A等级。

基金会按照《章程》规定和上级要求，编制基金会和帮扶资金全口径预算方案。在基金和困难职工帮扶资金的管理使用上，根据理事会通过的预算方案和主席室批准的使用方案执行，做到救助项目、救助标准公开，按规定审批，杜绝帮扶资金使用的随意性。坚持实行会计月报制度，把好财务管理关，严防管理漏洞，严控行政费用支出，努力降低运行成本，较好地发挥资金使用效益。根据理事会的决定，对基金结余部分，以协议借款的方式，委托市政府国有资产投资公司运作，以年息7%-8%的标准，每年向基金会支付利息，2010~2014年先后获得利息172.5万元。

五、发动职工抗击自然灾害

1990年10月，市总工会和市红十字会等联合开展为南通市遭受水灾地区捐款的活动，506家单位、20万人次捐款21.1万元、粮票10240公斤、衣物10387件。

1991年，南通部分地区遭遇特大洪涝灾害。市总工会与市红十字会等联合开展募捐活动，共募集资金394.6万元、粮票13.5万公斤。省、市、县总工会及部分企业捐资22.7万元帮助受灾职工。

1997年8月，南通遭受强台风和暴雨大潮，部分企业及职工的住房倒塌，生活受到不同程度的影响。市总工会印发《关于做好灾后恢复生产和困难职工生活安排工作的紧急通知》，要求各级工会对受灾情况进行调查，关心、安排好受灾职工的生活，把自然灾害造成的损失降到最低。

1998年，市总工会响应市委号召，开展“情系灾区，奉献爱心”捐款、捐衣被活动。

2003年，我国“非典”（非典型性肺炎）流行，全市各级工会投身“非典”防治工作。市总工会与团市委等部门联合发出倡议书。4月，市政府决定征用南通工人疗养院作为全市预防“非典”医学隔离观察单位。市总工会下发《关于切实做好“非典”防治工作的紧急通知》，成立防治领导小组。5月，市总工会主席陈心万等到市第三人民医院慰问特别病区的医务人员，授予该病区市五一劳动奖状，还慰问17个社区的一线工会干部。

2008年春节前，南通市遭遇50余年未遇的雪灾，给交通运输和职工群众的生产生活造成严重影响，市总工会及时向三个区工会下拨14万元救灾慰问款。市人大常委会副主任、总工会主席张毓余等分4组走访慰问4家困难企业，发放慰问款12万元；到通大附院看望因灾受伤的外来务工人员，给予每人2000元慰问金。市总工会机关干部到外来农民工集中的姚港港务公司检查因雪灾留南通过年的外来农民工节日生活安排情况，并送上5000元慰问金和邮政贺年卡、电影票各300张。崇川区组织百名工会干部到基层进行专项检查，安排部分外来务工人员集体吃年夜饭。

2008年5月，四川省汶川特大地震发生后，市总工会第一时间向市红十字会捐款2万元，并迅速行动，先后下发、转发三份文件，发动各级工会组织和会员开展赈灾捐款活动。市总工会保障部全体同志放弃双休,加班加点接受捐款,及时张榜公布。各级工会迅速调查了解四川籍在通务工人员家庭受灾情况,据统计,有1983名四川籍在通务工人员家庭受灾,其中,房屋倒塌694户,亲人受伤32人、失踪9人、死亡39人。市总工会领导率机关干部到相关企业,对直系亲属在地震中死亡在通务工人员进行慰问,每人发放慰问金5000元。6月,根据全国总工会和省总工会为四川灾区提供就业援助的要求,市总工会积极联系,将全市1.3万个岗位用工需求及时上报省总工会。市人大常委会副主任、总工会主席陆玉明到通大附院等4家医院,对地震灾区来南通治疗的99名伤员及奋战在救治伤员一线的医护人员进行慰问,为伤员发放每人500元慰问金和1个旅行包。南通援川抗震救灾建设大队被全国总工会表彰为抗震救灾重建家园工人先锋号。赈灾中,市总工会共接收捐款185.75万元,其中,按要求上交省总工会57万元(全市工会共上交161万元),转交市红十字会27.42万元,慰问在通治疗四川籍伤员4.99万元;将市民捐赠的32件新羊毛衫和38双新童鞋交由市红十字会和市慈善会转运灾区。9月,根据市委、市政府要求,市总工会向南通市对口支援的四川省绵竹市新市镇工会发出《关于了解工会在地震中受损及恢复重建工作需求情况的函》。11月,市人大常委会副主任、总工会主席陆玉明等到新市镇慰问,向绵竹市总工会和新市镇工会拨付捐款15万元。

2009年5月,新市镇政府向市总工会发函,商请协调解决维修资金60万元,帮助修复"职工之家"。6月,绵竹市新市镇党政考察团到南通访问,市总工会从接收的捐款中拨付40万元用于新市镇"职工之家"修复。市总工会联合南通援建指挥部、四川绵竹市总工会开展"展铁军风采,建精品工程"援建工程百日劳动竞赛。

2010年3月,市审计局对市总工会接受的抗震救灾捐款使用情况进行专项审计,予以充分肯定。根据省总工会要求,市总工会推荐中南建设(南通建筑工程总承包有限公司)和京通船舶工程有限公司两家企业,赴四川参加全国总工会举办的全国工会对口劳务协作大型招聘洽谈会,提供用工岗位3万余个。5月,市总工会领导张毓余、朱淑娟、钱祥圣等前往绵竹市和新市镇,慰问南通市参与灾后重建职工,并与绵竹市总工会、南通援建指挥部联合召开南通援建工程立功竞赛表彰大会。经市总工会与绵竹市总工会协商并签订协议,所余捐款42.42万元全部捐给绵竹市总工会,用于灾后重建。

2013~2014年,市总工会离休干部印连珍夫妇,先后向四川雅安和云南鲁甸地震灾区捐赠1万元和1.5万元。

六、建立困难职工帮扶中心

2000年起,每年元旦、春节期间,市、县(市)区总工会均开通春节"送温暖热线"电话,工会领导带头,部门人员轮值,受理困难职工的情况反映和咨询,了解政府各项解困政策落实情况和困难职工生活实际情况,有针对性地做好工作。2月,《南通日报》以整版篇幅并配以彩色照片对此加以宣传。8月,启东锅炉厂下岗职

南通市职工服务中心

工陆松林在市区打工期间，因帮助邻居扑灭液化气火灾而身受重伤，由于夫妇双下岗，儿子上大学，医疗费无着落，如不及时抢救，后果不堪设想。接到求助后，市总工会通过媒体大力宣传陆松林见义勇为事迹，并组织各方募捐。崇川区募集4万余元，启东市政府拨款2万元，启东市总工会为其办理特困职工证并捐款6000元，基本解决陆松林的医疗费问题。

2002年，根据省总工会"年内省辖市都要建立困难职工援助中心"的要求，市总工会筹建困难职工援助中心。12月，市总工会建立困难职工援助中心，副市长张庆平为援助中心揭牌，市总工会副主席朱淑娟任中心主任，生活保障部部长钱兴如、法律工作部部长汪俊任中心副主任。确定每月1日、15日为市总工会领导接待日，平时由法律工作部、生活保障部派员值班。本着"服务困难职工、救急济难解困、维护社会稳定、为党和政府分忧"的原则，通过来访接待、法律政策咨询、生活困难临时救助、再就业援助、法律援助、办理职工互助补充保险等方式，为困难职工服务。

2006年，市总工会将原用于出租的近300平方米临街用房收回，建立市职工服务中心，出资40余万元进行装修，配备电子显示屏、电脑、传真机等必要的办公设施。

2007年2月，市人大常委会副主任、总工会主席张毓余率领机关相关部室负责人赴徐州市总工会学习取经。4月，市职工服务中心剪彩仪式隆重举行，市委常委、组织部部长郭腊军、市政协副主席陈振兴及特困职工代表共同剪彩。南通音乐龙餐饮娱乐有限公司捐赠价值5万元的保暖内衣，60名特困职工子女领取免费公交IC卡。市职工服务中心实现来访接待、职业介绍、法律援助、心理辅导、捐赠受理、举报受理、证件办理、经费收缴等一条龙服务。市总工会副主席朱淑娟任中心主任，市总工会主席助理叶新春、法律工作部部长汪俊、生活保障部部长钱兴如任中心副主任。6月，市总工会下发《关于加强市总困难职工援助中心规范化建设的实施细则》，规定困难职工援助中心的定位和职责、重点援助对象、援助项目和援助标准及审批程序。

2008年10月，在全省工会帮扶工作会议上，市总工会和通州市总工会荣获"全省工会困难职工帮扶中心工作先进集体"称号。市供销社工会作为唯一基层工会代表，在大会上作经验交流发言。

2011年10月，市总工会困难职工帮扶中心被省总工会表彰为先进集体。12月，市总工会钱兴如被评为全国工会帮扶工作先进个人。

2012年7月，市总工会召开全市开发区(园区)、乡镇(街道)及规模以上企业工会帮扶服务工作会议，部署工会帮扶工作站点的建设。全市建立各级职工服务中心、帮扶工作站点257个。11月，市总工会召开全市工会帮扶工作表彰会，表彰先进集体44个、先进个人53人。爱心企业、爱心人士进行现场捐赠。是年，市总工会钱兴如获全国五一劳动奖章。

2013年7月，市总工会、市水利局联合举行向市区特困职工赠送节水器具仪式，市总工会党组书记、副主席葛玉琴和市水利局党组书记、局长刘新华出席。

2014年1月，市总工会组织市区百名特困职工参加市餐饮业商会等单位联合开展的"爱心年夜饭·和谐团圆年"活动。

第三节 促进就业再就业

20 世纪末,全市深入推行企业产权制度改革,下岗、失业职工日益增加,市总工会积极关注下岗失业职工的切身利益,发动各级工会协助政府和企业推进再就业工作。依托工会阵地,搭起职业介绍、政策咨询、职业培训的服务平台;选树自主创业典型,发挥榜样的示范效应;开展职业技能培训,发挥工会培训阵地作用;举办联动招聘会,与劳动保障部门实现"联网";发放补助金,鼓励下岗失业职工自主创业;在结对帮扶活动中"送岗位",为下岗失业职工募岗位、送信息。

一、多举措帮助下岗职工再就业

1996 年 1 月,海门市总工会在全市率先建立工会职业介绍所。市总工会建立推进再就业工作领导小组,发挥协调、研究、综合、宣传、指导作用,市总工会主席戈雪芬任组长。9 月,市总工会女职工委员会开展"姐妹情,献爱心,每人节约一元钱,筹集女职工再就业发展互助金"活动。12 月,市劳动就业管理处同意市总工会建立职业介绍所。市总工会召开工会实施再就业工程经验交流会。是年,市总工会联合有关部门举办培训班,培训 2000 人次。各级工会利用文化宫、俱乐部、黑板报等宣传阵地,对职工广泛进行转变就业观念的教育。

1997 年 3 月,市机构编制委员会下发《关于建立南通市总工会职业介绍所的批复》。建所初期,市总工会依托市工人业余大学,实行培训、介绍一条龙服务。后由于该校基建改造、教学招生计划调整等原因,职业介绍工作未能正常开展。3 月,市总工会在市劳动人民文化宫广场举办下岗职工劳务市场,16 家单位进场招工, 数千人前来求职,130 余人找到新工作。7 月,市总工会主席戈雪芬带领县(市)区工会主席到上海市总工会学习再就业工作经验。市总工会对 60 余名下岗超过半年或夫妇双下岗的职工进行调查、走访,共商再就业途径。与市劳动局共同评选表彰再就业先进集体 10 个,先进个人 16 人。各级工会培训下岗、转岗职工 1700 人次,协助行政安置下岗职工 2000 余人。市总工会被评为省工会再就业先进单位。

1998 年 3 月,市总工会召开促进下岗女职工再就业座谈会,黄慧新等 6 名同志介绍再就业的艰难历程,副市长袁瑞良、市总工会主席陈心万出席会议并讲话。梁菊华、常春香、周立珠、黄慧新被评为省二次创业新女性。5 月,市总工会将临街办公用房调剂给职业介绍所,并进行直接管理。职业介绍所采取走出去、请进来、中间插、送出去四项措施,想方设法帮助下岗职工再就业。《江苏工人报》以"用爱心架设就业之桥"为题,报道市总工会职业介绍所为下岗职工服务的做法。市总工会与市委宣传部、市劳动局联合举办"下岗、失业职工再就业先进个人事迹报告会",张庆翌等 6 人发言,市委副书记张琛到会讲话。7 月,市总工会调整促进实施再就业工程领导小组,市总工会主席陈心万任组长,副主席朱淑娟任副组长。10 月,召开下岗职工再就业政策执行情况座谈会,听取基层对完善下岗职工基本生活保障和再就业政策的意见建议。12 月,在全省工会促进再就业工作经验交流会上，市总工会作题为"突出三个重点，发挥三大作用，促进下岗职工再就业"的发言，并被省劳动厅、省总工会、省妇联联合表彰为江苏省再就业工程先进集体。省电视台《大写真》栏目报道市虹桥超市董事长季辉的先进事迹。是年，省总工会下拨给市总工会10台海尔冰柜，帮助下岗职工再就业。

1999年7月，河南新飞电器有限公司向市总工会捐赠12台冰柜，帮助下岗职工自谋职业。副市长袁瑞良、市总工会主席陈心万等出席捐赠仪式。

2000年5月，市总工会职业介绍所与南通百帮服务公司合作，聘请百帮服务公司郁斌担任职业介绍所负责人，开通服务热线5500110。

2001年，市总工会职业介绍所共帮助593名下岗失业职工实现再就业。7月，市总工会参加市政府联合检查组，检查下岗职工再就业优惠政策落实情况。组织工会保障干部赴青岛市、大连市工会学习再就业工作经验。是年，市工人业余大学和市文化宫先后举办电脑、缝纫、电工、管道工等培训班，培训488人次。

2002年6月，市总工会配合市劳动部门开展再就业援助对象调查，为500余名生活困难的大龄下岗职工发放再就业援助证。10月，与市物价局联手安排12名下岗职工担任职工物价监督员，联合下发《南通市职工物价监督员管理办法》。与江花粮贸有限公司联手，在市区设立直销点，安排6名下岗职工就业。11月，联合有关部门开展市级机关、市直单位对生活困难的下岗职工、失业人员再就业援助活动，共援助128人。是年，市文化宫培训中心服装部培训学员210人，厨师培训中心培训77人。

2003年3月，市总工会与市职业介绍服务中心共同举办"庆三八、架金桥、促进就业"大型女性专场招聘会。4月，与百花苑、濠西东园居委会联合举办社区再就业招聘咨询会。8月，在市政协召开的再就业政策落实情况座谈会上汇报相关工作，提出"关于落实再就业优惠政策的几点建议"。10月，市总工会下发《关于进一步推进再就业工作的实施意见》。组织7名工会干部通过省职介经纪资格培训考试取得资格证书。市总工会被省总工会评为促进再就业先进集体。海安县总工会在全市工会率先出台为自主创业的下岗失业特困职工提供小额借款的优惠政策。12月，市总工会出台《关于对市区各级工会开展促进下岗失业职工再就业工作的补贴办法》。

2004年，业大、市文化宫举办缝纫、烹饪等职业技能培训。市总工会职业介绍所被纳入市劳动部门确定的社区劳动保障服务平台及公共职介机构电脑联网定点单位。市总工会被省总工会表彰为创新业示范行动示范单位。

2005年，市总工会与市劳动局等部门联合举办4场大型再就业招聘活动。市总工会被省总工会表彰为工会促进再就业先进集体。

2006年，市总工会与市劳动就业处深入社区，联合开展创业明星宣传和创业项目现场推介活动。与相关部门联合举办5场大型再就业招聘活动。7月，市总工会被全国总工会表彰为全国工会促进再就业行动先进单位。

2007年，市总工会职业介绍所安装电子显示屏、更新软件系统，实现全市劳动职介信息实时联网，大大方便了前来求职的下岗失业人员。联合举办"迎新年·促就业""迎五一"大型人力资源招聘会。

2008年起，市总工会在全市开展技术工人培训和"技能培训促就业行动"，缓解就业结构性矛盾，更好地帮助就业困难群体实现就业再就业。全市各级工会与劳动等部门联合开展“春风送岗位”、民营企业招聘周和“就业服务系列活动”等大型招聘活动。4月，江苏电视台《大写真》栏目到南通拍摄再就业典型。9月，市总工会下发《关于认真做好技术工人培训工作的通知》。11月，为期三年的技术工人培训工作正式启动，全市首期特困、低保、困难职工（含农民工）计算机操作免费培训班在业大开班。首期培训班共培训学员60人，全年对122人进行计算机操作和会计实务培训。

2009年起，市总工会开展困难职工家庭高校毕业生“阳光就业行动”，帮助困难职工家庭的高校毕业生实现就业。7月，市总工会下发《关于开展扶持困难职工自主创业的通知》，市区72人提出申请。经严格审核，11月，市总工会向37名困难职工发放2000元/人的自主创业扶持金。

2011年，市总工会下发《关于深入开展“技能培训促就业行动”的通知》。业大举办2期下岗失业人员、外来务工人员、新毕业大学生创业意识培训班，培训合格100人。

2012年，业大继续开展“技能培训促就业行动”，培训合格100人。

2013年，业大举办创业意识培训班20余期，培训合格1000人。业大被评为全国工会系统先进就业培训机构，全国仅10家，业大是全省唯一获奖单位。

2003~2014年南通市各级工会帮助下岗失业职工再就业工作统计表

表2-7-8

单位：人次

年份	职业培训	职业介绍	帮助再就业
2003	5200	11200	5839
2004	5582	7326	5047
2005	6060	7531	7165
2006	8545	8845	7510
2007	8610	6939	7730
2008	6788	7255	5595
2009	18585	15298	13204
2010	14810	10639	11551
2011	15000	10693	11600
2012	11065	6755	7812
2013	15215	11210	11945
2014	16831	11359	11254
合计	132291	115050	106252

二、选树再就业和创业带头人

1998年5月，市委宣传部、市劳动局、市总工会联合举办下岗、失业职工再就业先进个人事迹报告会，表彰再就业先进集体10个、再就业之星16人。

2003年2月和4月，中央电视台《当代工人》栏目在南通拍摄两个再就业专题片，播出后取得良好的社会反响。

2004年5月,市总工会与市劳动局联合召开全市促进再就业经验交流会,表彰二次创业示范基地18个、二次创业带头人18人,市总工会表彰工会促进再就业先进集体19个、先进个人21人,成雪萍等4人在会上作经验介绍。市委常委、副市长蓝绍敏到会讲话。是年,国际劳工组织派员到通州百帮公司考察,并提供10万元资助。公司被命名为全国工会下岗职工自主创业集体创业示范点。

2005年6月，市总工会与市劳动局联合召开大会，命名和表彰二次创业示范基地24个、二次创业带头人24人,严莉辉等4名同志在会上介绍创业经验。

自2006年起,市总工会与市劳动局联合开展十佳创业示范基地和十佳创业带头人评选活动,同时授予十佳创业带头人市五一劳动奖章,通过举办事迹展览等方式进行广泛宣传。10月,市总工会、市劳动局联合开展创业明星宣传和创业项目现场推介活动。

2009年起，市总工会与劳动部门把大学毕业生创业并带动下岗失业人员再就业典型纳入创业先进评比表彰范围。为了解国际金融危机对全市中、小企业的影响,市总工会对30个十佳创业示范基地进行跟踪调查,形成调查报告。

2010年3月，市总工会与市劳动部门联合开展市级十佳创业示范基地和十佳创业带头人的评选活动。

2013年,市总工会与市人社局、团市委、市妇联联合下发《关于命名和表彰南通市“十佳创业示范基地”“十佳创业带头人”“十佳创业帮手”的决定》。8月,市政府召开创业型城市建设暨第二轮万人创业工作推进会,对十佳创业示范基地、十佳创业带头人、十佳创业帮手进行命名、表彰,市委常委、常务副市长韩立明到会讲话。

2014年,市总工会与市人社局联合命名南通市十佳创业示范基地,表彰南通市十佳创业带头人。

2006~2014年南通市十佳创业带头人名单

表2-7-9

年份	名单
2006	王钦峰 盛　云 周建春 孙道宽 黄　峰 方玉丽 徐瑞鹏 蔡水洪 王申葆 赵建飞
2007	顾　斌 李　霞 倪春林 余振泉 吴晓云 王立成 倪跃成 印美琴 周传敏 徐　洪
2008	崔业民 许志刚 胡忠军 陆尔东 陆维祖 郁永平 钱永兴 葛荣德 李卜鸣 孙美华
2009	于万忠 周　伟 张志坚 马　兵 秦建辉 龚云路 成雨兰 曹　平 陈　慧 朱远源
2010	刘凤鸣 张四健 周　兵 桑　正 管向东 梁小雷 陶美华 陈　丽 严志刚 丁　锋
2011	宋　卫 韩小绒 李成凤 朱培军 魏金强 余维成 张正国 肖　军 陈　敏 李晓东
2012	陈　刚 陈　进 郭永平 陈锦标 桑红霞 朱建华 杨卫新 张洪娟 施希锋 孟建生
2013	王素芳 顾成云 崔卫东 王小飞 朱岳岳 蒋梦琦 毛建芳 李志龙 吴　建 万云亮
2014	焦惟通 顾　菲 周越魁 焦文革 孙智江 熊光辉 张澍椿 陆永新 何　丹 杨　阳

三、推进家政服务工程

为帮助和扶持城镇下岗失业人员、农民工从事家政服务，促进弱势群体就业，化解国际金融危机对国内就业造成的不利影响，解决家庭小型化、人口老龄化带来的社会问题，根据商务部、财政部、全国总工会及江苏省三部门的要求，经与市经贸委、市财政局协商，南通市率先在全省推进家政服务工程。

2009年9月，建立市家政服务工程领导小组，市经贸委副主任仇亦文任组长，市财政局副局长徐琳、市总工会副主席朱淑娟任副组长。市家政服务工程启动仪式暨首期家政服务员培训班开学典礼在市工人业余大学举行。在进行免费培训的同时，为学员提供学习用品、马甲和午餐，发放20元/天的生活补贴。为提高培训质量，聘请资深专业教师授课。是年，市区举办家政服务员培训班7期，培训410人。在市总工会的指导下，海门职工学校、如东职工培训指导服务中心、海安县商贸学校和通州区职工学校也获得省家政服务定点培训单位资格。是年全市培训合格1038人，获得中央财政补贴96.7万元。

2010年1月，联合邀请家政服务培训专家组成验收工作组，对家政服务定点培训机构进行验收。是年共培训802人，验收合格753人，获得中央财政补贴75.3万元。

2011年初，联合对家政服务定点培训机构和有关家政服务企业进行调查。4月，联合对培训点进行检查验收。

2012年，全市5家家政服务培训机构通过省三部门对培训机构的认证。2月，对2011年度家政服务工程培训验收，合格人数750人，获中央财政补贴75万元。

中央财政对工会开展家政服务培训补贴政策实施三年。三年中，市、县总工会定点培训机构共培训家政服务人员2395人，取得职业资格证书2319人，合格率96.83%；实现就业2277人，占95.07%；其中，本地就业2069人，占90.87%，赴外地就业208人，占9.13%。家政培训共投入资金272万元，其中，获中央财政家政培训补贴247万元，其余由市、县(市)区总工会补贴。

第四节 维护农民工合法权益

随着经济和社会发展，农民工作为职工队伍的重要组成部分，成为经济建设和社会发展的一支生力军，维护农民工合法权益关系到职工队伍的和谐与稳定。市总工会充分发挥工会优势，整合社会资源，积极开展就业培训、岗位援助、创业指导、维权服务、生活帮扶等活动，切实维护外来农民工的合法权益，增强他们的城市归属感，激发他们做城市新主人的热情。

一、维护农民工经济权益

2004年11月，市总工会与市劳动局、市建设局等部门组成联合检查组，重点对全市建筑、服装加工和餐饮服务等行业的400余家(其中市区60家)企业支付农民工工资情况开展专项检查，涉及农民工近3万人。对存在拖欠农民工工资问题的企业下发劳动保障监察询问通知书和整改指令书18份，责令支付农民工工资30余万元。

2006年3月，市总工会、崇川区总工会在外来务工人员集中的观音山镇联合开展外来务工人员权益保障法律政策宣传咨询活动，发放《南通市最低工资标准宣传资料》《江苏省一办法五条例》，提供政策咨询和免费求职登记服务。

2007年1月，市总工会会同政府有关部门为7614名农民工追讨欠薪803.32万元。10月，市总工会下发《关于加强机制建设推进维护农民工合法权益工作的意见》，围绕组织入会、就业服务、工资保障、社会保险、安全监督、民主管理、素质提升、帮扶援助等八个方面，对工会维护农民工合法权益工作的长效机制建设，提出明确的目标和要求。

2009年起，市总工会派员参加春节前设在信访局的防欠薪集中办公，为被拖欠工资的农民工及时提供帮助。

二、提升农民工文化素质与技能

2009年，针对国际金融危机对农民工就业、权益维护带来的严峻挑战，市总工会制定《"千万农民工援助行动"实施方案》。依托业大和市区大中型企业免费为农民工开展技术培训，市总工会除按规定将中央财政下拨的帮扶专项资金的30%用于技能培训补贴外，还增加农民工职业技能培训补贴32万元。业大被省总工会认定为"农民工培训示范基地"。

2010年，继续开展"千万农民工援助行动"，增加农民工职业技能培训补贴。市区培训农民工1100余人。

2011~2014年，业大培训农民工4900人。

2014年，市总工会开展优秀农民工学历提升行动，100名优秀农民工获得学历提升的机会，业大开办为期2~2.5年的农民工大专班。对市级以上劳模，由市总工会全额资助学费；其他学员由市总工会资助学费的80%，业大减免5%，所在单位资助15%。市总工会还组织免费考前复习辅导班，帮助报名参学的农民工通过全国成人高校统一入学考试和相关学校的入学测试。

三、关心农民工生活

2006年1月，市总工会在全委(扩大)会上，要求各级工会切实关爱农民工，为生活困难的进城务工人员及时提供援助。在得知贵州省来通州打工的女工石开翠，在去单位领工资准备返乡过年途中遭遇车祸且生命垂危的消息后，市、县总工会领导立即赶往医院送上6000元慰问金。

2007年1月，市总工会下发通知，部署元旦春节期间为外来农民工送温暖工作；为市区留通过春节的外来农民工发放价值13.3万元的慰问品和2900张电影票；与电信公司联合开展"情满南通·情系外来工"活动，为春节留守岗位的外来农民工办理亲情电话卡。8月，与市劳动局等部门联合制定《南通市市区农民工救助试行办法》。10月，组织150余名优秀外来农民工参加"做城市新主人·看和谐新南通"活动，参观南通火车站、如皋东方大寿星园、市园博园、市体育会展中心、南通大学新校区等景点，副市长朱晋等市领导出席发车仪式。市、区总工会和市教育工会对外来务工人员子女在市区公办学校接受教育、享受减免有关费用情况，以及农民工子女比较集中的学校等进行调查。12月，江苏三友集团捐款在市总工会冠名设立"外来困难农民工子女助学金"。

2008 年 1 月,市总工会与市邮政局、南通移动公司在南通中远船务工程有限公司联合举办以"和谐南通、因为有您"为主题的向外来农民工寄发邮政贺年明信片活动启动仪式,给全市 5 万名外来农民工送上新春问候。与市交通工会、南通汽运集团在长途汽车站站前广场联合举行春运期间帮助农民工平安返乡优质服务竞赛活动启动仪式。为留在南通过春节的外来农民工发放 2000 张电影票。

2009 年"五一"节前,市总工会联合南通园博园向全市农民工发放 4.5 万张园博园门票抵扣券。

2010 年 3 月,市总工会被全国总工会评为全国工会"千万农民工援助行动"先进单位。5 月,市总工会与南通邮政储蓄银行联合举行"外来困难农民工子女助学金"发放仪式,为 30 名学生发放助学金 3 万元。

2011 年元旦春节期间,市总工会为 2000 名农民工发放慰问金、电影券等款物,总价值 71.2 万元。

四、首创农民工住房保障工作

市总工会在积极推动将优秀农民工和缴纳社会保险时间较长的外来农民工纳入市区城镇住房保障体系上作了有益探索,打破长期以来农村户籍的制约,使农民工能与工作地城镇居民享受同等的经济适用住房保障待遇,并获得成功。这一党政所需、职工所急、工会所能的创新举措,拓展了工会维护农民工权益的内容和载体,实现了工会组织在更高层次上对农民工的帮扶和维权,受到农民工的欢迎,提升了党委、政府和工会组织的影响力。

2009 年, 市总工会对市区 76 家企业外来农民工住房及参加社会保险状况进行调查,依据调查数据,向市政府提出"将优秀农民工和缴纳社会保险时间较长的外来农民工纳入市区保障性商品房保障范围"的建议。12 月,在市总工会与市政府联席会议上,市政府采纳市总工会的建议。随后,市总工会代拟文稿,市房管局、市人社局同意并会签。

2010 年 5 月,市政府办公室下发《转发市总工会等部门关于将优秀农民工和缴纳社会保险时间较长的外来农民工纳入市区经济适用住房保障范围的试行意见的通知》。随后,市总工会将文件及时下发到各级工会组织,制定申请、审核、公示等相关工作流程,印制上万份宣传资料,深入农民工较集中的基层单位,开展政策宣传咨询活动,对符合条件的对象及购房意愿进行调查摸底。首批 21 户提出申请, 其中 19 户通过三部门会审,在《南通日报》集中公示。市总工会积极配合市房管局落实房源。7 月,市长丁大卫作出批示,肯定市总工会等部门"为此做了大量艰苦细致的工作,值得表扬"。8 月,国务院农民工工作联席会议办公室专门发出通报指出:"此举在江苏省乃至全国开创了农民工享受城市住房保障的先河。"

2011 年 1 月,首批 19 户农民工抽签选房。3 月,发放首批经济适用房购房通知书。同时,征得中国银行南通分行同意,从该行向市总工会的捐款中,为首批购房农民工发放每户 5000 元购房资助金,并为农民工办理购房贷款做了大量的联系协调工作。3 月,中央电视台新闻频道报道南通市举行首批农民工经济适用房购房通知书发放仪式的消息时称:"南通的这种做法,是对农民工采取的人性化做法,希望全国有更多的城市采取南通这样的做法。”中央电视台财经频道、中新网、凤凰网、《工人日报》《中国青年报》、新华网江苏频道、《江苏工人报》《扬子晚报》《现代快报》等各大媒体都进行集中报道。是年，市区25户农民工享受经济适用房保障待遇，占年度市区经济适用房供应量的12%。此项工作获南通市工会工作创新成果一等奖和全省工会工作最佳创新成果奖。

截至2014年末，市区共有51户农民工购买经济适用房。

五、组织优秀农民工疗休养

2004年，市总工会与市委宣传部首次评选十佳进城务工者和十佳关爱进城务工人员的经营者。2005年3月，市总工会与市委宣传部联合召开“双十佳”表彰大会，并授予十佳进城务工者市五一劳动奖章。市委常委、副市长蓝绍敏，市人大常委会副主任周通生、市政协副主席杨伯林出席大会。此后每年评选一次，至2011年，先后评选七届。

2008年3月，市总工会组织十佳进城务工人员和外来先进女工代表赴无锡影城参观游览。7月，市总工会困难职工帮扶中心被市农民工工作领导小组评为农民工工作先进集体。是年，南通中远船务工程有限公司工会获全国工会维护农民工合法权益工作先进集体荣誉称号。

2013年起，市总工会每年组织优秀农民工参加“健康帮扶与我同行”疗休养活动。8月，举行首批疗休养活动启动仪式，省总工会副主席张海涛，市委常委、组织部部长张兆江，市政协副主席、市总工会主席陆玉明等出席开幕式。疗休养活动期间，精心安排健康体检、外出考察观光、疾病预防讲座、心理健康辅导、饮食健康指导、观看电影大片等丰富多彩的活动。《工人日报》《新华日报》等数十家新闻媒体和门户网站进行报道。农民工疗休养活动在全省乃至全国属首创，深受农民工欢迎，被评为南通市工会工作最佳创新成果奖。

2014年，市总工会组织200名优秀农民工参加疗休养活动。

2005~2011年南通市十佳进城务工者名单

表2-7-10

表彰时间	届次	名				单
2005年3月	首届	季　燕	郭　频	章玲红	史加梅	彭美娟
		金　飞	李红英	崔世发	阮孝刚	管其兵
2006年4月	二届	郑家运	王淑军	施爱国	周亚军	邱　峰
		李翔华	鲁兆勤	刘　军	郝井松	潘建明
2007年4月	三届	宋永浩	陈新军	刘洪美	杨朝军	谢学台
		贾大伟	王洪波	费广巧	刘小春	李强战
2008年4月	四届	邓　华	王孔长	任家军	张明玉	董梦生
		门　刚	李　洁	王志涛	张　俊	张法忠
2009年4月	五届	吴光明	周吉群	谢忠琴	刘道成	王小敏
		张新柱	宋浩杰	唐根华	陈家明	石志勇
2010年4月	六届	白丹波	凌　冲	李　芹	王卫波	甘成国
		尹芬兴	赵友福	孙文静	缪扣山	冯志于
2011年7月	七届	吴月栋	胡春桃	葛　娣	赵美平	王　敏
		管向阳	刘兆付	随富力	顾培贤	衡思科

第八章　工会法律工作

1990 年以来，各级工会法律工作者认真参与劳动立法，广泛开展普法宣传，妥善调处劳动争议，积极履行监督职责，切实维护广大职工的合法权益。

第一节　工会法律工作组织

1990~1991 年，市总工会法律工作由法律顾问处承担。市、县总工会均建立法律顾问委员会和法律顾问处。市总工会法律顾问委员会由南通市法学界老前辈、地市工会老领导、劳动工资工作老行家 19 人组成。市总工会还在城区、唐闸和天生港三地设立 3 个职工法律咨询组，共有 50 名工作人员，每周定时、定点为职工提供服务。1991 年 12 月，市总工会设立权益保障办公室，法律工作成为该部门的重要工作。

1993 年 2 月，为维护企业和职工合法权益，促进经济建设，经市司法局、市总工会同意，由市对外经济律师事务所和市总工会权益保障办公室联合设立市对外经济律师事务所工会分所，双方签订协议。8 月，举行工会分所成立仪式。分所在册人员 7 人，其中专职律师 2 人，兼职律师 5 人。

1998 年 3 月，市总工会法律顾问处撤销，单独设立法律工作部。5 月，市对外经济律师事务所工会分所停业。11 月，为更好履行工会维护职能，规范职工法律援助工作，市总工会建立由 20 名律师和工会干部组成的市职工法律援助中心，并调整市总工会法律顾问委员会成员。

2005 年 4 月，市总工会建立市职工法律援助律师团，聘请亚太长城和启星律师事务所 42 名律师为职工法律援助律师，每周三全天有律师在市总工会轮值，为职工提供法律服务。9 月，开通“12351”职工维权热线电话。10 月，市、县(市)全部开通热线电话。

2006 年，市总工会与市中级人民法院选聘 42 名工会干部担任劳动争议案件特邀调解员，参与劳动争议案件审理。

2008 年，市总工会建立 100 个劳动关系预警联系点和 150 名信息直报员队伍，各县(市)建立 50 个劳动关系预警联系点。

第二节　职工普法教育

1991 年起，开展“二五”普法活动。市总工会建立领导小组，制定普法规划，确定以宪法为核心、专业法为重点的普法内容，每年结合中心工作提出当年普法重点。

1992 年 4 月，新《工会法》颁布后，市、县两级总工会举办培训班 60 多期，培训 2500 余人。市总工会召开纪念五一国际劳动节暨庆贺新《工会法》颁布座谈会，市四套班子领导参加。会上，市委、市人大及市总工会就《工会法》学习宣传贯彻提出要求。市总工会采取举办讲座、巡回宣讲、播放录像资料、知识竞赛和模拟法庭等群众喜闻乐见的形式，宣讲《工会法》等法律知识。5 月，市总工会举办《工会法》辅导报告会，市总工会主席戈雪芬作辅导报告。12 月，组织全市 14 万名职工参加全省《工会法》知识竞赛，并获一等奖。

1993 年 4 月，市总工会召开纪念新《工会法》颁布一周年暨《工会法》知识竞赛表彰会。

1994 年 7 月，《劳动法》颁布后，市总工会与市人大财经委、市劳动局等单位联合发文并召开座谈会，动员全市掀起学习宣传贯彻《劳动法》的高潮。对《劳动法》的宣传创造了全市法制宣传和工会宣传工作上三个之最：一是宣传面最广。市、县总工会翻印《劳动法》单行本 20 余万册，征订宣传资料 5000 余册。二是宣传形式最丰富。举办讲座、报告会、培训班、黑板报、画廊、书法比赛、文艺演出、街头咨询等活动，其中在"濠滨夏夜"和南通人民广播电台举行专题活动就有 4 次。三是参加法制知识竞赛的人数最多。全市组织法制知识竞赛 700 余场，16 万名职工参加全国《劳动法》知识竞赛。

1995 年，《劳动法》正式实施，市总工会将《劳动法》配套规章下发到基层，翻印劳动部《关于贯彻实施〈劳动法〉若干问题的意见》3000 余册。组成 7 个调查组，开展对百家企业法人代表和千名职工的问卷调查。调查表明，66.2%的企业工会协助行政，按《劳动法》要求修订了厂纪厂规。7 月，由省总工会统一组织对工会干部和职工群众进行"二五"普法考核，全市 1000 名工会干部和 3.5 万名职工参加书面考核。9 月，市总工会在通州市召开县、镇工会法律工作会议并组织参观交流。10 月，市总工会被中宣部、司法部授予全国普法工作先进集体。

1996 年 5 月，市总工会召开工会系统"二五"普法暨依法维护先进集体、先进个人表彰会，表彰普法先进集体 33 个，先进个人 38 人；依法维护先进集体 14 个，先进个人 14 人。11 月，市总工会印发《关于在全市职工和工会干部中开展法制宣传教育的第三个五年规划的通知》。是年，市总工会被评为江苏省"二五"普法先进集体，朱淑娟被评为全国工会先进法律工作者。

1997 年，省总工会开展贯彻《工会法》《劳动法》征文竞赛活动，南通市组织征文 21 篇。

1998 年，市总工会开展工会法律工作培训，培训工会干部、劳动争议调解员和劳动法律监督员 2500 人。

2001 年 10 月，新修改的《工会法》颁布后，市总工会与市人大、市政协等单位联合对全市学习宣传贯彻《工会法》进行全面部署，开展宣传咨询活动，同时主动联系有关部门，将《工会法》学习宣传列入全市"四五"普法规划。市总工会印发《工会法》单行本 2 万册，编印《职工维权手册》3.3 万册。11 月，市委召开学习贯彻新《工会法》座谈会。12 月，市总工会制定"四五"普法规划。

2002 年 10 月，省人大常委会通过《江苏省实施工会法办法》。市总工会组织各级工会开展广泛宣传，推动将《工会法》列入市委党校市管干部培训班教学计划。

2003年，市总工会两次在市区文峰大世界举行《劳动合同条例》宣传咨询活动，发放小册子4000余册，接待咨询群众200余人。开展劳动关系状况问卷调查。组织《工会法》知识竞赛，6个代表队参加决赛。12月，市人大常委会副主任李炎率考察组到海安县和崇川区考察《工会法》和《江苏省实施工会法办法》宣传贯彻情况。

2005年，市总工会开展江苏省"一办法五条例"(《实施工会法办法》《劳动合同条例》《社会保险费征缴条例》《工资支付条例》《集体合同条例》《安全生产条例》)宣传培训，联合劳动部门开展宣传月和知识竞赛，组织征订《全国职工普法知识读本》2500本。市总工会被全国总工会表彰为"四五"普法先进集体。

2006年10月，市总工会下发《关于在全市工会干部和职工中开展法制宣传教育的第五个五年规划》。11月，与市劳动、公安等部门联合开展农民工工资支付专项检查和宣传咨询活动。在《南通工人》开设农民工政策咨询专栏，对"四五"普法进行考核总结。

2007年7月，市、县(市)区和部分街道工会在城区广场、商业密集地举行《劳动合同法》宣传咨询日活动，提供法律咨询、受理职工投诉。市总工会下发《关于学习宣传贯彻〈劳动合同法〉的通知》。9月，市总工会领导走进南通人民广播电台直播室，解读《劳动合同法》。10月，组织全市11万名职工参加全省百万职工学习《劳动合同法》知识竞赛。

2008年，举办劳动法律法规培训班。

2010年，市总工会制定"六五"普法规划。

2011年，市总工会组织开展《劳动合同法》贯彻实施情况专题调研。

2012年5月，市总工会下发《关于贯彻落实〈江苏省工会劳动法律监督条例〉的实施意见》，明确任务，提出要求。召开座谈会，邀请劳动部门、基层工会主席等共同商讨宣传贯彻落实《条例》新举措。举办培训班，邀请省总工会法工部部长何应洋等讲解《江苏省工会劳动法律监督条例》及《劳动合同法》。6月，举办以学习宣传贯彻《条例》为题材的征文比赛活动。共收到征文27篇，经评审，评选出一等奖2篇，二等奖3篇，三等奖5篇。是年，市总工会被全国总工会表彰为"五五"普法先进集体。

2013年，市总工会向各县(市)区及基层工会发放《江苏省一办法七条例》4万余册；利用濠东绿地法制宣传栏宣传劳动法律法规；春节期间通过《法润江海报》宣传农民工权益维护知识，在全市各乡镇(街道)共张贴1.6万份；举办培训班，对工会干部进行法律知识培训；与有关部门联合开展《江苏省劳动合同条例》宣传咨询活动；举办"12·4"大型广场法制宣传咨询活动；配合市司法局等部门开展"农民工学法周"活动。

2014年3月，市总工会副主席瞿刚接受南通电视台《法制纵横》节目组专访，宣传农民工加入工会组织及维权等问题。5月，结合市总工会党的群众路线教育实践活动"情系职工十件实事"，开展"五一劳动法律宣传服务月"活动。组织10场劳动法律咨询服务活动，举办5场劳动法律知识培训讲座，送千本法律维权知识读本进工地。7月，开展工会法律工作优秀论文评比，征集论文20篇。市总工会被表彰为南通市"六五"普法中期先进集体。

第三节　劳动争议预防及调处

市总工会历来十分重视劳动争议调处工作，特别是在《劳动法》颁布实施后，企业和劳动者双方法律意识不断增强，劳动争议案件逐年增多的情况下，市、县(市)区总工会和企业劳动争议调解委员会(以下简称“劳调会”)采取有效措施，加强劳动争议预防和调处工作。

1990年，市总工会召开劳动争议调处工作经验交流会，表彰8家企业劳调会。6月，下发《关于预防和处理突发事件的意见》，对突发事件的预防和处理分别明确基本原则和具体措施。

1992年，市总工会参加编排一起关于除名劳动争议模拟仲裁节目，形象化地宣传劳动争议仲裁制度，观众达2000余人。

1993年春季，南通华能电厂24名轮换工(均为退伍军人)因对劳动合同到期终止不满，遂集体绝食。市总工会闻讯后，立即与信访、劳动部门前往调处。鉴于企业将这部分职工作为轮换工政策依据不足，而且这批职工中有18名党员，在部队是骨干，在企业工作表现好，应根据中央军委有关文件精神妥善安置，市总工会建议采取变通方法，将这批轮换工安置到即将开业的华能电厂的合资企业——南通华新水泥制品有限公司工作，在此之前则在原单位安排临时性工作。经过耐心细致地工作，企业接受建议，这批职工在绝食30多个小时后，终于同意进食，事件得以平息。1995年，这批职工重新就业的企业暂时停产，造成他们生活上一定困难，于是他们又到省、市有关部门上访，并在南通华能电厂滞留72天，还有过激言行。省长郑斯林、副省长季允石均作了批示。考虑到这批轮换工特殊身份和华能电厂为重点要害企业，市政府抽调市信访局、市劳动局、市公安局和市总工会有关人员组成工作组，驻华能电厂，研究解决问题。经过近两个月的细致工作，华能电厂给予每人2.5万元经济补偿，由职工自行选择到华新公司或华能宾馆就业或自谋职业，终于化解矛盾。

1994年，针对乡镇企业劳动关系矛盾突出的问题，海安县总工会会同政府有关部门，在全国率先建立乡镇一级劳动关系协调组织，次年劳动争议发生率就下降50%。市总工会总结推广海安县的做法。是年，市政协委员就如何处理外商投资企业劳动关系等问题，对部分企业进行考察。10月，根据基层工会的要求，市总工会印发劳动部《关于贯彻执行〈劳动法〉若干问题的意见》和《全国各地30起劳动争议案例》3000册。全市3474家应建劳调会的企业，已建3230家，组建率93%。劳调会普遍建立案件受理、调解工作程序、调解纪律和档案管理等各项制度，保障调解工作有序进行。是年，全市共受理劳动争议案件122起，比上年增加4.8倍。市总工会参与调处仲裁劳动争议79起，其中，直接参与仲裁5起，对10余起劳动争议进行案外调解。由于南通市工会法律工作在省内名列前茅，市总工会应邀在全省地级市法工部长会议上，专题介绍经验和体会。市总工会题为“我们把法律顾问工作摆上了重要位置”的经验，列入省总工会八届四次全委(扩大)会议交流材料。

1995年是实行《劳动法》第一年,劳动争议大量增加。2月,市劳动争议仲裁委员会召开案例研讨会。4月,市总工会下发《关于开展创建合格企业劳动争议调解委员会活动的通知》。

1996年5月,省总工会为推广南通、昆山等地工会参与调处突发性事件经验,在南通召开法律工作会议。苏、锡、常、通四市劳动争议理论研讨会也在南通召开。7月,市总工会确认市区首批合格企业劳调会224家。9月,市总工会对100家已签订集体合同企业劳动争议情况进行抽样调查。12月,市总工会获省总工会创建合格企业劳调会活动特别组织奖。

1997年1月,市总工会确认市区第二批合格劳调会62家。6月,印发《南通市劳动争议调解暂行规定》。会同市劳动部门开展劳动争议处理制度恢复十周年纪念活动,审核上报从事劳动争议调解工作十周年工会干部128人。确定市区20家企业为市总工会法律工作联系点。全市举办劳调员培训班30期,培训2000余人。全市累计创建合格劳调会1489家,并分别由市、县两级工会建立合格劳调会台账。市总工会主办或参与办理劳动争议案件40余起。7月,南通供销商厦(外商控股大型商业企业)建立工会,1名中层干部被选举为工会委员。次日,供销商厦外方以公司章程规定:“本公司中级以上管理人员不得在工会组织中兼任任何职务”为由,拒绝这名干部参加中层干部会议。市总工会闻讯后,意识到这是违反《工会法》,漠视我国公民选举权的行为,应当予以纠正。市总工会主要领导会同主管工会负责人与企业多次交涉未果。该中层干部则表示,如果让他在当工会委员和中层干部之间选择,他选择当工会委员。外方恼羞成怒,解除与这名中层干部的劳动合同。市总工会支持其申请劳动仲裁,并要求市劳动争议仲裁委员会对此案进行讨论。市总工会副主席秦炳龙主动请缨,出任首席仲裁员,亲自核实有关证据材料,修改法律文书,该案仲裁裁决企业败诉。法律的威力制止了外商的违法行径,也使社会上一些阻挠干扰工会活动的现象得到遏制。

1998年4月,市劳动局、市总工会、市经委等联合转发省有关部门《关于建立劳动关系协调会议制度的通知》,进一步推动企业劳调会规范化、制度化建设,对全市劳调组织文书格式进行统一和规范。

1999年,随着国有企业改革不断深化和职工维权意识逐步增强,为更好地做好劳动争议调处工作,南通三棉集团建立劳动关系预警机制。通过预测、预审、预报、预防,及时掌握劳动关系动态,维护职工合法权益,维护企业稳定。5月,市总工会发文推广南通三棉集团经验,要求在全市建立预警机制。11月,市总工会召开劳动争议案例研讨会。至年底,全市154个乡镇全部建立乡镇劳动争议调解组织,全市形成多层次、广覆盖的劳动关系预警机制网络。企业分别建立劳动关系现状分析会制度、信访及劳动争议情况汇总制度、协调劳动关系联席会议制度,做到注意苗头、防微杜渐,对影响职工队伍稳定的动态,早发现、早解决,有效地进行处理。

2000年9月,省总工会召开建立劳动关系预警机制与区域性劳动关系经验交流会,推行南通三棉集团的做法。11月,市总工会召开劳动争议案例研讨会,各县(市)区总工会提供案例,与会者广泛交流。

2001 年 5 月,市总工会召开建立劳动关系协调机制经验交流会。南通新海通有限公司工会主席王炜,由于在公司发生的多起劳动争议中维护职工合法权益直至支持多名职工先后提起劳动争议仲裁并获得胜诉,引起公司不满,被公司解除劳动关系并罢免其工会主席职务,王炜向市总工会求助。接到报告后,市总工会主席陈心万召集专题会议研究为王炜维权问题,并随即派员赴市经济技术开发区工会核实相关情况。两级工会前往新海通公司与法人代表交涉,表明市总工会态度,指派律师为王炜提供法律援助。《江海晚报》就此事采访市总工会副主席朱淑娟并作了报道,明确指出“新海通有限公司罢免王炜同志工会主席职务和选出新工会主席的行为均是无效行为”。经劳动争议仲裁和两审诉讼,王炜均胜诉。最后,由市总工会主持案件双方当事人调解,就经济补偿问题达成一致。这起案件引起媒体广泛关注,《民主与法制》等多家报刊报道,其中《工人日报》先后报道两次,《中国劳动保障报》将该案列为 2001 年职工维权十大新闻之一。

2003 年,市总工会采取一系列措施,在全市形成多层次劳动关系预警机制,对企业改制起到“稳压阀”和“减震器”作用,有效维护职工合法权益。

2004 年 7 月,市劳动关系三方协商会议召开,就农民工入会、社会保险费缴纳、外资企业与职工终止劳动合同经济补偿金支付等劳动关系中热点问题进行探讨,达成共识。11 月,市总工会“积极构建维护稳定预警机制,提高企业改制中调节劳动关系能力”的经验在全国总工会召开的工会劳动争议调解工作经验交流会上交流。是年起,市总工会探索将劳动争议调处纳入社会矛盾纠纷大调解机制,处理好两者之间的关系,明确各类矛盾分口调处,有效地调动社会资源,化解劳动争议纠纷。

2005 年,全市建立企业劳调会—乡镇(街道)劳调工作站—市(县)大调解中心的多层次、多渠道劳动争议调解网络。各县(市)区加强工会调解与司法调解互动,港闸区法院与区总工会建立劳动争议纠纷处置领导联络机构和案件信息通报制度,区人民法院设立劳动纠纷巡回法庭,区总工会为劳动争议调解主体,工会特约调解员随时与劳动纠纷巡回法庭沟通信息。

2006 年,市总工会与市中级人民法院选聘劳动纠纷案件特约调解员,参与劳动争议案件审理,配合做好当事人的思想工作,取得良好效果。

2007 年,市总工会出台《南通市工会劳动关系分类分级预警实施意见》,根据事态严重程度将矛盾纠纷分为 ABC 三个等级,根据等级确定工会组织介入的级别。

2008 年,市总工会积极探索工会劳动争议预警预防机制,市、县(市)区总工会建立劳动关系预警联系点和信息直报员队伍,并建立排查预警制度和劳动关系预警及应急处置、欠薪和欠缴社会保险预警等具体实施意见和办法。各地创设一批专业的新型劳动争议调处中心。如皋市劳动局、司法局、总工会、发改委、工商联等部门联合组建劳动争议调解中心;通州市在社会矛盾调解中心设立劳资纠纷调处工作站;崇川区借助大调解中心,形成集劳动争议调解、仲裁、审理、法律援助、行政执法、法律宣传为一体的“劳资纠纷调处中心”。

2009 年,市总工会制定企业经营风险防范和应急处理工作预案,明确适用范围、组织机构、工作原则、工作机制和应急处置程序。利用劳动、司法、工会、妇联、大调解等组织已经建成的自上而下的网络体系，整合各方资源，采取日常排查与重大节日排查相结合方式，实行横向到边、纵向到底的全方位、全覆盖的劳资纠纷预警排查。建立工会与法院诉调对接制度。

2010 年 1 月，市总工会与劳动部门联合下发《南通市劳动人事争议调解工作暂行办法》和《关于进一步做好欠薪预警企业职工稳定工作的通知》，将近期 50 人以上欠缴社会保险费企业列入工会预警联系点名单，对企业下一步欠薪可能性和劳动关系的稳定情况做评估和分析，对可能引发群体性事件的重点企业定期跟踪。10 月，市总工会召开工会劳动争议调解工作推进会。会上，4 个单位和个人作交流发言，13 份经验材料作书面交流。联合举办两期劳调员培训班。12 月，市总工会下发《工会劳动争议调解工作实施意见》，推进"五位一体"调解机制建设，即在党委政府领导下，由政法综治部门牵头，建立健全劳调组织调解、人民调解、行政调解、仲裁调解、司法调解相互衔接、高效快捷调解劳动争议的工作机制。

2011 年 5 月，市总工会组织基层劳动争议调解员观摩劳动仲裁机构庭审过程。8 月，市总工会与市人社局仲裁处召开协商会，讨论人事争议仲裁创新问题。积极推进城市乡镇街道和工业园区区域性劳动争议调解组织建设，就社会管理创新中劳动争议调解工作进行研讨。

2012 年，市总工会与市中级人民法院、市人社局联合下发《关于建立劳动人事争议联动化解机制的意见》，从协作、调解、风险防范、信息互通和化解能力建设等方面全面深化和完善联动机制。建立联席会议制度，每年召开一次会议，讨论拟联合发布的劳动人事争议规范性文件，对重大群体性矛盾纠纷或共性疑难问题进行磋商，提出协调指导和处理意见，对预防和化解劳动人事争议提出对策建议。6 月，召开联动机制工作例会；联合举办劳调员、法律监督员培训班。8 月，联合进行乡镇、园区劳调组织状况调研并形成报告。

2013 年 6 月，市总工会与市中级人民法院、市人社局召开劳调例会，举办劳动争议调解员培训班。8 月，开展乡镇、园区劳调组织状况调研并形成报告。

2014 年，市总工会与市人社局、市司法局等部门联合发文，规范基层劳动人事争议调解工作，要求基层调解组织做到名称统一、职责统一、办案规范统一、场所建设统一、培训工作统一、证件发放统一的"六统一"，切实有效抓好基层调解组织建设、队伍建设、制度建设、作风建设、效能建设，夯实调解组织规范化建设基础，最大限度发挥工会在劳动争议调解中的作用。8 月，市总工会法律工作部精心选取各级工会参与调解工作的典型案例，编撰《劳动争议调解案例汇编》，为全市工会工作者提供政策与业务指导。10 月，与市人社局联合举办劳调员培训班，130 余人参加培训。

第四节　工会劳动法律监督

1995年2月，全国总工会首次召开工会法律工作会议，市总工会题为“运用法律武器，强化代表维护职能”的经验材料在会上交流。市总工会在充分调查基础上，几易其稿后，在全省率先颁发《工会劳动法律监督实施意见》，建立实施《劳动法》监督领导小组。4月，市政协组织政协委员对如何处理好外资企业劳资关系等问题进行考察。11月，市政府办公室转发市劳动局《关于开展〈劳动法〉执法大检查的通知》，全市进行自查企业达4091家，涉及职工43.19万人。各级检查组抽调166人，对1725家企业（涉及职工15.32万名）执行《劳动法》情况进行互查、抽查和专项检查。市总工会直接参加34家企业（重点是外资和私营企业）检查，做到边检查、边宣传。对发现问题的单位，发放书面整改通知和询问书，要求限期整改，给予曝光。

1996年4月，市政协社会法制委员会组织政协委员对贯彻《劳动法》、维护职工合法权益、调整劳动关系等问题进行考察。

1997年6月，市总工会印发《南通市工会劳动法律监督实施意见》。在对60家企业厂规厂纪和贯彻《企业职工奖惩条例》、辞退违纪职工等问题进行调查的基础上，与市劳动局联合发文，要求企业对照《劳动法》修订企业规章制度。据统计，56.5%的企业修订了规章制度，一些不符合《劳动法》规定的“土政策”被清除。参加由市劳动局牵头组织的对私营企业、个体经济组织以及外商投资企业的劳动执法检查。是年，市总工会被省总工会评为优秀工会劳动法律监督组织。

1998年8月，市总工会在全市开展劳动合同和厂规厂纪专项监督检查，采取单位自查填报，主管工会分析汇总，市、县（市）区工会抽查的方法，推动《劳动法》在基层贯彻落实。

1999年，市总工会制订印发《工会劳动法律监督与政府劳动监察协作办法》，建立行政与工会劳动法律监督协作机制。

2000年，市总工会会同劳动部门开展劳动合同、下岗职工基本生活保障等劳动法律专项检查。

2001年，市总工会与劳动部门对《劳动法》《社会保险费征缴暂行条例》贯彻实施情况和落实下岗职工再就业优惠政策等进行调研。

2002年，借助新《工会法》颁布契机，市总工会与劳动部门共同开展劳动年检，将《工会法》中有关内容纳入年检范围。联合开展“集体合同和劳动合同”专项检查。

2003年，市总工会与劳动部门联合开展“维权年”活动，开展“禁止使用童工”等专项检查。

2004年5月，市总工会与市劳动局、市公安局、市工商局联合开展农民工劳动权益专项执法检查，对全市123家不同类型企业使用农民工情况进行检查。

2005年11月，市劳动局、市建设局、市总工会等部门联合对全市使用农民工数量较多的服装、纺织、餐饮、建筑等行业进行农民工工资支付专项执法检查。

2006 年 11 月，市总工会、市劳动局、市公安局、市建设局等部门联合开展农民工工资支付情况专项检查。

2008 年，市总工会与劳动部门完善工会劳动监督与劳动监察协作、联合执法检查等机制。

2009 年 7 月，在全市以中小型生产密集型企业、城乡结合部和乡村企业，特别是小作坊、小砖窑为重点对象，市总工会与劳动部门联合开展整治非法用工、打击违法犯罪专项行动。

2010 年，市总工会开展为期 2 个月的农民工工资支付专项检查。

2011 年，市总工会针对劳务派遣方面存在的问题，对 49 家企业进行调查，形成调研报告报省总工会，为上级工会参与修改相关法律提供充分依据。

2012 年，市总工会重点宣传贯彻《江苏省工会劳动法律监督条例》，举办培训班，通过电台直播解读条例，举办征文活动，召开贯彻《条例》座谈会和工作推进会。

2013 年 1 月，市总工会开展农民工工资支付专项检查。3 月，与市劳动监察支队联合开展用工执法检查。10 月，与劳动部门联合开展女工保护督查。

2014 年，市总工会与市人社局、市建设局等部门联合开展农民工工资支付专项检查，市总工会直接检查 40 余家企业，涉及 2000 余名农民工。8 月，与市人社局联合开展用工、高温津贴、带薪年休假等劳动法律监督检查。

第五节　基层工会社团法人登记

工会组织在市场经济条件下依法参与经济和民事活动，代表职工进行维权，需要具备法人地位。

1992 年 4 月，新颁布的《工会法》规定："基层工会组织具备民法通则规定的法人条件的，依法取得社会团体法人资格"。

1996 年 6 月，根据省总工会统一部署，市总工会下发《关于认真做好基层工会社团法人资格核准登记工作的通知》，对依法成立、有办公地点和活动场所、有必要的经费、能独立承担民事责任的基层工会，由县（市）区或主管工会审核、市总工会统一发证。

截至 1997 年末，全市确认基层工会社团法人资格 382 家。

2008 年 1 月，市总工会下发《南通市基层工会社团法人资格登记发证办法（试行）》，从基层工会申请取得工会法人资格的条件、登记领证的程序等五个方面明确工会社团法人资格登记发证的相关事宜。

截至 2014 年末，市总工会累计确认基层工会社团法人资格 6540 家。

第六节 职工信访处理和法律援助

20世纪90年代初,职工来信来访工作由市总工会法律顾问处负责。1991年12月起,由权益保障办公室负责。1998年3月以后,由法律工作部负责。

1990年6月,市总工会下发《关于预防和处理突发事件的意见》,确定每月8日为市总工会主席接待日。

1990年,市百货大楼职工陶益才到市总工会上访,反映自己遭受不公正对待。事由为:1986年,有人举报其有贪污行为,随后有关部门对其进行审查。1987年9月,市城区检察院以贪污罪将其逮捕。1988年6月,市城区人民法院以陶益才犯贪污罪判处其有期徒刑四年,并追缴非法所得6758元。当月,百货大楼作出开除陶益才公职的决定。陶益才对一审判决不服,提出上诉。1988年7月,市中级人民法院审理后作出裁定:原判决认定陶益才贪污犯罪,事实不清,撤销一审判决,发回原审人民法院重新审理。1989年1月,市城区人民检察院对陶益才改变强制措施,取保候审,当日释放。1989年10月和1990年4月,市城区人民检察院分别对陶益才作出免于起诉和撤销免于起诉的决定。此后,市城区人民检察院按照省高级人民法院等5家单位的文件,与百货大楼联系为陶益才恢复公职问题。百货大楼要求陶益才写一份检查,再恢复工作,陶益才不同意,并要求拿回被关押15个月期间工资,退休前再站几天柜台,以证清白,单位没有同意。此后,陶益才踏上漫长的上访之路。1991年1月,市人大常委会主任朱剑作出批示"请华跃祖局长(市商业局局长)过问一下,该员工的工作和工资问题应尽快落实"。1994年2月,《南通工人报》报道陶益才的遭遇,引发各界强烈反应。4月,市委副书记戴志良批示:"关于陶益才同志被开除一事,请市总工会和商业局等单位派专人妥处,处理结果一定要合法并尽可能合情合理"。1995年7月和1999年8月,《服务导报》和《江苏法制报》对陶益才一案先后作长篇报道,陶益才数次赴京、赴省上访。2003年10月,崇川区人民检察院根据上级要求,补发陶益才被羁押期间的工资990元。2005年9月,为解决陶益才老有所养问题,市总工会与市信访局多次会商,向市劳动局提出"关于解决原百货大楼陶益才同志信访问题的建议",后经三部门会商,于2006年3月达成共识,由市总工会筹资,按规定为陶益才补交15年养老保险和医疗保险27283元,自2006年4月起,陶益才按月领取养老金,享受职工医疗保险待遇。

1993年初,市建筑安装总公司100余名农民合同制工人到市总工会上访,要求:一是将农业户口转为非农业户口,转为合同制工人;二是按市属企业统筹标准缴纳社会保险,退休时享受同等待遇。该公司是全国建筑企业500强之一,上访已造成正在营建的南通醋酸纤维公司二期工程停工,在外地施工人员也准备回南通声援。市总工会领导接访后,认为职工要求合法,立即邀请市劳动局有关领导前往该公司,与企业负责人商讨解决问题的办法。当天下午答复职工,解决543名职工户口"农转非"问题,迅速平息事态。3月末,日资企业南通弥荣文体用品公司在未与工会协商,未向职工宣传情况下,决定取消各种补贴，重新划定工资等级和奖励标准，达到降低固定工资、增加计时计件工资的目的。方案中某些条款与我国法律法规相抵触。方案出台后，引发全公司300余名职工集体罢工。企业协调未果，向主管部门汇报此事，市外经委约请市劳动局和市总工会共同处理。4月初，有关部门会商后，到公司召开职工大会。市总工会副主席陆玉明在会上提出三点意见：一是对原劳动合同的合法性和连续性应予确认；二是公司不得对停工事件中的有关人员进行打击报复；三是尽快复工，发展生产。并希望企业和职工吸取事件教训，工人做到遵章守纪，领导要依靠职工。次日，南通弥荣文体用品公司职工复工。

1995年，市总工会被省总工会评为依法维护工作先进集体。

1997年，市总工会信访工作分级负责、归口处理制度进一步健全，做到来信有登记，来访有记录，件件有着落。对信访中反映的重要或紧迫问题，及时向市委、市政府和省总工会报送信息。是年，市总工会被省总工会和市委、市政府表彰为信访工作先进集体。

1998年，为更好履行工会维护职能，规范职工法律援助工作，建立稳定协调的劳动关系，促进社会安定和经济发展，根据《劳动法》《工会法》等法律法规，市总工会建立职工法律援助中心，制定《南通市职工法律援助办法》。是年，市区先后有百家乐等三家民营超市，将职工集资款用于经营，资金周转发生困难，职工担心经营者溜之大吉，集资款血本无归，出现哄抢剩余商品现象。市总工会及时上报信息，并在《江苏工人报》上披露这一现象，市政府多次召开会议，市总工会参与对全市民营超市进行清查，遏制此类现象的发生和蔓延。市职工法律援助中心免费为百家乐超市职工起草5份诉状，为职工讨回公道。

1999年，江苏长虹电视机有限公司652名职工联名要求增加工资而集体停工，市总工会向四川长虹总部发函，与公司领导和职工多方沟通，有效化解矛盾。是年，南通华夏商城为摆脱困境，同意由民营企业格林工贸公司实施兼并，由格林工贸公司接受职工并偿还职工集资款。在方案论证过程中，市总工会为华夏商城职工进行法律援助，揭穿骗局，避免数百名职工的利益受损。

2002年，市总工会设立信访接待室，制定机关干部轮流值班接待和每月5日、15日领导接待日制度。

2003年，市总工会对全市30余家改制、私营、外资、国有四种类型企业开展劳动关系现状调查，总结出引发劳动争议和职工上访主要原因有：职工内退、被解除或终止劳动合同、被拖欠工资和欠缴社会保险费、改制程序不规范。

2004年，市总工会建立突发事件处理应急机制，出台《工会组织处置大规模职工集体上访事件实施预案》。

2005年4月，市总工会印发《信访工作制度》。

某建筑企业职工冯斌于2001年在外地施工时受伤，经鉴定为伤残4级。用人单位以劳动关系不清为由，拒绝支付其工伤待遇。后由职工法律援助律师团多次给予法律援助，经劳动争议仲裁和法院两审、工伤认定行政复议两级诉讼，劳动能力鉴定复查申诉等全部行政和司法程序，历时7年，最终于2007年赢得这场官司。

2008年，职工法律援助律师团援助案件纳入司法援助考核体系。

2009年，市总工会制定企业经营风险防范和应急处理工作预案。

2010年~2012年，市区企业退休职工要求发放购房补贴引发的集体上访呈井喷式爆发，市总工会高度重视，会同市信访局等部门做了大量深入细致的接待解释工作，指导企业根据各自效益状况分层次分类型处置，维护社会稳定。

2011年，市总工会探索建立职工信访咨询、调解、仲裁和诉讼代理“四位一体”的信访工作格局，通过月报表、季分析、半年小结、年终总结、律师接待日、重大案件协调会等制度，及时办理上级交办信件和群访、集访案件。

2013年8月，市总工会开展工会信访工作大调研。主要围绕信访机构设置和信访干部配备，信访工作机制，当前经济形势对劳动关系，职工队伍和工会信访的影响，信访热点及原因分析，劳动争议社会化调解在工会信访工作中发挥的作用等问题，深入乡镇、街道，采取实地查看、召开座谈会、走访职工、剖析案例、发放调研问卷等形式，全面了解县(市)区、街镇、园区工会职工信访机制建设情况，力求做到情况弄清楚、问题找准确、原因搞透彻，同时把开展大调研活动的过程，作为密切联系职工群众、推动工会信访工作提升发展的过程。

2014年，市总工会开展维权典型案例征集活动，“恶意欠薪将承担刑事责任”被评为省工会法律援助十大典型案例。做好突出信访问题和重点信访人员紧急排查工作，并将排查情况报市处理信访突出问题及群体性事件联席会议办公室。参与南通宝通钢铁、万达锅炉等企业群体性事件处理，参加大富豪啤酒有限公司职工安置协调会、南通耀荣玻璃公司中层干部要求发放考核工资的信访协调、南通第三印染厂改制工作组工作，指导下级工会做好瑞美尔特、海门晴亿电子科技公司老板欠薪潜逃事件中的维稳及职工权益维护工作。在突发及群体性事件中发挥好工会第一知情人、第一报告人及第一调解人的作用，就各种群体事件进展及处理情况及时形成专报信息上报上级工会和市委、市政府。

1990~2014年市总工会接待处理职工来信来访情况统计表

表2-8-1

年 份	职工来信（封）	职工来访	
		总 数(人次)	其中集体上访(起)
1990	193	370	14
1991	162	365	16
1992	180	240	12
1993	131	289	15
1994	174	341	16
1995	180	350	21
1996	101	385	26
1997	101	362	17

续表 2-8-1

年 份	职工来信（封）	职工来访	
		总 数(人次)	其中集体上访(起)
1998	119	469	18
1999	102	456	18
2000	103	550	20
2001	119	604	32
2002	124	806	70
2003	388	4300	40
2004	306	3890	140
2005	277	3317	132
2006	268	3200	100
2007	220	3040	33
2008	105	1175	15
2009	186	2243	41
2010	62	2320	20
2011	45	2415	24
2012	21	2256	22
2013	22	1839	23
2014	39	2295	18
合计	3728	37877	903

第九章　女职工工作

随着经济社会的发展,全市女职工队伍不断壮大。加强女职工工作,维护女职工特殊权益,显得愈发重要。市总工会在加强女职工委员会(以下简称"女职委")建设,提升女职工素质,推进女职工劳动保护工作,帮扶困难女职工等方面,开展了卓有成效的工作。

第一节　女职工委员会建设

市总工会十分重视加强全市各级工会女职委建设,1991 年 12 月市总工会机关机构改革时,单独设立女职工部,同时承担市总工会女职委办公室职能。

1992 年,市总工会认真学习贯彻全国总工会下发的《工会女职工委员会条例》,编写印发《女职委组织建设有关问题解答》。举办两期女职委主任培训班,开设妇女心理学、公共关系学、伦理道德、应用写作、民主管理、女职工工作等课程,帮助女工干部扩大知识面,提高业务水平。是年,市总女职委被全国总工会授予先进女职工集体称号、市总工会主席、女职委主任戈雪芬被授予全国先进女职工工作者称号。

1993 年 8 月,市总女职委二届一次全委(扩大)会议召开,市总工会主席、女职委主任戈雪芬作工作报告, 市长徐燕到会讲话,5 家单位在会上作经验交流。市总工会坚持"三会(工会、经审会、女职委)同步"原则,抓好各级女职委组建,并将此列入职工之家考核内容。是年,6 县(市)和 15 个系统建立女职委,基层建女职委 1614 个,占应建数的 97.1%;全市女职委主任享受同级中层正职待遇的 852 人,享受同级中层副职待遇的 498 人;653 名女职委主任进入企业管理委员会。是年,市总工会被省总工会评为女职工工作竞赛一等奖。

1994 年 3 月,市总工会召开女职委二届二次全委(扩大)会议,表彰市女职工先进集体 38 个、先进女职工工作者 47 名、女职工之友 49 名。

1995 年 3 月,市总工会召开女职委二届三次全委(扩大)会议,表彰市岗位女明星 10 人、文明新风家庭 10 户、好媳妇 10 人。市委常委、纪委书记曹能新到会讲话。是年,市总工会女职委被全国总工会表彰为先进女职工集体, 副市长崔印能为全国先进女职工之友。

1996 年 3 月,市总工会女职委二届四次全委会召开。是年,全市已建女职委 2462 家,占应建数的 98%;三资企业建女职委 274 家,占应建数的 85%;乡镇企业建女职委 336 家,占应建数的 96%。全市 446 家女职委参与平等协商和签订集体合同。1695 家企业女职委主任进入劳动争议调解委员会。改制企业女职委主任进入董事会 207 人,进入监事会 191 人。

1998 年 7 月，市总工会举办女职委主任培训班，特邀省社科院和市劳动就业管理处领导，就世纪之交的职业女性面临的问题和对策、职业女性心理学、当前就业形势与政策、下岗女职工自谋职业优惠政策和程序等进行培训。12 月，市女职委三届一次全委（扩大）会议召开，市总工会副主席、女职委主任朱淑娟作工作报告，副市长袁瑞良到会讲话。会上表彰女职工合法权益知识竞赛优秀组织奖及优胜个人奖。

1999 年，市总工会开展“部分改制企业女职委组织建设及作用发挥情况”的专题调研。调研显示，在 3483 家改制企业中符合建立工会女职委条件的 1555 家，已建女职委 1390 个，占应建数的 89.4%。多数企业女职委组织健全，正常开展工作。但也存在少数女职委有名无实，形同虚设；女工干部身兼数职，工作多、地位低，待遇难落实；维护女职工合法权益和特殊利益的难度加大等问题。

2000 年 3 月，市总工会女职委三届二次全委（扩大）会议召开，市教育工会等 3 家单位作交流发言。6 月，市总工会对全市新建企业工会女工组织情况进行调查。9 月，市总工会下发《关于加强新建企业女职工组织组建工作的意见》。

2001 年 3 月，市女职委三届三次全委（扩大）会议召开。江苏白兔集团副总经理石武铎等 4 名“创新、创业”先进典型作经验交流。曾受到市总工会资助的再就业女工朱爱华、李萍、葛玉华和省“巾帼创新业能手”朱蔷英向市女职工再就业发展互助金各捐款 1000 元。市人大常委会副主任沈瑞芬到会讲话。

2002 年 3 月，市总工会主席陈心万被全国总工会评为关心支持工会女职工工作全国先进女职工之友。5 月，市总工会在海安县召开女职工工作经验交流会。海门市总工会等 12 家单位交流开展五项行动，加强女职工组织建设等方面的工作经验，当场抽取女职工权益法律法规知识竞赛个人优胜奖。

2003 年 3 月，市总工会女职委四届一次全委会召开。市总工会副主席、女职委主任朱淑娟作工作报告，副市长蓝绍敏到会讲话。会上表彰市先进女职委 38 个，先进女职工工作者 40 人，再就业新女性 17 人。启东市教育工会等先进代表作交流发言。是年，市总工会女职委被评为省先进女职工集体，朱淑娟被评为全国先进女职工个人。

2004 年 2 月，市总工会女职委四届二次全委会召开。会上表彰市女工工作示范单位 36 个，7 个先进单位和个人代表作交流发言，副市长蓝绍敏到会讲话。11 月，市总工会举办女职委主任培训班，邀请市旅游职业高级中学高级讲师徐培建讲解职业女性心理及形象设计等课程。

2006 年 3 月，市总工会女职委四届三次全委会召开。会上表彰市五一巾帼标兵岗 30 个、市五一巾帼标兵 30 人、实施“五大行动”先进集体 14 家。与会人员参观城市博物馆和博物苑，举行联谊活动。

2007 年 3 月，南通建工集团女职委会获全国先进女职工组织，市总工会女职委会被省总工会评为省先进女职工组织。

2008 年 5 月，市总工会女职委五届一次全委会召开。市总工会副主席、女职委主任朱淑娟作工作报告。会上表彰五一巾帼标兵岗 33 个、五一巾帼标兵 32 人。12 月，市总工会举办女工干部培训班，就《劳动合同实施条例》和职场女性心理调节等进行培训，并进行工作交流。是年，市总工会女职委以“达标创模”活动为契机，对女职工 10 人以上的企业进行调查，做到组建底数清、目标明。工会女职工队伍不断发展、壮大，全市工会女职工组织总数达 8313 家，女会员的占比从 2002 年的 40.1%增加到 44.3%。

2009 年 3 月，市总工会女职委五届二次全委(扩大)会议召开。市总工会下发《女职工干部培训规划(2009~2011 年)》和《工会女职工工作业务手册》。

2010 年 3 月，市总工会女职委五届三次全委(扩大)会议召开。会上表彰市女职工工作先进集体、先进个人各 100 个。12 月，市总工会举办女工干部培训班，就女职工特殊权益维护法律研究、职业女性心理素质提升等进行培训。

2011 年 3 月，市总工会女职委五届四次全委(扩大)会议召开，杨哗鹃替补为市总工会第五届女职委主任。6 月，市总工会举办女职工关爱行动启动仪式暨工会干部培训班。南通大学邓宏宝教授作"开展心理援助，促进组织发展"的讲座，市房管局、市劳动局、市总工会对《社会保险法》及相关社会保障政策进行了深入细致的解读和辅导。市女职工综合素养专家指导团成立，聘请文化、生活、形象、身体、心理、就业等方面的 16 位专家对女职工进行指导。是年，市总工会女职委获全国推进女职工权益保护专项集体合同工作先进单位和省巾帼文明岗。

2012 年 3 月，市总工会女职委五届五次全委(扩大)会议召开。会上表彰市五一巾帼标兵岗 10 个、市五一巾帼标兵 20 人。11 月，市总工会女职委举办女工干部培训班。特邀省总工会干校教授刘瑛作"关注女职工劳动保护，维护女职工合法权益"的讲座，市委副书记陈斌到会讲话。

2013 年 5 月，市总工会女职委六届一次全委(扩大)会议召开，市总工会党组书记、副主席葛玉琴担任市女职委主任。市总工会副主席、女职委副主任杨哗鹃作工作报告。会上表彰市五一巾帼标兵岗 20 个、市五一巾帼标兵 30 人、市女职工工作先进集体 20 个，表彰女职工最佳亮点工作成果 3 项、女职工优秀工作成果 8 项。

2014 年 3 月，市总工会女职委六届二次全委(扩大)会议召开，市总工会副主席、女职委副主任杨哗鹃作工作报告，市总工会党组副书记瞿刚到会讲话。会上向获省五一巾帼标兵岗和省五一巾帼标兵获得者授奖，与会人员观看由女职工自编自演的职场巾帼风采专题展演。

第二节　女职工特殊权益保护

1990 年 11 月，市总工会召开女职工生养基金统筹工作表彰会，交流女职工生养基金统筹、贯彻女职工劳动保护法规、提高女职工素质、促进优生优育等工作经验，表彰 33 家先进集体和 20 名先进个人。

1991 年，市总工会会同市经委、市劳动局、市卫生局制定"南通市女职工劳动保护合格单位检查验收标准"。对 18 家三资企业的女职工劳动保护情况进行调查，形成调研报告，为市政府决策提供依据，并被《工会信息》摘登。是年，国务院安委会来南通检查三资企业安全生产工作，副市长陈华汝汇报时多次引用市总工会的调查数据。

1993 年是国务院颁发《女职工劳动保护规定》五周年，市总工会联合市劳动局、市卫生局、市妇联对近千家三资企业、乡镇企业的女职工劳动保护工作进行专题调查。是年，召开全市女职工劳动保护工作会议，总结交流五年来女职工劳动保护工作经验，研讨进一步贯彻规定的措施。全国总工会副主席章瑞英、副市长张琛到会讲话。

1994 年 9 月，市总工会主席、女职委主任戈雪芬出席联合国在埃及举行的国际第三次人口与发展大会。市总工会联合南通电视台制作《女职工生育保障的有益尝试——南通市在全国率先实行了女职工生养基金统筹》专题资料片，制作中、英文版在会上播放。南通电视台分三个专题，在新闻节目播放。10 月，市总工会在全国总工会和劳动部联合召开的生育保险制度改革工作座谈会上介绍开展女职工生育保险制度改革的做法与效果。会同市劳动局等部门对 67 家三资企业女职工劳动保护情况进行专题调研。是年，市总工会被国务院妇女儿童工作委员会授予维护妇女合法权益先进集体称号，市总工会女职委被省总工会评为先进集体。

1995 年，市总工会主席戈雪芬出席在北京召开的第四次世界妇女大会非政府论坛，介绍南通市实行女职工生养基金统筹的情况和效果。

1997 年，市总工会联合市劳动局、市卫生局、市妇联下发《关于认真开展企业女职工劳动保护法规执行情况的检查总结和典型调研的通知》。

1998 年 1 月，为纪念国务院《女职工劳动保护规定》颁布十周年，市总工会组织开展女职工合法权益知识竞赛，1.25 万名职工参赛。7 月，联合市劳动局对 165 家企业进行调查。在已签订集体合同的 2014 家企业中，85%的女职委参加集体合同的协商和签订，女职工劳动权利、劳动保护的主要内容写进集体合同的占 90%以上。8 月，召开《女职工劳动保护规定》贯彻落实十周年纪念会，为 5 家省女职工劳动保护工作先进单位和 55 家省女职工劳动保护工作合格单位甲类企业颁发奖牌。中南纺织等 5 家企业介绍经验，副市长宋家新到会讲话。

1999 年 8 月，市总工会与市劳动局联合开展非公有制企业女职工劳动保护监督检查活动，721 家企业进行自查，联合检查 51 家企业，向社会公布举报电话，接到投诉 14 起。对职工反映强烈的加班加点严重、不签订劳动合同、女职工产假无工资待遇等问题，督促企业予以纠正。

2000 年 10 月，市总工会联合劳动、卫生等部门，对 19 家企事业单位开展女职工劳动保护合格单位创建活动进行检查。

2001 年，新《婚姻法》实施，市总工会与市人大内司委等单位联合开展新《婚姻法》宣传月活动，市总工会组织街头咨询，举办培训讲座，深入县(市)区及基层宣讲新《婚姻法》。全市共举办培训班 91 期，1.8 万人次参加培训，发放近万册女职工权益法律知识读本。

2002~2005 年，市总工会先后三次开展女职工权益法律知识竞赛，6 万余名女职工参赛。市女职工代表队在省总工会举办的女职工法律知识电视大赛中获二等奖。

2003 年，市总工会联合市安监局、市卫生局采取现场检查、发放调查问卷、开座谈会等方式，对全市 52 家企业进行职业危害调查。对发现问题的企业，及时向企业负责人提出整改意见，并向新闻媒体通报。在调查研究的基础上，对《女职工劳动保护规定》《工会女职工工作考核办法(试行)》《工会女职工委员会工作条例》提出修改意见和建议。

2004年3月，市总工会女职委牵头，邀请市劳动局等单位，在文峰大世界和外来务工人员集中的轻纺城联合开展女职工合法权益宣传咨询现场服务活动，现场接待150人次，发放宣传资料2600余册。

2005年6月，市总工会对115家企业落实《女职工生育保险办法》情况进行跟踪调查，发现民营企业女职工产假待遇偏低、参保积极性不高等问题。在市政协全委会上提出修改市区城镇企业职工生育保险办法的提案，得到重视。市劳动局下发《关于调整职工生育保险待遇的通知》，提高生育保险待遇。市总工会与有关部门转发省总工会等部门《关于加强女职工特殊保护专项集体合同工作的意见》，认真落实在女职工25人以上的企业开展全面签订女职工特殊保护专项集体合同工作。全市签订专项集体合同5855份，覆盖女职工34.7万人。开展女职工权益现场咨询服务活动，为女职工提供法律、进城务工常识、保健知识服务，发放《婚姻法》《妇女权益保障法》等宣传资料。编印下发《女职工权益法律知识读本》1000余册。

2007年三八节，市总工会开展女职工权益维护、生理、心理健康知识现场咨询服务活动，现场接待百名职工。江苏三友集团为减轻大龄女职工的工作压力和心理压力，将93名45周岁以上的女工组成“特殊车间”，在基本不降低收入的同时，做到科学合理地安排工作量，切实保护老职工的身心健康。4月，市总工会召开女职工心理辅导专家座谈会，对完善辅导站工作机制、充分发挥专家作用等进行研究。10月，南通工会网开设《女职工心灵家园》专栏，设置心灵氧吧、专家信箱、心灵之约、快乐论坛、网上调查五大模块。其中，心灵氧吧为主要模块，分为职场解压、婚姻家庭、心理测试、美丽课堂、开心一刻、心理知识和音乐殿堂七个子栏目，女职工可以通过专家信箱提问、留言，实现与心理咨询专家的网上对话。《工人日报》《江苏工人报》和省总工会网站等媒体作了报道。截至是年末，全市签订女职工特殊保护专项集体合同5052份，签订率达94.1%，覆盖企业6960家。

2010年6月，市总工会贯彻省协调劳动关系三方委员会的通知精神，联合市有关部门组成调研检查组，对全市女职工较为集中的纺织、服装、餐饮、商业等行业的企业建制及运行情况进行专项检查。12月，市总工会女职委被全国总工会表彰为女职工权益保护专项集体合同工作先进单位。

2012年，市总工会女职委建立县(市)区女工亮点工作立项申报制，对女工工作以项目形式组织实施和评估。当年，县(市)区共申报11个项目，初步形成了一市一品、一区一牌的工作模式。4月，国务院《女职工劳动保护特别规定》颁布，市、县(市)区总工会举办大型宣传咨询活动。

2013年，市总工会组织女职工参加全国《女职工劳动保护特别规定》知识竞赛，参赛职工近40万人，市总工会女职委荣获优秀组织奖。10月，参与《江苏省女职工劳动保护特别规定》《江苏省职工生育保险规定(草案)》等法律法规的制定和修改，反映女职工的合理诉求，提出工会的建议主张。在市妇联第十三次代表大会上，提交“关于建立联合调研督查机制，更加有效地维护女职工合法权益和特殊利益”的建议，被列入2013~2014年南通市妇女儿童十件实事。至年末，全市共签订女职工权益保护专项集体合同11004份，覆盖女职工81.2万人，签订率98.2%。市总工会女职委与法工部联合市劳动监察支队，对电子、化工、皮革制鞋等行业近百家企业执行女职工禁忌劳动标准，特别是涉毒涉害情况进行专项督查调研。全市共督查用工单位1101户，涉及职工7.44万人，其中，女职工4.71万人，共发现有违法行为的单位129个，督促用人单位与4035名职工补签劳动合同，为1854名女职工缴纳社会保险费。

第三节　女职工爱心帮困工作

一、保健扶贫活动

1991年，为做好女职工生养基金统筹效果的跟踪调查，市总工会会同市妇幼保健所对部分企业的女工干部、医务人员进行优生优育知识培训，举办2期孕妇培训班。

1995年，市总工会会同市妇幼保健所开展保健扶贫活动，宣传女职工“五期”保护知识，提供咨询服务，以上门服务为主进行妇科检查，低于成本价收费，并对困难企业给予费用资助。

1998年5月，市总工会与市妇幼保健所医务人员到企业开展妇科检查，首批为23家市属困难企业的1422名女工提供免费妇检，全年共检查5024人。

针对困难企业妇女病普查费用难落实，妇女病患病率上升的实际问题，2000年9月，市总工会与市劳动局、市卫生局、市妇联联合向市政府提交“关于请求解决特困企业女职工妇女病普查部分经费的报告”。在2001年市政协全委会上，工会界委员提出“关于将女职工妇女病、乳腺病治疗费用纳入职工医疗保险的提案”，市政府十分重视，批准拨专款15万元，用于市区困难企业女工妇科检查。市总工会承担具体组织工作，在有关单位的配合下，历时五个多月，先后组织28家市属特困企业3844名女职工接受检查。

2002年3月，根据全国总工会、省总工会要求，市总工会开展“女职工保健知识送基层”活动，邀请陕西省妇幼保健医院副主任医师、西安万安药业有限公司客座教授马洁，免费为女职工宣讲女性“六期”自我保健知识以及妇科常见病的防治，到39家单位授课40场，近万名女职工听课。

2004年，市总工会组织开展历时三个月的“送知识、送健康”服务女职工活动，特邀妇科保健专家深入基层，免费为女职工特别是困难企业和非公企业的进城务工女性宣传女性保健知识，举办讲座100余场，听众达2万余人。

2005年，市总工会以困难企业和边远乡镇、社区为重点，开展“送知识、送健康”服务女职工活动，辐射监狱、收容所等特殊女性群体，免费为1.5万名女职工传授保健知识和健康理念，有效提高她们的自我保护意识和自我保健能力。

2007年4月，市总工会建立女职工心理健康辅导站，聘请卫生、教育等行业的10名心理健康专家，依靠社会力量研究当代女职工心理，免费为需要帮助的女职工提供心理咨询服务。每月的1日、16日为专家接待日，在市职工服务中心设立专门接待点。召开心理专家座谈会，确定以面对面访谈、热线电话、讲座、咨询等多种形式，为女职工提供心理咨询服务。6月，根据省总工会统一部署，市、县(市)总工会开展“关爱女职工健康行”

和“女职工健康快车”活动，与市委宣传部、市妇联、市劳动局联合发文，在全市推进百万妇女乳腺普查工程，开展送检查、送健康、送知识上门服务，为800多名困难女工进行妇科免费检查。

2011年3月，市总工会邀请医学、心理咨询辅导专家等，开展女职工维权法规、心理健康知识等现场咨询和义诊活动。联合市第三人民医院为部分基层单位举办“关爱女职工健康行”讲座，内容涉及乳腺病、宫颈癌预防和女性养生等。

2012年9月，市总工会女职委与市第三人民医院联合开展市区百名困难女工“两癌”免费普查活动。

二、扶持下岗女工再就业

20世纪90年代初，市总工会女职委积极参与市政府再就业优惠政策的制定，提出的规范下岗程序，孕期、哺乳期的女职工按不低于本人工资80%标准发给生活费等意见，被市政府文件采纳。

1995年8月，为发扬女职工互助友爱精神，筹集一定的经费，协助政府和企业帮助下岗、失业女职工开辟再就业途径，响应省总工会号召，在全市女职工中开展“姐妹情、献爱心、每人节约一元钱”筹集女职工再就业互助金活动。

1996年，通过走访、召开座谈会、发放调查表、深入专业市场调查等形式，对县(市)区和11个系统下岗女职工情况进行调研，分析下岗原因，发现再就业典型，确定首批扶持对象8人，每人发放女职工再就业互助金1000元。12月，依托市工人业余大学建立女职工人才培训中心。县(市)级女职工人才培训中心在年内全部建立。开设电脑、编织、服装设计与制作、宾馆服务、美容美发、商业营销等专业，共举办培训班33期，1249人参加学习，为下岗女职工转岗、自谋职业创造条件。

1997年3月，市总工会与市劳动局等单位联合举办“下岗女职工再就业活动日”，开展政策咨询，开办专项劳动力市场。全市共举办女职工培训班579期，培训1.85万人次，通过各种渠道分流安置下岗女职工2665人。

1998年3月，市总工会召开“促进下岗女职工再就业座谈会”，通州市明珠美食城经理周立珠等7名下岗女职工代表交流再创业的经验体会。是年，全市累计筹集女职工再就业互助金19.5万元。

1999年3月，市总工会开展“庆三八助你上岗宣传活动月”系列活动，启动“五个一活动”(一封慰问信、一份再就业互助金、一次再就业机会、一份免费培训通知、一本再就业指南)。邀请16位受资助下岗再就业女职工参加“扶持对象回娘家”活动。5月，在通州市召开下岗女职工再就业现场观摩会，交流工会帮助下岗女职工再就业工作经验，观摩下岗女职工再就业现场。

2002年，市总工会女职委协助南通电视台，报道海安县下岗女工李萍再就业先进事迹。

2003年，市总工会女职委积极配合市劳动局，举办“庆三八、架金桥、促就业”大型女性专场招聘活动，专设女职工权益维护法律咨询点，发放法律知识小册子。

2007年11月，全国总工会、国际劳工局联合召开促进外来女性务工人员就业工作研讨会，江苏三友集团工会主席姚海燕作为唯一的基层工会代表在大会上介绍该集团建立大龄女职工“特殊车间”的经验。

1996~2001 年市总工会女职工再就业互助金资助情况表

表 2-9-1

年度	资助人数(人)	资助金额(元)
1996	8	8000
1997	12	12000
1998	10	10000
1999	12	12000
2000	10	10000
2001	10	10000
合 计	62	62000

三、母爱助学活动

2000 年 5 月,市总工会组织开展“母爱助学”活动,从市区基层推荐上报及特困职工中挑选 20 户失去母亲(双亲)或母亲患重病的特困职工子女家庭,作为市区女职委的帮扶对象,为职工子女送母爱。召开部分女职委主任专题座谈会,落实结对帮扶任务、帮扶措施和联系人。随后,在市总工会举行“母爱助学”结对仪式,南通电视台作深度采访报道。在“六一”儿童节前,帮扶单位女工干部登门看望了各自结对帮扶的孩子,送去助学金和节日礼品。各单位采取节日慰问、资助学费、组织孩子与本单位职工子女共度夏令营等方式,促使帮扶对象快乐成长。

2005 年 6 月,市总工会开展“母爱助学”活动五周年纪念活动,各帮扶单位女职委主任与 20 名受助对象一起欢度“六一”儿童节并观看电影。曾受市教育工会资助的高薇薇同学捐出其首笔工资 1000 元,用于“母爱助学”活动。孩子们展示了自己的书法、绘画作品,表演了文艺节目,有的还向资助单位写了感谢信。2000~2005 年,全市各级女职委直接结对 152 对,累计资助 40.6 万元。市总工会女职委通过召开座谈会,组织“看家乡、游濠河”等活动,帮助资助对象消除自卑,增强自信,以积极的态度对待人生道路上种种坎坷。

“母爱助学”活动受到社会广泛关注和大力支持,2007 年 3 月,被省总工会评为女职工维权成果奖。

截至 2008 年末,全市各级女职委直接结对 482 对,累计资助 120.59 万元。

第四节　女职工特色活动

1990 年 3 月,由市委宣传部、市总工会、市书法家协会和《工人日报》工会工作部发起的全国女职工优秀书法作品展在南通举行,来自全国 24 个省、市的 132 名女书法爱好者参赛,收到作品 300 件,有 31 位选手参加现场书法比赛,共评出一等奖 3 名,二等奖11名，三等奖17名。市总工会举行"讲'四自'、讲奉献、讲艰苦创业"演讲比赛，24名女工参加市级比赛。市总工会表彰"三讲五个一"活动先进集体18个和先进个人20名。

1991年，省妇联及省总工会等12家单位联合下发《关于在全省城镇妇女中开展"巾帼建功"活动的联合通知》。市总工会连续5年在全市开展"巾帼建功，巧手奉献"主题活动。有9.5万名女职工提合理化建议47384条，被采纳17195条，创造经济价值2027万元。市总工会开展"女职工风采"系列活动，举办女职工"巧手奉献"成果展览、成果演讲、成果表演和时装表演，展出70余项成果，6人参加演讲，16名操作能手和3个时装表演队作精彩表演。选送55项成果参加省总工会举办的"巾帼建功、巧手奉献"成果展览，其中，20项被评为优秀成果。是年，在全市开展"改革中的女职工工作与女职工问题研究"优秀论文征集，共征集511篇，向省总工会推荐6篇，其中获一、三等奖各1篇。是年，市总工会被省总工会评为女职工工作竞赛一等奖。

1992年3月，市总工会召开纪念三八妇女节暨表彰会，交流开展"巾帼建功、巧手奉献"活动经验，表彰先进女职工工作者40人。

1993年起，市总工会以学习成才、岗位立功、二次创业、爱心奉献、文明家庭五大行动为载体，开展"巾帼建功、巧手奉献"活动。组织女工参加城镇妇女创造发明竞赛活动。10月，举办南通市岗位女明星、文明新风家庭事迹报告会，通师二附生家琦、通棉三厂茅健、海安县雅周供销社顾昌明、市百货大楼吴美琴、启东市人民医院陈辉、通州棉纺织厂张志群的先进事迹在六县(市)和市区巡回演讲，作巡回报告18场，数万职工受教育。会同有关部门联合开展厂矿企业幼儿园幼儿操比赛和游戏评比活动，对幼儿园进行分类验收，对幼儿园保健人员进行业务培训。

1994年5月15日是首个国际家庭日，市总工会召开国际家庭年系列活动座谈会，交流家庭建设方面的问题，部署深入开展创建"文明新风家庭"竞赛活动。组织部分职工观看《职业女性行为规范和社交礼仪》《走出更年期》录像片。广泛开展家庭问题研讨，县以上工会共征集论文256篇。是年，组织女职工参加全国总工会"迪康杯"妇女知识大奖赛。

1995年3月，市总工会表彰岗位女明星10人，文明新风家庭10户，好媳妇10人。5月起，在全市开展先进女营销人员和营销人员贤内助竞赛活动。7月，举办改革开放中的女职工风采展示活动。8月，举办"巾帼迎九五，巧手再奉献"成果展览，全市共展出成果2149项，示范表演192场次，选送103项成果参加省总工会女职工设计创作的服装、手工艺品成果展，其中11项被评为优秀成果。

1996年3月，市总工会表彰女营销人员16人，营销人员贤内助9人。

2000年，市总工会开展"面向新世纪的工会女职工工作"优秀论文征集活动，共收到论文38篇，评出一等奖5个，二等奖10个。

2001年，市总工会下发《"巾帼绘十五，创新展风采"活动实施意见》，在女职工中广泛开展"五大行动"(女职工素质强化、创新建功、自主创业、爱心助困和家庭文明行动)。针对女职工队伍状况、收入分配等问题，6次深入基层专题调研。8月，结合全市"新世纪南通职工形象"大讨论活动，组织市卫生、商贸、金融等窗口服务行业的女工代表，开展"窗口行业女职工新形象"专题讨论活动。

2002年起，市总工会女职委下发《开展“新世纪女职工素质自我达标”活动的意见》。“十五”期间，全市19.15万名女职工参加素质达标活动，其中，学历提升一档次3.77万人，技术等级提升一档次5.96万人。

2005年，根据省总工会统一部署，市总工会开展“争创五一巾帼标兵岗、五一巾帼标兵”活动。结合技术创新、百万职工大练兵活动，引导女职工岗位成才。市总工会女职委被评为省实施“五大行动”先进集体。

2006年3月，市总工会表彰首批五一巾帼标兵岗30个、五一巾帼标兵30人，实施“五大行动”先进集体14家。是年，市总工会女职委获全国总工会宣传预防控制艾滋病和禁毒知识先进组织奖。

2008年3月，为营造真心依靠外来务工人员，真情关爱外来女工的氛围，激发外来女工热爱南通、建设南通的热情，市总工会联合《江海晚报》，组织市区十佳进城务工人员和外来先进女工代表100人，赴无锡影视城参观游览。

2009年3月，市总工会女职委举办的“女职工美丽课堂”开讲。第一课内容为“色彩与服饰搭配”“魔幻香薰世界DIY精油功效及日常使用方法”。

2010年3月，市总工会举办纪念“三八”国际劳动妇女节一百周年暨职业女性“三创”论坛，江苏亚萍集团董事长陆亚萍作“创业使人生更精彩”的发言。市人大常委会副主任、市总工会主席陆玉明到会讲话。开展4个“一百”活动，即表彰百名先进集体和个人、展示百名女劳模风采、慰问百名困难女工、组织百名一线女工看南通。表彰先进集体30家，先进个人30人，优秀女工干部40人。举办女性“三创”(创业、创新、创优)论坛。组织百名一线女工参观苏通大桥、珠算博物馆、南通博物苑等景点。10月，根据省总工会要求，对2004~2010年全市工会系统预防和控制艾滋病宣传教育工作作总结评估。市总工会建立预防和控制艾滋病协调领导小组，通过知识竞赛、发放宣传资料、举办专题讲座等形式，配合党政有关部门开展防艾控艾知识的普及教育活动。6月，市总工会副主席朱淑娟在全省女职工素质提升经验交流会上，就南通市开设“女职工心灵家园”作经验介绍。

2011年，市总工会女职委对部分单亲特困女职工和困难女农民工子女开展助学活动。12月，会同卫生、计生委等部门，精心组织“职工红丝带健康快车行动宣传日活动”，在开发区能达大厦建筑工地、南通延锋江森座椅面套有限公司，向职工群众特别是农民工宣传艾滋病防治知识和相关法律、法规，提供现场咨询，发放宣传资料及避孕药具，引导职工增强自我保护意识，维护生命健康权益。

2012年3月，市总工会女职委举办“谱三月华章，展女工风采”女职工书画、摄影、手工艺作品展，展出150名女职工的180幅优秀作品。市委副书记陈斌，市人大常委会副主任、市总工会主席陆玉明，副市长徐辉等观赏了展览，给予高度评价。

2013年“三八”期间，市总工会女职委在全市女职工中开展“建美丽南通、创幸福生活、展女工风采”主题活动，举办“工作着是美丽的”庆“三八”女职工摄影比赛、“幸福女性、快乐工作”征文活动。共收到作品近200件，征文500余篇。3月，为深入实施“女职工素质提升工程”，启动“女职工美丽课堂”项目，组织综合素养团近20位专家为基层开设点单式流动课堂，内容涉及法律、心理、健康、礼仪、理财、婚姻家庭等专题。实行“你点我上”和“你需我送”的菜单式服务，以流动课堂的形式，送知识下基层、到企业、进社区、入车间。市总工会拨出市区 20 堂教学示范课专项经费。全年共开设流动课堂 100 余场次，听课职工达 2 万余人次，受到广大女职工的欢迎。

2014 年 3 月，市总工会女职委开展“江海梦巾帼美”主题活动，举办“江海梦巾帼韵”书画作品展。开展“书香巾帼梦”征文活动，获一等奖 10 人、二等奖 18 人、三等奖 30 人。开展“姐妹巾帼情”结对帮扶活动，组织单亲职工家庭体检、开展亲子联谊活动，30 名特困单亲职工子女参加“拥抱亲情，放飞梦想”主题活动，参观探险王国和城市绿谷，每人获 1000 元资助。12 月，市总工会女职委获全国第二届书香“三八”读书征文活动积极组织奖。

第五节 南通市总工会历届女职工委员会组成人员名单

南通市总工会第一届女职工委员会组成人员名单

(1988 年 7 月~1993 年 8 月)

高级顾问

保毓书 金 难 巫昌桢 沈 智 马淑鸾

顾　　问

徐 虎 崔印能 何宗林

名誉主任

俞 隐 穆国纯 殷若男 张柔武 徐 蔚

主　　任

程佩芬

副 主 任

丁云珠 朱 萍 徐爱云

委　　员

姚 倜 陈兰英 黄丽娟 黄佩兰 张素兰 林玉华 顾玲芳
保其彩 王天云 王秀芳 唐祝平 刘慧铭 纪志华 彭品芳
马桂荣 陆爱武 浦 香 陈玉娟 曹京胶 陈宝珠 严素荣

南通市总工会第二届女职工委员会组成人员名单

(1993 年 8 月~1998 年 12 月)

顾　　问

徐 燕 沈瑞芬 崔印能 徐相林 何宗林 保毓书 金 难

名誉主任

俞 隐 穆国纯 殷若男 张柔武 高志兰 徐 蔚 程佩芬

主　　任

戈雪芬

副 主 任

丁云珠　王慧丽　张镛琴　朱　萍

常务副主任

徐爱云

委　员(按姓氏笔画排列)

丁燕玉　王天云　王秀芳　马月伦　石国华　任　鹰　朱美蓉
朱淑娟　仲建华　刘红秀　纪志华　宋美云　陈宝珠　陈　美
陈亚芳　陈洪英　陈玉娟　陈　瑛　严素荣　陆爱武　吴秀梅
周美成　洪美兰　洪祖蔷　唐祝平　唐世玉　张素兰　张爱平
钱守琴　徐慧芬　曹京胶　黄　辉　黄佩兰　黄丽娟

南通市总工会第三届女职工委员会组成人员名单

(1998 年 12 月~2003 年 3 月)

顾　　问

张小平　沈瑞芬　袁瑞良　高志兰

名誉主任

程佩芬

主　　任

朱淑娟

副 主 任

丁云珠　王慧丽　张镛琴　朱向东　朱　萍　姬焕玲　任　鹰
唐祝平　徐爱云

委　员(按姓氏笔画排列)

马　驯　王天云　朱荣芳　朱美蓉　任积如　刘红秀　纪志华
杨志香　杨哗鹃　吴秀梅　宋美云　张年英　张爱平　张素兰
陆志英　陈　美　陈　晨　陈　瑛　陈炎华　陈宝珠　邵乔英
周美成　胡泓石　洪兰凤　洪美兰　凌文英　钱兴如　高素云
黄　辉　黄丽娟　曹京胶　董智方　廖长源　潘美兰　戴　芸

南通市总工会第四届女职工委员会组成人员名单

(2003 年 3 月~2008 年 5 月)

顾　问

张小平　徐　朋　吴晓春　高志兰

主　任

朱淑娟

副主任

刘　怡　姬焕玲　陈　莉　陈　瑛

委　员(按姓氏笔画排列)

王建伟	王晓美	丛红亚	朱红霞	朱美蓉	任积如	华宵艳
刘红秀	刘秀萍	孙雪芳	严红梅	苏桂莲	李　英	李　萍
李锦芳	杨晔鹃	吴雪松	宋小敏	张　丽	张　萍	张维嘉
陆洁美	陈　英	陈月丽	陈炎华	陈抗英	陈洪芳	陈德循
邵玉娟	苗新宁	周　平	单　培	赵春艳	侯新南	洪兰凤
袁玲玲	钱兴如	高　莉	葛　伟	董智方	廖长源	

南通市总工会第五届女职工委员会组成人员名单

(2008 年 5 月~2013 年 5 月)

主　　任

朱淑娟

副 主 任

孙明如　胡泓石　陈　莉

委　员(按姓氏笔画排列)

丁晓莉	王荣荣	王建伟	邓　华	丛红亚	成　育	朱美蓉
朱桂华	刘平芳	孙雪芳	严红梅	李　萍	李　燕	杨　艳
杨晔鹃	吴雪松	张首南	张菊红	陆苏苏	陈　英	陈洪芳
邵建华	范宜香	茅　健	金　明	周颖亚	赵春艳	冒艳峰
侯新南	秦　琦	钱兴如	徐　红	殷红霞	殷丽娟	黄曙萍
曹　蓉	葛　伟	董智方	程　艺	廖长源	潘滇野	

南通市总工会第六届女职工委员会组成人员名单

(2013 年 5 月~　　)

主　　任

葛玉琴

副 主 任

杨晔鹃　沈　美　吴跃玲　丁思红

委　员(按姓氏笔画排列)

丁　霞	丁晓莉	丁晓莉	王亚男	王美霞	王荣荣	王曙霞
邓　华	丛红亚	刘　健	刘平芳	成　育	严红梅	宋　俊
张首南	张菊红	李　晗	李桂华	杜玉莲	苏　燕	邵建华
陈荣华	陈素伟	周于红	季育健	茅　健	郁玉霞	金　明
冒艳峰	钟　朝	徐　红	殷红霞	殷丽娟	秦　琦	陶小林
崔世兰	曹　蓉	黄曙萍	葛　伟	董　莉		

第十章　工会财务与经费审查

工会组织的经费来源包括：依照《工会法》的规定由企业、事业单位、机关、社会团体等单位按照全部职工工资总额的2%向工会拨缴的经费、工会会员缴纳的会员费、上级补助收入、政府补助收入、工会所属的企业、事业单位上缴的收入、投资或借款收益、其他收入等方面。

第一节　工会经费收缴

1990年，市总工会联合人民银行南通分行印发《关于企业、事业、机关拨交工会经费结算办法的通知》，规定对逾期不拨缴经费的单位，市总工会可以以文件连同扣缴工会经费拨解单，通知开户银行，由银行直接扣款并加收滞纳金，加大工会经费收缴力度。

1991年，市总工会经费收缴比原计划超出20.6%。

1994年，市总工会建立全市工会经费收缴情况电子台账，每季度调出数据进行分析，在办公会、县（市）区工会主席例会等会议上通报情况，对拖欠单位进行催缴。是年6月和11月，市总工会财务部对欠缴工会经费的单位进行排队审核，排出70余家单位分头登门催缴。

1996年，在深化企业改革过程中，由于多种因素，工会经费收缴工作遇到困难，收缴率下降，市总工会本级拨缴经费收入首次下滑，只完成预算的88.29%，比上年下降10.05%。

1998年5月，市总工会转发省总工会文件，实行经费收缴一票否决制。要求各级工会将“按规定计拨、上解工会经费列入各类综合性先进评选的先决条件”，在工会系统评比先进工作中实行经费收缴一票否决制。

1998年12月，市总工会联合市财政局、市审计局、市监察局、中国人民银行南通分行、市纪委联合下发《关于依法计提、拨交、上解工会经费并加强监督检查的通知》，重申依法足额计拨和上缴工会经费的要求，严肃纪律，严格执法，依法收缴工会经费。

2000年6月，为加强对市级机关工会经费的收缴管理，市总工会将市级机关22个单位应上缴的工会经费委托市级机关事务管理局直接扣款并及时上缴。是年，海安县总工会与县地税局协商，由县地税局在征收企事业单位税收时，代为收取工会经费，县总工会给付代收手续费。通过这一合作，当年全县工会经费大幅增长，工会的社会影响也随之扩大。2002年10月，省总工会召集部分市县工会赴海安考察，推广海安经验。

2001年3月，为规范基层工会组织的经费管理，市总工会印发《关于依法计提、划拨和上缴工会经费的管理规定》，对工会经费的计提、划拨和上缴、拨缴工会经费的管理、拨缴工会经费的检查监督及处理作出规定，并规定基层单位工会经费实行工会主席一支笔审批制度。

2001 年 4 月，为足额收缴工会经费，市总工会尝试开展工会经费按年度清算清缴工作。

2002 年，市总工会在全市大中型企事业单位推广工会经费按年度清算清缴工作。7 月，市总工会与市国税局商定委托国税代征工会经费事宜。

2003 年 11 月，市政府办公室转发《市总工会等部门关于进一步规范南通市市区工会经费征收办法意见的通知》，同意由市国税局代征市区部分单位的工会经费。

2004 年，市总工会在全市开展工会经费计拨情况调查。

2005 年，市总工会在全市开展“税务代征体制下工会经费收缴”调研。7 月，市总工会与市财政局联合下发《关于对市直部门预算单位工会经费实行财政直接支付的通知》，从 2006 年 1 月起，对市直部门预算单位工会经费采取市财政直接支付的办法。

2010 年 11 月，市总工会、市国税局、市地税局联合下发《关于使用电子工会经费收入专用收据的通知》，率先采用计算机联网开具电子工会经费收入专用收据。

2013 年 7 月，市总工会财务部制定工会经费网上申报方案，在税务申报网络信息中心软件上增加工会经费网上申报模块，12 月完成并上网运行，缴费单位可以上网按季申报上缴工会经费。

2013 年 10 月，经中国人民银行南通市中心支行同意，市总工会委托江苏银行静海支行通过同城清算系统“代理国库”扣收工会经费。

2014 年 1 月，开通工会经费年度清算清缴网上申报。随着我市劳务派遣单位和劳务派遣用工单位逐年增多，为规范这些单位的工会经费划拨和上缴，维护劳务派遣工的合法权益，4 月，市总工会下发《关于劳务派遣工工会经费计拨的规定》，统一规定劳务派遣工工会经费(筹备金)由用工单位按劳务派遣工工资总额的 2%计拨。应上缴市总工会的 40%工会经费、未组建工会单位应上缴的工会筹备金，由用工单位向代征工会经费的主管税务机关申报上缴到市总工会。

1990~2014 年，市总工会合计总收入 66608.56 万元。其中，拨缴经费收入 50427.12 万元，事业收入 578.51 万元，上级补助收入 5693.30 万元，政府或行政补助收入 8156.90 万元，投资或借款收益 765.27 万元，其他收入 987.46 万元。

1990~2014 年南通市总工会经费收入一览表

表 2-10-1

单位：万元

年度	拨缴经费收入	事业收入	上级补助收入	行政或政府补助收入	其他收入	投资或借款收益	收入合计
1990	298.20		24.24		2.36		324.80
1991	325.58		47.76	1.00	1.60	32.90	408.84
1992	351.18	6.00	47.06		1.64	7.55	413.43
1993	481.82	11.00	44.81	10.00	5.58	11.32	564.53
1994	664.85	6.00	51.25		14.07	102.09	838.26
1995	783.54	10.88	51.95	15.00	27.01	142.19	1030.57
1996	704.77	16.54	86.20	7.50	12.24	164.10	991.35

续表 2-10-1

年度	拨缴经费收入	事业收入	上级补助收入	行政或政府补助收入	其他收入	投资或借款收益	收入合计
1997	703.98	111.61	83.41	178.47	14.80	139.32	1231.59
1998	752.99	27.97	86.24	50.00	50.00	2.61	969.81
1999	753.87	50.11	91.15	150.00	4.87		1050.00
2000	837.35	27.64	85.20	0.40	7.92	4.05	962.56
2001	940.01	12.32	89.52	10.62	17.46	3.07	1073.00
2002	1095.78	45.59	95.12	13.60	35.82	2.43	1288.34
2003	1351.57	33.00	113.20	11.14	44.00	1.49	1554.40
2004	1575.00	0.12	110.87	12.00	54.28		1752.27
2005	2230.25	40.29	120.46	14.00	28.09		2433.09
2006	2578.59	10.10	136.96		51.96		2777.61
2007	2847.63	35.93	175.28		84.09		3142.93
2008	3223.83	21.83	190.87	495.50	73.72		4005.75
2009	3406.62	20.34	349.60	923.78	81.71	10.05	4792.10
2010	3750.75	17.41	443.39	943.00	63.65		5218.20
2011	4144.21	8.06	631.39	1101.00	34.52		5919.18
2012	4726.59	10.80	634.73	2025.59	39.88		7437.59
2013	5454.70	9.12	829.44	1026.98	130.65		7450.89
2014	6443.46	45.85	1073.20	1167.32	105.54	142.10	8977.47
合计	50427.12	578.51	5693.30	8156.90	987.46	765.27	66608.56

第二节　工会财务管理

工会财务资产管理包括对本级工会组织的财务管理，区、局（集团公司）工会、各基层工会组织的财务管理，以及协助省总工会管理的各县（市）级工会组织的财务管理。

1990 年 4 月，市总工会财务部下发《关于区、局工会会计科目使用说明的通知》，要求区、局工会统一使用工会会计科目核算业务。

1991 年，市总工会召开财务先进表彰会。

1992 年 4 月，市总工会财务部修订基层财务竞赛方案，将从 1984 年起开展的“三好”竞赛活动更改为“五好”竞赛活动。

1993 年 12 月，市总工会对各区总工会经费回拨作出规定：基层单位工会经费一律上缴市总工会，各区不得收费，由市总工会按实收数的 15%回拨区总工会，以杜绝各区违反规定收费问题。

1994 年 7 月，市总工会试行机关部门经费包干，经费包干的项目包括 6 个方面：差旅费、电话费、公务接待交通费、办公用品、邮资费、文印费，实行分类考核。

1995 年，市总工会在 12 家直属单位中开展 1993~1994 年会计档案管理工作检查评比，督促工会企事业单位加强财务基础工作。

1996 年，针对国有企业改制中出现的新情况，市总工会下发《关于当前工会经费和财产管理几个问题的意见》，对改制企业工会经费管理、“先售后股”企业工会资产是否作净资产出售、破产企业对拖欠工会经费的清偿、政府将工会经费作为预算外资金统管等问题作了重申和规定，方便基层工会实际操作，防止工会资产流失和经费收缴断流。

1998 年，市总工会举办工会财务干部培训班，为新《会计制度》实行奠定基础。

1999 年，市总工会举办工会财会知识竞赛，150 余家单位的工会财务人员参赛，评出一等奖 5 个，二等奖 10 个，三等奖 50 个。9 月，市总工会财务部发出通知，从 10 月起各产业(局、公司)工会不再独立设置账户，实行报账制管理。

2000 年 2 月，市总工会决定对所属企事业单位实行财务负责人双重聘任制和财务代理制，凡职工 10 人以上的单位，财务负责人由市总工会和所在单位双重聘任，其余单位实行财务代理。9 月，市总工会开始严格执行“一支笔”审批制度，实行预算管理，年初各部门填报全年业务活动及会议申报表，活动或会议开展前一个月编制详细预算报市总工会主席审批。

2001 年 12 月，市总工会下发《关于印发南通市县级工会财务会计工作评比办法的通知》，按照省总工会要求，通过县级工会打分自评和市总工会财务部考核相结合的办法，对县级工会财务工作进行评比。

2003 年 7 月，市总工会编印《基层工会财务使用手册》，内容包括工会法律知识、工会财务管理、工会经费收缴管理、工会财务工作奖惩规定、工会经费审查、工会会计制度等方面，是指导基层工会财务工作的工具书。10 月，市总工会召开表彰会，表彰财务工作先进集体 103 家，先进个人 115 人。是年，市总工会开展全市工会财务大检查。

2004 年 4 月，市总工会财务部被团市委授予南通市青年文明号。

2005 年起，市总工会在全市各级工会中开展“四有五好一创优”(有银行帐户、有经费保障、有财务规章、有专人管理财务；经费收缴好、财务管理好、会计核算好、经费使用好、预算执行好；在达到四有五好的基础上，评选优胜单位)财务竞赛活动。8 月，市总工会周正秋被评为全国工会财会工作先进工作者。

2007 年，市总工会以盘活资产为手段，优化资产效能，监督指导直属企事业单位加强财务与资产管理。修订事业单位考核办法，体现公益性事业特点。开展工会不动产产权登记，推动县以上工会资产土地证、产权证基本齐全，被省总工会评为工会资产统计工作一等奖。9 月，市总工会通报表彰工会财务工作先进集体 100 家，财务工作先进个人 100 名，重视财务、经审工作的优秀领导干部 20 名。

2010 年 1 月，市总工会印发《关于做好区级财务预决算的通知》，要求从 2009 年起各区总工会编制财务决算，2010 年开始编制财务预算，加强区级财务预决算管理。是年，市总工会下发《市总工会直属事业单位资产监督管理暂行办法》。

2011 年 8 月，市总工会印发《南通市工会财务会计管理规范化考核实施办法》，决定 2011~2012 年在全市各级工会广泛开展工会会计管理规范化活动。

2012 年，基层工会独立建账工作取得新进展。12 月，市总工会召开财务经审表彰会，表彰 2007~2012 年财务工作先进集体 118 家，财务工作先进个人 119 名，重视财务、经审工作的优秀领导干部30名。

2014年3月，市总工会下发《关于南通市城区总工会、街道（乡镇）工会经费回拨、财务管理的补充规定》，推动工作创新，加大对街道（乡镇）工会的经费扶持力度。从是年起，市总工会根据各街道（乡镇）职工人数以及工会经费收缴数下拨工会经费，确保每个街道（乡镇）工会年回拨额不低于10万元。这一创新做法，《工人日报》头版头条予以报道。4月，市总工会财务部制定《乡镇街道工会财务管理办法》，主要内容包括：经费收入管理、预决算管理、经费支出管理、货币资金及往来款项管理、资产管理、会计管理、财务责任等方面。

2003~2008年和2013~2014年，市总工会财务部均获得省总工会财务先进单位评比特等奖和全国总工会市级财务先进单位表彰。

1990~2014年，市总工会合计总支出61127.42万元。其中，职工活动费2899.21万元，维权支出3998.82万元（2010年前未使用该科目），事业支出3999.30万元，工会业务费5562.45万元，工会行政费14064.35万元，专项资金支出537.21万元（2005年后不再使用该科目），补助下级支出6172.39万元，其他支出4569.16万元，上缴经费17363.29万元，投资135.00万元，基建支出1826.24万元（统计至1998年，此后不再使用该科目）。

1990~2014年南通市总工会经费支出一览表

表2-10-2

单位：万元

年度	职工活动费	维权支出	事业支出	工会业务费	工会行政费	专项资金支出	补助下级支出	其他支出	上缴经费	投资	基建支出	合计
1990	40.10			7.30	34.42	2.41	28.29	23.20	109.74	55.00	49.13	349.59
1991	63.76			6.40	38.57	2.56	37.51	27.32	119.57		67.06	362.75
1992	75.99			25.89	51.89	2.19	32.29	36.10	128.07		47.73	400.15
1993	94.53			4.43	70.46	2.62	38.56	41.56	176.55	30.00	128.96	587.67
1994	91.46			8.23	91.61	2.71	57.94	36.89	243.24		415.00	947.08
1995	135.96			14.24	107.35	5.67	76.45	33.39	284.27		255.56	912.89
1996	134.94			10.26	119.00	6.51	49.77	28.86	254.99		367.54	971.87
1997	240.35			50.59	152.19	8.16	53.38	80.40	237.77	50.00	76.83	949.67
1998	139.98			24.66	157.24	6.88	72.84	62.90	272.53		418.43	1155.46
1999	58.11		51.24	77.85	195.77	180.00	76.20	51.18	275.07			965.42
2000	69.89		39.38	74.13	201.19	31.50	85.09	47.03	303.00			851.21
2001	75.48		36.10	84.26	183.28	10.00	87.53	144.85	351.75			973.25
2002	61.64		54.41	147.56	226.67	196.84	71.91	159.49	401.58			1320.10
2003	87.00		33.64	118.66	294.06	41.16	92.83	184.71	492.10			1344.16
2004	82.41		45.11	171.81	370.82	38.00	181.75	232.92	549.90			1672.72
2005	112.26		45.14	235.39	388.34		270.96	344.03	762.49			2158.61

续表 2-10-2

年度	职工活动费	维权支出	事业支出	工会业务费	工会行政费	专项资金支出	补助下级支出	其他支出	上缴经费	投资	基建支出	合计
2006	133.09		115.26	334.25	423.58		245.67	275.66	866.56			2394.07
2007	138.17		87.00	329.21	476.99		360.77	362.76	935.11			2690.01
2008	161.14		140.57	466.29	1147.04		456.92	376.10	1096.84			3844.90
2009	154.13		476.46	298.98	1632.96		502.29	396.69	1154.89			4616.40
2010	148.87	486.46	311.66	339.32	1570.45		453.07	349.10	1276.12			4935.05
2011	185.83	660.23	183.70	517.55	1708.93		504.78	368.77	1414.24			5544.03
2012	144.32	771.69	1587.08	542.50	1454.31		662.91	418.16	1612.24			7193.21
2013	146.48	964.44	452.11	672.55	1427.39		744.08	476.04	1854.89			6737.98
2014	123.32	1116.00	340.44	1000.14	1539.84		928.60	11.05	2189.78			7249.17
合计	2899.21	3998.82	3999.30	5562.45	14064.35	537.21	6172.39	4569.16	17363.29	135.00	1826.24	61127.42

第三节 工会经费审计

一、经审组织、队伍建设

市总工会经审组织建设 1990 年，市总工会未单独设立工会经费审查委员会办公室(以下简称“经审办”)。1992 年 11 月,市总工会向市审计局申请成立“南通市审计师事务所工会分所”(以下简称“审计分所”),12 月,市审计局批复同意。1993 年 1 月,市审计分所挂牌营业,配合市总工会经审会对直属企事业单位、工会经济实体、基层工会组织、工会各类基金等开展审计活动,实现审计工作的经常化、制度化、规范化。1997 年 2 月,市总工会向市编委申请单独设立经审办;1998 年 1 月,市编委批复同意;4 月,市总工会机关“三定”方案中设立经审办,编制 2 名。11 月,审计分所停办。2005 年 12 月,市总工会建立特约经审员队伍，帮助市总工会经审委员会加强对工会经费及各项经济活动的审计和监督。

县(市)区总工会经审组织建设 1993 年末,6 县(市)总工会除如皋市未换届外,全部由驻会人员兼任经审会主任,其中海安还选配专职经审会主任。截至 1998 年末,6 县(市)总工会经审会主任均由同级副职担任。1994 年 4 月,海门市建立苏北首家县级工会审计分所,1996 年,通州市建立两家工会审计分所,配合同级经审会开展各种实务审计活动。1997 年 10 月,海安县率先建立县级工会经审办,配备专职经审干部。1999 年,海门、启东两市建立经审办,配备专职经审会副主任。是年,县(市)总工会专职经审干部陆续配齐。

基层工会经审组织建设 1990 年 11 月,全国总工会印发《基层工会经费审查委员会工作条例》(以下简称"条例")要求:"凡建立一级工会财务管理的工会基层组织,必须在选举工会基层委员会的同时,选举产生经费审查委员会。"市总工会认真贯彻执行"条例",推动基层工会经费审查委员会(以下简称"经审会")建设。1991 年末,全市基层工会经审会组建率由 1990 年的 85%上升到 91%。1992 年 4 月,新《工会法》实施后,根据"各级工会建立经费审查委员会"的要求,努力提高经审会组建率,坚持做到在基层工会换届时,经审会(小组)与工会委员会同时考察、同时选举、同时上报(以下简称"三同时"),列入"建家"工作验收和考核。1993 年 11 月末,全市经审组织组建率达 92%,1994 年达到 96.6%。截至 1997 年 10 月,工会委员会和经审会"三同时"已形成制度,部分产业工会建立经审会或小组。1999 年,以贯彻落实省、市委《关于在深化改革中进一步全心全意依靠工人阶级和加强工会工作的意见》精神和争创全省工会工作十强县(市)活动为契机,进一步推进经审组织建设,全市工会经审组织组建率达到 97.28%。2000 年起,在大量企业改制、新建企业快速发展的情况下,坚持"三同时"原则,把在新建企业建会同时建立工会经审组织作为重要工作。2002 年,全市新建企业工会经审组织 1300 余家。

经审干部队伍建设 为适应不同时期经审工作要求,市、县(市)总工会经审会一直把经审干部培训作为一项经常性的重要工作,通过培训不断提高经审干部的政治、业务素质,切实履行审查监督的职责。

1993 年 6 月,市总工会举办 2 期新会计制度业务培训班,培训 198 人。10 月,举办经审业务培训班。

1994 年,市总工会对三资企业工会主席进行经审工作业务培训。

1999 年,市总工会组织开展"工会新会计制度知识竞赛"。

2005 年 3 月,组织县(市)区工会干部学习全国总工会和省总工会《关于加强工会经费审查监督工作的意见》。12 月,市总工会经审会在总结海安县、崇川区总工会聘请特约经费审计员做法的基础上,结合市总工会实际,聘请首批 9 名专业财务、审计人员作为市总工会经审会特约经费审计员,制定《关于聘请特约经费审查员暂行工作意见》,明确特约经审员的工作职责,进一步发挥经审监督效能,同时在各县(市)总工会推广这一做法。

2006 年,市总工会与市审计局联合举办经审干部培训班和网上 40 小时的审计知识培训,市、县(市)区工会 23 人取得内部审计师上岗证。

2008 年,市总工会两次组织经审干部,分别参加市审计局内部审计和省总工会计算机辅助审计专业培训。根据市总工会经审工作需要,按照规范化建设要求,在区、产业(系统)、集团公司工会推荐的基础上,精心挑选 20 名市总工会特约经费审计员,努力建设专、兼、群相结合的经审干部队伍。

2009 年,为配合新《工会会计制度》在 2010 年顺利实施,帮助工会干部掌握新《工会会计制度》,市总工会举办经审干部培训班,培训 140 余人。邀请省总工会经审办领导讲解当代审计理论,并到部分县(市)区宣传和指导经审工作规范化建设及经审工作专项业务,800 余人听取讲座辅导。对聘任的 41 名经审信息员进行培训。

2010 年,市总工会经审会到港闸区和经济技术开发区总工会宣传新《工会会计制度》,指导基层工会经审工作规范化建设,400 余人听取讲座辅导。举办全市经审信息员专题培训班。

2011 年,市总工会开展经审工作规范化建设的培训指导,到经济技术开发区和市卫生局宣传《中国工会审计条例》。截至年末,县(市)区均建立特约经费审计员队伍,成为开展基层工会经费计拨审查审计的一支重要力量。市、县两级经审工作力量大大加强。

2012 年,市总工会组织县(市)区工会经审干部和经审信息员学习《中国工会审计条例》《省总关于加强新时期工会经费审查审计监督工作的意见》和经审业务知识。

2013 年,市总工会举办工会经审干部培训班,重点培训 "三公经费"审计业务等。至年末,全市共聘请特约经费审计员 98 人。

2014 年,市总工会举办工会经审干部培训班,邀请省审计厅、省总工会、市总工会财务专家授课。组织县(市)区总工会经审干部参加省总工会经审工作培训班。

全市工会经审干部培训情况

表 2-10-3

年 份	举办培训班(期)	培训(人次)
1990~1992	67	3300
1993~1997	53	2078
1998	11	960
1999	12	780
2000	7	500
2001	55	2400
2002	26	1124
2003	19	1975
2004	29	1365
2005	15	1308
2006	14	1043
2007	12	1500
2008	33	2137
2009	24	2630
2010	30	1800
2011	28	2057
2012	25	1990
2013	12	930
2014	11	915

注:除 1998、1999、2000 年为市县两级工会培训数据,其余均为全市各级工会培训数据

二、经审工作规范化建设

1992 年初,市总工会制定《企事业法人代表离任经济责任审计制度》《企事业定期审计制度》,对下属企事业单位实行"四先四后"的管理办法,即:先审计后计奖、先审计后讨论承包指标、先审计后评先进、先审计后评定班子,把审计结果作为党组决策的重要依据。

1994年，市总工会用百分考核的方法，把经审工作内容细化为4个方面18条具体要求，列入对县(市)区、局工会工作竞赛评比的总要求，促进基层经审工作规范化。5月，市总工会召开表彰大会，表彰经审先进集体26家、先进个人30名。6月，市总工会经审会被省总工会表彰为工会经审工作先进单位。

1995年7月，天生港发电厂和海狮船舶机械公司工会经审会在全省大型企业工会经审工作交流会上作经验交流。是年起，市总工会经审会连续五年被市审计局评为年度内部审计先进集体。

1998年起，市、县两级工会经审会都建立在工会代表大会和全委(扩大)会议上书面或口头报告工会经费审查工作制度。是年，经市总工会经审会讨论通过《南通市工会经费审查委员会议事规则》和《市总工会本级经费审查监督工作的若干规定》，于5月起施行。是年起，市总工会经审会连续四年在全省工会经审工作年度考核中获一等奖。

2001年5月，市总工会制定经审工作5个暂行规定，分别是《对市总年度经费预算执行情况审计监督的暂行办法》《对下级工会经费审计监督的暂行办法》《县级工会领导干部任期经济责任审计暂行规定》《工会企事业法定代表人任期经济责任审计暂行规定》《机关及直属企事业单位基本建设维修改造工程竣工决算审计暂行办法》，对工会经济活动形成较为完整的审计制度。制定《县级工会经审工作考核办法》。建立经审工作信息通报制度，编印《南通市工会经审工作情况简报》。7月，市总工会经审会被评为江苏省工会经审工作先进单位。

2002年，下发《南通市总工会经审专用经费管理办法》和《工会经审专用经费使用制度》。10月，市总工会经审会在全国工会经审工作电视电话会议上作经验交流。

2003年8月，市总工会经审会被评为全国工会经审工作先进集体。10月，召开全市财务和经审工作先进表彰暨经验交流会议，表彰经审工作先进集体46家，经审工作先进个人58人。

2004年，市总工会经审会对全市工会经审工作开展调查，形成调查报告，被《中国工会财会》刊用。

2005年，根据全国总工会的要求，全面开展工会经审工作规范化建设，印发《县(市)区、产业(系统)、集团公司工会经费审查工作规范化建设标准》及说明。经审办与财务部共同开展工会经费计拨情况的调查。随机抽样问卷调查企业931家，直接调查各类企业75家和职工101名，形成调查报告，被《南通审计》刊用。是年，市总工会“创新经审机制，促进经费收缴”和南通建工集团“坚持与时俱进，采取四项措施，着力推进计拨工会经费审查工作上水平”两份经验材料，在全国总工会召开的经审工作经验交流会上作交流。

2006年，市总工会修订完善《计拨经费审计暂行办法》等制度。深入各县(市)区对60家企业开展经审工作规范化建设调查研究，取得第一手资料。7月，市总工会经审会被省总工会评为经费审查工作先进集体。

2007年3月，市总工会经审会首次对产业(系统)、集团公司工会经审工作规范化建设进行专项考核，以考核促进规范化建设落到实处。4月，市总工会经审会被全国总工会表彰为2003~2007年度经审工作先进集体。9月，市总工会召开全市经审和财务工作先进集体和先进个人表彰暨经验交流大会，表彰经审工作先进集体50家、先进个人50名及重视财务、经审工作优秀领导干部20人。

2010年，制定《南通市总工会经审会审计回访暂行规定》，试行开展对海安县、如东县、通州区和直属事业单位的审计回访，形成对三县(市)区审计回访的专题调查报告和直属事业单位审计回访小结。制定《开展经审理论研究和经审信息考核工作的暂行规定》。

2011年，市总工会召开经审信息员工作交流会。开展经审工作规范化建设和审计意见整改落实情况调查，形成专题调查报告，获省总工会经审工作理论文章评比一等奖2篇，二等奖1篇，三等奖3篇和优秀组织奖。12月，市总工会经审会被省总工会评为经审工作先进集体。

2012年，围绕经审工作规范化建设的重点和难点，组织经审干部撰写并推荐20篇论文参加省总工会经审工作论文评比，获奖4篇，市总工会经审会获优秀组织奖。9月，全国总工会召开经审工作创新成果推进会，市总工会在会上作经验交流。12月，召开全市财务和经审工作先进表彰暨经验交流会，表彰经审工作先进集体62家、先进个人70人、重视财务、经审工作优秀领导干部30人。

2013年1月，市总工会经审会被全国总工会评为2012年度全国工会经审工作先进集体，市总工会经审会主任郭彪被评为全国工会经审工作优秀干部。11月，在全省经审工作考核中获一等奖。12月，市总工会被评为2013年度全国工会经审工作先进集体。

2014年，出台《南通市总工会内部管理领导干部经济责任审计暂行办法》，加强对事业单位领导干部经济责任审计，推进党风廉政建设。5月，市总工会经审会被市审计局评为2011~2013年内审工作先进集。12月，被评为全国工会经审工作先进集体，在全省经审工作规范化建设考核中获一等奖。

2001~2014年，市总工会经审会共编印“南通市工会经审工作情况简报”91期。

县(市)区、产业(系统)、集团公司工会经审工作规范化建设考核结果

表2-10-4　　单位:个

年度	一等奖	二等奖	三等奖
2007	12	8	8
2008	13	8	6
2009	13	8	7
2010	12	9	8
2011	13	7	7
2012	14	6	7
2013	13	7	7
2014	14	5	4

三、审计实务

依法开展对本级工会经费的审查监督　按照《工会法》《中国工会审计条例》中“工会审计实行统一领导、分级管理、分级负责、下审一级”的规定，各级工会经审组织认真做好对本级工会经费预、决算的审查监督工作。市总工会经审会每年开展对本级工会经费预、决算情况的审查审计,将审计情况向全体经审委员报告,听取经审委员的意见与建议,并在市总工会全委会或工会代表大会上报告。1998 年 5 月,《市总工会经费审查委员会议事规则》和《市总工会本级经费审查监督工作的若干规定》开始实施。

对市总工会直属企事业单位的审计监督 市总工会经审会联合财务部每年对所属企事业单位进行经费审查和专题审计,建立完善必要的制度和措施,促进工会事业健康发展。

1993 年,市审计分所先后对南通国际海员俱乐部开展承包审计、对市文化宫摄影图片社和金龙服装厂厂长进行离任审计,为工会企事业健康发展提供良好服务。同时,协助基层工会完成 42 家"三产"验资注册,注册资金达 1015 万元。

1994 年,市审计分所全年共审计 13 家单位,对本级经营性企事业单位基本形成不审计不兑奖、不审计不离任制度。

1995 年,市、县(市)两级经审会及所属审计分所对 51 家工会所属事业单位进行经济效益审计、法人代表离任审计和债权债务审计。

1996 年,市总工会经审会和财务部开展对直属事业单位预算外资金检查,规范收支和管理。是年,为配合市工人业余大学和职工学校实行紧密型联合,对两校及一个分校的资金和财产进行全面清查,对历年的会计账册和全部固定资产逐项清理,为两校成功联合创造条件。市、县(市)两级工会经审会对 23 家直属事业单位进行审计审查,占总数的65.7%。

1998 年,市审计分所对市总工会所属 3 个文化宫、技协交流站、如皋市总工会等 9 家单位进行离任审计,提出问题 37 个,建议 33 条。

1999 年,市总工会经审办完成对 6 个企事业单位的审计,涉及 11 个独立核算的单位和部门,共查出违规和会计基础工作差错金额 249.61 万元,发现问题 165 个,提出整改建议 141 条。

2000 年一季度,市总工会经审办会同财务部、事业部对市总工会所属 13 家企事业单位1999 年度经济指标完成情况进行审计、考核,查出违反财务制度金额 10.85 万元。8 月,组织对直属单位财务管理"回头看"检查,对年初审计所提问题进行对照检查,促进整改落实。

2001 年,对市总工会所属 13 家企事业单位经济目标责任和财务收支情况进行审计,查出会计基础工作差错等金额 66.93 万元,提出存在问题和整改意见 95 条。是年,对市文化宫消防整改工程进行竣工审计。

2002 年,积极参与市总工会直属企事业单位改制,对天苑公司、职工旅行社的改制方案进行认真讨论和评估,提出建设性意见。对市总工会 14 家直属企事业单位进行审计,查出会计基础工作差错金额 337.44 万元,提出存在问题和整改意见 107 条。

2003 年 1 月,对市总工会 9 家直属企事业单位法人代表的任期经济责任和年度财务收支、资产运作等情况,进行实务审计,查出存在问题 34 个,纠正会计基础误差 100.06 万元,提出审计意见和建议 49 条。

2004 年 1 月,对 7 家直属事业单位法人代表的任期经济责任和年度财务收支、结余以及资产运作等情况,进行就地和集中定点式实务审计。是年,协助和配合社会审计事务所对唐闸文化宫电影院改造工程和天鑫公司改制进行审计。

2005年以后，每年对直属事业单位法人代表的任期经济责任和年度财务收支、结余以及资产运作等情况进行审计。

对县级工会经费的审计监督 从2001年起，市总工会对县级工会开展"下审一级"的实务审计。是年，对海门市、启东市总工会2000年度经费收支、财务管理、送温暖基金和职工友爱互助储金进行实务审计，对崇川区、港闸区总工会经费收管用情况进行专题检查。2004年起，开展县(市)区工会经费预决算审计，实施"两年审一次，一次审两年"的做法。2014年起，进一步加大审计监督力度，对县(市)区总工会每年安排审计审查，督促工会经费规范使用。

对基层工会计拨经费的审查审计 1990年以来，市总工会经审会与财务部紧密配合，建立"审往年、促当年"的制度，加强对工会经费计拨审查工作。

1991年，根据全国总工会经审会《开展对工会经费计拨情况审查的意见》中对1988~1990年三年工会经费计拨情况进行全面审查的要求，市总工会及时转发文件，采取以各级工会经审组织审查为主、委托审计为辅的方式，推动计拨经费审查工作。经审查，基层单位欠拨工会经费108万元，当年整改入库市、县(市)总工会48万元。

1993~1994年，全市有82.13%的基层工会接受各级工会经审组织的审计审查。查出欠拨工会经费416.66万元，当年整改入库市、县(市)总工会87.23万元。

1996年，启东市总工会和审计局联合下发《关于对工会经费计提、拨交和上解进行审计的通知》，确保工会经费依法拨交。通州市总工会对所属11个镇工会1991~1996年工会经费收缴情况进行审查，召开镇分管书记和工会主席会议通报情况，制定经费收、管、用的"约法三章"。是年，全市65%的工会组织开展工会经费拨解情况自查活动，查出欠拨工会经费211.23万元，当年整改入库市、县(市)总工会109.7万元。

1999年，市、县(市)区经审会通过"以审促交""审当年、促往年""上审一年、下审一级"等形式，配合财务部门收缴欠缴的工会经费。查出欠拨工会经费366.69万元，当年整改入库市、县(市)总工会146.67万元。

2001年，各级工会经审组织查出欠拨工会经费441.23万元，当年整改入库市、县(市)总工会168.03万元。

2006年，共审查32个单位，查出欠拨工会经费61.37万元。

2007年，市、县两级工会通过"三查一补"等经费计拨审计工作，以审促交40%入库工会经费取得明显成效，当年整改入库市、县(市)总工会149.6万元。

2009~2014年，市总工会经审会每年抽查近40家单位，在审查工会经费计拨上缴的同时，对工会经费收支管理提出积极意见。

对基建项目、工会管理基金等的审计监督 1996年起，市、县(市)总工会经审会开展对基建、装璜工程项目审计。是年，如皋市对所属水上乐园、职工学校教学楼工程进行审计，分别核减5万元和8万元。海门市对海门三厂文化宫装璜工程进行审计，节约费用。1998年，海安县、如皋市两个基建项目经审计，核减金额29.93万元，核减率18.7%。2013年10月，市总工会首次采取委托社会中介机构的方式，对江苏省工人南通疗养院迁建工程开展工程财务决算审计，促进建设资金规范运作。定期对工会管理的尊老互助储金、职工友爱互助储金、送温暖基金等各类基金进行审计。2014 年起，为落实中央“八项规定”精神要求，加强对工会“三公经费”(因公出国(境)费、公务用车购置及运行费、公务接待费)的审计。

第四节　工会资产管理

工会资产管理主要是市总工会对工会本级资产及直属企业、事业单位资产的管理。

1998 年 3 月，市总工会建立企事业发展部，负责市总工会系统所属企事业单位的业务指导和管理、服务及举办第三产业及对外经济贸易、技术合作等工作。是年，市总工会根据省总工会统一部署，成立清产核资小组，下设办公室，全面开展历时三个多月的工会资产清产核资工作。经核查，确认工会资产总额为 9646 万元，其中：行政事业类 8917.60 万元，企业类 728.40 万元。

1999 年，市总工会制定《市总工会直属事业单位财务人员实行委派制、代理制和双重聘任制的暂行规定》。

2000 年 5 月起，市总工会对直属企事业单位财务人员实行委派制；对市退休职工管理委员会办公室等 5 个规模较小的单位实行会计代理制；对市工人业余大学等 3 个单位实行主管会计双重聘任制。对企事业单位的资金使用及管理、费用控制及报支、财产物资管理、结报账时间等作出具体规定，加强对直属企事业单位的资产管理。

2002 年 8 月，市总工会机构改革，撤销企事业发展部，其职能并入经费审查办公室。

2003 年，市总工会机关开展“清资金、清资产、清实体”工作。7 月，制定《市总工会投(融)资项目管理程序》，规定直属企事业单位凡基建规模 10 万元以上、购置设备 5 万元以上的固定资产投资重大项目，由市总工会财务部扎口管理，按规定的程序报经批准后实施，以保证工会资产投资安全。

2007 年起，市总工会实行事业单位考核管理办法，采用社会效益与经济效益相结合的办法进行考核，考核内容分为综合工作考核、经济工作考核，按合格、良好、优秀确定，制定奖惩办法。

2010 年 5 月，市总工会下发《市总工会直属事业单位资产监督管理暂行办法》，以防止资产流失，实现工会资产的保值增值。

2013 年 3 月，市总工会下发《关于开展市总工会及事业单位固定资产清查工作的通知》，对市总工会及直属事业单位的资产配置、监管、房地产管理、清查等作出规定。

第十一章　工会企事业

第一节　兴办工会企事业

南通市兴办工会企事业起步于20世纪80年代末，从一批外商投资企业开始。当初，为维护工会会员权益，早期的外商投资企业如南通苏桑皮革有限公司、南通长城拉链有限公司工会利用企业生产余料进行深度加工，既发展自身，又为主业服务，他们的经验在全省会议上作介绍。

1992年，市总工会认真贯彻中办发〔1992〕5号文件和全国工会企事业工作会议精神，大力发展工会企事业。9月，市总工会召开大力兴办工会企事业动员大会，动员全市各级工会兴办企事业。在南通市工会第九次代表大会工作报告中，市总工会提出“大力兴办和发展工会企事业是新时期工会的重要任务之一，各级工会一把手要亲自抓，分管领导重点抓，职能部门具体抓”。9月，市总工会与市工商局、市税务局联合下发《工会兴办经济实体和开展技协服务有关工商登记、税务管理问题的补充规定》和《关于退休职工管理委员会兴办经济实体若干问题的补充意见》。是年，全市注册兴办的工会企事业从年初20多家发展到376家，其中，市区159家。市总工会办直属企业2家，直属事业单位办企业25家。13家事业单位中，除女职工生养基金统筹管理委员会办公室外，均办了“三产”。是年，工会企事业年营业额达1000万元，利润100万元。

1993年，市总工会提出，一定要消灭空白产业，各系统要有三分之一以上的基层兴办“三产”。要把兴办“三产”的实绩作为考核的重要内容，作为评选先进、模范职工之家的先决条件。要实行目标分解，对超指标的给予奖励。市总工会下达全年全市工会企事业营销目标1.55亿元，利税1550万元。9月，市总工会制定《工会企事业工作奖励办法》。10月，制定《南通市工会企事业管理办法》，共七章三十二条。办法规定：工会兴办企事业要经市、县总工会批准后注册登记；工会企事业的财务工作纳入工会财务管理体系；管理体制上实行“分级管理，各司其职”，市总工会经济技术部是统一管理全市工会企事业的职能机构。同月，市总工会召开全市工会企事业工作经验交流会，10个单位介绍经验。南通油泵油嘴总厂工会兴办的通力工贸总公司年销售收入达1791万元。至年末，全市各级工会累计兴办企事业983家，其中，当年新办的占一半。资产总值2亿元，安排富余人员3400余人，年产值1.4亿元，利税629万元。其中，市总工会及直属事业单位兴办企业21家，市区各系统工会办企业15家。市总工会举办五期业务培训班，300余人接受培训。11月，在全省第二次企事业工作会议上，市总工会作题为“解放思想，扎实工作，努力推动工会企事业发展”的经验介绍。

1994年8月，市总工会下发《关于建立南通市工会企事业工作管理员队伍的通知》，向管理员颁发聘书。建立直属企事业统计员队伍，负责月报工作。全市经工商注册的工会企事业达1053家，注册资金2亿余元，累计营销总额达2.75亿元，利税总额2500万元，其中营销额100万元以上的企业达100家。全市工会企事业安排富余职工4000余人。

1995年6月，市总工会下发《关于在全市工会企事业中开展培植骨干企业，争创明星企业活动的意见》，要求各县(市)工会培植5~10个，市区各区、局(公司)工会培植3~5个骨干企业。8月，在全省第三次工会企事业工作会议上，市总工会作题为"强化管理，努力发展各具特色的工会企事业"的交流发言。是年，全市工商注册的工会企事业1053家，其中营销总额100万元以上的企业近百家，注册资金2亿多元，累计营销总额2亿元，利润4000万元。是年，市总工会直属企事业营销额达到6300万元，利润80万元。市总工会经济技术部被省总工会评为工会企事业工作先进单位，4家企业被省总工会授予工会明星企业称号。

1996年8月，市总工会表彰南通市工会企事业工作先进集体21个、工会明星企业10家。此后，随着市场经济的健康发展，工会企事业迅速萎缩，加上部分企业生产经营严重困难，依附于主业的工会"三产"举步维艰。是年末，全市工会企事业数下降为517家，营销额1.6亿元，利税总额859.4万元，安排职工3193人；市总工会及直属事业单位所办企业累计创利税220万元，上缴市总工会40余万元。工会所办的企业经济实力一般都不强，产业结构不合理，经济规模小，投资收益低。有些实体在租赁承包中，由于经济责任不明确，致使投资单位连遭损失，而且无法追究。

1997年，全市工会企事业营销额8301.76万元，利税总额362.38万元，安排职工1466人。

1998年3月，市总工会机关机构改革，设立企事业发展部，负责对全市工会企事业的指导和管理。4月，开展全市工会企事业状况调研，7月，形成调查报告。11月，下发《南通市总工会直属企事业管理办法》，共14条。至年末，全市257家(基层220家)工会组织兴办工会企事业257家，从业人员1578人(基层998人，下岗职工占76.4%)，资产总额达0.95亿元，年营销额1.13亿元(基层7244万元)，利税总额320.1万元(基层186万元)。3家单位被省总工会授予工会明星企事业荣誉称号。

1999年11月，市总工会召开事业单位改革理论研讨会，5篇论文获一等奖，9篇论文获二等奖。

2000年，通棉一厂工会办的大生制线厂营业收入达到2374万元，上交税金45万元，利润28.8万元，成为为数不多的营销额超千万元的工会"三产"。市职工消费合作社建立配送中心2个，基层分社140家，店铺122个，全年营销总额1550万元，利润100万元，参加消费职工2.82万人，让利给职工50万元。随着企业改制、兼并、破产的推进，工会企事业逐步减少，截至是年末，全市经工商登记的工会企事业还有183家。

市总工会直属事业单位大多建于新中国成立初期和20世纪80年代，如：市劳动人民文化宫、江苏省工人南通疗养院、市工人业余大学、南通国际海员俱乐部、市唐闸工人文化宫、市职工学校、市职工对外交流中心、市女职工生养基金统筹委员会办公室、市城西工人文化宫、市职工技协交流站、市总工会法律顾问处、市退休职工管理委员会办公室、市退休职工公寓等。20世纪90年代建立的事业单位有：《南通工人报》社、市总工会职业介绍所。截至 1997 年末,市总工会有直属企事业单位 16 家,其中企业 5 家,分别是南通市工程技术服务公司、南通纺织装饰品公司、南通天苑实业总公司、南通市职工旅行社、南通天鑫房地产开发公司,资产总额达 2539.98 万元,职工总数 357(含编制外 52)人。1999 年,组建南通市天辰文化发展有限公司。

第二节 直属企事业单位改革改制

随着经济体制和社会保障制度改革的深入,工会直属企事业单位的改革改制也摆上议事日程。根据市政府统筹安排,原由市总工会事业单位承担的部分行政职能,如女职工生养基金统筹、退休职工管理服务等,划归劳动保障部门。市总工会采取改制、合并、撤销、转让等方式,对部分直属企事业单位进行产权制度改革。

1988 年,市总工会在全国工会系统率先开展事业单位改革,对所属文化宫实行经营(风险)承包,后逐步扩大到其他直属企事业单位。对企事业单位的年度经营收入、资产增值、盈利指标、上交管理费和资产占用费均纳入承包合同考核。结合机构改革,理顺管理体制,实行政事分开;下放人、财、物管理权和经营权,扩大事业单位自主权;改革对事业单位管理方式,由直接管理变为间接管理,通过签订承包责任书建立经济契约关系。

1990 年,市、县文化宫和海员俱乐部第一轮承包任务圆满完成。通过改革,这些单位为党的中心工作、工会建设以及为基层和职工群众服务的意识、能力进一步增强。南通市工会文化事业改革以及城西文化宫为基层和职工服务的两份经验材料被省总工会推荐参加第五次全国工会文化宫、俱乐部工作会议交流。

1991 年,市总工会对所属文化宫实行第二轮承包,签订任期目标责任书。在继续实行主任负责制的同时,进一步加强党支部建设和职工民主管理。是年,表彰工会文化事业单位改革先进单位 6 家。市文化宫和城西文化宫进入全国先进行列。

1997 年 1 月,市总工会直属单位市职工学校并入市工人业余大学,实行一套班子、两块牌子运作,维持原经费渠道、建制级别不变。

1998 年 5 月,市总工会下发《工会事业单位实行工资总额与经济效益、社会效益挂钩工作的意见》,对自收自支和差额补助的事业单位实行工效挂钩。6 月,市城西文化宫并入市文化宫。

1999 年 1 月,南通纺织装饰品公司改制,工会资本退出,出售给原法人代表。

2000 年 4 月,市女职工生养基金统筹管理委员会办公室成建制转入市劳动局管理。各直属企事业单位加强内部改革与管理,如唐闸文化宫将全宫工作分成 7 块,定额包干;疗养院改革分配方式,月初只发基本工资,月末根据盈利情况发放浮动工资等。是年,市总工会对直属事业单位实行会计代理制和双重聘任制。

2001 年 2 月,《江苏工人报》以"班子、体制、机制三管齐下,南通市总工会直属单位二轮改革见成效"为题作了报道。

2002~2003 年,市总工会大力推进直属企业改制,事业单位所办企业均由主办单位负责改制清理。2002 年 6 月,南通国际海员俱乐部对下属单位——南通国际海员俱乐部有限责任公司进行改制，11 名职工均以买断工龄的方式与原公司解除劳动合同，共支付经济补偿金等近 20 万元。市总工会直接指导南通天苑实业总公司、南通市职工旅行社、南通天鑫房地产开发公司、市文化宫服务中心 4 家企业的改制，改制方式主要为产权转让、企业注销等；职工解除劳动关系，按规定给予经济补偿；先后分流职工 78 人，支付改制成本 226 万元。2002 年 7 月，经市总工会同意，市工人业余大学将原职工学校港闸分校出让给唐闸中学。

2003 年 5 月，市退休职工管理委员会办公室成建制划入市劳动局退休职工保障服务中心。

截至 2014 年末，市总工会有直属事业单位 6 家，事业编制在职职工 93 人。

第三节 关停并转的直属企事业单位

1998~2006 年，市总工会先后注销、合并、改制、转出直属企事业单位 17 家。

南通市总工会法律顾问处 1985 年 1 月，市总工会建立法律顾问委员会。是年，市编委批准建立市总工会法律顾问处，为全民事业单位，核定编制 3 名，1987 年增至 5 名。主要职能是对职工开展法制宣传教育，提供法律咨询和信访接待、劳动争议调处等。市总工会法律顾问处在城区、唐闸和天生港三地设立 3 个职工法律咨询组，共有 50 名工作人员每周定时、定点为职工提供服务。1991 年 12 月，市总工会设立权益保障办公室，工会法律工作并入该部门。1998 年 3 月，市总工会机关机构改革，单独设立法律工作部，法律顾问处撤销。

南通市总工会法律顾问处主任及任期

主　任　吕荣倬　1990 年 1 月~1990 年 9 月

南通市女职工生养基金统筹管理委员会办公室 1988 年 7 月，市政府下发《南通市全民、大集体企业女职工生养基金统筹暂行办法》。为收取、管理女职工生养基金，市编委批准成立市女职工生养基金统筹管理委员会办公室，核定编制 4 名，为全民事业单位。截至 1992 年，市区参加统筹职工 16.72 万人，占 98%，收取基金 1136.86 万元，支付补偿金 880.92 万元。截至 1993 年 6 月，市区女职工生养基金已对 1.8 万名计划内生育的女职工所在企业进行补偿。

1999 年，市政府下发《南通市市区城镇企业职工生育保险办法》，从 2000 年 4 月 1 日起施行。《南通市全民、大集体企业女职工生养基金统筹暂行办法》废止。2000 年 4 月，市女职工生养基金统筹管理委员会办公室成建制转入市劳动局管理。6 月，市编委下发《关于调整南通市女职工生养管理基金统筹管理委员会办公室管理体制的通知》。截至 2000 年 4 月，市女职工生养基金统筹收入 2648.27 万元，补偿支出 1977.38 万元，结余 670.89 万元。

南通市女职工生养基金统筹管理委员会办公室主任、副主任及任期

主　任	程佩芬(兼)	1990年1月~1998年3月
	朱淑娟(兼)	1998年4月~1999年6月
	戴　芸	1999年6月~2000年3月
副主任	徐爱云	1991年12月~2000年3月
	戴　芸	1998年3月~1999年6月

南通市职工学校　1982年12月,经市政府批准,市总工会将唐闸、城东、城南、城西、天生港5所职工联校合并为市职工学校。1983年,南通地市合并后,南通地区直属单位工会职工学校并入市职工学校,下设港闸分校和城东、城西3个教学点。1986和1987年,城西、城东教学点相继撤销。市职工学校有在编教职工20人,兼职教师70人。开设语文、数学、机械基础、理化等课程。1994年9月,市职工学校被全国总工会评为全国工会先进办学单位。1997年1月,根据市总工会决定,市职工学校并入市工人业余大学,实行一套班子、两块牌子运作,维持原经费渠道、建制级别不变。

2002年7月,经市总工会同意,市工人业余大学将原市职工学校港闸分校出让给唐闸中学。分校占地面积1631平方米,建筑面积1103平方米,另有传达室等简易房191平方米,总计1294平方米,出让价150万元。

南通市职工学校校长、副校长、党支部副书记及任期

校　　长	陆伯明(兼)	1990年1月~1996年1月
副 校 长	邱　耘	1990年1月~1992年3月
	林汝复	1990年1月~1995年3月
	周杏如	1993年2月~1997年1月
党支部副书记	朱荣珍	1990年1月~1993年2月
	宋　玲	1993年2月~1997年1月

南通市城西工人文化宫　1981年,市总工会与市人民防空办公室合作,利用城西端平桥畔的地下防空场所建成市城西工人文化宫(以下简称“城西宫”),总面积3243平方米,1982年元旦对外开放。市委、市政府将兴建城西宫列为1982年为民办的十件好事之一。城西宫为全民事业单位,编制29名。城西宫为丰富和活跃市区特别是城西地区职工的文化娱乐生活做出一定贡献。1990年,投资26.4万元(省总工会15万元,市总工会10万元,城西宫1.4万元)扩建城西宫660平方米。1991年,城西宫被市委、市政府命名为“百面红旗”单位。1993年2月,市政府决定拆除城西宫部分办公、活动、营业用房(占地面积350平方米),其面积在原址拟建的1、2号配套用房中安置400平方米以上。2月26日,副市长葛忠康、李炎召集市总工会、市计委、市人防办等部门专题会商,市政府办公室下发《会议纪要》。1998年6月,经市总工会研究决定,城西宫并入市文化宫。经评估,合并时城西宫资产总额为239万元。

南通市城西工人文化宫主任、副主任、党支部书记、副书记及任期

主任	阚素琴	1990年1月~1991年6月
	周呈祥	1991年6月~1998年3月
副主任	陈济华	1994年12月~1996年1月
党支部书记	阚素琴	1990年1月~1991年6月(代理)
	成国栋	1991年6月~1992年10月
党支部副书记	张台元	1992年11月~1998年6月

南通市退休职工管理委员会办公室 1984年4月,南通市召开市区第一届退休职工代表会议,会上建立由51人组成的市区(后改为市)退休职工管理委员会(以下简称"市退委会"),市政府秘书长徐虎兼任市退委会主任。市退委会为政群合一的组织,下设办公室(以下简称"市退管办")。5月,市编委批准市退管办建立,核定编制5名,为全民事业单位。1989年6月、1999年10月,市退委会两次换届,副市长陈华汝、马汉坤、宋家新先后兼任市退委会主任。

市退管办在市区建立产业(系统)退管组织(小组)387个,在10个街道建立退休职工活动室85个;在企业建立退休职工管理委员会221个、退休职工管理小组、分会218个;有专、兼职退休职工管理干部846人。根据有关文件规定,市、县一级退休职工管理服务工作经费,本级财政按参加社会保险退休职工每人每年6元提取。

1985年,南通市在全国率先建立"尊老互助储金会"(以下简称"储金会")。根据储金会章程规定,职工为父母或其他直系长者每年存储10元,存储20年期满,可一次性领取本息400元。如老人中途去世,可领取本金和利息(按年息5%计算)。市、县储金会累计吸收会员17.1万人(市级8.7万人),资金总额达934万元,累计互助5.2万人,金额404.4万元。储金会的创办,得到全国总工会的肯定,被列入《全国退休职工百科大全》。市储金会于1998年11月停办,向会员退还储金。截至2003年5月,尚有339名会员的4.08万元储金未退还。此后,由市总工会财务部负责清退。

二十多年来,市退管办加强对退休人员的政治思想教育;深入调查研究,及时了解退休人员的要求;开展各项适合老年人的文化娱乐活动;做好信访接待处理工作,慰问困难退休人员。1995年,市退管办被全国总工会保障工作部、劳动部保险事业管理司、中国老年报社评为全国模范退管会。1998年10月,市退管办组织退休职工200余人分两批包机赴北京旅游。在游览长城时,接受中央电视台记者采访,并在央视一套《新闻联播》节目中播出。是年,市退管办被市政府授予老龄工作奉献奖。1999年起,市退管办组织"银发再聚首,九九京桂游"活动,在全市产生广泛影响。2001年,市退管办为128位孤寡老人安装呼救对讲机,中央电视台作了报道。

2003年5月,市退管办成建制划入市劳动局退休职工保障服务中心。

南通市退休职工管理委员会主任、副主任名单

第二届(1989 年 6 月~1999 年 10 月)

主　　任　陈华汝(兼)
　　　　　马汉坤(兼)
名誉主任　徐　蔚
副 主 任　程佩芬　羌步蟾　何宗林　陆桂山　倪锦华　程达人　孙　术
　　　　　李　峰　陈佩兰

第三届(1999 年 10 月~)

主　　任　宋家新(兼)
副 主 任　江治学　朱淑娟　王兆祥　陆善平　尤来宗　唐金和　严德军
　　　　　郭光民　李雪峰　李　峻

南通市退休职工管理委员会办公室主任、副主任及任期

主　　任　王苏敏　1999 年 4 月~2003 年 5 月
副 主 任　王秀英　1990 年 1 月~1990 年 6 月
　　　　　王苏敏　1991 年 7 月~1999 年 3 月
　　　　　曹　阳　2002 年 8 月~2003 年 5 月

南通市职工技术协作交流站　市职工技术协作交流站建于 1983 年,为全民事业单位,核定编制 6 名,1987 年增至 8 名。市职工技术协作交流站作为工会组织、指导和开展技术协作活动的专门机构和阵地,主要职责为发展基层组织、壮大技协队伍;开展技术培训、技术推广、技术咨询和技术攻关活动;兴办实体,开展技术贸易,壮大技协实力;实施技协工程,推进技术创新。曾拥有热处理、防腐技术、模具、焊接等十余个专业交流队。有偿服务年营业额高达数千万元。曾获国家科委金桥奖、全国技协先进单位等荣誉。根据市政府对事业单位改制的要求,市职工技术协作交流站于 2006 年 6 月注销,其职能、业务并入市总工会职工技术协作办公室。

南通市职工技术协作交流站站长、副站长及任期

站　　长　戴焕林　1990 年 1 月~1998 年 4 月
　　　　　陈德循　2003 年 4 月~2005 年 12 月
副 站 长　陶国柱　1990 年 1 月~1991 年 12 月
　　　　　曹　阳　1998 年 4 月~2003 年 4 月(2001 年 3 月起主持工作)
　　　　　徐国芬　2003 年 4 月~2005 年 12 月

南通市职工物价监督总站　市职工物价监督总站作为市总工会虚设部门,建于1987 年,全市共有县级总站 17 个,监督分站(组)25 个,监督检查小组 175 个,职工物价监督员 1003 人。1995 年 5 月,市职工物价监督总站职能划归市总工会权益保障办公室。全市职工物价监督组织累计参加市场检查 7.67 万人次,检查单位(店)9.58 万次,检查商品 33.36 万笔，上缴财政罚没款 34.6 万元，退还消费者 2.28 万元。1996 年起，此项工作基本停止。

南通市职工物价监督总站站长、副站长及任期

站　　长	张祖珉(兼)	1990 年 1 月~1992 年 10 月
副 站 长	邵建祥	1990 年 1 月~1992 年 10 月
	陈文祥	1990 年 1 月~1995 年 5 月

南通工人报社　1992 年 4 月，市总工会申请创办机关报《南通工人报》，获得省新闻出版局批准。同时，市总工会向市编委会申请设立南通工人报社获得批准，核定编制 14 名，为全民事业单位。由于该报未能申请到公开刊号，1999 年 10 月，根据中央关于报刊整顿的精神，市编委撤销南通工人报社及编制。

《南通工人报》共出版 413 期，刊登各类稿件近 3 万篇(幅)。

《南通工人》报社主编、副主编及任期

主　　编	陈心万(兼)	1992 年 5 月~1997 年 5 月
	鲍冬和	1997 年 5 月~1999 年 10 月
副 主 编	束志生	1992 年 5 月~1997 年 8 月
	鲍冬和	1992 年 5 月~1997 年 5 月

南通市总工会职业介绍所　为帮助下岗失业职工再就业，1996 年，市总工会申请建立职业介绍所(以下简称“职介所”)。1997 年 3 月，市编委批复同意，核定编制 4 名(未使用)，为全民事业单位。建所初期，市总工会依托市工人业余大学，实行培训、介绍一条龙服务。后由于该校基建改造、教学招生计划调整等原因，职业介绍工作未能正常开展。1998 年 6 月，市总工会将职介所收回，由生活保障部负责。至 2000 年上半年，职介所求职登记 840 人，介绍成功 271 人。是年 5 月，职介所与南通百帮服务公司合作，聘请该公司郁斌担任职介所负责人。2001 年，因濠南路拓宽，职介所营业用房被拆除。2002 年 6 月，市总工会与百帮服务公司终止合作。是年末，职介所注销。

南通市总工会职业介绍所主任及任期

主　　任	朱建新	1998 年 5 月~2002 年 9 月
	钱兴如	2002 年 10 月~2002 年 12 月

南通市对外经济律师事务所工会分所　1993 年 2 月，为维护企业和职工合法权益，促进经济建设，经市司法局、市总工会同意，由市对外经济律师事务所和市总工会权益保障办公室联合设立市对外经济律师事务所工会分所(以下简称“分所”)，双方签订协议。分所在册人员 7 人，其中专职律师 2 人，兼职律师 5 人，另聘用兼职会计 1 人。分所工作宗旨是以提供职工法律咨询和调处劳动争议为重点，把履行律师职责和工会代表维护职工合法权益的社会职能有机结合起来。1994~1997 年，分所接待职工法律

咨询1200余起，调处劳动争议260起，担任6家单位常年法律顾问，办理各类案件32件，代理劳动争议仲裁案件62件，取得一定的经济效益和良好的社会效益。1998年3月，市总工会机构改革，不再设权益保障办公室。5月，分所停业。

南通市对外经济律师事务所工会分所主任、副主任及任期

主　任	朱淑娟	1993年8月~1998年5月
副主任	冒　烽	1993年8月~1998年5月

南通市天辰文化发展有限公司（市劳动人民文化宫扩建工程） 1991年1月，戈雪芬、曹冠祥等十名南通市人大代表在市九届人大四次会议上提出"关于将规划、扩建市劳动人民文化宫（以下简称"市文化宫"）列入'八五'规划的建议"，要求将西濠小学南侧8000平方米土地划拨给市文化宫用于扩建职工文化阵地。

1992年11月，市文化宫向市领导呈送"关于扩建文化宫的报告"。

1993年2月，市总工会向市政府报送《关于扩建文化宫有关问题的请示》。同月，市长徐燕主持召开专门会议，研究确定扩建市文化宫。市政府办公室印发《关于文化宫扩建问题的会议纪要》，明确：文化宫以北6000平方米无偿划拨给市总工会；建筑层次15~18层；市总工会单独开发，拆迁可委托开发公司；资金多渠道筹集；青年宫搬迁；市政府牵头人为李炎。设定项目总建筑面积2万平方米，造价4800万元，并列入《南通市国民经济和社会发展第八个五年计划》。市委将该工程列入全市精神文明建设重点项目。市政府将该工程列入政府为民办实事项目。3月，市政府办公室下发《关于建立文化宫扩建工程领导小组的通知》，副市长李炎任组长，市城乡建委副主任李相基和市总工会主席戈雪芬任副组长。领导小组下设办公室，市总工会副主席陈心万兼任办公室主任。市总工会建立文化宫扩建工程（以下简称"工程"）领导小组，下设基建办公室和宣传、拆迁、现场管理、资金筹集、材料5个小组。随后，根据市规划局的方案设计要点，征集设计方案。12月，经相关单位领导和专家对设计方案评审，确定使用江苏省建筑设计研究院的方案。同月，市计委批准工程项目立项，同意在文化宫原址北侧扩建1.9万平方米以文化艺术培训为主要功能的活动用房，同时配建地下人防工程2800平方米。明确资金来源主要是上级工会拨款、社会各界捐资及政府的优惠政策和补助。

1994年4月，市长徐燕主持召开工程有关问题协调会，着重就工程与环城西路拓宽规划方面的问题进行协调，印发《会议纪要》。市国土规划局划出用地红线，同意拨用国有土地11.89亩。8月，市总工会委托市房地产开发公司对规划红线内的房屋进行拆迁，拆迁总面积5600平方米。

1995年5月，市总工会副主席袁承璋接替陈心万主持文化宫扩建办公室工作。11月，市建委主持对工程初步设计进行会审，下发批复，开始施工图设计。年底完成101户居民拆迁安置工作。

1996年4月，工程奠基。市领导杨任远、秦兆桢、黄冰、陆文照、宋家新、曹能新、施景铃、葛忠康、李炎，全国劳模崔家龙、李庚南、茅健等参加奠基仪式，省总工会发来贺电。5月，通过公开招标，确定工程监理单位为南通建设监理公司；桩基工程由通州基础工程公司中标;土建工程由南通第六建筑工程公司中标;安装工程施工单位为南通第二建筑工程公司。6月,工程基础施工开钻。

1997年3月,开始土建施工。7月,市领导王德忠、李炎就市文化宫扩建工程涉及市青年宫拆迁等问题进行协调,市委、市政府“两办”下发《会议纪要》。至年末,土建工程施工至16层。

1998年3月,因工程资金困难,施工暂时停止。9月,市总工会决定不做内部装修,集中财力把工程主体完成,工程恢复施工。

1999年1月,工程主体结构封顶。春节后,工程再次因资金问题,内部施工基本停止。10月,因地面停车场太小,市总工会向市政府申请在大楼北侧追加停车场用地1500平方米。

为便于工程进行市场化运作,1999年,市总工会着手组建南通天辰文化发展有限公司(以下简称“天辰公司”)。天辰公司由市总工会、南通港务局工会、崇川区第三产业资产管理办公室及若干个自然人组成。11月,天辰公司召开公司股东会议,通过公司章程,选举陈心万、钱祥圣等5名董事,一致通过陈心万任董事长(法人代表,经市委组织部批准),聘请姜剑国为总经理。2000年1月,公司注册成功,注册资本4000万元(市总工会以工程作价3960万元,占公司股本的99%;其他单位共同出资40万元,占公司股本的1%,其中:崇川区第三产业资产管理办公室、南通港务局工会、南通醋酸纤维有限公司工会各出资10万元,南通天鑫房地产开发有限公司和自然人雍俐各出资5万元。雍俐当时为招商人,5万元实际由市总工会出资,以借款形式体现,并约定若招商不成功,则此5万元股权自动为市总工会所有)。随后,市总工会将工程在建的大楼移交给天辰公司,委托市房产评估所对工程现值进行评估,最终评估结果为:房屋建筑面积33467.00平方米,土地使用权面积7926.71平方米,房地产现值人民币7972.84万元整(评估基准日2001年1月31日)。2月,工程由于资金缺口较大而停工。同月,市总工会召开市总工会老领导和中层干部会议,通报有关情况,听取与会人员对工程转让问题的意见。同月,市计委同意扩建停车场,划拨停车场建设用地1315平方米,随后红线内西濠小学附近23户居民拆迁安置。下半年,经市政府多次协调,市青年宫搬迁。

2001年起,工程全面停工。

截至2002年5月,工程合计筹资4608.60万元。其中:全国总工会拨款2500万元;全国总工会拨入款委托银行放贷收益900万元;省总工会借款200万元;全国总工会借款100万元;全国总工会补助30万元;省总工会补助95.50万元;市政府拨款300万元;吸收外单位及个人投资40万元(组建公司);市总工会经费443.10万元。已完成工程量约为6481.02万元,实际支出4417.84万元,税费减免228.59万元,欠款1834.59万元。工程投资总额达5647.90万元。

在市政府、市经委和崇川区、港闸区、经济技术开发区招商局的支持下,市总工会就工程招商引资及合作、转让问题先后与国内外61家单位洽谈。

2003年3月,市政府将工程纳入年度城建招商项目,并起名“濠滨景观大厦”。经市政府有关领导牵线,市总工会与受让方多次洽谈,5月,天辰公司与南通综艺投资有限公司(以下简称“综艺公司”)签订“南通市职工文化艺术培训中心(濠滨景观大厦)在建工程产权转让合同”，市总工会主席陈心万和综艺公司总经理昝圣达在合同上签字，约定转让价7800万元（含土地出让金、配套费等1600万元）。综艺公司先付定金200万元；合同签订38天内付款3200万元（市总工会、市政府各1600万元）；合同签订80天内，除质量保证金300万元外，余款全部到账。合同注明：占地面积为市规划局划定的土地红线6669.86平方米；建筑面积中，合同房屋的设计面积为3.32万平方米，房屋总高度为114.3米，主楼26层，其中包括裙楼5层，地下室1层。副市长蓝绍敏出席签字仪式，市财政局对合同进行鉴证。由市总工会注册的天辰公司也一并转让给综艺公司。

转让合同签订后，综艺公司因流动资金不足，未能如期支付余款，市总工会组织有关人员先后数十次与综艺公司协商，逐步收回欠款。2006年10月，综艺公司向省运会职工部赞助30万元。2007年初，市总工会利用综艺公司部分出售酒店公寓房的契机，将余款全部收回，至此，市总工会溢价收回全部投资。崇川区第三产业资产管理办公室、南通港务局工会、南通醋酸纤维有限公司工会及南通天鑫房地产开发有限公司的股金均退还。

南通市天辰文化发展有限公司董事长、总经理、副总经理及任期

董事长	陈心万(兼)	2000年1月~2003年5月
总经理	姜剑国	2000年1月~2003年5月
副总经理	钱祥圣(兼)	2000年1月~2003年5月
	缪佑申	2000年4月~2003年5月

南通纺织装饰品公司 1992年2月，由市总工会投资建立南通纺织装饰品公司（以下简称“纺织公司”），注册资本50万元，为全民所有制企业。主要生产经营旅游宾馆、酒店用的窗帘、毛巾、床上用品等纺织装饰品。市总工会共向纺织公司投入50万元，借款40万元。

1994年，纺织公司自行设计的专利产品—各式窗帘布销往全国20个省500家星级宾馆，纺织公司成为中国旅游饭店协会会员单位。1995年8月，获江苏省工会明星企业称号。截至年末，资产总额93.7万元，累计向市总工会上缴26万元。

1996年起，纺织公司经济效益下滑。截至1998年6月，总资产252万元，总负债191.75万元。1998年7月，市总工会对纺织公司进行清产核资。

市总工会于1998年12月向市体改办提交《关于南通纺织装饰品公司实行出售改制的报告》，获得批准。1999年1月，纺织公司召开职工大会，经表决，一致同意将纺织公司产权整体转让给法人代表汪慰曾所有。经资产评估并由市国有资产管理局确认，纺织公司总资产266.93万元，总负债217.9万元，市总工会同意以50万元将纺织公司产权整体出售转让给汪慰曾，由汪慰曾承担公司原有全部债务（含欠市总工会40万元及利息10万元）。市总工会主席陈心万与汪慰曾签订“关于转让南通纺织装饰品公司产权的协议书”，汪慰曾首期付款60万元，余款40万元，用三套有效房产证抵押，并进行公证，办理“产权交易成交确认书”。同时理顺公司人事关系，干部转市人才交流中心托管，工人转市劳动局托管。

南通纺织装饰品公司总经理、副总经理及任期

总 经 理	汪慰曾	1992 年 5 月~1999 年 1 月
副总经理	金　鑫	1993 年 10 月~1999 年 1 月

南通市工程技术服务公司　1987 年，在市退休职工公寓以下简称“公寓”筹建过程中，市退休职工管理委员会(以下简称“市退管会”)为解决公寓建成后经费开支难的问题，与市老龄委、上海交通大学南洋技术开发公司(后更名为船舶技术公司，以下简称“上海交大”)共同投资 13 万元〔市老龄委 8 万元，市退管会 3 万元(公寓集资款)，上海交大 2 万元〕，建立市工程技术服务公司(以下简称“工程公司”)。工程公司为全民所有制企业，挂靠市经济技术协作委员会(以下简称“市协作委”)，主要业务是为沿海地区造船厂提供技术服务。

从开办至 1992 年的五年中，公司营业额达 630 万元，并解决数百人的就业问题。1989 年全面清理整顿公司期间，根据有关规定，市老龄委退出公司，并与公司进行结算，公司支付 5000 元红利，其投资款 8 万元转为市退管会借款。至此，市退管会投资额增加至 11 万元，加上上海交大增加投资 7 万元，公司总投资为 20 万元。1991 年 11 月，市协作委建议由主要投资单位市总工会管理公司。1992 年 6 月，上海交大发文，同意市协作委意见。工程公司董事会向市总工会提交书面报告称，由于公司的上级主管部门未能落实管理职能，要求调整市总工会为公司主管部门。同月，市总工会党组研究同意管理工程公司。

2000 年，市总工会退出工程公司，上海交大将交通银行未流通法人股股权 423045 股转给市总工会，作为返还市总工会对公司投资。2005 年 3 月，市总工会将上述股权按每股 1 元的价格转让给市退休职工公寓。

南通市工程技术服务公司董事长、副董事长、总经理、副总经理、党支部书记及任期

董 事 长	吴士江	1990 年 1 月~2000 年 3 月
常务副董事长	徐　蔚(兼)	1992 年 6 月~2000 年 3 月
副 董 事 长	吴士江	1990 年 1 月~1992 年 6 月
	程佩芬(兼)	1992 年 6 月~2000 年 3 月
总 经 理	丁志成	1990 年 1 月~1992 年 6 月
	孙林祥	1992 年 9 月~2000 年 3 月
副 总 经 理	陈基础	1990 年 1 月~1992 年 6 月
党支部书记	葛志尧	1992 年 10 月~1994 年 7 月

南通市职工旅行社　1992 年 9 月，江苏省旅游局批复同意，市总工会在市工商局登记建立市职工旅行社(以下简称“旅行社”)，注册资金 9 万元，为集体所有制旅游服务企业。经营范围主要是为职工疗休养提供配套服务，为全市及国内旅游者提供优良的旅游服务。1995 年起，旅行社由市东苑实业总公司管理。

旅行社利用工会组织网络优势，大力开发旅游市场，扩大客源，增加服务项目，“九五”期间，组织国内游客2.69万人次，完成营业收入1009万元，营业收入位列全市同行业之首。1998年，成为全市旅游业唯一的文明窗口示范点。

2001年，旅行社总收入310万元。

2002年，市总工会根据市政府有关企业改制的要求，决定采取人资分离形式，对旅行社改制出售。首先分流8名职工，按规定给予经济补偿；然后再实施企业产权转让，按原企业职工、企业外部人员顺序，鼓励按市有关政策购买旅行社，组建新的企业。新企业吸纳原企业职工，市总工会按每安置1名职工奖励0.4万元的标准，给予改制后的旅行社扶持奖励。凡自谋职业的职工，市总工会奖励0.5万元。4月，经旅行社职工大会表决，一致通过改制方案。旅行社向市总工会提交改制申请，市总工会批复同意。改制成本14.3万元，由市总工会先行支付。经南通升华联合会计师事务所对旅行社进行资产评估，确定资产总额52.48万元，净资产23.45万元。

市总工会根据旅行社职工要求，决定采取公平竞拍方式出售旅行社资产。确定竞拍底价为5万元，旅行社职工秦菊红和戴蔚报名参加竞拍。市总工会邀请南通市拍卖行主持竞拍，4月，旅行社原法人代表戴蔚以19.9万元中标。市总工会副主席钱祥圣与购买人戴蔚签订“南通市职工旅行社产权出售合同书”。

南通市职工旅行社经理、副经理及任期

经　理	吴　炜(兼)	1994年9月~1999年4月
总经理	戴　蔚	2000年4月~2002年6月
副经理	徐文祥	1992年9月~1993年3月
	张尔浬	1993年3月~1994年9月
副总经理	余培泉	1999年4月~2000年4月
	戴　蔚	1999年4月~2000年4月
	葛浦华	1999年4月~2000年4月

南通天苑(东苑)实业总公司(含市职工消费合作总社)　1985年1月，市总工会注册市职工技术协作服务公司，经营业务以技术服务、技术协作为主。1992年，更名为南通市东苑实业总公司(以下简称“东苑公司”)。1993年7月，市总工会申请注册东苑公司，注册资金32.8万元，为集体所有制企业，主营纺织原辅材料、装潢材料、五金交电、日用百货等。是年，对原有的咖啡厅进行装潢，新建“再回首”礼品中心和模具公司。1994年，增加酒店、广告、装潢等经营项目。1995年，又增加文印、职工旅行社、租赁等服务内容。8月，东苑公司获江苏省工会明星企业称号。1996年6月，东苑公司更名为南通天苑实业总公司。

1997年11月，市总工会建立市职工消费合作总社，注册资金80万元，为全民所有制企业。经营方式为批发零售、信息服务、代购代销。法人代表由天苑公司法人代表担任。截至2000年4月，全市建职工消费合作社3个，基层分社140个，入社职工13.4万人。市职工消费合作总社生活物资配送中心供货品种130个，销售额达1656万元，职工获利150万元。

2002年,因市政工程建设(濠南路拓宽)需要,天苑公司营业用房730平方米全部拆除。

2002年6月,市总工会决定按通政发〔2000〕119号文件要求,对天苑公司27名在职职工实行人资分离,按规定给予经济补偿。凡自谋职业的职工,市总工会奖励0.5万元。经职工大会表决,一致通过改制方案。改制费用119万元,市财政局借款100万元,其余由市总工会支付。鉴于天苑公司已资不抵债(债务29万元,债权6.46万元),市总工会决定将天苑公司和市职工消费合作总社,以零资产出售给原法人代表余培泉。

南通天苑(东苑)实业总公司总经理、副总经理、党支部副书记及任期

总经理	吴炜	1993年3月~1999年4月
	余培泉	2000年4月~2002年8月
副总经理	余培泉	1999年4月~2000年4月
	戴蔚	1999年4月~2000年4月
	葛浦华	1999年4月~2002年6月
党支部副书记	吴炜	1993年7月~1999年4月
	余培泉	1999年4月~2002年6月

南通市审计师事务所工会分所 1992年,全市工会兴办的"三产"逐渐增多。为加强宏观控制,保证工会兴办的企事业健康发展,逐步实现审计工作的经常化、制度化和规范化,市总工会于1993年1月建立市审计师事务所工会分所。其经济性质为全民事业单位。审计范围除工会办的企事业单位外,还接受市总工会委托对工会经费上解和收管用的审计以及受市审计局委托的其他审计事项。1998年11月,市审计师事务所工会分所停业。

南通市审计师事务所工会分所所长及任期

所长	刘波	1993年1月~1998年11月

南通市天鑫房地产开发贸易公司(南通市职工住房合作社,以下简称"天鑫公司")天鑫公司成立于1993年8月,由市总工会投资,注册资金800万元,为全民所有制企业。同时建立职工住房合作社,合作社有团体会员1个,个人会员134人。

1993年7月,市总工会征用崇川区钟秀乡城东村十组土地2.95亩,由天鑫公司代建文峰路17号附1号职工宿舍楼1幢,建筑面积3136.8平方米。9月,市总工会在同一地块征用土地3.9亩。1996年,由天鑫公司开发建设文峰路17号附2号综合楼1幢,建筑面积4864平方米。造价646.9万元。是年,天鑫公司为市工人业余大学代建1幢四层教学楼,建筑面积2551.19平方米。此后,天鑫公司在原无线电器材厂厂区建天鑫苑住宅小区5幢,共1.6万平方米,其中,3640平方米为天鑫公司单独开发。2001年,天鑫公司与南通三喜置业有限责任公司合作,在市工农路55号附1号建1.58万平方米(其中天鑫公司4749.15平方米)商办楼1幢。2003年8月,与广州市丰纪源实业有限公司联合开发河南省焦作市"锦祥花园"一期工程。20余年间,天鑫公司累计开发房屋建筑面积

4.2万平方米。

2003年5月，市总工会购买位于工农路55号附1号天鑫大厦三楼的三间办公用房(301、302、303室，建筑面积为526.36平方米)，购买价格为每平方米2535元，公共部位维修基金每平方米45元，合计价款135.8万元。

经南通爱德信会计师事务所有限公司审计评估，截至2003年9月30日(评估基准日)，天鑫公司本部资产总额评估值3875.41万元，负债总额2942.83万元，净资产评估值932.58万元；截至2004年2月29日(评估基准日)，天鑫公司焦作项目部资产总额评估值10180.42万元，负债总额评估值9907.94万元，净资产评估值272.48万元。按协议约定，天鑫公司按39.34%获净利润为107.19万元；经延伸审计，天鑫公司2003年10月至2004年11月8日期间损益为-99.83万元。天鑫公司净资产合计为939.94万元。

2004年6月，经市体改办论证和市总工会党组(扩大)会研究决定，天鑫公司中公有资本退出70%，计657.96万元，向公司经营层转让。7月，天鑫公司召开全体职工大会，经无记名投票，一致同意改制方案。按市政府通政办发〔2003〕88号文件，对9名职工实行身份置换，支付经济补偿金8.89万元。12月，市总工会主席陈心万与天鑫公司法人代表陈济华签订“产权转让协议书”，产权交割时陈济华交560万元，欠款97.96万元。

2009年3月，天鑫公司召开股东会议，通过市总工会再退出30%股权的议案。4月，市总工会将天鑫公司30%的股份转让给陈济华，计价240万元；天鑫公司另补偿市总工会5万元。至此，市总工会在天鑫房地产开发公司的股权全部退出，全部转让给原法人代表陈济华。

2011年12月，天鑫公司付清所欠市总工会欠款269.03万元。

2012年5月，鉴于天鑫公司付清欠款，市总工会决定按2009年“股份转让协议”约定，将天鑫大厦的三间办公房(301、302、303室，建筑面积为526.36平方米，有产权手续)及所附地下室9个汽车位(无产权手续，按2009年状况)转让给乙方，转让价格275万元。7月，天鑫公司订立还款计划。截至2014年末，天鑫公司尚欠市总工会房款234万元，上述房产的产权未转让。

南通市天鑫房地产开发贸易公司总经理、副总经理及任期

总经理	王霞春	1993年8月~1996年1月
	袁承璋(兼)	1996年1月~1998年8月
	陈济华	2000年4月~2004年11月
副总经理	陈济华	1996年1月~1998年8月(1996年7月起为法人代表)
	张青青	1997年6月~2004年11月

第十二章 工会对外交流

市总工会高举和平、发展、合作、共赢、工人权益的旗帜，坚持“独立自主、互相尊重、求同存异、加强合作、增进友谊”的对外工作方针，广泛开展与其他国家、地区工会之间的交流交往合作。多次参加并成功举办城市工会工作论坛，使其成为积极积累资源、凝聚友好力量、扩大工会影响的重要平台。

第一节 工会国际交往

1990 年 7 月，日本爱知县工会代表团一行 14 人到南通，在市总工会主席戈雪芬等陪同下，参观南通工艺品印染厂、电视塔、纺织博物馆等单位。29 日凌晨，代表团团长心脏病突发，在南通医学院附属医院医护人员及时抢救、精心护理下顺利康复，市总工会将代表团一行安全送抵虹桥机场回国。这是市总工会首次成功接待日本友好访华团，为此后开展工会国际间友好往来活动积累了经验。

1995 年 12 月，市总工会接待到南通考察的外国友人索非一行。

1999 年 11 月，以增田英树为团长的日本第五次中日劳动问题研讨会代表团一行 16 人，由全国总工会国际部日本处副处长杨占如陪同到南通访问。市总工会主席陈心万、市劳动局副局长陆善平、市企业管理协会会长蔡志康等与代表团就外资企业工会工作、劳动行政管理等问题进行交流研讨。代表团还参观了南通帝人公司、市纺织博物馆等单位。

2004 年 2 月，日本关西生产性本部代表团到南通进行为期七天的友好交流访问。

2005 年，日本国际劳动财团项目官员元林稔博先生到南通考察推广应用“监控法”，推行“工会主动参与改善中小企业劳动安全卫生状况工作法”(简称 POSITIVE)的经验。

2007 年 1 月，日本国际协力机构官员中野幸昌先生到南通，推广应用“POSITIVE”工作法，考察南通双弘纺织有限公司和江苏九鼎新材料有限公司，市总工会副主席钱祥圣等陪同。“POSITIVE”工作法为日本国际劳动财团和中华全国总工会合作推广项目。7 月，全东丽总部山本隆弘董事一行拜会市总工会。9 月，全东丽总部(劳动组合)日方志愿人员代表团一行 23 人，在东丽公司委员长纸野等陪同下到市总工会座谈交流，市总工会副主席朱淑娟等参加。

2008 年 9 月，日本全东丽劳动组合代表团一行 24 人拜会市总工会，市总工会副主席李仕春、全东丽劳动组合委员长纸野分别介绍工会工作情况，市总工会领导郭彪、陈志祥、叶新春等参加交流。

2010 年 6 月，俄罗斯石油天然气建设工会第七次友好访华团到南通访问。

1990~2014 年，南通国际海员俱乐部接待来自 28 个国家及香港、澳门、台湾地区远洋海轮 7297 艘次，宣传、接待海员 11.1 万人次，增进了国内外工人间的友谊。

在做好来访接待的同时，市总工会走出国门，开展学习交流，介绍先进经验。1994 年 9 月，市总工会主席、市女职委主任戈雪芬出席在埃及开罗召开的“国际人口与发展会议”，向世界各国代表介绍南通市实行女职工生养基金统筹的经验，开辟南通工会工作走出国门、走向国际的先河。1995 年 8 月，戈雪芬出席在北京召开的第四次世界妇女大会非政府论坛，作为全国总工会六个主发言人之一，介绍南通市实施女职工生养基金统筹、促进实现男女平等的情况，中央电视台多次播放，受到世妇会中国组委会的嘉奖。

在做好合作学习考察的同时，市总工会注重加强对外技术交流和文化交流。1988~1992 年，市总工会先后接待日本、比利时等国家的工会技术交流团，并派出 3 名电子、建筑等方面的专业人员去国外进修。自 20 世纪 90 年代起，市总工会职工对外交流中心开始选拔、委派职工参加中国职工对外交流中心赴日本研修活动。1994 年，派出 5 名研修生赴日本。2005 年，先后派出 70 多名研修生赴日本。2001~2013 年，共委派 241 人次参加赴日研修，主要涉及服装、家纺、印染、船舶制造、建筑安装等行业。2007 年 9 月，第九届亚洲艺术节在南通举行，市总工会承办的两场日本青年话剧团传统话剧《文那，从树上下来吧》在市劳动人民文化宫世纪影城演出，受到观众好评。

第二节　与台湾香港工会交往

市总工会注重加强与台湾、香港等地区工会的感情联络。21 世纪以来，市总工会多次接待参加江苏——台湾劳工研讨会的台湾代表团到南通访问，先后与台湾高雄市总工会、澎湖县总工会、香港工会联合会等地区工会组织互访学习、深入交流，为两地工会之间的学习与合作打下良好基础。

对台交往　2003 年 3 月，应高雄市总工会邀请，市总工会首次组团赴台北市交流访问。2004 年 9 月，高雄市总工会江苏参访团一行 19 人到南通访问。2005 年 12 月，江苏地方工会访问团一行 14 人(南通 6 人)赴高雄市访问。2008 年 7 月，市总工会与台湾省澎湖县总工会签订劳动文化交流协议书。2009 年 3 月，台北市总工会江苏参访团到南通交流访问。5 月，市人大常委会副主任、市总工会主席陆玉明率县(市)区工会主席等一行 16 人到澎湖县，与当地县总工会举办“两岸工会劳工论坛”，并缔结友好协议。7 月，出席省总工会和省政府台湾事务办公室主办的“2009 江苏·台湾劳工研讨会”台湾代表团一行 130 余人到南通交流访问，省人大常委会副主任、省总工会主席张艳，副主席王兆喜，市领导罗一民、郭腊军、陆玉明、朱晋等参加交流活动。

2010 年 6 月，澎湖县总工会到南通访问，市总工会与澎湖县工会建立正常友好互访制度。南通市推荐的南通市力耀金属构件(南通)有限公司徐久华的创新成果“‘以废治废’实现污泥资源化利用——利用现有工业窑炉干化焚烧处置污泥技术”在 6·18 第五届海峡两岸职工创新成果展上被组委会评为金奖。

2011 年 3 月，市总工会副主席李仕春率南通工会代表团赴台湾澎湖县交流访问。6 月，高雄市交通运输业工会联合会江苏参访团一行 7 人到南通访问。南通中牧生物科技有限公司刘建、殷晓煌、杨海东合作的创新成果“低成本新型高效丙酸铵复合防霉剂”获“6·18”海峡两岸职工创新成果展金奖。

2013 年 3 月，市总工会副主席瞿刚率南通工会代表团赴台湾澎湖县开展友好交流。

2014 年 11 月，澎湖县总工会理事长方清北一行 26 人，到南通交流访问。

对港交往 2010 年 9 月，香港工会联合会地区服务处一行 42 人在副会长陈有海带领下，到南通考察交流工会工作，市人大常委会副主任、市总工会主席陆玉明等参加活动。2012 年 11 月，香港工会联合会江苏参观访问团一行 38 人到南通交流访问。

工会国际工作和对外经济技术交流工作

表 2–12–1

年份	来访数		出访数	
	组团数（个）	来访人数	组团数（个）	出访人数
1990	1	14		
1994				2
1995		1		1
1998				2
1999	1	16		
2000				1
2001				2
2002				1
2003			3	27
2004	2	39	2	21
2005	1	26	1	10
2006				7
2007	1	23		6
2008	2	60		9
2009	1	130	1	23
2010	3	63	5	34
2011	1	7	5	36
2012	1	38		4
2013	2	58	1	4
2014	1	26		7
合计	17	501	18	197

第三节 城市工会工作交往

缔结友好城市工会 1992 年 5 月，辽宁省丹东市总工会主席刘励威一行到南通，与市总工会签订《两市缔结友好城市工会协议书》。黑龙江省牡丹江市总工会常务副主席时静一行到南通，签订《两市缔结友好城市工会协议书》。2004 年 2 月，丹东市总工会主席唐淑琴一行 8 人到南通考察工会工作。8 月，市总工会组团赴丹东市和牡丹江市总工会考察交流。

2008年7月，市人大常委会副主任、市总工会主席陆玉明应邀出席在新疆伊犁州举办的九城市友好工会工作论坛，论坛由新疆伊犁州和伊宁县，辽宁省辽阳市，广西省桂林市，浙江省绍兴市和嘉兴市，江苏省无锡市、扬州市和泰州市九个城市工会共同发起。

2009年9月，九城市友好工会工作论坛在泰州市举办，市总工会副主席李仕春参会，作题为"金融危机影响下工会工作的调查与思考"的发言。

2010年8月，九城市友好工会工作交流会在辽阳市召开，市总工会副主席李仕春出席会议，作题为"全面推行'一函六书'制度，激发开展工资协商的内在活力"的交流发言。

2011年9月，九城市友好工会工作交流会在嘉兴市召开，与会代表紧紧围绕"工会参与社会管理"主题，分别介绍各自在参与社会管理工作中的主要做法和成效，分析工作中出现的热点、难点问题，探讨建立参与社会管理工作机制等问题。市人大常委会副主任、市总工会主席陆玉明和副主席李仕春参会，李仕春作题为"把握时代特征，找准角色定位，在发展和谐劳动关系中推进社会管理创新"的发言。

2012年10月，九城市友好工会工作论坛在桂林市举办，市总工会纪检组组长叶新春出席会议，作题为"多措并举抓推动，突出重点攻难点，在深化厂务公开民主管理中推进社会管理创新"的发言。

全国20城市工会工作论坛　全国20城市工会工作论坛（以下简称"论坛"）始于2008年，由黑龙江省牡丹江市总工会和南通市总工会联合发起建立，内蒙古自治区呼伦贝尔市、吉林省延边州、辽宁省阜新市和丹东市、四川省德阳市、湖南省岳阳市、山西省大同市、广东省茂名市、甘肃省武威市、山东省烟台市、安徽省芜湖市、河北省邯郸市、河南省洛阳市、湖北省荆州市、福建省泉州市、宁夏自治区银川市、内蒙古自治区包头市、贵州省遵义市总工会为论坛成员单位。论坛先后举办四次，每次选择一项工会重点工作议题开展深入研讨。

2008年9月，首届论坛在牡丹江市举行，主题为送温暖工程。市总工会副主席朱淑娟作题为"加强沟通联系，借助各方力量，实现工会帮扶救助工作的社会化"的交流发言。

2009年8月，以"共同约定 互利双赢"为主题的第二届论坛在南通市举行，市总工会邀请新疆伊犁州总工会参加。来自各地的40余名工会工作者参加交流，研讨如何应对金融危机挑战，推进共同约定行动。全国总工会集体合同部部长张建国，省总工会副主席杨星云，市政协主席王德忠，市人大常委会副主任、市总工会主席陆玉明等出席。张建国对南通市开展共同约定行动的做法尤其是"企业联合承诺不裁员不减薪不欠薪"的创新举措给予高度肯定和赞赏，认为成效显著，值得推广。

2010年10月，第三届论坛在岳阳市举办，主题为"加强工会基层组织建设"。市总工会副主席朱淑娟在会上作题为"推进工会主席直选，发挥企业工会作用"的发言。全国总工会基层建设部部长郭稳才到会讲话。

2012年10月，第四届论坛在洛阳市举行，主题为"面对面、心贴心、实打实，服务职工在基层"。市总工会副主席瞿刚在会上作题为"努力践行中国特色社会主义工会发展道路，倾情打造面向基层服务职工群众满意工会”的发言。

与兄弟城市工会交流 1992年3月，常州市总工会副主席倪世旺一行7人到南通交流工会工作。

1993年上半年，市总工会组织县(市)区、局工会、三资企业工会联合会干部赴张家港市总工会，学习加快三资企业工会组建步伐的经验。3月，张家港市总工会16人到南通考察交流工作。5月，河北省唐山市总工会6人到南通交流工会工作。12月，市总工会副主席陈心万带队赴上海宝山区及上海宝山钢铁公司参观学习。

1994年5月，江西省赣州市总工会9人到南通考察生活保障工作。

1995年6月，辽宁省鞍山市政府考察团到南通考察职工互助补充保险工作。7月，武汉钢铁公司工会到南通考察职工生活保障工作。10月，市总工会组织机关干部赴张家港市总工会学习。

1996年9月，姜堰市党政工考察团到南通了解职工互助补充保险工作。

1997年，新疆生产建设兵团工会到南通学习工会参与企业改制工作。5月，靖江市总工会到南通考察工会工作。8月，市总工会主席戈雪芬带队赴上海市总工会学习工会促进再就业和送温暖工作。8月和12月，无锡市和北京市崇文区总工会分别到南通考察企业改制工作。

1998年3月，湖北省孝感市总工会副主席王文发一行10人到南通考察交流工会工作。北京市顺义县总工会副主席杨宝柱一行22人到南通考察企业改制工作。

1999年4月和2001年4月，市总工会两次组织部分机关干部赴宁波市总工会学习。

2001年10月，南京市总工会副主席张宏霞一行5人到南通考察生活保障和女工工作。

2002年6月，扬州市邗江区总工会副主席冯筱白一行到南通交流生活保障、财务和企事业工作。7月，镇江市总工会主席陈苏一行到南通考察工会工作。11月，陕西省咸阳市总工会主席何彩娥一行6人，到南通考察下岗职工再就业工作。

2003年3月，南京市总工会主席陈四明一行10人，到南通考察交流新建企业和工会事业发展情况。7月，市总工会主席陈心万率市总工会中层干部赴昆山市总工会学习。8月，徐州市人大常委会副主任、市总工会主席徐崇先一行19人，到南通考察交流工会工作。

2004年7月，市总工会主席陈心万率市总工会直属事业单位负责人赴天津市总工会学习文化宫改革等工作。12月，无锡市总工会主席余炳源一行到南通交流工会工作。

2005年5月，淮安市总工会主席蒋建亚一行到南通考察交流工会工作。扬州市总工会副主席徐萌一行到南通了解乡镇建总工会工作。连云港市总工会主席鲍建斌一行到南通考察交流工作。

2006年5月，青海省西宁市政协副主席、市总工会主席朱华萍一行6人到南通考察交流工会工作。6月，东南大学九三学社代表团到南通参观考察。

2007年2月，市人大常委会副主任、市总工会主席张毓余率部分机关干部，赴徐州市总工会学习困难职工帮扶中心建设工作。10月，苏州市工会界政协委员到南通考察交流工会参政议政工作。

2008年8月，市人大常委会副主任、市总工会主席陆玉明率县(市)区总工会及市总机关中层以上干部赴苏州市、浙江省嘉兴市和上海市总工会考察工会工作。9月，镇江市总工会副主席姜勇一行到南通交流工会工作。11月，黑龙江省牡丹江市总工会纪检书记、经审委主任孟绍平一行到南通考察经审工作。

2009年4月，市总工会组织机关干部赴淮安市总工会参观学习。9月，浙江省绍兴市总工会主席吴耘一行到南通交流工会组织工作。11月，西藏自治区拉萨市工会代表团到南通交流访问。

2010年3月，市总工会组织中层以上干部赴安徽省合肥市、芜湖市，湖北省武汉市总工会学习。4月，浙江省舟山市总工会主席马麟一行6人到南通交流工会工作。

2011年5月，市总工会组织工会干部赴南京市、镇江市总工会学习交流。7月，镇江市人大副主任、市总工会主席陈苏率队到南通考察交流工会工作。

2012年4月，上海市杨浦区控江路工会主席肖伟珍一行到南通考察交流工会工作。

对口援疆交流　根据省总工会的统一安排，自2002年起，市总工会对口援助新疆伊犁哈萨克自治州总工会(以下简称“伊犁总工会”)。8月，市总工会组团赴伊犁考察。10月，伊犁总工会党组书记、副主席张志立一行12人到南通进行友好交流，双方签订对口援助协议(2002~2006年)。

五年中，市总工会除每年提供伊犁总工会2万元培训费外，还承担伊犁总工会到南通考察和挂职工会干部的培训费等。2003年9月起伊犁总工会代表团多次到南通考察交流，市总工会先后三次组团赴伊犁总工会回访。2010年，市总工会资助伊犁总工会越野车1辆，价值22万元。

2010年8月，伊犁州工会代表团到南通考察。

2011年，根据全国总工会和省总工会援疆工作的统一安排，南通市对口援疆单位调整为—新疆伊宁县，市总工会对口援助伊宁县总工会。6月，伊宁县总工会到南通考察调研。9月，南通市与伊宁县两地总工会签订为期3年的友好协议，以“平等协商、互惠互利、共同发展、优势互补”为原则，以促进两地经济繁荣、社会进步为目标，在人才、资金、技术、项目建设等方面建立协作援助关系。11月，伊宁县总工会首批工会干部到南通培训考察。市总工会采用两地工会干部并班或单独组班培训的方式，每批培训20人左右，时间10~15天，培训内容主要有工会组织建设、民主管理、依法维权、创新发展以及当年工会重点工作研讨等。截至2014年，市总工会累计培训伊宁各级工会干部100余人次，投入培训资金近20万元。此外，市总工会每年给予伊宁县总工会20万元资金援助，主要用于困难职工帮扶、文化建设、工会干部培训等方面。2014年10月，伊宁县人大常委会副主任、县总工会主席哈秀丽一行到南通，两地工会就工会业务和援疆工作开展交流，对下一轮援助进行意向性协商。

援助四川绵竹　2008年5月12日，四川省绵竹市汶川地区发生大地震，市总工会发动全市职工捐款捐物，支援灾区，共收到捐款185.75万元。2009年6月，绵竹市新市镇党政考察团到市总工会座谈交流对口援建工作。2010年4月，绵竹市人大常委会副主任、市总工会主席傅利民一行到南通考察。

第十三章 工会理论研究和调研、信息、统计工作

全市工会理论研究和调研、信息、统计工作，紧紧围绕党委、政府工作大局，围绕工会中心工作和新时期工会工作热点、难点开展，通过畅通职工诉求渠道，表达基层工会干部和职工群众的意愿，反映工作中的真实情况，提供工会组织和职工队伍的有关数据，提出解决问题的意见、建议和办法，总结具有时代特征的典型经验，探寻工会工作的内在规律，为实现工会工作重大理论问题的突破提供一定的现实支撑。

第一节 理论研究与调研

市总工会于1988年6月建立市工人运动研究会(以下简称“研究会”)，市总工会主席戈雪芬任会长，巡视员羌步蟾任常务副会长，巡视员张祖珉、副主席陈心万任副会长，朱晓明任秘书长，理事有35名(其中常务理事14名)。研究会广泛联系工会系统理论骨干和社会各方面专家、学者，围绕工会重点工作，开展调查和研讨。研究会坚持为中心工作服务，为党政领导决策提供理论指导，为参政议政提供科学依据，为基层工会提供可行的措施和经验。研究会每年均制定调研和研讨计划。在调研过程中，坚持“三个结合”“两个服务”的指导思想和“五项原则”(“三个结合”“两个服务”即：调研与体现工会的基本职责相结合，长线课题与短线课题相结合，深入调查研究与指导基层工作相结合；调研为领导机关进行科学决策服务，为推动工会重点工作服务。“五项原则”即：深入基层，密切与职工和基层工会组织联系的原则；整体参与，突出各项重点工作的原则；成果转化，注重源头参与、依法参与和政策参与的原则；联系实际，积极探索和实践推进工作新渠道和新途径的原则；全员调研，进一步加强与职工群众血肉联系的原则)，始终着眼于理论创新，形成一批具有思想引导、方向指导和思路借鉴作用的调查研究成果；着眼于摸清实情，撰写一批具有决策参考依据、切实解决现实问题的调查报告；着眼于推进工作，挖掘一批具有实践应用价值和面上推广作用的典型经验，推动工会工作经验总结和理论创新，充分发挥工会组织在南通跨越发展进程中的积极作用。

1990年，市总工会就在一线工人中发展党员、加强企业民主管理等作专题调查并向市委提出建设性意见。市、县两级总工会深入200余家企业调查，形成“停产、半停产企业职工生活状况及对策”等7篇调查报告。全市有23篇论文和调研文章在《江苏工运》《中国工运》等杂志上发表。

1991年，市总工会就企业职工贫困状况进行全面调查，涉及19.76万名职工。向市政府报送“关于企业贫困职工生活状况的调查报告”。7月，对市区职工租住私房情况进行调查，是年，开展工会组织状况和协管工会干部情况调查。12月，市工运研究会召开第二次年会，交流论文30余篇。

1992 年春节前，市总工会机关干部分成 7 个组到 19 个系统、36 家企业，走访党政工负责人和职工代表 140 余人，听取对工会工作的意见，同时收集对政府工作的建议，经整理归纳后，报市政府供决策参考。是年，全国总工会根据中共中央书记处指示精神，在全国 12 个省、自治区、直辖市和 10 家企事业单位组织开展工人阶级队伍状况调查，江苏省被列为全国 12 个调查省份之一。省总工会考虑到所有制性质、企业类型、经营状况、行业分布等要素，将南通大饭店作为旅游行业中三资企业代表，列入全省 15 家典型调查单位之一，采取随机等距抽样的办法确定调查名单，分问卷、个别访谈、座谈三个阶段进行，形成“必须加强和提高工人阶级在三资旅游企业中的地位和作用——南通大饭店职工队伍状况调查报告”。是年，市总工会组织工会干部深入“三项制度”改革 10 个试点单位调查，召开 20 个座谈会，共有 204 名职工参加，千名职工参与问卷调查，撰写“关于职工对三项制度改革态度”调查报告。此外，还对企业转换经营机制中的工会工作，科教、文卫和乡镇企业工会工作等进行调查，分别形成专题报告。

1993 年，市总工会对困难企业停发、减发职工工资情况进行调查，向市政府提交报告。

1994 年 1 月，市总工会对市属特困企业和特困职工情况进行调查，向市政府提交“关于对我市特困企业、特困职工进行帮扶的报告”，就切实安排好特困企业职工的生活，保持社会稳定，保证各项改革顺利进行提出建议。对 3.8 万名在职职工和 1.5 万名离退休人员 1993 年医疗费用负担情况进行调查，为南通市职工医疗保险方案制定提供参考。抽调力量，对所属六县(市)总工会及 14 家三资企业、乡镇企业和 4 家私营企业进行走访调查，召开 10 个区、产业工会主席座谈会，对工会组织建设状况作比较全面的调查了解。根据调查情况，形成“三资企业工会组建和工作情况”“南通市乡镇企业工会组织和工作情况”“私营企业组建工会试点情况”和“深化改革中工会组织和工会工作状况”四份专题报告。

1995 年，在《劳动法》颁布一周年之际，市总工会对全市工矿企业贯彻《劳动法》和职业安全卫生情况进行专题调查。调查采取问卷、座谈和现场了解的方法，共抽样调查 219 家企业，涵盖纺织、轻工、机械、仪表、化工、建筑、交通、电力等行业。调查显示，《劳动法》颁布后，企业普遍组织宣传教育活动，职工对贯彻《劳动法》的愿望强烈。12 月，市总工会组织 18 个调查小组，对 28 家市属特困企业生产经营状况和 128 名特困、困难职工生活、思想状况进行调查，形成调查报告。调查表明，部分特困企业通过深化改革，转换经营机制，生产经营开始复苏，职工思想稳定，生活得到初步改善，但仍有部分企业生产经营继续滑坡，亏损增加，债台高筑，人心涣散。

1996 年 11 月，市总工会对困难企业生产经营情况和困难职工生活状况进行调查。调查显示，患病、子女就学、就业、住房是困难职工面临的四大难题。

1997 年初，市总工会机关 50 余人分成 23 个组，对市区 308 户特困、困难职工家庭进行走访调查，撰写“市区困难职工的调查及解困建议”。市长杨任远作出批示，要求在一两个问题(如子女上学、重病患者的治疗)上作一些实实在在的努力。为全面掌握全市职工特别是改制企业职工队伍现状，市总工会联合市统计局城调队在市区和六县(市)范围内随机抽取 400 户城镇居民家庭的在职职工进行入户问卷调查，选择电声总厂、包装装潢厂两家企业进行座谈访问，采取职工综合问卷调查、抽样单位问卷调查、抽样单位党政工领导问卷调查和职工个案访谈及一系列座谈会、改制状况问卷征询等方式，形成“企业改制与工人队伍——关于南通市改制企业职工队伍状况的调查报告”。调查表明，企业改革摸清了家底，优化了领导班子，深化了内部改革，增强了职工对企业形势的认识，加强了改制中的职工民主管理，但不少职工缺乏热情，积极性不高；筹措股金在一定程度上影响部分职工尤其是困难职工的生活；改制后企业如何保护劳动者合法权益、规范监事会的运作等出现问题。报告显示，自 1995 年 11 月开始，南通市企业改制工作由点到面逐步推进，从总体上看，全市改制企业中，党的全心全意依靠工人阶级的根本指导方针基本上得到贯彻，职工的民主权利、政治权利、经济权利、劳动权利等基本上得到维护。各级工会主动参与改革，努力把工会工作总体思路落实到企业改制工作中，较好地引导、调动、保护了职工群众的积极性。广大职工在企业改制过程中情绪基本稳定，以实际行动支持和参与改制，做出无私奉献。是年，市总工会与市统计局城调队联合开展职工再就业方面的调研，形成“南通市实施职工再就业工程的实践与思考”的调查报告。报告表明，国有、集体经济单位职工人数减少，纺工、化工、轻工、机械、仪表五大工业系统减少职工较多，其他所有制职工人数增加。存在的问题有：失业人员总量增加较快；企业下岗富余人员分流安置任务艰巨；有些行业和企业不注重内部消化，协商配合不够；下岗和失业职工的就业素质和用工单位的要求形成较大反差；失业、下岗人员就业观念陈旧，再就业期望值过高。市总工会还召开“贯彻全总总体思路调查情况汇报会”。11 月，对市区 47 家特困、破产企业职工生活状况进行调查。

1998 年 5 月，市总工会开展较大规模的全市工会组织状况调查，调查内容涉及工会基层组织、工会领导体制、工会干部队伍以及工会组织运作情况等，形成调查报告。8 月，开展全市国有企业下岗职工基本生活保障和再就业情况调查。当时，642 家国有企业有 21.5 万名职工，其中 2.82 万人下岗，占职工总数的 13.1%。是年，市总工会围绕企业改制和加强职工思想政治工作开展调研。“企业改制与工人队伍”和“关于改制企业职工思想政治工作”“出路在于改革”三篇调查报告分别被《工人日报》和《中国思想政治工作研究》刊用。在全国第四次职工队伍状况调查总结表彰会上，市总工会撰写的“综合调查数据分析报告”和“个案访谈录”均获一等奖，并以最高分获组织一等奖。

1999 年 3 月，市总工会联合市统计局城调队开展市区职工基本医疗保险制度改革情况的调查，按机关、事业、企业和效益好、中、差分类，以国有企业为主要对象，采取典型调查与抽样调查、座谈调查与入户调查、问卷调查与信息网络调查“三结合”的方法，完成企业职工对市政府办公室《关于完善职工医疗保险有关试点政策的通知》的评价反馈，形成调查报告。结合对医改现状、职工认识、医疗机构和医改政策的综合分析，提出对策建议。5 月，召开职工互助补充保险工作研讨会，围绕职工互助保险保障体系的内容、性质、指导思想、工作原则、发展目标、措施等进行交流研讨。南通供电局工会“抓住医改机遇搞好医疗补充保险”等 9 篇论文在会上作研讨交流。7 月起，市总工会用三个月时间，在直属事业单位开展深化事业单位改革的理论与有关政策的学习，采取集体学习与个人自学相结合，分组讨论与集中交流相结合的方式，读书思考、分组研讨、集体交流、共同提高。11 月，召开直属事业单位改革理论研讨会，“在改革中发展成人高校，在发展中建立职教体系”等5篇论文获一等奖，“敢问路在何方——文化宫生存发展启示录”等9篇论文获二等奖。

2000年9月，结合城市居民最低生活保障扩面工作，市总工会开展对困难职工的调查，要求各级工会切实承担起“第一责任人”的责任，帮助符合“低保”条件的困难职工申请办理“低保”手续。

2001年，为深入了解特困职工基本生活保障和解困工作，市总工会开展“企业改制中职工身份置换及困难职工群体生活状况”调研，采用典型调查的方式，先后邀请不同行业、不同类型困难企业的党政工代表及市劳动、民政部门参加座谈会，并到市劳动局计划综合与工资科、再就业处进行再调查，先后形成“南通市特困职工基本生活保障和解困问题的调查报告”“关于解决困难职工群体生活问题的对策建议”等调研文章。

2002年4月，市总工会对城市居民最低生活保障运行状况进行调查，撰写专题调查报告。11月，开展下岗职工状况和再就业情况调查，上报调查报告。是年，参加第五次全国职工队伍和工会组织状况调查。

2003年春节前，对全市171户特困、困难职工家庭进行入户问卷调查，重点了解生活、就业及享受再就业优惠政策情况。调查结果显示，造成特困职工贫困的前三位原因依次为：子女上学负担过重、家庭成员患重病或残疾负担重、家庭成员下岗失业。6月，调查并撰写“关于南通市开展社会医疗救助情况的调查报告”。下半年，市总工会抽调20多名工会干部，采取面上普查与抽样入户调查相结合的方式。对市区定补(保养)、续保(协保)职工进行专题调查。截至是年11月，市区定补(保养)职工5622人，续保(协保)职工2906人。市总工会根据调查向市委、市政府报送调查报告。此项调查为解决市区定补(保养)、续保(协保)职工的生活保障问题起到决定性作用。此外，还对特困职工享受社会医疗救助、困难职工住房状况进行调查。通过专题调查，为工会参与地方政府制定修改有关政策，提供客观依据。是年，市总工会、市城调队合作的“关于南通市城市居民最低生活保障制度的调查报告”获江苏省工会、城调系统合作论文评选三等奖。

2004年初，市总工会开展对全市368家企业拖欠职工(含进城务工人员)工资情况的专项调查，向市政府提交“我市建立扶贫帮困长效工作机制，协助党政解决困难职工生产生活问题”的专题调研报告，引起政府有关部门的重视。协助市房改办在市区部分企业开展“夹心层”住房情况调查。对市区26家定点医院落实特困职工医疗优惠政策情况进行调查。8月，参与由市政府办公室牵头的联合调查组，对市区5大行业20家企业参加社会保险状况进行调查。是年，市总工会、市城调队被省总工会评为全省工会、城调系统合作工作先进集体。

2005年，市总工会确定企业职工工资分配状况、行业工会建设、税务代征体制下工会经费收缴三大调研任务。5月，召开全市企业在岗职工收入分配专题调查会议。启动“千家企业、万名职工”工资收入分配、工资增长机制和参加社会保险状况调查，经市统计局批准，与市城调队联合在全市1000家企业、1万名职工中开展。此次调查，为市总工会历年开展的调查中，涉及面最广、接受调查人数最多的一次。这次调查形成主报告“关于我市企业在岗职工工资收入和参加社会保险状况的调查报告”和“关于我市企业职工参加社会保险状况的调查报告”等三个子报告。主报告分别报送市委、市政府和省总工会，副省长吴瑞林、省劳动和社会保障厅厅长陈震宁先后作批示。召开调研成果发布会，编印《调研成果汇编》。在省工运学会开展的“推进‘两个率先’构建和谐社会的企业责任”论文评选中，主报告获一等奖；子报告“关注女职工协调发展——关于我市女职工权益保障状况的调查与思考”获二等奖；“关于职工工资分配状况的调查报告”被市委、市政府及省政府办公厅《专报信息》录用。是年，市总工会对60家企业开展劳动定额和执行最低工资规定情况进行调查，“关于企业劳动定额和执行最低工资情况的调查报告”被市委《研究与参阅》和《中国工运》录用，市总工会获优秀组织奖。参与市劳动局牵头组织的市区个体工商户参加社会保险情况的入户调查活动；对南通市肯德基、麦当劳公司的用工、执行最低工资标准等情况进行调查；对20家民营企业就业状况进行调查。配合市房改办、市节水办分别对市区特困职工家庭的住房困难及用水情况进行调查。开展行业工会建设、税务代征体制下工会经费收缴的调研，为破解工会工作难题、推动有关问题解决提供第一手资料。

2006年5月，市总工会在全市开展城镇职工医疗保障状况的专项调查，召开各类座谈会38个，有244名职工参加；向特困和低保职工发放个人调查问卷291份，收回有效问卷256份。根据调查，撰写题为“关于我市城镇职工医疗保障状况”的调查报告，被省总工会评为优秀论文三等奖。10月，为深入了解全市各级工会贯彻《企业工会工作条例(试行)》情况及企业职工思想动态，组织各级工会干部深入企业开展调查研究，共调查企业671家，召开座谈会426个，调查职工3554人。根据调查情况撰写的题为“提高企业工会工作水平 构建劳资和谐双赢局面——关于贯彻《企业工会工作条例(试行)》情况的调查报告”，获省总工会2006年度优秀论文一等奖第一名。

2007年春节前，市长丁大卫走访特困、困难职工，撰写万余字的调研手记。5月，《江苏工人报》分两次全文刊登，配发评论员文章。市总工会参与第六次全国职工队伍调查。6月，建立由21名机关和基层工会干部组成的工会工作特约研究员队伍。11月，市人大常委会到市总工会开展“企业职工(农民工)权益保护状况”调研。是年，在省总工会优秀论文评选中，市总工会“工会在劳动争议中的纠纷解决功能研究”“女职工心理健康亟待关注” 获一等奖；“关于企业劳动定额和执行最低工资规定的调查报告”“南通市县级工会工作调研报告”“关于联合基层工会工作的现状与对策”获二等奖。

2008年，市总工会开展“把更多资源和手段赋予工会”专题调研，对全市工会困难职工帮扶中心建设和工作情况进行专题调研，形成调查报告。5月，对全市职工住房保障状况进行调查，撰写调查报告。11月，为应对金融危机，组织开展“贯彻十五大，研究新形势，谋划新思路”的工作调研，调研报告获省总工会优秀调研成果一等奖；“劳务公司组建工会和劳务工入会工作调研报告”获二等奖；“推进县以下行业工会建设调研”和“关于南通市工会困难职工帮扶中心工作情况的调查报告”获三等奖。

2009年3月，市总工会与市房管局、市住房公积金管理中心办公室联合对285户城镇低收入职工家庭和100名农民工的住房保障情况进行调查，并形成调查报告。10月，“市区外来农民工住房保障状况的调研分析报告”被《江苏工人报》《江海晚报》头版头条全文刊用，南通广播电台还作专题采访。对市区76家企业外来农民工住房及参加社会保险状况进行调查，依据调查数据，向市政府提出“将优秀农民工和缴纳社会保险时间较长的外来农民工纳入市区保障性商品房保障范围”的建议。是年，全国工会企业职工劳动经济权益实现状况及思想动态问卷调查工作部署会议在南通召开，南通被全国总工会列为全国25家定点调查单位之一。市总工会在全市40家企业400名职工中开展专题调查。是年，市总工会题为“问渠哪得清如许，为有源头活水来——中国特色社会主义工会发展道路与中国特色社会主义道路之辩证关系探讨”一文获省总工会优秀论文一等奖；“关于深入推进‘共同约定行动’的实践与思考”获优秀调研成果一等奖；“国际金融危机下企业女职工劳动权益状况调研”和“关于我市城镇低收入职工家庭住房保障状况的调查报告”获二等奖；“建立劳动争议调处新机制的实践与思考”和“关于将优秀农民工纳入我市住房保障范围的思考”获三等奖。

2010年市总工会“关于对工会就业培训工作的调查与分析”，被全国总工会《工会信息》和《江苏工运》刊用。市总工会作为地级市唯一代表，参加全国总工会召开的“工会在社会保险监督中的地位和作用”调研会。根据市政府要求，组织部分单位工会配合市房管局开展市区农民工和新就业人员住房情况调查，共收集、报送调查表1774份。协助南京大学在南通开展“农民工权益保护理论与实践研究”课题的问卷调查工作，落实市区100个问卷访谈对象。10月，联合有关部门对台资企业生产经营和劳动关系状况进行调查。

2011年，为掌握企业工资分配的基本状况，了解职工群众对工资分配的诉求，为政府制定宏观工资政策提供依据，市总工会对市区100家企业、1000名职工的工资分配状况进行调查，“对南通市企业工资分配现状的调查与思考”被《工运研究》《江苏工运》刊登。为了解企业职工的思想心理状况，有针对性地对职工开展心理疏导服务、提供人文关怀。8月，联合市心理卫生协会，对市区50家企业、1000余名职工进行问卷抽样调查，共同完成“市区企业职工思想心理状况调研报告”。配合全国总工会保障部对南通市2009~2011年深化医药卫生体制重点改革进展情况和工伤保险认定情况进行调研，上报调查报告及相关数据，并作为唯一的地级市工会，应邀参加全国总工会召开的专题调研汇报会并进行交流发言。是年，开展《劳动合同法》贯彻实施情况专题调研。“基于和谐社会背景下和谐劳动关系的构建”和“关于南通市深化医药卫生体制重点改革进展情况的调查报告”获省总工会优秀调研成果一等奖；“把握时代特征，找准角色定位，在发展和谐劳动关系中推进社会管理创新”和“关于南通市企业工资分配状况的调查报告”获二等奖；“2011年南通市职工生活思想状况调查报告”“关于目前生育保险状况的调查报告”“关于修改《江苏省女职工劳动保护办法》专题调研报告”获三等奖。

2012年，为探索园区和企业工会开展帮扶服务工作的可行模式，市总工会对9个园区、43家企业、444名职工进行问卷调查，撰写调研报告。对全市工会开展家政服务工作进行调查。在市政府办公室开展的“健全社会救助体系，促进社会和谐”调研中，完成关于特困职工帮扶救助工作部分的调研报告。是年，“职工队伍稳定情况调研报告”获全省工会系统优秀调研报告一等奖；“南通市企业职工思想心理状况”和“服务新市民，助推新发展——南通工会帮扶外来务工人员小记”获二等奖；“关于发起成立送温暖工程基金会的思考”和“政策给力，重在培育创设高技能优秀人才优越环境”获三等奖。

2013年6~9月，市总工会组织开展全市企业劳动关系状况调研，组成5个调研组，对145家具有代表性、典型性的企业劳动关系运行状况和职工民主权利、经济利益、精神文化权益、劳动安全卫生等状况开展大型调查活动。市委副书记陈斌在市总工会报送的“关于我市企业劳动关系状况的调研汇报”上批示：这份调研报告很有分量，有分析、有研究、有对策，望扎实工作，进一步形成合力，构建具有南通特色的企业劳动关系新路子。是年，市总工会对全市职工大病医疗保障情况进行专题调研，形成调研报告，在全省工会职工大病医疗保障工作研讨会上交流。调研文章被《工人日报》《中国工运》等刊登。市总工会“关于发起成立送温暖工程基金会的思考”一文获第22届全国工会好信息二等奖。

第二节　工会信息与统计

工会信息与统计工作是工会组织密切党与职工群众联系，发挥“桥梁”“纽带”作用的重要渠道。市总工会十分重视工会信息与统计工作，坚持工会信息为党政领导决策服务、为解决职工群众突出问题服务、为推进工会工作服务。落实专人负责、建立信息直报员队伍，及时准确上报信息，做好各项统计工作。

工会信息工作　全市工会信息工作坚持以动态管理、突出重点、定期评比表彰、内容保密为原则，充分发挥工会信息在参政议政、维护职工合法权益、指导基层工会工作和为各级党政科学决策服务中的重要作用。

1990年，市总工会建立信息、研究、统计“三位一体”的工作体系，制定《工会信息工作暂行规定》和《工会统计工作暂行规定》。在初步形成以县(市)区、局工会、市总工会机关各部门信息员队伍为基础的信息调研网络的同时，进一步加强培训、统计、信息研发和综合利用的力度，把信息调研工作的重点放在为党政领导科学决策、为工会参政议政和为职工利益服务上，抓住物价、住房、职工工资福利、劳动保护热点问题，向市委、市政府反映职工的意见和要求，及时通报突发事件，提出对策建议。

1991年4月，市总工会表彰工会优秀信息员20名。

1994年，市总工会制定出台一系列信息工作制度，包括：信息工作网络联系制度、工会信息工作“五必报”制度、信息工作达标创优竞赛制度、信息稿酬制度。信息工作网络联系制度要求，各级工会要建立信息工作网络(体系)，信息点坚持季度碰头活动，做好对基层信息员的业务培训工作。工会信息工作“五必报”制度，即党中央和国务院各部、委、办以及省、市、县党委和政府有关职工利益的重要决定、重要指示、改革措施及其贯彻执行情况必报；职工群众对党和国家重大方针政策的反映及其贯彻执行情况必报；职工群众的思想、工作和生活中存在的严重问题必报；工会工作中的重要决定和重要情况必报；突发重大事件和重大恶性事故必报。信息工作达标创优竞赛制度要求，信息工作实行量化考核、百分达标制，信息采用情况实行定期通报制度，年终公布达标竞赛结果并评比表彰。

1997年4月，省总工会、城调队合作会议在南通召开。是年，市总工会被全国总工会评为信息工作十强地级市。

1998年，市总工会提出信息工作要在“坚持一条主线，围绕十种新情况，争取上水平”上做文章。“坚持一条主线”，就是兴起学习邓小平理论高潮，坚持用邓小平理论武装头脑，以邓小平理论指导工会信息工作的实践；“围绕十种新情况”，就是紧紧围绕贯彻党的十五大精神，搞好所有制和经济结构调整，贯彻党中央再就业工作会议精神，机构、住房、医疗制度改革措施出台和实施，推行养老、医疗保险制度的情况，亏损、“双停”企业和困难职工的工作、生活状况，职工队伍的变化，工会自身改革和建设重大社情民意和重大自然灾害情况，以及突发性事件等十种新情况，搜集、报送信息。

2004年8月，扬州、镇江、泰州、南通工会与城调队合作会议在南通召开。

2005年，市总工会下发《工会信息工作考核评比办法》，建立完善信息报送、信息员培训、信息稿酬、竞赛评比、采用反馈、表彰奖励等一系列制度。

2006年，市总工会报送的“南通市职工医疗保障存在的问题”信息，获第十六届全国工会好信息一等奖。

2007年，市总工会建立以一线工会积极分子和基层工会主席为主的工会信息直报员队伍，将工会信息工作触角遍布各个行业、各类企业。为提高信息员队伍素质，市总工会举办两期培训班，邀请省总工会和市委、市政府“两办”信息专家授课。

2011年，本着节约资源、整合力量、提高效率的原则，市总工会建立全市工会信息直报员、通讯报道员、网站通讯员、网络宣传员“四位一体”的信息宣传、思想动态、网络管理、舆情监督队伍，更加及时、全面、深入地了解掌握全市社会舆情、网络舆情、劳动关系预警信息、基层职工思想动态及工会工作动态信息。

市总工会通过《南通工会工作》《信息工作业务通讯》等，以编发信息工作业务通讯和信息简报的形式，指导全市工会信息工作，定期对工会调研和信息工作进行评比表彰。南通工会信息工作在全国、全省连续多年保持领先，多次获全国、省、市信息工作先进单位。

2003年，为适应网络时代发展，南通工会网开始规划与布局设计。2004年，南通工会网正式开通。通过工会网站，及时发布各级工会工作动态，加强信息沟通，扩大工会的社会影响力和凝聚力。2007年3月，通过整合资源、融合社会优势力量和技术，南通工会网更新改版。2013年6月，南通工会网再次改版升级，在版面、内容设计上都更加贴近职工、贴近基层。

工会统计工作 工会统计工作是涉及工会工作全局的基础性工作。多年来，围绕工会的全局工作和重点工作，围绕新时期职工队伍、工会组织的发展状况，结合对职工劳动经济权益、民主权益的维护，以及职工参与企业建设与发展的状况，全市工会扎实开展好各项统计调查。

市总工会的统计报表以全国总工会、省总工会统一制定的报表为主，根据工作需要，适时增加少量专项调查内容。各级工会严格按照全国总工会提供的有关统计分类标准和指标解释进行统计。调查范围为全市所有基层工会、联合基层工会、各级基层以上工会组织，调查表式分基层工会及联合基层工会调查表、基层以上工会调查表两种，统计时限为上年度10月1日至本年度9月30日。

1990~1996年，工会统计主要以《工会组织定期综合统计报表》为主，指标主要涉及职工生产、生活及工会主要工作，作为工会系统内部掌握的统计资料，报表定为秘密级。

1997~2008 年，工会统计逐步建立以《基层工会组织统计调查表》《基层以上工会组织统计调查表》为主要内容的年度报表制度为主，以工会组织建设及工会重点工作情况季度报表、半年度报表以及突发性事件季度统计报表为辅的工会统计报表制度，统计指标依据各时期工会重点工作的侧重略有增减。工会统计报表制度逐步法治化、规范化。除突发性事件统计报表外，取消报表密级。

2009 年以后，工会各类统计报表进一步精简整合，主要执行以《基层工会组织统计调查表》《基层以上工会组织统计调查表》《工会集体协商签订集体合同情况调查表》为主要内容的年度报表制度，指标逐步规范，内容涉及工会组织建设、工会干部协管培训和工会组织开展的保障、民主管理、劳动保护、法律、经济技术、宣传教育、职工文体、女职工工作，以及工会财务、经审、对外交流、创建劳动关系和谐企业与工业园区活动等，工会统计指标体系逐步形成。

从 1997 年起，使用计算机及简单的数据库软件代替手工方式汇总处理工会统计数据。2001 年，全国总工会牵头研制的工会统计年报调查软件改版升级，工会基层组织数据库基本形成。2011 年起，县(市)区总工会通过网络完成工会组织年报统计任务。

25 年来，随着工会组织的发展壮大，工会统计工作服务于工会全局工作的作用突显。每年工会组织年报完成后，及时对外发布工会组织权威统计数据，定期向市统计局和《南通年鉴》提供统计资料，为工会领导机关决策和参与制定相关政策服务。南通工会统计工作多次获江苏省工会统计工作先进单位(地级市一等奖)。

第十四章　市总工会机关建设

多年来，市总工会注重加强机关自身建设，配齐机关党工团组织干部，正常开展组织生活和各项活动，积极慎重发展党员，在机关各项工作中充分发挥党工团组织的作用。

1990~1994年7月，市总工会设立机关党支部。1994年8月，经市级机关党工委批准建立机关党总支，下辖在职干部、离休干部和退休干部3个党支部，为方便开展活动，2002年12月将离休和退休干部党支部合并成离退休干部党支部。机关党总支(支部)设书记、副书记各1名。在职干部党支部和离退休干部党支部分别设书记、副书记各1名。2002年12月起，机关党总支副书记为专职干部。1990~2014年，机关在职干部党支部共发展党员14名。截至2014年末，市总工会机关在职党员41人，离退休党员56人。

市总工会机关工会隶属市级机关工会管理，有5名委员，设主席1名。2003年起，增设副主席1名。

1990年，市总工会设团总支，下辖基层团支部13个，机关及下属企事业单位有共青团员310人。2000年11月，撤销团总支建制，改为共青团南通市总工会工作委员会。

针对市总工会机关在职干部中党员占比高(2014年为85.36%)，机关工作人员均为工会会员，非党团员青年人数很少(2014年为零)的实际情况，机关党工团组织活动一般由机关党总支和机关工会共同组织，党小组和工会小组统一划分，开展活动有分有合，各有侧重。团工委重点抓好市总工会系统团员、青年活动。

第一节　学习教育活动

市总工会机关党组织重视党员干部的学习教育，围绕各个时期经济社会发展大局、上级党组织部署和工会工作总体思路，开展形式多样的学习教育活动，不断提高党员干部的政治和业务素质，推动工会工作创新发展。

1990~1994年，市总工会将马克思主义群众观点和党的群众路线再教育与坚持四项基本原则、反对资产阶级自由化的教育结合起来，组织开展《现代科学技术基础》《社会主义市场经济》等知识的学习，重点抓好45周岁以下党员干部外语、电脑知识普及。

1998年11月，中共中央下发《关于在县级以上党政领导班子、领导干部中深入开展以“讲学习、讲政治、讲正气”为主要内容的党性党风教育的意见》。市总工会党组建立“三讲”教育领导小组和办公室，制定开展“三讲”教育的实施方案，通过思想发动、学习提高，自我剖析、听取意见，交流思想、开展批评，认真整改、巩固成果等四个阶段的教育，较好地解决领导班子和党员干部在党性党风方面存在的问题，促进机关干部增强党性。

1999 年 12 月，市总工会机关党总支组织党员赴上海参观中共一大会址。

2000 年，市总工会领导班子认真开展“三讲”集中教育活动，坚持“未讲先改，边讲边改”原则，狠抓整改措施落实，着力加强工会领导班子建设，带动干部队伍建设，有力促进机关转变运行机制和活动方式。开展“致富思源、富而思进”教育活动和“我为国企改革发展献一计”“塑造城市新形象、迈向二十一世纪”大讨论活动。

2001 年 3 月起，根据市委、市政府统一部署，市总工会在机关和直属企事业单位党员干部中集中开展“三个代表”重要思想学习教育活动。结合实际，开展“学理论、思发展、创佳绩”主题活动。围绕增强基层党组织的凝聚力和战斗力，扎实开展党员先进性教育和“一个党员一面旗帜”活动，充分发挥党员的先锋模范作用。下半年，组织机关党员干部认真学习江泽民“七一”重要讲话和新《工会法》，多次邀请市委党校和市委讲师团专家到工会进行集中专题辅导，开展学习心得交流。党组领导带头参加学习、带头写读书笔记、带头交流学习心得、带头调查研究、带头转化学习成果，有效推进学习教育活动的开展。

2002 年，市总工会围绕学习贯彻党的十六大精神，通过辅导报告、大会交流等多种形式，引导机关干部加深对十六大报告的理解。结合企事业单位改革实际，深入开展以学习实践“三个代表”重要思想、永葆党的先进性、争做改革先锋为主题的学习教育活动。

2003 年 6 月，市总工会举办一期创新思维培训班，50 余名管理人员、专业技术人员参加培训，兴起学科技、学技术之风。组织离退休人员参加党的十六大文件和十六届三中全会知识竞赛，参加市委宣传部等部门组织的“万人看南通市政建设”活动。开展工会系统庆“七一”党的知识竞赛活动。

2004 年，市总工会下发《关于在市总工会系统开展建设学习型机关学习型单位活动的实施意见》，制定《市总工会机关在职学历进修暂行规定》，促进学习型机关建设。5 月，组织离退休老干部为机关和直属企事业单位青年干部进行革命传统教育。在市级机关优秀党建主题活动评比中，市总工会开展的“组织劝募志愿者为困难职工子女募集‘寒窗基金’和‘交通援助’活动”被评为 2004 年度市级机关优秀党建活动一等奖。

2005 年 1 月，市总工会深入开展保持共产党员先进性教育活动。建立领导小组，健全工作制度，在全体党员中开展“五看五比五争”（看思想素质、比业务水平、争做学习型党员；看中心意识、比进取精神、争做创新型党员；看工作作风、比服务态度、争做服务型党员；看办事效率、比工作实绩、争做实干型党员；看廉洁奉公、比遵纪守法、争做清廉型党员）活动。对机关干部进行“一办法五条例”（《江苏省实施〈工会法〉办法》《江苏省劳动合同条例》《江苏省社会保险费征缴条例》《江苏省工资支付条例》《江苏省集体合同条例》和《江苏省安全生产条例》）培训。结合纪念世界反法西斯战争胜利 60 周年和中国抗日战争胜利 60 周年，组织机关党员干部参观南京大屠杀纪念馆。

2006 年，市总工会邀请专家学者对《国民经济和社会发展第十一个五年规划纲要》和中共中央《关于构建社会主义和谐社会若干重大问题的决定》进行辅导解读。组织开展"读一本好书、学一种技能、出一项成果"的"三个一"学习竞赛，推进创建学习型机关。开展以"八荣八耻"为主要内容的社会主义荣辱观教育和"遵守《党章》、执政为民"主题教育活动，创作"礼让一步天地宽""环境优美靠大家""出口成'脏'"等一批漫画作品，强化学习教育效果。召开学习《党章》和社会主义荣辱观心得交流会。建立党员先进性教育长效机制，深入开展以"带着任务助学、带着课题助改、带着感情助困、带着责任助富"为主要内容的"四带四助"活动，与海门市三阳镇汉兴村建立结对关系，围绕"五个一"（即做好一次调研、明确一个思路、开展一次慰问、进行一次助学、扶持一个项目）开展帮扶活动。市总工会开展的"进千家企业，访万名职工"活动，被市级机关工委评为市级机关优秀党建工作创新成果二等奖。是年，离退休干部党支部开展"永葆共产党员先进性，争做'四个模范'"（认真学习、思想常新，维护大局、促进发展，老有所为、奉献余热，热爱生活、积极养老）主题教育活动。

2007年，市总工会根据党的十六届四中全会提出的提升"五大能力"要求，规划学习内容，推进"菜单式"选学，探索建立党员干部述学、评学、督学和学习考核制度。深入开展争创"党员先锋岗"和"党员服务周"活动，组织党的知识竞赛。年末，组织党员干部认真学习贯彻党的十七大精神。是年，离退休干部党支部开展迎接党的十七大和纪念建军八十周年知识竞赛，还开展了"心系和谐当参谋，促进发展献余热"的主题实践活动。

2008年，市总工会组织开展"学习实践科学发展观"专题教育活动，着重抓好学习教育、查摆整改、提升绩效三个环节，通过系列讲座、办培训班、研讨交流等多种形式，社会评议、明察暗访、内部排查、主动征求意见等多个途径，全面深入查找在思想作风、工作作风等方面与科学发展观不符的问题，研究制定整改措施，抓好整改提高。组织机关党员干部参观沙家浜革命历史纪念馆和常熟蒋巷村新农村建设。开展"纪念改革开放30周年"征文活动。"5·12"四川汶川大地震发生后，发动全体党员踊跃交纳特殊党费8.53万元。10月，市总工会组织编写《中国工会十五大精神学习问答》，邀请中国劳动关系学院教授欧阳骏作题为"在党的最新指引下，发挥工会独特作用，服务于党政工作大局"的专题辅导。

2009年，根据中央和省、市委的统一部署，市总工会组织开展第二批"学习实践科学发展观"活动。邀请市委党校教授季建林作"贯彻落实科学发展观第一要义是发展"的专题报告。开展"我为科学发展献一计""深入解放思想，推动科学发展"主题征文、大调研等活动，共收到调研报告和征文各21篇。为纪念新中国和市总工会成立60周年，组织党员干部到淮安、盐城工会学习考察，参观周恩来故居和新四军纪念馆，进行革命传统教育；组织机关党员干部到驻军部队开展"军营一日"活动，严明作风纪律；组织参观启东大唐电厂、滨海工业园区、崇启大桥，感受科学发展成就。召开纪念建党88周年大会，表彰先进基层党支部2个、优秀共产党员13人。

2010年，制定下发《关于在市总机关及直属单位党组织和党员中深入开展创先争优活动的实施意见》，以党组织达到领导班子好、党员队伍好、工作机制好、工作业绩好、群众反映好和党员争做自觉学习的表率、争创佳绩的表率、服务群众的表率、遵纪守法的表率、弘扬正气的表率为目标，深入开展创先争优活动。积极组织参与"讲文明、树新风、迎世博"文明交通志愿服务活动。组织机关青年干部参加市级机关双语大赛。6月,组织机关干部赴江阴华西村参观学习,听取村党委书记吴仁宝报告。首次为入党时间逢五、逢十整年的党员过集体政治生日,组织党员重温入党誓词,回顾入党历程,颁发政治生日贺卡。按照《市级机关学习型机关创建评估暂行办法》,开展创建评估活动,对党员的学习情况进行检查考评。组织机关党员参加市级机关共产党员箴言征集活动,13名党员的箴言入选《南通市市级机关共产党员箴言录》,1篇作品入选《江苏省市级机关共产党员箴言录》。

2011年4月,组织开展党史知识竞赛和"学党史、知党情、感党恩、做表率"主题征文活动,收集征文32篇,评出一等奖1篇,二等奖3篇,三等奖5篇和优秀奖13篇。开展"领导讲党课、专家讲理论、典型讲事迹、党员讲体会"活动。开展党员创先争优承诺和领导点评工作。开展以"学习好、工作好、团结好、自律好"为主要内容的"党员先锋岗"创建活动。在机关和直属基层党支部开展"微型党课"教育活动。召开纪念中国共产党成立90周年大会,表彰先进基层党支部4个、优秀共产党员20人、优秀党务工作者11人,为党龄在60年以上的18名老党员颁发荣誉证书。8月,组织党员干部参加由中央组织部等单位开展的"'海油杯'颂歌献给党"红色短信有奖征集评选活动。9月,组织机关在职党员干部到井冈山进行革命传统教育,组织离退休党员干部参观黄桥战役纪念馆。是年,离退休干部党支部举办赛诗会和党的知识竞赛。

2012年,组织工会干部参与"工会干部精神大讨论",制定《南通市工会干部行为准则》。推进"争当道德模范、建设诚信机关"活动,出台《职业道德主题教育实践活动实施方案》。4月,举办"职业道德、两大体系主题教育暨党员学习讲座",邀请南通职业大学教授丰坤武和市委党校教授施展主讲。组织机关党员参观茅山新四军纪念馆等,进行爱国主义和革命传统教育。8月,在市文化宫"濠滨夏夜"职工文化阵地,按照"唱一首歌曲,看一部短片,诵一段经典,讲一个故事,作一番点评"的模式,举办市总工会首期道德讲堂,学习宣传"中国好人"宋英的事迹。分批组织党员赴湖南韶山毛泽东故居、陕西延安等革命圣地参观学习。

2013年6月,市总工会召开庆"七一"大会,表彰先进党支部2个、优秀共产党员14人、优秀党务工作者5人。举办第二期道德讲堂,学习修车老人胡汉生的先进事迹。9月,举办以"学习尤建华先进事迹,开创工会工作新局面"为主题的第三期道德讲堂暨"迎国庆、展风采"文艺会演,穿插进行工会知识竞赛。

2014年,市总工会深入开展第二批党的群众路线教育实践活动。建立领导小组和办公室,下发《实施方案》和具体计划。邀请市政协、市委党校专家作辅导讲座,市总工会党组成员人人上党课。在市文化宫举办"党的好干部—焦裕禄事迹图片展",组织机关党员干部聆听张云泉事迹报告,观看电影《焦裕禄》、纪录片《苏联亡党亡国20年祭》和党史党性党风图片展。开展"为了谁、依靠谁、我是谁""双创双争"大讨论,召开学习体会交流会,深化党员干部对群众观点和党的群众路线的认识。5月,在南通博物苑举行以"劳动光荣、创造伟大"为主题的第四期道德讲堂活动,通过观看劳模事迹短片、宣讲劳模先进事迹、诵读《纪念白求恩》等经典、为困难农民工子女发放助学金等形式多样、内容丰富的活动，营造崇尚劳模、崇尚劳动的浓厚氛围。

第二节　党风廉政建设

市总工会高度重视党风廉政建设，深入开展党的政治纪律教育，引导党员干部不断提高政治敏锐性和鉴别力，自觉同党中央保持高度一致，坚持用制度管权、管事、管人，遏制腐败现象发生。

1990~1993 年，组织机关党员干部认真学习《党章》《中共中央关于加强党同人民群众联系的决定》和《关于党内政治生活的若干准则》等文件，通过查找问题、开展批评与自我批评、整改落实等方法，着力克服各种脱离群众的弊病，密切同职工群众的联系。同时，就党政机关干部经商办企业、公费购置摩托车、拖欠公款、机关人员利用职权无偿占用企业钱物等问题在机关及所属 16 个企事业单位进行详细调查，未发现此类问题。在 1993 年全市群众性行风投票评选中，市总工会被评为南通市行风最佳单位。

1994 年，在机关党员干部中进行勤政廉政教育，组织观看电影《中国第一大案》，上"反腐败斗争"主题党课。在机关开展"讲奉献、比贡献、争一流"活动，要求党员进一步增强组织纪律性，自觉贯彻勤政廉政规定，积极做好各项工作。

1996~1998 年，组织机关党员干部认真学习《关于实行党风廉政建设责任制的规定》《中国共产党党员领导干部廉洁从政若干准则（试行）》《关于党政机关厉行节约制止奢侈浪费行为的若干规定》《邓小平论党风廉政建设和反腐败》，不断增强拒腐防变能力和抵御风险能力。

1999 年，制定《南通市总工会党组党建工作制度》《南通市总工会直属企事业单位党的建设若干制度(试行)》《市总工会机关党建目标管理意见》等。结合"三讲"教育活动，上好党风廉政建设主题党课，组织收看电教片《纪律处分条例》。

2000 年，市总工会以全面开展"三讲"教育为契机，扎实抓好党风廉政教育。组织党员干部观看《原宁波市委书记许运鸿腐败案纪实》，开展大讨论；开展"廉洁奉公、勤政为民"教育活动；组织机关和企事业单位工作人员认真学习《纪律处分条例》《行政监察法》和《廉洁从政若干准则》，切实增强遵纪守法自觉性。根据上级要求，切实做好清理干部住房、公款旅游、通信工具管理等工作，进一步加强内务监管、审计工作；制定《落实党风廉政建设责任制实施办法》，直属企事业单位《人事用工制度和分配制度改革意见》《财务人员实行委派制、代理制和双重聘任制的暂行规定》《党政后备干部管理工作办法》《领导班子议事规则》等。

2001 年，组织机关党员干部观看"胡长清案件警示录""成克杰腐败案""江城巨贪""非常战线"等警示片。机关科级以上党员干部参加党纪政纪法规知识竞赛。组织全系统干部职工到南通监狱进行警示教育。组织机关干部和全系统青年到钟秀革命烈士陵园凭吊、参观南通革命烈士事迹陈列馆。

2002 年，制定《市总工会党组议事规则》等党组建设 8 项制度和直属企事业党组织建设、领导干部监督管理12项制度，基本形成工会党风廉政建设工作制度体系，为党员干部廉洁从政提供制度保障。

2004年，深入开展"增强纪律观念、自觉接受监督"主题教育活动。

2005年，下发《南通市总工会关于贯彻〈建立健全教育、制度、监督并重的惩治和预防腐败体系实施纲要〉的实施意见的通知》，完善党内监督机制，落实"一岗双责"。

2006年，深入开展"遵守党章、执政为民"主题教育活动。党员干部年终述职的同时开展述廉。

2007年，制定《市总工会逐步推进党务公开的实施方案》，建立党务公开领导小组。

2008年，在党员干部中开展"算好廉政账"主题教育活动，通过廉政党课等形式，教育党员干部认真算好"廉政三笔账"，做到警钟常鸣。在全市第一个"5·10思廉日"期间，开展观看廉政教育警示片、阅读《江海清风——公务员卷》、组织专题讨论等活动。7月，组织机关干部观看廉政文化进机关"濠滨夏夜"文艺演出。

2009年，深入开展"加强党性修养、坚持廉洁从政"党性党风党纪主题教育活动。2月，市委常委、市纪委书记王正宇应邀到市总工会作关于反腐倡廉建设的主题报告。中层以上领导干部签订"家庭廉洁承诺书"。落实党政机关厉行节约十项要求，设立市总工会机关"压缩经费支出、厉行节约合理化建议意见箱"和"铺张浪费、违纪违规现象举报箱"。组织党员干部参观廉政教育书画展和廉政文化广场。

2010年，继续开展廉政承诺活动，机关干部和事业单位领导班子成员的承诺书分别在机关局域网和本单位进行公示。开展廉政格言警句征集活动。

2011年，市总工会将《廉政准则》纳入党组中心组学习、党性党风党纪教育和领导班子民主生活会重要内容。组织开展"算好廉政账"专题教育月和"查找廉政风险点"主题活动。认真落实《关于加强领导干部道德操守建设的意见》，把党员干部道德因素列入党风廉政建设责任制考核内容。

2013年，组织党员干部学习《中共中央关于薄熙来严重违纪违法案及其教训的通报》，教育党员干部严守党纪国法，筑牢防腐拒变的思想防线。

2014年5月，组织机关党员干部到南通监狱进行警示教育，通过监狱领导介绍情况、职务犯人现身说法、市总工会领导提要求，进一步提升机关党员干部反腐倡廉意识。"七一"前，组织机关党员干部参观市廉政文化广场。

第三节　机关作风建设

市总工会不断加强机关作风建设，促使机关党员干部自觉增强宗旨意识、公仆意识和群众观念，主动围绕中心，服务大局，勤政为民。

1990年，党的十三届六中全会决定发表后，市总工会确定每月8日为主席接待日，制订每周三天无会日等密切联系群众的六条措施。

1995年，市总工会党组对加强机关作风建设提出"三个增强、十条措施"的要求，"三个增强"即:增强事业心、责任心、意识性,干大事、好事、难事;增强机遇意识、创新意识,努力干几件在全省冒尖的事;增强闯劲、拼劲、韧劲,解决几件牵动全局的棘手难题。"十条措施"即:加强机关干部的政治、业务和科技知识学习,严格考核;加强调查研究,保证三分之一的人用四分之一的时间下基层;注意培养典型,总结推广;提高会议和活动质量;坚持民主集中制,党组作出的决定要坚决执行;进一步提高办事效率;提高机关干部素质,一级抓一级,一级对一级负责,一级给一级做出样子;加快培养年轻干部;进一步完善机关制度;建立健全激励制度。在党员干部中开展以"立公仆标准、塑公仆形象、展公仆风采"为主要内容的"公仆杯"竞赛。

1999 年起,机关党总支按照市委组织部、市级机关工委、市总工会的统一部署,参加市直单位万名党员干部与困难企业、困难职工结对帮扶活动,每两年为一轮帮扶周期。制定《市总工会机关文明科室考核办法》等制度。

2001 年,制定《市总工会机关作风建设实施方案》《机关工作人员平时考核工作实施办法》,对机关工作人员德、能、勤、绩进行考核。

2002 年,以市总工会机构改革为契机,大力加强领导班子和干部队伍作风建设,制定领导干部接待日制度,开通送温暖热线电话和工会系统作风建设投诉电话,实行办事内容、办事程序、办事权限、办事时限、办事结果"五公开"。全面推行文明办公、优质服务"三四五"工程,建立"三项制度"(岗位责任制、责任追究制、首问负责制),亮明"四块牌子"(部门分布指示牌、部门职责牌、工作人员身份牌、外出工作留言牌),做到"五个一"(说好每一句话,接好每一个电话,办好每一件事,接待好每一位工作对象,做好每一天的工作)。改变"文山会海"现象,实行"三不",即:市总工会机关发文、开会、办班统一归口管理,各级工会对未经市总工会办公室文件通知的会议可以不参加;未经市总工会组织部安排的培训班可以不参加;未经市总工会办公室文件统一分配任务的各种书籍、杂志可以不购买。

2003 年,围绕争创"最佳办事单位"和"职工满意工会"两大目标,开展"集中整治软环境"活动,不断加强机关作风建设。制定《市总工会关于加强工会机关作风建设创建最佳办事单位集中学习排查整治工作计划》和《实施意见》。在完善工作月报制度、重点工作完成情况通报制度、每月办公会制度、文明科室和重点工作完成情况考核制度的基础上,出台《市总工会机关一次投诉查实待岗制度》,健全完善服务承诺制和首问负责制。建立工会作风监督员队伍,在市区聘请以基层工会干部和职工代表为主体的工会作风监督员 27 名,对市总机关及各部门进行评议。

2004 年,围绕争创"最佳办事环境"和"职工满意工会"目标,从思想观念、服务质量等方面,着力解决重本本、轻变通,重本位、轻全局,重形式、轻实效,重治标、轻治本,重纵比、轻横比的"五重五轻"问题。市总工会建立"关心下一代工作委员会"(以下简称"关工委"),朱晓明任主任,贾宏任副主任。关工委以离退休党员干部为主体,以结对帮扶结对共建单位的困难学生为重点,开展革命传统教育、助学等活动。10 月,市总工会与剑山油库 73196 部队 53 分队签订"双拥结对共建协议书"。

2005 年,市总机关党总支被市级机关工委评为 2003~2004 年度市级机关先进基层党组织和党建目标管理先进单位。

2006 年 3 月，市总工会与“四带四助”活动结对单位海门市三阳镇汉兴村党支部联合开展“农村党员（骨干）看南通发展”活动。

2007 年 6 月，市总工会下发《关于建立市总机关干部联系职工制度的通知》，开展“联系走访一线职工月”活动，机关干部采取“五四三”形式，即处级以上干部联系 5 名，部门负责人联系 4 名，其他人员联系 3 名以上职工，开展“与一线职工交朋友”活动。机关干部共与 167 名一线职工建立联系。是年，市总工会被评为市级机关作风建设先进单位。

2008 年，市总工会以创建“学习型、效率型、服务型、和谐型”工会活动为主线，以争当“六大表率”为主要内容，全面深化以绩效管理为重点的机关作风建设。深入开展企业服务年和支援灾区厉行节约活动。与钟秀街道生建村实现结对共建，开展单位帮村、党员干部帮户活动，以“一帮一”“多帮一”等多种形式，与 10 户贫困家庭结成对子，开展帮扶工作。

2010 年 1 月，市人大常委会副主任、市总工会主席陆玉明带领机关党员干部到结对共建的钟秀街道生建村，慰问 10 户困难家庭，捐赠 2 万元帮扶金。下发《进一步加强市总机关关工委工作的意见》，调整充实关工委成员，陆玉明任主任，程佩芬任常务副主任，秦炳龙、陈志祥任副主任。春节前，关工委把与市总工会挂钩的两个社区的 14 名困难学生请到机关，召开茶话会，同吃年夜饭，为每个学生发放 200 元压岁钱和学习用品。暑假期间，组织生建村 40 余名学生前往江阴市华西村参观。

2011 年 1 月，市总工会机关党总支被市级机关工委表彰为市级机关先进党组织。2 月，市总工会离退休干部党支部被市委组织部、市级机关工委、市委老干部局表彰为“五好”离退休干部党支部。5 月，与生建村开展“老少携手学党史、颂党恩、跟党走”主题教育活动。6 月，市总工会副主席李仕春带领部门负责人走进市广播电台“政风行风热线”直播室，通过在线访谈、社会调查、接听热线电话等方式，围绕职工群众关注的热点、工会工作的重点，与职工群众和社会各界进行交流。是年，市总工会与如皋市白蒲镇光明居委会结对，帮扶 7 户贫困户。组织党员干部积极参与文明城市创建工作。

2012 年 3 月，出台《市总工会机关作风建设“一评五制”实施方案》（多方评议工会和首问负责制、服务承诺制、效能公示制、干部交流轮岗制和失职追究制）。制定《市总工会领导干部下基层“三解三促”活动方案》，重点挂钩联系如皋市白蒲镇 6 个村（居），开展定期联系、驻村住户、调查研究、走访慰问等活动。投入 10 万元为白蒲镇光明居整修河道、修建 1 条便民路，机关干部走访慰问 30 余户困难群众，送去慰问金 3 万余元。是年，关工委与生建村联合举办“观大港、看大桥、颂党恩、争当三好标兵”濠滨夏令营活动。

2013 年，进一步建立健全挂钩联系、结对帮扶、文明共建、带案下访等联系群众工作制度。市总工会出资 1.3 万元与生建村共同开展“老少游南湖，探索圆梦路”活动，为 8 名贫困家庭子女提供助学金 5500 元，向生建村赠送价值 1 万余元的各类书籍。是年，市总工会开展的“将优秀农民工和缴纳社会保险时间较长的外来农民工纳入市区经济适用住房保障范围”创新项目被市级机关工委评为优秀典型案例。

2014 年 7 月，市总工会与生建村共同组织社区 40 余名党员和青少年到沙家浜参观。8 月,根据市委组织部等六部门通知要求,组织在职党员到社区报到,开展志愿服务活动,市总工会 36 名在职党员到生建村报到。9 月,市总工会主席葛玉琴带领机关党员到生建村开展结对志愿服务调研座谈活动。

截至 2014 年末,市总工会机关党员干部先后帮扶特困、困难职工 52 户。离休干部印连珍不顾自己年事已高且身患重症,于 2013 和 2014 年先后向四川雅安和云南鲁甸地震灾区捐款共 2.5 万元。

2007~2014 年间,市总工会六次被评为市级机关作风建设先进单位。

第四节　文化体育活动

1990 年,针对机关人员特点,市总工会机关工会建立乒乓球、羽毛球、摄影、游泳、钓鱼等 5 个兴趣小组。组织开展牌类、乒乓球等比赛活动。

1991 年,为纪念中国共产党成立 70 周年,举办"党在我心中"七一歌会。

1999 年,组织开展澳门回归知识竞赛。

2001 年,组织开展清明祭扫革命烈士墓活动、植树、周末舞会、庆祝建党 80 周年"为党旗增辉"文艺演出、圣诞节联欢等活动。

2002 年 9 月,举办工会系统趣味运动会。离退休干部党支部建立歌咏、棋牌、乒乓球和烹饪 4 个兴趣小组,丰富老年人生活。

2003 年 3 月,举办机关离退休人员与在职干部新春联欢会。

2006 年"五四"青年节前,组织机关团员青年到海门素质拓展训练培训基地参加拓展训练。与市地税局开展机关联谊活动。

2007 年,组织参加神州摄影展、大众广播操比赛、万人长跑、游泳比赛、拔河比赛等活动。

2008 年 5 月,奥运火炬在南通传递,组织志愿者参加火炬传递活动。

2009 年,举办庆祝建党 88 周年"党在我心中"演唱会。

2010 年,组织参加市级机关乒乓球、拔河、广播操比赛。8 月,与共建单位生建村联合举办"文明礼仪伴我行,齐心协力促和谐"暨第三届邻里节文艺会演。

2011 年 5 月,组织机关人员赴上海世博会参观。6 月,组织开展"红歌大家唱"活动,组队参加市级机关"红歌汇"大型歌咏会。组织机关干部开展"迎国庆"文体活动。承办全省工会机关第五届乒乓球比赛。

2013 年 9 月,举办"迎国庆、展风采"文艺会演。

2014 年 6 月,与生建村联合举办以"共建携手颂党恩、邻里齐心促和谐"为主题的文艺晚会。

市总工会注重从各方面关心机关干部的生活,如办好图书室、活动室;举办保健知识讲座;重阳节为逢五、逢十整生日的离退休人员送上生日蛋糕;慰问生病住院人员,为患重病且生活困难的干部开展募捐等。

第三篇 人物

第一章 人物简介

第一节 南通市总工会领导班子成员（1990~2014 年）

一、市总工会主席

戈雪芬

女，1946 年 2 月出生，江苏常熟人，大学学历，1969 年参加工作，1966 年加入中国共产党。

1969 年南京大学毕业留校工作；1971 年南通专区“公检法”工作；同年 3 月起，历任南通制药厂工人、管理员、化验员，车间党支部书记、厂党总支副书记兼工会主席、团总支书记、副厂长、厂长；1981 年市总工会副主席、党组副书记；1985 年市总工会主席、党组书记；1997 年江苏省总工会副主席、经费审查委员会主任；2006 年退休。

陈心万

男，1946 年 1 月出生，江苏建湖人，大学学历，1970 年参加工作，1974 年加入中国共产党。

1970 年起历任南通轻工机械厂车间团支部书记、厂团总支书记，厂党总支副书记、书记，厂党委书记；1987 年市总工会副主席；1993 年市总工会副主席、党组副书记；1998 年市总工会主席、党组书记；2005 年市人大环境资源城建委员会主任；2009 年退休。

张毓余

男，1948 年 10 月出生，江苏如东人，大专学历，1970 年参加工作，1972 年加入中国共产党。

1969 年起历任如东县新林供销社开票员、业余教育辅导员、营业员、会计兼文书；新林公社秘书、经联会主任；1984 年起历任中共如东县委常委、农工部部长、县委副书记、县长；1997 年中共南通市港闸区区委书记、区人大常委会主任；2004 年市总工会党组书记；2005 年市总工会主席、党组书记；2006 年市人大常委会副主任、市总工会主席、党组书记； 2009 年退休。

陆玉明

男，1955 年 5 月出生，江苏南通人，大专学历，1974 年参加工作，同年加入中国共产党。

1974 年起，历任南通市芦泾公社三牌楼大队副主任、党支部书记；1979 年起历任南通第一棉纺织厂代值班长、车间党总支代书记、厂团委书记、厂工会主席；1987 年市总工会副主席；1996 年起历任中共南通市崇川区区委副书记、常务副区长、区长、区委书记、市人大常委会副主任；2008 年市人大常委会副主任，市总工会主席、党组书记；2012 年市政协副主席、党组副书记，市总工会主席、党组书记；2013 年市政协副主席、党组副书记，市总工会主席；2014 年市政协副主席、党组副书记。

葛玉琴

女，1963 年 12 月出生，江苏南通人，省委党校研究生学历，1979 年参加工作，1985 年加入中国共产党。

1979 年起历任南通市绣衣二厂工人、幼儿教师、团支部副书记、团支部书记、工会主席、党支部副书记；1994 年起历任南通市华翔皮塑制品有限公司副总经理、党支部副书记，董事长、总经理、党支部书记；1998 年兼任南通市轻工业局局长助理；2000 年起历任中共海安县委常委、宣传部部长兼县文联主席、组织部部长；2006 年起历任中共南通市崇川区区委常委、常务副区长、区委副书记、代区长、区长、兼任狼山风景名胜区党工委书记、管委会主任；2013 年市总工会党组书记、副主席；2014 年市总工会主席、党组书记。

二、市总工会领导班子其他成员

程佩芬

女，1936 年 9 月出生，江苏太仓人，中专学历，1955 年参加工作，1966 年加入中国共产党。

1955 年起历任南通第二棉纺织厂车间技术员、人事劳动科副科长、车间副主任、生产技术科副科长、车间主任；1981 年市总工会副主席；1987~1992 年市总工会副主席、党组副书记；1993 年 7 月市总工会巡视员；1996 年退休。

秦炳龙

男，1944 年 11 月出生，江苏南通人，大学普通班学历，1964 年参加工作，1974 年加入中国共产党。

1964 年起历任南通第二棉纺织厂工人、团支部书记、厂办秘书、厂工会秘书；1979 年起历任市总工会干事、秘书、办公室副主任、组织部部长、权益保障办公室主任、机关党总支书记、机关工会主席；1992 年市总工会副主席；1998 年市总工会副主席、党组副书记；2001 年市总工会助理调研员；2007 年退休。

袁承璋

男，1940 年 2 月出生，江苏海门人，大专学历，1955 年参加工作，1960 年加入中国共产党。

1955 年海门树勋供销社营业员；1958 年入伍，历任班长、副排长、司务长，团政治处干部、股长，团政治处副主任、主任，团副政委、政委（1979~1980 年解放军政治学院学习）；1983 年师副政委；1986 年市城乡建委副主任、政治处主任；1995 年市总工会副主席；1995 年市总工会副主席，经费审查委员会主任；1997 年市总工会巡视员；1998 年市总工会助理调研员；2000 年退休。

钱祥圣

男，1955 年 2 月出生，江苏海安人，大学学历，1972 年参加工作，1974 年加入中国共产党。

1972 年入伍，历任南京军区独立坦克团战士、车长，排长、政治处干事、股长、营教导员，师政治部干部科科长、坦克团政委；1996 年市总工会党组成员、纪检组组长；1998 年市总工会副主席；2011 年市总工会副调研员。

朱淑娟

女，1954 年 5 月出生，江苏南通人，大专学历，1970 年参加工作，1976 年加入中国共产党。

1970 年起历任南通无线电厂工人、政工科副科长、团总支书记、团委书记、工会主席、党委副书记；1990 年南通无线电器材厂党总支书记；1991 年起历任市总工会干事、权益保障办公室副主任、主任；1997 年市总工会副主席；2001 年市总工会副主席、党组副书记；2010 年市总工会调研员、副主席；2011 年市总工会调研员。

朱晓明

男，1951 年 1 月出生，江苏镇江人，中央党校大学学历，1968 年参加工作，1975 年加入中国共产党。

1968 年如东县新店公社插队；1972 年兰州军区守备二团放映员；1976 年起历任南通第二印染厂车间党支部副书记、政工科干事、宣传科副科长，工会主席；1987 年起历任市总工会办公室主任、经费审查委员会主任；1998 年任市总工会党组成员、纪检组组长、机关党总支书记、经费审查委员会主任兼经审办主任；2007 年市总工会助理调研员；2011 年退休。

李仕春

男，1958年2月出生，江苏海门人，中央党校大学学历，1976年参加工作，1978年加入中国共产党。

1976年入伍，历任济南军区烟威警备区战士、排长、教员、参谋；1986年起历任市自来水公司党办宣传干事、宣传员、组织纪检员；1989年起历任市城乡建委政治处副科级组织员、工会工作委员会副主任；1997年起历任市总工会组织部副部长、部长；2001年市总工会副主席兼组织部部长；2002年市总工会副主席；2012年市政协委员工作委员会主任。

郭　彪

男，1956年7月出生，江苏如东人，中央党校大学学历，1974年参加工作，1978年加入中国共产党。

1974年入伍，历任陆军第141师高炮营战士、车管助理员、运输助理；1985年起历任步兵第139师后勤部油料科助理员、汽车营副营长、营长，后勤部运输科科长，陕西省子洲县人武部部长，1998年11月中共子洲县委常委、人武部部长；2001年市总工会主席助理；2003年起历任市总工会党组成员、主席助理、经费审查委员会主任；2012年市总工会副调研员、经费审查委员会主任；2013年市总工会副调研员。

陈志祥

男，1963年7月出生，江苏南通人，中央党校大学学历，1980年参加工作，1986年加入中国共产党。

1980年入伍，历任39军115师炮兵团战士；1985年起历任40集团军炮兵旅通信连排长、雷达站站长、政治部秘书、政治教导员；1997年起历任沈阳军区第二服务处正营职秘书、副团职秘书、正团职秘书、第二服务处副处长；2006年起历任市总工会党组成员、主席助理、机关党总支书记。

叶新春

男，1963年2月出生，江苏泰兴人，大学学历，1983年参加工作，1989年加入中国共产党。

1983年起历任中共南通市委办公室机要局科员、副科级秘书、正科级秘书、副局长；2005年市总工会主席助理；2007年市总工会党组成员、纪检组组长。

季金祥

男,1962 年 6 月出生，江苏如东人，大学学历,1979 年参加工作,1982 年加入中国共产党。

1979 年入伍，空军航空学校学员;1982 年起历任空军航空兵正排职飞行员、副连职飞行员、正连职飞行员、飞行大队中队长;1988 年沈阳军区航空兵训练基地团飞行大队副大队长、大队长、副团长、团长,基地副参谋长、参谋长、副司令员;2010 年市总工会副主席;2013 年市总工会副主席,经费审查委员会主任。

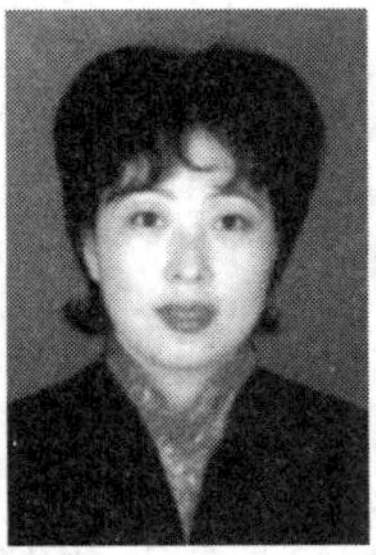

杨哔鹃

女,回族,1963 年 7 月出生,江苏镇江人,大学学历,1985 年参加工作,2001 年加入中国共产党。

1985 年镇江教育学院中文系助教;1988 年起历任市总工会办公室科员、宣教部科员、副部长、部长;2010 年市总工会副主席。

瞿 刚

男,1960 年 2 月出生，江苏南通人，大学学历,1976 年参加工作,1984 年加入中国共产党。

1976 年南通市东方红公社插队知青;1978 年省机械施工技工学校学生;1980 年起历任市建安总公司工人、设备员、团委副书记,建工局、建安总公司团工委副书记，党校副教导主任;1991 年起历任市信访局办事员、秘书、科长、局长助理、副局长;2012 年市总工会副主席、党组副书记。

第二节 南通市全国劳动模范(先进工作者)

(1995~2010 年 59 人)

全国总工会会同国务院有关部门从 1950 年开始评选表彰全国劳动模范、先进工作者。截至 1989 年,南通市有 86 人次被评为全国劳动模范、先进工作者。

本志上限为 1990 年 1 月,下限为 2014 年 12 月,其间评选全国劳动模范、先进工作者四次,南通市有 59 人获评,现按获奖时间顺序作简要介绍。

李庚南 女,1939 年 11 月出生,高中文化,南通市启秀中学全国著名中学数学特级教师,江苏省首批名师,享受国务院颁发政府特殊津贴专家; 第九届全国人大代表。1995 年全国先进工作者。

李庚南从教几十年,年过七旬,仍活跃在教育一线。她曾连续 26 年主持开展 8 轮数学教改实验,出版专著 7 部,发表论文 100 余篇。她总结、提炼的“自学·议论·引导教学法”,在全国初中数学教学界产生了广泛影响。她获得过苏步青数学教育奖、全国中小学教学改革“金钥匙”奖等荣誉,受到国务院总理李克强接见。

王秀珍 女,1953年11月出生,中共党员,初中文化,如皋市新姚乡曹家桥村农民,1995年全国劳动模范。

王秀珍1993年3月作为全国10名农民代表之一、省唯一棉农代表出席全国棉花工作会议,受到朱镕基总理的接见。她成功总结出一套棉花高产的栽培模式,即使在大灾之年,也获得亩产皮棉152.8公斤的好收成,创南通植棉新记录。她开拓进取,发展各种特色庭院经济,取得丰厚的经济效益,并将经验毫无保留地传授给农民,帮助几十户农民甩掉贫困的帽子。

吴美琴 女,1947年11月出生,中共党员,高中文化,南通市百货大楼股份有限公司总经理,1995年全国劳动模范。

吴美琴在全市商业企业率先实行经理负责制和承包责任制,完成股份制改制工作,为企业经营上规模、效益上台阶做出突出贡献。通过4年时间的奋力拼搏实现资金利润率、人均创利税额居全市同行首位,在全省大型商业企业中位居前列。企业连续6年被评为省文明单位和商品质量信得过、物价计量信得过单位。

俞东明 男,1953年12月出生,中共党员,中专文化,南通天生港发电有限公司发电部运行班班长,1995年全国劳动模范。

俞东明一直扎根发电一线,为企业提出合理性建议近百条,为国家节约资金达40余万元。在班组管理中,完善了5种考核管理制度和16项管理台账,注重班组成员的思想工作,调动全班人员的劳动积极性,班组被能源部评为岗位培训先进班组、江苏省安全生产优秀班组。

茅　健 女,1967年11月出生,中共党员,大学文化,南通第三棉纺织厂职工,1995全国劳动模范。

茅健勤学苦练,在实践中总结出均匀巡回、多拉少放、笛管两头不放掉等多项经验,产、质量月月保持双一百,细纱接头速率达28秒,打破省、市纪录,先后获市、省优秀操作能手称号。她把自己的技术经验毫无保留地传授给他人,每年带2~3个徒弟。茅健平时对自己要求严格,常主动请战,有时一人顶两人的工作。

倪国祥 男,1954 年 12 月出生,中共党员,高中文化,海门市民政局副局长、殡仪馆馆长,工程师,1995 年全国先进工作者。

倪国祥因犯收受贿赂罪，于 2008 年被判处有期徒刑五年零六个月。

刘邦杰 男,1938 年 3 月出生,中共党员,大学文化,南通市农业科学研究所研究室主任,1995 年全国先进工作者。

刘邦杰主持和参与 5 项国家和省“八五”攻关项目。“灵福合剂”项目获 1993 年中国高新技术新产品博览会金质奖,省科技进步三等奖和市科技进步二等奖。“灵福种衣剂”较好地解决了棉花苗期的病害死苗问题,1991~1994 年累计推广应用 2000 万亩左右,新增效益 6 亿余元。

崔家龙 男,1941 年 1 月出生,中共党员,大学文化,南通港务局狼山港务公司副经理,1995 年全国劳动模范。

崔家龙技术精湛,被誉为港口机械的“神医”,为南通港口建设做出重要贡献。1988~1995 年期间获得 5 项国家专利,专利产品已在全国 10 余个沿海大港推广使用,取得巨大的经济效益和社会效益。他还无偿为天津港、南京晨光机械厂、南通外贸仓库、江南造船厂等 10 余家单位解决技术难题。

鲁 伟 男,1955 年 5 月出生,中共党员,高中文化,江苏苏中建设集团股份公司青岛办事处副主任,1995 年全国劳动模范。

鲁伟长期工作在施工一线,所在工程队连年被评为省、市、县先进。他主持的中国科学院北京天文台望远镜观测室，获鲁班奖;1993 年主持 12 万平方米超高层建筑青岛金都花园工程是当年南通建工系统竣工工程高度最高、面积最大、速度最快的工程。他长期坚持技术创新,2 种施工法被定为市级工法,1 项成果获中科院科技进步三等奖。

李从福 男,1942 年 9 月出生,回族,中共党员,大学文化,南通玻璃一厂厂长(兼任南通市化工局副局长)、高级工程师,1995 年全国先进工作者。

李从福具有强烈的改革意识和开拓精神,实施一系列改革,调动干部职工积极性;狠抓技术进步和新品开发,完成两项重大技术攻关、两项新产品开发;改革经营机构,企业销售收入逐年增加。任职期间,企业经济效益在省内同行业中居首位,在全国同行业中名列前茅。

张士新 男,1939年9月出生,中共党员,大专文化,海门市包罗铜材集团董事长,1995年全国劳动模范。

张士新勇于开拓,不断攀高创新,将一个七八人的小铜材厂发展为年产值达2亿余元,利税达千万元的村办企业。同时坚持以工促农的发展方向,使村农业生产稳步发展,粮棉产量多年列全乡榜首,列全市前茅。他热心公益福利事业,每年从工业利润中拿出经费投入公益福利事业。积极扶持邻村共同致富。

王凤章 男,1940年3月出生,中共党员,初中文化,启东市万安乡盘弯村农民,1995年全国劳动模范。

王凤章十余年来,联合几户农民从发展经济联合体起家,由小到大,创办了江苏境内规模最大的多功能养殖副业场,建立大型养猪场,承包长江围垦的3000亩水面芦荡。个人致富不忘国家,1987年春节为缓和市场供应紧张,他不计成本宰杀百头壮猪投放市场,损失数万元。他注重市场研究,饲养的瘦肉型猪、螃蟹、甲鱼等均走出国门。

钱建萍 女,1967年12月出生,中共党员,初中文化,通州市棉纺织厂工人,1995年全国劳动模范。

钱建萍是通州市1994年青工技术比武第一名,南通市单项比赛第一名,她12年织坯布近300万米,带出8名技术尖子。1994年企业产品供不应求,她率先在全车间扩大挡台面,提出在织造车间样板工区开展劳动竞赛,使产量完成率创历史最高水平,她个人月超产1650米,创造建厂以来的产质量新记录。

蔡正勤 男,1948年6月出生,中共党员,高中文化,江苏金太阳油脂公司职工,1995年全国劳动模范。

蔡正勤带领炼油车间连续15年被南通市、如东县粮食局评为先进集体,主产品质量指标达100%,被评为省、市优质产品。他刻苦钻研业务技术,攻克炼油技术关键水洗工艺,在提高油质的同时有效降低原料成本消耗,1994年仅酸析回收中性油一项,就增产食油2500余公斤。由于其操作技术精湛,在市粮食系统炼油比武中获第一名。

沈良兵 男,1948年8月出生,中共党员,大专文化,如皋市吴窑镇建筑站总经理,2000年全国劳动模范。

沈良兵从建筑一线工人成长为公司管理者,始终坚持艰苦创业、改革创新,将一个小小建筑队发展成总资产超亿元的建筑公司,承建各类工程180余项,获得"鲁班奖"4项,其他各种优秀工程奖数十项。在发展公司的同时,他不忘带动周边群众脱贫致富,1995~2000年职工分配

2.4 亿余元，将总公司奖给他的 20 余万元奖金全部用于人才培养和资助贫困户。

刘德林 男，1954 年 9 月出生，中共党员，高中文化，江苏大生集团有限公司动力部主任，2000 年全国劳动模范。

刘德林刻苦学习专业技术，组织和参加近百项技术革新项目，创直接经济效益 400 余万元。其中对浆纱机电气控制系统的改造，创效益 70 万元；在风机、水泵及纺织主机上推广应用变频调速器，年节约电费 96 万元；他设计 6 套电器集控图，比外购节约 25 万元；对变频调速器运行方式进行技术挖潜，减少15%的电能损耗，年创效益 30 万元。

吴建华 男，1961 年 10 月出生，高中文化，如东县华丰乡天星村农民，2000 年全国劳动模范。

吴建华成功培育大棚菜椒、黄瓜等农作物，提高产量和经济效益，平均每亩经济效益由 2000 余元提高到 6000 余元。他义务传授技术给周边的农民，每年为菜农义务举办培训班 10 余次，接受咨询 3000 余人次，在他的扶持下，全村 20 余个特困户种菜脱贫，全乡涌现出 10 余个大棚蔬菜示范园区。他培育精品，注重营销，产品畅销日本等地。

唐永洲 男，1957 年 2 月出生，中共党员，大专文化，启东市汇龙镇城河村村委会主任，2000 年全国劳动模范。

唐永洲长期在基层一线工作，1983 年任村委会主任，上任伊始就大力发展村级经济，先是改造润滑设备厂，成功实现工业兴村；1992 年实施“三产强村”政策，三年使 1000 余户村民住进新房；筹建 13000 平方米的城河建材城，大大促进城河村第三产业的发展。1998 年新办股份制城河果蔬农场，被列为江苏省农业现代化示范园区。

张邦国 男，1945 年 4 月出生，中共党员，大学文化，南通市变压器厂技术中心主任、高级工程师，2000 年全国劳动模范。

张邦国坚持科技兴厂，先后研发出几代变压器，分别获得国家级新产品、省高新技术产品、省级火炬计划项目、高博会新产品金奖等大奖。其 SZ9–4000/110 电力变压器，获得 KEMA（全球能源领域认证权威机构）认证，为“三力”变压器挺进国际市场铺平道路，填补国内空白，也使一个名不见经传的小厂一跃跻身到变压器行业的前列。

陶金龙 男，1953 年 5 月出生，中共党员，初中文化，南通市公共交通总公司驾驶员，2000 年全国劳动模范。

陶金龙是公交公司驾乘人员学习的标兵，20 余年，安全行驶 67 万公里，1993~1999 年累计主动加班 850 天。他刻苦钻研车辆维修技术，总结出“听、闻、看、摸”的排故障法，为安全行车、节约运行成本做出很大贡献。他还是一个热情服务、拾金不昧的好司机，在公交司机生涯中做过许多好事。

眢圣达　男,1963 年 4 月出生,中共党员,大学文化,江苏综艺集团董事长、总经理,2000 年全国劳动模范。

眢圣达从 1987 年凭借 21 台破旧缝纫机创办南通县刺绣厂开始,将一个名不见经传的村办厂发展成为总市值超过 120 亿元的企业集团,创造全国乡镇企业的多项第一。他严于律己、艰苦朴素,追求共同富裕;他尊重知识、唯才是举、筑巢引凤,吸引众多人才;他重视企业党建,使集团成为有志青年大展身手的乐园。

倪志斌　男,1962 年9 月出生,大学文化,海门市畜牧兽医站副站长,2000 年全国先进工作者。

倪志斌为全市畜牧业结构优化、技术推广做出重大贡献。他创立的"山羊简易输精技术",达到国际领先水平,在全国 16 个省、市推广应用。他主持研究并获得 20 余项科研成果,不少成果填补国际和国内的空白,是国内公认的山羊营养与繁育研究方面的专家和权威,获联合国技术信息促进系统发明创新科技之星奖。

顾兰珍　女,1953 年11 月出生,中共党员,小学文化,南通市崇川区环境卫生管理处清洁工,2000 年全国先进工作者。

顾兰珍在平凡的岗位上谱写出不平凡的业绩。节制闸至大庆桥地段,是最难清扫的路段,她不但没有一声怨言,而且主动协助领导做好班组内其他同志的思想工作,共同做好道路保洁工作,使该路段成为环卫处的免检道路。她在质检岗位上,依旧每天早晨 4 点上路,在检查之余,总还要扫上一段路,用自己的模范行动影响周围的同志。

骆德龙　男,1946 年3 月出生,中共党员,大专文化,南通化工轻工股份有限公司董事长、总经理,2000 年全国劳动模范。

骆德龙带领干部职工大胆探索国有企业改革的新路,公司改制后,推进八大改革,确立四大战略,苦练五大内功,企业竞争力全面提高,经济效益位居全国同行业前列。他坚持依法经营,廉洁自律,切实按照厂务公开的要求,对干部人事、财务支出等敏感问题,做到公开透明,并定期提交监事会、职代会,广泛听取意见并接受审议。

李灯兰　女,1965 年 12 月出生,中共党员,大专文化,江苏省南通监狱政委,2000 年全国先进工作者。

李灯兰时刻把人民赋予的改造罪犯、培育新人的神圣职责铭记在心,严管细教,情理交融,用一颗赤诚的爱心唤醒女服刑人员的良知,用辛勤汗水重铸一批又一批新人。中队服刑女犯的认罪服法率达 98%以上,顽危犯的转好率达 100%,反改造尖子的转化率达 85%,各项工作指标均超过上级要求。

潘美兰 女，1954 年 12 月出生，中共党员，小学文化，南通振达轴承有限公司工人，2000 年全国劳动模范。

潘美兰 14 年干了 22 年半的活，个人加工的产品一次交检合格率达 98%以上。她只有小学文化，但凭着敬业和钻研精神，总结出 50 余条操作要领并熟背下来，成为全班技术权威。她发明的油石再利用革新技术，每年为工厂节约数千元。1998 年她利用业余时间和其他同志一起改造退磁机，在确保质量的同时提高工效 50%。

薛　萍 女，1954 年 6 月出生，中共党员，大专文化，崇川区外经委主任，2000 年全国先进工作者。

薛萍作为区外经委一把手，着力于招商引资，几年来，崇川区累计吸引外资 32986 万美元，兴办外商独资企业 53 个，中外合资企业 161 个，3 年累计外贸出口总额 17 亿元，为崇川经济实力的增强起到推动作用。在外经工作中，她严格要求自己，不计人个得失，处处以国家和集体利益为重，树立良好的政府工作人员形象，受到国内外客商的一致称赞。

赵志新 男，1959 年 7 月出生，中共党员，大专文化，启东市公安局局长，2000 年全国先进工作者。

赵志新率先在全市范围内开展打黑扫恶专项行动，打击处理邪恶势力 300 余人，确保一方平安。他从严治警，科学管理。提出建设出入启东西大门关卡屏障，规划调整全市 130 余个乡村际关卡，增强公安堵控能力。他自担任公安局领导 8 年里，加班加点9000 余小时，8 年干了近 12 年的工作，即使在父亲和妻子手术期间也没有休息过一天。

朱益林 男，1947 年 5 月出生，中共党员，高中文化，工商银行南通分行人民路办事处友谊桥储蓄所主任，2000 年全国劳动模范。

朱益林在储蓄所工作中重管理、强服务，将一个业绩差的小储蓄所建设成信誉好、服务强的先进储蓄所。他在全市率先制定若干便民措施，如为储户准备老花镜，将对储户服务从储蓄前的指导延伸到储蓄后的服务。他是储户认可的贴心管家，是同事服气的学习榜样，是领导放心的得力助手。

王陆军 男，1956 年 1 月出生，中共党员，大学文化，南通市第三人民医院院长、党委书记，2005 年全国先进工作者。

王陆军创立全国卫生系统第一个由政府命名的“无红包医院”，仅 2000 年以来，在医院累计收治的 46.46 万个病人中，没有一个病人举报医务人员收受“红包”。在抗击“非典”中，成功地指挥治愈江苏省第一例“非典”病人，指挥三院救治小组接诊 5000 余名疫区抵通人员，有效控制了南通地区疫情蔓延，维护了社会稳定。

顾　瑛　女，1958年4月出生，中共党员，中专文化，启东市人民医院手术室护士长，2005年全国先进工作者。

顾瑛20余年来，以饱满的工作热情，突出的管理才能，娴熟的专业技术，带领全科室护理人员以病人为中心，创优质服务，树行业新风。她不为名，不谋利，拒收红包，放弃休息，全身心地投入到医院的护理工作，做出了突出贡献。先后十次被启东市委、市政府记三等功。

方建新　男，1953年11月出生，中共党员，大学文化，南通市公安局刑警支队副支队长，2005年全国先进工作者。

方建新长期从事刑事技术工作，积累了丰富的现场勘验和侦查案件的经验，成长为一名通晓刑事技术的专家型指挥员，是全省七名痕迹检验专家之一。他亲自参与和指挥数千起刑事犯罪现场的勘查和分析，运用技术手段直接破获的大要案件达300余起，确保南通市连续14年保持杀人案件破案率95%以上，在全国一直处于领先位置。

严汉圣　男，1959年12月出生，中共党员，中专文化，南通港务局姚港港务公司维修队队长，2005年全国劳动模范。

严汉圣是全国技术能手，南通港技工明星。他狠抓队伍建设，把一群“娃娃兵”培养成为技术精湛的维修尖子，为企业各项生产指标创历史新高提供强有力的技术保障。他带领攻关小组研制的多功能综合测试台，实现对电子集成板块达到原件芯片级修复的目的；革新带斗门机回转控制系统，使散货生产增加年收入1千万元以上。

施乃平　男，1948年9月出生，中共党员，大学文化，南通西藏民族中学校长、党支部书记，2005年全国先进工作者。

施乃平入藏援藏11年，回南通后又一直投身教育援藏工作。他以一个优秀共产党员的形象为西藏经济、教育的发展，为国家的稳定做出杰出的贡献，深受藏族师生和家长的爱戴、深受同行们的敬重，成为南通市教育系统公认的一面红旗，被誉为“活着的孔繁森”，是全市党员学习的典型。

凌　晨　女，1970年12月出生，中共党员，大学文化，南通人民广播电台新闻中心副主任、主任记者，2005年全国先进工作者。

凌晨长期从事新闻采编工作，始终牢记和履行党的新闻工作者的神圣职责，刻苦钻研新闻业务和专业技能，新闻作品连年获奖。连续三年有10余件作品获得省优秀广播新闻评比政府奖，获得第十二届中国新闻奖二等奖，这是当年江苏省获得的中国新闻奖最高奖项，也是南通市历史上的最高新闻奖。

叶剑生 男,1962年8月出生,中共党员,大专文化,海门市常乐镇培育村党支部书记,2005年全国劳动模范。

叶剑生舍小家为大家,带领村民调整农业产业结构,大力发展民营经济,使培育村从当地出了名的贫困村一跃成为南通市三个文明建设示范村。村民人均收入从五年前的3500元增加到2004年8500元。叶剑生也成为家喻户晓的"草莓书记"。

易 昕 男,1957年11月出生,中共党员,硕士文化,江苏大富豪啤酒有限公司董事长、总经理,2005年全国劳动模范。

易昕紧紧依靠职工办企业,较早开展"总经理与员工恳谈会",实行民主管理,激发职工创业热情。企业被评为2004年南通市50强企业,大富豪啤酒连续9年被评为江苏名牌产品和省著名商标,产销量居全省行业第一,2005年被评为"中国啤酒工业十强企业"。他热心公益,捐助老党员、学生、特困职工数百万元;为政府排忧解难,收购经营不善企业,解决濒临下岗职工的再就业问题。

卞俊泉 男,1953年11月出生,中共党员,初中文化,江苏如东通用机械厂镗工,高级技师,2005年全国劳动模范。

卞俊泉刻苦钻研技术业务,积极开展技术创新,先后取得回转式镗孔工艺、滚子补芯的镗工工序攻关成果,为企业创造经济效益15余万元,凭着长期的实践经验,摸索出深孔镗加工磨刀的绝招。他有高度的责任心和熟练过硬的操作技能,多年来没有出一件废品,主件主项合格率达100%,被公认为"质量信得过员工"。

顾清波 男,1949年3月出生,中共党员,大专文化,江苏九鼎集团股份有限公司董事长、党委书记、总经理,2005年全国劳动模范。

顾清波创办了一个拥有6亿元资产的企业集团,年上缴税收3000万元。他重视技术创新,开发一批远销国外的国家专利产品。他在办好企业的同时不忘服务社会,2001年投入4000余万元,建立500亩名贵苗木繁殖基地,通过示范辐射扶持带动周边8个镇20余个村数千农户从事苗木生产,一年为农民增加收入近1亿元。

袁秀祥 男,1957年5月出生,中共党员,高中文化,南通汽运集团飞鹤公共交通有限公司驾驶员,2005年全国劳动模范。

袁秀祥以安全、优质、文明的服务,赢得广大乘客的赞誉。他首创的亲情服务品牌被推广到各条班线。在承包车辆期间,他对残疾人乘车免费,对一时囊中羞涩者酌情少收车费或免费。他长期从事客运驾驶,至2005年创下无违章、无事故,安全行车120万公里的记录。以他为班组长的刘桥班线更是被当地群众亲切地誉为"秀祥文明班线"。

马清林 男，1953 年 8 月出生，中共党员，初中文化，南通市城南乳品厂村民组长，2005 年全国劳动模范。

马清林是南通城南饲养场一名不可或缺的技术人才。他倡导敢为人先、知难而进、迎难而上的创新精神，率先推进二、三联产兴组的发展模式，兴建起 2 万余平方米的标准厂房，引进 20 余家现代化企业，开辟组级工业园区发展之路。2002~2004 年全组共实现总产值 6000 余万元，税收 350 万元，利润 450 万元，人均年分配收入 3.7 万元。

丁雪峰 男，1980 年 1 月出生，中专文化，江苏省电力公司如皋市供电公司变电检修班班长，2005 年全国劳动模范。

丁雪峰是供电公司出名的“能啃、会钻”的技术人才。他和队友一道完成多项“小改小革小发明”，大大提高了工效和检修质量。短短的几年就成为技术尖子，检修状元。在他的带领下，变电检修班成为一支“特别能战斗”的坚强集体。2004 年他在全国电力行业继电保护工、变电检修工技能大赛中勇夺第一名。

成川良 男，1951 年 3 月出生，大专文化，南通华容科技电子材料有限公司电源维修工，2005 年全国劳动模范。

成川良是工作的有心人。由于公司是用水大户，他经努力将水制冷改为抽风冷却方式，每年为企业节省水费 46 万元。发现公司新进电源设备耗能大，他通过多次测量，采集了几十个数据，提出一套切实可行的解决方案，将设备电源效率提高了 25%。发现公司购进的电解电源设备故障率高，他认真搜集资料，反复试验，成功使这批设备运转正常，保证正常生产。

孙秀芳 女，1954 年 2 月出生，大专文化，海安县磁性材料二厂技术开发部部长，2005 年全国劳动劳模。

孙秀芳于 20 世纪 90 年代初创新工型磁芯制作工艺，为彩电国产化配套做出了一定的贡献，企业上交税金 1500 余万元；2002 年发明了谐波电流抑制器和组合式谐波电流抑制器，获 2 项国家专利，项目当年为企业实现利润 2200 余万元，上交各项税金 2300 余万元，企业 2002 年名列全国私营企业纳税百强第 20 名。

姚泽炎 男，1964 年 12 月出生，中共党员，大学文化，长江引航中心南通引航站高级引航员，2010 年全国先进工作者。

姚泽炎是全国十佳引航员，共引领来自世界各地的船舶 6000 余艘次；引航里程能绕行地球 15 圈；引航船舶吨位相当于南通港两年外贸吞吐量。他创造了 25 年安全引航零事故、服务零投诉的奇迹。他是长江狭水道引领大船的"安全图章"。他研究出的弯曲航段船位目测法,有效解决了引航员在弯曲、狭窄航道中避让难的问题。他独创的安全操作法被全线推广,为提高内河引航技术水平和保障引航安全做出了重要贡献。

吴和平 女,1957 年 10 月出生,中共党员,大学文化,江苏省南通师范第二附属小学校长、党总支书记,2010 年全国先进工作者。

吴和平重视学校的管理与创新,全力支持李吉林老师领衔开展的情境教育实验与研究,大力彰显通师二附办学特色。她一方面重名师培养,一批素质过硬的骨干教师脱颖而出;一方面重学生素质教育,开展一系列在全国有影响的活动,注重从小培养孩子丰富的精神世界。她有一句名言:"书香气是每一个学校的氛围,书卷气是每一个孩子的气质。"

王广祥 男,1952 年 10 月出生,中共党员,大专文化,南通日报社高级记者,2010 年全国先进工作者。

王广祥热爱党的新闻事业,严格执行新闻纪律,在本职岗位上做出了突出贡献。长期深入一线,先后有 268 篇(幅)作品在全国及省以上评比中获奖,17 篇(幅)精品被收入中国优秀新闻作品选、中国地市报好新闻,6 组新闻图片被收入南大、南师大等高校新闻辅助教材中。获全国新闻战线最高荣誉奖——范长江新闻奖的提名奖。

章幼奕 女,1955 年 12 月出生,中共党员,大学文化,南通市第三人民医院副院长,主任医师,2010 年全国先进工作者。

章幼奕是南通市医疗救治专家组组长,在"非典"、甲型 H1N1 流感等新发传染病高发阶段,只要有疑似病例或重症病例,她总是第一时间亲临现场,为危重病例救治抢先机。她领衔的肝脏病学科,先后成功施行 30 余例肝移植手术,实施肝癌介入和多极射频治疗等 20 余项具有国内先进水平的诊疗项目,承担 25 项国家、省、市级肝病科研项目,先后获省、市级科技进步奖和新技术引进奖近 30 项。

倪 涛 男,1963 年 4 月出生,中共党员,大学文化,南通中远船务工程有限公司总经理、党委副书记,2010 年全国劳动模范。

倪涛是从基层生产一线成长起来的企业领导,通过强化技术创新研发、实施管理流程再造,在较短时间内,将一个传统的船舶修理改装企业打造成中国一流、世界知名的海洋工程装备建造和船舶修理改装基地,在中国船舶工业行业创造了世界顶尖高科技海洋工程装备"中国制造"的奇迹,成为企业产业结构调整和转型升级、又好又快科学发展的成功典范,得到中央领导、国家工业和信息化部的肯定和好评。

卢　俊　男，1966年10月出生，中共党员，大学文化，如皋市公安局副局长、刑警大队大队长，2010年全国先进工作者。

卢俊创下了连续18年201起凶杀案当年全破的纪录，公安部副部长先后三次到如皋考察，称如皋凶杀案件破案“可供全国刑侦同行们学习借鉴”。全国执法规范化建设现场会组织与会人员到如城刑侦中队参观考察。调任110指挥中心后，创新数个工作机制，由他带领的110报警服务台获“全国巾帼文明岗”称号。

朱月红　女，1968年1月出生，中共党员，初中文化，海安县环境卫生管理处保洁工，2010年全国劳动模范。

朱月红从事环卫一线工作几十年，在海安环卫工人纷纷离职的背景下，她接管17个厕所保洁工作，率先推行管理改革，她管理的公厕，成为环卫系统绝无仅有“免检厕所”。她是低调的“热心人”，遇到居民不小心把钥匙、手表等掉在粪池里，她想方设法帮助他们捞回。因工作出色，领导想把她调至轻松一点的管理岗位，她坚决不同意，她说：“我的工作就是在一线，这是我的根本。”

唐慧娟　女，1969年8月出生，中共党员，大专文化，海门市海盛生猪专业生产合作社理事长，2010年全国劳动模范。

唐慧娟从开荒冢为规模养殖景点开始，不断克服创业过程中的种种困难，坚持走专业合作社道路，通过6年的艰苦奋斗，推动海门市海盛生猪专业合作社发展壮大，建成两个现代化无公害生猪健康养殖基地，2009年实现年经营销售总收入7431万元，合作社与社员纯利润总数达到2475万元，户均收入10.4万元，带动3800名农民脱贫致富。

季建华　男，1975年12月出生，中共党员，大学文化，南通邮政局市场经营部主任，2010年全国劳动模范。

季建华参加全省邮政信息网“十一五”规划方案的制定，被评为省局级技术专家。他带领技术团队开创了南通邮政科技兴邮的新局面，运用技术手段推动邮政与各大公共服务机构和通信运营商的全面合作，打造南通“缴费一站通便民服务”的品牌；在当时同业银行纷纷撤出农村的过程中，通过技术手段丰富完善了邮政的金融服务手段，促进了邮政服务“三农”工作的落实。

张菊华　男，1958年12月出生，中共党员，高中文化，南通市自来水公司维修班班长，2010年全国劳动模范。

张菊华几十年如一日，尽心尽责维护南通自来水管网安全。寒冬是自来水管易坏的季节，他常常24小时连轴转抢修水管，确保全市人民的用水安全。他精益求精，不断吸收新技术，提高维修质量。他是公司

"江海志愿者"活动的发起人之一,在他的带领下,40余名同事加入"学雷锋学莫文隋"献爱心的行列,他们每月定期到市区各大新村进行志愿服务,为市民排忧解难。

洪建忠 男,1957年5月出生,高中文化,南通出租汽车有限公司驾驶员,2010年全国劳动模范。

洪建忠安全行车20余年,累计超过200万公里。他自己总结、实践一整套文明服务流程,从一把伞、一个塑料袋、一个微笑、一次等待、一次免费等小事中,让乘客感受到春天的温暖。他还自费赴四川,为灾区学生带去捐款和学习用品;到儿童福利院,带孤残儿童踏青;走进社区,陪老军人、老党员、老工人畅游通城新景;年年参加公司组织的高考免费接送志愿活动。以他名字命名的"洪建忠班组"是通城一道流动的风景线。

葛建华 男,1970年3月出生,高中文化,江苏通州四建集团有限公司瓦工工长,2010年全国劳动模范。

葛建华刻苦钻研技术,练就了一手出色的瓦工技艺,是全国"技术状元"。2002年被任命为瓦工工长后,率领团队奋力拼搏,不厌其烦地将自己的技术要点手把手地教给大家,在组内组织技能培训和比武,培养了数十名技术尖子,带领团队为公司先后7次获得"扬子杯"立下战功。他注重学习、思考和总结,先后有多项成果获得省、市QC成果一等奖,为公司和业主带来明显效益。

薛济萍 男,1951年3月出生,中共党员,大学文化,江苏中天科技股份有限公司董事长、总经理,2010年全国劳动模范。

薛济萍带领员工将亏损的中天科技企业发展成为一家拥有1个上市公司和16个子公司,年上缴税费超过2亿元的现代企业集团。先后创造全国首根五类电缆、首根深海光缆、首根光纤复合架空地线等,打破跨国巨头的技术封锁和垄断局面,为国家节约大量资金和外汇,为电信、电力、海洋经济、交通运输、国防等领域的信息安全做出重大贡献。

吴玉祥 男,1969年8月出生,中共党员,大学文化,南通精华制药有限公司生产制造部经理,高级工程师,2010年全国劳动模范。

吴玉祥负责原料药的生产管理工作,积极投身产品工艺革新,先后对去醇新工艺、抗真菌药氟胞嘧啶新工艺、非甾体消炎药吡罗昔康的工艺成功改进,累计节约成本上千万元,同时从源头上减少了有机物的排污量。他不断加强专业知识与管理知识的培训,编写的GMP文件270余个,为公司顺利取得国家GMP证书、美欧COS证书、美国FDA证书做贡献,为产品销售提供保证。

毛纪治　男,1951 年 1 月出生,中共党员,高中文化,江海供电服务有限公司送变电工程分公司工人,2010 年全国劳动模范。

毛纪治没有大学文凭,却有一连串“家”的称号。在 2004、2006 年全国电力行业技能大赛上,他带领江苏队包揽了团体冠、亚军和个人前三名,被称为“检修专家”;他帮助全国供电企业解决变电所设备运行中的难题,成为名扬大江南北的“毛专家”;他从检修工成长为江苏省内唯一的变电检修技能一级专家,被誉为“土专家”;他不仅自己攻下 30 余个技术革新项目,还带出了一批学有专长的中青年技工佼佼者,被称为“实干家”。

第二章 人物名录

第一节 南通市全国五一劳动奖章获得者

（1990~2014 年 118 人）

1990 年(4 人)

黄　海　　姜志平　　李新时　　陆振勤

1991 年(6 人)

单国兴　　蔡洪平　　崔家龙　　陆韧韧　　卢玉林　　蔡正勤

1992 年(5 人)

侍　德　　龚伯英　　李从福　　茅　健　　李玉坤

1993 年(6 人)

张树人　　胡苍松　　倪国祥　　杨　迈　　陈永和　　戈雪芬

1996 年(6 人)

陈志田　　张振印　　姜剑国　　王丽萍　　陶荣华　　刘德林

1997 年(5 人)

施锦康　　潘美兰　　史荣海　　顾晓松　　薛家宽

1998 年(5 人)

徐恩喜　　施张菊　　张　洞　　沈良兵　　蒋晓东

1999 年(6 人)

范小辉　　陈心万　　卞俊泉　　朱军荣　　王寿扬　　蔡期清

2001 年(5 人)

徐长江　　朱建荣　　吴金明　　任吉成　　崔锦桃

2002 年(5 人)

张增友　　于金莲　　郭文山　　邢家锋　　袁建国

2003年(5人)

管怀进　袁秀祥　张菊华　黄树森　陈锦石

2004年(8人)

顾　瑛　顾国强　李庆明　施祥贵　毛云和　丁雪峰　谭德凤
徐红艳

2006年(5人)

周建锋　姚泽炎　陆建山　蔡瑞平　吴和平

2007年(5人)

张　芳　姚泽民　段仁贵　姜　新　张永立

2008年(5人)

朱国元　李洪斌　姜　宁　薛济萍　管云山

2009年(8人)

李国瑾　刘淑军　耿曹均　王小燕　闵晓颖　彭雪峰　陆亚萍
汪　俊

2010年(1人)

吴永宏

2011年(7人)

尤建华　潘建明　曹光辉　蔡淑娟　石高峰　范　军　汤国华

2012年(9人)

孙桂泉　周炳高　解建达　蔡爱平　钱兴如　赵孔标　葛　春
周江疆　陈建忠

2013年(6人)

尹　平　王　飞　黄学建　邱建新　成　育　袁卫华

2014年(6人)

陈华祥　金　勇　陈新军　施周新　黄中伟　瞿志军

第二节　南通市省(部)级劳动模范(先进工作者)

(1990~2014 年 797 人)

1990 年(5 人)

戴惠兰	陆建山	张宝年	袁　新	刘建中

1991 年(123 人)

周甫圣	黄凤山	刘德林	崔家龙	李从福	施志洪	茅　健
杨永岩	张玉葛	陈新华	朱益林	吴美琴	陈明华	范子美
杨　迈	徐圣峰	刘邦杰	蒋晓东	程　量	许开琴	黄　克
姜志平	张育新	朱洪德	顾风楼	陈海平	杨家齐	章在奇
王锦凤	严　肃	吉贵祖	吴义政	储开荣	张邦国	郁　泉
薛家宽	朱卫华	张贤儒	王晓玲	费世珠	贾山林	张　薇
李玉坤	盛道清	张怀高	葛莉莉	张光圣	李克风	徐金坤
环衍祥	朱本涛	陆文奎	沙映昌	缪世明	王秀珍	袁国泉
赵一广	杨　幸	张继忠	龚佩英	桑盛华	陆亚萍	胡苍松
徐德明	缪四贵	韩桂银	石淑玉	陈美兰	詹寿全	曹启英
陈建章	陈雨庆	朱锦标	瞿茂盛	黄传盟	周志新	孙锦华
卢建华	翟　芳	刘俊卿	丁　永	季淑兰	秦长燊	葛继飞
吴　杰	郭焕森	钱建萍	邢红霞	姜仲周	胡淑芳	范存新
彭惠堂	陆志康	张　斌	陆怀德	徐志康	张南昌	刘天生
万天兰	冯进芳	蔡　发	茅秀山	樊晓松	施志冲	孙福新
施祥生	朱静昌	王碧莲	沈介荣	倪国昌	龚伯英	陈少峰
顾亚平	沈凤高	黄鹤生	沈志芳	祁秉伊	王其明	陆红生
王永武	吴瑞祥	冷书法	芮友松			

1992 年(2 人)

陈瑞有	龚启荣

1993 年(9 人)

邱永年	王淑英	陈　萍	胡　梅	刘　熙	吴同芬	夏立华
殷胜时	张伯冲					

1994 年(15 人)

张美玉	蒋裕生	陆建平	丛海燕	沈红卫	卢秀琴	陆树明

陶荣华　吴荣春　朱建荣　毛计言　贾叙炳　卢士江　汪明心
袁明华

1995年(13人)

朱军荣　陆知轩　王建忠　施梅芳　滕维启　管国兵　季　沅
姜剑国　汪乾荣　杨训伊　张逸民　邱允诚　梁志英

1996年(149人)

严宝金　仲伟秋　时志元　刘佩云　郁永庆　蒋维高　臧正华
钱晓明　陶昌银　刘金旗　陈正荣　陈云芳　徐春明　石　耀
范从太　蒋　琴　吴　华　冯竹明　陈美珍　丁秀梅　沙荣驰
周文华　缪世明　刘　英　薛明文　徐国光　卞俊泉　周　青
吴健华　陆如兵　时兴福　陈宝田　张秀清　仲树芳　何达山
张国梅　洪祖仁　吴建华　葛勇明　易　昕　丁振生　钱杏华
陈云芳　杜松华　邢铭兰　翟新民　徐新华　尹桂成　曹林标
花石兵　刘玉权　毛德泉　徐恩喜　钱志林　严秀石　龚士冲
崔福兴　张建美　沈德香　朱建华　沈天振　王士荣　杨建兰
孙大根　黄耀娟　陆仁刚　徐无为　施锦康　陆菊香　胡殿洪
范小辉　夏阿林　毛井贵　陈　兵　沈和新　顾介飞　李亚芳
顾德兴　覃志英　杨菊兰　宋卫星　马会莲　顾兰珍　吴继娟
曹启义　吴晓春　孙久铭　蔡期青　程育琳　黄文国　陈金武
陈永和　李　萍　方新成　陆年英　王致和　倪洪均　杨克信
潘美兰　张桂英　包洪如　陆宝基　张　洞　钮曙敏　成志勇
张会均　陶金龙　曹志华　王建华　沈志炎　刘美荣　李维义
王美荣　周呈祥　朱晓松　褚明珍　许　云　李玉华　周桂芝
史荣海　陈汉丰　宋炳华　胡道清　武义鸣　王寿扬　唐世玉
方建新　陈学斌　侯　晋　杨锦平　王天云　陆建辉　于晓红
徐　宁　王云彩　祝小丽　张　璞　王哲中　张衡山　王宝章
陶洪飞　葛汉均　董振家　杨立娟　洪　谟　张贤儒　尤加稳
王锡林　徐志珍

1997年(1人)

范迪安

1998年(4人)

周俊美　陈文昌　潘新莲　谢晖来

1999 年(15 人)

何林毓　　何锦林　　顾　绮　　朱建华　　张锦章　　卢为棪　　蒋　建
陈　琳　　徐　芸　　李锦芳　　曹国平　　顾洪玲　　徐　来　　曹国平
朱茂和

2000 年(14 人)

于晓红　　姜植忠　　单美芹　　姚　红　　徐长江　　潘小龙　　许松茂
陈旭东　　竺晓莉　　林玉华　　徐　宁　　张　璞　　张恒山　　王云彩

2001 年(135 人)

陈秀发　　彭桂堂　　钱俊元　　陈富萍　　郭文山　　袁宝虎　　韩　洁
刘　军　　孔祥军　　崔世玲　　周美玲　　赵茂芝　　孙秀芳　　张英田
章国林　　何　峰　　刘春育　　顾曙平　　徐正洪　　沙建中　　顾仁海
葛长泉　　环加和　　施祥贵　　卢玉轩　　顾清波　　周明仁　　王伟兵
于金莲　　张忠裕　　马如山　　陈小林　　王沙丽　　曹国祥　　翟耀忠
周红梅　　张　旭　　葛建国　　张建石　　黄林华　　曹文勇　　丁　华
孙玲玉　　丁连华　　陈　德　　陆汉萍　　邱少波　　孙逸敏　　姜志昂
张金林　　何灿华　　沈　坚　　张　波　　樊　英　　张炳华　　叶剑生
刘德康　　钱　达　　张祖成　　成佰新　　姜建宁　　施　霁　　张　强
王　斌　　王　生　　华　伟　　顾建忠　　沈　涛　　尹冬梅　　季　彬
梁双林　　陈建年　　周建平　　陶　伟　　陆永华　　马清林　　缪　锁
陈甫泉　　葛道明　　陈志凌　　王建华　　崔锦桃　　丁惠石　　袁志平
张　艺　　沈海潮　　邢家锋　　成川良　　孙德平　　石明达　　周汝明
蔡建国　　葛德斌　　陈志田　　马进华　　袁秀祥　　杨善华　　葛铭祥
严汉圣　　王　佩　　阮国兴　　吴友仁　　包加祥　　韩永亮　　蔡立新
景素东　　顾建华　　袁建国　　江应中　　吴和平　　丁汉山　　王　霞
林玉华　　唐德熙　　陈汉平　　沈文华　　万晓华　　钱　华　　周承祥
王志华　　张增友　　顾　瑛　　黄耀如　　张玉莲　　张士才　　贾桂林
马　蔚　　金乐荪　　肖荣盛　　张　淳　　朱国荣　　姚泽炎　　宋桂林
李玉泉　　顾洪彬

2002 年(2 人)

陈建新　　戴庆贤

2003 年(7 人)

袁　慧　　吕学东　　成明智　　姚立高　　周立珠　　陈大灵　　俞振元

2004 年(12 人)

耿裕华　何建兰　王建新　黄　平　李素娥　左成勤　曹瑞彬
单金林　刘庆生　黄美华　张　俊　殷　雄

2005 年(1 人)

叶晓平

2006 年(111 人)

申承秀　蒋建军　张　彬　徐东建　丛建梅　马卫星　吕德斌
陆美珍　陆云海　毛纪治　陈　宇　阮孝刚　许美兰　张松明
张金华　吴玉祥　张　芳　谢建平　庄建军　胡炽昌　顾忠辉
王灵平　张菊华　洪建忠　徐朝圣　刘淑军　王　翔　陈建宏
严咏梅　徐　凯　费建明　陈　坚　曹彩红　孙益源　万学平
陆美茹　宣炎明　宋陈明　陈　惠　陈旭东　陈玉书　王　军
周美琴　李海波　杨国华　徐桂寿　沈　岳　纪学林　张　兴
于春山　戴世群　费乃泉　黄　伟　章武荣　杨国华　方　岐
张裕丰　唐慧娟　龚惠忠　袁　兵　顾圣平　朱金丽　李家泉
袁惠松　杨广泽　王德峰　徐海承　陆亚萍　严季新　章曙东
周广鑑　卢　俊　许友兰　袁新安　姚止平　王笑梅　刘云标
金云华　沈　荣　成锦平　顾炳辉　陈陶阳　张汉飚　张援朝
余　烈　侯月芳　季　军　孙卫国　彭长青　耿佩林　季建华
沙炎清　顾书进　崔建民　李育林　葛苏闽　闾蓟敏　姜　平
缪旭东　蔡　霞　陆卫星　朱月红　吴汉张　王孝明　蔡　飞
张菊芳　唐孝美　黄雪红　吴　刚　徐　英　陆秦俭

2007 年(13 人)

吴元新　沈达红　陈永康　张向阳　仇士学　樊志瑾　汤国斌
蔡建新　薛兆周　杨明军　顾国勋　李春宝　周海斌

2008 年(7 人)

仲崇俊　王咸钢　刘允华　鲍兴来　陈友华　丁　宁　朱玉如

2009 年(6 人)

阎建国　王振建　管锦春　葛记军　姚建军　孙仁平

2010 年(14 人)

吴永宏　陈晓峰　张建中　陈汉忠　储呈平　黄卫星　高　军

金　鑫	纪梅兰	陈爱玲	吴瑞强	葛海祥	朱国强	顾和富

2011 年(111 人)

丁月平	程　明	王忠林	董绍敬	阚德华	徐　飞	蔡爱平
周　杨	高新俊	袁卫华	曹洪平	邱敏松	杨正山	王喻军
曹建忠	季夕华	解建达	金　勇	严晓建	钱　欣	何为民
高建兵	宋立钧	刘　玉	梁国明	周建伟	包卫红	陆明民
陈　俊	王　冲	秦　健	顾　斌	马　华	王飞云	蔡　钧
陆亚行	黄素娟	陈永生	吴险峰	仲跻和	陈　强	施永平
陆宗琴	徐国华	陆通明	曹　平	王美才	姜　敏	曹小忠
许成忠	徐德荣	季　明	何其冲	周亚军	朱小锋	戴　杰
张新柱	黄建中	仰传凤	徐洪保	张法忠	吴宝凤	王立中
吴友林	王剑萍	朱振权	丁善明	翟美芳	王家安	马　斌
黄继石	顾云飞	王玉玉	朱立稳	施　勇	陈卫兵	张　平
蔡红辉	杨　育	王耀明	姚国成	朱　毅	丛红亚	印建华
张　伟	朱琪建	韩　旭	万载平	范建银	葛家君	陈芷青
钱宏达	曹　杰	姜鸿彬	肖德梅	周跃军	潘卫星	朱全中
沈剑波	孙敬东	邵元健	谭清和	龚旭初	周建飞	陈　波
徐　彬	李炳生	华龙和	蒋龙生	姜晓军	李　康	

2012 年(17 人)

王有进	钱　建	张志华	李海进	汪家富	陆尔宁	马久健
陈祖新	陈　岗	施民新	张宏军	孙洪箭	陆志刚	于冬娟
王永芳	刘文广	谢同轩				

2013 年(7 人)

李　瑞	邱志刚	朱卫忠	周新基	张本田	周勇骑	周福如

2014 年(4 人)

朱桂英	葛志华	陈新才	李雄飞

第三节　南通市江苏省五一劳动奖章获得者

（1991~2014 年 234 人）

1991 年(8 人)

王其明　李春元　周贵明　张晓东　陆宝基　倪高友　黄国喜　程佩芬

1992 年(6 人)

陈海平　王炎斌　冯培均　颜福星　蔡振平　冷强华

1993 年(6 人)

王普天　单井岩　蔡子南　刘庆生　弗学贵　陈有华

1995 年(8 人)

王秀芳　王天云　蔡期青　张云方　陆　萍　吴　华　景占元　吴建华

1996 年(2 人)

顾振林　倪春明

1997 年(8 人)

顾卫萍　施张菊　顾清波　葛铭祥　朱淑娟　田孝发　陈文昌　王如美

1998 年(8 人)

王新民　许　军　陈国华　张增友　马　定　张逸芳　孙金林　邓美林

1999 年(8 人)

袁秀祥　乌朝晖　邢家峰　任吉成　高宇人　姚桂生　阮国兴　朱春林

2000 年(8 人)

王伟兵　钱年青　袁建国　万晓华　沙晓明　马进华　朱德林　冯德轩

2002 年(12 人)

陆建华	陈桂芳	高剑英	梁易冲	黄金来	王恺飏	倪雪文
陈汝剑	马月山	宋陈明	刘建新	朱　阳		

2003 年(16 人)

曹百昇	陆　荣	殷炜东	周广鉴	陈　华	刘福明	吴应岳
施　霞	周　光	曹　钤	耿裕华	段仁贵	王陆军	谭勇培
尚云飞	张桂兰					

2004 年(14 人)

李洪斌	戴亚华	周建平	张振泉	沈　岳	陆　军	陆亚萍
葛苏闽	周建伟	徐祝清	瞿启忠	成　军	汤桂芝	徐红艳

2005 年(11 人)

周建峰	章祥余	张金华	阮孝刚	葛建林	沈　雯	程　明
徐竹林	许　勇	徐　毅	顾秀红			

2007 年(10 人)

朱国元	姜　滔	张晓白	邱锦华	徐　亚	施卫兵	贾　真
丁　峰	管云山	陆通明				

2008 年(20 人)

杨朝军	张　俊	陈新军	何为民	葛金祥	袁影秋	施巧啸
沈　锋	陈　杰	王　冲	刘　明	张慎林	高秀美	陈德循
印国祥	蔡刘霖	胡宁彬	顾德华	胡永生	章士军	

2009 年(16 人)

王建如	邵松林	朱瑞明	李正泉	马赞银	金　勇	黄曙萍
李玉明	姚炳荣	朱婉华	胡海舟	袁　宏	马　蓓	叶　路
张志清	查　伟					

2010 年(13 人)

蔡　钧	包惠东	严晓建	陈华祥	宋立钧	倪　燕	潘建明
郭建华	罗亚萍	葛家君	汤国杰	喜　庆	宋爱红	

2011 年(11 人)

陆　华	顾祁荣	李云鹏	徐洪保	沈宏山	易兴中	孙为民

周伯民　卫正明　王蔚静　张　艳

2012年(14人)

郭维达　黄学建　邱建新　张　燕　陈卫华　施周新　张晓冰
曹凤琦　石　鑫　张启南　钱祥圣　童永华　陈国荣　陈国昌

2013年(18人)

李永锋　蔡东照　柳明佳　王　薇　倪春花　张跃良　宋浩杰
徐瑞霞　陆莺燕　李明生　瞿志军　张梅琴　成　飞　陈　斌
徐宪华　朱之红　何锦泉　顾红雷

2014年(17人)

陆惠康　於　斌　张建明　蔡可华　张　芳　秦国芬　祝东平
薛菁华　尹志红　李爱民　汤　骏　季本山　孙　烨　范永梅
盛新建　陈春柳　陈文凤

第四节　南通市江苏省五一荣誉奖章获得者

（2003~2014 年 37 人）

2003 年(2 人)

御法川纮一　田志刚

2004 年(4 人)

饭塚志保　姜静宜　加藤纪生　黄杰源

2005 年(4 人)

家山英夫　为田周明　田釜康夫　陈慧钰

2007 年(4 人)

王文庭　稻见皎　童　华　哈维尔

2008 年(4 人)

吴鼎荣　秋元敦史　吕锦添　盛修业

2009 年(4 人)

宋秩宗　杨登贵　扎哈罗夫·亚历山大　唐盛弢

2010 年(4 人)

林锦松　徐晓松　工藤仁志　吴文贵

2012 年(4 人)

薛继远　朱远源　饼田义典　丁野良助

2013 年(4 人)

简正荣　木下直之　刘哲维　浅山雅也

2014 年(3 人)

小白井厚典　西山五郎　雷明思

第五节　南通市劳动模范(先进工作者)

(1991~2014 年 2591 人)

1991 年(502 人)

胡晓梅	刘德林	潘金凤	张名方	贾汉斌	沈培清	方文泉
顾亚新	茅　健	毛计言	何明华	黄锡恒	秦　艳	薛德丰
孙　沄	高月琴	黄水英	高传东	胡美珠	汪　健	朱守本
杨　俊	黄乔林	孙兆兴	单金岩	张银富	孔杏林	张锦成
桑芝生	张兆满	冯桂林	于　夫	李从福	姚锦煊	张德明
江永泉	徐明坤	张玉清	俞建平	费学贵	杨家齐	朱明清
王志祥	马福林	马友才	彭声圻	胡美华	王毓庚	陆惠菊
颜福星	钮曙敏	侯　勇	刘　熙	秦小六	陈志田	朱德炎
卢宝祥	吴景柱	胡桂杰	周甫圣	张志澄	袁海山	李志新
许崇远	殷立华	王其明	陈忠汉	陶荣华	刘永勋	倪正昌
张锦忠	赵陆夫	王锦庭	殷鸿军	陆建华	朱建荣	朱国荣
黄道林	俞东明	梅锦然	黄凤山	高世熊	张惠明	许　云
郝　群	施永彬	王琳媛	黄文国	钱建华	刘兴泉	施震球
刘一新	秦海棠	季鼎祥	刘祖康	许逸群	顾永志	丁燕钰
马云根	王奎精	朱步生	曹志华	汤银仁	朱益林	范杰霞
陈明华	吴美琴	李建华	徐锦泉	冯培均	戴　华	褚明珍
王惠泉	陈新华	陈淑兰	方元康	朱美玲	方海涛	张耀均
周　度	陈锡珍	孙昭和	汤淳东	宗文莉	韩　枋	许开琴
成红兵	张锡光	李浍清	余长远	闵成章	徐玉成	沈征伟
管汉清	徐　健	黄　海	丁芳兰	蔡可如	吴林煌	孙长洲
朱新如	卞作良	徐圣峰	刘长和	高德兴	刘邦杰	葛志强
茆玉元	杨希高	周建华	沈志芳	金秀兰	李桂林	奚兆兰
钱宽文	朱洪德	顾凤楼	芦松泉	马玉生	陈海平	刘卫星
陈永和	任季生	王秀玲	卢培太	储开荣	洪祥龙	薛家宽
倪兆华	胡祖云	鲁　伟	吴志桢	彭　程	许国英	徐世龙
陈月梅	戴维安	孔祥军	范从林	朱卫华	冒　镇	蒋中西
章广裕	袁树庭	汤兰英	陈　苏	王晓玲	王良平	张邦国
郁　泉	许松茂	王厚俊	王文鑑	蔡雨虹	王元者	张贤儒
陈爱华	吕兴风	钱银生	蒋爱和	顾怀祥	徐桂寿	费世珠
马春凤	严　肃	刘传宝	姜春桐	王家安	王世常	季宝香
朱荣甫	夏治平	贾山林	秦龙生	谢瑞如	邱永年	潘正美

张国华	吴正东	孙秋玲	曹迪贵	王惠英	刘天华	徐国光
葛莉莉	徐金坤	倪祝平	贾小明	邓　玲	缪晓晶	王小棠
邵旭东	陈锦秋	朱谦峰	盛道清	胡品聪	蔡秀英	仲树清
环　宏	李克风	许品才	马新国	陆桂芳	黄志金	李传禄
金育文	董　林	侯国琪	朱本涛	李文裕	徐　森	孙福明
刘国富	张志宽	张　涌	侯瑞康	李德华	吴迪如	沙映昌
夏长友	陈美兰	缪世明	刘　英	张鹤友	张光盛	朱从兰
宗兆广	严学才	贺书杰	陆文奎	环桂明	陶艳芬	王　冶
丛国华	孙宝玉	卞俊泉	朱庭付	陈美兰	杨什贵	石淑玉
唐　华	丁文华	樊　荣	徐如发	叶　明	王明祥	缪德兴
韩桂银	凌德泉	陈永田	徐长才	周维发	季建泉	张建群
缪四贵	洪祖仁	刘瑞平	王沙丽	陈　洁	徐定山	江　静
张忠裕	季敦福	孙道明	潘金生	潘吟江	朱丛根	缪小文
季三民	丛昌华	胡苍松	施友竹	陆忠秀	蒋金泉	杨　幸
马吴彬	葛立贤	陈建兰	张春涛	张爱群	张继忠	黄甫伦
彭仁杰	胡敦明	龚佩英	吴光福	吴来英	陈祥勇	詹寿余
花重建	黄传盟	张鸿民	尹桂成	季　光	陆顺祥	姜照其
卢建华	严君毓	徐建新	孙锦华	崔伦美	陈金苏	陈小华
沈育石	姚国平	黄继宏	秦长燊	高永清	胡志杰	张圣均
王炎斌	朱仪文	施向东	张　震	顾嘉声	印栋林	钱杏华
张德明	卫衍明	陈云芳	邱新玲	施建芳	徐守信	丁振生
沙　娟	张晓东	孙汉彬	郭焕森	于敬芝	薛德均	蔡月君
李沛林	季淑兰	吴汉林	顾惠成	曹美英	刘伯香	邵学才
单锦珊	陈汉清	瞿光才	徐义忠	曹启英	曹新美	顾继忠
王思珍	周志新	张艳明	俞淑云	徐　澄	于清和	陈建章
成永生	蔡子南	马传琪	瞿茂盛	王浦萍	吴凤娥	胡淑芳
蔡振平	孙卓骥	陆　惠	郭　辉	姜仲周	范存新	张永仁
万能斌	严秀石	庄贤林	王凤清	沈德香	严志高	张　斌
张　波	顾志方	闵进岳	东志余	沈建平	沈惠章	黄仲芳
徐惠珍	陆永标	姚德辉	顾鹤康	蔡　发	梁志英	谢启宏
俞仲明	蔡兰芳	徐兆连	徐志康	杨学家	张雪峰	倪新善
董裕琴	张南昌	孙德芳	张金发	杨拜如	黄仲飞	张华英
袁瑞英	黄冠中	刘建康	邢汉明	施振华	陈学康	朱德康
王士军	马锡清	陈炳如	王锦英	朱士俊	朱　坚	顾德昌
高亚香	张玉成	王惠平	周　鑫	黄建华	王慧芳	施美玉
王碧莲	樊晓松	樊祥辉	袁锦康	顾祝香	袁启贤	李　彬
沙平海	陆　飞	丁彩梅	陆正球	孙福新	李惠兵	黄素娟
范成虎	张文达	朱祝芳	卢纪生	沈介荣	潘士冲	顾介飞

施志冲	陆忠平	施祥生	黄鹤生	陈少峰	施允初	毛秀兰
宋锦荣	沈凤高	施惠芹	孙云高	汤士铭	肖建平	陆惠平
顾亚平	李亚芳	李建国	龚保祥	倪国昌		

1995年(296人)

王玉军	臧正华	刘佩云	冯华仁	钱晓明	吴国庆	刘金旗
蒋维高	王一平	孟云波	严宝金	梅晋霞	仲伟秋	汤友茂
施　琴	李建华	艾俊梅	周永芳	朱和萍	戴其楷	居志忠
陈云芳	储有银	徐春明	李广纯	刘　英	孙美英	陈有华
蒋厚甫	孙建中	李崇莹	冒　君	张利平	王碧源	孙卫华
薛明文	周文华	刘国富	沈良兵	黄益萍	吴　华	章朝兰
石　忠	吕克山	方正华	王双恩	张永秀	李守云	周维道
丁秀梅	陈美珍	袁广林	姚淑贞	姜剑国	韩淑平	孙德贵
周　青	陈宏宇	桂东生	刘承海	姜桂兰	丛海燕	于金莲
李可林	彭建国	缪苏兰	徐海承	刘　斌	张秀清	曹妙丰
陆如兵	吴建华	张　旭	葛建国	陈福寿	陈祥勇	时兴福
陈宝田	杨　幸	沈宝宏	张国梅	葛玉华	冷强华	王惠平
季　平	李汉成	徐恩喜	沈文良	邢铭兰	张素娟	朱建华
孙逸敏	徐宏清	陈伯英	陆益良	葛志军	胡友盛	吴之纲
孙明祥	管俊明	葛　华	陆兰萍	季荣姣	周汉坤	马遂华
孙玉萍	秦德龙	戴竹林	顾卫萍	蒋于栋	周　华	成　霞
张银军	袁允彬	徐新华	冯兰芬	杨振山	沈红卫	顾涌清
何爻平	曹林标	王士荣	杨建兰	吴有林	孙大根	沈志高
施　伟	姜　强	葛菊芬	尹俊贤	袁锡平	蒋　华	张建美
陈克安	李国敏	朱建华	陆君德	陆云飞	汤志俊	陈建飞
沈德香	严秀石	龚水红	龚士新	沈天振	李晓平	陆仁刚
张美玉	刘玉清	王惠平	徐无为	唐永洲	季　彬	黄凯英
乐秀红	胡菊萍	彭瑞芳	朱宝康	顾培学	周建冲	陆品高
胡殿洪	高祖昌	陆建生	蒋士连	汤祖成	顾德昌	张　婷
周汉忠	朱祝芳	潘志仁	范小辉	杨菊兰	毛井贵	陈　兵
刘善杨	黄建兵	龚亚兰	陆建平	顾德兴	顾介飞	沈和新
吴　萍	周建平	陈振余	陈志华	张汉林	顾志昌	许学华
仇晓丰	柏年英	卑刚毅	唐雄伟	邱　伟	严　宏	方新成
黄建中	张明珍	金苏琴	宋金凤	阚志兰	俞承忠	陈连美
顾红英	袁志平	李　萍	程伯俊	彭永和	沈振兴	朱易之
陈美玲	刘　熙	徐　芸	陈志田	夏中发	杨克信	周昆遂
袁海山	陈　扣	倪宏钧	朱无仪	陈淑娟	严长智	朱春林
刘锡明	张道炎	崔　儒	胡卫平	林　琳	张　洞	王桂星

孙德平	张逸民	邵　进	单家凤	杨建九	王长仁	尤其亿
万鑫坤	陆宝华	陈志勇	吴建军	戴秀兰	徐守余	成　凯
张会均	王建设	陶金龙	宋立成	朱永平	葛承信	周振志
王建华	周晓东	曹子能	周督平	崔有清	瞿绳祖	吴　钧
姚　伟	王丽萍	曹正人	杨善华	陶洪飞	陈金武	程育琳
王汉生	宋炳华	何也如	沈文华	陈　芳	冯培均	李建华
汤永熙	陈　荣	史荣海	江山红	王美荣	杨　旸	周桂芝
邱全荣	徐圣峰	沈庆云	徐锦华	沈正平	胡　敏	许　云
陈学斌	洪祖培	刘　铭	吴荣田	陈益民	汤锦波	徐山青
王如美	张增友					

1998年（296人）

徐希才	马荣生	吉荣祥	陈秀发	郭文山	华永明	任吉成
彭桂堂	蒋德新	陈永楼	曹桂斌	韩　洁	陈绍友	顾　群
崔世云	崔世玲	陈富萍	周美玲	浦大玲	蔡金堂	赵茂芝
赵正富	袁宝虎	薛宏林	孙秀芳	顾仁海	施祥贵	张余昌
庄绳武	张群英	张季华	陈宝强	程瑞兰	李刚强	卢　俊
顾学海	朱　鉴	吴光明	顾曙平	徐正洪	郭必祥	章国林
刘春育	曹　华	张岐彬	任海芳	王汝彬	沙建中	纪粉娣
卢玉轩	郑长才	孙德美	环加和	葛长泉	周明仁	徐建华
朱富云	沈觉康	冯万富	钱忠权	胡连华	万十平	马如山
吴益华	王伟兵	杨桂琴	顾立一	盛　平	徐　跃	姚　红
汪佩新	徐海频	王协作	陈建康	黄永兰	张国涛	吕德斌
周小红	顾　毅	翟跃忠	施志聪	周红梅	徐　宁	张振铎
冯光武	印栋林	陈国泰	邱祖卿	姜鸿彬	范继原	曹振东
黄树森	张金林	马卫东	钟志芬	胡兰芳	陈佳娟	陈汉江
赵　栋	曹鑑东	黄向阳	单守云	丁　华	朱茂和	秦　毅
顾卫萍	郑　明	刘　燕	徐荣培	孙汉彬	张晓霞	宗　建
宋锦荣	陆锦田	曹国平	周立珠	陈　德	赵卫星	成佰新
施震洲	姚国城	成锦平	陈祖新	李建新	陈广涛	秦　伟
赵　洪	赵志刚	朱树人	王　勇	陆秀高	陆小龙	吴　敏
乌朝晖	茅炜炜	沙允冲	张祖成	顾范英	黄　英	高志荣
吴亚如	陆水庙	江巧兰	何锦标	沈玉兰	周渭新	沈　涛
梁双林	秦建康	袁佩丽	周德先	徐　建	方静贤	陈建国
施云汀	陈井荣	杨　彪	邵锦周	黄淼龙	黄炳宏	曹卫平
黄亚萍	吴锡萍	姚彦鼎	顾文瑞	张建新	李洪琴	龚　健
尹冬梅	顾启明	顾建忠	龚　方	王晓东	宋荣贤	黄慧新
李守彬	沈启斌	陶　伟	张小金海	任玉珍	侯　平	陆胜利

包龙镇	薛萍	陈万元	徐建萍	顾澍	陈志凌	刘树钧
许美昌	葛道明	李美玉	张汉芝	宋陈明	陈琦	顾成华
王素玲	王中学	奚兆兰	吴友仁	阮国兴	沈世宏	吴森荣
葛铭祥	朱建华	王佩	熊沐龙	严汉圣	鲁学成	何林毓
周承祥	朱建	刘克山	袁建国	梅仁蕊	徐宁	钱秀华
朱瑞萍	施新如	陆浩然	王灿云	成美玲	黄继如	冯祖成
丁惠石	张艺	崔锦桃	单美	刘熙	陈明生	陈志田
马进华	袁海山	邵景成	王温泉	张文魁	邢家峰	黄贵英
张如松	金光明	王跃辉	成川梁	朱剑云	陈淑娟	蔡建国
顾霖	吴莉莉	王国孝	葛德彬	陈胜利	李金建	许美兰
陈灵飞	袁秀祥	杨国良	冒云琪	李茂祥	黄锦寿	王志华
周卫东	徐孝先	徐敏生	管蔚林	谭清和	屠新丽	郭庆峰
吴志远	黄文荣	石登科	曲淑侠	黄炳新	徐雪梅	卢士江
唐德熙	梁菊华	万晓华	冒烨	钱圣豹	黄耀如	陈润林
高宇人	陈连霞	张玉莲	庄如英	景素东	于元海	贲学彬
邵漫	卢瑞华	陈顺林	张伟	黄志斌	丁国钧	陆玲玲
袁国祥	顾金坤					

2002 年(299 人)

刘勇	陈文凤	杨广泽	卞童	徐国权	李海波	韩雪峰
丁平	徐开顺	刘裕志	徐开萍	张启桂	景盛	崔益祥
李萍	陈仁华	崔忱	景乃钧	顾华来	葛伯承	朱月红
吴广汉	杨宏根	薛庆龙	申承秀	万载平	周爱玲	陆嘉祥
李春涛	罗振东	陈坚	丁兴华	陆彦	王德峰	姚明
蒋晶	陈如生	马华	沈达红	张斌	于宏伟	李明华
徐东建	孙兰	黄兰英	孙桂成	朱谦信	葛志宏	姜国华
杨国祥	石玉元	黄镇寅	张彬	李峰	纪学林	谢万生
张兴	黄加宽	孙晓霞	周庆如	杨兵	吴春	施永平
王亚云	王军	康拥军	林爱建	缪海波	蔡爱平	顾瑞泉
徐功全	陈昌钰	朱明	钱祝瑛	王建泉	戴世群	徐桂山
钱红梅	姚祥富	张松美	韩跃进	黄程	陈建华	陈建
丁蔚	张一峰	蔡瑞平	陈素兰	沙晓林	单正益	陆卫星
吴俊	章武荣	黄斌	施志芹	李有勋	李锦惠	孙益源
冯罗费	俞卫东	刘继元	曾毅	吴彪	李锦贤	杨美华
陈玉章	顾学军	李建	陆平	尹德士	张志坚	王烨华
马少成	华振国	张岳军	王永祥	徐建成	徐锦华	陶玉
周金坤	周志平	徐振新	唐慧娟	袁锦林	杨秉法	季允刚
柏利忠	潘达新	王萍	包卫红	李建平	陈英	陈裕伟

周　伟	胡　健	胡卫平	秦步平	黄　鉴	江翠红	郑新平
冯一家	沈建新	吴国忠	王裕达	陈锦石	张　忠	张禹林
陆美珍	姚　飞	倪海平	彭卫生	陈宣和	施　冲	顾邦祥
陆美茹	顾　瑛	沙美芳	黄建浩	陈　红	沈　峰	张建忠
陆云海	张井东	刘卫伟	胡云康	陆宏觉	徐德荣	顾圣平
张汉昌	龚善新	黄慕云	宋振永	王凤林	陈建新	朱伟中
董正兴	冯　平	吴建新	桑鹤松	沈　华	陈旭东	王养飞
马荣生	何建成	朱金丽	王冠平	黄　萍	蒋兰英	袁明华
施　展	丁蓉芳	王国华	陈志忠	吴明星	顾军华	张武荣
张玉琴	张振华	张美林	李世才	王建新	季建华	张娟娟
庄建军	顾海新	沈道明	陈　云	陈　斌	王　毅	朱建华
赵莉萍	徐　凯	缪新华	祁沫若	袁建业	耿明山	顾　进
谢建平	吴　宁	周跃军	吴　盈	方启仁	徐家达	蔡志飞
王有根	唐斌耀	周竹军	费建明	潘小龙	崔　巍	顾剑梅
沈卫坚	宋小敏	孙　健	周　耘	顾炳华	张润东	杨夕明
单明祥	朱德乐	吴国君	高林美	王　洵	龚　镇	曹　平
袁海山	曹美英	苏锦煌	王履玲	陆通明	邓　萍	许美兰
顾　越	谢福庆	陈灵飞	袁　昕	顾国强	王新明	杨育平
袁　克	宣炎明	杨晓智	程恒檠	赵幸生	徐爱明	孙志刚
许　旭	黄　健	汤克林	陈建宏	田小芳	曹百昇	曹建华
陶建军	华杰强	裴浩兵	周　骅	于凤斌	张菊华	李育林
杨国华	杨大立	莫桂宝	陆志新	何云珠	赵德华	高秀美
余　烈	陈福林	孙　爵	朱文辉	钱井泉	王陆军	管耘园
江　进	沈玉如	管怀进	申启忠	顾　勇		

2005 年(300 人)

丁孝平	王生强	刘　进	尹丽萍	孙德文	谢发群	王卫东
部卫国	黄鹏程	崔世康	杨仲国	丁凤喜	杨国华	黄秀芳
程思荣	仲跻和	王志农	钱耀禄	王大庆	卢　生	马晓林
朱丽华	瞿联霞	崔小勇	顾延铁	章曙东	陶荣龙	童明昆
潘志立	田国银	张旭平	罗育皋	张英琴	陈　湘	阚德华
缪玉华	范春泉	朱张林	沈世祥	王飞云	徐群生	徐政泉
姜亚南	刘建龙	石明军	冒　军	张本荣	马　斌	王志刚
姜建如	吴道健	吴剑平	沈永祥	高　如	周　跃	田凤翔
陈德胜	高国兴	袁建梅	陈　杰	王正美	袁　军	李文建
戴志勤	周　杨	高新俊	蒋玉美	缪建忠	刘允华	陈德明
杨广胜	曹彩红	季学林	费乃泉	于春山	黄继石	刘克泉
沈南森	周春林	印　均	葛坤山	季　峰	姚止平	袁新安

马金龙	陈　斌	徐　建	何学周	吴汉张	王孝明	季　军
邱敏松	徐　跃	邵海荣	金永华	蔡　飞	周焕中	张慎建
周　华	黄　伟	王玉玉	徐国华	刁玉芬	曹志荣	金美玲
曹星宇	陈乔斌	曹　钰	陈伟平	沙竹山	方　杏	张松年
季云山	方淑琴	顾　成	曹　进	曹向红	孙　杰	季菊红
刘云标	黄小明	季建忠	朱善忠	陆宗琴	陈丽娟	兰建伙
王凤林	秦　健	朱仲辉	万学平	汤子康	顾云飞	王元南
李志强	黄元才	张建冲	郁志斌	翟春江	杨连飞	张锡明
范　华	钱正才	邵伟林	蔡建新	沈怀义	张建华	董　森
吴　杰	房月琴	陈　宇	陆汉香	沈　辉	毛纪治	张　雷
王林冲	周永坤	沈卫忠	张爱东	陈　菊	尹　宇	黄善兵
朱振权	龚惠忠	陆炳康	顾亚萍	袁　兵	杜　平	顾志平
曹建伟	丁国章	施东飞	倪梅梅	张永辉	陈陶阳	张汉飚
尹陈飞	陈达冲	陆洪兵	薛卫飞	瞿　健	吴晓纯	解建达
彭美娟	李斯华	张　群	吴元新	季夕华	陈志祥	顾其林
吴志中	顾树基	管永华	翟美芳	任淑芳	葛蒋平	孙德俊
黄锦锋	侯月芳	印华光	唐新华	顾洁英	祁志刚	汪维萍
周以林	顾建林	沈美萍	严志发	陈志兵	薛　玉	吴玉祥
卞汉清	赵建飞	邢生华	李家泉	朱爱萍	冯汉明	季　军
须　平	秦慧菁	陈惠平	季惠德	陆　娟	徐　洪	薛伟成
龚建军	袁惠松	施　聪	王康力	曹　铃	沈良涛	陈建华
钱　欣	许　兵	朱小冬	潘志远	吕云勇	臧庆龙	钱开荣
曹华东	李桂芳	费　智	刘　凡	陈玉书	孙治国	夏　勤
孙卫国	穆　泉	沈　波	薛　林	彭长青	张　鹏	顾忠辉
孙　晔	赵玉林	吴建明	耿佩林	崔建民	王灵平	戴　慧
杨志南	沙炎清	倪春花	杨　旸	吴　昊	韩天余	陆　荣
杨明军	孟坚定	赵攸忠	洪建忠	陈建云	宋桂林	张新生
顾永成	洪　斌	曹建中	顾劲松	姜　平	朱建军	蒋　维
石高峰	黄中伟	崔志明	鄂　惠	赵佩瑚	朱琪建	姜荣芳
蔡　霞	陈金平	陈树华	徐朝圣	姜玉忠	吴　琴	方虹霞
刘淑军	石小强	张叶忠	曹　健	陈　平	韩继俭	

2008 年(298 人)

徐利德	程龙江	史加庆	仲亚东	周亚军	吴志广	林雅平
张红专	刘凌晖	王志明	崔　剑	黄海军	陆海陵	张志平
笪鸿鹄	储呈平	孙　勇	陈友华	丁月平	丁祥海	吴宝凤
黄立勇	于宝宽	杨书存	蔡炳山	邱美玲	陈月斌	陶　展
周向东	夏建华	徐　飞	张晓容	孙国祥	董绍敬	袁永梅

徐如林	高兴国	冯永赵	张世秋	陈正言	薛亚军	范建银
陈宝林	徐建成	陈 强	陆金林	吴道元	邱志刚	明正奎
沈忠星	王立中	钱志荣	许和林	钱张滨	张国基	周传明
钱志刚	冒 平	陈维秀	陈小琴	冯智龙	何志军	邵 华
孙维学	杨卫娟	周 秀	朱留建	朱蔚然	葛家梅	康小平
王清益	姚建军	高 军	马 陈	陶坤山	张桂清	戴 杰
吴 勇	吴友林	张志泉	周 祥	沈美英	陈卫兵	何海滨
黄东升	佘元原	葛建华	单 琴	吴春林	王 建	王佳佳
李晓刚	王喻军	喻 岗	李红兵	赵建华	张贺林	于 优
姜秀琴	王靖翔	李 飞	汤建华	胡金成	羌王华	瞿羌军
吴宝云	丁善明	金淑平	徐有福	赵 峰	徐 建	袁卫凤
曹 杰	徐国林	朱 华	龚 卫	任海均	杨 育	王继东
江明明	陆文星	陆亚行	陈水娣	周炳高	秦启生	黄 伟
黄占明	谢建华	包建英	张 平	陆汉兵	陈芷青	范 军
仇云龙	刘 勇	张宝余	张建新	施善高	许成忠	吴炉生
宋正飞	沙学兵	王剑萍	赵银涛	尹 平	成 伟	季建新
曹振新	蔡卫东	盛兴涛	曹洪平	陈永生	范 斌	黄志平
陆明民	沈凯平	沈卫群	俞 俭	付绍来	朱玉斌	顾仲依
黄晓燕	钱宏达	王汉飞	王裕珍	文云全	高 飞	李国瑾
吴险峰	张 标	周忠平	戴庆贤	石永兴	汤学林	王 平
陈耀辉	范美红	汤 辉	杨雄雄	袁鸿飞	曹振清	陈国礼
门 刚	彭国兵	秦启良	夏新春	仰传凤	章树信	宋宏年
邱 静	陈 俊	蔡 娟	崔宇青	刘玉峰	邵 云	周振华
朱秀芬	成国民	高长林	季 伟	卢国兵	吴德顺	关柏祥
陆伯祥	吴迎娣	胡建安	环松涛	濮水萍	王耀明	许红建
杨为芳	张锦云	卑圣植	黄卫东	金王泉	李可群	王建明
姚俊生	傅干华	张 俭	周立栋	陈 云	凌德祥	张进荣
成玉如	秦如云	窦 玉	范锦坤	何益军	朱玉强	钱小军
陈 玲	张耀红	王 冲	肖德梅	冯圣君	王天舒	王美才
何其冲	陆新兵	徐剑峰	陈立新	罗正平	许维明	王哨军
周海峰	倪 涛	孙桂泉	姚海林	蔡淑娟	陈丽祥	张建保
朱 峰	曹小忠	郭志华	印建华	张耀先	朱晖斌	徐珊珊
吴 炜	吴 战	陆勤勤	盛新荣	潘卫星	孙世飞	沈剑波
陈建松	王保权	孙敬东	陆雪平	陈出新	顾晓彬	顾 艳
丛延俐	胡金祥	姚福林	朱新辉	吕广明	姜学勤	许 忠
邵元健	丁家怡	施民新	熊海平	刘 红	蒋 建	汤明文
杨云贵	陆海清	陆 雁	秦耀清	杜小迎	张圣苏	张 露
杨 琪	高建兵	王明华	孙建国			

2011年(300人)

王 萍	吉宜军	王道春	卢 锋	薛 建	郭正龙	吴京京
尚小明	戴亚琴	薛家林	刘稳山	陈 敏	刘长明	姜 伟
杭永兰	沈世钢	葛昆如	储祥华	马和军	王卫东	彭 斌
杨 莲	李贞君	夏素琴	郭书鹤	韩燕飞	奚守华	黄晓琴
陆彩虹	王 静	石太林	丁先华	张奎宏	汪农生	颜建国
秦正国	周久海	张小春	顾兴莲	沈卫国	陈 健	田建林
宋志良	吴 艳	钱海强	杨 玲	徐秀兰	陈世龙	朱成龙
周坤良	陆 燕	管建华	卞进平	周新基	张本田	胡 斌
蔡 锋	缪凤群	季雪峰	薛加林	纪海兵	吴迪富	王茂生
叶汉忠	孙振平	朱国强	吴裕菊	宋卫香	杜新静	徐 军
周建勇	周积学	周素洪	丁耀辉	张永强	花世华	袁玉辉
张少君	陈东时	陈慕陶	秦建辉	姜祝生	陆小强	陈水生
蔡炳贤	李爱东	谢 平	陈向阳	张国飞	董诗华	虞海娟
陈羽兵	黄 勇	赵继东	朱卫忠	陆 新	徐金山	张 懿
黄冰溶	成宝兴	张正宇	刘永兵	徐建新	龚子洋	张士标
黄鹤飞	曹建华	俞建辉	李百炎	张慎林	季锦华	施水红
肖曹军	顾 建	季建方	肖红升	朱洪霞	李红军	施克俭
江海燕	郜建华	葛永灿	刘友明	祁海宝	成冬炎	成红鸾
曹晓霞	刘志娟	许勇萍	王 雷	曹建萍	徐先进	徐卫列
朱永祥	丁晓清	王志华	葛美才	黄 彪	李兰女	钟一鸣
张 俊	范建华	吴开文	花仲杰	赵云程	李 菊	卞桂君
褚建明	徐 林	华汉军	戴文祥	李 杰	杨慎模	叶建峰
尹志强	陈建峰	费美英	顾留建	沈 林	朱春林	尹丰云
蔡东照	季良刚	张金虎	许卫东	朱远源	施周新	潘建明
李代霞	王守成	唐建辉	李 强	汤 涛	李 玮	邵林栋
何 杰	姚建新	顾 飞	张 瑾	李鑫龙	胡永玲	张晓元
张水芳	李春江	秦立华	陈红英	施晓巍	顾宏滔	马晓辉
徐志兵	王丽红	季小钧	郭锡俊	姚慧琴	施卫方	吴 玲
陈 琳	李道银	柯素根	薛海骏	周 峰	吉红月	张建平
汪家富	张 勇	许 俊	蒋楠隽	夏琪斌	刘伯健	张永飚
沈世红	严 军	章 程	陈建华	陶卫忠	奚金岩	范词军
邱瑞满	唐继光	许晓琴	潘 君	王永芳	徐 斌	丁 俊
马立新	邢建忠	陈 瑜	陈新华	袁 明	钱卫江	张 健
龚见新	石慧宏	陆圣华	杜文华	潘双林	顾学葵	曾卫民
李伟忠	郁 斌	王联琴	冯友飞	曹建琴	单雄清	喻迎春
徐淑华	夏 云	卑春峰	陈 建	张吴建	吴爱琴	季晓鹏
姚卫新	储 俊	朱 丽	陈晓冰	陆建国	施建平	张志华

季妙发	李小萍	顾 磊	茅慧丽	施德华	陶 建	王 斌
张 蕾	郭锦华	陈德云	倪仲芳	成 建	毛瑞娟	施 亚
张建平	严力琦	陆兰娣	许旭东	黄晓洁	彭建新	王学军
朱健华	施 伟	姚 明	陈建忠	李德明	钱俊波	胡 静
谢 勇	顾志刚	葛海燕	徐振新	潘德峰	陈 葵	朱 旻
孟纬鸿	张梅琴	沈旭东	徐加明	钱兴如	陈 莉	

2014年(300人)

张 勇	李晓平	李 军	吴爱琴	徐明凤	于旺兵	黄小卫
沙峰峰	周爱华	韩良荣	徐晓军	刘树华	刘厚纯	储开平
张可嘉	吴太明	吉顺平	张 建	谢志华	袁 兵	朱正发
郑红武	马桂芳	周俊海	周晓霞	黄小军	黄红军	蔡 彝
吉桂生	杨红斌	谢竹青	沈明慧	倪张根	王 辉	吴晓风
周福亮	施晓芦	陶 进	石红林	李薛俊	沈世新	吴金兰
沈晓群	周学良	黄海波	陈志华	王建霞	陈佳平	冯建军
印宗山	丁小燕	曹 旭	秦卫东	吕国锋	毕晓马	冒国平
张志坚	吴理梅	冯志云	袁晔华	黄 勤	康宜林	杨红梅
薛建明	姚福军	李九江	任先军	马小军	朱 佩	吴俊杰
张 辉	张正忠	张建伟	沈家全	陆卫华	周 波	袁胜利
陶海华	顾京君	蔡建飞	朱善兵	杨恩荣	黄裕辉	姚俊华
王 新	赵荣法	张国华	王卜生	石建明	周美玲	曾建平
沈菊华	张 涌	赵晓勋	施 辉	陈卫东	施胜辉	夏卫林
袁 霞	徐 钦	樊 嵘	王卫杰	朱红梅	尹向东	王涧鸣
郁正涛	沈晓彦	廖远朝	朱金雪	宋正飞	朱井荣	陆俊杰
倪忠辉	徐 刚	何昌明	邱京京	周 庆	陆兰霞	张 昊
陈怀祖	张 华	蔡 斌	葛 杰	秦 珂	易杰祥	包卫彬
徐永华	韩玉梅	赵勇前	庄建新	孙志忠	顾振勇	张学华
曹海忠	瞿国华	曹 荣	吴 浩	刘其西	陈 斌	季永健
汪 智	宋红权	杨 均	张利民	张 娟	龚 懿	陆 蓉
朱杰林	保德坤	马荣华	李金荣	刘德炎	宣 扬	陈 雷
季 华	宋浩杰	岳维山	成予德	李楠楠	李建军	陈海林
杨西峰	倪德华	殷宝林	黄志峰	马 骏	王希亚	王 晶
陈建军	李汉林	吴锦泉	吴海峰	管其兵	陈明星	吴东海
郑惠华	支 景	朱建良	薛 驰	陈 钢	随富力	潘新香
王刚刚	黄伟聪	施永兴	韩卫忠	张 静	张武聪	姚 君
蒋跃军	曹学高	陈 弓	曹 祁	薛红波	顾 鹏	沈群一
包丽燕	谢生勃	高 峰	顾 晏	姚 乐	陈 梅	殷 华
杜永朝	袁 力	衡思科	吴国华	陈明宇	周光国	王桂昌

景义萍	朱时林	韩良根	吉拥庆	吉浩明	张忠宏	朱海雷
王峥嵘	李小学	刘松海	戴圩章	杨增富	陈璋峰	杨　飞
徐　娟	戴红梅	张宏斌	杨成东	汪菊明	马小强	储开森
郑健荣	陈　斌	仇汉江	王燕敏	成　钢	俞仁礼	马　铭
杨美如	徐　骏	陆健泉	秦建新	黄祖辉	袁炳飞	沈春慧
沈召新	顾　光	何卫东	施　庆	严　蓉	朱丽强	姜冬云
施惠忠	石裕超	王　东	何旭东	朱美华	何晓梅	施建军
许泉生	翁志武	曹建军	陆瑞华	邵赟惠	严长山	刘锦山
殷晓琴	曹维熙	严　锐	胡昇平	陈　禾	张晓丰	任学明
施冲华	陈　刚	张卫民	刘海霞	陶新琴	何　玮	施百灵
陈爱华	金国华	葛维军	陈文辉	严抒勤	柯开富	何　松
张　兵	张志兰	陈　刚	王　洁	濮中连	薛祖建	王锴梁
吴迪宏	孙露璐	张振宇	刘婷婷	沙　红	尤小辉	

第六节　南通市五一劳动奖章获得者

（1993~2014 年 1264 人）

1993 年（97 人）

秦殿昌	郁尚新	杨佰兴	陆 萍	王海燕	胡殿洪	邢汉明
王世珍	季金虎	毛贻如	吴凤娥	范存新	顾 勇	葛夕芳
陈润华	张圣译	李葛霞	汪德山	顾惠成	吴广进	邱洪振
姜宏林	叶 明	姚金泉	凌继忠	徐如发	朱应中	陆 霖
房 涛	李百章	钱 进	谢开祥	邱永年	王一平	臧正华
缪广银	仲伟秋	张玉光	吴同芬	孙镜明	朱军荣	蒋玉美
赵明兰	陈 斌	吴 伟	宋春泉	徐帅忠	管惟嘉	张逸民
张 芳	黄志坚	陈昌辉	邬旭昶	张道炎	吴念东	戴振国
王天云	倪振昌	谷良森	周继业	许忠振	陆占山	吴志昌
陆韧韧	王小宝	汤永熙	陈连霞	钱建华	施秀蓉	刘宇红
郝 群	章根和	邓美林	王萱霖	陈丽美	莫 璞	秦亿太
顾安康	周汉杰	陆文章	吴 萍	王学勤	秦美芳	顾军华
钱德奇	朱汉章	张俊辉	俞东明	吴鹤春	高世熊	杨善华
杨锦媛	周汉清	杨永岩	孙新仁	李佰新	张爱萍	

1994 年（100 人）

周建冲	施锦康	顾建红	陆仁仲	高祖昌	吴卫生	张云方
江自强	刘天生	沈志高	顾思凯	俞 江	曹又新	张玉成
姜振华	单松明	顾建国	张晓霞	季学林	季日华	陆友章
陈建泉	周元涛	刘以银	姜剑国	汪成林	王俊明	李广纯
姜步兴	曹德智	张建明	仇剑平	唐晓林	陶金山	周 平
冯华仁	竺小莉	蒋裕生	王永健	张 璞	殷立华	倪宏钧
葛桂泉	沈 燕	朱 灿	杨建云	何云清	陆颂安	朱春林
李善富	顾清泉	陆汉章	陆锦标	褚锦如	朱建华	徐孝先
葛承信	凌永嘉	卢秀琴	陆树民	冯培均	沈文华	江 进
戴锦堂	陈新华	高永度	濮汉斌	江山红	王美荣	郝 群
仇福生	何也如	朱 韧	王焕昆	方邦俊	姚 伟	吴益君
金雨平	赵立群	施 展	吴荣田	熊沐龙	沈文泉	沈柏青
杨志高	陈福生	严 宏	朱汉章	陶洪飞	陆志超	庄炎林
吴鹤春	周明宝	倪恒亮	俞永林	邹守仁	沈玉成	宋炳华
崔能彬	魏树森					

1996年(63人)

陆菊香	周渭新	张逸芳	茅慧生	施张菊	祁沫若	杨颖珍
崔福兴	周　忠	于志宏	单水琴	张　治	陈沐华	张圣涛
袁爱云	袁　军	朱宝华	朱克元	冒亚静	范从太	龚玉芬
张季华	顾曙平	徐宝东	杨宝年	苏学勤	范迪云	王志东
顾兰珍	赵太权	曹启义	施海娟	周肇和	孙镜明	耿德泉
周学良	杨志坚	张桂英	吴震南	胡卫平	陆永清	杨顺翔
卢宝荣	沈文华	梁菊华	陈连霞	杨晓健	高宇人	徐祥谷
刘建勋	袁金成	徐晓华	谭清和	刘连根	施兆斌	陈文昌
葛铭祥	张锡盛	吴森荣	杨鸿昌	钱秀明	冯福宝	倪润洲

1997年(62人)

张建新	陆承涵	李红琴	陆锦康	宋翠英	刘永铢	谈德康
赵云峰	杨　洁	王春红	蔡浩华	曹启洪	葛红兵	马　蔚
王友明	许　军	吉仲如	范建华	倪绍荣	蒋仕清	罗泽霖
王京旺	徐铁泉	唐文君	吉传勇	包龙镇	王进生	马红燕
秦志兰	姚　敏	郭新权	汤炜华	陶云霞	肖宏进	陈松明
孙金林	倪正昌	严汉圣	卢秀琴	赵如才	芦士江	华守鲁
吴德华	黄　培	杨宇澄	张玉莲	余　健	顾元义	华文久
黄文荣	於宣荣	马　定	陈　华	朱建华	印曙光	陈国华
沈世宏	李厚祥	程育琳	顾印娜	单　镇	卢瑞华	

2000年(66人)

胡允康	黄祖辉	彭卫生	朱卫星	倪雪文	樊　英	陆美珍
胡卫琴	张鸿民	吴顶汉	吴志刚	曹锦妹	周立珠	钱　旭
蔡瑞平	袁海泉	秦爱堂	盛　义	张德昌	陈中庆	张　彬
蔡成秀	陆汉章	唐永年	苏　凤	景乃钧	黄金来	张利民
陈志凌	王建华	丁兴德	杨夕明	单亚男	袁福荣	姜金莲
李锦芳	冯志兵	龚新荣	许美兰	张岳平	蒋明泉	吴金明
沈　凤	孙　林	陈均义	王明冲	王连平	许大建	张建峰
王正华	樊卫国	费金龙	胡　辉	侯德剑	沈苏林	黄　坪
吴月平	施锡明	李胜勇	阮国兴	颜志成	王　佩	周向红
庄建军	林玉华	喜　洁				

2002年(11人)

钱　红	胡　林	王德祥	仇云龙	陆建荣	时伯达	虞柏林
邬　帆	张嘉斌	宋志强	景宝明			

2003年(88人)

李洪斌	施卫兵	尹　宇	任　珏	曹瑞彬	花世华	陆善强
冯建珍	周建勇	张国荣	邵海荣	黄　健	季锦华	朱明霞
张宏德	顾建国	薛　宁	陈　杰	沙竹山	顾亚兵	吉亚兵
沈　岳	殷济亮	王云娟	李明生	吴瑞礽	仲伟生	徐　华
景乃贵	周建伟	杨忠国	顾洁英	程　玮	张松明	郑志华
蒋怀龙	姚国成	张　杰	施　聪	葛正林	郑建云	余树培
戴永琴	顾柏坤	周瑞清	田志华	戴宝江	陈汉民	李海惠
姜　锋	杨德慧	仲美玲	周镇华	倪茂松	刘淑军	钱　霞
顾　禾	施建华	马　群	吴国华	张忠明	邱　林	吴　昊
吴荣春	张建珠	张锦祥	白建华	季宏斌	杨　波	季锡祥
邱一华	陈　杰	陈正石	李　刚	龚振夏	耿佩林	蔡　霞
高　辉	蔡绍兴	许统林	胡炽昌	肖正铁	陈炎华	朱德林
周春林	程　钧	马新华	朱建新			

2004年(90人)

沈瑞华	陶　建	周祥国	石建军	陈建坤	李　菲	钮惠忠
张启南	沈忠彬	袁小康	唐元林	马晓林	翁少波	汪　宁
冯建国	夏　勇	印　均	沈南森	徐　毅	黄继石	陈新明
邵维银	邢　斌	蔡　飞	夏宝泉	王　坤	张建新	仇士学
许新海	杨正新	黄越飞	任淑芳	陆　洁	陈小武	杨　志
吴乐秋	潘卫国	杨玉燕	龚建军	冯志春	谭鹤芳	顾　霞
袁海山	袁玲玲	徐仕国	王立泉	李　峰	薛龙生	曹建中
黄　兵	李淑娥	花爱林	沈　雯	张桂芳	邱训飞	丁蔚蓝
顾　健	张海荣	徐晓东	夏国华	叶　新	季亚琴	严咏梅
许锦胜	钱　欣	钱培华	孙建君	陈晓晨	石高峰	章幼奕
王颂华	魏新彬	梁立平	徐　建	刘　镇	刘昌继	章　斌
樊建生	高建新	任仲伟	邱　耘	王允顺	李　萍	王　英
洪兰凤	廖长源	陈培根	王文华	吴雪松	宋　铁	

2005年(55人)

葛苏闽	葛兢业	沈宝新	张建平	金　兵	戴春生	陈建辉
沈　锋	郭维达	刘伯香	丁雪峰	谭德凤	仇晓燕	周春林
程　钧	朱建新	马新华	宋　铁	刘晓林	程　明	张六明
张叶忠	张荣勋	吴裕菊	蔡淑娟	胡少君	姚泽民	秦广林
黄美娟	顾秀红	朱家鼎	梁　辉	华南炳	栾学林	季　燕
郭　频	章玲红	史加梅	彭美娟	金　飞	李红英	崔世发
阮孝刚	管其兵	蒋怀龙	吴名山	张向阳	顾　玲	陆永华

邓爱铭　陈德明　陈　云　邵海荣　仇士学　王屹军

2006年(67人)

羌永芬　黄　兵　刘　建　朱小平　陈贵忠　汤葱葱　黄长根
曹爱明　施兆丰　陆洪兵　王世荣　张进荣　陈喻军　陈德华
濮中连　顾　翔　高月梅　陈　宇　郭书鹤　陆新容　张玲玲
郑家远　王淑军　蔡淑梅　吴学军　汤晓燕　黄　震　王继东
黄　兴　王　冲　成　斌　倪　雁　钱　庆　蒋广慧　薛正祥
汤金如　秦剑杰　何　晔　施爱国　周亚军　邱　峰　李　华
鲁兆勤　刘　军　郝井松　潘建明　方　岐　王晓燕　赵建元
秦　勇　郭建华　崔炯明　张向光　庄建军　季建华　单美芹
李德荣　王钦峰　盛　云　周建春　孙道宽　黄　烽　方玉丽
徐瑞鹏　蔡水洪　王申葆　赵建飞

2007年(57人)

丁　勇　刘玉荣　江明明　沈　华　石小云　黄　磊　袁　勇
施建军　朱晓华　金荣根　王瑞根　谢福建　陈卫东　管建明
周新基　徐　林　陈　宁　陈晓宁　曹建军　曹维熙　朱东波
单　琴　张　静　支　景　王　涓　刘　晶　缪爱琴　俞爱华
卢正娟　钱海涛　顾　斌　李　霞　倪春林　余振泉　吴晓云
王立成　倪跃成　印美琴　周传敏　徐　洪　宋永浩　陈新军
刘洪美　杨朝军　谢学台　贾大伟　王洪波　费广巧　刘小春
李强战　朱瑞明　苏亚东　韩文彬　李忠卫　施苏俊　张　群
冯志远

2008年(50人)

宋建荣　陶国华　吴　昊　吴晓梅　姚颖峰　夏梅兰　唐小辉
黄建龙　陈晓晔　赵　顾　曹红彬　赵友法　徐守林　罗松岳
刘建中　薛　健　朱新辉　朱建林　祁世平　王晓青　崔荣霞
曹　玲　洪远梅　钱铁军　丛延俐　王惠民　刘德炎　白晓红
秦自强　吴小红　崔世民　许志刚　胡忠军　陆尔东　陆维祖
郁永平　钱永兴　葛荣德　李卜鸣　孙美华　邓　华　王孔长
任家军　张明玉　董梦生　门　刚　李　洁　王志涛　张　俊
张法忠

2009年(71人)

胡美云　顾　海　徐建和　陈艳红　刘琳娟　赵建根　康徐红
汤向华　钱桂华　胡卫军　朱新民　胡　刚　胡海云　张国建

赵勇前	高　静	李国瑾	朱杰林	宋陈明	曹建华	杨　波
吴庆霞	孙宝延	陆　蓉	王小红	朱　冉	吴红林	金丽萍
杜恩富	成红兵	葛林燕	于万忠	周　伟	张志坚	马　兵
秦建辉	龚云路	成雨兰	曹　平	陈　慧	朱远源	吴光明
周吉群	谢忠琴	刘道成	王小敏	张新柱	宋浩杰	唐根华
陈家明	石志勇	王义宏	袁广成	邱海兵	邵峰峰	倪正平
庄国萍	陈华祥	陈桂兰	尹丰云	陈建忠	孙　洋	黄建春
宋　峰	苏良香	丁宏杰	肖　萍	张　云	王熙霖	张亚坤
朱建华						

2010 年(43 人)

姜　伟	郁　杰	杨镜吾	唐冬健	仇锦梅	魏　进	袁永新
王跃华	瞿志军	谢世根	蔡　勇	高　峰	马永红	陈红英
曹小旸	曾国苍	顾少祥	顾　伟	缪美琳	朱晓峰	刘凤鸣
张四健	周　兵	桑　正	管向东	梁小雷	陶美华	陈　丽
严志刚	丁　锋	白丹波	凌　冲	李　芹	王卫波	甘成国
尹芬兴	赵友福	孙文静	缪扣山	冯志于	陈建平	严　伟
龚顺明						

2011 年(62 人)

韩　蓉	朱　飞	陈宇春	李世平	姚丽华	亢建军	顾海军
陈楠楠	倪　建	陈诞院	季荣荣	李唐峰	曹宏生	张　松
冯克山	赵茂清	陈　平	史鹏飞	陈思昌	沈宝林	蔡卫强
陆晓丽	宋　卫	韩小绒	李成凤	朱培军	魏金强	余维成
张正国	肖　军	陈　敏	李晓东	吴月栋	胡春桃	葛　娣
赵美平	王　敏	管向阳	刘兆付	随富力	顾培贤	衡思科
丁　炜	王　能	刘国虎	张红军	张进武	张明冲	陈国兵
邱建新	李　娜	陈　健	陈健康	杨　柳	季燕峰	洪善娟
施　毅	钱玉兰	高　虹	顾锦文	黄永金	强建钰	

2012 年(106 人)

梁永熙	孙瑞根	张可嘉	朱海雷	李永锋	陈　兰	黄小军
陆　彪	沈忠国	罗　洁	丁居兵	江有荣	曾　炜	徐　娟
王　兵	顾春艳	盛春艳	王　斌	徐　红	赵海东	陆莺燕
施胜辉	徐　忠	沈晓彦	陈　美	施　庆	王建平	包卫彬
吴广华	于焕明	朱正健	岳维山	袁新华	李福远	陈周忠
周小卫	徐瑞霞	黄志峰	吴海峰	俞　平	彭冬玲	范键兵
徐晓岚	陈　斌	倪春花	蒋永生	施　焱	孙　烨	陈小梅

曹 琦	张 兵	强福林	季守信	桃汉胜	镇晓秋	施建刚
沈玉生	陈 禾	戴美君	施 杰	王 磊	许坤如	杨松海
顾 赟	曹育云	位义军	陈玉华	袁 力	邱燕新	祝东平
张 颖	沈群一	杜 刚	孙建华	陆正建	夏志明	张小东
朱红建	丁双平	姚春荣	李红军	黄勇华	徐建霞	江明明
朱筱巧	顾爱华	陈金元	李小学	姚晨蕾	邵锦银	赵孔标
许小钢	章 梅	朱姗姗	陈 刚	陈 进	郭永平	陈锦标
桑红霞	朱建华	杨卫新	张洪娟	施希锋	孟建生	周江疆
周福如						

2013 年(96 人)

邓龙仁	刘 俊	储瑞龙	黄春莺	周于红	林 涛	陶 进
王健平	吴晓风	吴彩霞	蔡丙忠	陈志华	储开森	李爱民
石 斌	袁利兵	陆正兵	施潜新	黄 健	朱 佩	周中兵
施建萍	秦建新	陆健泉	许 勇	徐永华	朱丽强	张 锋
吴国祥	秦国芬	费培华	李 斌	陆东梅	朱延军	邹 扬
朱艳峰	顾国勋	江桂林	吴钰麟	郑惠华	郑 辉	吴东海
严建军	陆惠康	杨云斌	陈明宇	袁秀萍	李建明	张启伟
董剑祥	吉加兵	曹锦扬	蔡 波	施振东	沙 红	蔡可华
施百灵	周正国	施 健	黄伟东	陆林霞	殷 华	潘健宇
张建明	纪玉梅	王志华	吴松华	张志芬	吴 橙	徐小燕
徐立阳	蔡永江	杨 俊	陈新平	张雪松	张武聪	张 平
龚 凡	唐爱华	孙 燕	陈晓艳	王密密	仲海洋	姚瑞翔
郝昌桂	朱拥军	皇甫立婧	庄镒鹏	王 军	庄 维	胡 永
崔建锋	杜晓雁	丁勇明	章 勇	胡汉生		

2014 年(80 人)

蒋仁国	李 鹏	袁美云	张 志	张良明	彭念兵	严卓辉
姜敬华	钱育冲	朱峭嵘	孙 烨	陆勤成	娄家建	瞿 健
陈志明	沈金根	季 祥	陈 冲	曹卫星	陈 曦	洪 勇
凌云飞	王国民	严曙峰	赵庆锋	朱新华	陈 璐	李国春
解 文	袁洪春	王海斌	黄凤美	孙 华	施哲为	董惠娟
谢慧强	张昕亚	孔盛强	刘丹丹	江 洁	张 梅	叶敬国
崔冬梅	黄健健	严小莉	冯小星	徐继红	张 娟	卢向珍
彭卫强	周育南	朱海燕	陈红均	仇永忠	季 彬	李春锋
史海兵	王建峰	朱新南	陈日明	孟爱军	茅海忠	何冰洁
姚桂萍	葛明霞	徐 建	周拥军	鲁星光	高宜友	赵顺秋
焦惟通	顾 菲	周越魁	焦文革	孙智江	熊光辉	张澍椿
陆永新	何 丹	杨 阳				

第七节 南通市五一荣誉奖章获得者

（2003~2004 年 11 人）

2003 年(6 人)

饭塚志保　莫·波威兹　张殷淑　杨登贵　村上新一　久保宏

2004 年(5 人)

为田周明　田釜康夫　刘璟芳　金汉奎　俞成金

附　录

附录一　南通市工会代表大会工作报告

团结和带领全市职工，在大改革、大开放、大发展中充分发挥主力军作用

——在南通市工会第九次代表大会上的工作报告

戈雪芬

（一九九二年十月九日）

代表们，同志们：

现在，我受南通市总工会第八届委员会的委托，向大会报告工作，请予审议。

改革和发展的五年

从市工会八大到现在，已经整整五年了。过去的五年是极不平凡的五年。政治上经受了国际国内风云变幻的考验，保持了政治稳定和社会稳定；经济上经受了百年未遇的洪涝灾害的考验，克服了种种困难，逐步出现了协调发展的好势头。从一九八七年到一九九一年，全市实现工农业总产值一千一百一十四亿二千五百万元，平均每年递增百分之八点六；其中实现工业总产值九百一十三亿五千四百万元，平均每年递增百分之九点七。全市职工不断增强商品经济意识、竞争意识和民主参与意识，积极支持、参与一、二轮承包，以高度的主人翁责任感投身于价格、住房和劳动人事、工资分配、社会保险三项制度等一系列改革，立足本职，勤奋工作，艰苦创业，务实进取，推进产业、产品结构调整和科技成果向现实生产力转化，为胜利完成“七五”计划和实现“八五”计划第一年的各项目标做出了重大的贡献。全市职工通过卓有成效的生产和工作，从技术、智力和物资上支持广大农民走共同富裕的社会主义道路，逐步实现“农工一体化”，促进了城乡经济协调发展，巩固和发展了新时期的工农联盟。在轰轰烈烈的改革开放和社会主义建设热潮中，涌现出一批具有时代特点、为改革和建设做出贡献的劳动模范和先进集体，造就了一批具有开拓创新精神的优秀企业家和经营管理人才。五年来，改革和建设的实践再一次证明：**我市工人阶级不愧为推动改革开放的主导力量，不愧为社会主义现代化建设的主力军**。在这里，我谨代表南通市总工会向全市各行各业的广大职工，向在改革和建

设中做出突出成绩的劳动模范和先进集体，致以崇高的敬意！

同志们！改革的不断深入和经济建设的飞跃发展，也给我市工会工作注入了勃勃生机和活力。五年来，我市各级工会组织在市委和省总工会的正确领导下，坚持以经济建设为中心，始终把改革作为主题贯穿于工会的各项工作，旗帜鲜明地支持改革、投身改革，从服从、服务于改革全局的高度全面履行工会的四项职能，认真研究改革中出现的新情况、新问题，更加重视超前调研、参与政策制订、宏观指导、典型示范在推进工会工作深入发展中的重要作用，工会自身建设得到进一步加强，从本市实际出发创造了一些新鲜经验，在生育保险等方面取得了突破性进展和可喜的成果，全市工会工作在继承中改革和创新，在探索中前进和发展，呈现出进一步加强和活跃的趋势。我们的主要进展是：

——紧密围绕经济建设中心，深入发动和组织职工开展各具特色的劳动竞赛，为振兴南通经济做出了贡献。五年来，市总在全市组织开展了"五创两个一"，十大窗口行业优质服务、以"四大户"厂际竞赛为重点的"八五奉献杯"竞赛以及女职工"巾帼建功、巧手奉献"等各具特色的群众生产活动。各地区、行业、单位工会针对提高产品质量、开发新产品、节能降耗、限产压库、安全生产等各个环节上的重点、难点、薄弱点，开展了千余种"短、平、快"单项竞赛。以一线工人、工人技师、工程技术人员为主体的群众性合理化建议和技术协作、技术交流、技术攻关活动在基层蓬勃开展。各级工会在合理化建议活动中，注重抓采纳、促实施；在技术协作活动中，着力技术改造、推广和应用新技术，以提高经济效益。市、县（市）、区、局工会还及时组建各类职工技术服务团、服务队，深入亏损企业、乡镇企业帮助解决生产技术上亟待解决的难题，充分发挥了劳模、能工巧匠和技协积极分子在社会主义大协作中的作用。五年来，全市职工共提合理化建议六十五万零二百一十一条，被采纳三十一万五千七百二十五条，已实施二十万四千九百一十八条，创经济价值三亿五千九百万元；攻破各类技术关键四千二百九十七个，推广新技术二千零一十四项，创经济效益八千五百三十五万元。这些形式活、范围广、效果实的群众生产活动，充分展示了工会组织在参与和推进经济建设中发挥作用的一大优势，业已成为搞好企业、提高效益的重要措施和有力保证。

——广泛开展宣传教育活动，着力提高职工素质，焕发了职工的主人翁积极性。五年来，各级工会坚持围绕党的中心工作，以"双基"、"四职"教育为主要内容，以坚定社会主义信仰、增强职工的主人翁意识、调动职工的积极性为出发点和落脚点，在职工中广泛开展了"我与企业共命运"、"大讨论"、"大家谈"、"三热爱"等宣传教育活动。市、县（市）、区、局工会注意针对本地区、本行业的不同特点，抓特色，求实效，特别善于通过开展有影响的示范活动，指导面上工作；基层工会积极采取各种措施，努力使宣教工作进车间、入班组、到人头。各级工会注重发挥阵地宣传优势，运用群众喜闻乐见的形式，通过群众自我设计、自我教育、寓教于乐的方法，把各种教育有机融汇在一起，引导职工想主人事，说主人话，尽主人责，增强了广大职工的改革开放意识和为国分忧、岗位奉献、从己做起的主人翁责任感。在持续两年的以学朱骅为重点的"三学"活动中，全市通过报告会、演讲、文艺汇演等多种形式，使职工受教育面达百分之七十以上；通过选树劳模、弘扬先进等活动，促使全社会形成了当先进光荣、乐于奉献、关心劳模的良好风气，从而为实施"两翼齐飞"经济发展战略奠定了较为坚实的思想基础和群众基础。五年来，各级工会积极参与职工教育管理，加强职工岗位培训，广泛开展职工读书、岗位成才和技术练兵、技术比武活动，有力地促进了全市职工文化科学和技术业务素质的提高。据统计，这五年市、县(市)教育阵地共举办各类文化技术培训班三千三百二十个，培训职工十七万人次，结业十一万百千八百人，毕业七千二百五十人，其中大专毕业生一千四百六十七人，他们在各自的岗位上学以致用，锐意进取，为我市的经济发展做出了积极的贡献。五年中，各级工会举办了两百多个工种的技术练兵、比武近万次；前年，我们还与市有关部门联合发起组织了我市历史上规模最大、时间最长、参加人数最多、行业覆盖面最广的"五十万职工大练兵，五十个工种大比武"活动，极大地调动了广大职工学技术、练本领的积极性，促使了各行业职工业务操作水平普遍上等级，推动了生产力的发展。

——注重参与高层次决策，积极发挥工会在参与国家和社会事务管理中的作用，推进了改革的进程。五年来，市、县(市)、区、局工会密切配合政府和行政进行一、二轮承包和价格、住房、"三项制度"等一些列改革，充分利用在人大、政府、政协中的合法地位及各种工作机构，代表职工积极参政议政、发表建设性意见，使各级党委、政府在制订政策、法规和各项改革措施时，能更好地体现广大职工群众的意愿和要求。这五年市、县(市)、区、局工会抓住改革中的热点、难点特别是涉及全市职工切身利益的共性问题和工作重点深入调研，起草并由市、县(市)人大、政府颁发了《南通市全民、大集体企业女职工生养基金统筹暂行办法》、《南通市中外合资、合作经营企业工会暂行办法》、《南通市企业生产辅助设施标准》、《南通市市区公有住房分配管理暂行办法》等六十二个地方性规定，直接参与了八十五个地方性和行业性政策、规定的讨论和制订工作。同时，市总也相应制订了《关于预防和处理突发性事件的意见》等二十七个工会规定。尤其的一九八八年，全市通过理论研讨、舆论宣传、调查研究、制订办法等一系列工作，在全国率先实行了女职工生养基金社会统筹。到目前为止，市区和三个县(市)已实行了生养基金统筹办法。统筹四年来，全市对一万四千一百二十四名计划内生育的女职工所在单位进行了补偿，较好地解决了生育价值补偿这一社会性问题，直接起到了推进社会保险制度改革进程、促进女职工劳动保护法规落实和保护生产力、发展生产力的作用。实践证明，参与高层次决策，宏观维护了职工的利益，推进了改革的进程，工会组织是一支推进改革的重要力量。

——实行多级民主管理，落实职工主人翁地位，保证了企业改革的顺利进行。五年来，各级工会特别是基层工会认真贯彻《企业法》，积极支持推行和完善厂长负责制，主动参与企业一、二轮承包和"三项制度"等改革，坚持职代会审议承包、改革方案并检查和督查实施的制度，逐步推行共保合同制，从而确保了企业改革的顺利进行。至去年底，全市已有百分之九十七以上的工业企业建立了职代会制度。基层工会注重参与改革的全过程，基本做到转变思想观念，参与改革机构，奠定了工会在改革中的思想基础和组织基础；改革酝酿阶段，认真做好职工的宣传教育和思想发动工作，使职工明确了改革的目的和意义，形成了改革的舆论中心；发动职工围绕改革方案提建议，充分反映职工的意见和要求，为企业改革提供了依据；抓住职代会审议改革方案的关键环节，把职工在企业改革中的民主权利落到实处，实施改革方案阶段，搞好检查落实。为了让更多的职工直接参与企业民主管理，市总在试点、推广典型的基础上，适时制订了《南通市车间(分厂)民主管理工作暂行办法》、《南通市班组民主管理工作暂行办法》。目前，大中型骨干企业普遍推行了车间职代会制，部分企业开始了班组民主管理的试点。少数基层工会试行了召开职代会向上一级工会报告制度、审议重大问题的票决制度。为进一步推进基层民主政治建设，为基层民主管理创造良好的外部环境，市总于一九八八年在全市开展了为期一年的评选市级民主管理先进企业、依靠职工民主管理优秀厂长(经理)的双评系列活动，取得了较好的社会效应。从一九八八年开始，承包企业认真推行共保合同制，一九九一年全市有百分之八十以上的承包企业推行了这一制度，初步形成了职工与企业休戚相关、共保经营的利益共体，推进了企业的改革与发展。为提高职工代表的参政议政水平，各级工会重视职工代表的培训工作，近几年，全市培训小教员三百四十三名，近三万名职工代表参加了系统培训。企业职代会制度的普遍建立与民主管理水平的不断提高，使全心全意依靠工人阶级的根本指导方针在基层得到较好的落实。

——关心职工疾苦，为职工送温暖、办实事，维护职工合法权益工作取得了新进展。五年来，各级工会在依靠职工搞改革、搞建设的同时，从大处着眼、小处着手，更加关心、爱护职工，认真研究利益调整给职工带来的影响，及时反映职工的呼声和要求，主动协调各类矛盾，为职工送温暖及办好事、实事八万余件(次)。五年中，新建了退休职工公寓、如皋市工人文化宫，扩建了城西工人文化宫等，全市新增文化、教育、疗休养等活动阵地一万五千七百五十五平方米。市、县(市)、区、局工会面对一度部分企业陷入停产、半停产的境地，深入全市二千六百九十七个企业调查研究，先后与三百八十二个停产、半停产企业工会一道出主意、想办法，发动和组织职工生产自救，协助行政较好地解决了部分富余人员的安置、保障职工基本生活等五百多个问题，并深入到三百一十三个困难企业走访慰问，从有限的工会经费中挤出二十万二千元帮助职工渡难关，受到各级党政的肯定和广大职工的称赞。在抗洪救灾斗争中，市及有关县(市)、局工会一方面分赴灾区、调查灾情，慰问职工，组织各类抢险队、突击队、护厂队抗灾，努力降低灾害造成的损失；另一方面市总发动全市职工发扬阶级友爱、团结互助精神，广泛开展捐款、捐物等支援灾区的活动，积极协助政府、行政妥善安排受灾职工的生活，狠抓灾后恢复生产工作。据统计，全市职工捐款达三百九十四万六千元，工会救灾拨款二十二万七千元，为灾区职工送去了工会的关怀和党的温暖。工会法律顾问工作把重点转向基层，形成了三级专、兼、群相结合的组织网络，积极参与劳动争议的调处，并辅之于各类普法教育活动。五年中，市总接待来信来访五千余件(次)，结案率、自办案件率分别达百分之九十六和百分之六十五。各级工会认真贯彻全总关于劳动保护的"三个条例"，深入开展以创建安全合格班组为重点的安全生产"一遵、两反、三落实"活动，这五年全市平均千人死亡率、重伤率分别比省控指标下降了千分之零点零二二和千分之零点零九。五年来，我市退休职工管理、职工物价监督和职工疗休养工作也都取得了新进展。

——以搞活基层为重点，加强工会自身改革和建设，促进了全市工会工作整体水平的提高。各级工会从本地区、本行业、本单位的主客观条件出发，继续开展了深入建设"职工之家"活动，加强了工会组织建设，健全了基层领导班子，狠抓了干部培训，壮大了工会积极分子队伍，达到了抓基层、促改革、上水平，增强工会吸引力和凝聚力的目的。

从一九八八年起，市、县（市）工会把竞争机制引入文化事业单位，实行承包责任制和主任负责制，从而增强了事业单位的活力和自我发展能力，社会效益和经济效益明显提高。以市宫“濠滨夏夜”为代表的一系列综合性活动丰富了职工业余文化生活，深受群众欢迎。为了增强机关活力，提高办事效率，更好地为基层工会服务、为职工群众服务，去年市总机关进行了机构调整，实行双向选择聘任、聘用制，调动了机关干部的积极性。五年来，经过各级工会的共同努力，我市信息、统计、调研“三位一体”的格局已初步形成，针对改革和建设中出现的新情况、新问题进行调研的成果及其转化工作取得了长足进展，为上级党委、政府、工会决策和各级工会更好地用理论指导实践提供了依据。截止去年底，市总编发的信息被上级党政和工会采用的达八百六十七则，各级工会干部撰写调查报告、论文等达一千七百余篇，其中百分之七十以上被各类刊物登载和在市级以上的研讨会上发布。为了更好的宣传党的基本路线和工运方针，交流、指导工会工作，密切与职工群众的联系，今年五月一日，市总创办了《南通工人报》，受到了基层工会和职工群众的欢迎。工会财务、经审工作，在收足、管好、用活工会经费上取得了新成绩。五年来，市总还先后成功地接待了日本爱知县工会友好访华团和日本、比利时等国家的工会技术交流团，并派出三名电子、建筑等方面的专业人员去国外进修，接待了来自日本等二十八个国家和港、澳、台、国内远洋海员一万零六百九十八人次，增进了同国内外工人间的友谊，为今后开展工会国际间友好往来活动积累了经验。

同志们！回顾过去的五年，我们高兴地看到，南通工人运动在改革中更加朝气蓬勃地向前发展了，工会的地位日益提高，工会的作用得以较好的发挥。我们深深感到，南通工人运动和工会工作之所以能跨上一个新台阶，这是党的改革开放政策为我们创造了良好的发展环境，是市委和省总工会正确领导的结果，是全市各级工会干部特别是基层工会干部和广大工会积极分子兢兢业业、任劳任怨、开拓进取的结果，是老一辈工会工作者关心和指导的结果，也是社会各界鼎力支持和热情相助的结果。在此，我代表市总工会向大家致以亲切的问候！向热情支持和合作的社会各界、各团体表示诚挚的感谢！

在回顾和总结过去五年工作成绩的同时，我们也清醒地看到我市工会工作与市委和上级工会的要求，与职工群众的愿望，与进一步深化改革、扩大开放的需要相比，还存在不小的差距。这主要表现在面对大改革、大开放、大发展的形势，我们的思想解放程度还跟不上形势发展要求；工会干部队伍整体素质还有待于进一步提高；工会机关特别是市总机关为下级工会、为职工群众服务指导还不够等。所有这些，我们要在今后的工作中认真加以改进。

新时期工会的任务

以邓小平同志南巡谈话为标志，我们进入了一个大改革、大开放、大发展的新的历史时期。能否抓住时机，发展经济，力争出现若干个建设比较快、效益比较好的阶段，将直接关系到我国社会主义现代化建设第二步战略目标的实现和中华民族的前途与命运。根据中央政治局全体会议精神和省委、省政府关于“以市场调节为主、以外向型经济为主、以高新技术为主导”的战略决策，不久前，市委、市政府作出了《关于加大改革开放力度，加快南通经济发展的决定》，提出了今后一个时期我市改革和发展的主要目标，这就是紧紧扭住经济建设中心,积极实施“外向开拓,科技兴市”战略,努力使全市经济每隔几年登上一个新台阶,力争提前两年实现我市“八五”计划规定的主要国民经济指标,并在一九九五年达到国民生产总值二百七十亿元,平均每年递增百分之十六左右;工业总产值五百五十五亿元,平均每年递增百分之十九左右;外贸自营出口额五亿美元,平均每年递增百分之八。面对新的形势和任务,全市各级工会组织和广大工会干部必须进一步解放思想,牢固树立“四个观念”:(1)牢固树立以经济建设为中心的观念,不断增强工会工作服从和服务于经济建设的自觉性,在推进经济发展中找准工会的位置,使工会的各项工作更加贴近经济建设,工会组织的作用得以充分发挥;(2)牢固树立社会主义市场经济的观念,跳出计划经济的传统的思维模式、工作方式,不断探索市场经济条件下的工会工作新路子,使工会工作更好地为发展社会主义市场经济服务;(3)牢固树立实践的观念,积极支持并带头大胆试验探索、大胆探索、敢为人先,对一时拿不准的问题,要加强调查研究,在实践中去认识和求得解决的办法;(4)牢固树立职工群众是改革的主体和主力的观念,把工会工作的着力点始终放在引导、保护和发挥好职工群众的积极性上,努力通过工会的各项工作,使改革的过程同时成为落实职工主人翁地位和权利,建立有利于职工群众施展聪明才智、发挥创造热情的机制和制度的过程,真正使职工群众认识到改革是自己的事业,从而在改革过程中更好地发挥主力军作用。

根据新形势的要求,今后五年全市工会工作总的指导思想是:**以党的十四大精神为指针,全面落实《工会法》,全心全意依靠工人阶级,把加大改革开放力度、加速经济发展作为主题贯穿于工会的各项工作,敢于和善于维护职工合法权益,全面提高职工队伍素质,大力发展工会企事业,团结和带领职工,在大改革、大开放、大发展中充分发挥主力军作用**。根据这一思路,今后一个时期各级工会必须重点抓好以下各项工作:

一、带领职工奋战在经济建设主战场,发挥职工的社会主义劳动积极性,加速南通经济发展

按照市委、市政府确定的全市经济在新一轮发展中大力实施外向开拓战略、规模发展战略和多元发展战略,提前两年实现“八五”计划的总体工作部署,全市各级工会要广泛发动职工,认清形势,增强机遇意识和使命意识,团结和带领职工始终奋战在经济建设主战场,紧密围绕转换企业经营机制,推动科技进步,调整产业、产品结构,发展外向型经济,加强企业管理,提高产品质量,提高经济效益,更加扎实地开展针对性、操作性强和易见成效的社会主义劳动竞赛及群众性合理化建议、技术革新、技术协作活动,促进劳动生产率和经济效益的提高,推动社会主义生产力的发展。今后一个时期工会群众生产工作的目标是:全市工会及技协组织每年帮扶十个贫困企业;职工每年人均增创一百元;全市每年攻克技术难题一千个;有重大价值和影响的合理化建议每年实施一万条;全市每年新增经济效益一亿元。

各级工会应充分认识到在完善承包责任制、试行股份制的新形势下,开展社会主义劳动竞赛依然是全心全意依靠工人阶级办企业、焕发职工社会主义劳动积极性的有效措施之一。开展社会主义劳动竞赛,关键是要从本地区、本行业、本单位的实际出发,立足基层,立足车间、班组,找准影响产品质量、消耗成本、资金周转、经济效益的薄弱环节有的放矢地进行。随着企业逐步走向市场,产品的开发及销售极为重要,竞赛领域要向科技、销售方面扩展,充分发挥科技、销售人员在产品销售、新产品开发、高新技术推广方面的作用;要创造出更具科学性和吸引力的多样化竞赛形式,使更多的职工参加并取得显著成效。市、县(市)、区、局工会要重点抓好大中型骨干企业的竞赛活动。各级工会要发动女职工更加深入地开展“巾帼建功、巧手奉献”立功竞赛。

各级工会要切实开展好群众性合理化建议和技术革新、技术协作、技术攻关活动,努力提高活动的质量和经济效益。要进一步发挥职工技协组织的作用,着力搞好工人、工程技术人员和管理干部以及企业、大专院校和科研单位的两个“三结合”,形成群体技术优势。要充分运用我市地理、人才优势,建立以科技人员和能工巧匠为主体的高素质技协队伍,走技、工、贸相结合的道路,扩展科技市场,加速技术成果商品化。对一些重大课题,可实行公开招标,重奖有突出贡献者。还应为乡镇企业和贫困地区培养技术人才,输送先进技术,支持和鼓励职工技协队伍中的工程技术人员和能工巧匠到乡镇企业进行技术咨询,承包或领办集体企业等,促进经济发展。

要继续坚持把增强大中型企业活力作为工会工作的重点,积极协助行政落实有关政策,促进经营机制的转换,促使企业的经济效益和市场竞争能力的全面提高。要深入亏损企业和停产、半停产企业调研,掌握实情,分析原因,有针对地提出建议和措施,为其走出困境献计出力。

各级工会必须加强经济调研,及时掌握各个层次上经济运行情况,从中找出影响经济效益的难点、薄弱点,从而找准工会在发展经济中的位置,确定工会的工作内容,更好地发挥工会的作用。

要加强与日本、上海等国家和地区工会的联谊活动,为引进外资、先进技术和先进管理经验,加速发展三资企业和与浦东接轨牵线搭桥。我们还要继续加强和发展新时期的工农联盟,支持农村改革,发展农村经济,全面推进农、工、贸经营集约化、生产专业化和服务社会化。

二、积极参与和推进以转换企业经营机制为重点的各项改革,增强企业活力,维护职工合法权益

经济体制改革的中心环节是企业改革。企业改革的重点是转换经营机制,使企业真正成为自主经营、自负盈亏、自我发展、自我约束的适应社会主义市场需要的商品生产经营单位。按照市委、市政府的部署,目前我市转换企业经营机制的主要工作是,继续深化以“三项制度”改革为主要内容的企业内部改革;以完善承包制、扩大股份制试点为主要途径,推进“两权”分离;进一步发展企业集团,实行优势互补;通过转变政府职能,促进政企分开;大力培育和完善市场;逐步建立和完善社会保障体系。各级工会要积极协助政府和企业行政认真贯彻落实《企业法》、《全民所有制工业企业转换经营机制条例》和《城镇集体所有制企业条例》,在企业改革中,坚持改革与职工主人翁地位相统一的原则,代表职工、发动职工参与改革的全过程,做到各项改革方案、措施,都要交给全体职工充分讨论,经职代会审议、审改、同意后实施;在实施过程中,要加强民主监督,从而激发和调动广大职工的积极性,齐心协力推进改革,使企业更好地适应社会主义市场经济的新形势。

当前,企业改革中需要解决的一个突出问题,是富余人员的安置和社会保障体系的建立与完善。各级工会特别是企业工会要协助行政一方面加强培训,为富余人员再上岗创造条件,另一方面坚持先开渠、后放水,广开新的生产门路,使富余人员向第三产业转移。各级工会要积极参与社会保障制度的研究和试点,坚持国家、集体、个人合理负担的原则,充分考虑企业和职工的承受能力,以保证改革措施的顺利施行。

在深化改革过程中,各级工会要在为企业转换经营机制创造条件和健全企业内部制约机制方面更好地发挥作用,进一步加强企业民主管理。今后五年中,在全市各类企业事业单位民主管理水平普遍提高的同时,大中型骨干企业要普及班组民主管理制度,凡设立车间(分厂)的企业要普及车间职代会制,科教文卫和小企业要完善职代会制度。要积极贯彻执行《城镇集体所有制工业企业条例》,并逐步推开。要继续在承包企事业中普遍推行和完善共保合同制,争取承包到哪级,共保到哪级,使企事业成为真正的利益共同体。要继续大力抓好职工代表的培训,提高职工代表的素质与参政议政能力。

市、县(市)、区、局工会要充分利用在人大、政府、政协中的合法地位,依靠社会力量,通过各种渠道,及时、正确地反映职工在改革中的意见、建议、呼声,主动参与制订涉及职工利益的行政措施和政策文件,从宏观上维护职工的合法权益,并以满腔的热情和深入扎实的工作关心职工生活。对处于贫困线以下的职工以及退休职工中的困难户,要坚持按照有关政策规定,协助政府督促企业行政,切实保障他们的基本生活。各级工会都要注意总结和推广帮助职工脱贫致富和开展职工互助补充保险工作试点的经验,逐步拓展互助保险工作的领域。

随着劳动制度改革的深入,劳动争议将会增多。各级工会要切实加强劳动争议调处工作,依法维护职工和企业的合法权益,对职工合理的要求,要敢于支持,并积极协助行政加以解决;对不合理或一时办不到的要求,要坚持正面疏导,耐心做好工作;对影响稳定的苗头,要及时掌握,把消极因素消除在萌芽状态。

各级工会要继续协助政府和企业行政切实做好安全生产和劳动保护工作。要继续抓好《南通市女职工劳动保护暂行办法》和《南通市企业生产辅助设施标准》的贯彻落实。要争取在今后的一、二年内,各县(市)普遍实行女职工生养基金统筹。

三、强化有中国特色的社会主义理论教育和科技文化教育,全面提高职工队伍素质

进一步解放和发展生产力,必须依靠科技进步和劳动者素质的提高。各级工会要全面履行好工会教育职能,努力培养一支坚持四项基本原则,坚定不移地走建设有中国特色的社会主义道路,具有改革开放意识和主人翁责任感,掌握现代科学文化、技术业务的职工队伍,从而更好地担负起推进改革开放、加速经济发展的历史重任。

当前和今后一个时期,职工思想政治教育的主要任务是,用邓小平同志南巡谈话精神和即将召开的党的十四大精神统一职工的思想和行动,进一步解放思想,转变观念,充分调动广大职工的积极性和创造性,在深化改革和经济建设中发挥工人阶级主力军作用。围绕这一主要任务,在广大职工中应着重加强以下三方面的教育:一是加强邓小平同志关于建设具有中国特色社会主义的重要理论的教育,增强职工毫不动摇地坚持党的基本路线的自觉性;二是加强发展社会主义市场经济的教育,帮助职工进一步树立市场观念、新的价值观念、竞争观念、质量观念和效益观念;三是加强职工的主人翁思想教育,继续开展职工"主人翁形象自我设计与塑造"系列活动,在全体职工中掀起争当合格主人翁的热潮。思想政治工作要坚持理论灌输和群众性自我教育相结合、集中和分散相结合，立足基层，沉到班组，做到人头，并渗透到生产、经营、分配、科技进步、市场开发等环节中去。要加强班组思想政治建设，发挥工人理论骨干的作用，开展好寓教于乐、符合职工群众兴趣、愿望的各类活动。要发挥工会宣传教育阵地的优势，大张旗鼓地宣传改革开放中党的路线、方针、政策，把政策交给群众，通过正确的宣传引导和信息沟通，使职工对加大改革开放力度、加速经济发展的重大意义形成共识，从而理解、支持改革，增强对改革措施的心理承受能力，焕发主人翁积极性。要把握正确的舆论导向，认真办好《南通工人报》。

各级工会必须引导职工确立科技是第一生产力的观念，明确依靠科技进步对职工队伍提出的掌握新的科学技术、提高自身素质的迫切要求。要激发职工学文化、学科学、学技术的热情，加快工人阶级知识化进程。要积极参与职工教育管理，围绕“外向开拓、科技兴市”，加强职工的职业技能教育和培训。要继续深入开展职工读书自学活动，引导职工岗位成才。基层工会要集中精力抓好群众性的技术练兵和岗位技能比武活动。要组织职工参与各种技术革新、技术攻关、技术协作的社会实践活动，在活动中努力开发职工的智力源泉，提高创造能力，鼓励职工一专多能，掌握新本领。与此同时，必须卓有成效地搞好老工人献绝技、青年工人拜师学艺活动，配合行政制定有关激励政策，促进这项活动的深入开展。要进一步开展学赶先进活动，善于发现、总结、宣传、推广先进思想、先进经验和先进技术，使之尽快变成社会的财富。从明年起，每年“五一”期间市总将表彰一百个“五一奖状”(集体)和一百个“五一奖章”(个人)获得者，促进全社会形成争当先进、立志成才的风气。要重视和发挥知识分子在促进科技进步、提高职工文化素质中的作用。市、县(市)工会所属业大、职校，要根据大改革、大开放、大发展的要求，适时调整专业设置，搞好职工岗位培训，转岗培训，为工程技术人员的继续深造创造条件，并积极开展各种应急和实用技术的培训。要重视对青年劳模和先进人物的培养、深造。

四、抓住时机、放胆实干，大力兴办和发展工会企事业

加快发展第三产业，是生产力提高和社会进步的必然结果，是衡量现代社会经济发达程度的重要标志，可以促进市场充分发育，促进经济结构调整，缓解就业矛盾，不断满足人民群众日益增长的物质文化生活需要，促进社会主义两个文明建设。工会是发展第三产业的一支重要社会力量，各级工会领导干部一定要从推进改革、服务改革、保证改革顺利进行这个全局来认识工会兴办企事业的重要意义，把兴办企事业作为进一步强化工会各项社会职能，加强工会自身改革和建设的重要措施来抓。各级工会干部要勇于冲破传统观念和习惯势力的束缚，在思想上做到“五破五立”：破高度集中的计划经济体制下形成的供给制思想，立参与竞争、敢冒风险等商品经济观念；破“等、靠、要”消极依赖思想，立抓住机遇、创造条件、依靠自己力量求发展的观念；破因循守旧、谨小慎微思想，立锐意改革、敢创敢冒的观念；破“大而全”、“小而全”的自我封闭的小生产意识，立社会化大生产的观念；破忽视经营、不讲效益的作法，立资产增值、注重投入产出的观念。今后我市工会办企事业的奋斗目标是：在进一步办好现有企事业的基础上，到一九九七年工会办企事业的总产值(营销额)为二亿元；实现利税二千万元。为此，一九九三年全市工会企事业的总产值必须达到一亿元，利税一千万元，以后每年平均以百分之二十五的速度递增。到一九九七年,基层工会凡具备条件的都要办第三产业,没有条件的也要创造条件办。县(市)、区、局及大中型企业工会办第三产业的要达到百分之九十以上;全市工会还要兴办三至五家中外合资企业或境外企业。

根据今后工会发展企事业的总体要求,全市各级工会要抓住时机,放胆实干,共同努力,逐步形成以下"五个体系":(1)以信息、技术服务为主的科技服务体系;(2)以文化宫、俱乐部为主的文化娱乐服务体系;(3)以职工旅行社、职工生活服务公司为主的生活服务体系;(4)以尊老互助储金、职工友爱互助储金为主的职工互助补充保险体系;(5)以生产、加工和商品经营为主的生产贸易体系。

工会办企事业必须坚持为改革开放、发展社会生产力服务,为职工群众服务,为推进工运事业服务的"三服务"宗旨,做到凡有利于生产力发展的,凡职工群众需要的,凡有利于工交事业发展的,凡国家和社会需要而又适合工会去办的经济、文化和福利事业,我们都应积极主动、大胆快速地去办。工会发展企事业必须遵循"四个原则":(1)坚持社会效益和经济效益相统一的原则,实现服务——创收——更好服务的良性循环;(2)坚持按不同类型区别对待的原则;(3)坚持从实际出发,因地制宜,艰苦创业的原则;(4)坚持按经济规律办事、充分论证的原则。要总结经验,发扬特色,力求成熟一个,发展一个,成功一个。

工会兴办企事业,要各级一起上,重点放在基层。市、县(市)工会应搞好协调管理和指导服务。在兴办过程中,各级工会要进一步解放思想,加强领导,制定规划,真抓实干;要多动脑子,用足、用好、用活现行政策,增强公关意识,争取社会各方的支持,要培养和引进人才;要通过我们开拓性的工作,力争逐步形成具有南通特色的工会企事业发展的新路子、新局面。

加快工会改革和建设

工会作为党联系职工群众的桥梁和纽带,在我国现代化建设第二步战略目标实施的进程中任重而道远。为了更好地担负起时代和人民赋予的重托,今后一个时期我市工会自身改革和建设的总体要求是:**从大改革、大开放、大发展的形势要求出发,以党的十四大精神和《工会法》为依据,进一步转变思想观念,着力提高工会干部队伍素质,改进工会组织的工作方法、工作作风和活动方式,始终把工作重点放在基层,努力推进工会的群众化、民主化进程,把工会建设成为群众信赖的"职工之家"。**工会自身改革和建设的主要任务是:

一、增强基层工会活力,密切工会同职工群众的联系

工会改革的中心环节是增强基层工会组织的活力。工会的基础在基层,职工群众在基层。各级工会领导机关一定要牢固树立为基层、为职工服务的思想,真正把工作重点放到基层,指导和帮助基层工会不断提高在党领导下独立自主地开展工作的能力。首先,市、县(市)、区、局工会要把工作安排权真正交给基层工会。基层工会要善于根据党的中心工作和企业生产经营、改革的实际,按照职工群众的愿望、要求,规划工会工作和各项活动,确定各自的工作重点,在搞活企业的全局中找准自己的位置,敢于和善于维护职工合法权益,善于吸引和带领职工为推进本单位的改革和发展努力奋斗。其次,要根据中发[1989]12 号文件和《工会法》规定，不断健全工会组织，选配好工会干部特别是工会领导干部，并保持相对的稳定。第三，要健全基层工会的民主制度，密切工会同职工群众的联系。当前，要进一步完善基层工会的民主选举制度，实行基层工会会员代表大会常任制，逐步实行会员定期评议工会领导人的制度，保障会员的各项民主权利，坚持做到工作计划、重大活动、经费收支“三公开”。另外，要建设一支“专、兼、群”相结合的工会工作队伍。在全面深化改革的今天，依靠广大的工会积极分子开展工作尤为重要。一定要坚持群众组织群众办的原则。要继续深入开展建设“职工之家”活动，把建家活动向车间分会和工会小组“延伸”，真正做到常建常新，成果显著。建家验收以基层工会的会员群众认可为主，不搞大呼隆式的验收。要大力加强三资企业、乡镇企业工会的工作，提高组建率，确保工作正常化。在企业转换经营机制尤其是在实现“小政府、大服务”的过程中，要积极探索市、县(市)、区、局(公司)工会尤其是中间层次的机构设置和职责，以适应政治体制改革的要求和增强基层工会活动的需要。

二、转变作风，服务基层，加强工会基础建设

随着社会主义市场经济的发展，各级工会特别是市、县(市)工会要切实转变活动方式和工作作风，克服行政化、机关化的倾向，变“领导机构”为“代表机构”。要改变自上而下的工作流向，从指导思想、工作内容和工作方法上，变唯上型为唯实型，变活动型为指导型，变指令型为服务型。要面向基层，面向群众，减少文件和会议，让基层工会有更多的自主权。工会的各种群众活动应以基层、车间、班组为主，以小型、分散、业余、自愿为主。今后五年中，市总除分年度举办一次全市性的职工操作比武、文艺汇演、体育运动会外，一般不再组织全市性的大活动；除进行“五一”表彰、建家评比、财务工作竞赛外，一般不再搞单项的竞赛评比，以促使工会领导机关的工作重点真正放在积极参与改革，参与经济建设，反映职工群众的意见和呼声，搞好民主参与和社会监督，进行理论政策指导，培训工会干部，协调工会活动上。

要加强调查研究，增强工作的针对性、预见性、可行性，提高办事效率。市、县(市)工会要采取切实措施，真正做到用三分之一的人力、三分之一的时间、深入到经济关系、劳动关系和社会关系中去，围绕工会工作如何适应社会主义市场经济发展的需要，政府每项重大决策或改革措施出台前后职工群众的意见、要求，股份制企业、企业集团、三资企业、乡镇企业及机关的工会工作特别是群众等课题调查研究，掌握情况，解剖典型，发现问题，提炼经验，加强政府决策过程中的参政议政工作，加强对基层工会的政策指导。

要建好工会信息、统计、调研“三位一体”的工作体系。对此，各级工会要狠抓落实，做到目标明确、人员配齐、制度健全、经费保证。要加强对一线信息源的开发和利用，提高信息质量。要定期进行统计分析，客观反映工会各个时期的工作进展情况及成果。

各级工会在加强经费的收缴、管理和使用工作的同时，要发扬财务民主，搞好工会经费的审查和监督，保证工会经费的使用服务于职工群众，服务于发展工运事业。

三、提高工会干部素质，加强工会干部队伍建设

建设一支坚强的工会干部队伍，是工会实现其方针、任务的决定因素。要根据加快改革开放和经济建设的新形势，加强各级工会领导班子建设。要按照干部“四化”方针和德才兼备的标准，大胆选拔坚持改革开放路线，热爱工会工作，懂得经济管理和现代化科学技术知识，富有开拓精神，在改革中有闯劲并有政绩的人，充实各级工会的领导班子。要破除论资排辈、求全责备等观念和影响，大胆启用优秀的中青年干部。要把竞争机制引入各级工会及其企事业，对非选举产生的工会干部逐步实行双向选择聘任、聘用制。

在工会干部中，从上到下要形成顾全大局、豁达大度，勤奋学习、勤奋工作、坚韧不拔，敢闯敢冒、敢为人先，知实情、说实话、办实事、求实效的"团结、勤奋、开拓、求实"精神。

要大力抓好干部教育工作。肩负着繁重而艰巨任务的各级工会干部特别是工会领导干部，必须认真学习，提高素质。各级工会组织要把学习有中国特色的社会主义理论和学经济、学管理、学业务贯穿于工会干部培训的全过程。工会干部培训要转移到规范化岗位培训上来，从思想上、措施上、行动上保证培训计划落到实处。在重点抓好规范化岗位培训的同时，还要继续抓好工会干部的短期专题培训，主要是让各级工会干部及时了解、熟悉一个时期党的改革开放政策、措施和经济管理方法。从一九九二年起，市、县（市）工会要积极承担并认真做好预算内国营企业工会主席岗位任职资格和所属工会专职干部规范化岗位培训工作。

代表们，同志们！我们正处在伟大的历史变革时期，我们的国家正沿着有中国特色的社会主义道路阔步前进，工人阶级肩负着光荣的历史重任，让我们进一步解放思想，振奋精神，同心同德，在大改革、大开放、大发展的历史舞台上大显身手、大展风采，为建立社会主义市场经济新秩序，为南通的振兴和中华民族的崛起而奋力拼搏！

高举邓小平理论伟大旗帜
团结全市百万职工创造新业绩迈向新世纪

——在南通市工会第十次代表大会上的工作报告

戈雪芬

(1997 年 10 月 28 日)

各位代表,同志们:

在全市人民认真学习、贯彻党的十五大精神的重要时刻,南通市工会第十次代表大会今天隆重召开了。现在,我代表市总工会第九届委员会,向大会报告工作,请予审议。

改革发展中前进的五年

过去的五年是不平凡的五年。这五年,是在党的十四大精神指引下,我市改革开放和社会主义建设事业取得突破性进展的五年。五年中,我市国内生产总值年均递增16.3%,到 1996 年底达 530.4 亿元,财政收入年均递增 19.9%,到 1996 年底达 30.78 亿元。我市工人阶级坚持以邓小平理论为指导,认真贯彻党的基本路线、基本方针,以高度的主人翁责任感,立足岗位,艰苦奋斗,忘我劳动,无私奉献,为顺利实现"八五"计划、打好"九五"计划开局仗、加快我市经济建设和各项事业的全面发展做出了重大的贡献。全市国内生产总值的 80%以上,财政收入的 85%以上来自职工的劳动创造。

我市职工始终站在改革开放的前列,识大体、顾大局,自觉服从经济结构调整的整体需要,正确处理国家、集体、个人三者利益关系,努力为党和政府分忧解难,保证了各项改革的顺利进行,保持了我市的政治稳定和社会安定。

全市职工积极投入社会主义精神文明建设,培养良好的职业道德,奋发读书求知,刻苦钻研业务,全面提高自身素质。五年来,全市涌现出以"莫文隋"、通医优秀青年知识分子群体,姜剑国、李庾南、潘美兰等为代表的一大批先进集体和先进人物,他们用工人阶级的先进思想和时代风范影响全社会,推动了全市两个文明建设的发展。实践充分表明,我市工人阶级不愧是先进生产力和生产关系的代表,不愧是推动改革开放的强大动力,不愧是维护社会稳定的中流砥柱,不愧是振兴南通、建设南通的中坚力量。

过去的五年,我市各级工会组织坚持用邓小平理论武装广大工会干部、职工,解放思想,不断探索,积极进取,勇于实践,着力推进全心全意依靠工人阶级根本指导方针的落实,认真落实工会工作总体思路,自觉围绕中心,服务大局,努力探索社会主义市场经济条件下工会工作的新路子,各项工作都取得了新的成效,为南通的"改革、发展、稳定"作出了积极的贡献。

一、引导职工支持改革、参与改革,保证了各项改革的顺利进行

五年来，我市以产权制度改革为突破口，以建立现代企业制度为重点的一些列改革大步推进。在深化改革的实践中，各级工会运用多种形式广泛宣传改革的意义和政策，引导职工解放思想，更新观念，理解改革，积极参与改革。市总工会注重源头参与、决策参与，先后参与了《南通市企业破产试行办法》、《南通市企业公有民营暂行办法》、《南通市国有企业经营者工资收入管理暂行办法》、《关于加强市属企业改革与发展的意见》等60多个地方性政策、规定的研究、制订，市总提出的破产企业人员分流安置、经营者工资收入和职工收入挂钩、改革中必须坚持职代会制度和平等协商签订集体合同制度、正确处理劳权与股权关系等100多条意见和建议均被采纳。五年来，市总工会向省市人大、政协提议案和建议五十多件。市总工会提出的关于提高职工中市以上劳模待遇的建议、关于颁布南通市私营企业工会工作暂行办法的建议等均被人大常委会采纳，并责成有关方面制订办法，经人大常委会审议批准后公布施行。五年来，市总工会起草并由市委、市府办转发的文件8份；与市委组织部、宣传部、市体改委、市劳动局、市财政局等有关方面联署下发的文件共50份，较好地从宏观上维护了职工群众的合法权益。各级工会经常及时地向党和政府（行政）反映职工的呼声、愿望，其中向上级工会、党委提供信息500多条，被国办、省、市两办录用327条次。

全市工会工作会议的召开和市委《关于全心全意依靠职工群众办企业和充分发挥工会作用的意见》的下发，为进一步推进工会工作，认真落实党的“依靠方针”提供了新的动力。各级工会抓住时机，积极争取党政领导的重视和支持，努力把贯彻党的“依靠方针”具体化、制度化。以职代会为基本形式的职工民主管理制度，在坚持中发展。目前90%以上的国有、集体企业和教育、卫生事业单位建立了职代会制度。机关工会开始了职代会制度的试点。中发〔1997〕4号和中组发〔1997〕7号两个通知下发以后，职代会民主评议企业领导干部的工作逐步走上了制度化、规范化的轨道。全市大多数国有、集体企业实行了招待费向职代会报告制度。在全市中小企业改制过程中，职代会对重大问题的审议权、对经营者的评议和选择权等得到较好地落实。改制后，不少工会组织正积极探索职代会与股东大会、持股会的关系。市总工会还开展了评选全心全意依靠职工办企业的优秀厂长（经理）和新经济组织的“双爱双评”活动，为贯彻落实党的“依靠方针”打下了良好的基础。

五年中，我们以贯彻实施《劳动法》为契机，把维护职工合法权益放在特别重要的位置。各级工会把平等协商签订集体合同作为贯彻实施《劳动法》的牛鼻子紧抓不放，通过大量艰苦细致的工作，目前全市已签集体合同907家。乡镇企业平等协商、签订集体合同的试点工作已摆上议事日程。通州市总工会从实际出发，积极在困难企业进行签订多项或单项集体合同的试点。全市有66.2%的企业按《劳动法》要求修订了厂规厂纪，有1325个企业劳调会被确认为合格劳调会。五年中，市总工会、退委会办公室接待来访1569起，处理来信788封，督促有关方面帮助职工解决了一些实际问题。实行了重大灾害性事故处理预案和签订安全生产工作责任保证书制度。建立了工会劳动法律监督组织。382家基层工会依法取得了社团法人资格。

二、组织职工在经济建设中建功立业，推动了南通经济的持续发展

组织职工投身经济建设主战场是工会服务于经济建设中心的一大优势和特色。五年来，各级工会动员和组织职工，围绕经济结构调整、企业扭亏减亏献计出力、多做贡献。市总工会组织的“八五奉献杯”、“九五创业杯”、以“扭亏、节能、扩销、增益”为内容的“四大户”竞赛、重点工程竞赛以及女职工“巾帼绘九五、巧手争奉献”等竞赛活动，吸引了50多万职工参加，促进了企业经济效益的提高和全市经济快速增长，推进了重点工程的建设速度。各行业、基层工会根据自身特点，以开拓市场、开发新品、推动技术进步、提高职工素质为重点，持续开展了各具特色、形式多样的竞赛活动。轻工系统的“金点子”、建工系统的“双文明施工队”、商业系统的“创建无可挑剔柜组”竞赛以及教育工会的“青蓝工程”、卫生工会的“合格白衣天使”、机关工会的“公仆杯”竞赛活动等都收到了较好的效果，有的在省内外有一定影响。群众性合理化建议活动和技术革新、技术协作、发明创造活动更加深入。五年来，全市职工提合理化建议25万余件，实施5万余件，创造经济效益1.25亿元；各级技协组织实现技术攻关、技术开发、技术推广、技术服务项目6683项，创经济效益9228.39万元，其中有7项优秀成果受全总、省总表彰。市总工会还组织劳模、技协骨干、工程技术人员等，下基层为困难企业出主意、献计策、培训技术工人，受到基层的欢迎与赞扬。五年来，各级工会共挂钩帮扶困难企业75家，通过融通资金、协调关系、发动职工深化改革加强管理，共有15个企业扭亏、26个企业减亏，扭亏减亏额达8774万元。五年中，在全市两个文明建设和群众性经济、技术活动中，共涌现出市以上先进、模范720名，其中全国劳模14名；市以上先进集体235个，其中有6个集体获全国五一劳动奖状称号。

三、“送温暖工程”逐步走向规范化、制度化，促进了职工队伍和社会的稳定

各级工会以高度的政治责任感自觉为党和政府分忧，全面实施“送温暖工程”。全市工会每年元旦、春节前集中精力、集中时间调查走访困难企业、困难职工家庭，积极向党和政府提出解困建议，并会同党政领导搞好元旦、春节期间的慰问活动。五年来，共筹措资金1200余万元，其中县以上工会自筹160万元，慰问困难职工11万人次，其中离退休职工3万余人次，真正做到进万家门，知万家情，解万家难，暖万家心。从1995年起，全市先后为433户职工发放了特困职工证，并建档立卡，实行动态管理。与此同时，市总工会会同财政、税务、工商、劳动、房改、教育、卫生等部门制定了《关于对市区特困职工实行特殊照顾的暂行办法》，使特困职工享受到副食品、医疗及子女上学减免费用等方面的照顾。经市总工会及市机关党工委牵线，市区机关、企事业单位与67名职工结对帮扶，各级工会也都会同党政开展了这项工作。各级工会主动协助政府(行政)妥善安置下岗职工，通过职业培训、转岗培训、职业介绍，积极为职工再就业创造条件。五年来，培训下岗、转岗职工2700人次，帮助5000余名职工实现了再就业。全市筹集女职工再就业发展互助金12万元，已为20名自谋职业的女职工提供了资助。全国率先建立的市尊老互助储金会近五年中发展会员22152人次，对12211人次进行了补助。1994年建立的市职工友爱(康复)互助储金会，已覆盖六县(市)，有会员19.56万人，补助患重病等有特殊困难的职工1418人次，补助金额达94万元。市、县两级“送温暖工程基金”达200多万元。基层工会举办的互助储金组织有20.1万名职工参加。市及六县(市)、区国有、县属以上集体企业全部实行了女职工生育保险(统筹)。我市集中各方面智慧形成的生育保险经验,为将生育保险作为五大保险之一写入《劳动法》、写进《中国妇女发展纲要》,做出了有益的探索和应有的贡献。这一经验两次在国际会议的非政府论坛上介绍,得到了与会者的好评,受到世妇会中国组委会的嘉奖。工会企事业坚持三服务宗旨,从小到大,难中求进。目前全市各级工会兴办的企事业608家,累计实现营销总额10多亿元,实现利税近亿元,安置富余职工5000多人。市政府颁发了市总工会起草的《南通市劳动模范评选和管理实施办法》,全市成立了劳模协会。在市计委、公安、劳动等部门的大力支持下,市总工会为104名劳模及其家属办理了户口农转非,今年还为劳模开办了补充养老保险。全市退管会组织进一步健全,退休职工的管理和服务工作日趋规范。市总工会与城调队合作,对城市居民生活现状抽样调查,为制定我市城镇居民最低生活保障线提供了依据。

四、持续开展“创、树”主题教育活动,职工队伍素质进一步提高

依靠主力军,必须建设主力军。各级工会坚持用邓小平理论武装职工,联系改革发展和职工思想实际,结合实施《爱国主义教育纲要》和“二五”“三五”普法,持续不断地开展“创企业精神、树主人翁形象”主题教育活动。各级工会组织职工学理论、学技能、学法律,深入开展以职业道德教育为重点的“四德”教育;以基层、班组为阵地,以工人理论队伍为骨干,把群众性自我教育和外部灌输相结合,深入细致做好解难释疑等职工思想政治工作,通过企业精神征集、主人翁形象设计、塑造以及选职业道德明星、树文明示范窗口、评文明新风家庭等多种形式,激发了职工的爱国热情和敬业奉献精神,增强了职工“到主人位、干主人活、尽主人责、当主人翁”的自觉性。五年来,全市85%以上的职工参与了“创、树”主题教育活动,有21家企业先后被省总工会授予“优秀企业精神”先进集体,一批班组、职工家庭、工会干部分别被省总授予先进班组、文明新风家庭和优秀职工思想政治工作者等荣誉称号。有70名职工被市总工会与市精神文明建设委员会联合授予“职业道德明星”称号。各级工会坚持开展了岗位练兵、技术比武活动,全市1万多名职工参加了57个工种的市级比武,有150多名职工分别在市、省、国家级技术比武中获能手(状元、明星)称号。科教文卫体战线的职工,积极投身“科教兴市”的伟大实践,在理论研究和实际工作中创造了令国际、国内同行瞩目的成绩。市总工会坚持十五年开展职工读书自学活动,五年来,涌现了190个读书自学先进集体和先进个人,市总工会和城西工人文化宫受到全总的表彰,我市被全总列为全国5个“六学”读书活动试点城市之一。工会自身办学进一步加强,五年来,市工人业余大学培养大专生553个;七所职工学校培养高中文、理科毕业生4700人;培训各种技术工人、业务人员29772人;培训班组长1824人。市职校被省政府授予模范职校称号,并与如东职校一起获全总“工会办学先进单位”荣誉,列为全国示范职工学校。

市、县工人文化宫及基层工会俱乐部坚持开展多种形式、健康有益的职工文化、体育活动,市劳动人民文化宫、唐闸工人文化宫连续多年举办“濠滨夏夜”“天乐之夏”活动,五年来吸引了近百万人次参加。市劳动人民文化宫被评为全国先进文化宫。通过《南通工人报》和其他新闻媒体,加强对工人阶级地位和作用的宣传,扩大了工会的社会影响。

五、积极推进工会自身建设，工会工作整体水平不断提高

适应社会主义市场经济新体制的要求，工会自身改革和建设有了新的发展。各级工会坚持学理论、学法律、学习社会主义市场经济知识，认真贯彻落实《工会法》和我省的实施办法，不断提高理论政策水平和贯彻党的基本路线的自觉性。围绕贯彻落实工会工作总体思路，市总工会加大了学习宣传和理论研讨的力度，使各级工会进一步加深了对总体思路的理解。市总工会深入基层抓典型，实行分类指导，使工会工作的运行机制明显改观。近年来，市总工会做到长规划与短目标的统一，增强工作的预见性、科学性、计划性；从定性为主转向定性和定量相结合，与 34 个县(市)、区、局工会签订重点工作目标责任书；建立重点工作领导、部门分工联系制度，定期检查推进重点工作的完成进度，推进了工会工作整体水平的提高。不断赋予新内容的建家活动持续深入，并向班组建小家延伸，五年来，涌现出全国模范职工之家 5 个，全国模范职工小家 8 个，省级模范职工之家 19 个，受全总和省总表彰的工会积极分子 37 人次、工会之友 7 人次，优秀工会工作者 19 人次。新经济组织工会组建的步伐明显加快，目前，已建外商投资企业工会 754 家，占应建数的 98%；已建乡镇企业工会 1219 家，已建私营企业工会 90 家；全市符合建会条件的乡镇全部建了工会。市人大常委会审议并同意市总工会公布了《南通市私营企业工会工作暂行办法》，市总与乡镇企业管理局联合下发了《南通市乡镇企业工会工作暂行办法》，这些都为新经济组织工会组建和依法开展工作创造了良好的条件。适应转机建制的要求，产业、集团以及各级新经济组织工会的组织形式均有新的突破和发展。加强女职工委员会建设，进一步拓宽女职工委员会民主参与渠道。全市工会干部普遍参加了规范化岗位培训，有 2047 人取得了上岗资格证书，有 8000 人(次)参加适应性培训。调查研究工作进一步加强，市总每年组织 2-3 次专题调研，一批调研成果为各级领导决策提供了科学依据。

各级工会主动协调、克服困难，认真搞好工会经费的收、管、用；加强对工会经费和企事业财务收支的审查、审计、监督。海员俱乐部、工人疗养院、天苑实业总公司等一批工会企事业有了进一步的发展，文化宫扩建工程裙楼部分即将封顶。职工对外交流中心五年来派出 34 名职工去日本研修。

五年中，由于各级工会的共同努力，我市的工会基层工作、女职工工作、职教工作、退管工作等 10 项工作得到全总的表彰，工会的法律工作、实施送温暖工程和职工互助补充保险工作、技术扶贫工作等 20 项工作走在全省的前列。

过去五年，是我市工人阶级奋发创业的五年，是工会工作取得突破性进展的五年，我们圆满地完成了工会九大确定的各项任务，各级工会、特别是县(市)、区、局和基层工会做了大量扎实有效的工作，创造了许多可贵的经验：

——必须坚持自觉接受党的领导，依法独立自主地开展工作。工会组织只有坚决贯彻党的路线、方针、政策，重大问题及时向党委请示、汇报，争取政府支持，善于把党委的要求和群众的意愿结合起来，依法独立自主开展工作，才能使工会真正成为党和政府联系职工群众的桥梁纽带；

——必须坚持围绕中心、服务大局。工会组织只有自觉地把工会工作放到“改革、发展、稳定”的大局中去认识和把握，才能充分发挥工会组织的作用，工会工作才有生命力；

——必须坚持突出维护职工合法权益的基本职能。工会组织只有更好地运用维护这一服务于党的中心任务的主要手段，才能赢得职工群众的信任，增强工会的凝聚力、号召力；

——必须坚持解放思想、更新观念。工会组织只有从新形势、新任务、新要求出发，不断解放思想、更新观念，积极探索、大胆实践，才能使工会工作的路子越走越宽；

——必须坚持发扬主动进取精神，努力促进工会工作社会化。工会干部只有从现有条件抓起，不等不靠，主动进取，真抓实干，同时加强与社会各界的联系、合作，才能不断开创工会工作的新局面。

回顾五年来的工作，广大工会干部、工会积极分子做出了很大的努力，付出了艰辛的劳动，各级党政领导对工会组织高度重视和关心，各群众团体、社会各界，对工会工作给予了大力的支持。在这里，请允许我代表市总工会，向广大工会干部、工会积极分子表示亲切的慰问！向支持、帮助工会工作的各级领导和各有关方面，表示衷心的感谢！

在充分肯定成绩的同时，应清醒地看到，我市的工会工作还存在着一定的差距和不足。各级工会的组织体制、运行机制、工作方法、工会干部素质还不能完全适应社会主义市场经济新体制的要求，尤其是深入基层、分类指导、抓落实的力度还不够。工会干部的思想还有待进一步解放。工会维护职工利益的能力和实力还有待进一步提高。我们要发扬成绩，克服缺点，满怀信心地去迎接未来，在推动改革发展上新台阶的同时，不断开创工会工作的更新局面。

世纪之交的工会主要任务

刚刚胜利闭幕的党的第十五次全国代表大会是一次承先启后，继往开来，规划跨世纪蓝图的历史性会议。江泽民同志所作的报告，是我们党带领全国人民迈向新世纪的政治宣言和行动纲领。十五大是我党历史上第三次思想大解放，我市和全国一样，改革发展必将出现新飞跃，建立社会主义市场经济体制必将出现新的突破性进展。在今后相当长时期内，以公有制为主体、多种经济成分共同发展，股份制、股份合作制、非公有制企业将大量涌现；加快经济结构调整步伐，兼并、破产、组建企业大集团和减员增效的力度进一步加大；把按劳分配和按生产要素分配结合起来，多种分配形式长期并存；大力推进企业配套改革，社会保障制度进一步完善。改革和发展的新形势使工人阶级和工会工作面临着前所未有的发展机遇和严峻挑战。各级工会要认真学习领会江泽民同志关于“在改革开放的新时期，我们仍然要坚持全心全意依靠工人阶级，这个基本的政治原则，任何时候都不能动摇”的重要指示精神，按照江泽民同志提出的“政治上保证、制度上落实、素质上提高、权益上维护”，以及尉健行同志提出的“工会服从服务于党的中心任务的主要手段是维护”的要求，全面提高工会工作整体水平，以崭新的面貌跨入二十一世纪。

今后五年工会工作总的指导思想是：**以党的十五大精神为指针，坚定不移地高举邓小平理论伟大旗帜，积极推进全心全意依靠工人阶级根本指导方针的落实，切实贯彻落**

实工会工作总体思路，突出维护职能，大力提高职工队伍素质，充分调动广大职工的积极性和创造性，更好地发挥工人阶级在两个文明建设中的主力军作用，为实现跨世纪宏伟目标建功立业。今后五年的总体要求是，经过大家的共同努力，各级工会在服务大局上要有新的作为，在重点工作上要有新的进展，在工会自身改革和建设上要有新的突破。

今后五年，全市工会组织的主要任务是：

一、认真学习、贯彻党的十五大精神，引导全市职工解放思想、振奋精神，成为高举邓小平理论伟大旗帜的中坚力量

党的十五大，是在我国改革开放和现代化建设事业发展的重要时期召开的一次意义重大、影响深远的历史性会议。江泽民同志所作的报告，高举邓小平理论的伟大旗帜，对我国经济、政治、文化等各方面建设跨世纪的发展作出了新的战略部署，对于动员全党和全国人民团结奋斗，把建设有中国特色社会主义伟大事业全面推向二十一世纪，必将产生重要的作用。认真学习十五大文件，把广大工会干部和职工群众的思想统一到十五大精神上来，把全市工人阶级的力量凝聚到实现跨世纪宏伟目标上来，努力开创我市改革开放和现代化建设的新局面，是当前和今后一个时期的首要任务。各级工会对此要高度重视，精心组织，认真落实。

要突出重点，深刻领会十五大的精神。江泽民同志的报告内容十分丰富，各级工会干部一定要在同级党委的统一部署下，认真组织好广大职工、工会干部尤其是工会领导干部的学习，要认真研读原文，在领会精神实质上下功夫。在学习中要把握报告的四个重点：一是牢牢把握邓小平理论这个“魂”，充分认识邓小平理论是毛泽东思想的继承和发展，是我们的指导思想、精神支柱，是思想武器，是行动指南，高举邓小平理论的旗帜不动摇；二是牢牢把握社会主义初级阶段理论这个“根”，充分认识我们所面临的国情、市情、厂情，明确初级阶段的根本任务是发展生产力，坚持社会主义初级阶段的基本路线和基本纲领不动摇；三是牢牢把握解放思想、实事求是这个邓小平理论的精髓，充分认识探索公有制多样化实现形式是第三次思想解放，自觉确立发展观念、市场观念和竞争观念，以“三个有利于”为评判是非的标准，正确对待改革中的新生事物；四是牢牢把握有中国特色社会主义的经济、政治、文化领域改革和发展的基本目标、基本任务及方针政策，增强工人阶级的责任感、使命感，为实现跨世纪的目标而奋斗。

各级工会组织要发挥工会宣传阵地作用和组织网络的优势，广泛宣传十五大精神，集中力量，通过各种形式造成浓厚的氛围。要充分发挥工人理论队伍和读书积极分子的作用，组织好他们的学习、培训和对职工的宣讲、辅导，推动群众性学习活动落到基层班组。

各级工会要把学习十五大精神同工会工作实际密切联系起来，同贯彻工会工作总体思路结合起来。未来五年工会工作的任务繁重而艰巨，各级工会要自觉用十五大精神指导自己的工作，围绕实现跨世纪宏伟目标给工会工作提出的新任务、新要求，提出抓住机遇，开拓前进，探索新路子，创造新业绩的工作计划，不断推进工会工作上台阶、创水平。

二、全面提高职工素质，组织职工投身经济建设主战场，在两个文明建设中充分发

挥工人阶级的主力军作用

江泽民总书记在十五大报告中指出："社会主义的根本任务是发展社会生产力。在社会主义初级阶段，尤其要把集中力量发展社会生产力摆在首要地位。"江泽民同志同时还指出"围绕发展社会生产力这个根本任务，要把改革作为建设有中国特色社会主义事业各项工作的动力。"今后五年是我市实现跨世纪宏伟目标的关键时期，以"转机建制、制度创新、管理科学"为目标，各项改革的力度将进一步加大。各级工会要以改革为己任，凡是符合"三个有利于"的改革措施，都要动员职工坚决支持，坚定地站在改革的前列，引导职工正确处理个人利益和整体利益、局部利益和全局利益、暂时利益和长远利益的关系，做改革的促进派。同时，各级工会要围绕结构调整、资本运营和深化配套改革中出现的新情况、新问题，搞好调查研究，加大高层次参与、决策参与的力度，努力反映职工的意愿和要求，协助政府和企业重视解决职工的实际问题，保护职工的改革热情。

经济发展的力量源泉在于充分调动和发挥职工群众的积极性和创造性。各级工会要引导职工以主人翁态度从事劳动和工作，立足本职，爱岗敬业、勤奋劳动、无私奉献，为使企业真正成为市场竞争的主体而多做贡献。要继续深入开展以降本增效为重点的"九五"创业杯立功竞赛活动，积极探索适应社会主义市场经济体制要求的立功竞赛的内容和形式。工业企业的立功竞赛要以新产品开发和市场开拓、提高市场占有率为重点，向技术创新要效益，向管理要效益，向市场要效益。窗口服务行业的立功竞赛要着重赛岗位技能、职业道德、服务态度和质量，争创最佳的社会效益和经济效益。科教文卫行业的立功竞赛要把重点放在为人民服务、树行业新风，提高业务水平上。立功竞赛活动要以班组为基础，促进创"四优班组"活动的深入。"巾帼绘九五，巧手争奉献"竞赛活动在新形势下要继续赛出新成效。要继续开展学邯钢、学如东黄油枪厂活动，切实推行"模拟市场核算，实行成本否决"的经营机制。要发动职工广泛开展合理化建议活动，努力提高合理化建议的提出率、采纳率、实施率，推动企业落实合理化建议奖励条例。今后五年，全市要有80%以上的职工参加合理化建议活动，市总工会每两年评选一次最佳合理化建议。要重视发挥各级职工技协组织的作用，组织技协会员在技术革新、技术攻关、发明创造、扶贫帮困中大显身手。要把加速科技进步放在经济发展的关键地位，促进"产、学、研"联合，加速科技成果向现实生产力转化。广大职工要进一步增强开放意识，营造良好的投资环境。要继续协助政府搞好帮扶困难企业工作，市、县(市)、区、局工会每年要各挂钩帮扶一个困难企业。知识分子是工人阶级的一部分，人才是科技进步的最重要资源，要在职工中形成尊重知识、尊重人才的良好氛围。要充分发挥劳动模范的骨干、带头作用，认真抓好劳模、先进的评比选树工作。

实行两个根本性转变的关键在于依靠科技进步和提高劳动者素质。工会要在党委统一领导下协同行政，为提高职工素质，建设一支有理想、有道德、有文化、有纪律的职工队伍作出应有的努力。要按照十五大的要求，深入持久地开展群众性精神文明创建活动。今后五年要在职工中广泛深入开展"三学、三树、三争"活动，这一活动是"创、树"主题教育在新形势下的继续和深化，其主要内容：一是继续组织职工学理论、学技能、学法律。当前主要是深入开展邓小平理论和基本国情教育，使邓小平理论中关于中国现在处于并将长期处于社会主义初级阶段、这一阶段的根本任务是集中力量发展社会生产力等观念在职工头脑中深深扎根。要引导和帮助职工树立建设有中国特色社会主义的共同理想，培养起为实现这个共同理想而奋斗的本领和素质；二是深入开展以为人民服务为核心、以集体主义为原则的“四德”教育，引导和帮助职工树立正确的世界观、人生观、价值观，积极投身到“争当文明职工、争创文明单位、争创文明新风家庭”活动中去。五年中，全市要有95%以上的职工和单位参与这一活动，机关干部要率先垂范。工人文化宫、俱乐部、职工学校，是社会主义精神文明建设的重要阵地和向社会展示工会形象的重要“窗口”，要坚持为“为职工服务，为社会主义服务，为经济建设和改革开放服务”的正确方向，以强烈的社会责任感和育人意识，大力传播精神文明，传授科技新知识，开展丰富多彩的文化体育活动，引导职工树立健康文明的生活方式，以优美的环境、优良的秩序、优质的服务，努力成为文明窗口。

广泛开展“421”活动，不断提高职工的职业技能水平。要大张旗鼓地组织职工参加技术培训、技术练兵、技术比武，鼓励职工精一招、会两招、学三招。到“九五”期末，全市要确保每年有40万职工参加各类技术培训，有20万职工参加岗位练兵，有10万职工参加各级各类技术比武。各县(市)、区、局及市直单位每年参加技术培训、岗位练兵、技术比武的职工人数要求分别达到职工总数的50%、25%和15%。通过“421”活动，到“九五”期末每个职工的技术水平要在原来的基础上提高1—2个等级。要协助劳动部门做好工人技师的评聘工作，提高职工中技术工人的比例。要多种形式地开发职工智力，开展读书自学活动和“创造学”原理教育，激励职工岗位成才。

三、突出重点工作，履行维护职能，把工会工作的总体思路真正落实到基层

江泽民同志在十五大报告关于加快国有企业改革中指出，要加强科学管理，探索符合市场经济规律和我国国情的企业领导体制和组织管理制度，建立决策、执行和监督体系，形成有效的激励和制约机制，要建设好企业领导班子，发挥企业党组织的政治核心作用，坚持全心全意依靠工人阶级的方针。江泽民同志在十五大报告中还指出，工会等群众团体要在管理国家和社会事务中发挥民主参与和民主监督作用，成为党联系广大人民群众的桥梁和纽带。坚持和完善以职工代表大会为基本形式的企事业民主管理制度，组织职工参与改革和管理，维护职工的合法权益。江总书记的重要指示为各级工会贯彻新时期工会工作总体思路，保障职工在国家和企业中的主人翁地位指明了方向，我们一定要做好工作，保证党的“依靠方针”在基层的贯彻落实。

深入贯彻工会工作总体思路，要从根本上抓起，必须着力建立、完善相适应的机制。目前，重点要建立和完善以下三项机制：

建立和完善以职工代表大会为基本形式的职工民主参与、民主管理、民主监督机制。职工代表大会制度是企业民主管理的基本形式，是职工当家做主的制度保证。今后五年，全市公有制企事业单位要普及职代会制度，全面落实职代会的各项职权，提高职代会的质量。当前和今后一段时期，要以中央〔1997〕4号文件精神为指针，突出搞好职代会民主评议企业领导干部制度的建立，为建设一支高素质的企业家队伍做出应有的贡献。要结合科教文卫系统的实际，健全和完善教职工代表大会制度，建立具有行业特点的民主管理体系。要坚持企业业务招待费向职代会报告制度，加强职工民主监督、发挥职代会在企业廉政建设中的作用。要建立健全职工董事、监事制度和职工持股会制度，形成职工董事和监事向职代会报告工作，持股会直接参与企业资产运作、经营决策的机制。要积极探索职工代表大会和股东大会的关系、探索非公有制企业职工民主参与、民主管理的有效途径。今后每两年市总工会将组织一次评选"依靠职工搞好企业的十佳厂长、经理"活动。

建立和完善以平等协商和签订集体合同为基本形式的协调劳动关系机制。建立稳定协调的劳动关系是维持企业正常生产、生活秩序，促进社会发展与稳定的重要条件。今后五年，所有企业都要按照《劳动法》的规定毫无例外地建立平等协商、签订集体合同制度，尤其是非公有制企业要尽快建立这一制度。要在新经济组织和小型企业比较集中的地区或行业，积极推广签订区域性、行业性集体合同的做法，亏损企业和困难企业要依法建立平等协商机制，就职工最迫切需要解决而又可能解决的问题，先签订多项或单项协议，再逐步过渡到规范的集体合同。当前要按照全总提出的"六个环节"，一手抓普及，一手抓质量。已经签订集体合同的，要加强管理，建立集体合同落实兑现的监督检查制度，及时与企业行政协商解决集体合同履行中的各种问题。要建立和完善劳动争议调解制度。全市企业都要建立劳动争议调解委员会，合格劳调会占总数的95%以上。要搞好职工来信来访和法律咨询服务工作。市、县两级工会要配备兼职劳动争议仲裁员。健全市、县、基层三级劳动法律监督网络，加强对企业特别是对外商投资企业、私营、乡镇企业的劳动法律监督，坚决制止和纠正各种违法行为。加强群众性职业安全卫生监督工作，加强劳动保护工作，依靠职工群众搞好安全生产。要依法维护女职工的特殊权益。

建立和完善以"送温暖工程"为基本形式的职工互助补充保险机制。当前，我市经济发展的总体态势是好的，但也要看到，由于一些企业生产经营不佳，使相当一部分职工的基本生活遇到暂时的困难。各级工会要更加广泛扎实地实施"送温暖工程"。要进一步加强调查研究，及时掌握困难企业、困难职工的动态，向党和政府(行政)提出解困的建议，继续做好两大节日慰问困难职工工作。要积极开办以基层为主的三级职工互助补充保险，85%以上的企业都要建立职工互助基金组织，参加人数达到职工数的80%以上；五年内，市县两级职工友爱(康复)储金会资金每年要递增20%，入会人数达45万人，同时要逐步扩大互助范围。要多渠道筹集"送温暖工程基金"，力争在五年内使全市基金规模达500万元，并管好、用好基金。要扩大联系困难职工的面，做好结对帮扶工作。要促进政府加快社会保障体系改革的步伐，协助政府建立保障职工基本生活的制度、完善医疗保险办法，争取在1998年城镇职工全面实行规范化的生育保险，努力为职工构建一张走向市场的安全网。各级工会要抓住机遇，按照市场经济的规律，积极稳妥地发展工会企事业，确保营销额、实现利税平均每年递增15%，力争20%。要办好职工消费合作社、职工解困市场、职工建房合作社等为职工服务为主的工会企事业，不断开辟新的经济增长点，努力增强工会为职工办实事的经济实力和吸纳下岗职工的能力。要积极协助政府做好职工再就业工作。各企业要建立职工下岗的民主程序。要大力宣传再就业的先进典型，帮助职工树立自主创业、自主择业、多渠道就业的观念。今后五年，县(市)、区工会都要成立职业介绍机构，全市每年培训职工1万名以上，每年为2000名下岗职工牵线搭桥，帮助他们再就业。要依法维护退休职工的合法权益，协助行政加强退休职工的管理和服务，帮助解决实际困难。

四、适应新形势，加强工会自身改革和建设，把工会建设成为深受职工信赖的职工之家

推进党的“依靠方针”落实，贯彻落实工会工作总体思路，团结百万职工实现我市今后五年奋斗目标，最根本的是切实加强工会自身改革和建设。要通过全体工会干部的努力和广大会员的支持，把工会建设成为高举邓小平理论伟大旗帜，全心全意为职工服务，能团结和带领广大职工，为建设有中国特色社会主义拼搏奉献的、职工信赖的“职工之家”。按照这一总目标，我们必须从思想上、组织上、作风上全面加强工会自身改革和建设，建立一支政治强、业务精、纪律严、作风正的工会干部队伍，以新的精神风貌和更强的战斗力，带领职工完成历史重任。

加强自身建设，最重要的是加强思想建设。各级工会要开展“三讲三学两创一争当”活动，即“讲学习、讲政治、讲正气，学理论、学经济、学法律，创特色、创一流，争当职工之友”。要大力开展以讲学习、讲政治、讲正气为主要内容的思想政治教育，坚定思想信念，注重廉洁自律，始终保持良好的精神状态和艰苦奋斗的作风。要坚持用邓小平理论武装头脑。广大工会干部尤其是各级领导干部一定要带头学好邓小平理论，树立良好的学风，理论联系实际。通过学习要增强政治鉴别力、政治敏感性，坚定在任何情况下高举邓小平理论的伟大旗帜不动摇，自觉地在思想上、行动上同党中央保持高度的一致。要切实解放思想、转变观念，牢固树立起全局观念、创新观念和群众观念。同时要切实加强对社会主义市场经济、劳动经济、法律和科学管理等方面知识的学习，努力掌握协调劳动关系、协调社会利益矛盾的本领，不断提高工会干部的整体素质。要抓好工会干部上岗资格、适应性岗位培训，工会专业人才培训，造就工会的专门家队伍。

加强工会的组织建设，最根本的是要依法建会，把工会建设成有凝聚力和战斗力、能够代表和维护职工合法权益的群众组织。要继续抓好外商投资企业、乡镇企业、私营企业组建工会和国有、集体小型企业改制后的工会组织建设，最大限度地把职工组织到自己的组织中来。各级工会要进一步加大工作力度，五年内，基本实现新经济组织办到哪里，工会就建到哪里。未建工会的私营、乡镇企业今后两年内要全部完成组建任务；对新建的外商投资、乡镇、私营企业组建工会要坚持“三同时”；组建跨行业、跨地区、跨所有制性质的集团工会工作要由试点逐步向面上推开，并逐步理顺集团工会内部上下关系和运作方式。改制、改组企业要同步建立健全工会。对新组建工会，要加强指导，发挥应有的作用，巩固建会的成果。要探索形成新经济组织工会领导体制和管理模式，加强和完善产业、乡镇工会领导体制，为中间层次工会更好发挥作用提供组织保证。在改革不断深入的情况下工会组织只能加强，不能削弱，要及时纠正撤并工会和把工会组织与其他部门合署办公的做法。要依法组建女职工委员会，充分发挥女职工委员会的作用。要按照革命化、年轻化、知识化、专业化的要求，把政治素质好、有较高政策理论水平和工作能力、热心工会工作的优秀年轻干部，及时提拔到工会的各级领导岗位上来。要全面落实协管制度，按照中央的有关规定，与相应的党组织建立起事先协商、民主推荐、共同考察确定工会领导人选的协管干部制度。

进一步搞活基层，是加强工会组织建设的中心环节。工会的基层组织是工会全部工作吸引力、凝聚力、号召力的基础。基层工会一定要根据企业实际和职工群众的需要，依靠会员群众的主动参与，独立自主，创造性地开展工作，大力加强工会积极分子队伍建设，走民主兴会之路。要把建设“职工之家”活动不断引向深入，通过不断赋予建家活动的新内容、新形式，把工会工作总体思路落实到基层。要关心、爱护、支持工会干部，依法维护基层工会干部的合法权益。

加强工会的作风建设最重要的是树立全心全意为职工群众服务的观念，充分发挥工会作为党联系职工群众桥梁纽带的作用。市、县(市)工会领导机关要通过改革进一步明确职责、理顺关系、转变作风，完善制度，切实转变运行机制和活动方式，充分体现工会代表职工，上级代表下级，各级工会为基层服务、为职工服务的要求。要大兴调研之风，深入基层，深入职工，抓住职工群众关心的热点和倾向性问题，搞好调查研究。通过调研，要帮助基层解决突出问题，总结推广典型经验，提出对面上工作有指导意义的意见和建议。市总工会和县(市)、区、局工会领导干部全年下基层调查研究的时间不少于1/3。要克服行政化倾向，大力精简会议、文件。减少对基层工会工作的指令性要求，强化指导性、服务性。减少工会领导机关统一性活动，增强基层工会的自主性和创造性。市、县(市)工会要把主要精力用在反映职工群众意见、呼声，搞好民主参与和社会监督，进行理论政策指导、培训工会干部、协调各方关系上。要建立目标责任制，完善考核奖惩制度，促进作风转变，提高工作质量和工作效率。

要进一步加强源头参与和决策参与，密切同社会各方面的联系，通过参与政策、法规制定，参加工作机构，召开联席会议、联合发布文件、联合社会力量共同开展工作和加强舆论宣传等多种形式，自觉走出工会工作自我循环的境地，主动纳入党政工作的大格局中去运作，善于争取党政的重视、支持和社会的广泛参与，逐步形成社会化的工会工作格局，走开门办会之路。

搞好工运理论研究是新时期工人运动和工会工作的迫切要求，也是一项重要的基础建设。各级工会特别是工会领导机关，要研究社会主义市场经济条件下工会面临的新情况、新问题，研究改革和发展中涉及职工利益的重大政策和有关经济、劳动、分配、再就业及社会保障等方面的问题。要坚持研究为工会源头参与、决策参与服务，为指导工会工作实际服务。加强与社会研究机构的交流与合作，发挥市工运研究会的引导作用，形成信息、统计、资料、研究一体化的工作机制。

推进工人运动和工会工作的发展，离不开工会的经济基础。各级工会要严格按照《工会法》的规定，积极主动，克服困难，切实做好工会经费的拨缴工作。要研究探索拨缴工会经费的有效运作机制、激励机制和制约机制，调动各方面积极性，使我市工会经费的收缴率，在经济不断发展，工资总额增长的同时有相应的提高。要严格工会经费的管理和使用，严格按章办事。要充分发挥各级经审会作用，认真搞好工会经费的审查和监督，切实加强工会企事业及所属经济实体的财务审计，确保工会经费的合理使用和企事业的健康发展。

工会的各类企事业单位要加强改革与管理。要进一步解放思想，立足自我发展，在坚持社会效益为主的同时，开展多种经营，大力创收，变服务型为服务经营型，逐步做到以事业养事业，以事业发展事业。差额补贴单位要逐步向自收自支过渡，有条件的要实行企业化管理。要按照建立现代企业制度的要求,转机建制、制度创新、管理科学。工会企事业也要按照市场经济规律办事,走联合兼并、组建集团之路,不断扩大规模,在市场竞争中求发展。

要继续发展工会的国际工作,开拓与国外友好工会的职工文化、体育、经济、技术等实质性交流。

各位代表,在世纪之交的时候,举行工会第十次代表大会,大家都感到对我市的工人运动和工运事业担负着崇高的历史责任, 对动员和组织职工在两个文明建设中发挥主力军作用担负着神圣的光荣使命。我们面对严峻的挑战,更面对前所未有的有利条件和大好机遇。让我们更加紧密地团结在以江泽民同志为核心的党中央周围,在市委和省总的领导下,以更加高昂的工作热情,更加扎实的工作作风,组织全市百万职工投入到两个文明建设的伟大实践中去,为实现我市跨世纪的宏伟目标,全面推进我市经济和社会发展而努力奋斗!

认真实践“三个代表” 切实履行维护职责
团结全市职工为实现“十五”宏伟目标而努力奋斗

——在南通市工会第十一次代表大会上的工作报告

陈心万

（2002 年 10 月 23 日）

各位代表，同志们：

在全市职工深入学习贯彻江总书记“三个代表”重要思想，喜迎党的十六大召开之际，南通市工会第十一次代表大会今天隆重召开。现在，我代表市总工会第十届委员会，向大会报告工作，请予审议。

过去五年工作的回顾

南通市工会第十次代表大会召开至今，已整整五年。这五年，是全市人民在党的十五大精神指引下阔步前进的五年，是南通工人阶级用自己的积极性、创造力和劳动热情谱写高亢赞歌的五年。这五年，全市经济建设迈上了新的台阶，改革开放进入了新阶段，各项社会事业取得了新进展，城镇面貌发生了新变化。

五年来，全市职工围绕大局，锐意进取，以主人翁的姿态积极参与和支持改革，勇担历史重任，正确处理国家、集体和个人的利益关系，切实推进改革进程。全市职工立足岗位，奋力拼搏，积极投身社会主义现代化建设的伟大实践，涌现出通医优秀青年知识分子群体、文明职工标兵郑林义、海安赴云南宁蒗支教教师群体等先进典型和模范人物，以工人阶级的先进思想和良好风貌影响全社会。全市职工立场坚定，旗帜鲜明，珍惜安定团结的大好局面，在深入揭批“法轮功”邪教组织、抗议北约轰炸我驻南使馆、反对台独势力分裂行径等活动中，与党中央保持高度一致，以实际行动维护社会政治稳定。

实践再次证明，我市工人阶级不愧为改革的先锋、发展的动力和稳定的基石，不愧为党和政府最坚定、最可信赖和依靠的社会中坚力量。在南通发展的历史丰碑上，永远铭刻着我市工人阶级不可磨灭的伟大功绩。

五年来，全市各级工会以党的十五大精神为指针，高举邓小平理论伟大旗帜，努力实践“三个代表”重要思想，认真贯彻全总十三大提出的方针任务，围绕全市大局，以经济建设为中心，全面落实党的全心全意依靠工人阶级根本指导方针，依法履行维护职能，着力推进重点工作，努力实现“三个最大限度”。实践表明，市工会十大及历次全委会提出的目标任务和工作思路是符合实际的、完全正确的，为全面完成市工会十大提出的各项任务，推进全市两个文明建设，发挥了积极而有效的作用。

一、认真学习贯彻“三个代表”重要思想，为改革发展提供不竭的动力源泉

组织各种形式的学习贯彻活动，掀起群众性理论学习热潮。广大工会干部和职工群众深刻领会邓小平理论和“三个代表”重要思想，不断增强深化改革、加快发展的紧迫感，激发自身参与改革、支持改革的热情，着力推进企业改革和发展。市总按照全市改革发展的要求，举办深化改革企业工会主席培训班，组织和引导工会干部和职工正确对待改革过程中的利益关系调整，把全市改革与发展的要求变成工会干部和职工的自觉行动。市总还专门抽调力量直接参与市改制联络组和事业单位改革办公室工作，直接参与市属企、事业深化改革，把旗帜鲜明地支持改革和维护职工合法权益有机结合起来，为全市的深化改革、促进发展发挥了积极作用。

适应形势要求，不断深化“创树”主题教育活动。根据不同时期的不同特点，通过各种有效载体，广泛开展“争当文明职工”活动，切实提高职工队伍素质。在庆祝建党八十周年、迎澳门回归、市总工会建会五十周年等重大活动中，各级工会职工文化阵地组织了丰富多彩的文体活动。以“濠滨夏夜”为代表的职工文化品牌产生了广泛的社会影响，全省创职工文化品牌现场会在我市召开。广泛选树劳模、先进，大力开展“展劳模风采、树主人形象”宣传。评选出市以上劳动模范736名，135人被市以上总工会授予“五一”劳动奖章。培养学习型群体。深化职工读书自学活动，坚持定期评比表彰，鼓励职工岗位成才，有效地提高了职工队伍的整体素质。

二、全面加强工会组织建设，不断巩固、扩大党的阶级基础和群众基础

在深化改革的新形势下，各级工会自觉把组建工作摆上突出位置常抓不懈。狠抓国有、集体改制企业工会组织的恢复、整顿，大力加强新建企业工会组建工作，积极推进村、镇和社区工会建设。2000年，全市深入开展“工会组织建设年”活动。在深入调查、摸清底数的基础上，因地制宜，加快组建步伐。大力探索非固定职工、非正规就业职工入会的途径和办法，实现组建形式多样化。全市形成了“党建带工建、工建促党建”、党政工齐抓工会组建的工作格局。至2002年6月，全市已建独立基层工会组织8300多家，会员96.9万人，均比五年前有较大增长。

在抓好组建的同时，着力推进规范化建设。市总大力开展“组建规范年”活动，下发了《工会组织建设规范标准》，指导各级工会组织加强规范化建设，认真组织县(市)总争创省总“十强”，深入基层指导，加强督查服务，积极争取县(市)委的重视和支持。六县(市)总积极参与，健全机制，夯实基础，争先创优，全面提高县级工会工作水平，先后跨入省工会工作“十强”县(市)行列，总数位居全省各市之首。在市区广泛开展“建设合格工会、争创示范工会”活动，推动城市工会掀起“比学赶超”的热潮。以争创省“百强示范乡镇”工会和市“五星级乡镇”工会活动为载体，切实加强乡镇工会工作，取得明显成效，全省乡镇工会工作会议在我市成功召开。在规范化建设中，基层工会组织在所有制和经济结构调整中得到巩固和发展，改制、重组企业工会得到及时调整和重建，乡镇工会在区划调整中得到充实和加强，产业、控股(集团)公司工会等中间层次工会组织在机构改革中得到健全，领导体制得到理顺完善。

三、着力推进“两个机制”建设，依法协调劳动关系

坚持和完善以职代会为基本形式的职工民主管理机制。全市国有、集体和公有资产控股企业普遍建立职代会制度，并不断赋予职代会以新的内容。加强分类指导，因企制宜，循序渐进，逐步规范，抓好非公有制企业推行职代会制度的试点工作，及时出台《南通市公司制企业职工代表大会规定》《南通市非公有制企业实行职工代表大会制度的暂行办法》。厂务公开不断深入，全市三类企业全部实行厂务公开，并在提高质量、完善机制、规范运作、讲求实效上下功夫。90%以上事业单位推行了事务公开。非公有制企业厂务公开面达48%。在公司制企业建立了职工董事、职工监事制度。

推动企业普遍建立平等协商、集体合同制度，积极开展“集体合同和劳动合同管理年”活动。全市企业累计签订集体合同6900多家，其中90%以上的国有大中型企业已签订了集体合同。努力抓好工资集体协商试点和推广工作，先后下发《南通市企业工资集体协商工作意见》等文件，有效推进全市企业工资决定和制衡机制的建立。建立健全市、县(市)劳动关系三方协商机制，推广乡镇区域性劳动关系协调机制，推进建立劳动关系预警机制。完善劳动争议调处机制，市县(市)、区两级工会参与近300起劳动争议案件的仲裁。建立政府与工会劳动法律联合监督机制，会同有关部门开展“两个合同”、“两个确保”等专项检查。建立劳动法律援助机制，妥善处理职工来信来访，依法协调和稳定劳动关系。

四、努力帮助职工解决实际问题，切实维护社会政治稳定

建立健全工会维护困难职工群体利益的各项机制，着力推进送温暖工程制度化、经常化和社会化。一是加大源头参与力度，为困难职工多办实事。在市人大、市政协“两会”期间及政策制定中，市总注重源头参与，先后就医疗、工伤、生育保险、低保工作、下岗职工出中心政策等深化改革中涉及职工切身利益一系列文件政策，提出了意见和建议，从源头上维护了职工权益。协助政府实施和完善城镇居民最低生活保障制度。今年提出为职工办好十件实事，正按序时进度推进，有的已提前完成。二是广泛开展结对帮扶活动。市总与市委组织部、市级机关工委联合开展“万名党员干部与困难职工结对帮扶”活动，获省、市文明新风典型等荣誉称号，在全省得到推广。各县(市)、区也全面推行党政领导干部与困难职工联系制度，发动社会力量对部分特困职工进行重点帮扶。三是坚持重大节日对困难职工开展集中慰问活动。在全省率先开通春节送温暖热线电话，设立社会捐助接收点。连续5年开展“献爱心一日捐”活动。市、县(市)总工会募集送温暖基金1000多万元，帮助3.5万名职工度过难关。四是深入开展帮困助学活动。市总设立“寒窗基金”，开展“母爱助学”活动。组建劝募志愿者队伍，发动社会力量开展劝募助学活动。市总两次被评为全国实施送温暖工程先进单位。

积极协助政府实施再就业工程。参与再就业政策的制定，利用工会阵地，对下岗职工进行转岗培训，开展职业介绍。选树二次创业典型，宣传下岗、失业职工自立自强的精神，帮助1.1万名下岗失业职工实现了再就业。今年与劳动、民政部门联合开展困难职工再就业援助活动，帮助一批困难职工再就业。职工互助补充保险健康发展，市、县(市)两级累计补助近4000人次，计250多万元。

五、深入实施经济技术创新工程，组织动员职工为两个文明建设建功立业

积极引导职工充分发挥工人阶级主力军作用。先后以“九五创业杯”立功竞赛和群众性经济技术创新工程为载体，动员广大职工参加劳动竞赛。在女职工中广泛开展了

"巾帼绘九五、巧手争奉献"、"巾帼绘十五、创新展风采"五大行动等活动。以"421"工程为有效手段，推动职工整体素质不断提高。以创"四优"班组为工作重点，切实加强企业班组建设。以"三创三赛"为主要内容，促进企业创新技术、强化管理、提高质量、降本增效。开展合理化建议活动，为企业发展献计献策。

全面落实工会劳动保护三个《条例》，深入推广事故隐患和职业危害监控法，努力维护职工的劳动安全卫生权益。推广应用国际劳工局有毒有害化学物质信息卡，受到全总表彰。广泛组织"安康杯"竞赛，扎实开展安全生产教育。率先出台《南通市工会劳动保护工作暂行办法》和《考核细则》，并在全省推广。适应形势发展，提出"工会组建跟着工程走，工会安全监督跟着项目走"的群众性安全生产监督创新要求。受国家安全生产监督管理局委托，起草《建筑安全检查表》，为在全国加强建筑业安全检查作出积极努力。

六、全面加强自身改革建设，不断提高整体工作水平

在各级党委的关心下，我市工会自身改革建设取得新进展。1999 年 5 月，市委下发《关于在深化改革中进一步全心全意依靠工人阶级和加强工会工作的意见》，并召开全市工会工作会议。《工会法》修改颁布不久，市委召开贯彻《工会法》专题座谈会，促进社会各界认真宣传贯彻修改后的《工会法》。最近市委常委会听取了市总的汇报，专题研究工会工作。所有这些，不仅为全市工会工作提供了重要的保证，而且为工会自身改革建设指明了前进方向。

过去的五年，市总机关经过两次机构改革，进一步强化了基本职能，优化了干部结构，规范了工作制度。同时按照市委统一部署，市总先后进行了"三讲"教育、"三个代表"重要思想学教活动和作风建设，深入开展争创"职工满意工会、满意部室"活动，全面推行优质服务"三四五"工程，逐步形成扎实的工作态度、高效的运行机制、争先的精神状态、创新的工作方式，为更好地履行工会领导机关的职责奠定了坚实的基础。

过去的五年，依法收缴工会经费力度不断加大，工会经费收缴稳步增长，不断健全工会财务制度，全面提高预算管理水平。经审组织切实加强对工会经费收、管、用的检查监督。工会直属企事业单位适应形势要求，不断深化改革，取得突破性进展。女职工工作不断加强，在维护女职工特殊权益、加强女职工组织自身建设等方面取得了显著成绩。职工对外交流工作取得新进展。信息、统计、调研工作水平不断提高，为领导决策提供科学依据。

过去的五年，各级工会积极创新工作思路，形成一批创新成果。如东县人大、政府、政协与工会联席会议制度、海安县乡镇劳调会工作、通州市联合税务部门收缴工会经费工作、海门市"评议整顿基层工会"活动等产生广泛的社会影响。

过去的五年，是我市各级工会在市委和省总的正确领导、大力支持下，立足全局，突出维护，在改革发展稳定中发挥积极作用的五年；是解放思想，锐意进取，重点工作取得突破性进展的五年；是健全机制，强化自身，工会整体工作再上新水平的五年。五年来，全市各级工会组织在工作实践中积累和创造了许多宝贵的经验，概况起来主要有：

——必须始终坚持以邓小平理论和党的基本路线为指针，按照"三个代表"重要思想要求，牢牢把握正确的政治方向，服从服务于全市工作大局。工会只有坚决贯彻执行党的基本路线和方针政策，以"三个代表"重要思想为指导，以发展为第一要务，紧紧围绕经济建设中心，着眼于研究新情况、解决新问题，找准工作切入点，依法独立自主地开展工作，才能在全局中更好地发挥作用。实践证明，工会组织只有自觉接受党的领导，才能把握住大局；只有围绕大局，才能有所作为。

——必须始终坚持坚定不移地推动党的全心全意依靠工人阶级根本指导方针的贯彻落实，多为职工办实事，切实保障职工的主人翁地位。工会只有坚持和完善以职代会制度为基本形式的民主管理机制，不断巩固和提高广大职工的主人翁地位，立足实际，首先考虑、重点关心、切实解决职工特别是困难职工非常关心、迫切要求解决的突出问题，多办实事，才能始终保持党同职工群众的血肉联系，维护职工队伍和社会政治的稳定。

——必须始终坚持紧紧抓住“根本基点”，始终遵循“根本途径”，努力发挥工会组织优势，建立健全有效的维权机制，理直气壮地维护职工合法权益。工会只有按照江泽民同志的要求，坚持“保障工人阶级和广大劳动群众的经济、政治和文化权益，是党和国家一切工作的根本基点，是发挥工人阶级和广大劳动群众积极性、创造性的根本途径”，突出履行维护职能，健全维护机制，务求工作实效，才能使广大职工的积极性和创造性永不枯竭，用工人阶级的先进思想和模范行为影响和带动全社会。

——必须始终坚持走出工会发展工会，实行开放运行，不断优化工会工作外部环境，走出一条社会化的强会之路。工会只有走出计划经济条件下形成的封闭运行的工作格局，向开放型、社会化发展，争取社会的广泛支持，才能实现开门办会，最大限度地融入社会，在参与协调社会经济关系、劳动关系中，构筑社会化的职工合法权益的维权体系。

——必须始终坚持解放思想，与时俱进，以改革创新的精神和严谨科学的态度加强自身建设，全面提升工会工作水平。工会只有按照“党政所望”“职工所求”“工会所能”的要求，解放思想，振奋精神，以敢为人先的政治胆识，以奋发有为的精神状态，以尊重实践的求实精神，努力探索有效的工作载体，切实加强自身建设，才能使维权职责明确，维权措施扎实，维权水平提高。

五年来的工作成绩，离不开各级党政对工会工作的重视关心，离不开社会各界的大力支持，更离不开各级工会干部、工会积极分子的奋力拼搏。在此，我谨代表市总工会向关心支持工会工作的各级党委、政府(行政)和社会各界表示诚挚的感谢！向广大工会干部、工会积极分子和长期从事工会工作的老同志致以崇高的敬意！向各位代表，并通过你们向全市广大职工致以亲切的问候！

在肯定成绩的同时，我们应该清醒地看到，在全市工会工作前进的过程中，也存在不少缺点和不足。主要有：工会工作与职工预期的要求还有一定距离，维护职工合法权益的力度还需进一步加大；工会自身改革和建设还滞后于形势的发展，工会的工作方法、活动方式和工会干部的整体素质还不能完全适应社会主义市场经济的要求；对不同类型、不同层面工会指导服务的针对性、实效性还不强；对新形势、新体制下的重点、难点问题的调查、研究和举措还不够等等。我们要高度重视这些存在的问题，采取有效措施，认真加以解决。

今后五年的主要任务

今后五年,是我国全面建设小康社会、加快推进社会主义现代化建设的重要时期,也是我市实现在苏中率先快速崛起的关键时期。在今后一段时间内,工会工作面临着新的形势、新的任务、新的特点:在参与涉及职工切身利益改革过程中,依法维护职工合法权益的难度加大,保持职工队伍和社会政治稳定的要求紧迫,促进经济发展和社会进步的任务艰巨,概括起来讲,就是机遇难得,挑战严峻,责任重大。这就要求我们要密切关注和正确分析形势的发展变化,积极进取,理性思考,扎实推进各项工作。

——"三个代表"重要思想和党中央的一系列重大举措,使工会工作面临难得的发展机遇。《江泽民论有中国特色社会主义》(专题摘编)及"三个代表"的重要思想为指导社会主义实践提供了强大的理论武器;《工会法》《劳动法》等法律法规为工会工作的开展提供了强有力的法律保障;江泽民总书记"5.31"重要讲话是我们党进入全面建设小康社会、加快推进社会主义现代化新阶段的政治宣言和行动纲领,也是新时期工会工作的指南;全总和中央文献研究室出版的《毛泽东邓小平江泽民论工人阶级和工会工作》,为指导我国工人运动和工会工作提供了强大的思想武器。不久,我们党即将召开第十六次全国代表大会,这是包括工人阶级在内的全国各族人民政治生活中的一件大事。所有这些,为我们进一步做好工会工作提供了难得的机遇和坚强的保证,又对我们提出了新的更高的要求。

——改革开放的不断深化和"入世"后社会发生的深刻变革,使工会工作面临严峻的挑战。加入世界贸易组织后,职工队伍和工会组织面临更加开放的经济社会环境,需要工会干部更新知识结构,全面了解、尽快熟悉相关的国际规则和劳工公约;在深化改革进程中,工会参与协调社会利益关系和劳动关系的任务更加突出,在推动有关方面扩大就业,贯彻落实中央现行的社会保障政策和措施,搞好"两个确保"等方面,需要工会多办实事,帮助职工解决各种实际困难;在积极协助党政预防和减少群体性事件过程中,需要工会努力维护职工队伍和社会政治稳定;紧紧围绕落实市委第九次党代会提出的总体要求和主要任务,需要工会保护好、调动好、发挥好职工的积极性、创造性、组织和引导广大职工为经济建设建功立业。所有这些,都使工会面临艰巨的任务。

——工人阶级队伍发生的重大变化,使工会工作面临重大的历史责任。改革开放以来,随着社会主义市场经济的发展,工人阶级队伍发生了重大变化:一是职工队伍内部结构呈现多元化趋势。国有、集体企业职工、非公企业职工、农民工、包括国家公务员、党政群机关干部、各类企业的经营管理者在内的管理层和知识分子等都成为工人阶级的组成部分。随着所有制和产业结构调整,国有企业职工人数逐步下降,第三产业职工人数占比加大,非公有制企业的职工人数增长迅速。二是工人阶级队伍综合素质进一步提高。工人阶级的自立意识、民主法治意识、大局意识和创新意识比过去明显增强。文化水平不断提高,尤其是知识分子作为工人阶级的一部分,提升了整个职工队伍的科技文化水平。三是职工的就业方式逐步走向市场化,劳动关系向契约化发展。职工由国家职工变成企业职工,由固定工变成合同工,由"单位人"变成"社会人",流动性增强。四是职工生活水平总体上得到提高,但贫富差距逐步拉大,存在影响社会稳定的因素。所有这些,都要求工会要进一步发挥工人阶级的先进性，最大限度地把广大职工紧密团结在党的周围。

在新的形势下，党需要工会更好地发挥桥梁纽带作用，政府需要工会更好地发挥社会支柱作用，企业需要工会更好地发挥协调劳动关系的作用，职工需要工会更好地发挥代表维护作用。为此，今后五年工会工作的指导思想是：**以党的十六大精神为指针，深入贯彻“三个代表”重要思想，全面落实《工会法》《劳动法》，确立以服务为宗旨、以维护塑形象、以创新求发展的工会工作理念，突出维护职能，强化机制建设，着力构建维权保障体系，努力为职工办实事、解难事，充分调动、保护和发挥好职工群众的积极性、主动性和创造性，为实现富民强市、在苏中率先快速崛起而努力奋斗。**根据这一指导思想，要强化以下六个方面工作。

一、深入贯彻十六大精神，团结带领全市职工坚定不移地跟党走

党的十六大是我们党在新世纪召开的第一次全国代表大会，也是我国进入全面建设小康社会、加快推进社会主义现代化的新的发展阶段召开的一次十分重要的大会，对于开创有中国特色社会主义事业的新局面，全面推进党的建设新的伟大工程具有重大而深远的意义。今后一段时期，各级工会要把学习宣传十六大精神作为首要任务来抓紧抓好。要通过广泛开展各种活动，把广大工会干部和职工群众的思想统一到十六大精神上来，把他们的智慧和力量凝聚到实现十六大提出的目标任务上来。

深入贯彻十六大精神，就要帮助广大职工深刻理解、准确把握十六大精神实质。要利用工会阵地，充分发挥工会理论队伍和读书积极分子的作用，认真组织学习培训，开展宣讲辅导，把学习宣传《江泽民论有中国特色社会主义》（专题摘编）和“5·31”讲话同学习宣传十六大精神结合起来，不断增强实践“三个代表”的自觉性和坚定性。通过学习宣传，进一步明确贯彻“三个代表”必须始终坚持解放思想，实事求是，与时俱进，开拓创新，在解放思想中统一思想，在统一思想中形成强大的精神力量；必须始终坚持抓住发展这个执政兴国的第一要务，把保持党的先进性和发挥社会主义制度的优越性，落实到发展先进生产力、发展先进文化、维护和实现最广大人民的根本利益上来，推动社会生产力的发展；必须始终坚持执政为民，把最广大人民的利益实现好、维护好、发展好，要把密切党同人民群众的血肉联系，实现最广大人民的根本利益作为出发点和落脚点，不断改善人民生活。

各级工会干部要把深入贯彻十六大精神同深刻领会《毛泽东邓小平江泽民论工人阶级和工会工作》结合起来，不断增强工作的积极性和主动性。要开展大学习、大讨论，在全社会进一步营造全心全意依靠工人阶级的良好氛围。要准确把握今后五年工会工作的指导思想，分析工会面临的新形势，树立开拓创新的新理念，确立谋求发展的新思路，提出应对挑战的新措施，勇敢地肩负起工会必须履行的神圣职责，使工会工作适应和促进全市的跨越式发展。

二、坚持发展第一要务，充分发挥工人阶级主力军作用

坚持发展第一要务，必须积极推进工人阶级知识化进程。要着眼于保持工人阶级的先进性来推进工人阶级知识化进程。要针对我国社会生产力结构多层次的特点，根据不同行业、不同所有制企业、不同职工的知识结构和知识水平，进一步注重科技人才的培训，进一步注重职工技术水平的提高，进一步注重培训教育的多样化和层次性，使工人阶级在生产劳动中更加自觉地与社会大生产、大流通和高科技紧密相连，在社会化大生产的变化和突飞猛进的科学技术的发展中不断前进。要站在切实维护职工发展权益的高度来推进工人阶级知识化进程，增强职工在社会主义市场经济条件下的就业能力、竞争能力、发展能力和防御风险的能力，促进我市社会生产力发展和加快现代化进程，实行根本利益与长远利益的维护。

坚持发展第一要务，必须用工人阶级的先进文化影响全社会。今后五年，要在全市开展"双争、双创"（争当文明职工、争创"五一"文明示范岗、创建学习型班组、创建职工文化品牌）活动。要按照《公民道德建设实施纲要》的要求，制订争当文明职工、争创"五一"文明示范岗规范化的指导意见，进一步提升"双争"活动的质量和水平。要把创立学习型组织作为工会实施素质提高工程的重要载体，将建立学习型企业、学习型班组、培养知识型职工结合起来，注重培育职工的创新思维和创新能力，把学习过程转化为创新成果。要继续深化职工文化品牌活动，各县（市）文化阵地都要创建自己的文化品牌，拓展活动空间。要在迎接奥运会、创建文明城市等重大活动中充分发挥工会组织的优势，开展丰富多彩的活动。要大力加强企业文化建设，积极选树先进人物，通过各种途径，大力弘扬工人阶级的时代精神，坚持用工人阶级的先进思想和模范行为影响和带动全社会，沿着时代昭示的方向奋勇前进。

坚持发展第一要务，必须充分调动和发挥广大职工的积极性、主动性、创造性。继续大力开展群众性经济技术创新工程。在工业系统以企业产品的调整、技术改造、市场开拓、管理升级为重点，开展技术创新、管理创新、制度创新活动；在窗口服务行业开展服务创新活动，提升行业的整体形象。要抓好创新成果的推广应用和向现实生产力的转化，树立一批创新工程先进单位、创新工程示范岗、创新能手等先进典型。在女职工中深入实施"巾帼绘十五、创新展风采"行动。

三、集中力量办好实事，进一步密切工会同职工群众的血肉联系

密切工会和职工群众的血肉联系，要求我们必须进一步加大宏观维护力度，建立健全多层面、宽领域、有实效的参政议政制度。积极参与涉及职工利益的法规、政策的制定。切实加强源头参与的基础理论研究和基础资料收集工作，注重理性思考，实现党委要求、工会主张和职工意愿的有机统一，不断提高维护水平。要督促涉及职工切身利益的各项政策的落实，监督企业依法缴纳社会保险费。继续协助政府部门落实城市居民最低生活保障制度，实现应保尽保，推动社会保障体系的建立健全和社会保障制度的不断完善。切实关心劳模的生活、身体与工作状况，尤其要关注那些有特殊困难的在职劳模和离退休老劳模的实际问题，积极向有关方面提出建议，切实加以解决。

密切工会和职工群众的血肉联系，要求我们必须以促进再就业为重点，努力探索帮扶困难职工群体的新路子。要认真落实全国和省、市再就业工作会议精神，建立健全再就业援助机制。要充分发挥工会组织在促进再就业工作中的积极作用，提高思想认识，搞好源头参与，开展宣传培训，强化群众监督。在转变职工就业观念、提高职工再就业能力、拓宽职工再就业渠道上有所作为。要对特困职工实行特殊援助，推动送温暖工程与城市居民困难救济工作有机结合。建立困难职工援助中心，充分发挥中心作用，做到援助措施具体，援助资金落实，援助网络健全，使中心成为新时期维护困难职工群体利益的创新载体和工作依托，实现工会维权机制和办实事手段相结合的新突破。继续搞好职工互助补充保险，推进社会化帮困救助体系的建立。

密切工会和职工群众的血肉联系，要求各级工会必须见微知著，未雨绸缪。要经常深入职工群众，了解职工生活状况，善于听取和反映职工群众的意见要求，准确把握职工思想动态，注重交流协调，加强信息综合分析和预警预测，保证信息渠道畅通，努力维护职工队伍的稳定和工会组织的统一。

四、巩固深化维权机制，切实保障职工的民主权利和经济利益

要站在发展社会主义民主政治，建设社会主义政治文明的高度，以抓好厂务公开、非公有制企业职工民主管理工作为重点，不断深化以职代会制度为基本形式的职工民主管理机制。要认真贯彻今年6月中办、国办通知精神，进一步扩大推行厂务公开工作的领域，切实增强厂务公开的实效。要全面充实职代会内容，完善职代会制度，提高职代会质量。进一步巩固和发展三类企业和事业职代会制度，围绕深化改革，积极参与决策，完善职代会工作程序和议事表决方式，强化民主监督作用。要认真贯彻落实我市非公有制企业实行职代会制度的《暂行办法》，加强指导服务，落实非公有制企业职代会职权，完善有关程序，达到“基本制度健全、重点职权落实、实际效果职工认可”的总体要求，大胆探索、积极推行在非公有制企业实行民主管理工作的新路数。继续加强职工董事、监事制度建设，要形成国有独资和国有控股公司职工董事、职工监事制度的实施办法，明确职工董事、监事的权利、义务、职责和日常工作规范，为我市建立健全现代企业制度，依靠职工办企业提供依据。

要继续深化发展平等协商和集体合同制度。在努力提高建制率的同时，把增强约束力、提高实效性放在突出位置。继续将职工满意度作为衡量集体合同和劳动合同的重要标志，全面贯彻“六个坚持”，巩固建制成果，提高建制质量。以非公有制企业为重点，进一步扩大集体合同和劳动合同的建制面，推动非公有制企业建立以集体合同和劳动合同为基本形式的协调劳动关系机制。要通过培育树立典型、加强指导服务、联合进行检查等有效方式，稳步推进工资集体协商工作，并使非公企业工资集体协商取得新进展。要针对不同企业特点，开展区域性、行业性工资集体协商。县(市)、区乡镇、街道(社区)工会要试行建立工资集体协商指导员队伍，加强培训指导，提高运作水平和工作成效。

要继续建立健全劳动关系监督保证机制。从建立集体合同履约责任制度、集体合同运作公开制度、定期监督检查制度入手，增强针对性、实效性。建立完善定期会商、工作联动、目标考核等工作制度，进一步发挥区域性劳动关系协调机制的作用，依托劳动关系三方协商机制，使工会与同级政府(行政)部门的联系与沟通逐步走向制度化、规范化。要继续通过健全组织、完善制度、充实力量，形成有效的劳动争议调解网络。加强劳动关系矛盾的预测、预警和预报工作，变被动处理为主动预防，把矛盾化解在基层。充分发挥劳动争议调处机制的作用，使劳动争议得到公正、合理的解决。

五、强化监督依法治会，扎实推进工会工作法制化

推进工会工作法制化，必须继续深入贯彻新修改颁布的《工会法》，优化工会工作环境。各级工会要站在实施依法治国方略的高度，继续深入贯彻实施《工会法》。要加强宣传的针对性。要把学习宣传《工会法》同“四五”普法教育工作结合起来，充分利用市委党校市管干部培训班开设工会知识课的计划，大力宣传《工会法》及相关法律法规。要以省《工会法》实施办法的出台为契机，组织形式多样的活动，使社会各界进一步统一思想，提高认识，自觉执行《工会法》，为工会工作营造有利的社会环境。

推进工会工作法制化，必须努力把各项工作逐步纳入法制化轨道。要按照《工会法》、《中国工会章程》等法律法规，建立健全工会内部各项制度，实现维护职工合法权益的规范化。继续完善、不断深化劳动保障监察与工会劳动法律监督相互协调配合的机制。加强配合，协同动作，主动取得各级人大、政协和政府有关部门的支持，积极开展对《劳动法》、《工会法》、《妇女权益保障法》等与职工利益密切相关的法律法规执行情况的执法监督、检查和视察。建立职工权益信箱、开通维权热线电话，做好职工来信来访工作。开展力所能及的法律援助，增强社会对工会的认同感。

推进工会工作法制化，必须建立健全安全生产和职业安全卫生监督检查体系。要深入贯彻《安全生产法》、《职业病防治法》和全总新颁布的工会劳动保护监督检查三个《条例》，确保工会在安全生产中的职责得到有效的贯彻和履行。深入开展“安康杯”竞赛，联合政府有关部门共同开展职业安全培训，提高职工的安全意识和自我保护能力。要规范工会参加伤亡事故调查处理的办法。对影响恶劣、职工反映强烈的重大伤亡事故要深入调查，一抓到底。积极推广“事故隐患和职业危害监控法”，全面贯彻《南通市工会劳动保护暂行办法》，督促企业认真执行有关劳动保护的法律法规和政策。加强工会劳动保护组织、队伍的建设，发挥群众监督的积极作用，有效预防和消除各种事故隐患，确保职工劳动安全和职业健康。

六、加强自身改革和建设，不断增强工会组织的凝聚力、战斗力和创造力

加强自身建设，必须始终坚持加强工会组织建设，努力增强基层工会的活力。要把建会、建制、建家结合起来，努力把基层工会建设成为组织健全、维权到位、工作规范、企业支持、职工信赖的“职工之家”。一是要把组建工会和发展会员作为一项经常性基础工作来常抓不懈。要认真抓好新建企业工会组建和改制企业工会的重建、整顿工作，狠抓建筑、旅游、连锁零售、出租车等特殊领域和特殊行业的建会工作，实行动态管理、考核。要探索会员会籍管理的有效方法和机制，防止会员流失，使工会组建工作与不断推进的城市化、工业化进程相适应。要进一步加强工会女职工工作，建立健全工会女职工组织，加大依法维护女职工权益工作力度。二是要切实加强乡镇、村和街道(社区)工会工作。要以数量与质量相统一、重在质量上下功夫为原则，扎实推进争创省“百强示范乡镇”、市“五星级乡镇”工会和“建设合格工会、争创示范工会”活动。要从工作思路、协管干部、工作制度、活动方式等方面认真研究抓好工会基层组织建设的路数和方法，形成一整套工作机制。三是要坚持抓好非公有制企业工会作用的发挥。各级工会要一方面帮助会员增强工人阶级意识和会员意识，另一方面，通过建设“职工之家”、开展“双爱双评”活动、健全劳动关系调整机制等，促进企业发展。四是要提高工会干部综合素质。做到胸怀爱职工之心，恪守为职工之责，善谋富职工之策，多办利职工之事，建立一支适应社会主义市场经济要求、符合新世纪发展方向的工会干部队伍。

加强自身建设，必须着力推进工会组织向维权型、服务型、学习型、创新型转变，不断提升工会工作的贡献率。要建设维权型工会组织，围绕维权工作，坚持有所为有所不为，形成一以贯之的工作体制，更好地发挥工会参与宏观决策和微观协调的作用。要建设服务型工会组织，进一步转变工作作风，减轻基层负担，充分发挥基层工会的积极性，要把群众呼声作为第一信号，把群众需要作为第一选择，把群众利益作为第一考虑，把群众满意作为第一标准，通过全心全意为职工服务，实践"三个代表"的要求。要建设学习型工会组织，坚持终身学习，着力学以致用，健全学习体系，拓宽学习领域，丰富学习内容，完善学习制度，实现理论立会。要把调查研究作为"谋事之基"和"成事之道"，深入研究改革开放和入世后给工会工作带来的新变化，使工会领导机关从事务型向理论指导实践型转变。要建设创新型工会组织，做到思想观念创新，解放思想，更新观念，把原则性与灵活性高度统一起来，在实践中探索新路子，积累新经验；要做到工作机制创新，从宏观上研究和把握问题，密切与党政有关方面及社会各界的联系与沟通，借助社会力量推进工会工作；要做到工作方法创新，通过更新活动载体，打造有工会特色的"精品"，培育有导向性的工会工作典型来激活基层工会工作，为工运事业的发展出大思路、做大文章。

加强自身建设，必须扎实做好各项基础工作。要依法加大收缴工会经费的力度，创新工作机制，切实收好、管好、用好工会经费。注重发挥工会经费审查委员会对工会经费使用情况的审查监督作用。积极、稳妥地推进工会企事业单位的改革。重视工会的信息、统计工作，加强工会工作信息化、网络化建设，提高工会系统办公信息化水平，不断加强工会工作的针对性、指导性、预见性。要进一步扩大工会对外交流，促进工会国内、国际合作。

同志们，我们正从事着极其光荣而伟大的事业，我们正肩负着神圣而艰巨的使命，党的十六大即将为我们绘就美好蓝图，指明前进方向，让我们在市委和省总工会的领导下，以党的十六大精神为指导，高举邓小平理论伟大旗帜，努力实践"三个代表"重要思想，团结动员全市职工，统一思想，凝聚力量，坚定信心，扎实工作，为谱写南通工运事业的新篇章，实现我市"十五"计划的宏伟目标而努力奋斗！

坚持走中国特色社会主义工会发展道路
团结广大职工为建设全面小康的新南通而努力奋斗

——在南通市工会第十二次代表大会上的工作报告

陆玉明

(2008年3月25日)

各位代表、同志们:

在深入学习贯彻党的十七大、市委十届四次全会精神,落实新一届人代会确定的目标任务的重要时刻,南通市工会第十二次代表大会今天隆重召开。现在,我代表南通市总工会第十一届委员会向大会作工作报告,请予审议。

过去五年的主要工作

市工会十一大以来的五年,是南通进入跨越发展、科学发展、和谐发展的历史新时期。五年来,全市实现了经济发展速度效益的跨越式赶超和历史性突破,经济总量翻了一番。2007年,跨入全国为数不多的GDP超2000亿元、一般预算收入超百亿元的城市行列。社会建设呈现出全面进步、和谐安康的生动局面,先后获得了国家环境保护模范城市、国家卫生城市、全国创建文明城市先进市、全国社会治安综合治理优秀城市、全国科技进步先进市等荣誉。这些成绩的取得,是市委、市政府正确领导的结果,也凝聚着全市广大职工的心血和汗水,汇集着全市广大职工的智慧和力量。五年来,广大职工大力弘扬“包容会通、敢为人先”的新时期南通精神,始终坚持以经济建设为中心,自觉站在改革发展前列,立足本职,奋力拼搏,同心抗击“非典”,积极抢险救灾,主动维护职工队伍的团结和统一,以工人阶级的先进思想和良好风貌影响和带动全社会,为南通改革开放和现代化建设发挥了主力军作用。

过去的五年,是党委政府和社会各界高度重视、大力支持工会工作的五年。五年来,各级党委切实加强对工会工作的领导,支持工会依法独立自主地开展工作。市委下发了《关于进一步加强和改进新时期工会工作的意见》,在全省率先全面实现市、县(市)、区工会主席按同级副职配备。市、县(市)、区普遍建立同级党委定期研究工会工作、召开工会工作会议、工会干部协管制度。各级政府大力支持工会工作,建立了政府与工会联席(联系)会议制度,在制订相关政策时听取工会的意见和建议。各级人大、政协开展了有关法律法规执行情况检查和视察活动。涉及职工权益和工会工作的提案、建议引起社会各界的高度关注,先后解决了企业退休市劳模津贴等涉及职工切身利益的一系列问题。

过去的五年,是我市各级工会直面挑战、锐意进取的五年。五年来,各级工会破题出新、亮点频现,先后创造了一批在全国、全省具有示范引领作用的工作经验,破解了一些制约工会工作发展的难题。五年中，市总先后有150项工作获省总以上表彰，其中，获全总表彰33项；有14项工作获全省工会工作革新成果奖，1项工作获全省工会工作创新成果奖。五年来，各级工会奋力拼搏、争先进位，继创建全省工会工作"十强县"实现满堂红之后，我市又以总分第一的成绩首批进入全省工会工作模范市行列，70%的县(市)、区成为全省工会工作模范县(市)、区。在市委、省总的正确领导下，全市各级工会干部振奋精神，积极进取，扎实工作，开拓创新，形成了百花齐放、争先创优的工作局面，书写了新世纪南通工会工作的精彩篇章。

一、围绕主题抓中心，服务大局取得新业绩

五年来，各级工会始终围绕"两个率先"的主题，在服务大局中发挥作用，在抢抓机遇中创新发展。

——始终坚持服务于发展。全面启动"当好主力军，建功'十一五'，建设新南通"竞赛活动，深入开展"创业、创新、创优"立功竞赛，全市参赛职工达100万人次。坚持开展"十佳金点子""十佳科技创新成果""十佳建设功臣""十佳技术能手""十佳用户满意服务明星"评选活动。强化劳模的服务与管理，推动落实劳模待遇。启动劳模"十一五"创新业、立新功"五大行动"。大力实施"争创五一巾帼标兵岗、争当五一巾帼标兵"活动。不断深化"两创两争"活动。"濠滨夏夜"活动被文化部中国群文学会评为"全国特色文化广场"，荣登全国工会制造十大品牌榜首。开展职工明星艺术家和"五一新闻奖"评选活动。广泛宣传社会主义荣辱观，深入开展农民工专题教育和"职工读书自学"活动。

——始终坚持服务于稳定。构建多层次的劳动争议调解机制。建立劳动关系预警机制，坚持劳动关系三方协商会议制度，推动各类企业普遍建立劳调会和区域性劳调组织，实现劳动争议调解与社会矛盾大调解的对接。全市151个乡镇(街道)设立劳动争议调解组织，7000多名劳动关系预警信息员常年活跃在企业。市、县(市)、区两级工会协调劳动争议案件2765件，为职工提供法律援助1128件。建立工会监督与劳动监察协作机制，联合开展劳动法律执法检查。拓展劳动争议调解的渠道，与法院建立诉调对接机制。健全工会正常普法机制，深入开展以"一办法五条例"为主要内容的"四五"普法活动，成立了职工法律援助律师团。充分发挥"12351"维权热线的作用，妥善处理职工来信来访。市、县(市)、区两级工会共受理信访、热线电话1.9万人次，为全市稳定大局作出了积极贡献。

——始终坚持服务于改革。依法参与企事业改革改制，坚持实行"七公开一通过"，在积极推进改革的同时，切实维护广大职工的合法权益。主动把好源头参与关，积极参与市改革领导小组工作，举办工会干部改制工作培训班；切实把好过程参与关，主动参与方案论证和政策制订，深入改革一线，协调解决矛盾；努力把好验收参与关，参加改制考核验收工作，推进程序合法，协助有关部门妥善处理改制遗留问题。

二、突出和谐抓重点，维权机制取得新突破

五年来，各级工会始终坚持以发展和谐劳动关系，推动和谐南通建设为重点，努力构建全方位、多层次、宽领域的劳动关系协调机制。

——职代会、厂务公开制度进一步健全。始终坚持把非公有制企业职代会制度建设放在突出位置，通过组织召开专题研讨会、开展“双百”评选活动等手段，实现“探索、规范、扩面、提质”四同步。推动非公有制企业落实“畅通四渠道，实行八公开”。公有制企业厂务公开民主管理进一步深化，学校、医院等事业单位事务公开民主管理不断发展。健全完善厂务公开议事、联系、会商、报告、督查、责任追究、评价表彰的工作制度链。全市企事业单位厂务公开民主管理建制率达96.36%。

——**集体协商、集体合同制度进一步完善。**以工资协商为重点，不断深化发展集体协商、集体合同制度。市、县(市)、区普遍建立领导组织，召开专题会议，下发专门文件，集体合同、工资专项协议单签率和质量位居全省前列。实施工资集体协商“双百日要约行动”，启动“152”典型工程，推广“一函六书”制度，加强工资协商指导员培训和典型引路。全市集体合同建制率达96.82%，工资协商建制率达92.4%。女职工权益保护等专项集体合同稳步推进。与市劳动和社会保障局、企业联合会/企业家协会、工商局、工商联联合开展“南通市劳动关系和谐企业(园区)”创建活动，一批典型受到表彰，产生广泛影响。

——**困难职工帮扶救助制度进一步落实。**市总在建立困难职工援助中心的基础上，整合资源，成立职工服务中心。各县(市)总工会以困难职工援助中心为依托，提供政策咨询、困难救助、心理咨询、法律援助等“一站式”服务。市、县(市)两级困难职工援助中心共接处职工来信、来电、来访8200多人次，为2.5万多人次提供了经济救助，发放生活困难补助金、大病医疗救助金和助学金共1259万元。积极参与涉及职工切身利益政策的制定。市政府办转发市总工会等部门《关于建立完善市区特困职工帮扶救助机制的实施意见》，各县(市)也出台相关文件，使我市对特困职工家庭的就业、教育、医疗、住房和生活等方面的救助制度得到进一步健全和完善。坚持开展“献爱心一日捐”活动，深化“结对帮扶”“金秋助学”“母爱助学”“送知识、送健康”“送教、送医、送科技下乡”等活动，不断推动我市送温暖工程的制度化、经常化和社会化。

——**工会劳动保护监督制度进一步深化。**出台《南通市工会劳动保护办法》，在全省率先建立工会与安监局联席会议制度。全面推进“安康杯”、“监控法”和“两个跟着走”，深入开展关爱农民工生命安全与健康特别行动和“安全在我心中”系列活动。五年来，全市参加“安康杯”竞赛活动的企业以年25%的速度递增，参赛职工达192.7万人次，位居全省前列。依法参加职工伤亡事故调查和“三同时”监督工作，保障职工生命健康权。推广海安经验，全面启动“十一五”百万职工安全生产知识电视培训，得到全总和国家安监总局的肯定。至2007年底，全市共培训职工64.8万人，其中农民工25.8万人。坚持开展创建企业劳动保护工作合格、示范工会活动，百人以上生产型企业工会劳动保护工作合格率达81.5%，示范率达2.2%。

——**工会促进就业再就业制度进一步推进。**通过构建职业介绍、职业培训和再就业政策咨询服务平台，实现与市劳动职介服务中心实时联网和升级。积极参与市促进就业领导小组和创业指导专家志愿团的工作，履行工作职责。与劳动部门联合开展创业明星宣传、创业项目现场推介以及各类大型招聘活动，多渠道联系和推荐就业岗位。联合开展“十佳创业示范基地”和“十佳创业带头人”命名表彰活动，带动和帮助了一大批下岗失业人员实现了再就业。

三、注重长效抓基础，自身建设取得新进展

五年来，各级工会进一步整合资源，勇于探索，大胆实践，全面加强工会自身建设，不断提高整体工作水平。

——基层建设不断深化。坚持以“建起来、转起来、活起来”为着力点，以“健全、规范、激活”为基本要求，切实提高基层工会工作水平。通过深化“党建带工建”、开展工会组建突击月、举行农民工集体入会仪式、建立目标考核制度等手段，强势推进工会组建和农民工入会工作，组建难点逐一攻破。至2007年底，全市基层工会近9800家，工会会员数达130万，分别比五年前增长了70%和45%；全市建会单位数达到21000多家，工会组建率和职工入会率动态保持在90%以上。深入开展“建设合格工会、争创示范工会”和“达标创模”活动，认真贯彻《企业工会工作条例》，全面规范基层工会工作，不断完善建家评家机制。积极推进乡镇工会会员代表常任制，探索建立全省首家乡镇总工会。适应市场经济体制需要，适时调整工会组织管理体制，确保工会组织不因体制改革断层脱线。开展外资企业、民营企业“双爱双评”活动和“十佳进城务工人员”评选活动，进一步增强工会组织的吸引力和凝聚力。

——干部队伍逐步优化。积极开展乡镇工会、基层工会主席直选试点工作，探索建立街道、社区招聘工会工作者机制。切实加强工会干部教育培训工作。出台兼职工会干部补贴和会员优惠办法，市、县(市)工会全面建立工会干部权益保障基金。深入开展保持共产党员先进性教育活动，不断深化工会作风建设。广泛开展争创“最佳办事单位”和“职工满意工会”活动，全面建立工会机关干部联系一线职工制度，努力打造“学习型、效率型、服务型、和谐型”工会机关。

——相关工作有序推进。加大经费收缴力度，完善财政直接支付和委托税务代收机制，推进“四有五好一创优”财务竞赛活动，提高基层工会财务建设水平。建立工会特约经审员队伍，加大审计力度，进一步发挥经审监督效能。稳妥推进工会直属企事业改革，加强直属工会工作。健全工会调查研究制度，成立工会工作特约研究员队伍。先后开展企业在岗职工收入分配、工资增长机制和参加社会保险情况、贯彻《企业工会工作条例(试行)》情况等调查，其中关于企业在岗职工收入分配状况的调查报告得到省政府领导的批示。推进工会信息化建设，建立工会信息直报员队伍。加强与各地工会的沟通与合作，工会对外交流工作取得新进展。

回顾五年来工会工作所取得的成就，我们深深地感到，南通工运事业和工会工作的发展，离不开市委和省总的高度重视和正确领导，离不开各级党政和社会各界的大力支持和帮助，离不开广大工会工作者的辛勤付出和劳动，更离不开全市职工群众的积极参与和关心。借此机会，我代表市总工会，向长期以来重视、关心和支持工会工作的各级党政领导、社会各界、广大工会工作者和职工群众表示崇高的敬意和衷心的感谢！

前进的道路充满挑战和机遇，奋斗的经验值得总结和回顾。过去的五年，全市各级工会组织创造和积累了许多宝贵的经验，为做好未来五年的工作提供了有益的启示和借鉴：

第一，必须坚持自觉接受党的领导，依法独立自主地开展工作。坚持党的领导与独立自主地开展工作是工运事业健康发展的根本保证。只有坚持党的领导，才能保证工会工作正确的政治方向；只有依法独立自主地开展工作，才能真正代表和维护职工的合法权益，确保实现工人阶级的主体地位和作用，充分发挥广大职工在全面建设小康社会中的积极性和创造性。

第二，必须坚持围绕全市工作大局，充分发挥工会组织的特色和优势。围绕大局是工会组织准确定位、履行职能、体现作为的关键。工会工作只有围绕第一要务，找到党政所需、职工所求、工会所能的最佳结合点，通过行之有效的载体和丰富多彩的活动，将职工群众的智慧和劳动热情最大限度地激发出来，才能有为有位，不辱使命。

第三，必须坚持密切联系职工群众，切实维护职工群众的合法权益。密切联系职工群众是工会赖以生存和发展的基础。只有始终做到深入基层、扎根群众，充分了解职工群众的所思、所求、所盼，始终把职工群众满意不满意、高兴不高兴、欢迎不欢迎作为检验工会工作的重要标准，才能不断增强工会的凝聚力，把广大职工紧密团结在党的周围。

第四，必须坚持走出工会发展工会，不断拓展社会化的强会之路。工会只有走出计划经济条件下形成的封闭运行的工作格局，避免工会工作机关化、行政化倾向，向开放型、社会化发展，争取社会的广泛支持，才能实现开门办会，最大限度地融入社会，在参与协调社会经济关系、劳动关系中发挥积极作用，构筑社会化的工会维权体系。

第五，必须坚持勇于开拓创新，大胆探索新形势下工会工作的新方法。创新是工会工作保持生机与活力的根本。只有紧紧把握时代脉搏，依据形势的发展变化，坚持与时俱进，不断研究新情况、解决新问题，才能正确认识和把握工会工作的客观规律，在实践中形成新认识，开辟新境界。

回顾五年的工作，我们既有成功的经验，也存在差距和不足。主要是：基层工会发展还不够平衡，部分基层工会的活力有待进一步激发、作用有待进一步发挥，工会组织体制有待进一步完善；协调劳动关系的任务不断加重、难度日益加大，工会依法维权的力度和手段与职工的要求还有一定差距；工会干部队伍整体素质与承担的艰巨任务不相适应，工会干部的工作作风和工作方式有待进一步转变，工会组织的吸引力、凝聚力还需要进一步加强等等。对这些问题，我们一定要高度重视，切实加以解决。

今后五年的主要任务

今后五年，是贯彻落实科学发展观，全面建设小康社会的重要时期，是南通持续跨越发展、实现全面小康的关键时期。**市委十届四次全会就坚持又好又快发展，加快全面小康进程提出了要求。市十三届人大一次会议确定了我市今后五年和今年的目标任务，对夺取全面建设小康社会新胜利作出了部署。在这新的历史发展阶段，南通工人阶级和工会组织承载着时代赋予的重大历史责任和光荣历史使命。根据新形势提出的新要求，今后五年我市工会工作的指导思想是：深入学习贯彻党的十七大精神，高举中国特色社会主义伟大旗帜，始终坚持走中国特色社会主义工会发展道路，牢固树立中国特色社会主义工会维权观，以发展和谐劳动关系为主线，以贯彻落实《劳动合同法》为抓手，以协调解决职工群众最关心、最直接、最现实的利益问题为重点，着力构建工会工作坚实的**

组织体系、完善的维权体系和高效的服务体系，动员广大职工群众为夺取全面建设小康社会新胜利发挥应有的作用。根据这一指导思想，今后五年我市工会工作的主要任务是：

一、深入学习贯彻十七大精神，始终把握工会工作的前进方向

党的十七大对全面推进我国改革开放和社会主义现代化建设作出了战略部署，也为工会工作指明了方向。各级工会要在党委领导下，结合工会实际，把学习、宣传、贯彻十七大精神作为当前和今后一段时期的重大政治任务抓紧抓好。

学习贯彻十七大精神，要正确把握会议的精神实质。各级工会要精心组织、周密安排，利用工会阵地，采取多种形式，组织各级工会干部和广大职工深入学习党的十七大精神，做到在学习中抓好贯彻，在贯彻中加深认识，使学习宣传的过程成为统一思想的过程和贯彻落实的过程。要通过广泛深入的宣传，使广大职工深刻领会党的十七大的主题，坚定不移地高举中国特色社会主义伟大旗帜；深刻领会科学发展观和全面建设小康社会的新要求，增强贯彻落实科学发展观的自觉性和坚定性；深刻领会中国特色社会主义现代化建设四位一体的总体布局，全面激发参与社会主义建设的内在热情和创造活力，把思想和力量凝聚到建设中国特色社会主义事业上来。

学习贯彻十七大精神，要正确把握工会工作面临的新形势。要充分认识科学发展对工会工作带来的新机遇。党的十七大把科学发展观作为我国经济社会发展的重要指导方针，把关注民生问题，实现公平正义放到更加突出的位置，为工会履行职能提供了更为广阔的空间。要充分认识劳动关系的深刻变化对工会工作提出的新任务。当前，劳动关系类型多样化、劳动关系调整方式法制化、劳动关系运行市场化趋势日益明显，《劳动合同法》已颁布实施，工会组织在协调劳动关系中的职责更加明确，作用更加突出，任务更加艰巨。要充分认识工人阶级队伍的发展变化对工会工作提出的新要求。随着经济社会结构的深刻变化和新的社会群体的产生，工人阶级队伍结构呈现多元化，职工内部不同利益群体进一步分化重组，对工会代表和维护职工合法权益提出了新课题。各级工会干部要深入分析这些新变化，紧贴时代脉搏，紧跟时代要求，在目标上瞄准前沿，在思路上高人一筹，在实践上领先一步，使我市工会工作与时代同步，与社会共进，与和谐合拍。

学习贯彻十七大精神，要正确把握工会工作的历史方位。要深刻理解党的十七大报告中有关工人阶级和工会工作的重要论述，进一步增强坚持走中国特色社会主义工会发展道路的自觉性和坚定性。要按照中国特色社会主义道路正确定位，把巩固党的阶级基础和执政党地位，作为工会组织首要的政治任务；要按照工人阶级主力军作用科学摆位，把全面建设小康社会作为工会组织的历史使命；要按照工会组织的基本职能准确站位，以主动、依法、科学维权为基本要求，全面落实中国特色社会主义工会维权观。要坚持以职工为本的原则，把维护职工合法权益作为工会组织的天职。要坚持从实际出发的原则，做到实事求是，正确认识维权规律、维权环境和维权对象，准确把握工会与党委、政府及社会各界的关系，客观评价工会自身维权能力，结合实际正确运用工会维权策略。要坚持不断创新与发展的原则，灵活运用维权方法，避免在维权工作中出现绝对化、固定化、模式化的现象。

二、广泛动员职工群众，充分发挥工人阶级在社会主义市场经济建设中的先锋主力作用

工人阶级是全面建设小康社会的主力军。各级工会要着眼全局，围绕发展，深入开展群众性经济技术创新工程，充分焕发职工的劳动热情和创造活力，为推进“全面达小康、建设新南通”进程做出应有的贡献。

着眼于激发职工劳动热情，广泛开展群众性建功立业活动。要结合全总开展的创建“工人先锋号”活动，创新竞赛机制，完善竞赛内容，转变竞赛形式，深入开展以“当好主力军、建功‘十一五’、建设新南通”竞赛活动为主要内容的各类劳动竞赛，逐步形成因地制宜、职工认可、影响广泛的劳动竞赛活动品牌。要以创优质、保安全、争速度、降成本、优环境等为主要内容，在江海联动开发和城市建设等重点项目中开展劳动竞赛；以拓宽服务领域、改善服务环境、倡导服务文明、优化服务标准、提高服务质量、打造服务品牌为主要内容，在窗口服务行业开展创优服务竞赛活动；以建功立业、提升素质、爱心帮困为主要内容，深入实施“巾帼建小康、三创展风采”311 行动计划。

着眼于增强职工自主创新能力，广泛开展群众性科技创新活动。要普及推广创造学知识，激发职工的创造热情，鼓励职工的创新实践，培养职工的创新思维，引导职工技能创新、岗位创新、技术创新。要开展形式多样的活动，努力造就一批具有创新能力的职工队伍，培育一批职工科技创新领军人物和团队，形成一批职工科技创新成果，使创新智慧竞相迸发，创新人才大量涌现。要立足于发展循环经济，结合实际，广泛组织职工参与建设资源节约型社会和环境友好型社会，推进生态文明建设，增强可持续发展能力。

着眼于提高职工职业技能水平，广泛开展群众性技能培训活动。要认真贯彻落实《江苏省实施职工素质提升工程五年规划》，大力实施以技能竞赛为载体、技能培训为基础、技能晋级为目标的三位一体职工技能素质提升工程。广泛开展职业技能竞赛和练兵活动，积极组织职业技能培训，加大在非公有制企业职工和农民工中开展技能培训、技能练兵的力度，努力提高包括农民工在内的职工技能素质。通过技能培训和技能竞赛，力争在五年内使更多的职工掌握第二技能，晋升一个技术等级，重点培养一批技术工人，使之成为岗位技术带头人。要特别关注新型经济组织和行业组织的发展，以职业技能竞赛为切入点，推动职工素质提升，实现工会工作领域的拓展延伸。

三、积极引导职工群众，充分发挥工人阶级在社会主义先进文化建设中的影响带动作用

工人阶级的先进思想是社会先进文化的重要组成部分。各级工会要按照建设社会主义核心价值体系的要求，加强宣传教育，用工人阶级的先进思想影响和带动全社会，促进社会主义文化大发展大繁荣。

要注重思想引导，凝聚职工力量。要把思想引导的基本点放在巩固党的执政基础上，用马克思主义中国化的最新成果武装职工群众，用中国特色社会主义共同理想凝聚职工群众，用民族精神和时代精神激励职工群众，用社会主义荣辱观引导职工群众；要把思想引导的着力点放在营造和谐稳定的社会环境上，动员广大职工旗帜鲜明地支持改革，满腔热忱地投身改革，坚定不移地拥护党和政府的各项方针政策，自觉维护职工队伍的团结和社会政治的稳定；要把思想引导的落脚点放在营造职工群众干事创业的良好氛围上,切实改善职工思想政治工作,加强对职工思想动态的研究,更加注重对职工的人文关怀和心理疏导。通过开展针对性的活动,使社会主义核心价值理念渗透融入到职工群众的灵魂深处,激发职工群众干事创业的内在动力和活力。

要注重舆论引导,培育文明新风。要在加大工人阶级和工会工作的宣传力度上下功夫。加强与新闻单位的联系和合作,利用主流媒体和工会宣传教育阵地,大张旗鼓地宣传工人阶级和工会工作。建立工会新闻发言人制度,定期向新闻媒体和社会各界宣传工会重点和特色工作以及所取得的经验和成效。要在带领职工开创社会文明新风上下功夫。不断深化“两创两争”活动,深入推进社会主义荣辱观教育。组织职工广泛参与和谐创建活动,加强职业道德教育,促进职业道德建设向基层推进,向广大职工覆盖。要在拓展宣传教育领域上下功夫。大力加强不同职工群体的教育,提高教育活动和教育方式的针对性、实效性。重视农民工的精神文化生活,帮助农民工尽快融入城市文明,适应工业化大生产。

要注重文化引导,弘扬社会风尚。要以文化宫为依托,以职工文体协会为主体,培养一批文体骨干队伍。继续巩固“濠滨夏夜”、选树“职工艺术明星”活动等老品牌,坚持小型、分散、多样的活动方针,注重文化活动的群众性和广泛性,发展职工喜闻乐见的新品牌。发挥工会在企业文化建设中的优势,积极培育和建设具有时代特征、行业特色、企业特性的企业文化。探索建立区域性职工俱乐部,实现区域内文体资源共享。深化发展群众性读书自学活动,推广在企业和社区建立“读书屋”的做法。要大力宣传和弘扬劳模精神,唱响工人伟大、劳动光荣的主旋律。要进一步探索和完善培养劳模、选树劳模、表彰劳模、关心劳模的机制,造就一批勇于开拓创新、具有奉献精神、反映时代特点的先进人物,树立一批彰显南通工人阶级新风貌的先进典型和领军人物。

四、切实代表职工群众,充分发挥工人阶级在社会主义民主政治建设中的参与推动作用

发挥工会联系职工的优势,落实职工当家作主的主人翁地位,是社会主义民主政治建设的重要内容。各级工会要积极代表和组织职工参与社会公共事务管理,有效畅通职工诉求表达渠道。

要在强化工会宏观参与机制中推进人民民主。要加大源头参与力度,为基层工会工作创造良好的环境。要加强与人大、政府、政协及有关部门的沟通联系,针对工会工作的难点、职工群众关注的焦点和涉及职工切身利益的热点问题,交换意见,达成共识,建立长效机制,取得实际效果。切实发挥劳动关系三方协商机制的作用,进一步加强与有关部门的联系合作。充分发挥人大、政协中工会界别代表和委员的作用,利用多种形式,反映职工诉求。加强工会信息直报员和工会工作特约研究员队伍建设,建立快速高效、反应灵敏的工作机制,畅通职工诉求表达、收集、分析和反映渠道。

要在完善职工民主管理机制中推进基层民主。要以贯彻《江苏省企业民主管理条例》为契机,大力推进以职代会为基本形式的职工民主管理制度。要加大对《条例》的宣传力度,积极探索与企业特点相适应的以职代会为基本形式的多种民主管理形式。要把企业关注、职工关心的重大问题作为民主管理工作的重点和突破口,面向不同所有制企业,实现全方位推进,全领域覆盖。要推动各类企业建立厂务公开民主管理制度,提高规范化运作水平，继续推进学校、医院、科研院所等事业单位的内部事务公开，积极探索区域性、行业性职代会制度。认真研究落实农民工、劳务工的民主参与问题，切实保障他们的民主政治权益。

要在组织职工参与社会管理中推进社会民主。要组织和代表职工参与社会事务管理和社会利益关系协调，积极做好团结动员、联系服务、协同参与的工作，努力探索组织职工参与社会管理的途径和形式。要协助党委和政府制定完善的社会政策，促进社会政策制定的科学化、民主化，督促企业履行社会责任，保障职工的社会权利，引导职工在享受社会公共服务的同时自觉维护社会公共利益。

五、竭诚服务职工群众，充分发挥工人阶级在和谐社会建设中的维护促进作用

工人阶级在和谐社会建设中有着不可替代的作用。各级工会要以民生问题为重点，把《劳动合同法》作为维护职工合法权益的有力武器，广泛宣传，深入贯彻，努力推动形成社会和谐人人有责、和谐社会人人共享的生动局面。

建立平等协商共决机制，以利益共享推动社会和谐。要积极推进劳动合同制度，协助劳动部门和企业完善劳动合同管理，指导帮助职工签订劳动合同，加强对劳动合同执行情况的监督检查。要全面完善集体协商制度，提高协商质量，拓展协商领域，深化协商内容，使集体协商真正成为调整劳动关系的一项基本制度。要着力健全集体合同制度，在继续抓好公有制企业集体合同工作的同时，以非公有制企业为重点，实现量的突破和质的飞跃。大力推行以乡镇(街道)、园区、村为轴心的区域性集体合同制度和板块特色明显的行业性集体合同制度。与有关部门协调配合，推动企业建立健全职工参与的收入分配决定机制、工资正常增长机制和支付保障机制，逐步提高劳动报酬在初次分配中的比重。积极探索女职工特殊权益和劳动保护专项集体合同制度，努力提高建制率，增强实效性。落实职工休息休假权，推进国务院《职工带薪休假制度》的落实。要深化发展创建劳动关系和谐企业与工业园区活动，健全多方合作联动机制、激励约束机制、长效工作机制，促进形成社会高度关注、企业和职工广泛参与、劳动关系持续改进、动态发展、全面和谐的局面。

健全劳动关系矛盾调处机制，以维护稳定保障社会和谐。要着眼于劳动关系的建立、运行、监督和调处等环节，建立健全运行规范的劳动关系调节机制。要完善工会劳动争议预警机制，在超前预防中体现主动性，在关口前移中体现主动性，建立“早发现、早预防、早介入、早解决”的工作机制。要创新劳动争议处理机制，落实《劳动争议调解仲裁法》，探索区域性调解组织建设与社会综合治理、人民调解、劳动关系三方机制相结合的劳动争议预防、调解工作新思路，规范集体劳动争议处理机制，完善劳动争议仲裁三方办案机制。要健全劳动法律监督机制，完善与人大执法、政府监察协调配合、联合行动的工作机制，促使劳动法律监督工作规范有序、扎实有效地进行。做好工会系统“五五”普法工作，广泛深入地开展群众性法制宣传教育活动。要强化职工安全健康保障机制，依法履行监督职责，以预防为主、全员参与、群防群治为目标，全面落实工会劳动保护责任制。加强安全培训，开展形式多样的安全文化活动。继续开展创建企业劳动保护工作合格、示范工会活动。积极推行事故隐患和职业危害监控法，促进建立全方位、全过程监控的安全生产管理体系。

关注特殊群体合法权益,以公平正义巩固社会和谐。要以解决职工群众最关心、最直接、最现实的问题为重点,努力为职工办一些看得见、摸得着、有影响的实事。要切实关心困难职工群体,通过实施立体化、全方位、多内容、广覆盖的帮扶模式,继续推动困难职工帮扶机制由活动型向长效型转变,由保障城镇特困职工为主向保障含农民工在内的不同困难职工群体拓展,由为职工办实事为主向参与、帮扶、监督全方位延伸,由工会帮扶为主向系统化、社会化帮扶发展,由立足扶贫济困为主向凝聚力量、共铸和谐方面提升,不断健全完善扶贫帮困长效机制。进一步加强职工服务中心的建设,打响工会服务职工群众的品牌。要积极协助政府推进就业再就业工作。努力推动《就业促进法》的落实,健全完善工会再就业服务体系,促进男女平等就业。继续利用工会阵地开展职业技能培训和创业培训、职业介绍,帮助更多的下岗失业人员实现就业再就业。要特别关注农民工、劳务工群体,努力维护和保障他们的合法权益。

六、努力加强自身建设,不断提高工会组织的凝聚力和战斗力

形势在不断变化,社会在不断进步,对工会工作的要求也在不断提高。各级工会要以更高的标准,更严的要求,切实加强自身建设,为充分发挥工会组织的作用奠定坚实的基础。

加强工会组织建设。要夯实组织基础,坚持不懈地抓好工会组建和会员发展工作。不断探索工会组建新方法,完善党工共建机制,延伸和扩大工会组建工作领域。要把省级开发区、城市商贸中心、乡镇工业园区作为组建主战场,继续加大外资企业工会组建力度。要以楼宇、市场等经济组织为新的重点建会对象,推进建立楼宇工会、市场工会、商贸城工会。加大发展农民工、劳务工入会力度,把不同用工形式的职工都组织到工会中来。要创新组织体制,加强中间层次工会组织建设。根据政府机构改革、企业管理体制调整和行业雇主组织发展的新情况,积极探索行业、产业工会的组织设置模式。结合各类工业园区发展的新形势,积极创新园区工会组织新体制。继续加强乡镇(街道)、村(社区)工会组织体制建设,抓好乡镇(街道)一级工会组织作用的发挥,逐步改善工作条件。要强化推进措施,扎实开展基层工会规范化建设。坚持"促进企业发展,维护职工权益"的企业工会工作原则,深入贯彻《企业工会工作条例》,深化发展建设职工之家活动,进一步形成建会、建制、建家三位一体、同步推进、全面提升的工作态势。要探索基层工会标准化建设,进一步规范工会基本制度的运行。深化发展基层工会创新激励机制,完善基层工会综合考核评价体系,增强基层工会活力。

加强工会作风建设。优良的工作作风是做好工会工作的重要保证。各级工会干部要切实增强四种观念:要增强全局观念。各级工会干部要讲政治、讲大局、讲团结、讲纪律、讲奉献,紧紧围绕党和政府的中心工作开展活动,严格执行同级党委和上级工会的工作部署,树立全市工会工作一盘棋的思想,做到个人利益服从集体利益,局部利益服从整体利益。要增强群众观念。各级工会要围绕职工群众最现实、最关心、最直接的利益开展工作,做到体察民情、倾听民意、关注民生,真正在思想上尊重职工群众、感情上贴近职工群众、工作上为了职工群众。要增强服务观念。各级工会领导机关,尤其是市总机关,要多为基层提供各种服务,少布置指令性的任务;多研究宏观思路,少下达烦琐指标;多给予工作指导,少进行直接干预;多开展调查研究,少组织检查评比。要增强绩效观念。

各级工会干部要把心思集中在想干事上，把本领体现在会干事上，把目标定位在干成事上，做到不埋怨困难，不坐等条件，不被动应付，主动破解制约工会工作发展的难点、关键点和薄弱点。在工作过程中，要重质量，重实效，不搞哗众取宠，不做表面文章，真正做到干实事、求发展、谋创新。

加强工会干部能力建设。各级工会干部要适应新形势对工会工作提出的新要求，切实提高五种能力：要提高政治鉴别能力，始终坚持坚定的政治立场，始终坚持工会工作的正确方向。要提高组织动员能力，最大限度地把职工组织到工会中来，最大限度地调动职工的积极性和创造性。要提高统筹协调能力，善于借助社会力量开展工作，妥善应对复杂局面。要提高依法维权能力，熟悉维护职工合法权益的相关专业知识，努力成为经济、法律、社保等领域的行家里手。要提高开拓创新能力，善于接受新知识、新事物，鼓励基层工会勇于创新，创造性地开展工作。要切实抓好工会干部管理培训工作。以非公有制企业工会干部培训为重点，认真落实"十一五"干部教育培训规划，确保五年内所有基层工会干部轮训一遍。要加大对工会干部的协管力度，积极落实工会干部职级待遇。探索和完善基层工会主席产生、激励和保障机制，积极稳妥地推行工会干部职业化建设和工会主席直选制。大胆引进优秀人才，不断优化干部队伍结构，让他们干事有舞台、发展有空间，为优秀人才的脱颖而出创造良好环境。

加强工会服务保障体系建设。按照全总"一改三策"的要求，依法加大工会经费收缴力度，保持经费的持续稳定增长。进一步加强财务建设和资产管理，合理安排经费支出。推进工会企事业改革，优化资产组合，实现社会效益、经济效益同步增长和工会资产的保值增值。加强经审工作规范化建设，充分发挥工会经费审查委员会和特约经审员队伍的作用，强化审查审计，加大监督力度，健全完善审计监督机制。进一步深化女职工工作。切实加强工运理论研究，积极推进工会工作信息化进程，不断提高工作效率。要有效拓展对外交流和合作的新领域，更好地为工会工作和工运事业服务。

同志们，腾飞蓝图催人奋进，和谐征程任重道远。实现全面小康、推进全面腾飞，工会组织责任重大、使命光荣。让我们深入贯彻党的十七大精神，全面落实科学发展观，坚持走中国特色社会主义工会发展道路，团结动员全市百万职工，同心同德，扎实工作，为夺取全面建设小康社会新胜利做出新的更大的贡献！

深入贯彻落实党的十八大精神
团结动员广大职工为开创南通“两个率先”新局面再立新功

——在南通市工会第十三次代表大会上的工作报告

陆玉明

(2013年3月26日)

各位代表、同志们：

在深入学习党的十八大、全国两会精神的重要时刻，南通市工会第十三次代表大会今天隆重召开了。大会的主要任务是：深入学习宣传贯彻党的十八大精神，回顾总结市工会十二大以来的主要工作和基本经验，确定今后五年工会工作的任务，选举产生新一届市总工会领导机构，团结带领全市职工坚定不移走中国特色社会主义工会发展道路，为开创南通“两个率先”(1)新局面再立新功。

现在，我代表南通市总工会第十二届委员会向大会报告工作，请予审议。

过去五年的主要工作

过去的五年，是南通夺取全面小康胜利的五年。五年来，南通跨越发展态势强劲，人均生产总值实现翻番；江海开发取得历史性突破，全面迈向桥港新时代；发展环境面貌一新，“五城同创”目标圆满实现；居民收入大幅增加，城乡一体就业创业体系基本形成。这些成绩的取得，是市委、市政府正确领导的结果，也凝聚着全市广大职工的智慧和力量。五年来，全市广大职工以高度的主人翁责任感，怀着对党、对社会主义的坚定信念，大力弘扬“包容会通、敢为人先”的南通精神，自觉站在时代前列，为南通改革开放和现代化建设作出了积极贡献。

五年来，在市委、省总的正确领导下，在市政府的关心支持下，全市各级工会破题出新、亮点频现，创造了一批在全国、全省具有示范引领作用的工作经验，破解了一些制约工会工作发展的难题——农民工享受经适房做法被国务院农民工工作办公室通报肯定；职工安全培训“海安经验”、“南通模式”得到温家宝总理批示；如皋、海安基层工会会员代表常任制工作被全总推广；海门行业工资集体协商工作全省领先；服务经济转型升级，万名职工晋升职业资格；职工服务阵地实现乡(镇)、规模企业普遍覆盖……五年来，市总先后有89项工作获省总以上表彰，其中，获全总表彰26项；两项工作获省总创新成果奖；市级以上报刊杂志报道我市工会工作4000多篇次。在市委和上级工会的正确领导下，全市各级工会围绕中心、服务全局，聚焦发展、再创辉煌，谱写了南通工会工作的新篇章。

一、五年来，我们始终坚持凝聚职工智慧力量，着力开展建功立业活动，推动科学发展能力进一步增强

全市各级工会紧紧围绕市委、市政府全局工作，凝心聚力，创先争优，深入开展劳动竞赛，着力提升职工素质，为我市顺利完成“十一五”既定目标，实现“十二五”成功开局作出了积极贡献。

——劳动竞赛活动蓬勃开展。全面启动了“立足岗位促发展，创新创造保增长”、“建功‘十二五’，创新促发展”等主题劳动竞赛活动。全市非公企业劳动竞赛活动普遍开展。围绕应对金融危机，组织开展“职工大讨论”“我为发展献一计”“创新创造职工素质提升”等活动，引导鼓励职工坚定信心，与企业共度时艰；围绕城市现代化，组织开展了城建工程、保障房建设工程、四川援建工程，以及崇启大桥建设、洋口港开发建设工程等一批有影响的重点工程劳动竞赛活动；围绕服务行业健康发展，组织实施“十佳用户满意服务明星”评选活动、“文明与春运同行”农民工返乡返岗等满意服务工程劳动竞赛；围绕建设资源节约型、环境友好型社会，组织开展了节能减排劳动竞赛，深化“我为节能减排做贡献”、“我为节能减排献一策”评选等活动。

——职工技能素质显著提升。以增强职工自主创新能力、提升职工技能素质为目标，以普遍创建“工人先锋号”为要求，广泛开展群众性科技创新、技术练兵活动。组织开展了百万职工创新创造学知识普及活动，开办“技能+学历”优秀职工学历提升班，培训各类职工两万余人。开展了职工“十佳操作法、十佳合理化建议、十佳创新成果”评比活动，两项成果在全国职工创新成果评选中获奖；市教育工会首创的“青蓝工程”成为全国教育工会系统知名品牌。做好职工技协工作，开展了高技能人才培训基地、高技能人才、企业首席技师等评选活动。坚持开展十大行业(工种)职业技能竞赛，承办了第四届全国职工职业技能大赛焊工决赛和省船舶行业电焊工、省数控技能大赛。五年来，11 名职工在全省职业技能比赛中夺冠，产生“技术状元”185 名、“五一创新能手”1016 名。中行开发区支行技术能手蔡淑娟光荣当选党的十八大代表。

——劳模引领作用持续发挥。深入开展劳模“创新业、立新功五大行动”⑵和劳模“双创”活动⑶，大力推广劳模创新工作室做法，充分发挥劳模在推进企业自主创新、传授技艺、帮困解难、经济社会发展中的示范带头作用。全国劳模倪涛带领中远船务科研团队研发出的世界一流海工设备荣获国家科技进步一等奖。规范评选制度，严格评选程序，注重面向基层一线，突出转型升级实绩，评选产生了市级以上劳模及五一劳动奖章获得者 1148 名。积极争取资源手段，落实提高劳模待遇，建立了市劳模春节慰问金制度，为 2500 名市级以上劳模发放各类慰问金、困难补助金 1122 万元。定期开展劳模生活状况调查，加强了劳模信息化管理；不定期组织劳模体检、疗休养活动。

——职工文化建设不断深入。围绕社会主义核心价值体系教育，抓住苏通大桥通车、文明城市创建、纪念改革开放 30 周年、新中国成立 60 周年和建党 90 周年契机，开展了“推动思想解放，迎接港桥时代”“共铸理想信念，共促科学发展”“学习劳模先进、践行江苏精神”等主题教育活动。按照“职工书屋”规范化建设标准，逐步建成了阅读条件完备、覆盖区域广泛、职工群众受惠的工会读书网络。成立市职工文化体育协会，协调统筹全市职工文体活动。继续提升以“濠滨夏夜”为代表的文化品牌，推动广场文化活动在县(市)区生根开花;开展了五届市“五一新闻奖”评比和三届市“职工明星艺术家”命名活动;市劳动人民文化宫获评“全国五一劳动奖状”。

二、五年来,我们始终坚持构建和谐劳动关系,着力维护职工合法权益,服务职工群众能力进一步提高

全市各级工会立足切实维权这个根本职能,积极构建和谐劳动关系,认真解决广大职工最关心、最直接、最现实的利益问题,服务职工能力不断提高。

——健全体系,和谐创建活动深入开展。建立健全劳动关系和谐企业(工业园区)创建体系,不断丰富完善创建内涵,提升创建质效。在创建领域上,由单纯的园区创建拓展到乡镇(街道)、村(社区)创建;在创建标准上,由原有市级标准调整为三级标准;在管理制度上,由一评了之变为定期复核认证,实施动态管理。市劳动关系三方紧密协作,推动市政府召开全市劳动关系和谐创建工作推进会,定期会商创建情况。和谐创建活动在全市企业普遍推开,全市7330家企业、11个工业园区参与了和谐劳动关系创建活动,5家单位获得国家级荣誉称号。启东“评估改进行动”、港闸“星级和谐企业”创建等活动品牌效应显著,形成了职企和谐共赢的生动局面。

——创新机制,工资集体协商广泛覆盖。推动市政府出台相关《意见》,促进企业普遍建立职工工资共决机制、正常增长机制和支付保障机制。深入实施工资集体协商春秋“双百日”要约行动,成功打造“一函六书”(4)品牌,获得全省厂务公开民主管理创新实践成果一等奖。在全省率先成立工资集体协商专家指导组,稳步推进区域性、行业性工资集体协商。目前,全市签订集体合同企业2.7万家,签订工资专项集体合同企业突破2.6万家,49个行业(大集团)开展了工资集体协商。应对全球金融危机,深入开展“共同约定行动”(5),承办了二十城市工会工作“共同约定行动”主题论坛。

——畅通渠道,职工民主建设稳步推进。深入贯彻落实《企业民主管理规定》、《江苏省企业民主管理条例》,扎实推进职代会、厂务公开、集体协商和职工董监事“四位一体”的企业民主管理体系建设。在全省率先建立企业民主管理数据库,职代会“一函两书”(6)制度品牌效应全面形成,区域性、行业性职代会制度建设稳步推进,基本达到广覆盖要求。目前,全市建立厂(事)务公开民主管理制度的企事业单位达2.8万家;81家单位受到省厂务公开协调小组表彰。市厂务公开协调小组被表彰为全国先进。

——多方联动,维权机制建设不断加强。完善劳动争议预防、预警、调处、援助一体化机制建设,与综治委、人社局等多家单位共同成立市劳动争议调处中心。认真落实《江苏省工会劳动法律监督条例》,配合人大、政府加大执法检查和监督力度,定期开展劳动用工、农民工工资专项检查和法制宣传教育活动。完善劳动关系预警机制,全面开展劳动争议纠纷和不稳定隐患的专项排查,做好相关分析和预测工作。与市法律援助中心联手对工会干部和困难职工进行法律援助代理。市总被评为首批全国工会法律援助示范单位和全国“五五”普法先进集体。

三、五年来,我们始终坚持完善职工帮扶体系,着力加强民生保障力度,参与社会管理能力进一步加强

全市各级工会充分发挥密切联系职工群众的优势,不断拓展服务领域,完善服务机制,创新服务方式,有效推进了帮扶服务工作的常态化、社会化、规范化,参与社会管理能力进一步加强。

——注重源头参与,加强长效机制建设。全市各级工会先后开展了涉及特困职工生活状况、农民工住房、中小企业改制、职工工资收入、职工精神文化权益等主题的多次调查研究,通过专题报告、工会与政府联席会议、人大建议和政协集体提案等方式,积极向党委政府和有关部门反映实情、建言献策,为民生政策法规的制定和落实提供依据。此外,积极参与社会保险、农民工工资落实等方面检查、督查工作,充分发挥工会在民生问题的参与、推动、监督作用;以"安康杯"竞赛活动为主要载体,不断强化以"群防、群控、群治"为主要特色的职工安全健康保障机制;在崇川试点推行一线职工疗休养制度,切实提高了职工幸福指数。通过几年的努力,我们除了将特困职工纳入了政府主导的社会保障救助体系外,还成功推动政府将优秀农民工和缴纳社会保险时间较长的外来农民工纳入市区城镇居民经适房保障范围。

——加强阵地建设,全面提升服务能力。切实加强帮扶中心建设,在全省率先将市、县(市)区工会困难职工帮扶中心升级为职工服务中心,进一步拓展了帮扶职能,扩大了帮扶范围,提高了帮扶实效。五年来,全市各级工会共发放送温暖款物价值6939万多元,慰问困难职工家庭7万多户、农民工近5万人;资助1.6万名特困、低保和困难职工子女上学,发放助学金1524万元。建立了南通市爱心帮困基金会,募集爱心帮困基金422万元,实现了帮扶资金筹集、管理的社会化和规范化。市级机关万名党员干部与特困职工结对帮扶活动持续开展,获得广泛好评。

——丰富服务内容,加大重点帮扶力度。内容上,注重把开展特困和大病救助、就业和就学帮扶、医疗互助互济以及在收入分配、社会保障、安全卫生等涉及职工切身利益问题上的参与、推动、监督作为工作重点;对象上,将困难劳动模范和包括农民工在内的困难职工群体作为重点。培训下岗失业人员2万多人,帮助5万多人实现了就业再就业;在全省率先实施家政服务工程,培训家政服务员3250人;选树创业带头人86名,扶持37名下岗失业人员自主创业,带动3600多人就业。市总被评为"全国工会'千万农民工援助行动'先进单位"。

四、五年来,我们始终坚持夯实基层基础工作,着力增强工会组织活力,工会自身建设能力进一步提升

全市各级工会组织和工会干部围绕增强凝聚力、提高战斗力的总体要求,积极进取、奋发有为,全市工会组织覆盖面不断扩大,工会基础工作不断夯实,整体水平不断提升。

——加大力度,不断拓展建会领域。党工共建、"四统筹一创争"活动扎实推进,世界五百强和大型外资企业工会组建取得突破性进展。积极推进区域性、行业性基层工会联合会建设,不断加强职业化、社会化工会工作者队伍建设,实现工会组建和工会工作的全覆盖,被评为全国"双措并举、二次覆盖"(7)先进集体。至2012年底,全市组建基层工会1.55万家,涵盖法人单位3.99万个,工会会员数达181.89万人,分别比五年前增长了59.2%、85.5%和39.7%。

——提升质量,有效激发基层活力。认真贯彻《企业工会工作条例》,全面规范基层工会工作,不断完善建家评家机制,被评为全国"会员建家、评家工作先进单位"。积极推行三级工会会员代表常任制；创新实施基层工会会务公开，全市基层工会会务公开工作面达 90%；深入开展“达标创模”活动，广泛开展以模范职工之家创建为主要内容的创先争优活动。全市共有 11 个基层工会获全国模范职工之家称号，5 个基层工会小组（分会）获全国模范职工小家称号，4 名工会主席被表彰为全国优秀工会工作者。深入开展工会主席直选工作，开展直选的非公企业达 6776 家，占非公企业基层工会总数的 64%。在基层工会开展“双亮双代双评”⑻活动，不断提升基层工会服务能力和意识。

——加强建设，全面提升干部能力。以培养“三宽”“三能”“三家”⑼型工会干部为目标，进一步完善工会干部教育培训体系。制定《南通市工会干部教育培训五年规划》和《南通市工会干部行为准则》，深入开展工会干部职业道德主题教育实践活动，建立健全机关干部联系一线职工制度，积极开展工会干部教育培训工作，干部队伍进一步充实和优化，工作效能得到进一步提升。

——统筹兼顾，有序推进各项工作。深化女职工专项集体合同，建立女职工心理疏导网络，深化和拓展“女职工关爱行动”，建立女农民工特殊疾病检查救助机制，开展女职工劳动保护，有效维护了女职工合法权益和特殊利益。创新开展了经费年度清算工作，完善财政直接支付和委托税务代收机制，经费收缴稳步增长，基层工会财务水平不断提高。工会直属事业稳步发展，完成了疗养院迁建和唐闸工人文化宫扩建等工程。全面推进经审工作规范化建设，建立健全了以审计为基础的经审监督制约机制，促进工会经济活动的健康运行。市直属工会工作不断加强。工会信息化建设不断推进。加强了与各地工会的沟通与合作，工会对外交流工作取得新进展。

各位代表，市工会十二大以来的五年，是南通工会发展的最好时期之一。五年来的成就，是在市委和上级工会的正确领导下取得的，得益于各级人大、政府、政协和社会各界的大力支持与合作，凝结着全市各级工会、广大工会工作者以及全市职工的辛勤汗水和心血。在此，我代表市总工会第十二届委员会，向长期以来重视、关心和支持工会工作的市委、市人大、市政府、市政协领导，群众团体及社会各界表示衷心的感谢！向全市各级工会干部、工会积极分子和工会老领导、老同志，致以崇高的敬意！

成绩来之不易，探索充满艰辛。回顾五年来的奋斗历程，展望历史新起点上的南通工会工作，我们深深体会到：

党委重视，多方支持，工会事业才能大有作为。工运事业和工会工作，必须在党委统一领导下，汇集各方力量，才能健康发展。五年来，市委召开了全市工会工作会议，下发了《进一步加强和改进新时期工会工作的意见》，市人大、政协多次开展工会法律法规执法检查和视察，市政府及有关部门为工会开展活动提供各种支持，促进了工会工作的深入开展。

立足中心，服务大局，工会工作才能找准位置。工会组织必须牢固树立大局意识和全局观念，把工会工作置于党和政府工作大局中去思考、去把握。五年来，我们每年工作安排都紧紧围绕市委、市政府的中心任务，通过开展有特色、有实效的活动，团结动员全市职工围绕经济和社会发展贡献力量，从而切实找准位置，发挥作用。

贴近职工，创新求变，工会组织才能凝聚人心。工会工作是群众工作，只有贴近职工群众，时时刻刻做他们利益的维护者、困难的帮扶者，工会工作才能赢得人心。五年来，我们深入开展"面对面、心贴心、实打实"活动，工作重心沉向基层，在一线掌握职工队伍状况，在一线实施工会维权帮扶，在一线构建和谐劳动关系，工会联系党和职工群众的桥梁纽带作用日益凸现，社会影响力不断提高。

敬业履职，提升能力，工会工作才能长远发展。有一支素质过硬、能力不俗的工会干部队伍，是工会工作长远发展的重要保证。长期以来，全市广大工会干部和工会积极分子坚定不移地走中国特色社会主义工会发展道路，按照"组织起来，切实维权"的工作方针，不断创新工会工作方法，积极探索体现南通特色的工会工作运行机制，忠实履行了工会在组织职工、引导职工、服务职工和维护职工合法权益上的重要职能。

回顾过去，我们既有成绩和经验，也存在着差距和不足：面对新形势、新任务，我们的思想观念和工作方法有待进一步转变；面对产业结构的不断调整、变化，非公企业工会组建及其作用的发挥有待进一步强化；面对劳动关系的复杂化、多样化，工会参与机制、维权手段有待进一步加强；面对经济转轨、社会转型时期的矛盾，工会的组织结构、工作网络和活动方式有待进一步创新。我们一定要正视困难和问题，不断研究新情况，探索新课题，开展新实践，努力使我市工会工作再上新的台阶。

今后五年的主要工作任务

面临的形势：今后五年，是落实"十二五"规划的决胜时期，是开创"两个率先"新局面的攻坚阶段，也是我市工人阶级完成新使命、工运事业实现新突破、工会工作创造新业绩的重要历史机遇期。各级党委政府越来越重视工会工作，切实加强领导，重视解决工会建设、发展的重大问题；历届工会为全市工会工作打下了坚实的基础，创造了优良的环境，积累了丰富的经验；全市广大职工的大力支持、积极参与，为工会工作提供了不竭源泉和永恒动力。

——党中央和上级工会一系列指示，为工会工作创新发展指明了新方向。党的十八大报告作出了完善基层民主制度、深化收入分配制度改革、构建和谐劳动关系等一系列重要决策部署，强调支持工会发挥桥梁纽带作用，更好反映群众呼声，维护群众合法权益，为工会开展工作指明了努力方向、提供了政治保障。全总提出的坚定不移地走中国特色社会主义工会发展道路的要求，为各级工会组织履行职能、发挥作用、发展事业提供了有力指导、奠定了坚实基础。

——南通开创"两个率先"新局面的伟大实践，对工会能力建设提出了新要求。市委提出开创"两个率先"新局面，率先在江苏江北实现基本现代化的宏伟目标，极大地激发了全市广大职工群众的昂扬斗志，为他们发挥聪明才干、大显身手提供了广阔的舞台，更对工会团结带领广大职工建功立业提出了新要求。

——劳动关系和职工队伍的新变化，让职工群众对工会组织有了新期待。当前，改革开放不断深入，产业结构调整不断深化，城镇化进程不断加快，劳动关系日趋复杂，职工思想观念也发生了深刻变化。广大职工要求参与国家和社会事务管理，要求有更加畅通、快捷、实效的利益诉求表达渠道，要求享有更加充分、更高水平的养老、住房、医疗、教育、就业等社会保障的愿望尤为迫切，对各级工会不断创新组织体制、工作机制和活动方式方法，争取利用更多的资源和手段，保障广大职工在共建的基础上共享经济社会发展成果提出了新期待。

与此同时,国际国内经济形势日趋复杂,企业生产经营面临严峻挑战,劳动关系领域也存在着劳资关系不稳定、劳动管理不规范和劳动者合法权益受侵害等不和谐因素,工会工作仍然任重道远。站在新的历史起点,全市各级工会一定要深刻认识科学发展对工会提出的新要求,深刻认识在维护职工队伍和社会稳定中肩负的新使命,深刻认识开创“两个率先”新局面、实现“中国梦”对工会提出的新目标。

指导思想、奋斗目标和工作任务:

今后五年工作的指导思想是:以邓小平理论、三个代表重要思想和科学发展观为指导,坚定走中国特色社会主义工会发展道路,按照党的十八大提出的“五位一体”总布局,紧紧围绕市委工作要求和广大职工群众期待,以服务助转型、以服务促和谐、以服务强作为、以服务实基础,更加注重组织、品牌和机制创新,更加注重基层、基础和基本队伍建设,更加注重服务、维权和整体作用发挥,进一步提高服务型工会建设的科学化水平,为南通开创“两个率先”新局面再立新功。

今后五年全市工会工作的奋斗目标是:

——工会活动社会化。形成党委领导、行政支持、工会运作、社会参与的工作格局,参与领域更加广泛,资源利用更加充分,手段运用更加多样,工会作为得到新彰显。

——职工服务体系化。建立面向全员、内容多样、载体多元的服务体系,困难职工帮扶网络更加完善,促进就业创业工作成效更加显著,职工精神文化生活更加丰富,职工各项权益实现新发展。

——权益维护法制化。形成源头参与、法律服务、矛盾调处维权格局,利益协调更加有力,诉求渠道更加畅通,权益保障更加到位,工会维权工作形成新优势。

——创新工作品牌化。建立健全创新工作立项、培育、提升、推广制度。创新思路更加开阔,创新成效更加显著,创新影响更加广泛,各级工会创新能力得到新加强。

——自身建设规范化。完善建会、运行、考核、评价工作机制,整合教育培训、干部管理、调查研究、工作指导、信息服务机制,组织体制更加健全,干部队伍结构更加优化,联系职工群众更加紧密,基层活动更加活跃,工会整体工作水平得到新提高。

根据这个指导思想和工作目标,今后五年全市工会的工作任务是:

一、服务助转型,以更大作为助推经济社会发展

全市各级工会要按照中央、省市委的决策部署,以提高经济增长质量和效益为中心,以改革开放、创新驱动为动力,团结引领广大职工当好转型发展的主力军。

——深入贯彻落实党的十八大精神,充分凝聚职工思想认识。全市各级工会要充分认识贯彻落实十八大精神的重大意义,深刻领会、准确把握精神内涵,特别是深刻领会十八大报告有关工人阶级和工会工作的重要论述,坚定不移地走中国特色社会主义工会发展道路,确保工会工作始终沿着正确的政治方向前进。进一步加强对职工的形势政策、职业道德等主题教育活动,强化先进典型的示范导向作用,积极引导职工群众把思想和行动统一到中央、省市委的正确决策和部署上来。加大人文关怀力度,把解决职工思想问题与帮助职工做好事、办实事、解难事有机结合起来,教育引导职工以理性合法方式表达利益诉求。

——**深入开展社会主义劳动竞赛，不断提高职工综合素质。**继续深入开展"建功'十二五'，创新促发展"劳动竞赛，围绕重点工程建设、保障安居房建设、企业转型升级三大重点组织开展劳动竞赛，推动竞赛活动进一步向新兴产业和服务业拓展。继续深入开展技术攻关、技术革新、发明创造、合理化建议等职工技术创新活动，不断激发职工的创新潜能和创造活力。继续联合相关部门组织开展全市十大行业（工种）职业技能竞赛，把普遍提高职工技能水平与加快高技能人才培养结合起来，广泛开展岗位练兵、技术比武、技能比赛、师徒帮教等活动。

——**深入弘扬新时代劳模精神，有效激发职工创新能量。**做好各级劳模、五一劳动奖状、奖章和工人先锋号推荐评选表彰工作。继续在劳模中广泛开展"双创"活动，加强对劳模创新工作室考核指导，推广通州劳模"珍惜荣誉、再立新功"做法，充分发挥劳模领军作用，激励广大职工勤奋劳动、诚实劳动、创新劳动。突出抓好班组建设，大力开展以创建"工人先锋号"为载体的"六型班组"⑽创建活动；加强班组文化建设，培育班组成员共同的价值观、行为规范、职业道德和工作作风，提高班组执行力、创新力和凝聚力，为企业转型发展打下坚实基础。

——**深入开展工会宣传教育活动，积极营造良好文化氛围。**巩固和拓展工会新闻宣传平台，在进一步提高新闻宣传质量和层次上下功夫，在进一步增强社会影响力方面实现新突破。发挥工会通讯员作用，加强网络宣传力度，强化网络舆情监控，牢牢把握网上舆论主导权。深入开展职工文化建设，充分发挥职工文体协会作用，为发展繁荣职工文体事业提供示范引领和指导服务；借鉴如东职工服务中心做法，进一步加强市、县(市)区文化宫、俱乐部、活动室等文化阵地建设；继续办好"职工书屋"、"濠滨夏夜"、"星湖有约"等文化品牌活动，立足公益服务目标，争取政策支持，积极引进人才，创新活动形式，探索满足职工精神文化需求的长效机制，推动职工文化繁荣发展。

二、服务促和谐，以更大力度促进社会管理创新

始终把推动发展和谐劳动关系，作为新形势下工会加强和创新社会管理的源头参与工程，积极顺应经济社会形势，加大探索实践力度，扎实推进具有南通特色的新型社会管理服务体系的形成。

——**进一步健全工会源头参与机制。**推动完善工会组织立法、政策、执法、监督等参与机制建设。有效发挥市、县（市）区两级工会与同级政府联席会议制度作用，研究解决与职工利益相关的重要事项和民生问题。强化工会依法维权意识，深入推进《劳动合同法》等法律法规的宣传贯彻。加强工会与人大、政协、劳动监察部门的联系、沟通与协调，建立相关工作通报、联合行动制度，开展联合专项执法检查，及时纠正侵害劳动者合法权益的行为。畅通诉求表达渠道，健全重大决策方案的工会参与制订、职代会审议完善、公开运作实施等制度，推动企事业将民主管理、民主参与、民主监督融入现代企事业管理、法人治理结构之中。

——**进一步健全劳动关系协调机制。**根据劳动关系和谐企业（示范区）创建要求，推动企业秉承以职工为本的管理理念，严格执行劳动法律法规，认真落实职工主体权利，切实维护职工合法权益，实现职工体面劳动。进一步健全创建标准和评价办法，把创建活动拓展到各行各业，延伸到乡镇（街道）、村（社区）。完善劳动关系和谐企业（示范区）

多层次评价机制，全面实施复核认证制度，提升劳动关系和谐程度。整合资源手段，凝聚多方力量，努力形成党政重视、社会支持和企业、职工广泛参与的创建格局。

——进一步健全工会帮扶服务机制。密切关注收入分配、医疗、住房等涉及职工切身利益的热点问题，在调查研究基础上，及时向政府真实反映职工群众的意见和呼声。稳步推进各级职工服务中心转型升级，延伸帮扶链条、丰富帮扶内容、提高帮扶水平，推动帮扶工作贴近基层，向服务全体职工转变。继续坚持开展金秋助学、大病救助、结对帮扶等传统品牌工作，管好用好困难职工帮扶专项资金和爱心帮困基金。及时调整特困职工申报标准，做好特困职工申报、审核、公示和发证工作。加大农民工权益保障政策执行力度，开展困难农民工子女助学、农民工免费技能培训活动。加强创业服务，选树创业典型，实现创业推动就业。

三、服务强作为，以更实举措维护职工合法权益

全市各级工会要牢固树立全心全意服务职工的工作理念，秉承党政所想、职工所需、工会所能的原则，竭尽全力为职工做好事、办实事、解难事，切实维护职工的合法权益。

——继续开展工资集体协商工作。按照十八大提出的工资收入倍增计划要求，不断深化工资集体协商“春秋季要约”行动。建立健全工资集体协商评价工作机制，深入实施“协商薪酬制度激励职工创新计划”⑾，积极探索重要生产要素参与企业收益分配新形式，促进劳动报酬增长与劳动生产率提高相适应，稳步提高普通职工特别是一线职工工资水平。突出建制重点，突破建制难点，继续加大小型微型企业和行业工资集体协商推进力度，切实提高建制工作整体水平。全面加强工资集体协商指导员、谈判员队伍建设，积极培育工资集体协商典型，提高典型示范效应。

——继续做好劳动争议调解工作。进一步加大市、县(市)区、产业、乡镇(街道)、企业以及区域性、行业性劳动争议调解组织建设力度；健全劳动关系预警预防、劳动法律监督、矛盾纠纷排查、突发性事件应急调处等机制。充分发挥各级劳动争议调解组织和职工法律援助志愿者、基层工会法律顾问、劳动争议调解员队伍的作用，努力提高“12351”维权热线、信访、职工法律援助等维权窗口的服务质量，打造便捷、高效、多方参与的劳动争议调处模式，增强调处的及时性和实效性，把劳动争议化解在基层，消除在萌芽状态。

——继续加强职工劳动保护工作。做强“安康杯”竞赛品牌，以推进职工安全文化建设为主要内容，拓展“安康杯”竞赛活动面和活动内涵。继续推广应用“1+3”安全监控体系，组织开展岗位事故隐患和职业危害排查治理活动，巩固有限作业空间专项整治活动成果，强化职业病防治工作参与机制。深入开展“关爱农民工特别行动”。认真履行各项法定职责，积极主动地参加建设工程项目“三同时”⑿、生产安全事故的调查处理等工作，不断强化工会劳动保护职能。

四、服务实基础，以更高要求加强工会自身建设

加强自身建设是工会适应新形势新任务，更好履行职能的前提和基础。全市各级工会要切实加强自身建设，进一步提高服务科学发展、服务职工群众的能力和水平。

——健全基层组织，推进工会组织体系网格化覆盖。深化党工共建，优化建会环境。

着力破解建会难题，积极探索创新建会思路、组建形式和入会方式，加快“两新组织”⒀依法建会步伐，最大限度地把包括农民工、灵活就业人员在内的各类人员吸纳到工会中来。加大区域性、行业性基层工会联合会和联合基层工会组建力度，县（市）区以下行业协会（商会）建立时要同步组建工会组织，各类开发区的二级园区、乡镇工业集中区、村（社区）要实现工会组织的全覆盖。

——规范基础工作，推进工会活力建设项目化运作。以模范职工之家建设为载体，不断拓展延伸，努力把基层工会建设成为组织健全、维权到位、工作活跃、作用明显、制度完善、群众满意的“职工之家”。巩固大中型企业工会工作基础，进一步完善县（市）区、乡镇（街道）、村（社区）三级工会组织网络，实现由“形式建会”到“机制建会”，由“注重数量”到“量质并重”的转变。注重会员“四权”⒁建设，落实“三公开四统筹”⒂工作要求，深化“双亮双代双评”活动。从产业、行业发展变化出发，创新组织体制、运行机制和活动方式，积极探索其在助推经济转型升级、协调劳动关系、维护职工合法权益中发挥作用的有效途径。

——提升基本能力，推进工会干部队伍职业化发展。配好配强各级工会领导班子，进一步探索工会干部职业化、社会化途径，创新培训方式，更新培训内容，不断加强工会干部能力建设。关心工会干部的成长和进步，加大轮岗、挂职、交流、选拔、协管和维权工作力度，充分调动工会干部的积极性、主动性和创造性。切实加强工会干部作风建设，坚决贯彻落实中央“八项规定”和市委“十项规定”，大兴学习之风、务实之风、创新之风、廉洁之风。开展群众路线教育实践活动，不断密切同职工群众的联系，切实加强对基层工作的分类指导，进一步提高组织效能和工作效率，树立工会干部勇担责任、求真务实、清正廉洁、甘于奉献的良好形象。

——注重科学谋划，全面提高工会各项工作水平。不断完善工会经费税务代征工作，保持工会经费稳步增长，提高财务管理和资产管理水平。不断深化工会直属单位的改革和发展。切实贯彻《中国工会审计条例》精神，认真搞好审查审计，推进经审制度建设，努力提高审查审计监督质量。进一步加强女职工工作，扎实推进女职工素质提升工程，切实维护女职工合法权益和特殊利益。重视市直工会建设，积极探索新形势下直属工会工作创新发展的方式和途径。加强工会工作信息化建设，提高工会统计调查、督查水平。加强工会理论政策研究，用理论创新推动工作创新，不断提高新形势下的工会工作水平。

各位代表、同志们，新的形势赋予我们新的使命，新的目标引领我们奔向新的征程。让我们高举中国特色社会主义伟大旗帜，全面落实科学发展观，在市委和上级工会的正确领导下，同心同德、扎实工作、开拓进取，团结动员全市广大职工为开创“两个率先”新局面而努力奋斗！

注释：

(1)“两个率先”：即江苏省在全国率先全面建成小康社会，率先基本实现现代化。就南通而言，指率先建成更高水平小康社会，率先在江苏江北基本实现现代化。

(2)劳模“创新业立新功五大行动”：指“百名劳模事迹宣传、百名劳模岗位创新、百名劳模名师带徒、百名劳模建言献策、百名劳模真情助困”活动。

(3)劳模“双创”活动:指市总工会自2011年9月在劳模群体中开展的“创新我先行,创优做表率”主题实践活动。

(4)工资集体协商“一函六书”:指推行工资集体协商行动中提出的由“特别提示函、要约书、回复书、整改建议书、限期改正指令书、工资审查意见书、履约报告书”等组成的制度。

(5)“共同约定行动”:指在贯彻实施劳动合同法基础上一个特殊情况下的约定,凡是劳动合同、集体合同已经规定的,除因客观情况发生重大变化而无法继续履行之外,必须一律坚持。这里指在全球金融危机背景下开展的工会与企业、职工的共赢行动。

(6)职代会“一函两书”:市总工会为规范职代会而实行的一项制度。“一函”指“职代会换届提示函”;“两书”指“职代会超期整改建议书”和“职代会超期整改情况报告书”。

(7)“双措并举、二次覆盖”:“双措并举”是指根据区域或行业特点,将区域内或同行业的小企业工会组织起来,组建成区域性、行业性基层工会联合会,同时,通过社会化公开招聘的方式,建设一支不拿企业工资的职业化工会干部队伍;“二次覆盖”是指所属企业工会对本企业会员和职工覆盖同时,组建工会联合会,实现对所联合企业工会和职工的再次覆盖,从而有效破解单个小型非公企业工会组建难、职工入会难、企业工会作用发挥难的问题。

(8)“双亮双代双评”:指工会组织亮牌子、工会主席亮身份,职工诉求工会组织代言、职工事务工会干部代理,会员评议工会工作、会员评议工会主席。

(9)“三宽、三能、三家”:指眼界宽、思路宽、胸襟宽;能真心实意与职工群众交朋友,能全心全意帮助职工群众解决实际问题,能善于做好新形势下群众工作;工会干部要成为政治家、社会活动家、协调劳动关系专家。

(10)“六型班组”:指建设知识型、技能型、创新型、安全型、效益型、和谐型班组。

(11)“协商薪酬制度激励职工创新计划”:指鼓励企业就职工工龄工资、职称工资、技术要素工资等进行协商。

(12)建设工程项目“三同时”:指《安全生产法》第五十二条规定的,工会有权对建设项目的安全设施与主体工程同时设计、同时施工、同时投入生产和使用进行监督,提出意见。

(13)“两新组织”:指新经济组织和新社会组织。

(14)“四权”:知情权、参与权选举权和监督权。

(15)“三公开四统筹”:工会组织公开职责、工会干部公开身份,工会工作公开服务项目;非公企业党工组织“组织统筹建立、人员统筹配置、活动统筹开展、保障统筹落实”。

附录二　文件辑存

市委办公室、市政府办公室转发市总工会《关于加强股份制企业职工民主管理工作的试行意见》的通知

通办发〔1993〕41号

各县(市)区委、人民政府,市委各部委办局,市各委办局院行社、市各群众团体,市各直属单位:

经市委、市政府领导同意,现将市总工会《关于加强股份制企业职工民主管理工作的试行意见》转发给你们,请结合实际认真贯彻执行。

中共南通市委办公室
南通市人民政府办公室
1993年11月23日

关于加强股份制企业职工民主管理工作的试行意见

为了在股份制企业中进一步贯彻落实党的全心全意依靠工人阶级的指导方针,确保职工民主管理企业的权利,办好有中国特色的社会主义股份制企业,现根据《宪法》《企业法》《工会法》和国家关于企业试行股份制的有关文件规定精神,对加强股份制企业职工民主管理工作提出如下试行意见:

一、强化股份制企业民主管理,是公有制经济控股的股份制企业的本质特征。公有制为主体的股份制改革,是国有企业转换经营机制,建立现代企业制度,寻求新发展的必然选择。企业实行股份制后,职工既是企业的生产者,又是企业资产的所有者,这是从根本上保护职工利益,加强职工的主人翁地位。要教育广大职工充分认识股份制改革的重要意义,积极自觉地投入这项改革。要继续坚持和完善职工代表大会制度,保障职工民主管理企业的权利。

二、企业实行股份制的实施方案,要充分征求广大职工的意见,经职工代表大会审议后,报上级有关部门批准后组织实施。工会主席要参加股份制工作筹委会。工会应代

表和组织职工参与股份制改革的全过程，积极配合企业党政领导搞好股份制工作，积极支持股份制改革。

三、理顺职工代表大会与股东代表大会的关系，明确职权内容。在股份制企业中，股东代表大会和职工代表大会是两个性质、职责、行使职权不同的机构，不能互相取代。股东大会是资产所有者的代表机构。股东或股东代表通过股东代表大会，决定企业重大事项。职工代表大会是职工行使民主管理权力的机构。其职权是：⑴听取和审议经理（厂长）有关企业生产经营重大问题的决策，并提出意见和建议；⑵审查同意或者否决企业内部分配方案、职工奖惩办法、劳动保护措施和其他重要规章制度；⑶审议决定有关职工生活福利的重大事项；⑷评议企业各级行政领导干部，并提出使用奖惩建议；⑸对经理、副经理人选的任免提出建议。

四、企业实行股份制是劳动者与生产资料直接结合的有效途径。为使职工作为企业主人翁的身份和资格在产权中得到体现，设立“职工合股基金”的股份制企业可以以团体法人身份选派代表参加董事会；不设“职工合股基金”而内部职工又普遍持有本企业股份的股份制企业，由职代会推选持股职工代表作为董事。企业工会主席可作为职工股东代表进入董事会，未能担任董事的企业工会主席应列席董事会。

五、设立监事会的股份制企业，要按国家体改委制定的《股份有限公司规范意见》和《有限责任公司规范意见》由职工代表大会选举一定数量的职工代表（含企业工会代表）出任监事。董事长和董事要主动接受监事会和职代会的民主监督。

六、参加股东代表大会、董事会、监事会的职工代表，要对企业职工负责，应按期向职工代表大会汇报工作，接受职工代表大会监督。企业应积极为股东会、董事会、监事会中的职工代表创造工作条件，支持和帮助他们发挥应有的作用。

七、实行股份合作制的城镇集体企业，应当继续贯彻国家《城镇集体所有制企业条例》，有条件的可以采取股东代表大会和职工代表大会两块牌子一套机构的做法，把两会的任务兼容起来。

八、股份制企业要继续推行“共保合同”或“集体劳动合同”制度，并不断赋予其新的内容。要尽快健全车间、班组民主管理制度。要适应企业基层民主建设的要求，拓宽日常民主决策的渠道。

九、公有制经济不占主体的股份制企业，也要切实贯彻执行《工会法》，保障职工的合法权益，企业在召开董事会时，应通知工会主席列席，反映职工群众的意见和要求。

十、股份制企业的工会工作应当坚持以经济建设为中心，全面履行工会的各项职能，支持董事会、监事会、经理依法行使职权，保障职工依法行使职工民主管理企业的权利，充分发挥股份制企业工会的独特作用。

南通市总工会

1993 年 8 月 25 日

市委办公室、市政府办公室转发市委组织部等六单位《关于进一步改善外商投资企业劳动关系和加强工会工作的意见》的通知

通办发〔1994〕34 号

各县(市)区委、人民政府,市委各部委办局,市各委办局,市各群众团体,市各直属单位:

市委、市政府同意市委组织部、市经委、市外经委、市劳动局、市工商局、市总工会《关于进一步改善外商投资企业劳动关系和加强工会工作的意见》,现转发给你们,请结合实际,认真贯彻执行。

中共南通市委办公室
南通市人民政府办公室
1994 年 12 月 17 日

关于进一步改善外商投资企业劳动关系和加强工会工作的意见

市委、市政府:

随着外向型经济的迅猛发展,我市外商投资企业发展较快。与此同时,有一批外商投资企业建立了工会组织,并依法开展活动,发挥了积极作用。截至今年 9 月底,全市登记注册的外商投资企业为 2084 家。其中已开业投产的 1017 家,已建外商投资企业工会 368 个(含筹备组),占同期开业投产数的 36.58%。上述情况表明,我市外商投资企业工会组建率还比较低,大多数职工还没有组织到工会组织中来。在一些外商投资企业中,加班加点情况普遍,职工缺乏基本的安全、卫生等劳动保护措施。任意辱骂、处罚工人的现象时有发生,极少数企业因劳动关系激化而引发怠工、停工事件。这些企业职工迫切要求建立工会组织。

为了认真贯彻落实中共中央办公厅、国务院办公厅《关于转发中华全国总工会<关于外商投资企业劳动关系和组建工会情况的报告>的通知》(厅字)[1994]13 号)、江苏省委办公厅、省政府办公厅《转发省委组织部等 5 单位〈关于进一步改善外商投资企业劳动关系和加强工会工作的意见〉的通知》(苏办[1994]78 号)精神,加快我市外商投资企业工会组建步伐,进一步加强外商投资企业工会工作,结合本市实际,特提出如下意见:

一、进一步提高对外商投资企业组建工会必要性和紧迫性的认识,用邓小平同志建设有中国特色的社会主义理论统一各级干部的思想,全面、正确、积极地贯彻执行党的

对外开放方针。实行对外开放是建设有中国特色社会主义的重要组成部分,是我国的一项基本国策。归根到底有利于社会主义,因而也有利于工人阶级。当前,要注意正确认识和处理好引进外资中保护外商投资者合法权益与维护国家尊严、维护职工合法权益的关系,纠正片面强调改善投资环境而不敢依法加强管理的倾向。我们既要不断改善投资环境,吸引更多的外商来华投资,保护外商投资者的合法权益,又要坚持依法管理,促使外商严格遵守我国的法律、法规,不得损害我国社会的公共利益和职工的合法权益,不能把这两方面对立起来。实践证明,坚持原则,依法办事,有利于稳定劳动关系,也有利于外商投资企业的发展,可以使我们与外商的合作建立在牢固的基础之上;一味无原则地迁就,不仅会损害国家利益和工人利益,不利于外商投资企业的健康发展,而且最终将影响投资环境。外商投资企业职工是工人阶级的一部分,是国家的主人,他们的劳动同样是为社会主义现代化建设做贡献。因此,各级党委和政府要关心和依靠外商投资企业的职工,重视和支持外商投资企业组建工会。

二、加强执法监督和劳动监察工作,依法维护外商投资企业职工的合法权益。要加强法制宣传和教育,使各方面都坚持依法办事,各级党政领导干部和政府有关管理部门要做到坚持依法管理,依法维护投资者、经营者和劳动者的合法权益;近期内各有关部门要按照各自的管理范围,对外商投资企业劳动关系情况以及有关劳动法律法规执行情况进行一次深入的检查,发现问题要及时研究,妥善解决。要注重对《中华人民共和国工会法》、《中华人民共和国劳动法》、《中华人民共和国企业劳动争议处理条例》、《江苏省实施〈中华人民共和国工会法〉办法》以及《江苏省外商投资企业工会条例》贯彻执行情况的监督检查,及时总结经验,针对薄弱环节制定改进措施。要加强劳动监察部门的工作,把对外商投资企业劳动保护、安全生产以及用工、工资和保险福利等关系到劳动关系协调方面的监察工作摆在重要位置上。建议各级人大、政府组织执法检查时,也要把上述法律法规执行情况列入检查内容,加强对外商投资企业实施法律法规的监督。凡已建立工会的外商投资企业都要建立企业劳动争议调解委员会,凡具备条件的,应同时建立女职工委员会,对于侵犯和损害职工合法权益的不法行为,应当依法严肃处理。

三、强化依法建会的意识,加快外商投资企业组建工会步伐。最近江泽民等中央领导同志多次就加强外商投资企业工会工作,作出重要批示,各级工会要抓住机遇,加大组建力度,抓好工会组建工作。各级党政领导要重视和支持这项工作。凡正式开业并正常生产、经营的外商投资企业,都必须依法建立工会组织,今年上半年之前开业的,今年底必须建立工会;今年下半年开业的,明年上半年必须建立工会。各级党委在布置、检查党建工作时,应同时布置、检查工会的组建工作。市经委、外经委、工商、劳动、企业主管部门在洽谈项目、批准合同和章程、注册登记和执行劳动监察时,应严格把关,督促外商投资企业按照"三同时"的要求建立工会组织,即:洽谈建办企业的同时洽谈组建工会;筹建企业的同时筹建工会;企业正式开业的同时正式成立工会。企业主管部门在选定中方高级管理人员时,应同时选定相当副总经理级的工会主席人选。对开业后半年内仍不组建工会的企业,其主管部门和上级工会有权依法限期组建工会组织。

各级工会要把外商投资企业工会组建工作作为一项重点工作来抓。市、县(市)总工会主要领导要亲自抓,分管领导具体抓,组织部门重点抓,其他各部门配合抓,形成全会齐抓共管的局面。要制定好组建规划，组织得力人员，落实目标责任制，使外商投资企业工会组建工作在短期内有新的突破。

四、支持外商投资企业工会依法开展工作，充分发挥工会组织的作用。各级党组织应加强对工会的领导，支持外商投资企业工会按照“维护职工合法权益，与外商合作共事，共谋企业发展，为职工群众服务，为促进改革开放服务，为经济建设服务”的指导思想，依法积极开展工作。工会应在维护职工合法权益、协调劳动关系、提高职工的思想道德和文化技术素质等方面，发挥更大作用。外商投资企业工会要认真代表职工与企业就劳动报酬、工作时间、休息休假、劳动安全卫生、保险福利等事项进行协商谈判、签订集体合同，指导职工与企业签订个人劳动合同，并监督合同的执行。中外合资、合作经营企业的工会主席应列席企业董事会或者联合管理机构讨论企业发展规划、生产经营活动重大事项的会议，反映职工意见和要求。外资企业工会主席应当列席企业研究决定职工奖惩、工资制度、生活福利、劳动保护和保险等问题的会议，企业应听取工会意见，取得工会的合作。

五、重视对外商投资企业工会干部的配备和管理工作。外商投资企业情况特殊，工会主席应具备良好的素质。因此，工会应协助同级组织人事部门挑选那些政治素质好、事业心强、懂经营会管理、熟悉政策法规、具有开拓创新精神、协调能力强、密切联系群众、热爱工会工作的同志作为外商投资企业工会主席候选人选。工会主席必须经过会员大会或会员代表大会选举产生。组织人事部门要按干部管理权限，将外商投资企业工会主席纳入中方高级管理人员系列进行管理；工会主席、副主席任期未满时，不得随意调动其工作，也不能将其解雇。因工作需要调动时，应事先征得本级工会委员会和上一级工会的同意。对依法行使职权的工会干部要给予保护，当外商投资企业的工会干部因履行职责而受到不公正待遇时，政府有关部门和上级工会应依法交涉并予以纠正。各县(市)、区、局工会要对外商投资企业工会主席进行工会业务知识培训，加强业务指导，使其尽快适应工作。

以上意见如无不当，请予批转执行。

中共南通市委组织部　　南通市经济委员会
南通市对外经济贸易委员会　　南通市劳动局
南通市工商行政管理局　　南通市总工会
1994年11月30日

关于对南通市市区特困职工实行特殊照顾的暂行办法

通工保〔1995〕8号

各县(市)、区有关部门;市区各局(公司)、直属单位行政、工会:

为保障低收入职工家庭的基本生活,保持社会和职工队伍的稳定,从1995年5月起,对市区特困职工实行特殊照顾办法。凡市区职工家住城镇的人均月收入低于100元、家住农村的人均月收入低于80元的,定为特困职工。特困职工经本人申请、基层单位审核上报,区、局工会核准,由市总工会审查批准后,发给特困职工证。特困职工凭证享受以下特殊照顾:

一、企业在招工中,应优先录用符合招工条件的特困职工配偶或子女就业,劳动部门免收个人承担的就业报名费、就业指导教育费和就业前培训(不含学历教育)费。

二、对遵守计划生育政策的特困职工,其子女在中、小学就读的,免交学杂费。集资办学的学校,不向这些学生集资;在技工学校、职业中学就学的,学杂费减半。

三、特困职工可以免购指令性债券、免交社会统一分配的各类集资款。

四、特困职工租住私房的,所在单位要给予租房补贴;特困职工经本人申请、报市房改办批准,住房公积金个人部分可暂缓缴存,所住公房如再提租,经市房改办批准,可暂按原租金标准交租。

五、特困职工及供养直系亲属符合规定的医疗费用,由职工所在单位优先支付。特困职工因病住院的医药费、住院费,一年内本人负担原则上不超过本人年收入的10%,超过部分由所在单位负担。

六、企业一般不安排特困职工待岗,以减轻他们的生活负担。

七、特困职工及家属申请开办个体经营时,对符合条件的,工商部门给予优先登记、发证。在收取有关费用时可在政策允许范围内给予照顾;税务部门在国家政策允许范围内给予税收照顾。

对特困职工家庭收入等状况的调查核实,由基层工会和劳资部门进行,工会负责建档、上报。同一家庭有两个以上职工的,一般以户主所在单位为主,配偶及子女所在单位应予以支持配合。

特困职工标准的调整,由市总工会会同有关部门,根据劳动者本人及平均赡养人口的最低生活费用,今后每年公布一次。

特困职工证有效期为一年,每年5月验证一次,无年度检印的作废。市总工会每年六月底向有关部门提供市区特困职工名册。

各县(市)可根据本地实际制订对特困职工的照顾办法。

南 通 市 总 工 会　　南 通 市 劳 动 局

南 通 市 教 育 委 员 会　　南 通 市 房 改 办

南通市工商行政管理局　　南通市国家税务局

一九九五年三月二十日

市委办公室、市政府办公室转发市总工会关于继续实施“送温暖工程”意见的通知

通办发〔1995〕21号

各县(市)区委、人民政府,市委各部委办局,市各委办局,市各群众团体,市各直属单位:

经市委、市政府同意,现将市总工会《关于继续实施“送温暖工程”的意见》转发给你们,请认真贯彻执行。

实施“送温暖工程”,对于保障特困职工基本生活,维护社会稳定,促进我市改革开放和经济发展具有重要意义。希望各级党委和政府,提高认识,加强领导,积极参与,做好工作,确保我市职工队伍的稳定,调动广大职工的积极性,促进南通经济跃上新的台阶。

中共南通市委办公室
南通市人民政府办公室
1995年5月18日

关于继续实施“送温暖工程”的意见

市委、市政府:

根据全国总工会的统一部署和省总工会的要求,市总工会从去年下半年开始,把往年元旦、春节期间开展的“送温暖活动”拓展为“送温暖工程”,并取得初步成效。为推动该工程规范化、制度化、社会化,动员各方面的力量,为困难企业、特困职工献爱心、送温暖,现就继续实施“送温暖工程”提出如下意见:

一、进一步认识实施“送温暖工程”的意义

实施“送温暖工程”,就是在党委的领导和政府的支持下,动员全社会力量,为处于困境中的职工排忧解难,为他们办好事,做实事,以保持整个社会的基本稳定。

实施“送温暖工程”有利于密切党和政府与职工群众的联系,发扬工人阶级团结互助、艰苦奋斗的优良传统,推动社会主义精神文明建设;有利于建立稳定协调的劳动关系,充分调动广大职工群众的积极性,保证改革的顺利进行,促进社会主义经济的发展;有利于促进工会组织的自身改革和建设,增强工会组织的凝聚力和吸引力,使工会真正成为党和政府联系职工的桥梁和纽带,成为职工群众信得过,替职工群众说话办事的组织。

二、实施“送温暖工程”的具体要求

1.继续抓好企业扭亏增盈工作

扭亏工作事关改革、发展和稳定的大局,企业摆脱了困境,困难职工的生活才有保障。

各级工会要教育和引导职工积极支持企业为扭亏采取的如兼并、公有民营、租赁经营、切块搞活等深化改革、转机建制的举措,做好协调和疏导工作;要动员和组织职工为企业扭亏和发展做好牵线搭桥、招商引资、举荐人才、促销创利工作;要组织好以扭亏为盈和加强企业内部管理为内容的劳动竞赛和合理化建议活动,群策群力度难关。各级工会、技协组织要在行政的支持下,继续发挥技术扶贫作用,大力开展技术攻关和开发适销产品等活动,每年实施一批扶贫项目。市总工会和各县(市)区、市各有关部门工会今年内要帮扶30家困难企业,要在减亏、扭亏上取得明显成效。

2.继续做好职工扶贫济困工作

各单位要认真贯彻实施《劳动法》和其他有关规定,并按通工保〔1995〕第4号通知要求,做好对困难职工的定期补助工作,以保障他们的基本生活,并积极创造条件,争取为其中的住房困难户解决优惠安置房,解除他们的后顾之忧。

帮助特困职工摆脱困难是"送温暖工程"的落脚点。市区基层工会要以认真负责的态度搞好家庭人均月收入城镇低于100元、农村低于80元的特困职工的调查、登记和建档工作,市、各区、局(公司)工会负责核实,由市总工会批准,颁发《特困职工证》。特困职工凭证享受市总工会、劳动局、教委、房改办、工商局、国税局等6个单位《关于对南通市市区特困职工给予特殊照顾的暂行办法》(通工保〔1995〕第8号)中规定的子女学费减免,优先解决子女、配偶就业、免交新增房租,优先报销医药费等七项政策,减轻特困职工的家庭负担。各县(市)总工会也要积极做好这方面的工作。

今年试行领导干部与特困职工挂钩帮扶制度。待取得经验后在全市推开。

特困职工所在单位要采取措施对有脱贫条件的特困职工提供资金、技术、信息等帮助,增强其"造血功能";各级工会要热忱关心特困职工,设法为他们提供学习、培训机会,以提高其自身素质,增强竞争力。要鼓励效益好的企业和社会各界为特困职工提供资金和物质帮助。

3.大力推进职工互助补充保险事业

各单位要把发动职工参加市、县(市)职工有爱互助储金会等互助补充保险组织当作重点工作抓紧抓好,力争今年在参储人数和储金总额上有较大发展,帮助更多的会员缓解经济困难。在发展市、县级互助补充保险组织的同时,推广基层工会开展互助互济活动的经验,争取用两年左右的时间,形成多层次、多门类、覆盖全市、惠及困难职工的互助补充保险网络。

4.继续开拓就业扶贫渠道

针对目前社会保障制度不健全、劳动力供大于求的矛盾,各级行政和工会要十分重视拓宽就业渠道,对已产生的富余人员要遵循内部消化为主的原则,多渠道分流、安置。各级工会要继续兴办工会企事业,帮助安置富余人员并优先安排特困职工;同时要采取多种形式,开展职工技术培训工作,提高职工技术业务素质,以适应产业结构、产品结构调整的需要。多渠道开辟职业介绍机构,传递和沟通劳动力供求信息,促进企业富余人员合理流动。

5.继续关心离退休职工的生活问题

企业行政要严格按市政府的有关规定，按期足额缴纳职工养老等社会保险基金，工会组织要协助行政切实保证养老保险金按期、足额发放给离退休职工，协助行政认真解决好个人自负医疗费比例过高和医疗费用报销难的问题。市、县(市)区和市各有关部门工会要在政府和行政的支持下进一步做好退休职工的管理服务工作，各基层要建立健全政群结合的退管组织，努力为退休职工做好各项服务工作，实现“老有所管、老有所养、老有所医、老有所乐、老有所为、老有所学”。

三、加强领导，扩大宣传，形成声势

“送温暖工程”是一项长期的系统工程，涉及面广、工作量大，只有加强领导，精心组织，才能收到明显成效。为此，要采取如下措施：

1.市级成立“送温暖工程”领导小组，由李炎副市长任组长，市政府副秘书长管长江、市总工会戈雪芬、袁承璋、程佩芬同志任副组长。“送温暖工程”的日常工作，由市总工会权益保障办公室具体负责。

2.各新闻单位要广泛宣传实施“送温暖工程”的目的、意义及有效做法和成功经验，争取社会各界的关心、支持。《南通工人报》要在今年“五一”前后和年底开辟专栏，集中宣传。努力在全市形成人人关心困难职工，个个伸出友爱援助之手，争为困难职工排忧解难的良好氛围。

3.市总工会对“送温暖工程”要及时进行总结、交流，树立典型，表彰先进，推动“送温暖工程”向纵深发展。

以上意见，如无不妥，请予批转执行。

南通市总工会

1995年4月5日

关于颁布《南通市劳动模范评选和管理实施办法》的通知

通政发〔1995〕131号

各县(市)、区人民政府,市各委、办、局,市各直属单位:

《南通市劳动模范评选和管理实施办法》已经1995年6月14日市人民政府第45次常务会议通过,现予颁布施行。

南通市人民政府

一九九五年六月二十六日

南通市劳动模范评选和管理实施办法

第一条:为加强我市劳动模范评选和管理工作,充分发挥劳动模范在社会主义物质文明和精神文明建设中的带头、骨干和桥梁作用,根据《江苏省劳动模范评选和管理工作暂行办法》,结合我市实际,制定本实施办法。

第二条:本办法适用于我市行政区域内的劳动模范。

第三条:本办法所称劳动模范系指由国务院及国务院各部委、省政府命名和授予的劳动英雄、劳动模范、先进生产(工作)者和市政府命名的劳动模范、县(市、区)命名的先进生产(工作)者。

第四条:市劳动模范评选委员会负责领导、组织、协调本市劳动模范评选、管理工作。市总工会负责劳动模范的扎口管理,劳动模范所在单位工会负责劳动模范的日常管理工作。

第五条:劳动模范荣誉称号的授予,主要采取定期命名的方式。命名表彰大会每三年召开一次。

在命名表彰大会闭会期间,遇有特殊情况可召开专项或单独的命名表彰会,授予劳动模范荣誉称号。市劳动模范荣誉称号的授予,按归口管理的原则,由县(市)、区政府或市有关部门向市劳动模范评选委员会报送,由市人民政府授予。

劳动模范命名表彰会所需经费,列入当地财政预算。

第六条:对市劳动模范颁发以天安门图案为标志、直径为四厘米的劳动模范奖章和荣誉证书。

第七条:劳动模范的评选标准

(一)热爱祖国,坚持四项基本原则,遵守法律、法规,模范执行党的路线、方针、政策，在群众中有较高的威信的；

（二）在社会主义建设中创造性地劳动，成绩显著，对本地区、本部门、本单位作出特殊贡献的；

（三）在维护安定团结，保障人民生命财产安全中作出重大贡献的。

第八条：评选劳动模范必须做到：

（一）在评选中，坚持领导和群众相结合，充分发扬民主，走群众路线，坚持标准，好中选优；

（二）遵循按标准、讲贡献的原则，重视选拔有知识、有才能的第一线劳动者，并合理确定各类人员和各行各业的比例；

（三）被推荐为劳动模范的，须经职工代表大会或村民委员会讨论通过，上一级主管机关审核，报劳动模范评选委员会审定。

第九条：被评为市劳动模范的，除授予荣誉称号，颁发奖章、证书外，给予一次性物质奖励。

第十条：各县（市、区）、各部门和单位，对本地、本部门和单位的劳动模范应做好下列工作：

（一）加强对劳动模范的培养、教育工作，定期召开劳动模范座谈会，听取他们对工作的意见和建议；

（二）为劳动模范创造良好的工作和学习条件，有计划地提高青年劳动模范的文化、技术和管理水平，优先安排有关业务学习和培训；

（三）积极向各级组织推荐，注意从劳动模范中发展党员和选拔各类干部；

（四）对劳动模范定期进行考核，并及时将有关情况报告授予单位和上级劳动模范扎口管理部门。

第十一条：新闻、出版、文艺等单位和其他群众团体，应加强对劳动模范先进思想、先进事迹和高尚情操的宣传工作，激励和鼓舞广大群众奋发进取，为社会多作贡献。

第十二条：劳动模范应享受以下待遇：

（一）退休时仍保持劳动模范荣誉称号的，退休费在本人应得退休费的基础上提高5%至15%，并随本人应得退休费的增加而相应调整。其中，获市劳动模范称号的，提高5%；获省劳动模范称号的，提高10%；获全国劳动模范称号的，提高15%。

（二）农村户口、县属大集体以上企事业单位的在职职工获得市以上劳动模范称号的，其本人户口可迁入所在地的城镇。

年满40周岁，工龄满20年的城镇户口劳动模范，其配偶及未成年子女为农村户口的，可迁入城镇。

（三）劳动模范自被命名之日起，除《劳动法》中规定的带薪年休假外，市劳动模范在3年内还可带薪休假10天，省及全国劳动模范在5年内还可带薪休假15天。休假期间一切待遇不变。

（四）市以上劳动模范每两年由市统一组织或所在单位自行组织公费体检一次。体检、因病治疗及按规定到外地疗养所需费用，由所在单位按规定凭据报支。

（五）劳动模范凭荣誉证书到医院优先就诊。因病或非因公负伤治疗期间，6个月内发给本人标准工资;6个月以后,在国家规定比例的基础上增加10%,但不超过本人原标准工资。

参加医疗统筹的劳动模范,其医疗费用超过本人户头统筹费的部分,可以从统筹金中全额列支。未实行医疗统筹前,劳动模范的医疗费在同等条件下,适当增加所在单位支付比例。

(六)劳动模范的学习、培训及住房分配等,在同等条件下优先安排。其住房标准,省、市劳动模范参照本单位中层干部标准分配,全国劳动模范参照本单位党政副职干部标准分配。

(七)获得劳动模范荣誉称号可作为破格评定职称的重要条件之一。

(八)劳动模范的配偶在异地工作的,可优先调到一起工作。劳动模范的子女,在同等条件下,入学、就业优先给予照顾。

(九)市以上劳动模范的所在单位应为其办理劳动模范补充养老保险。具体办理办法由市总工会会同有关部门拟定,报市政府同意后实施。

(十)市以上农民劳动模范,因年老体弱,丧失劳动能力,生活确有困难的,经所在村民委员会确认,乡(镇)人民政府批准,发给生活补助费;医疗费全年超过当地农民平均月生活标准的,每人每年可给予适当补助;逝世时,亦给予一定补助。

上款各类补助办法和标准,由市总工会会同有关部门另行拟定,报市政府同意后实施。各类补助经费,由当地乡(镇)财政列支。

第十三条:凡以弄虚作假的手段获得劳动模范荣誉称号,或获得劳动模范荣誉称号后因犯罪受到刑事处罚及犯有严重错误受到党纪、政纪处分的,撤销其劳动模范荣誉称号。劳动模范荣誉称号的撤销,按评选劳动模范的审批程序办理。

第十四条:各级政府、各部门和各单位对压制、讥讽等打击劳动模范的不良行为应予以制止,并根据情节严肃处理。

第十五条:省立功奖章、全国"五一"劳动奖章获得者可参照本办法,分别享受市劳动模范、省劳动模范的有关待遇。

第十六条:本办法由南通市总工会负责解释。

第十七条:本办法自颁布之日前施行。

关于在企业产权制度改革中加强工会工作和职工民主管理的若干意见

通工保〔1996〕5号

各县(市)总工会,各区、局工会,市区"先出售、后改制"试点企业工会:

根据《公司法》、《劳动法》、《工会法》和国务院关于"试点企业坚持职工民主管理,支持工会维护职工合法权益"的总要求和全总关于加强工会工作和职工民主管理的若干意见,为推动我市企业产权制度改革,加强工会工作和职工民主管理工作,借鉴诸城经验,结合我市实际,提出以下意见:

1.全市各级工会要旗帜鲜明地支持"抓大放小"等产权制度的改革,要动员和带领职工群众以主人翁的姿态积极参与改革,在试点中要切实加强、完善工会工作和职工民主管理,要协同有关方面,精心处理好试点中的各种问题,在建立协调稳定的劳动关系、保持社会稳定、提高职工队伍素质、推进企业改革和发展等方面,充分发挥工会的作用。

2.工会要通过各种有效形式,配合党政切实加强职工思想政治工作,进一步增强职工支持改革、参与改革的意识,为先出售后改制顺利实施奠定坚实的思想基础。

3.充分发挥工会的参政议政作用,各级工会一要参加产权制度改革领导小组工作,二要参与制定方案,工会要广泛听取职工的意见和建议,积极反映职工的意见和要求,提出工会的主张和建议,要协助行政修订好方案。

4.企业改制方案、实施细则、可行性论证、募股办法、公司章程等必须经职工代表大会讨论通过后并作出决议,方能实施。企业工会要搞好职工代表培训,组织职工代表学习中央五中全会精神、产权制度改革知识和山东诸城经验。职代会要把握提前审议和开好预备会两个重要环节,让职工充分讨论,吸收职工合理意见、要求,修改后再提交职代会审议通过。工会和职代会组织不健全的改制企业,必须迅速依法建立健全工会和职代会的组织机构。

5.改制企业要建立职工董事、监事制度,并探索职工董事、监事发挥作用的路子,董事会和监事会中的职工代表,由工会组织提名,由公司职工代表大会民主选举产生,公司工会主席应提名为董事会中职工代表候选人。

6.企业在改制的同时,要依照《劳动法》的规定,建立由工会同企业的平等协商和集体合同制度,以调整和建立协调稳定的劳动关系,维护职工合法权益,规范劳动关系双方行为,增进双方合作,共谋企业发展。

7.在上级党委的统一部署下,组织好厂长(经理)选举工作。工会要深入调查研究,准确把握情况,在酝酿候选人名单时,注意倾听职工的呼声,根据企业的实际状况,制定好选举工作方案,保证企业选出全心全意依靠职工推进企业改革和发展的好的领导班子和法人代表。同时要进一步建立完善民主评议管理人员制度,把专业监督与群众监督结合起来,完善企业监督制约机制。

8.以公有资产为主体(含内部职工持股)的股份制企业要坚持和完善职代会制度。职代会职权依据全总《关于加强现代企业制度试点企业工会工作和职工民主管理的若干意见》第七条规定。企业职工全部持股、且无企业外部股东的股份合作制企业,可采取股东会和职工(代表)大会两块牌子、一套机构的做法,把两会的任务衔接起来。

9.职工代表大会至少每半年召开一次会议,在召开股东大会时,要提前或交错召开职工代表大会。职工代表任期可与董事任期一致。

10.工会是依据《工会法》和《中国工会章程》建立的群众组织,在试点中,其他任何组织和个人不得随意撤并工会或将其归属其他工作部门。

11.公司工会所属的为职工服务的三产、文化娱乐场所和设施,由企业拨给工会使用的不动产和其他财产,其合法权益受法律保护,任何单位和个人不得随意改变其隶属关系,不得作为企业的净资产出售,不得侵占、任意调拨或挪作他用。

12.改制企业应按《工会法》要求,于每月15日前向工会拨缴上月职工工资总额的2%作为工会经费,其中40%应按时、足额上解给市、县总工会。改制前企业欠拨的工会经费应补拨给工会,补拨确有困难的,作为企业债务处理。

南通市总工会

一九九六年元月十二日

中共南通市委关于全心全意依靠职工群众办企业和充分发挥工会作用的意见

通委〔1996〕41 号

各县(市)区委,市委各部委办局,市各委办局党组(党委),市各群团党组、市各直属单位党组织:

全心全意依靠工人阶级是我党一贯坚持的根本指导方针。在社会主义市场经济条件下,工人阶级是党的阶级基础没有变,是国家的领导阶级没有变,主人翁地位没有变。依靠工人阶级的问题是一个带全局性、根本性、政治性的问题,能否坚持全心全意依靠工人阶级,直接关系到执政党的生死存亡和国家的长治久安。为了更好地贯彻落实党的全心全意依靠工人阶级的根本指导方针,充分发挥全市工人阶级和工会组织在实现南通"九五"计划和2010年远景目标中的作用,现就全心全意依靠职工群众办企业和发挥工会组织作用问题提出以下意见:

一、建设依靠职工群众办企业的领导班子,努力把全心全意依靠工人阶级的方针落到实处

1.各级党委和政府要把坚持党的全心全意依靠工人阶级的方针,作为坚持马克思主义唯物史观,坚持社会主义的基本制度,坚持党的群众路线和群众观点,保证改革开放和社会主义现代化建设事业顺利进行的客观要求来认识。一方面,要不断加强对党中央关于"依靠"方针的一系列重要指示精神的学习和宣传,努力提高认识,使"依靠"方针深入人心;另一方面,要认真研究新情况和新问题,不断探索在新的历史条件下贯彻落实"依靠"方针的新路子、新办法,把"依靠"方针贯彻到党委和政府的各项工作中去。

2.企业领导班子必须自觉坚持党的群众路线,认真贯彻全心全意依靠工人阶级的根本指导方针,依靠职工群众办好企业。企业党组织要领导职工当家作主,支持职工代表大会(或职工大会,下同)依法行使职权,保证职工的民主权利;督促企业认真执行有关法律法规和政策,协调企业与职工、企业与工会的关系。企业经营管理者要认真执行党和国家的有关政策法规,在依靠职工群众的基础上正确行使生产经营管理权,支持职工代表大会、工会和其他群众组织的工作,执行职工代表大会依法作出的决定,组织职工为提高企业经济效益献计献策,争作贡献。企业工会要认真履行各项职能,维护职工的合法权益,把职工群众的积极性保护好、引导好、发挥好。企业领导要尊重职工的主人翁地位,加强企业民主管理,调动职工的积极性和创造性,自觉接受职工的民主监督,努力把全心全意依靠工人阶级的方针落实到企业的各项工作之中。

二、建立健全各项制度,确保职工有效行使当家作主权利

3.各类企业都要按规定建立健全职工代表大会制度。国有(集体)企业要全面落实职代会的各项职权。企业财务情况包括业务招待费以及其它重大费用支出情况都要向职代会报告,接受职代会审议。要根据不同类型企业的实际情况,采取聘任、选举、招标、委任等多种形式，择优提拔企业领导干部。切实保障职工民主评议企业领导干部职权的有效行使，组织人事部门和企业主管部门要把职工民主评议结果作为任用干部的重要依据。以公有资产为主的有限责任公司和股份有限公司，要坚持和完善以职工代表大会为基本形式的职工民主管理制度。企业股东大会、董事会在研究决定重大问题和涉及职工切身利益的问题之时要听取工会和职工的意见。属于职代会职权范围内的必须提交职代会审议、通过或决定。股份合作制企业，在坚持和完善职工代表大会制度的基础上，认真落实职工股东应享有的资产受益权、投资经营决策权和重要人员选聘权，并建立相应的制度。其它各种所有制以及不同经营方式的企业，都要从实际出发，采取会员代表大会、劳资协商会议、职工和工会代表参加或列席董事会等一系列形式，组织职工参与企业民主管理，不断拓宽新形势下职工民主管理的新路子。

4.建立集体协商和签订集体合同制度。工会代表职工与企业集体协商、签订集体合同，是《劳动法》赋予工会和职工的权利。所有企业都要毫无例外地逐步依法建立集体协商和签订集体合同制度。市、县(市)区、产业工会、乡镇(街道)工会，要逐步建立行业性或区域性的集体协商和签订集体合同制度。

5.建立职工董事、职工监事制度。职工董事、监事制度，是《公司法》赋予职工参与企业(公司)决策的一种实现形式，是完善公司法人治理结构的客观要求。公司制企业董事会、监事会成员中必须有一定比例的职工代表，其产生方法应由企业工会组织职工代表提名，经职工代表大会或全体职工选举产生。公司工会主席、副主席应经过民主程序以职工代表身份，分别依法进入董事会、监事会。在国家和集体不参股的股份合作制企业中，也应尽量让工会主席代表职工参加董事会、监事会。如由于各种原因未选入董事会、监事会的，应列席董事会有关会议和监事会会议。如原工会主席确实不能胜任的，可在工会换届时从董事会或监事会中物色合适人选，重新选举产生。

6.依法逐步完善民主选聘经营者制度。企业经营者的产生和变更要坚持党的群众路线，充分征求和尊重多数职工的意见。在困难企业或亏损企业中，经营者的选用，可实行公开招聘，也可以在一些小型企业中试行民主选举。城镇集体企业要按《中华人民共和国城镇集体所有制企业条例》的规定，逐步推行由职工民主选举和罢免企业经营者。内部职工持股的股份合作制的企业，董事会、监事会成员可以由股东(代表)大会直接选举产生，也可以由股东(代表)大会选举候选人，再从候选人中差额选举产生。

三、充分调动职工群众的积极性，搞好企业的“三改一加强”

7.依靠职工群众进行企业改革、改组、改造和加强企业管理。企业重大改革、改组方案和措施的出台，要坚持实行民主决策、坚持职工总体受益、坚持不超过职工实际承受能力、坚持基本生活保障的原则，征求职工群众意见，取得职工群众的支持和参与。广泛开展“‘九五’创业杯”劳动竞赛、合理化建议、技术革新、技术协作和发明创造活动，发动职工参与企业技术改造的论证、决策、设计和实施，加快企业技术改造和技术进步的步伐，加快科研成果向现实生产力转化的速度。企业经营者要树立“以人为本”和“管理出效益”的思想，鼓励职工群众参与管理，当家理财。

四、保障职工的经济利益，保持企业和社会的稳定

8.各类企业都要以积极的态度贯彻实施《劳动法》及有关保障职工切身利益的法律

法规和政策，切实保障职工的合法权益。要加强政府劳动部门劳动监察工作的群众性的劳动法律监督工作。要建立健全劳动争议调解和仲裁组织，使调整劳动关系的工作走上法制化轨道。

9.国有(集体)企业要建立合理的分配制度。企业内部的分配方案应提交职代会审议通过，做到公开、公正、公平。职工劳动报酬要与劳动贡献挂钩，打破平均主义。经营者的劳动报酬要与经营效果挂钩、与国有资产保值增值挂钩，同时，还要与职工工资保持适度比例，不宜过分悬殊。经营者的年工资收入原则上不超过企业职工平均年工资收入的2~4倍。

10.健全和完善城镇职工社会保障体系。各类企业都要依法为职工办理社会保险，按时足额缴纳保险金。要支持工会兴办各类互助补充保险，逐步形成职工补充保险体系。要加快以养老、失业、医疗、工伤、生育保险为主要内容的社会保障制度改革步伐，重新建立和完善职工最低生活保障线、失业救济金、最低工资标准等基本生活保障措施，加大实施“送温暖工程”的力度，保证职工和离退休人员的基本生活。

五、加强职工队伍建设，提供职工队伍素质

11.各级党委和政府要引导和支持工会开展多种形式的政治思想教育和文化技术业务教育，帮助职工增强当家作主的主人翁意识，确立良好的职业道德，不断提高劳动技能，成为符合经济发展要求的新型劳动者。制定鼓励职工学习文化技术的政策措施，通过岗位培训、技术练兵、拜师学艺、职工轮训等多种活动，引导职工自学成才、岗位成才。切实做好工人技师、高级技师的考核、评聘工作。政府要采取有效措施，支持工会办好各级各类职工学校。

12.加强对工人阶级的先进思想和先进事迹的宣传。各级党政机关、有关部门、新闻单位和工会组织要广泛宣传工人阶级的领导地位和历史使命，宣传劳模和先进人物的先进思想、先进事迹。要积极吸收符合党员条件的优秀工人入党，充实生产第一线党组织的力量。要按照德才兼备的原则，采取各种方式从优秀工人中选拔干部。对有培养前途的优秀工人，要有计划地选送到党校、大专院校深造，为他们的成长创造条件。

六、加强和改善党对工会工作的领导，支持工会独立自主地开展工作

13.各级党组织要支持和指导工会认真贯彻好新时期工会工作的总体思路。建立必要的工作制度，定期听取工会工作汇报，及时研究工会提请党组织讨论的重要问题，切实把工会工作纳入重要议事日程。要把工会工作的实绩作为考核党组织工作实绩的重要内容，各级党校要开设工会工作课程，增强党政干部执行群众路线的自觉性。要支持和指导工会以职工利益代表者的身份开展工作，指导工会把维护职工的合法权益作为自己的基本职责，把保护好、引导好、发挥好职工群众在两个文明建设中的积极性，作为服务于党的中心任务的主要手段，依法协调劳动关系和调节社会矛盾，特别是发挥工会在处理职工突发性事件中的作用，争取把矛盾解决在萌芽状态，解决在基层。

14.进一步疏通工会参政议政的渠道。各级党委和政府有关部门在研究制定经济和社会发展计划，制定劳动、工资、住房、安全生产、劳动保护、社会保险等涉及职工切身利益的重大政策措施时，要吸收工会参与，听取工会意见；政府设立有关职工切身利益的各项改革专门机构，要有工会代表参加工作；政府和工会之间要通过座谈会或联席会议等形式,向工会通报政府的重大工作部署和与工会工作有关的行政措施,对工会反映的职工群众的意见和要求,要认真研究和处理。支持工会组织通过信息渠道如实反映职工群众的意愿、要求,反映基层和社会的真实情况和问题。

15.进一步建立健全工会组织,保护依法行使职权的工会干部。把外商投资企业、乡镇企业、私营企业等新经济组织的工会组建工作纳入各级党组织的党建工作考核目标。各级政府及外经贸、工商、劳动等部门,在批准合同章程、注册登记和执行劳动监察时,要督促企业依法建立工会。对阻挠职工依法组建工会和阻挠工会依法开展活动的违法行为应予纠正。工会是党领导下的工人阶级的群众组织,不是党委的工作部门和行政附属机构,要保持相对独立。在企业以资产为纽带进行重组过程中,工会组织不健全的,要及时召开工会委员会全体会议选举产生或者换届选举,保证工会机构、经费、财产的完整和独立。任何单位和个人不得随意撤销或合并工会组织。工会干部因敢于维护职工合法权益受到不公正对待甚至打击报复,党组织要坚决予以纠正,对打击报复者要严肃处理。对尚未签订劳动合同的工会主席,可以与党委书记、厂长、经理一样,与企业的上级主管部门签订劳动合同,已经与企业签订劳动合同的工会主席,除本人有重大过失外,企业不得解除劳动合同。各级党委要认真落实工会干部应有的政治经济待遇,使他们安心本职,做好工作。

16.加强工会领导班子建设,选配好工会干部。要按照干部"四化"的要求和德才兼备的原则,着眼当前,立足长远,为各级工会选配好领导班子。各级党委讨论确定同级工会领导班子,要事先征求上级工会意见,变动任期内的工会主席要事先征得同级工会委员会与上级工会的同意。各级党委在向工会推荐干部前,要与上级工会充分协商,取得一致意见。各级党委要重视做好工会干部的培养、交流工作,努力把工会建成培养和输送干部的重要基地。

17.加强工会的自身改革和建设,努力把工会建成"职工之家"。各级工会组织要正确认识和处理好改革、发展、稳定的辩证关系,紧紧围绕经济建设这个中心开展工作,进一步突出工会的维护职能,密切与职工群众的联系。工会领导机关要适应新的形势,改革组织体制、运行机制和活动方式,把工作重点放在基层。要全面加强工会的思想建设、组织建设和作风建设,实现工会组织的群众化、民主化,努力把工会建设成为党领导的,用建设有中国特色社会主义理论武装的,能够带领职工群众为实现党的任务努力奋斗的,思想上政治上组织上坚强的,深受广大职工群众信赖的工人阶级群众组织。

18.加强对上述意见贯彻执行情况的检查监督工作。各级党委、政府和企业要认真落实市委提出的要求,针对存在问题,采取有效措施,切实加以解决。贯彻落实的情况和实践中的新鲜经验,要及时报告市委。

中共南通市委员会
1996年10月15号

关于依法计提、拨交、上解工会经费并加强监督检查的通知

通工发〔1998〕78号

市各行政、事业单位，各企业主管部门，各企业单位，市各企事业机构，各纪检监察组织，各区、局系统工会，各基层工会：

工会是依法建立的社会法人团体，在改革、发展和社会稳定中肩负着重要责任。工会经费是国家以法律形式赋予工会组织的一项基本经济权利，是确保工人运动的发展和工会全面履行各项职能的物质保障。各级党组织和行政主管部门要积极支持工会认真贯彻党的工运方针、政策，充分发挥工人阶级在物质文明建设和精神文明建设中的主力军作用。各级工会要不断加强自身的监督机制，发扬优良传统，廉洁自律，艰苦奋斗，为加快有中国特色社会主义建设进程而建功立业。为贯彻党的全心全意依靠工人阶级的根本指导方针，推进工运的进一步发展，根据《中华人民共和国工会法》、《中华人民共和国民事诉讼法》《江苏省实施〈工会法〉办法》等法律、法规和有关政策规定，现就工会经费计提、拨交、上解的管理与监督等有关问题重申如下：

一、依法足额计拨和上解工会经费

1.凡建立工会组织的企业（含全民所有制企业、集体所有制企业、有限责任公司、股份有限公司和乡镇企业，私营、民营企业，“三资”企业），事业单位和行政机关，必须按上月全部职工工资总额的2%计提工会经费，并于当月15日前向基层工会拨交经费。其中基层工会留用60%，上解市总工会40%，工资总额按国家统计局的统一规定执行。

2.企业进行产权、经营机制的改革，不论实行何种所有制和何种经营方式，只要不破产，工会组织未批准撤销，都必须依法计提、拨交和上解工会经费。各单位要把按时足额拨缴工会经费列入企业改革方案，列入经营者承包合同，列入集体合同文本，使之契约化、制度化。

3.市直行政、机关事业单位应按规定计提、拨交工会经费，应解缴市总工会的工会经费，必须按规定及时足额上解市总工会。

4.计拨和上解工会经费的基本原则是：凡发放工资形成了工资总额，就必须按当月发生数计提、拨交和上解工会经费。单位发放多少工资就按规定比例计提多少工会经费，什么时候补发工资、资金，就什么时候补提工会经费。任何单位和个人都无权拒绝计提拨缴工会经费。

5.各基层工会必须根据工会经费独立的原则，对计提拨交的工会经费独立建立工会经费银行账户并实行单独核算。工会经费的使用按全总《工会会计制度》的规定由工会主席一支笔审批，专款专用，其他任何组织和个人不得以任何理由代行其职。

二、严肃纪律，建立健全工会经费审查、审计制度

1.各基层工会经费使用坚持遵纪守法原则。严格执行国家财经政策、规定和开支范

围、标准，认真执行工会财务制度，工会经费收支应由同级工会经费审查委员会审查，并定期公布账目，接受会员监督。

2.各单位行政和工会都应接受市总工会和有关部门对工会经费计提、拨交、上解和使用情况的检查、指导、审查和监督。

3.建立对计拨和上解工会经费情况的检查和专项审计制度。今后，每年分期分批对工会经费进行专项审计、检查。在对企业法人离任和单位年度计划列项审计时，要把依法计拨工会经费列入审计内容。若审查出的漏提、截留、挪用的工会经费，要在限定的时间内全额补拨、补解市总工会。

4.各单位纪检、监察部门和纪检监察干部要对本单位工会经费的计提、拨交与上解情况进行督促。

三、严格执法，依法拨缴工会经费

1.应拨交的工会经费，应在每月15日前拨给工会组织。当月未发放工资的，可以在工资实际发放后的10日内拨交。未按规定时间拨交工会经费的，由各基层工会依法催收追缴。对屡催无效的单位，市总工会将根据全国总工会、中国人民银行、财政部《关于严格按照工会法规定拨交工会经费的通知》的规定，通过其开户银行依法扣缴，并按欠缴金额每日5‰扣收滞纳金。

2.对未按规定拨交或逾期未交工会经费、且多次催缴仍不能拨交的单位，市总工会可依据民事诉讼法的有关规定，向市人民法院申请拨交工会经费的支付令。收到支付令的单位应在15日内拨交所欠工会经费和每日5‰的滞纳金，或者向人民法院提出书面异议。市人民法院依法支持市总工会依照《工会法》的规定强制收缴工会经费。

3.工会经费是工会合法财产的一部分，受法律保护，任何组织和个人不得侵占、挪用和任意调拨。对截留、挪用、侵占、贪污工会经费及财产的，工会有权进行追偿。构成违纪的，由纪检、监察部门按党纪，政纪的有关规定给予处理；情节较重、构成违法的，法院将坚决依法予以制裁。

4.企业破产时，应有工会代表参加清算组和债权人会议。工会组织合并，其经费财产归合并后的工会所有；工会组织撤销或解散，其经费财产由市总工会处置。

5.各基层工会应加强对工会经费的管理，严禁任何单位和个人将工会资金以个人名义开立账户存储，严禁将工会经费私借赞助给工会系统以外的单位和个人，严禁将工会经费弥补企事业单位亏损或兴办“三产”的亏损，严禁将工会经费为企业或个人提供经济担保或抵押，严禁工会经费、财产的流失和受到不法侵害。

各单位接此通知后，要迅速对照工会十三大的精神及本通知要求，自查自纠，确保工会经费的来源和正确使用。要加强对工会经费拨交问题的法制宣传与教育，促进有关单位和人员主动承担责任和自觉履行法律义务，从而更好地为工运事业服务，为职工群众服务。

南通市总工会　南通市财政局
南通市审计局　中国人民银行南通市分行
中共南通市纪律检查委员会　南通市监察局
一九九八年十二月二十八日

市委办公室转发市委组织部等4个部门关于在企业推行厂务公开民主管理工作意见的通知

通办发〔1999〕18号

各县(市)区委,市委各部委办局,市各委办局党组(党委),市各人民团体党组,市各直属单位党组织:

经市委同意,现将市委组织部、市经济委员会、市监察局、市总工会《关于在企业推行厂务公开、民主管理工作的意见》转发给你们,希结合各地、各部门、各单位实际,认真组织实施。

中共南通市委办公室
1999年3月10日

关于在企业推行厂务公开民主管理工作的意见

推行"厂务公开、民主管理"是贯彻党的全心全意依靠工人阶级指导方针、加强基层民主政治建设的重大举措,是加强企业党的建设特别是企业领导班子建设的重要手段,是建立现代企业制度、强化企业激励和约束机制的有效措施,是企业改革、发展、稳定和国有资产保值增值的重要保证。为有利于厂务公开的顺利推行,现对我市国有企业、市县(市)属集体企业以及公有资产控股的公司制企业推行厂务公开、民主管理工作提出以下意见。

一、厂务公开的指导思想

以邓小平理论和党的十五大精神为指导,进一步落实党的全心全意依靠工人阶级的根本方针,坚持和完善职工代表大会制度,形成企业民主参与、民主管理、民主决策、民主监督机制,加强企业的民主政治建设,推动企业两个文明建设健康发展。

二、厂务公开的基本原则

厂务公开要遵循国家法律、法规和党的方针政策;要坚持从实际出发,实事求是,注重实效;要处理好支持厂长(经理)依法行使职权与加强企业民主管理的关系,调动经营者和职工群众两个积极性;要建立健全以职工代表大会为基本形式、其他各种形式为补充的民主管理网络。

三、厂务公开的主要内容

(一)企业生产经营方面的重大问题。包括企业年度方针目标、中长期发展规划、重大技术改造和技术引进方案、大额度资金使用情况、财务预决算、自有资金分配和使用方案、企业担保情况、经济责任制方案、内部承包租赁方案及执行情况、生产经营重要项目安排、新品开发计划、阶段性生产经营状况等。

（二）企业改革方面的重大问题。包括企业兼并、出租、破产、拍卖等改制方案、劳动用工、裁员和职工下岗分流安置方案、措施等。

（三）涉及职工切身利益方面的重大问题。包括企业集体合同方案和执行情况、工资调整和奖金分配方案、企业购售房方案、职工福利基金使用方案、专业职称评聘和评优评先的条件、劳动保护措施方案、职工培训计划、职工养老金及其他社会保险基金缴纳情况、奖惩办法及重要规章制度等涉及职工切身利益的重要事项。

（四）企业领导班子建设和党风廉政建设的有关问题。包括民主评议企业中层以上领导干部的奖惩情况和中层干部的任免情况、业务招待费使用情况、基建工程项目招标制度和执行情况、配套协作单位的选择及布点情况、主要物资供应和产品销售情况、企业盈亏情况、企业领导干部工资（年薪）、奖金、兼职、住房、礼品礼金上报情况及其他对企业领导廉洁自律规定的执行情况。

（五）广大职工普遍关心的热点问题。上述要求厂务公开的内容中，凡涉及商业、科技等秘密的除外。具体操作时可从企业实际出发，逐步扩大公开内容。

三、厂务公开的主要形式

（一）职工代表大会是厂务公开的基本形式。企业必须坚持和完善职工代表大会制度，凡是国家法律、法规规定属于职工代表大会职权范围内的问题，都必须向职代会报告，分别由职代会审议、通过或决定。

（二）职工代表团（组）长联席会议。依照有关规定，由企业工会召集由职工代表团（组）长和职代会专门委员会（小组）负责人组成的联席会议，在职代会闭会期间协商解决属于职代会职权范围、又未能在职代会期间予以公开的一些重要问题。

（三）厂情通报会。由企业主要领导向全厂职工通报经济形势、本企业的生产经营状况、内部改革和企业管理情况、主要存在问题及采取的对策措施，解答职工普遍关心的热点问题，分析职工思想政治工作状况、提出精神文明建设的具体要求等。

（四）多种形式的相关会议。通过党政工联席会、中层干部会、经济分析会、资金平衡会、生产调度会、职工恳谈会、座谈会、协商会等形式，就企业日常工作中属于公开的内容进行通报。

（五）建立厂务公开栏。通过厂务公开栏、厂报、广播、纪要等大众传播媒体，公开有关内容。利用职工意见箱、民主接待日等形式，加强企业和职工的沟通。

（六）公开的时间根据公开的项目、内容和职工关心的程度而定。对属于职代会职权范围的内容，可半年公开一次；其他内容可根据实际情况按月、按季公开或随时公开。

四、厂务公开的组织实施程序

（一）企业要成立"厂务公开、民主管理"领导小组，组长由党委书记或厂长（经理）担任，党政工其他领导和有关科室负责同志为成员。领导小组负责"厂务公开、民主管理"工作的协调指导、公开方案的研究确定以及工作的考核、评比。

（二）根据公开的内容建立相应的厂务公开工作小组，由主管行政的副职领导为组长，有关业务科室的负责人为成员，主要负责有关公开内容的整理汇总和公开事宜，并负责对职工提出的有关问题、意见作出解释或提出解决方案。

（三）企业要建立厂务公开监督小组，组长和副组长分别由纪检监察和工会主要负责人担任，成员由纪检监察干部、工会干部和职工代表组成。其职责是监督厂务公开工作内容是否真实、全面，公开是否及时，程序是否合法，职工反映的问题是否得到解决；负责组织职工对厂务公开进行评议，并将职工意见反馈有关部门，督促落实；对涉及违纪违法的问题进行调查核实。

（四）企业要建立健全公开档案，将每次公开的内容、时间、承办部门、人员和职工提出的问题及对问题的答复、处理结果等记录整理成文字材料，由厂务公开监督小组长期保存备查。

（五）厂务公开必须遵循严格的程序。首先，由企业厂务公开专项工作小组定期整理出公开内容；其次，经企业厂务公开领导小组研究确定；最后，交企业厂务公开监督小组进行审核后予以公开，接受职工监督。通过职代会形式公开的内容，依照职代会有关规定程序执行。

五、组织领导

（一）“厂务公开、民主管理”工作要在各级党委的统一领导下，从企业改革、发展、稳定的大局出发，以高度的政治责任感来扎实推进这项工作。为加强组织领导，全市由市国有企业党建工作协调小组承担“厂务公开、民主管理”工作的领导和协调职责。组织、纪检、监察、经委、工会等方面要相互配合、协同推进。各县（市）区委、市各委办局（公司）党组也要成立相应的领导小组，明确责任，周密部署，整体推进。

（二）各级党委要将“厂务公开、民主管理”的实施情况纳入企业及企业主管部门目标考核责任制，作为企业党建、领导班子建设和党风廉政建设的重要考核依据。要定期不定期的组织“厂务公开、民主管理”工作检查考核，并通报检查考核情况，表扬先进、批评后进。对不认真实行厂务公开的企业要严肃批评，限期改正；对不公开或搞假公开的，要按党风廉政建设责任制追究责任。

（三）各县(市)区委，市各委办局党组以及各企业党组织，要根据本意见制定实施办法。

（四）有条件的事业单位，应参照本意见执行。

六、考核条件

（一）企业党政领导高度重视，形成了比较完善的工作机制，有制度、有细则。

（二）推动了企业领导班子建设和领导干部勤政廉政，干群关系更加融洽，在职代会民主评议和测评中，企业主要领导干部优秀票占70%以上。

（三）职工对本企业领导干部无重大违纪问题的信访、举报。

（四）调动了企业经营者的积极性，使他们更好地按照《企业法》和《公司法》行使经营管理权。

（五）职工较好地参与企业改革和管理，其合法权益得到有效保障。

（六）企业改革成效明显，经济效益增长。

中共南通市委组织部　南通市经济委员会
南通市监察局　南通市总工会
1999年2月25日

中共南通市委
关于在深化改革中进一步全心全意依靠工人阶级和加强工会工作的意见

通委发〔1999〕12号

(1999年7月7日)

为在新形势下进一步贯彻好党的全心全意依靠工人阶级指导方针，切实加强工会工作，根据《中共江苏省委关于在深化改革中进一步全心全意依靠工人阶级和加强工会工作的意见》(苏发〔1998〕19号)，结合我市实际，提出如下意见：

一、全心全意依靠工人阶级是我们党一贯坚持的根本指导方针。工人阶级作为党的阶级基础，是我们国家的领导阶级，党领导改革开放和社会主义现代化建设的全部活动和整个过程，都必须全心全意依靠工人阶级，任何时候和任何情况下都不能动摇。各级党委、政府和领导干部要从坚持社会主义方向、巩固党的执政地位、实现跨世纪发展宏伟目标、保持国家长治久安的战略高度，充分认识全心全意依靠工人阶级的极端重要性，始终不渝地坚持这一根本指导方针。

二、进一步贯彻落实党的依靠方针的基本要求。要按照“政治上保证、制度上落实、权益上维护、素质上提高”的要求，切实保证职工群众的主人翁地位，调动广大职工的积极性和创造性；落实职工群众在国家、社会和企事业中的民主参与、民主管理、民主监督的权利；切实维护职工群众的合法权益，认真解决他们在就业、分配、劳动保护、社会保障以及生活福利等方面的实际利益；加强工人阶级队伍自身建设，努力提高他们的思想道德、职业技能和科学文化素质。

三、坚持和完善职工代表大会制度。国有企业、公有资产控股的公司制企业、城镇集体企业都要建立健全以职工代表大会(或职工大会，下同)制度为基本形式的职工民主管理制度，职工代表大会每年至少召开一至二次，并按期进行换届。股份合作制企业实行职工股东代表大会(或职工股东大会，下同)制度。职工股东代表大会兼行职工代表大会和股东代表大会两项职能。在选举企业董事会、监事会成员，讨论决定投资决策和涉及劳动者利益的重大问题时，应实行表决方式。非公有制企业以及其他企业也要从实际出发，通过职工代表大会、员工代表大会以及工会代表参与或列席董事会、经理办公会等途径，组织职工参与企业管理。事业单位和机关要建立以职工代表大会为主要形式的职工民主管理制度，保正职工的民主权利。企事业单位党组织要加强对职工代表大会的领导，行政要尊重和支持职工代表大会履行职权，保证职工代表大会各项职权的落实。对不建立职工代表大会制度，不按规定召开职工代表大会，侵犯职工代表大会职权的企事业单位，上级工会有权通报批评，要求限期整改，上级主管部门应给予支持。

四、全面推行厂务公开。国有企业、公有资产控股的公司制企业以及市、县(市)区属集体企业都应建立厂务公开制度。企业生产经营、兼并、重组、破产、拍卖以及其他涉及职工切身利益的重大问题，企业领导班子建设和党风廉政建设的有关问题，等等，都应通过多种途径实行公开。股份合作制企业、乡镇集体企业也应逐步实行厂务公开。事业单位应根据自身特点，参照企业厂务公开的规定，对有关重大问题实行公开，接受职工群众的监督。

逐步建立重要事项向职工代表大会报告制度。国有企业、公有资产控股的公司制企业和集体企业以及事业单位均应建立业务招待费使用情况、领导人员廉洁自律情况、与职工切身利益直接有关的情况等重要事项向职工代表大会报告制度，并规范报告的内容和程序。业务招待费使用情况应当包括：业务招待费全年核定额和实际支出额以及主要开支项目，开支是否符合制度，手续是否完备，以及其他需要说明的情况。领导人员廉洁自律情况应当包括：本人收入、住房、购房、装修住房、电话费开支、使用公车、出差出国(境)费用支出、为配偶、子女经商办企业提供便利条件等情况。与职工切身利益直接有关的事项应包括：企业兼并、出租、拍卖、用工、裁员、职工下岗分流和再就业以及工资分配、住房资金补贴、保险福利、劳动保护等事项。上述重要事项应当由单位主要领导每年向职工代表大会报告，并由职工代表大会作出相应的决议。职工代表大会专门工作委员会(小组)应对报告的事项进行事前审核，并向职工代表大会报告审核情况。党政机关领导干部应结合政务公开将上述有关重要事项向机关工作人员报告。

五、健全和完善民主评议领导干部制度。国有企业、公有资产控股的公司制企业和集体企业以及事业单位都应建立职工代表大会对企事业单位领导干部民主评议的制度，并坚持每年评议一次。要把职工代表大会民主评议领导干部与组织人事部门考察时的民主评议领导干部结合起来，既不要搞重复测评，也不要用考察干部时的民主评议代替职工代表大会的民主评议。要将职工代表大会民主评议结果作为对领导干部奖惩、任免的重要依据。

六、积极推行职工董事、职工监事和职工持股会制度。国有独资公司、公有资产控股的公司制企业的董事会和各类公司制企业监事会成员中，应有一定数量的由职代会民主选举产生的职工代表担任董事、监事，其人数在公司章程中作出规定。工会主席具备条件的，一般应作为职工代表的候选人。对于股份合作制企业，应尽量使工会主席通过法定程序进入董事会或监事会。对工会主席原未进入董事会或监事会的，在其两会换届时一并考虑；属个人得不到职工认可的，要按照工会章程重新选举产生，再按法定程序分别补入董事会或监事会。职工董事、职工监事既要对股东会负责，又要对职代会负责，反映职工的意愿，接受职工的监督。任职期间，企业不得因履行职责的原因随意决定其辞退、下岗、解除劳动合同或作不利于其就业条件的岗位变动。

凡有职工内部持股的公司制企业，职工股以工会社团法人承担相关民事责任的应建立职工持股会，由工会组织召开持股职工会议，制定章程和管理制度，选举产生管理委员会，管理委员会主任候选人应首先考虑工会负责人。职工持股会以职工代表者身份行使股东的各项权利。企业改制中实行职工持股，必须从实际出发，充分论证，坚持自愿原则，并经职代会审议。应允许职工不入股，不得将是否入股作为职工上岗和按劳取酬的先决条件。

七、逐步建立民主选择企业经营者制度。国有企业、公有资产控股的公司制企业领导干部的选拔任用要严格执行中共中央《党政领导干部选拔任用工作暂行条例》,认真坚持群众公认原则和民主推荐程序,职工民主推荐结果应作为任用者的基本依据。城镇集体企业要按照《中华人民共和国城镇集体所有制企业条例》的规定,由职工民主选举或罢免企业经营者和管理人员;股份合作制企业的董事会和监事会成员应由职工股东代表大会选举产生,不设董事会的企业应由职工股东代表大会直接选举经营者。

八、建立健全劳动关系调节机制。市、县(市)区都要建立由劳动行政部门、工会组织、经济综合管理部门参加的三方劳动关系协商机制,定期协商解决区域性劳动关系中的重大问题。所有企业都要建立集体协商制度,由工会代表职工与企业就涉及职工切身利益的问题定期进行集体协商。劳动行政部门要会同地方工会、经营者组织、经济综合管理部门研究制定企业集体协商的具体办法,规范集体协商的内容、程序和方法,逐步使集体协商制度成为调节企业内部劳动关系、维护职工合法权益的基本制度。健全完善劳动争议调解、仲裁机制,所有企业都要建立和完善劳动争议调解组织,要逐步在乡镇、街道建立区域性劳动争议调解组织

九、坚持并规范集体合同制度。所有企业都要依法由工会代表职工与企业签订集体合同,涉及职工切身利益的重大问题都应通过集体合同的形式予以确定。集体合同草案必须经过平等协商,达成一致后,提交职工代表大会讨论通过,由企业法定代表人与工会主席以书面的形式签订,并按法定程序报送当地劳动行政部门登记审查。针对企业的不同情况,集体合同的内容应有所区别和侧重。劳动合同的标准不得低于集体合同的规定。企业应建立集体合同的监督检查制度,保证集体合同的履约和兑现。小企业签订集体合同有困难的可以由上一级工会代表职工与企业签订集体合同。区域性、行业性工会组织可以与相应的企业组织签订区域性、行业性集体合同。

十、进一步完善职工社会保障体系。逐步建立统一的社会保障管理机构,规范职工养老、失业、医疗、工伤、生育等保险的缴纳、使用和管理。各类企事业单位都必须依法为职工办理社会保险,按时足额缴纳保险金。各级政府要加大对企业缴纳社会保险金的征缴和监察力度,对故意拖欠和不缴纳职工社会保险金的企业要依法严肃处理,确保社会保险金的征缴。各级工会要加大对企业缴纳社会保险金的监督力度。要建立由政府、企业、工会和职工等方面的代表参加的社会保险监督组织,定期听取社会保险管理部门的报告,监督社会保险金的管理使用。对侵占、挪用社会保险金的要依法严肃处理。

十一、规范职工下岗和企业裁员,切实做好下岗、失业职工基本生活保障和再就业工作。企业安排职工下岗应提前20天向工会说明情况,职工下岗分流方案、基本生活保障和再就业方案应一并提交职工代表大会审议通过,报行业主管部门审查,由当地劳动行政和社会保障部门批准,并报地方工会备案。企业一般不应安排市级以上劳动模范、军(烈)属、因工伤残者、残疾人、医疗期未满和住院治疗的职工、“三期”(怀孕、生育、哺乳)女职工、配偶已下岗人员以及离异或丧偶并抚养未成年人的人员下岗。企业裁员要严格按照法律法规办事,不得随意裁员,企业确需裁员的,应提前30天向工会说明情况,裁员方案应征求工会或者全体职工的意见,并报当地劳动行政部门审查。

凡有下岗职工的企业都应建立再就业服务中心,不组建再就业服务中心的企业,不

得安排职工下岗。要规范再就业服务中心的运作,保证下岗职工基本生活费的发放和养老、医疗等社会保障费用的缴纳。

企事业单位用人应优先并按一定比例招用下岗、失业职工。用人单位招用下岗、失业职工,必须与其签订劳动合同,并按规定缴纳社会保险费,实行同工同酬,不得故意压低甚至克扣、拖欠其工资。要坚持“三三制”原则,落实企业下岗职工基本生活保障资金,各级财政应当承担的部分,一定要足额优先列入预算,企业和社会筹资确有困难不能到位的部分,财政要给予保证。要健全失业保障机制,完善“三条保障线”制度,切实保障下岗职工和失业人员的基本生活。

各级党委、政府要在支持企业减员增效的同时,加强对企业职工下岗和裁员的管理,加强宏观调控,注意控制职工下岗、失业总量,确保城镇登记失业率控制在3%以内,企业下岗职工再就业率高于50%。要支持工会办好职业介绍、职业培训,积极扶持职工消费合作社、住房合作社等为职工服务的工会企事业,帮助工会扩大送温暖基金规模。各级工会要利用自身优势,协助党委、政府共同做好下岗、失业职工的基本生活保障和再就业工作。要认真落实帮助特困职工责任制和联系困难户等制度,确保所有困难职工都能维持最基本的生活。

十二、坚持按劳分配为主,多种分配方式并存的企业内部分配制度,保障职工的经济收入。企业分配应体现效率优先,兼顾公平的原则,向有突出贡献的科技人员和生产一线的苦、脏、累、险职工倾斜。国有企业、公有资产控股的公司制企业以及各类集体企业经营者的工资(年薪)要同企业经济效益、国有(集体)资产保值增值和职工工资增长幅度挂钩。非公有制企业要按有关规定合理确定工人的工资标准,坚决防止和纠正利用当前劳动力过剩以及实行最低工资标准、用工试用期等故意压低克扣工人工资。所有企业包括非公有制企业,都应逐步建立工资集体协商制度,定期(一般每年至少一次)由工会代表职工与企业就企业内部工资分配制度、分配方式、工资水平及其年度增长幅度、工资支付、奖金津贴的分配等进行集体协商,保障职工的工资收入。各级政府和地方工会要支持和指导企业建立工资集体协商制度,积极为企业进行工资集体协商创造条件。要加强对职工特别是工人工资收入情况的调查和研究,采取积极措施,保证职工工资的增长与企业经济效益和劳动生产率的增长相适应。

十三、改善劳动条件,保障职工的生产安全。所有企业都要严格执行劳动安全卫生的规程和标准,劳动安全卫生设施和劳动保护用品必须符合国家的规定。严格坚持新建、改建、扩建项目“三同时”审查验收制度,加大技改投入,改善劳动条件,加大职工劳动安全卫生教育投入,切实落实“三级”安全教育规定,不断提高职工自我保护能力。各级政府和地方工会要加强对企业贯彻执行劳动法律法规情况的监督检查,支持和保障基层工会代表职工依法行使劳动保护和安全生产监督检查的权利。

十四、加强职工教育培训,提高职工队伍素质。坚持用邓小平理论武装职工群众,不断提高职工的民主法制意识和职业道德、社会公德水平。要加大对职工教育的投入,大力兴办成人教育事业,制定切实可行的鼓励职工自学成才、岗位成才的政策措施,制订和完善“培训、考核、使用、待遇”相结合的机制,鼓励职工学习新知识、新技术和新技能,不断提高职工的文化技术素质。各级党委、政府要支持并扶持工会办好职工学校,充分发挥职工学校在提高职工队伍素质中的作用。支持工会办好职工技协,推动企业技术创新和技术进步。支持工会开展多种形式的劳动竞赛活动,充分调动广大职工群众的劳动积极性和创造性。

十五、健全工会组织,保障各级工会组织的完整独立。所有企事业单位和机关都必须依照《工会法》和《中国工会章程》建立基层工会组织,切实保障和落实职工参加和组织工会的权利。凡组建集团,建立公司制或实行改组、联合、股份合作制和卖、租、包等多种改革形式的企业,必须对工会组织同步进行相应的重组和改建,切实保障改制企业工会组织的完整独立。不得随意撤销工会组织或与其他部门合并,已撤销合并的要予以纠正。加强县(市)区、产业(行业)、乡镇(街道)及村级工会建设,有企业的村要逐步建立村级工会。加快外商投资企业、私营企业和乡镇企业等新经济组织的工会组建步伐。任何个人和组织都不得以任何理由阻挠建立工会组织,防止和纠正随意撤并工会的现象。各级党委、政府对阻挠职工依法组建工会,阻挠工会依法开展正常工作的违法行为,要坚决予以制止和纠正。

十六、加强工会领导班子和干部队伍建设。各级党委要按照干部"四化"方针和德才兼备的原则,配强、配好各级工会领导班子,尤其要选配好工会主要负责人。县(市)区工会负责人应参加同级人大、政协常委会,企事业单位在提名党委委员时,应考虑同级工会的党员负责人。要认真落实工会协助党委管理工会干部的有关规定。工会换届时,主管党委组织部门应事先邀请上一级工会共同做好领导班子的考察工作,各级党委在选配、变动工会主席、副主席时应充分听取上一级工会组织的意见。要严格控制地方工会领导干部职数,县(市)总工会一般按一正二副配备,副职至多不超过3名,区工会一般按一正一副配备。要适当控制基层工会主席兼职化,大中型企业的党委领导一般不兼任工会主席,确需兼任的应配备专职工会副主席,企业行政领导不得兼任工会主席。

十七、依法拨交工会经费,切实保护工会财产。所有企事业单位和机关均应按全部职工工资总额的2%,定期、足额向工会拨交经费,坚决制止和纠正截留工会经费、把工会经费挪作它用以及拨交工会经费中的随意现象。各级政府要支持工会依法收缴工会经费,督促企事业单位和机关依法拨交工会经费。要帮助工会解决经费不足问题,县级以上各级工会及其所属事业单位离、退休人员的生活待遇,应与国家机关或同类事业单位工作人员同等对待。各级政府、企事业单位要为工会提供必要的办公用房、职工文化教育和体育活动场所。工会资产受法律保护,任何组织和个人不得侵占、挪用和任意调拨。工会要加强对经费和资产的管理,利用有限的经费和资产多为职工群众办实事,多为党和政府排忧解难。

十八、加强和改善党对工会的领导。各级党委要加强对同级工会的领导,指导工会坚持党的基本理论、基本路线、基本方针,同党中央在政治上、思想上和行动上保持高度一致。要支持工会按照职工的意愿和要求,依照法律和工会章程独立自主地开展工作。要把工会工作列入党建工作目标管理。市、县(市)区委应每年至少一次专题研究工会工作,每二至三年召开一次工会工作会议,各委办局党委(党组)、各企事业单位党组织都应建立必要的工作制度,定期研究工会工作,及时解决工会提请党组织讨论解决的问题。

各级政府要尊重工会的地位，支持工会参政议政。政府在研究制定国民经济和社会发展计划以及涉及职工利益的改革方案和重大政策措施时，应有同级工会代表参加，充分听取工会意见。政府设立的有关涉及职工利益的专门工作机构，应有工会代表作为正式成员。市、县（市）区均应建立政府与工会联席会议制度，每年至少召开一次联席会议。

各级党委宣传部门、新闻单位要与工会组织密切配合，广泛宣传全心全意依靠工人阶级的指导方针和工人阶级在国家的领导地位，宣传工人阶级在两个文明建设中的主力军作用。各级人大、政府、政协和社会团体都要从讲政治的高度充分认识全心全意依靠工人阶级的重要性和紧迫性，在各级党委的统一领导下，形成合力，共同把党的全心全意依靠工人阶级指导方针贯彻到各项工作中，落实到基层。

市委办公室 市政府办公室
转发关于进一步加强新经济组织工会
组织建设工作意见的通知

通办发〔2000〕64 号

各县(市)区委、人民政府,市委各部委办局,市各委办局,市各人民团体,市各直属单位:

经市委、市政府同意,现将市委组织部、市劳动局、南通工商局、市总工会《关于进一步加强新经济组织工会组织建设工作的意见》转发给你们,请结合实际,认真贯彻执行。

中共南通市委办公室
南通市人民政府办公室
2000 年 10 月 23 日

关于进一步加强新经济组织工会
组织建设工作的意见

随着改革开放的不断深入,我市外商投资企业、港澳台商投资企业、乡镇企业、私营企业、混合所有制企业等新经济组织发展迅猛。为认真贯彻党的十五大精神和江泽民同志“三个代表”的重要思想,大力推动全心全意依靠工人阶级指导方针的落实,促进我市新经济组织健康发展和社会稳定,现根据《省委办公厅、省政府办公厅转发〈关于进一步加强新经济组织工会组织建设的意见〉的通知》(苏办发〔2000〕18 号)精神,结合我市实际,就进一步加强新经济组织工会组织建设工作提出如下意见:

一、充分认识新经济组织组建工会的重要性

(一)新经济组织组建工会是我国法律、法规的规定和要求。《工会法》第三条规定:在中国境内的企业、事业、机关单位的职工都有依法参加和组织工会的权利。外资企业法、城镇集体所有制企业条例、乡镇企业法、私营企业暂行条例等法律、法规,均对建立工会和开展工会工作有明确的规定。

(二)新经济组织组建工会有利于企业发展和社会稳定。新经济组织组建工会有利于在企业建立稳定协调的劳动关系,充分调动职工的积极性,提高企业职工的组织程度,增强企业的凝聚力,提高企业的经济效益。同时,也有利于新经济组织职工合法权益的维护,减少劳资纠纷,在企业内外营造良好的发展环境。

(三)新经济组织组建工会是加强党的群众工作的重要措施。新经济组织的广大职工是工人阶级的重要组成部分,是党在这些企业中的阶级基础和依靠力量。组建工会,有利于加强党对这些新经济组织中职工群众的领导,更好地贯彻党的路线、方针、政策。江泽民总书记指出:“在乡镇企业、外商投资企业以及私营企业建工会的目的,就是要保证党的方针政策在这些企业更好的贯彻,促进企业的健康发展”。同时,也有利于工商、劳动等部门对企业的管理,把劳动监察、劳动合同、社会保障等工作落实到基层。

(四)新经济组织组建工会有利于加强社会主义精神文明建设。企业工会通过多种方式组织职工学政治、学科学、学文化、学技术业务和法律知识,开展有益于职工健康的文化体育活动,用社会主义的思想观念和科学文明的生活方式占领企业职工业余活动阵地,促进职工整体素质的提高,有利于抵御邪教组织、封建迷信和资产阶级腐朽思想的影响和侵蚀。

二、全面推进新经济组织工会组建工作

(一)明确工作目标。用两年左右的时间在全市基本完成新经济组织组建工会的任务,实现“两个大多数”,即把我市大多数新经济组织建立工会,大多数新经济组织的职工加入工会。各县(市)区新经济组织工会组建率和职工入会率2000年底要达到70%左右,2001年达到85%以上。

(二)采取灵活多样的方法组建工会。按照“哪里有职工,哪里就必须建立工会组织”的原则,凡依法注册登记,并已开业投产的新经济组织,都必须依法建立工会组织。其中,女职工人数在25人以上的企业,必须同时建立工会女职工委员会;女职工人数在25人以下的企业也要相应建立女职工组织。

针对新经济组织数量多、规模小、分布广、变化大、流动快等特点,在建会方法上要积极推行“先搭台、后充实、再完善、逐步规范”的做法,其组织形式可以是工会委员会、分工会或工会小组,也可以是工会联合会或联合基层工会。25人以上企业可建立基层工会委员会;25人以下的小企业可以区域、行业、市场、写字楼等为单位,建立联合基层工会;各级外商投资企业、私营企业工会联合会和开发区、乡镇、村、街道、社区等中间层次工会,可承担部分基层工会的职能,在小企业建立分工会或直接吸收零散职工入会。

(三)健全改制企业工会组织。凡国有和集体企业组建集团、建立公司制或实行改组、联合、股份合作制和以卖、租、包等多种形式进行改革的企业,必须对工会组织同步进行相应的重组和改建,切实保障改制企业工会组织的完整独立,不得随意撤销工会组织或将工会并入企业党群等其他工作部门,已撤销或合并的要予以纠正。

(四)根据小型企业、零散职工大量分布在行政村、社区的实际,要积极推动村、社区工会建设,扩大对小型企业职工入会的覆盖面。各类市场、商场、写字楼等也要采取各种形式和方式建立工会组织。

(五)依法拨交工会经费。根据省委办公厅、省政府办公厅苏办发〔2000〕18号文件精神,凡建立工会或不具备建会条件但有工会会员的企业,都应依《工会法》及全总有关规定,向工会拨交工会经费。企业开业投产1年仍未建立工会的,上级工会有权派员进入企业帮助筹建工会,工会筹建期间企业应按职工工资总额的2%向上级工会缴纳工会筹备金,待工会建立后再按规定比例返还企业工会。为支持新经济组织工会工作,上级工会可在一定时期内采取适当返还部分经费或奖励的办法。

三、努力形成党委领导、工会主抓、各方配合、齐抓共建的工作格局

(一)各级党组织要按照“三个代表”的要求,重视和加强工会组织建设工作,充分发挥工会作为党联系职工群众的桥梁和纽带作用。在加强新经济组织党建工作的同时,同步规划新经济组织的工会组织建设,把工会组建工作与基层党的建设紧密结合起来,对暂不具备建立党组织的新经济组织,要先把工会组织建立起来,通过选派党员、积极分子担任工会主席,为党建工作创造条件。各地要把新经济组织组建工会工作纳入党建工作的目标中去,形成“党建带工建,工建促党建”的工作机制。

(二)各级政府劳动保障、外经、工商、税务、乡镇企业、民政等部门要全力支持新经济组织组建工会工作。劳动保障部门要积极推动新经济组织执行国家法律、法规,加强劳动执法检查和监督,在执行劳动监察时,要检查企业是否依法建立工会,是否依法与职工签订劳动合同,是否依法保障职工的合法权益,为新经济组织工会组建工作创造条件。外经、税务和工商部门要在审查批准新经济组织合同和章程、进行企业注册登记或年检中,督促企业依法组建工会,对阻碍建会的行为要限期改正。民政部门要大力支持乡镇、村、社区组建工会。各级乡镇企业、税务等相关部门要通过研究制定相关的政策规定等法律的、行政的和经济的手段,加大新经济组织组建工会的工作力度。各级宣传部门、统战部门、工商联、个私协会要做好企业经营者的政治思想工作,宣传、监督企业经营者支持和协助组建工会和开展工会工作,把是否加强劳动合同和集体合同管理、是否制定企业安全生产措施和足额缴纳职工各项社会保险费用以及建立工会组织和依法拨交工会经费,作为企业和经营者评先的重要条件。

(三)市、县两级总工会要承担起组建工会的组织实施工作,紧紧依靠党委的领导,加强与各有关部门的配合,争取社会各方面的支持,加大新经济组织工会组建工作的宣传力度,转变观念、调整思路,把新经济组织组建工会工作作为重大而紧迫的首要任务来抓,努力实现新经济组织工会组建工作的全面突破。要加强调查研究,摸清企业底数,明确工作目标,制定组建规划,提出具体措施,把工作考核的重点放在工会组建率、职工入会覆盖率上,切实加快新经济组织工会组建工作步伐,最大限度地把新经济组织的职工组织到工会中来。

四、健全完善新经济组织工会领导体制

(一)加快县(市)区外商投资企业、私营企业工会联合会和乡镇、街道工会的组建步伐。新经济组织大多分布在开发区、乡镇和街道,新经济组织的性质和劳动关系的特殊性,决定了其工会工作不能照搬国有企业的办法,基层工会的有些职能要拿到上级工会来,因此要进一步加强外商投资企业、私营企业工会联合会和乡镇、街道工会的组织建设,发挥其对新经济组织工会工作的领导和管理作用。

(二)根据省委办公厅、省政府办公厅苏办发〔2000〕18 号文件和《市委办公室、市政府办公室印发〈关于乡镇党政机构改革中若干具体问题处理的指导意见〉的通知》(通办发〔1996〕11 号)以及市委组织部和市总工会《关于加强工会干部管理的几点意见》(通委组〔1997〕17 号)等文件精神,乡镇区划调整后新建制的乡镇和省级以上开发区要设置工会委员会,配备专职工会干部,其编制已包含在乡镇、开发区现有行政编制内;街道、社区工会要配备主要精力从事工会工作的兼职工会干部。

（三）要逐步理顺和规范新经济组织工会的领导体制和隶属关系。按照《中国工会章程》的规定，新经济组织工会领导体制要坚持“条块结合、属地管理”的原则，对注册登记和生产经营不在一地的企业、与集团公司不在一地的下属子公司等，均以企业生产经营所在地的地方工会领导为主；改制企业原主管上级工会仍然存在的，其隶属关系原则上不变，原主管上级工会不存在或隶属关系确需改变的，应由县级以上总工会确定。

五、从实际出发开展工会工作，充分发挥工会组织的作用

（一）新经济组织工会工作的指导思想：围绕企业生产经营发展，依法独立自主地开展工作，为职工服务，为企业发展服务。认真履行工会的社会职能，提高职工素质，维护职工合法权益，协调企业劳动关系，营造良好的投资环境，与企业经营者共谋企业发展。

（二）支持企业依法行使经营管理权。教育和引导职工爱岗敬业，遵守企业规章制度，执行劳动安全卫生规程；围绕企业降低成本、提高质量、拓展市场等生产经营各个环节，组织职工开展合理化建议、技术革新和发明创造活动，提高企业的经济效益；会同企业做好职工的业务技术培训工作，提高职工的技术业务水平。

（三）依法维护职工合法权益。新经济组织大多为非公有制企业，要针对新经济组织的特点，积极推进平等协商和集体合同制度的建立，针对新经济组织的特点，积极推行区域性、行业性协商谈判和集体合同制度，并在此基础上逐步建立由各级政府劳动部门、工会和企业协会组成的劳动关系三方协调机制。新经济组织工会主席应参加或列席董事会或企业研究有关涉及职工利益问题的会议，代表和反映职工群众的意见，发挥桥梁和纽带作用。

（四）积极开展各种健康有益的活动。企业工会应积极开展以“双爱双评”（企业爱职工，职工爱企业，评选爱企业的职工和爱职工的厂长）为中心内容的建设“职工之家”活动，把建家和建企业融为一体，充分调动职工群众的积极性、创造性；开展各种健康、文明的文体活动，寓教于乐；组织职工学科学、学文化、学习党的方针政策和法律法规；引导职工树立正确的世界观、人生观、价值观，学会依法规范自己的行为和保护自己的正当权益。在企业内建立健康、和谐的企业文化氛围和协调的劳动关系，促进社会主义精神文明建设。

（五）根据《工会法》等有关法律、法规，企业要为工会开展工作提供必需的办公场所、设施及其他必要条件。工会干部和会员征得企业同意参加工会会议或工会组织的活动，占用生产或工作时间，工资和其他待遇不受影响。工会主席、副主席任期未满时，企业不得随意调动其工作，确因工作需要调动时，应事先征得本企业工会和上一级工会批准。专职工会工作人员不再从事工会工作时，由企业根据实际情况安排适当工作。任何组织不得随意撤并工会。

中共南通市委组织部　　南通市劳动局

南通工商行政管理局　　南通市总工会

2000年10月10日

市委办公室　市政府办公室
关于印发《南通市鼓励职工读书自学成才规定》的通知

通办发〔2001〕1号

各县(市)区委、人民政府,市委各部委办局,市各委办局,市各人民团体,市各直属单位:

经市委、市政府领导同意,现将市职工读书自学活动指导委员会《南通市鼓励职工读书自学成才规定》印发给你们,请认真贯彻执行。

中共南通市委办公室
南通市人民政府办公室
2001年1月2日

南通市鼓励职工读书自学成才规定

(南通市职工读书自学活动指导委员会 2000年11月27日)

第一条:为贯彻落实我市国民经济和社会发展第十个五年计划,推进"科教兴市、以港兴城、经济国际化、城市化"战略的实施,鼓励广大职工积极参加各种形式的读书自学活动,立足本职自学成才、岗位成才,努力向"精一、会二、学三"一专多能的方向发展,不断提高职工的业务技能和创新能力,根据《全国职工自学成才奖励条例》(总工发〔1998〕13号)和《江苏省职工自学成才奖励条例》(苏工发〔1996〕9号),结合我市实际,特制订本规定。

第二条:我市设立职工读书自学成才奖。凡已经加入工会组织的我市在职职工,拥护党的基本路线和政策,努力做好本职工作,未经普通、成人高等院校的系统学习,而通过自学其专业理论知识在某一领域达到大学专科或相当于大学专科以上水平,并具备下列条件之一者,可以申报全市职工读书自学成才奖;受过普通高等教育,但在工作实践中通过自学掌握了新知识、新技术,在新领域取得了显著成绩,并具备下列条件之一者,也可申报全市职工读书自学成才奖。

(一)在科学技术方面有重要创造发明,达到或超过我市先进水平的;

(二)在学术研究方面有明确的研究方向和独创性见解,取得重要成果,在市以上专业性刊物或学术会议上发表论文并获奖,或经过正规出版社出版过有价值的专著或译著的;

(三)在推广、应用科学技术成果中,特别是在促使科技成果转化为现实生产力方面有突出贡献,并取得较好经济效益和社会效益的;

(四)积极投身于技术改造和技术创新活动,并提出合理化建议,经实际应用取得显著成效的,或获得市级以上技术改进和合理化建议成果奖的;

（五）有效地管理企业，使生产经营活动取得较大经济效益，创立了一套科学的管理方法，并有推广价值的；

（六）总结出同工种、同岗位在市内同行业中有推广价值的经验和绝招，并作出较大贡献的；

（七）在生产经营中具有较高的业务技能和理论水平，成为本行业、本岗位的行家里手和能工巧匠，在全市性技术比赛中获得前三名的；

（八）在其他方面或领域有较高造诣，作出重要贡献并在全市有较大影响的。

第三条：我市职工自学成才奖由职工本人向所在单位工会组织申请，经所在单位工会组织按本规定核实同意并签署意见后，逐级向上一级工会申报，最后由市总工会向市职工读书自学活动指导委员会推荐。

第四条：申报市职工读书自学成才奖需附送以下材料：

（一）南通市职工读书自学成才奖申报表；

（二）申请人读书自学事迹；

（三）申请人主要成果的证明材料；

（四）县（市）区、局（公司）工会对申请人的初步审核意见。

第五条：全市职工读书自学成才奖由市职工读书自学成才奖评审小组在对申请人的主要成果进行确认的基础上评定，其他组织和个人无权随意指定。凡获市职工读书自学成才奖后，如发现有弄虚作假或剽窃他人成果者，经查明属实，撤销其奖励及随之产生的职务、职称等方面的待遇。

第六条：全市职工自学成才奖每年评定、表彰一次，奖励名额由市职工读书自学成才奖评审小组根据申报材料进行集体会审后确定。每两年评选表彰一次全市职工读书自学活动先进集体、优秀组织者和积极分子。表彰工作由市职工读书自学活动指导委员会办公室具体组织运作。

第七条：全市职工自学成才奖获得者由市职工读书自学活动指导委员会颁发“南通市职工读书自学成才者”证书并给予适当奖金，市总工会授予“五一”奖章。

第八条：荣获全市职工读书自学成才奖，标志其有着振兴中华的执着追求，是有真才实学并且是成绩显著、贡献突出的宝贵人才，各级组织人事和劳动部门应认真做好其使用工作，在职称评聘、职务晋升、岗位聘任时不应受学历限制，同等条件下应优先考虑。对获得全市职工读书自学成才奖的工人，凡符合实行技师聘任制工种范围和任职条件的，可优先评聘为技师或高级技师；对获得全市职工读书自学成才奖的专业技术人员，按照国务院专业技术职务聘任制度的有关规定，破格聘任为上一层次相应的专业技术职务，并享受相应的待遇。

第九条：表彰和奖励市职工读书自学成才奖获得者的奖励金，由市总工会提供部分资金，并接受市有关部门、企业和个人的捐助。

第十条：凡申报省职工自学成才奖的必须先获得市职工读书自学成才奖，凡申报全国职工自学成才奖的必须先获得省职工自学成才奖，不得越级申报。

第十一条：本规定自公布之日起施行，南通市总工会《南通市职工自学成才奖励条例》（通工宣〔1993〕24号）同时废止。

市政府办公室转发市总工会等部门关于进一步规范南通市市区工会经费征收办法意见的通知

通政办发〔2003〕226号

崇川、港闸区人民政府，市经济技术开发区管委会，市各有关部门和单位：

经市政府研究同意，现将市总工会、市国税局《关于进一步规范南通市市区工会经费征收办法的意见》转发给你们，请认真贯彻执行。

二〇〇三年十一月三日

关于进一步规范南通市市区工会经费征收办法的意见

（市总工会　市国税局　二〇〇三年十月）

为进一步规范市区工会经费征收办法，确保工会经费的正常落实，根据《中华人民共和国工会法》《中华人民共和国企业所得税暂行条例》等规定，结合我市实际情况，经研究，现决定由市国税局代征市区部分单位的工会经费，特提出如下意见：

一、代征对象

本市市区（包括崇川区、港闸区、市经济技术开发区）在市国税局进行税务登记的单位。

二、征收标准

（一）凡已组建工会组织的各单位应上缴工会经费=〔本期全部职工工资总额×2%×40%〕；

（二）未建立工会组织的各单位应上缴工会经费及筹备金=〔本期全部职工工资总额×2%〕；

三、征收管理

（一）征收机关

工会经费征收主体为南通市总工会。市区在市国税局进行税务登记的单位，统一由市国税局代征。

（二）征收办法

1.各单位2003年度应上缴的工会经费和筹备金，自11月1日起填报“上缴工会经费申报表”，到各单位登记纳税的国税部门申报缴纳。

2.工会经费、工会筹备金按季度申报上缴，申报缴纳时间分别为每年4月、7月、10月、次年1月的1–10日，逾期申报上缴的按《工会法》有关规定加收滞纳金。

3.申报缴纳的工会经费和筹备金，凭国税部门开具的“工会经费拨缴款专用收据”，通过各单位纳税专户划缴至市总工会指定账户。

4.各单位应事先在纳税专户存足资金，确保工会经费的及时足额上缴，因资金不足影响上缴，责任自负。

5.特别困难的企业因资金暂时紧缺，需暂缓上缴工会经费，必须于申报期前报经批准，批准权限为：

(1)申请缓缴期限在3个月以内，由市总工会财务部审批；

(2)申请缓缴期限在4–6个月以内，由市总工会主席室审批。

应上缴的工会经费按规定不能减免，以前年度欠缴的工会经费应当补缴。

(三)工会经费列支渠道及资金管理

1.各单位计提和上缴的工会经费，凭《工会经费拨缴款专用收据》在所得税前列支。

2.已建立工会组织的单位，自留工会经费部分，由各单位工会按照经费独立的原则在银行单独开户，按照工会财务制度的有关规定管理和使用。

3.未建立工会组织的单位，上缴的工会组建筹备金60%部分，待组建工会组织后，由市总工会回拨给单位工会使用。

四、年度清算和监督检查

(一)工会经费的年度清算，从每年12月份开始，年度清算材料申报必须在次年3月31日前报送市总工会财务部，因工资总额增加应补缴的工会经费，必须在4月30日前及时上缴。

(二)工会经费征收检查，采用单位自查、市总工会财务部和经审委检查及市财政局、审计局、监察局与总工会联合检查等方式进行。

(三)国税部门税务检查同时对企业依法上缴工会经费情况进行检查。

(四)自查发现少提、漏缴、少缴工会经费，及时补提补缴的，可酌情减免滞纳金。

五、凡在被检查过程中发现的问题，一律按《工会法》的有关规定严肃处理。

市政府关于加强政府与工会联系沟通的意见

通政发〔2004〕53号

（2004年6月4日）

各县(市)、区人民政府,市各有关部门和单位:

近年来，在各级政府与工会的共同努力下，政府与工会之间的联系和沟通愈加紧密,有效促进了政府决策的民主化和科学化。为更好地发挥工会在我市“两个率先”进程中的重要作用,更好地发挥工人阶级在改革、发展、稳定中的主力军作用,进一步做好政府工作,推动南通跨越发展,依据《工会法》和《江苏省实施〈工会法〉办法》,市政府决定进一步加强政府与工会的联系和沟通。具体意见如下:

一、各级政府在制定国民经济和社会发展计划时,对涉及职工利益的重大问题,应当听取工会的意见;研究制定劳动工资、社会保险、安全卫生等涉及职工利益的政策措施时,应当征询工会方面的意见;政府建立涉及职工问题的工作机构,要有同级工会的代表参加。

二、各级政府应支持工会依照工会章程独立自主地开展工作,充分发挥工会的民主监督作用。对政府工作人员侵犯职工合法权益的行为,政府应依法支持工会提出批评、举报和质询,切实维护职工的合法权益。

三、市政府建立政府与工会联席会议制度。联席会议由政府领导、工会负责同志和政府有关部门负责人参加,原则上每年召开一次。联席会议主要内容为:通报政府的重要工作部署和与职工利益相关的行政措施，研究解决经济社会发展和深化改革中职工普遍关心和迫切希望解决的热点、难点问题,共商协调处理矛盾纠纷,调动职工的积极性、主动性和创造性的措施。联席会议议定事项形成会议纪要,政府有关部门要认真贯彻执行,落实情况在下一次联席会议上予以通报,或通过其他形式予以反馈。

四、支持各级工会就职工群众反映较集中或突出的问题主动与政府进行沟通联系,协助政府做好决策前的调查研究工作;政府重大决策出台后,工会要进行广泛宣传,积极参加涉及职工利益政策措施实施情况的监督检查,及时反映存在的问题,提出合理化的意见或建议。

五、各级工会应支持政府依法行使职权,教育职工遵守法律法规;及时反映职工群众的意见和呼声,畅通政府与职工群众联系的渠道;协助政府做好释疑解惑工作,协调好劳动关系,把职工的思想统一到促进经济发展和社会进步上来,为实现我市跨越发展多作贡献。

市政府办公室转发市总工会等部门关于建立完善市区特困职工帮扶救助机制实施意见的通知

通政办发〔2004〕132号

各县(市)、区人民政府,市各委、办、局、市各直属单位:

市总工会、物价局、财政局、劳动和社会保障局、民政局、卫生局、教育局、人事局、建设局、房产管理局、广播电视局、南通工商行政管理局《关于建立完善市区特困职工帮扶救助机制的实施意见》已经市政府同意,现转发给你们,请认真贯彻执行。

二〇〇四年十一月十日

关于建立完善市区特困职工帮扶救助机制的实施意见

(市总工会　市物价局　市财政局　市民政局　市劳动和社会保障局　市卫生局　市教育局　市人事局　市建设局　市房产管理局　市广播电视局　南通工商行政管理局　二〇〇四年十月)

为了切实解决市区特困职工就业难、就医难、住房难和子女上学难等实际问题,推进我市送温暖工程的社会化、制度化和规范化,根据《省政府办公厅转发省总工会等部门关于建立完善特困职工扶贫解困救助机制意见的通知》(苏政办发〔2004〕8号)要求,现就建立完善市区特困职工帮扶救助机制,提出如下实施意见:

一、关于就业援助机制

(一)劳动和社会保障部门将下岗失业的特困职工优先列入再就业援助对象,在不挑不捡的情况下保证其在一周内重新上岗就业。

(二)各级劳动和社会保障服务机构、公共职业介绍机构优先为特困职工家庭成员(特困职工本人、配偶、未婚的子女、养子女、继子女及由特困职工本人供养的父母、养父母、继父母,下同)提供就业信息、推荐就业,免收门票费、报名费、求职登记费、微机信息资料查询服务费、劳动合同鉴证费、介绍成功服务费。劳动保障部门定点培训机构对特困职工家庭中下岗和失业人员进行就业技能培训,减半收取培训费。

(三)人事部门按通人才〔2004〕164号规定,结合各单位引进毕业生情况,采取专门推荐、定向推荐、协商安置的办法,优先帮助特困家庭大、中专毕业生实现就业,并免收相关费用。

(四)工商行政管理部门参照城市低保对象的有关优惠政策,对从事个体经营的特困职工家庭成员予以扶持。

二、关于教育援助机制

（五）公办中、小学对特困职工家庭处于义务教育阶段的在校子女免收杂费，课本和作业本费减免50%，在非义务教育阶段公办学校（包括普通高中、职业高中、中等专业学校、技工学校、高等学校）就学的特困职工子女的学费，按照国家和省、市规定的公费生收费标准减免50%或酌情全免；特困职工子女在公办幼儿园就学的杂费、管理费，按照省、市幼儿园的收费等级标准减免50%以上或酌情全免；特困职工子女的择校费减半收取。上述收费政策，各级各类民办学校参照执行。

（六）省、市属大、中专院校优先为特困职工子女提供助学金、办理助学贷款、提供勤工助学岗位，确保特困职工子女不因家庭经济困难而辍学。

三、关于医疗救助机制

（七）各级公办医疗机构对特困职工家庭成员婚前体检或从事饮食服务等个体经营需要健康体检的，免收体检费。未参加基本医疗保险的特困职工家庭成员到指定医院就医时，凭《南通市特困职工（家属）门诊卡》免收普通门诊挂号费、注射费、手术费、针灸费、推拿费、理疗费；治疗费、大型医疗设备（含CT、核磁共振、DSA、ECT、彩色B超、PET等）检查费按规定标准减免30%；住院治疗的，住院诊疗费、床位费按规定标准减免50%。特困职工家庭成员患尿毒症并采用血透方法治疗的，按市总工会通工发〔2001〕5号规定，凭市总工会发放的《血液透析优惠卡》，血液透析费用减免20%。上述政策，各级民办医疗机构参照执行。

四、关于住房救助机制

（八）房产管理部门按照住房保障政策规定，通过房租减免、发放租赁补贴、实物配租（廉租房）以及经济适用房补贴等方式，对特困职工家庭实施住房保障。

五、关于生活救助机制

（九）民政部门负责将符合低保条件的特困职工及时纳入城市居民最低生活保障体系。市殡仪馆按市物价局通价服〔2003〕261号规定，对特困职工丧户殡仪基本服务综合费减免30%。

（十）市自来水公司按市物价局通价产〔2003〕217号规定，对特困职工家庭的生活用水实行优惠，水费补贴由市自来水公司根据市总工会提供的特困职工名册，于每年12月20日前拨到市总工会送温暖工程基金账户，市总工会于次年2月集中发放。

（十一）市公交总公司按市物价局通价服〔2004〕107号规定，对特困职工家庭处于义务教育阶段的在校生，办理公交IC卡时按每张每月20元的标准收费。

（十二）大众燃气有限公司按市物价局通价产〔2004〕197号规定，对特困职工家庭的人工管道煤气收费实行优惠政策，对提价部分实行先收后退，由燃气公司于每年12月20日前派员上门办理退款手续。

（十三）财政部门要加大对特困职工生活救助的经费支持力度，逐步增加救助特困职工生活的资金投入。

（十四）广电部门及有关单位按照市总工会通工发〔2003〕102号规定，对特困职工家庭新装有线电视初装费和月收视维护费减免50%；免收一次有线电视移机费。

（十五）市总工会应及时向有关部门提供特困职工名册，会同市委组织部、市级机关工委开展与特困职工结对帮扶活动，向特困职工家庭发放春节慰问金、水电费补贴、非义务教育阶段在校子女的一次性助学金和临时困难救助金。

六、附则

（十六）按苏政办发〔2004〕8号要求，持有南通市特困职工证的家庭除享受上述各项优惠政策外，同时享受城市低保对象的有关优惠政策。南通市特困职工证的发放和管理工作由市总工会负责。

（十七）本意见自下发之日起实施。1995年市总工会、劳动局、教委、房改办、国税局、南通工商局《关于对南通市市区特困职工实行特殊照顾暂行办法》同时废止。

中共南通市委关于进一步加强和改进新时期工会工作的意见

通委发〔2005〕7号

（2005年3月18日）

为深入贯彻党的十六大、十六届三中全会和四中全会精神，以“三个代表”重要思想和科学发展观统领工会工作，更好地坚持党的全心全意依靠工人阶级的根本指导方针，充分发挥工会组织作为党联系职工群众的桥梁纽带作用，组织动员全市广大职工为构建和谐南通、推进南通跨越发展建功立业，现就进一步加强和改进新时期工会工作提出如下意见。

一、深入贯彻党的全心全意依靠工人阶级的方针，准确把握新时期工人阶级和工会组织的重要地位与作用

1.全心全意依靠工人阶级是我们党一贯坚持的根本指导方针。工人阶级始终是推动先进生产力发展和社会全面进步的主力军，是维护社会安定团结的中坚力量。要实现我市全面建设小康社会的宏伟目标，推动南通既快又好地发展，就必须坚持全心全意依靠工人阶级的方针，充分发挥广大职工群众的积极性、主动性和创造性，动员广大职工群众为南通跨越发展而奋斗努力。

2. 工会是党联系职工群众的桥梁和纽带。工会工作是党的群众工作的重要组成部分，工会组织越壮大，作用发挥越充分，党的阶级基础、群众基础和执政地位就越巩固。加强和改进工会工作，是落实党的“依靠”方针、密切党与职工群众联系的具体体现和重要途径；是巩固党的阶级基础、提高党的执政能力的重要内容；是凝聚全市职工思想和力量，全面推进“两个率先”的迫切需要；是落实科学发展观，构建和谐社会，建设以人为本、全面、协调、可持续发展的新南通的客观要求。

3.各级党委要通过加强和改进工会工作，确保党的全心全意依靠工人阶级的方针落到实处。要充分发挥工会作用，支持工会依照法律和章程创造性地开展工作，构建“党委重视、政府支持、工会运作、各方配合”的良好工作环境。通过加强和改进工会工作，切实把广大职工组织到工会中来，实现好、维护好、发展好职工群众的根本利益，激发广大职工群众的创造活力和创业激情，调动一切积极因素，努力形成全体人民各尽其能、各得其所，全面发展而又和谐相处的社会局面，实现南通更高起点上的新跨越。

二、大力加强工会组织建设，进一步扩大党的群众工作的覆盖面和影响力

4.各级党委、政府要高度重视工会组建和职工入会工作。各类经济组织均应按《工会法》的规定建立工会组织。凡是与用人单位建立劳动关系（含事实劳动关系）的职工，不论其是否在编、工作时间长短和户籍在何处，都要依法把他们吸纳到工会中来。各级党委要深化“党工共建”工作，把基层党组织建设与基层工会建设有机结合起来，拓展共建领域，丰富共建内容，形成长效共建机制。有关部门特别是经贸、工商、税务等部门要发挥与企业联系紧密的优势，督促企业依法建立工会，扩大工会组织的覆盖面，确保全市工会组建率和职工入会率动态保持在90%以上。

5.各级党委、政府要高度重视进城务工人员的入会和维权工作。随着我国社会生活和社会结构的深刻变化，作为党的阶级基础的工人阶级队伍本身也发生了巨大的变化，进城务工人员成为工人阶级的新成员。增强党的阶级基础，扩大党的群众基础，迫切要求我们最大限度地把他们组织到工会中来，维护工人阶级队伍的团结统一。各级党委政府要加大工作力度，推动用工单位积极引导所有进城务工人员加入工会。有关部门要联合工会组织加强对进城务工人员入会、维权情况的督促检查，使进城务工人员的合法权益得到有效保障。

6.各级党委要支持工会建立科学、合理、健全的工会组织领导体制。要根据南通经济发展的实际，因地制宜，不断改进、理顺和完善工会的组织领导体制，消除工会工作的体制性障碍。要在重视国有和集体改制企事业单位党组织建设的过程中，切实加强工会组织的整顿、重建和巩固工作，不得随意撤并工会组织及其工作机构，不得将工会组织与党委和行政的组织机构合并。要适应新形势的要求，不断优化产业、行业和区域有机衔接的工会组织网络，构建与国资及产业、行业管理体制相适应的工会组织结构。

三、积极支持工会履行职责，切实维护职工合法权益

7.各级党委要从科学执政、民主执政、依法执政的高度，支持工会履行各项社会职能。要全面落实《工会法》《劳动法》及我省的“一法五条例”(《江苏省实施〈工会法〉办法》、《江苏省劳动合同条例》《江苏省社会保险费征缴条例》、《江苏省工资支付条例》、《江苏集体合同条例》《江苏省安全生产条例》)等法律法规，维护职工合法权益。各级人大要做好监督工作，把《工会法》等相关法律法规纳入人大的执法检查范围。劳动、安全等政府部门要切实加大劳动执法督查力度，维护职工的合法权益。对侵犯职工合法权益的突出问题，要坚决予以纠正，造成严重后果的必须依法查处。

8.支持工会依法维护职工民主政治权利。企事业单位不论何种组织形式、何种经济成分，都必须依法组织职工参与民主管理。各级党委、政府要推动基层坚持和完善以职工代表大会为基本形式的职工民主管理制度。在深化改革过程中，政府有关部门要督促企事业规范改制程序，妥善处理职工经济补偿和债权债务问题。企事业改制方案中有关职工分流安置等涉及职工切身利益的重要事项，必须提交职代会审议通过。各级党委要加大厂务公开推进和责任追究力度，按照中央和省委要求，对应公开而未公开导致严重侵害职工合法权益事件发生的，要追究责任部门(单位)和主要领导的责任。要坚持在企业职工代表中女职工代表的相应比例，确保男女职工在政治和经济上的平等。各级党委、政府要督促基层建立健全职工董事监事制度。国有独资和国有控股公司的董事会和各类公司制企业的监事会成员中，应有一定数量的由职代会民主选举产生的职工代表担任董事、监事，工会主席、副主席可以作为候选人。

9.支持工会依法协调劳动关系。各级党委、政府要推动基层建立健全平等协商、集体合同制度。要支持工会与企业行政进行平等协商，为大力推进区域性、行业性平等协商创造良好的环境。各地区、产业、基层单位可以就集体合同的签订、劳动关系的调整等事项进行平等协商，也可以就工资、劳动安全卫生、职工技能培训和女职工特殊保护等事项签订单项集体合同。用工单位与职工个人订立的劳动合同中劳动条件、劳动报酬等标准低于集体合同约定的,按照集体合同执行。当前,各级政府要把工资集体协商作为实施“富民工程”、构建和谐社会的重要内容。要制定目标,明确职责,加强考核,全面推行工资集体协商制度,建立健全我市职工工资与经济发展相适应的收入正常增长机制,使企业职工的收入与全市改革发展进程同步,与企业经济效益同步。各级政府要普遍建立并完善劳动行政部门、工会和企业的劳动关系三方协商机制。充分发挥劳动关系三方协商会议制度的作用,及时解决劳动关系中存在的矛盾和问题。政府有关部门要加强劳动法律执法检查与工会劳动法律监督的协作配合,支持工会依法参与劳动争议调解、仲裁活动,加快实现工会区域性劳动争议调解与社会矛盾大调解机制的对接。坚持和完善劳动关系预警制度,及时有效地把矛盾化解在萌芽状态,确保我市职工队伍稳定。

10.支持工会完善困难职工救助机制。各级党委、政府要加大推进送温暖工程力度,不断健全完善对特困职工的帮扶救助机制。各级党委、政府、有关部门要支持工会参与社会保障体系建设工作,鼓励工会开展各类职工互助补充保险等职工互助互济活动;各有关单位要将《市政府办公室转发市总工会等部门〈关于完善市区特困职工帮扶救助机制实施意见〉的通知》(通政办发〔2004〕132号文件)精神落到实处。地方财政每年要安排一定的资金支持工会开展各类扶贫帮困工作。要进一步推进再就业工程,支持工会协助政府推进就业、再就业工作,为下岗、失业职工提供更多的培训和就业机会。加强经济结构转型和产业结构升级时职工的系统培训,实现产业工人的有序转业、转行和转岗,减轻社会震荡。各类企业应依法为职工办理各项社会保险,及时足额交纳社会保险费用。各级政府要支持工会做好劳动模范的管理与服务工作,落实劳模政策,每年拨出专款,帮助劳模解决劳模工作、学习、生活中的困难。有条件的地方可以帮助工会建立劳模基金,积极解决他们的特殊困难。

11.支持工会依法维护职工劳动安全卫生权益。各级党委、政府要支持工会依法行使对用工单位劳动安全卫生情况的监督权。政府在制定劳动安全卫生政策、计划和措施时,应听取工会的意见。工会有权对企业新建、扩建工程的劳动安全卫生设施与主体工程同时设计、同时施工、同时竣工验收使用进行监督,并依法参加职工伤亡事故的调查处理。有关部门要督促企业认真执行国家有关劳动保护的法律法规和政策,不断改善职工的劳动安全卫生条件,把劳动保护措施落实到企业生产经营的各个环节。对漠视安全生产和劳动保护等突出问题必须坚决予以纠正,造成严重后果的必须依法惩处。

12.支持工会依法维护职工精神文化权益。各级党委、政府要支持工会深入开展职工素质提高工程和群众性经济技术创新工程,充分发挥工会组织在推动南通跨越发展中的重要作用。各级政府要把职业培训纳入经济社会发展规划,督促企事业单位建立和完善职业技能培训制度。要鼓励各级工会广泛开展“创建五一文明示范班组(岗)、争当文明职工,创建学习型组织、争做知识型职工”和“创业、创新、创优”竞赛活动,增强职工的就业能力、创新能力和创业能力,凝聚广大职工群众共谋经济发展,共享改革成果,共创美好生活。各类企业应该把职工文化体育活动纳入职工教育和企业文化建设的重要内容,满足职工日益增长的文化需求。

四、切实加强和改进党对工会工作的领导,为工会开展工作提供有力保障

13.全面加强党对工会工作的领导，政治上把关定向，使工会工作更好地服从和服务于改革发展大局。要健全完善工作机制，为做好工会工作提供有效的制度保障；要选优配强工会领导班子，增强工会组织的凝聚力和战斗力；要推动工会组织加强自身建设，提高工作水平；发挥好党联系职工群众的桥梁纽带作用，为提高党的执政能力奠定基础。

14.支持工会独立自主创造性地开展工作。各级党委要认真研究新时期工会工作的特点和规律，把工会工作列入重要议事日程，纳入党建目标责任制进行管理。坚持和完善定期研究工会工作制度。市、县(市)区委至少每两年召开一次工会工作会议，党委常委会每年要专门听取一至两次工会工作汇报，研究解决工会工作中的重大问题。建立健全各级政府与工会的联席会议制度和人大与工会的联系制度，认真研究解决工会反映的涉及职工群众利益和工会工作中的问题。各级党委政府要以制度形式保障工会在有关立法和和政策制定过程中的地位与作用，支持工会参与国家和社会事务管理。各级党委、政府召开有关会议，研究讨论涉及职工切身利益的重大方针政策时，应吸收同级工会负责人参加。凡涉及职工切实利益的重要改革，有关工作机构要有工会成员参加；凡涉及职工切身利益的政策措施的出台，要认真听取工会方面的意见和建议，并建立情况反馈制度。要积极探索在不同所有制企事业单位中工会民主参与和民主监督的有效途径。

15.落实工会经费的依法拨缴工作，为工会开展活动提供必要的物质条件。工会经费是工会开展活动的资金保障，各级机关、各类企事业单位均应按《工会法》的规定，按时足额拨缴工会经费，不得拖延或者拒不拨缴。任何单位不得侵占、截留、挪用应当收缴或上解的工会经费。要支持工会实现工会经费收缴途径和方式的创新，努力帮助同级工会解决经费不足的问题，为工会开展活动提供必要的物质条件。各级劳动财政、税务审计、统计和工商等部门应当协助和支持工会依法收缴经费。由财政拨款的机关、事业单位的工会经费，应当列入本级财政预算，凡财政拨款的机关事业单位工会经费，统一由财政部门将各单位应上解的部分直接拨付同级工会。基层工会留成的经费应交基层工会严格管理、合理安排、独立使用，确保基层工会活动的正常开展，更好地为职工服务。对于无正当理由拖延拨缴工会经费的行为，基层工会或上级工会可以向当地人民法院申请支付令；拒不执行支付令的，工会可以依法申请人民法院强制执行。地方总工会所属的职工文化、体育、教育和疗(休)养设施，应当列入享受同类社会公益设施的待遇，按照国家规定享受同类社会公益的待遇，在城市建设规划中不得任意侵占；确需易地重建的，政府或有关单位应当确保迁建所需土地和资金补偿。

16.切实加强工会领导班子建设。各级党委要根据中央和省委关于加强工会领导班子建设的要求，选优配强工会主席。城市产业工会和乡镇(街道)工会可按同级党政副职配备专职工会主席，也可由分管副书记兼任工会主席，并配备专职副主席；社区、村和企事业单位工会主席应按同级党政副职配备。城市产业工会、乡镇(街道)工会应配备1–2名专职工会干部。企事业单位应按规定配备专职工会干部。认真落实工会协管干部的规定。党委在选配工会领导干部时，邀请上一级工会参与考察，充分听取上一级工会的意见。确因工作需要调整任期内的工会负责人，必须征得上一级工会的同意。要通盘考虑工会机关干部教育、培训、交流和使用。企业主要行政负责人不得兼任工会主席；非公有制企业的业主及其配偶、近亲属不得作为本企业工会领导成员的人选。企业工会主席、副主席在任期内不得任意解除其劳动合同，合同到期的应予续签。在有条件的基层工会开展工会主席直选试点，积极探索由上级工会向非公企业单位选派工会干部的做法。

17.各级党政领导要关心工运事业的发展，积极参加工会的重大活动。各级党校要开设工运理论课程，把工运理论、《工会法》、“一法五条例”等有关知识列入领导干部培训内容，增强党政干部贯彻全心全意依靠工人阶级根本方针的自觉性。政府职能部门要适时举办企业经营者的有关劳动法律法规知识的培训班，提高经营者法律意识。党委宣传部门和新闻媒体要加强对工会工作和劳动模范、先进人物的宣传，为工会开展工作营造良好的舆论氛围。各级党委在加强工会干部管理的同时，对工作有创新、成绩突出者，要给予表彰奖励；对因履行职责受到不公正待遇、遭到打击报复的工会干部，党组织和上级工会要依法给予保护和支持，对情节严重的有关人员要追究责任。

18.各级工会要切实加强自身建设。各级工会组织要自觉接受党的领导，及时把市委、市政府的决策部署贯彻落实到工会工作中去。要坚持解放思想、实事求是、与时俱进，勇于和善于根据实践的要求，不断进行创新，努力提高依法维权的水平和能力，大力推进工会工作的群众化、民主化、法制化建设，当好党的方针政策的忠实执行者和职工群众权益的代表维护者，努力把工会建设成为坚持党的领导、实践“三个代表”、服务工作大局、切实履行职责的“职工之家”。

各级党委、政府和企事业单位要根据本《意见》制定切实可行的实施办法。

市委办公室　市政府办公室
关于深入推进厂务公开工作的意见

通办发〔2005〕58 号

(2005 年 7 月 14 日)

我市厂务公开实行 6 年多来，取得了重要的阶段性成果，目前全市厂务公开民主管理工作呈现出全面推进、逐步规范、不断深化的发展势头。厂务公开民主管理制度的推行，加强了企业管理，降低了生产成本，扩大了基层民主，强化了群众监督，保障了职工的合法权益，有力地促进了全市改革发展稳定大局。为推动这项工作跃上新台阶，充分发挥厂务公开在推进我市实现“两个率先”和构建和谐南通中的重要作用，现根据中共中央办公厅、国务院办公厅《关于在国有企业、集体企业及其控股企业深入实行厂务公开制度的通知》(中办发〔2002〕13 号)、省委办公厅、省政府办公厅《关于深入实行厂务公开制度的意见》(苏办〔2003〕45 号)以及 2005 年全省厂务公开经验交流会议精神，就全市深入推进厂务公开工作提出如下意见：

一、深入实行厂务公开的指导思想

坚持以“三个代表”重要思想为指导，认真贯彻党的十六届三中、四中全会精神，按照“三个文明”协调发展和构建社会主义和谐社会的要求，坚持以人为本的科学理念，坚持以促进企事业单位健康发展、提升职工群众满意度为衡量标准，建立健全组织领导、民主决策、科学管理机制，坚持厂务公开与建立现代企业制度、完善企业法人治理结构、加强基层党的建设、领导班子建设、党风廉政建设、职工队伍建设等有机结合，积极推动厂务公开工作向更广领域、更高层次迈进，为实现我市经济社会事业全面、协调、可持续发展作出新的贡献。

二、深入实行厂务公开的目标要求

到 2006 年底，力争在全市实现以下目标：公有制企业单位厂务公开在全面推行的基础上得到进一步深化；事业单位事务公开面达到 98%以上；独立建工会的非公企业厂务公开基本普及，大量小而散的非公企业通过区域职代会、行业职代会的形式，初步实行厂务公开。

对各类企事业单位厂务公开的具体要求是：

(一)着力提高国有、集体及其控股企业厂务公开的针对性和实效性。认真修订原有的厂务公开民主管理制度，充实内容，完善标准，健全责任制。抓住企业改革发展稳定的重点和职工关注的热点，不断深化厂务公开的内容。重视厂务公开民主管理制度、机制的完善与创新，按照以人为本的现代管理理念和劳资和谐共事的要求，调整和完善企业组织体制、管理机制。坚持将厂务公开的具体要求贯穿于企业生产经营管理的重要环节和全过程之中，与企业各项经营决策和管理活动、党风廉政建设、领导班子建设等紧密结合，相互促进，协调发挥作用。坚持将落实厂务公开的责任切实体现在企业各个职能部门、各位管理人员的目标责任制和岗位职责中，加强检查考核。积极借鉴ISO9000质量管理体系和社会责任认证标准，在规范公开程序和深化公开内容的结合上加强探索和实践。

（二）全面加强改制企业的厂务公开民主管理工作。改制工作必须坚持“阳光操作”，要坚持将企业改制政策、改制方案、资产评估、债权债务、调整劳动关系的办法和措施等重大事项，及时、全过程地向职工进行公开，让职工广泛参与、全程监督，防止违规操作、国有资产流失、侵害职工合法权益等现象的发生和发展。改制过程必须严格履行民主程序，依据法律法规和政策规定，落实职代会对企业改制方案的审议权，对改制分流方案和调整劳动关系的办法、措施的审议通过权，以及对国有资产的监督权。着力做好改制后的厂务公开民主管理制度的调整、续建工作，及时调整职代会职权，健全完善职代会制度，使职代会成为改制企业新的法人治理结构中不可或缺的重要组成部分，与股东大会、董事会等分工明确，和谐运作，发挥职代会民主决策、民主管理、民主监督作用；健全完善平等协商、集体合同制度，实现职工与企业对劳动报酬、劳动合同管理、奖惩与裁员等劳动关系重大事项的共商共决，逐步建立健全企业内部和谐的利益协调机制；要建立健全职工董事、职工监事制度，畅通职工对企业生产经营决策和管理的高层参与、源头监督渠道。

（三）积极推进非公企业加快实行厂务公开民主管理。针对非公企业在规模、管理水平、业主与职工素质、工会工作基础等方面差异较大，且有私营、外资企业之分的特点，注重因企制宜，分类指导，讲求实效。推动私营企业实行厂务公开民主管理，在公开内容上，应主要公开有关涉及劳动关系事项，先从劳动报酬、保险金缴纳、劳动安全卫生、职工奖惩、企业规章制度等关系职工切身利益的事项入手，逐步向企业其他事项延伸。在公开形式上，可从公开栏起步，逐步建立民主管理小组、职代会、民主协商恳谈会等；也可以从建立平等协商和集体合同制度起步，因为平等协商和集体合同有法律法规可依，有国际惯例可循，有实践经验可鉴，私营企业主一般易于接受。推动外资企业实行厂务公开民主管理，要多宣传人本管理和管理民主，多借鉴国际惯例，多强调依法进行，多结合企业文化建设和履行企业应尽的社会责任。

（四）进一步加强学校、医院等事业单位事务公开民主管理工作。学校、医院、科研院所等事业单位要充分发挥党政组织比较健全，管理制度比较完善，干部职工文化层次高、参与意识强的优势，不断提高事务公开水平。

三、突出公开重点，提高公开质量和群众满意度

苏办〔2003〕45号文件规定了各类企事业单位厂务公开的主要内容。有关企事业单位在具体开展厂务公开时，要突出重点，提高公开内容的针对性、及时性和真实性，提升公开质量和群众满意度。要根据形势的发展、企业的实际和职工的要求，把工资分配、社会保障、人事用工、安全生产等方面的内容作为公开的重点。要推进各类企业加强对涉及劳动关系和职工切身利益问题的公开，进一步建立和完善工会与企业就劳动关系问题进行平等协商制度，推动各类企业逐步建立和完善市场经济条件下职工参与协调劳动关系和参与工资分配的机制。要认真宣传贯彻《江苏省工资支付条例》和《江苏省集体合同条例》，保护好广大职工的基本权益和积极性，促进企业的改革和发展。国有、集体及其控股的企事业单位要继续坚持职代会民主评议领导干部、企业业务招待费向职代会报告、采购公开、工程项目招标、廉政情况公开制度,2005年起将企业领导人年薪制情况作为厂务公开的重要内容。改制企事业要将企业改制政策、改制方案、资产评估、债权债务和涉及职工切身利益的其他重大事项,作为公开重点,自觉接受监督。非公企业可将本单位的规章制度,劳动法律法规执行情况,劳动合同、集体合同签订和履行情况,职工收益方案、分配情况,辞退和处分职工情况及理由,职工养老、失业、医疗等社会保险费的缴纳情况,劳动安全卫生保护情况,企业经营者和工会经过协商同意公开的其他事项等八个方面的内容,作为公开的重点。同时,要认真听取职工群众对厂务公开的意见和建议,根据职工要求和单位实际,抓好其他方面内容的公开。

四、进一步建立健全厂务公开运行机制

(一)企事业单位主要负责人是实施厂务公开的第一责任人。企事业单位要建立健全由党政负责人、工会主席及有关部门负责人组成的厂务公开领导小组,由党委负责人任组长;尚未建立党组织的,由行政负责人任组长。企事业单位厂务公开领导小组的主要职责是:1. 主持制定本单位实施厂务公开的具体办法和厂务公开责任考核制度;2.对每次拟公开的重大内容事项进行审定;3.分解落实厂务公开的具体任务,并进行指导和协调;4.对厂务公开责任部门履行职责情况进行考核,并与奖金、分配等挂钩;5.及时研究解决厂务公开制度实施中出现的新情况新问题。领导小组下设办公室,具体承办实行厂务公开的日常工作。企事业单位可以结合实际,从有利于厂务公开工作出发,确定相关的牵头部门。各类企事业单位都应制定或完善厂务公开实施办法,明确公开的程序、内容、范围、时间、方式、责任部门、责任人等。车间、班组也要建立相应的内部事务公开制度。

(二)企事业单位行政是实行厂务公开的主体。企事业单位要把厂务公开工作纳入本单位的总体工作目标,逐级分解,责任到人。要支持所属部门开展厂务公开日常工作,按照公开的程序、内容,保证公开的真实性和及时性,帮助协调解决问题,确保厂务公开工作取得实效。

(三)企事业单位应建立健全由工会(设有纪检监察部门的单位应由纪检监察部门和工会)牵头、有关部门和职工代表组成的厂务公开监督小组,主要负责监督公开内容是否真实,公开时间是否及时,公开程序是否符合规定,职工意见是否得到落实,是否组织职工定期对厂务公开进行检查和评议。

五、进一步加强对厂务公开工作的组织领导

(一)要进一步坚持和完善党委统一领导,党政共同负责、纪检(监察)、组织、经贸、国资、工会等有关方面齐抓共管的领导体制和工作机制,明确责任,各负其责,形成合力。各级党委、政府和工会组织要把深入实行厂务公开切实摆上重要议事日程,纳入全局工作,统一部署、统一检查考核。要根据形势发展对厂务公开提出的新任务新要求,及时调整、充实各级厂务公开协调小组,进一步加强协调领导和工作指导。各级工会组织要承担起厂务公开协调小组办公室的日常工作。

(二)进一步完善定期报告制度。各级厂务公开协调小组成员单位要明确职责,分工合作,结合各自职能确定推进厂务公开的目标、重点和任务,加强对厂务公开工作的督导，每年向同级厂务公开协调小组报告一次工作。国有、集体及其控股企事业单位，要按照市委《关于建立、健全教育、制度、监督并重的惩治和预防腐败体系的决定》（通委发〔2004〕14号）的要求，认真落实报告制度，及时研究和解决工作中存在的问题。

（三）加大检查考核力度。各级厂务公开协调小组每年至少对所辖企事业单位实行厂务公开情况进行一次检查考核。对检查考核结果，务求做到定性准确、分析完整、督办及时。要将考评结果与干部业绩、评先评优有机结合，对国有、集体及其控股企事业厂务公开的考核结果，要作为调整班子和对领导人员业绩评价、任免、奖惩的重要依据；对非公企业事业单位厂务公开的检查考核结果，要作为评价经营管理者的重要依据。凡是厂务公开没有达到合格要求的单位，不能参加各项综合先进评比，其主要负责人也不得作为市级以上劳模和先进工作者评选对象。

（四）建立健全责任追究制度。各级要结合实际，从有利于推动南通经济发展、构建和谐南通大局出发，建立厂务公开责任追究制。对违反规定，拒不实行厂务公开，或在厂务公开中弄虚作假、严重侵害职工民主权利，导致干群关系紧张、矛盾激化、情节严重的责任单位、责任人，要依据有关法律、法规和党纪政纪的规定以及《南通市厂务公开工作责任追究制度》（通厂开组〔2005〕4号）实行责任追究，维护厂务公开工作的严肃性，确保厂务公开工作有序推进。

市政府办公室关于为原市属企业改制分流的部分困难职工发放生活补助费的通知

通政办发〔2005〕64 号

（2005 年 6 月 10 日）

根据年初确定的为民办实事工作安排，市政府决定为原市属企业改制分流的部分困难职工发放生活补助费。现就有关事项通知如下：

一、困难职工范围和补助标准

1.对原市属企业改制（含破产、关闭，下同）时工龄已满 30 年，未领取经济补偿金、失业保险金和生活费，办理了协保手续，并在市劳动事务所挂靠的人员，自 2005 年 7 月起，按每人每月 240 元的标准发放生活补助费。

2.对原市属企业改制或下岗职工出“中心”时，符合续保、协保条件，未领取经济补偿金、失业保险金和生活费，办理了续保、协保手续，现由市劳动保障服务中心管理或在市劳动事务所挂靠，年龄已达女 45 周岁、男 55 周岁且未再就业的人员，自 2005 年 7 月起，按每人每月 240 元的标准发放生活补助费。

2005 年 7 月 1 日以后达到女 45 周岁、男 55 周岁规定年龄，且未再就业的人员，从到龄的次月起发放生活补助费。

3.对原市属企业改制或下岗职工出“中心”时办理了定补手续，但月生活费标准低于 240 元的人员，自 2005 年 7 月起，将月生活费补足到 240 元。

二、资金支付渠道和发放办法

1.上述人员生活补助费的支付渠道与定补、协保人员续保费、协保费支付渠道相同。

2.上述人员的生活补助费，由市劳动保障服务中心和市劳动事务所通过银行按月发放到人。

关于进一步扩大南通市市区廉租住房保障受益面的通知

通房发〔2005〕118 号

各县(市)、区人民政府,市各委、办、局,各有关单位:

为了进一步健全我市住房保障体系,切实解决低收入困难家庭的住房问题,根据国务院转发建设部等部门《关于做好稳定住房价格工作的意见》、省政府《关于稳定住房价格的通知》和建设部、民政部《城镇最低收入家庭廉租住房申请、审核及退出管理办法》等文件精神,结合我市市区实际情况,经市政府同意,现对进一步扩大廉租住房保障受益面的有关内容通知如下:

一、南通市市区廉租住房租金补贴对象,扩大到人均住房建筑面积低于 15 平方米(含)或使用面积低于 12 平方米(含),并且申请人上一年度家庭人均月收入低于 500 元(含)的南通市市区非农业户口家庭。

二、申请廉租住房保障时,住房面积按照申请人家庭全部房屋面积合并计算。全部房屋包括家庭成员名下所有的公房和私房等(含拆迁、出售、转让等已作处置的房屋)。

三、申请廉租住房保障时,按居住地有本市市区非农业户口的家庭人口计算。家庭人口包括夫妻双方及未婚子女,以及具有法定赡养关系且实际居住一处共同生活的老人。

四、申请廉租住房保障时,应向市房产管理局提出申请,如实填报《南通市市区城镇廉租住房申请表》,并提交以下材料:

1.家庭成员身份证(原件及复印件)

2.家庭成员户口簿、结婚证(原件及复印件)

3.现住房以及涉及的相关住房产权证或使用证、拆迁合同(原件及复印件);

4.居住地街道(社会保障所)或单位出具的家庭成员住房及经济收入证明;

5.低保证、特困证等需要提交的其他证明。

五、廉租住房保障实行个人申报与镇、街道、社区推荐相结合的申请办法。南通市房产管理局收到个人申请材料和社区推荐材料后,5 个工作日内受理。对已受理的申请对象实行两级公示制度,即在夫妻双方工作单位(或居住地社区)和新闻媒体分别进行公示,公示期限各 15 日。经公示无异议或者异议不成立的,予以审批。

六、廉租住房租金补贴标准,按所租住房实际租金在不超过家庭住房面积控制标准范围内进行补贴,每平方米使用面积月补贴租金 10 元。

廉租住房家庭使用面积控制标准为:单身家庭 20 平方米、两人家庭 32 平方米、三人家庭 42 平方米、四人及其以上家庭 48 平方米。家庭原有公房、私房面积,在计算租金补贴时予以扣减。

七、已准予廉租住房租金补贴的家庭,须与市房产管理局签订《廉租住房租金补贴协议》,明确住房租金补贴标准、停止廉租住房补贴、退出廉租房的规定及违约责任。廉租住房租金补贴家庭须根据协议约定，在市场上选择适当的住房（租赁直系亲属的除外），与出租人签订住房租赁合同，经“南通市房地产交易所”登记备案后，可取得《南通市市区城镇廉租住房租金补贴领取证》，按时按标准领取租金补贴款。租金补贴款原则上按季度核发。

八、建立租金减免及统计制度。符合租金核减条件的住房困难家庭，由市房管局出具租金核减认定证明，到房屋产权单位办理租金核减手续。房屋产权单位应当按季度向市房产管理局填报南通市住房困难家庭租金减免情况统计表。

九、廉租住房保障实行动态管理和年度复核制度。廉租户应当按规定向市房产管理局如实申报家庭收入、家庭人口及住房变动情况。市房产管理局会同有关部门对其申报情况进行定期核查，并按照复核结果，调整保障水平或取消保障资格，并在5日内书面通知廉租住房保障户。

十、廉租住房保障实行诚信申报制度。申请人及其家庭成员申报材料不实、不在申报的租赁住房处居住，一经查实，申请人必须退出有关补贴款，市房管局将取消其住房保障资格，并今后不得再享受住房保障方面的优惠政策。对故意出具虚假证明的单位，市有关部门、单位应追究有关人员的责任。

十一、本通知自2005年9月1日起实施。

南通市房产管理局　南通市财政局　南通市民政局
南通市总工会　南通市地方税务局
二〇〇五年八月十六日

市政府关于对市区持独生子女父母光荣证退休的企业职工实行一次性奖励的实施意见

通政发〔2007〕84 号

(2007 年 11 月 9 日)

崇川区、港闸区人民政府,市经济技术开发区管委会,市有关部门和单位:

根据《江苏省人口与计划生育条例》和《省政府关于对持独生子女父母光荣证退休的企业职工实行一次性奖励的实施意见》(苏政发〔2006〕4 号)的规定,市政府决定对市区(含崇川区、港闸区、南通经济技术开发区,下同)持《持独生子女父母光荣证》(《独生子女证》)退休的企业职工(以下简称持证退休职工)实行一次性奖励。现提出如下实施意见:

一、奖励对象

(一)独生子女在 1963 年 1 月 1 日以后出生的持证退休职工(不含省部属企业职工),且符合以下条件之一的:

1.2002 年 12 月 1 日以后在本市市区退休,参加城镇职工基本养老保险且退休时未享受加发 5%退休金待遇;

2.2002 年 11 月 30 日前在本市市区退休,未享受加发 5%退休金待遇的持证参保退休职工。

(二)已享受加发 5%退休金待遇的持证退休职工,不再发放一次性奖励金。

(三)已参照《南通市实施〈江苏省人口与计划生育条例〉办法》(通政发〔2003〕108 号)在退休时办理了补充养老保险或享受了超过 3200 元一次性奖励的,不再发放一次性奖金;享受一次性奖励金不足 3200 元的,予以补足。

(四)符合以上奖励条件的持证退休职工已死亡的,予以补发。

(五)终身无子女的退休职工可参照享受。

二、奖励标准

一次性奖励的标准为每人 3200 元。

三、资金来源

(一)2007 年 12 月 31 日前办理退休手续的持证职工的一次性奖励资金来源:

在市统筹的生育基金历年结余中先行支付 50%,其余 50%由市、区财政分别承担,其中市区社保体制改革之前的区属企业由区级财政承担。

(二)2008 年 1 月 1 日后办理退休手续的持证职工的一次性奖励资金来源,按苏政发〔2006〕4 号精神执行:

1.持证退休职工的一次性奖励金由退休时所在企业支付,允许税前列支,并参照独生子女补贴免征有关税收。

2.兼并、转让、改制企业持证退休职工的一次性奖励金,由兼并、转让、改制后的企业支付。其中连续两年亏损的的企业,可向市持证退休企业职工一次性奖励工作领导小组办公室(设在市人口计生委)申报,经委托中介审计、领导小组核准后,其持证退休职工的一次性奖励金由市、区财政分别支付。

3.依法实施破产企业持证退休职工的一次性奖励金,在破产清算经费中列支。

4.定补、续保、保养、协保等各类性质的持证退休职工一次性奖励金,由市、区财政分别解决。

四、确认及发放程序

(一)2007 年 12 月 31 日前办理退休手续的

1.本人凭身份证、户口簿、独生子女父母光荣证(或独生子女证)、职工退休养老证及子女身份证到原企业或现居住地镇(街道、场)计生办提出申请,并填写持证退休企业职工享受一次性奖励申报表;

2.镇(街道、场)计生和劳动社保部门联合初审;

3.在现居住地社区张榜公示 7 天;

4.公示期满后无异议的,由镇(街道、场)计生部门将申报材料报区人口计生部门;区人口计生部门复核后,将申报材料报市一次性奖励工作领导小组办公室审核;

5.对符合条件的,一次性奖励金直接打入奖励对象养老金账户。

(二)2008 年 1 月 1 日后办理退休手续的

1.属企业支付的

(1)本人凭身份证、独生子女父母光荣证(或独生子女证)及子女身份证向所在企业提出申请;

(2)企业初审并公示 7 天;

(3)对无异议的,经所在地街道(镇、场)计生办核准后,由企业按标准直接发放给本人。

2.属财政支付的

(1)连续两年亏损的企业,经领导小组审核确认后,该企业持证退休职工的一次性奖励金直接打入奖励对象养老金账户。

(2)定补、续保、保养、协保等各类性质的持证退休职工的一次性奖励金直接打入奖励对象养老金账户。

五、组织管理

(一)加强组织领导。领导小组办公室要认真制订方案,精心组织实施。国资、经贸、发改、人口计生、财政、劳动保障、国税、地税、工会等部门和单位,要加强协调配合;相关企业要积极筹措资金,共同做好有关工作。

(二)严格监督管理。各有关部门、新闻媒体,要加强对持证退休职工一次性奖励工作的宣传,使广大职工了解发放一次性奖励金的有关政策规定,增强落实这项政策的自觉性。各有关部门要加强督促检查,确保及时兑现奖励金,切实做到公开透明、公平公正,依法维护实行计划生育职工的合法权益。对享受一次性奖励金后发现有弄虚作假等现象的对象,应及时追回奖励金并按有关规定处理。

(三)各县(市)可参照本意见执行。

市政府办公室关于做好市区惠民医疗工作的意见

通政办发〔2007〕170号

(2007年12月26日)

崇川区、港闸区人民政府,南通经济技术开发区管委会,市各有关部门和单位:

为认真贯彻党的十七大精神,着力保障和改善民生,解决困难群体基本医疗问题,增加社会和谐,经市政府同意,现就做好市区惠民医疗工作提出如下意见:

一、指导思想

坚持以党的十七大精神和科学发展观为指导,围绕构建社会和谐新南通的总体要求,认真做好惠民医疗各项基础工作,充分体现党和政府对困难群体健康的关心和爱护,尽可能满足困难群体的基本医疗需求,进一步缓解困难群体看病难、看病贵的矛盾,为我市加快实现全面小康、全面腾飞和构建和谐南通营造良好社会环境。

二、惠民医疗的对象、病种

市区惠民医疗服务的对象主要为南通市区(含崇川区、港闸区和市经济技术开发区)的城市最低生活保障对象、重点优抚对象(市民政局确定)、特困职工及其家庭成员(市总工会确定)等。惠民医疗服务的病种主要为常见病、多发病;国家法定传染病的救治费用,按有关规定和支付渠道给予救助。

三、惠民医疗服务体系

(一)一级网络:以布局合理为前提,选择符合条件的社区卫生服务中心(站)设立惠民门诊,承担惠民对象的门诊基本医疗任务。设有床位的也可承担住院服务。

(二)二级网络:选择市区部分医院承担就近惠民对象的门、急诊及住院基本医疗服务;二级以上公立医院设立惠民病床(不少于本院总床位数的5%)。

(三)三级网络:确定南通市第二人民医院、南通市虹桥医院为南通市区惠民定点医院,承担惠民对象的门、急诊和住院基本医疗服务。

四、惠民医疗的基本程序

(一)惠民医疗对象因病需要医疗救治的,持民政部门核发的低保证、重点优抚证或市总工会核发的特困职工证(其中参保者需携带医保IC卡)及市卫生局核发的惠民医疗证,前往确定的惠民门诊首诊,惠民医疗服务机构不得拒诊。惠民医疗对象经一级惠民网络医疗机构门诊诊治后,因病情需进一步检查治疗的,可转至二级或三级惠民医疗服务医院继续治疗,二级、三级惠民医疗服务医院不得拒诊。

(二)惠民医疗对象在市区惠民医疗服务网络内就医时,先按实交纳费用,就医结束后,持相关证件及结算票据复印件到就诊的定点医疗机构财务部门办理费用减免退费手续,医疗机构对照市惠民医疗管理办公室审核下发的名册按标准核退。

五、惠民医疗的相关优惠政策

(一)市区惠民医疗收费按"五免、五减半、两优惠"标准执行:免收普通门诊挂号费、普通门诊诊疗费、门诊注射费、住院诊疗费、基本医疗护理费;普通床位费、检验费、检查费(CT、B 超、心电图、肠镜、胃镜、X 线)、治疗费、手术费等按 50%收取;药品费、材料费按成本收费。

(二)参加市区城镇职工医疗保险的惠民对象在基本医疗保险报支范围内,个人负担较重的,按照市劳动和社会保障局《关于印发<南通市市区低保职工医疗救助暂行办法>的通知》(通劳社医〔2002〕12 号)及市总工会《关于对市区特困职工实行医疗救助的通知》(通工发〔2005〕83 号)等文件的相关规定给予救助。

六、保障措施

(一)加强组织领导。市政府成立由分管副市长任主任,市政府办公室、财政、民政、劳动与社会保障、卫生、物价、总工会等部门和单位负责人参加的惠民医疗工作管理委员会。管理会员会下设办公室,设在市卫生局,负责惠民医疗的日常事务工作,做好惠民医疗的服务质量管理和惠民优惠措施落实的指导和督查。财政部门负责做好惠民医疗资金安排并及时拨付,对资金使用情况进行监督检查。民政部门与市总工会负责做好惠民医疗对象的审核确认工作,对惠民医疗对象名单有变更的,及时通报市卫生局随时变更。劳动与社会保障部门负责做好医疗保险和惠民医疗在政策和工作上的衔接。物价部门负责对惠民医疗服务机构的医疗服务价格和收费行为进行指导和监管。

(二)强化经费保障。惠民医疗所需资金主要通过政府补贴、医疗机构消化、社会捐赠等多渠道筹集。惠民医疗机构减免费用由财政补助,市区惠民定点医院实际减免的费用由财政承担 90%,惠民定点医院承担 10%;其他医疗机构提供惠民医疗减免的费用由财政承担 70%,另 30%自行承担。财政承担的资金,由市、区两级财政按 6:4 分担。惠民医疗机构每半年将实际发生的减免费用按优惠对象户籍所在地分三个区统计上报市惠民医疗工作管理办公室审核,审核通过后将信息分发给三个区惠民医疗工作管理办公室。属财政负担的费用分别由市、区财政按分担比例拨补给定点医疗服务机构。

(三)加强督促检查。各级卫生行政部门要把惠民医疗工作纳入到对相关医疗机构的评估考核体系,定期或不定期对指定医疗机构进行检查,督促其全面执行费用减免优惠政策,保证医疗质量和水平。财政部门要定期对指定医院进行财务审查,对经审核确认的减免费用及时拨付补助资金。承担惠民医疗职能的各级医疗机构要强化服务意识,为优惠对象提供优质、安全、高效的医疗卫生服务,努力让患者满意;要认真执行优惠减免的各项政策规定,防止弄虚作假,确保各项惠民医疗政策的落实。

七、本意见自发文之日起实施。

附件:南通市区惠民医疗服务网络

附件：

南通市区惠民医疗服务网络

一级网络：共34家

崇川区观音山镇社区卫生服务中心
崇川区钟秀街道社区卫生服务中心
崇川区任港街道社区卫生服务中心
崇川区文峰街道社区卫生服务中心
崇川区新城桥街道社区卫生服务中心
崇川区城东街道社区卫生服务中心
崇川区狼山镇社区卫生服务中心
崇川区和平桥街道第一社区卫生服务中心
崇川区虹桥街道第一社区卫生服务中心
崇川区学田社区卫生服务中心
崇川区桃坞路社区卫生服务站
崇川区任港路社区卫生服务站
第一人民医院学田北苑社区卫生服务站
第一人民医院中远路社区卫生服务站
第二人民医院二钢社区卫生服务站
第三人民医院天都花苑社区卫生服务站
第三人民医院城南二村社区卫生服务站
第三人民医院朝晖花园社区卫生服务站
崇川区虹桥医院新桥社区卫生服务站
崇川区濠西社区卫生服务站
崇川区狼山医院剑山社区卫生服务站
崇川区姚港路社区卫生服务站
崇川区城东街道德民社区卫生服务站
崇川区虹桥街道虹桥南村社区卫生服务站
崇川区文峰街道三里墩社区卫生服务站
港闸中心医院
港闸区肾脏病医院
港闸区秦灶医院
港闸区幸福医院
港闸区陈桥医院
港闸区唐闸公园新村社区卫生服务站
市经济技术开发区卫生所
市开发区中兴街道富民社区卫生服务站
市开发区同顺苑社区卫生服务站

二级网络：共11家

南通大学附属医院
南通市第一人民医院
南通市中医院
南通市第三人民医院
南通市肿瘤医院
南通市第四人民医院
南通市肺科医院
南通市老年康复医院
南通瑞慈医院
南通市中西医结合医院
南通市紫琅医院

三级网络：共2家

南通市第二人民医院
南通市虹桥医院

市政府办公室转发市总工会等部门关于提高市以上劳动模范待遇意见的通知

通政办发〔2010〕11号

各县(市)、区人民政府,市经济技术开发区管委会,市各委、办、局,市各直属单位:

市总工会、市民政局、市财政局、市人事局、市劳动和社会保障局、市房管局、市农林局、市委农办等8部门《关于提高市以上劳动模范待遇的意见》已经市政府同意,现转发给你们,请认真贯彻执行。

二〇一〇年一月十八日

关于提高市以上劳动模范待遇的意见

(市总工会　市民政局　市财政局　市人事局
市劳动和社会保障局　市房管局　市农林局　市委农办)

劳动模范是党和国家的宝贵财富,为更好地关心和爱护劳动模范,共建共享社会主义和谐社会,根据省政府办公厅转发的省财政厅、省人事厅、省劳动保障厅、省民政厅、省农林厅、省总工会《关于提高省以上劳动模范待遇的意见》(苏政办发〔2009〕14号)精神,结合我市实际情况,现就提高市以上劳动模范待遇提出如下意见:

一、关于提高省以上劳模待遇

(一)关于低收入生活困难补助金发放问题

1.从2010年起,发放省(部)级劳模(含享受省以上劳模待遇人员,下同)低收入生活困难补助金。省(部)级劳模在职、在岗,其工资收入低于当地企业在岗职工上一年度平均工资水平的,按当地企业在岗职工平均工资水平予以补足;已退休,其基本养老金低于当地上一年度平均水平的,按当地平均水平予以补足;下岗或失业,其生活补助收入低于当地上一年度平均基本养老金水平的,按当地平均基本养老金水平予以补足;农民劳模,其收入低于当地农民上一年度人均纯收入的,按当地农民人均纯收入水平予以补足。

以上所指的基本养老金、工资和生活补助等收入不包括劳模的荣誉津贴。

2.低收入劳模补助金主要用于生活困难的劳模,对有下列情形之一的不予补助:①有劳动能力而不劳动的。男性60周岁以下,女性55周岁以下,失业超过两年的,有劳动能力和就业机会而不就业的。②有资产等其它收入的。有住房、店面出租、再就业等收入合计达到或超过补助标准的。本人月收入较低,但家庭成员月平均收入超过当地平均收入水平1.5倍以上的。③有高档消费现象的。子女自费出国留学(奖学金资助除外)的,饲养名贵宠物,拥有小汽车等高档消费品的。④有缺失劳模先进性,未能保持劳模荣誉的。

3.发放办法:市、县(市、区)工会和人事部门提出符合对象的劳模人员名单和补助金额,经劳动保障部门核实后,由劳模所在的市、县(市、区)财政部门核拨经费,同级工会发放。其中,市区退休省(部)级劳模低收入生活困难补助金委托社保经办机构代发。

(二)关于基本医疗保险待遇问题

因企业破产、改制和特别困难等原因未能进入城镇职工基本医疗保险的企业省以上劳模,由各级工会负责协助办理参保手续。

(三)关于发放荣誉津贴问题

1. 对企业省以上离退休劳模按月发放荣誉津贴,具体标准为:全国劳模每月100元;省、部级劳模每月80元(获得不同级别劳模称号的,享受最高级别的荣誉津贴)。

2. 市区企业省以上劳模荣誉津贴发放办法:劳模本人填写《劳模荣誉津贴申报表》、市总工会确认劳模资格、市财政审核备案、委托市社保经办机构发放,年终社保经办机构根据发放金额与市财政结算,由市财政按实拨付社保经办机构。

(四)关于就业问题

原则上企业省以上劳模不下岗,所在企业因破产、改制等原因致使劳模必须分流的,由企业主管部门负责优先安排合适岗位。无主管部门下岗分流的企业省以上劳模,由市、县(市、区)劳动保障等部门协调安排合适岗位。

(五)关于改善企业劳模住房条件问题

对住房面积低于当地城镇住房保障水平的企业省以上劳模家庭,符合经济适用房、廉租住房保障条件的,应当优先解决。

二、关于提高市劳模待遇

(一)建立市劳模帮扶资金制度

市劳模帮扶资金主要对市区低收入劳模和有特殊困难的劳模进行帮扶。具体发放办法和发放标准由市总工会会同市财政局制定。各县(市、区)也要建立劳模帮扶资金。

(二)建立市劳模春节慰问金制度

从2010年春节起,每年发放市劳模(市劳模是指市人民政府表彰的)春节慰问金,标准为每人400元,由各级工会负责发放。

(三)关于发放荣誉津贴问题

市区企业离退休市级劳模发放荣誉津贴,按月发放荣誉津贴,发放标准为每人每月60元。发放办法参照企业省以上劳模荣誉津贴发放程序。

(四)关于发放老年农业劳模生活补贴问题

对市区老年农业劳模男年满60周岁、女年满55周岁发放生活补贴,发放标准为:全国农业劳模每人每月100元、省部级农业劳模每人每月80元、市级农业劳模每人每月60元。发放办法由各区自行确定。

三、关于劳模各项待遇资金来源渠道

(一)省(部)级劳模低收入生活困难补助金分别由劳模所在县(市、区)及市经济技术开发区承担。其中:市区退休劳模、失业劳模及市属企业在职劳模低收入生活困难补助金由市财政承担。部省属企业劳模低收入生活困难补助金由所在单位自行解决。

(二)因企业破产、改制和特别困难等原因未能进入城镇职工基本医疗保险的企业省以上劳模参保所需资金由市、县(市、区)同级财政解决。

(三)劳模荣誉津贴所需资金原则上由劳模所在市、县(市、区)财政解决。其中市区劳模荣誉津贴所需资金由市财政解决。省部属企业劳模荣誉津贴的资金由劳模所在单位解决。

(四)老年农业劳模生活补贴所需资金,由劳模所在区财政解决。

(五)市和县(市、区)劳模帮扶资金由同级财政解决。

(六)市劳模春节慰问金所需资金分别由市财政部门和劳模所在县(市、区)财政部门核拨。其中,市区部省属和市行政企事业单位在职、退休市劳模及原市属企业退休的市劳模慰问金由市财政承担。省有关部门表彰并明确享受市级劳模待遇的由其所在主管部门予以解决。

上述市区不含通州区,通州区仍按原体制执行。各地已出台的劳模优惠待遇高于上述规定的,可按原规定执行。

自本文件发文之日起通政办发〔2004〕124 号、通政办发〔2005〕105 号、通财行〔2004〕55 号、通工发〔2005〕88 号文件废止。

市政府办公室转发市总工会等部门关于将优秀农民工和缴纳社会保险时间较长的外来农民工纳入市区经济适用住房保障范围的试行意见的通知

通政办发〔2010〕75号

崇川区、港闸区人民政府，市经济技术开发区管委会，市各有关部门：

市政府同意市总工会、市房产管理局、市劳动和社会保障局《关于将优秀农民工和缴纳社会保险时间较长的外来农民工纳入市区经济适用住房保障范围的试行意见》，现转发给你们，请认真贯彻执行。

二〇一〇年五月六日

关于将优秀农民工和缴纳社会保险时间较长的外来农民工纳入市区经济适用住房保障范围的试行意见

（市总工会、市房产管理局、市劳动和社会保障局）

为逐步解决生活在城市中的农民工住房保障问题，充分调动广大农民工投身我市现代化建设的积极性，现就将优秀农民工和缴纳社会保险时间较长的外来农民工纳入市区（暂不含通州区，下同）经济适用住房保障范围提出如下意见：

一、保障对象

（一）在市区工作并缴纳社会保险的下列优秀农民工：

1.在市区务工期间获得市级以上（含市级，下同）党委、政府、农民工工作领导小组、流动人口工作领导小组表彰、嘉奖或授予荣誉称号的；

2.在市区务工期间获得市级以上劳动模范称号或"五一"劳动奖章的；

3.在市区务工期间获得市级以上共青团组织授予的"新长征突击手"或"杰出青年"称号的；

4. 在市区务工期间参加职工职业技能竞赛活动获得市级以上技术能手称号或市级以上竞赛综合成绩前三名的；

5.取得技师以上职业资格证书的；

6.取得高级工职业资格证书并在市区连续缴纳社会保险满2年的。

(二)在市区工作且在市区连续缴纳社会保险达10年以上(不含10年,下同),户籍为外省、市的农民工。

二、保障原则和方式

根据我市现有的住房保障水平和实际承受能力,分步实施、逐步解决市区优秀农民工和缴纳社会保险时间较长的外来农民工的住房保障问题。

市房产管理局和市总工会原则上按市区每年经济适用住房计划总数15%的比例,共同确定每年农民工经济适用住房的配售数量。在符合条件的申请人数超过当年市区经济适用住房可配售数量时,优先供应优秀农民工申请人的住房,对符合条件的其他申请人通过按申请时间的先后顺序、依次轮候解决的方式确定当年的购房者名单。

三、申请条件

符合本意见保障对象范围的农民工申请购买经济适用住房的,还应同时具备下列条件:

(一)申请人及共同申请人(配偶或子女,下同)不少于2人且必须常年在南通市区工作、生活;

(二)申请人及共同申请人在南通市区无住房或人均住房面积低于18平方米(含18平方米,以后随市区经济适用住房申请住房面积条件的调整而相应调整);

(三)优秀农民工申请人及共同申请人的人均月收入低于1400元;在市区连续缴纳社会保险达10年以上的外来农民工申请人及共同申请人的人均月收入低于1200元;以后随市区经济适用住房申请收入条件的调整而相应调整。

四、申请材料

(一)市区优秀农民工申请购买经济适用住房,应当提交下列证明材料:

1、申请人在市区工作期间,获得本意见所规定的荣誉称号(荣誉证书或表彰决定)或职业资格证书原件和复印件,其中取得高级工职业资格证书的,还须提供在本市连续缴纳社会保险满2年的证明材料;

2、申请人及其共同申请人之间法定的抚养、扶养关系证明(户口簿、结婚证)及身份证明的原件和复印件;

3、申请人及其共同申请人所在的工作单位出具的工资单或收入证明原件(无工作单位、无收入的配偶或已成年但未婚且无工作的子女由市区居住地社区居委会出具证明,在本市就学的子女由学校出具证明);

4、申请人所在单位出具的申请人家庭在市区住房情况证明材料原件。

(二)在市区连续缴纳社会保险达10年以上的外来农民工申请购买经济适用住房,应当提交下列证明材料:

1、申请人户籍所在地派出所签发的户口簿(全套)或出具的户籍类型证明原件和复印件;

2、申请人在本市连续缴纳社会保险年限的证明材料;

3、申请人及其共同申请人之间法定的抚养、扶养关系证明(户口簿、结婚证)及身份证明的原件和复印件;

4、申请人及共同申请人所在工作单位出具的工资单或收入证明原件(无工作单位、

无收入的配偶或已成年但未婚且无工作的子女由市区居住地社区居委会出具证明,在本市就学的子女由学校出具证明);

5、申请人所在单位出具的申请人家庭在市区住房情况证明材料原件。

市区优秀农民工和在市区连续缴纳社会保险达10年以上的外来农民工,申请购买经济适用住房应遵循诚信申报的原则,对其填写的购买经济适用住房申请表的内容以及所提供的材料的真实性负责。

五、申请与审核

(一)本人申请。由申请人本人或其所在单位工会到市总工会职工服务中心代为领取购买经济适用住房申请表,由申请人如实填写后递交单位工会(未独立建工会的递交单位行政机构)并提供所需的相应证明材料;

(二)单位调查核实、初审公示。申请人所在单位工会或单位行政机构负责对申请人的身份条件、申请人及共同申请人的人均月收入、在市区的住房等情况进行调查核实,在单位内张榜公示7天后提出初审意见,加盖基层工会和单位公章后报市总工会,调查、审核、公示应在20个工作日内完成;

(三)申请人资格审核。市总工会收到单位工会和单位行政机构报送的初审意见和申请材料后,会同市劳动和社会保障局等有关部门对申请人的申请资格进行审核,并应在20个工作日内将审核结果通知申请人或其所在单位工会;

(四)受理审批。申请人将经过市总工会、市劳动和社会保障局等相关部门资格审核的申请表及所需提交的各种证明材料的原件和复印件一并交市房管局所属的市住房保障发展中心受理登记,市住房保障发展中心负责对申请人提交的各项材料进行最终审核,并将申请人的有关情况在本地媒体上进行不少于10个工作日的集中公示,确认符合条件的,由市房管局发给申请人《购买经济适用住房批准通知书》,并组织配售。

六、监督管理

(一)市区优秀农民工和缴纳社会保险时间较长的外来农民工购买经济适用住房的监督管理工作,由市房产管理局按照《南通市市区经济适用住房管理实施细则》(通政发〔2009〕96号)的相关规定,负责实施。

(二)在市区连续缴纳社会保险达10年以上的外来农民工如需转让所购经济适用住房,房屋申请人和共同申请人均应取得南通市户籍(可按照《市政府关于进一步深入户籍管理制度改革的试行意见》(通政发〔2003〕83号),申请在市区经济适用房所在地落户),并按市政府《南通市市区经济适用住房管理实施细则》(通政发〔2009〕96号)的相关规定执行。

(三)市总工会、市房产管理局、市劳动和社会保障局等相关部门在审核过程中,一旦发现和查实申请人隐瞒实际情况或提供虚假证明材料的,一律取消其申购资格,依法予以处理。对出具虚假证明的单位和机构,将依法追究单位主要领导和相关责任人的行政责任;构成犯罪的,依法追究其刑事责任。

市政府关于印发《南通市市区特困失业人员爱心助保实施办法》的通知

通政规〔2010〕11号

崇川区、港闸区人民政府，市经济技术开发区管委会，市各委、办、局，市各直属单位：

现将《南通市市区特困失业人员爱心助保实施办法》印发给你们，请认真贯彻执行。

二〇一〇年十一月八日

南通市市区特困失业人员爱心助保实施办法

第一条：为帮助市区（含崇川区、港闸区、市经济技术开发区，下同）特困失业人员及时接续基本养老保险关系，缴纳基本养老保险费，使其达到法定退休年龄时能够按月领取养老金，实现老有所养，促进社会和谐，制定本办法。

第二条：爱心助保的帮助对象为市区已参加企业职工基本养老保险，缴费不满15年，因失业等原因中断缴费无力续保缴费的下列人员（不得与社会保险补贴同时享受）：

（一）距法定退休年龄5年以内的就业困难人员；

（二）达到法定退休年龄时无力缴纳断保期间的基本养老保险费的人员；

（三）达到法定退休年龄时累计缴费年限（含视同缴费年限）不足15年，且无力后延续缴基本养老保险费的人员；

（四）因病、因伤、因灾致贫，无力续缴基本养老保险费的灵活就业人员；

（五）其他无力续缴基本养老保险费的困难人员。

第三条：爱心助保的运行规则是自愿申请、审核批准、借资助保、归还本金、免收利息。

第四条：爱心助保的基本方式是政府筹集爱心助保资金。市社会保险基金管理中心向受助对象提供助保借款，帮助其及时接续基本养老保险关系、缴纳基本养老保险费。受助对象达到法定退休年龄、按月领取养老金后，以本人养老金分期归还助保借款本金。

第五条：爱心助保的期限一般不超过5年，受助人原有缴费年限与助保年限之和不得超过15年。

第六条：爱心助保的申请和办理程序：

（一）本人申请。需要助保的特困失业人员须本人至所在社区劳动保障服务站填写《爱心助保申请表》，并提交本人身份证件、《就业失业登记证》、《养老保险手册》等资料。

（二）受理审核。助保申请经社区初审、公示后，提交街道劳动保障服务所复核，复核通过的由街道劳动保障服务所集中报送市社会保险基金管理中心审核。

（三）签订协议。经市社会保险基金管理中心审核符合助保条件的人员，由市社会保险基金管理中心与其签订《爱心助保协议书》。协议书中应载明助保期限、缴费标准、还款方式等内容。

第七条：市劳动力资源服务中心根据助保协议为受助人办理接续基本养老保险关系手续。

第八条：爱心助保的缴费标准：

（一）为受助人缴纳断保期间基本养老保险费的，缴费基数一律按补缴时上年度在岗职工平均工资确定，补缴 2006 年 6 月（含）以前的，缴费比例为 28%，补缴 2006 年 7 月（含）以后的，缴费比例为 20%；

（二）为受助人缴纳后续年份基本养老保险费的，后续年份的缴费基数按照当年公布的灵活就业人员缴费基数确定，缴费比例为 20%。

第九条：爱心助保受助人达到法定退休年龄、办理退休手续后，自领取养老金之月起，按照不超过本人每月养老金总额的 25%，按月归还爱心助保借款本金。市社会保险基金管理中心委托发放养老金的银行在受助人每月领取的养老金中直接划扣。受助人在经济状况好转时，可以提前归还借款本金或一次性还款。

第十条：爱心助保受助人于助保期间或退休后尚未还清助保借款前死亡的，在足额支付其供养直系亲属救济费和一次性抚恤金后，其基本养老保险个人账户仍有余额的，应用于归还助保借款本金。不足部分，由市社会保险基金管理中心办理核销手续。

第十一条：市社会保险基金管理中心应按年度对爱心助保受助人的经济状况进行认证。经认证，确定受助人的困难状况已缓解或消除，已具备缴费能力的，市劳动力资源服务中心在书面通知受助人本人后，可中止助保。

第十二条：爱心助保资金实行专户储存、专账核算、专款专用。爱心助保资金只能用于以下支出：

（一）为受助人缴纳基本养老保险费；

（二）为由于死亡等原因不能还清助保借款本金的受助人核销尚欠借款余额。

第十三条：市人力资源和社会保障部门对爱心助保工作及爱心助保资金的筹集、使用、管理进行指导和监督。市社会保险基金管理中心和市劳动力资源服务中心负责爱心助保的具体工作。

第十四条：本办法自 2011 年 1 月 1 日起施行。

中共南通市委关于进一步加强和改进新时期工会工作的意见

通委发〔2011〕7号

（2011年7月22日）

为深入贯彻落实党的十七大、十七届四中全会精神和《中共江苏省委办公厅印发〈关于加强和改进新形势下工会工作的若干意见〉的通知》（苏办发〔2009〕37号），按照科学发展观的要求，进一步加强和改善对工会工作的领导，切实发挥工会组织和广大职工群众在加快现代化建设进程中的重要作用，现就进一步加强新时期工会工作提出如下意见。

一、深刻认识加强和改进新时期工会工作的重要意义

1.加强和改进工会工作是巩固党的执政基础、扩大党的群众基础的必然要求。工人阶级是我们党最坚实最可靠的阶级基础。工人阶级作为国家领导阶级的地位不能动摇，作为改革开放和现代化建设主力军的作用不能削弱，全心全意依靠工人阶级的根本指导方针不能改变。工会作为党联系工人群众的桥梁和纽带，肩负着密切党同人民群众的血肉联系、不断巩固党的执政基础的政治责任。只有进一步加强和改进工会工作，才能最大限度地把职工群众组织到工会中来，最大限度地把职工群众团结在党的周围，不断扩大党的工作的覆盖面和影响力，增强党的凝聚力和号召力。

2.加强和改进工会工作是加快推进现代化、在新的起点上开创科学发展新局面的根本要求。工人阶级是推动先进生产力发展和社会全面进步的根本力量。实现"加快现代化、再创新辉煌"的目标任务，广大职工群众是主力军，是中坚力量。因此，必须加强和改进工会工作，进一步引导职工群众充分发挥主体作用，最大限度地激发工人阶级的创造活力和劳动热情，把强大的精神动力转化为干事创业的实际行动，为推进经济社会持续快速健康发展贡献智慧和力量。

3.加强和改进工会工作是维护社会稳定、促进社会和谐的现实要求。随着改革开放深入推进和社会结构深刻变动，经济关系、劳动关系日益复杂，职工队伍结构、思想观念、就业方式、利益诉求出现许多新变化新情况。工会组织是职工权益的代表者，在维护职工群众合法权益，协调企业利益与职工利益关系及职工内部不同利益群体关系，营造和谐稳定的劳动关系和发展环境方面具有不可替代的作用。因此，进一步加强和改进工会工作，充分发挥工会组织在构建和谐劳动关系、维护职工合法权益中的重要作用，是完善社会主义市场经济体制的重要内容和内在要求，是新时期工会组织的一项重大而紧迫的任务。

二、充分发挥工会组织在加快现代化建设中的重要作用

4.充分发挥工会组织在推动经济转型升级中的重要作用。工人阶级是先进生产力和生产关系的代表,是推动经济转型升级的中坚力量。各级党委、政府要支持工会组织以创建"工人先锋号"为主要载体,大力开展技术创新、节能减排、劳动竞赛等群众性经济技术创新活动,进一步加大政策引导和财政扶持力度;深入开展职工科技创新竞赛活动,坚持把职工科技创新竞赛列入发展创新型经济的重要内容,逐步建立经费保障、成果评选、表彰奖励、待遇落实等配套体系。大力繁荣职工文化和企业文化,组织开展寓教于乐、丰富多彩、健康向上的文体活动,积极支持职工疗休养事业发展。各级政府要坚持把职工职业培训纳入经济社会发展规划,支持工会所属培训机构承担培训工作;对经工会培训的职工和在职工技能比赛中获得名次的职工,经同级人力资源和社会保障局、总工会联合审定后发给其相应的国家职业资格证书。各类企业组织职工开展在岗培训所需资金,按照有关规定足额提取企业职工教育经费并合理使用。建立健全劳模培养选树、评比表彰和管理服务机制,完善劳模政策,落实劳模待遇。各级宣传部门和新闻媒体要积极宣传新时代的劳模精神,坚持用劳模精神引领社会风尚,推动社会进步。

5.充分发挥工会组织在推动社会管理创新中的重要作用。劳动关系和谐是社会稳定的直接体现,是社会管理创新的重要课题。各级党委、政府要重视支持"创建劳动关系和谐企业(工业园区)"活动,坚持将企业劳动关系是否和谐稳定纳入党政目标考核体系,作为企业和企业负责人评先评优的重要内容,推动实现所有建立工会组织的企业普遍参与创建活动。加强以职代会为基本形式的民主管理制度体系建设,各类企事业单位的改革、改制、兼并、破产方案以及其他重大事项,应提交职代会审议,依法保障职工群众的知情权、参与权和监督权。加强劳动法律监督检查,提高法律法规贯彻执行率。加大对安全生产的监督力度,切实保护职工的安全与健康权益。有关部门和各类企业要支持工会依法监督检查,对工会反映的侵犯职工合法权益行为,要及时采取措施坚决予以纠正。要重视工会协调劳动关系的群众组织特性,坚持把劳动争议调处工作纳入社会矛盾纠纷大调解的范围,积极探索劳动争议的调解、仲裁、诉讼与行政司法工作的对接机制,充分发挥工会在企业和区域性劳动争议调解组织中的主体作用,不断提高调处工作的质量和效率,努力把矛盾解决在基层和萌芽状态。

6.充分发挥工会组织在推动改善民生中的重要作用。各级党委、政府要支持工会依法帮助职工解决收入分配、劳动就业、社会保障等方面的问题和困难,督促企业切实履行社会责任,推动实现体面劳动。要大力推进以工资集体协商为重点的集体协商集体合同制度建设,积极推动各类企业普遍建立以工资分配为重点的职工工资共同决定机制、正常增长机制和支付保障机制,努力提高劳动报酬在初次分配中的比重和职工特别是一线职工的工资收入水平。强化企业工会在集体合同签订、工资集体协商中的推进作用。将集体合同签订、工资集体协议签订率列入政府目标考核体系。上级工会要加强对基层工会成员业务培训,指导企业工会委员谈判、签订集体合同和工资集体协议,定期组织对合同内容进行评比。支持工会参与社会保障体系建设,督促各类企业依法为职工缴纳养老、医疗、工伤、生育、失业等基本保险和住房公积金,监督涉及职工群众的基本保障政策的落实。要大力推进落实促进就业和再就业政策,在职工培训、职业介绍、就业援助等方面采取有效措施,促进失业人员实现再就业。要按照党中央、国务院"鼓励有条件的城市将有稳定职业并在城市居住一定年限的农民工逐步纳入城镇住房保障体系”的要求，积极探索推进将优秀农民工和参保时间较长的外来农民工纳入城镇住房保障体系。

三、加强工会服务体系建设，不断增强工会组织服务职工群众的能力水平

7.进一步促进工会事业健康发展。根据国务院《公共文化体育设施条例》的有关规定，工会所属的文化宫、疗养院、职工学校、职工技协等职工服务阵地，可以纳入政府公益事业；工会扶贫帮困、促进就业、职工就业培训等职工服务平台，可以纳入社会公共服务体系，从政策、规划、财力、管理等方面给予支持。

8.进一步完善工会帮扶救助机制。健全完善市、县(市)区工会困难职工帮扶中心，推动园区、开发区、产业(行业)、乡镇(街道)和有条件的村(社区)、企业普遍建立困难职工帮扶工作站(点)，进一步完善工会帮扶救助工作网络，为困难职工提供就业、医疗、住房、生活和子女教育等方面的帮扶。支持工会加强帮扶体系建设，把困难职工帮扶中心纳入社会事业发展规划，并提供必要的经费支持。各级政府要把工会帮扶救助工作纳入社会救助体系，安排专项资金用于困难职工帮扶救助。市、县(市)区总工会可以接受定向用于困难职工帮扶的社会捐赠，捐赠方可以按有关政策规定享受所得税优惠。

9.进一步为工会工作提供必要的物质条件。各级党委、政府应支持工会职工文化、教育、疗养等阵地和设施建设，不断适应广大职工的精神文化需求。在城市规划建设中，不得侵占地方总工会的办公场所及其所属的职工文化教育、疗休养设施，确实需要易地重建的，必须事先征求上级工会意见，并确保迁建土地和补偿资金。政府有关部门应当协助和支持工会依法收缴工会经费，进一步规范完善工会经费税务代收等收缴制度。各类已建会的企业和差额、自收自支事业单位及其他社会组织，要依法及时足额拨缴工会经费；各级政府要按照有关规定要求，将财政拨款的机关、事业单位的工会经费列入财政预算并及时足额划转到地方工会；未依法建立工会的企业和其他社会组织，应当依法及时足额拨缴工会建会筹备金；基层工会留成的经费应严格管理、合理安排、独立使用，确保基层工会活动的正常开展；工会经费应单独建帐，并按工会章程规定管好、用好工会经费和财产。

四、进一步加强和改善党对工会工作的领导

10.切实把工会工作摆上重要位置。坚持党委定期听取工会工作汇报、定期研究工会工作、定期召开工会工作会议制度，认真研究新时期工会工作的特点和规律，切实解决涉及工会工作的重大问题。市、县(市)区党委要坚持定期召开工会工作会议，党委常委会原则上每年要专题听取工会工作汇报，坚持把工运基本理论、劳动保障法律法规列入领导干部教育培训的必修课程。健全完善“党建带工建”长效机制，把加强基层工会建设和健全完善职代会、工资协商、劳动合同等制度，纳入党建和文明单位、和谐企业创建考核评价体系，推动工会工作各项任务的落实。

11.畅通工会源头参与渠道。各级党委、政府应支持工会组织参与社会管理和公共服务，对与职工利益密切相关、工会组织有能力承担的再就业、法律援助、扶贫帮困等服务事项，可以通过规范有效的方式逐步转移或委托给工会组织，并提供必要的保障。研究涉及职工群众切身利益的规章、政策、措施时，应吸收工会参加，听取工会的意见和建议；设立涉及职工切身利益的专门机构，要有工会代表参加。各级人大代表、政协委员中一线职工和工会干部应占有一定的比例；开展劳动法律法规执法检查和专项视察活动，应有同级工会参加。各级政府要明确一名领导联系工会，健全完善各级政府与同级工会的联席会议制度。坚持和完善劳动关系三方协商制度，及时研究解决劳动关系中的突出矛盾和问题。

12.落实工会组织建设目标责任制。各级党委、政府都要重视和支持工会组建，各类机关、企事业单位和其他社会组织都要依法支持职工建立工会和加入工会。国有、集体及其控股企业工会组建工作，由所在地区党委组织部门、国有资产管理部门和产业（系统）、集团公司工会负责；事业单位、机关工会组建工作，由同级党委（党组）和上一级工会负责；民营企业、台港澳企业、外商投资企业和民办非企业单位等各类非公有制经济组织和社会组织的工会组建工作，按照属地管理原则，由所在地党委组织部门、总工会或者开发区党工委、工会负责。

13.选优配强工会领导班子。认真落实中央和省委有关要求，从实际出发，不断完善县（市）区总工会主席按同级副职配备制度。城市产业工会可按同级党政副职配备专职工会主席。非公有经济组织成立党组织的，原则上由党组织负责人兼任工会主席；外资企业比较集中的工业园区和省级以上各类开发区可由分管副书记兼任工会主席，同时配备专职副主席；乡镇（街道）工会可按同级副职配备专职工会主席，也可由分管副书记兼任工会主席，并配备专职副主席和1~2名其他专职工会工作人员。因工作需要聘任的工会工作协理员，由于编制不足无法纳编的，可以纳入社会公益性岗位和社会工作者行列。

14.完善工会干部管理制度。落实工会干部协管规定，制定工会干部协管意见，完善有关协管制度。各级党委在选配工会领导干部时，应当事先征求上一级工会党组的意见，邀请上一级工会党组参与考察，征求意见一般采用书面形式进行。对各级工会主席的配备，要充分考虑有利于工会班子的相对稳定，一般要能够任满一届以上。要高度重视各级工会干部的培养、交流、使用和管理工作，进一步增强工会干部队伍活力。

15.建立科学、合理、健全的工会组织领导体制。要根据南通经济社会发展的实际，不断改进和完善工会的组织领导体制，认真研究和探索经济体制改革过程中如何完善工会的运行机制，在非公企业快速发展的形势下如何扩大工会组织的覆盖面，在加快工业化、城市化的进程中如何整合组织资源，优化组织结构，理顺组织体制，消除工会工作的体制性障碍。要重视国有、集体改制企事业单位工会组织的整顿、重建和巩固工作，不得随意撤并工会组织及其工作机构，不得将工会组织机构与党委、行政的组织机构合并。要适应政府机构改革的要求，适时调整城市产业工会布局，创新城市产业工会组织形式。要根据行业经济组织发展现状，积极稳妥地探索行业工会组织体制和运行机制，逐步构建与政治经济和社会管理体制相适应的区域、产业、行业工会组织管理体制。积极探索和推进在职工人数多、经济比较发达的乡镇（街道）建立总工会，并切实解决好编制和人员配备。

16.努力提高工会组织自身建设水平。各级工会要坚持解放思想，以理论创新推动实践创新，积极探索推进基层工会主席直选、地方工会代表大会代表常任制、基层工会会务公开，不断推进工会组织的群众化、民主化、科学化、法制化进程。广大工会干部要立足服务职工、服务基层，经常深入到基层特别是生产经营困难的企业，广泛联系职工特别是困难职工，真诚倾听职工呼声，真实反映职工群众愿望，真情关心职工群众疾苦，切实为党和政府分忧、为职工群众解难，使工会组织真正成为"职工之家"。

各级党委、政府和企事业单位要根据本《意见》制定切实可行的实施办法。

市政府关于深入推进企业工资集体协商工作的意见

通政发〔2011〕87号

（2011年12月18日）

各县（市）、区人民政府，市经济技术开发区管委会，市各委、办、局，市各直属单位：

为深入贯彻党的十七大和十七届五中全会精神，落实中央、省委和市委关于改革和完善收入分配制度、提高居民收入等一系列重要部署，实现职工收入增长与经济社会发展同步、劳动报酬增长与劳动生产率提高同步的总体目标，根据《省政府办公厅转发省人力资源社会保障厅等部门关于深入推进企业工资集体协商指导意见的通知》（苏政办发〔2011〕110号）和《中共南通市委南通市人民政府印发关于实施城乡居民收入五年倍增计划工作意见的通知》（通委发〔2011〕10号），现就深入推进我市企业工资集体协商工作提出如下意见：

一、统一思想，提高认识，认清推进企业工资集体协商工作的重要性和必要性

工资收入是企业职工主要收入来源，工资分配是职工最直接、最关心、最现实的利益问题。深入推进企业工资集体协商制度，促进企业建立健全工资分配决定机制、正常增长机制和支付保障机制，提高企业职工工资水平，是实施“居民收入倍增计划”和提升“民生幸福指数”的重要载体，是维护职工劳动经济权益、发展和谐劳动关系的有效途径，是建立职工工资民主共决机制的基本形式，是促进企业发展、实现劳资互利共赢的有效机制。近年来，我市在推行企业工资集体协商工作方面取得了一定成绩，但在一些地方和企业仍然存在着发展不够平衡、实效性不够强、职工群众认可度不够高等问题。各地各有关部门要站在推动科学发展、促进社会和谐、实现社会公平正义的高度，充分认识深入推进工资集体协商工作的重要性和必要性，不断推动工资集体协商工作健康、有序发展。

指导思想：以深入贯彻落实科学发展观为统领，以“市场机制调节、企业自主分配、平等协商确定、政府监控指导”为原则，以促进企业发展、保障职工劳动报酬权益为目标，确保职工工资收入与经济发展水平、与劳动生产率同步提高，为发展和谐劳动关系、创新社会管理、建设和谐社会夯实基础。

总体目标：三年内，全市建立工会组织的企业（行业、区域）工资集体协商建制率动态保持在90%以上，其中职工50人以上企业工资集体协商建制率达90%以上；职工50人以下企业通过行业性、区域性工资集体协商实现广覆盖。

二、明确重点，深化措施，提高企业工资集体协商工作的针对性和有效性

（一）抓住关键，切实把握企业工资集体协商工作的重点。

1.围绕提高工资集体协商质量，完善企业工资标准形成机制。对于生产经营正常、经济效益有增长的企业，应根据企业工资指导线协商确定年度职工工资增长幅度。对于不能正常生产经营、面临亏损等生产经营遇到一定困难的企业，在当地最低工资标准的基础上，协商确定本企业的最低工资标准。对于企业经营状况或经济形势发生重大变化时，可以就工资水平的调整进行协商。对于实行特殊工时制的企业，重点协商劳动定额和计件单价，确保90%以上职工在法定工作时间内能够完成并获得合理报酬。

2.围绕职工收入与劳动生产率同步提高，着力构建工资正常增长机制。重点协商确定企业(行业、区域)最低工资标准，劳动定额、计件工价标准，加班工资计算基数等，切实解决职工特别是一线职工工资偏低、增长缓慢等突出问题，企业一线职工工资增幅不低于本企业职工平均工资增幅。充分发挥企业工资集体协商在保障职工劳动经济权益、稳定劳动关系和促进企业发展中的作用。

3.围绕发展创新型经济，全面建立职工创新激励机制。推动企业建立按职工贡献参与企业分配制度，鼓励职工不断提升综合素质，通过开展合理化建议、科技攻关、技术革新和发明创造等活动，提高企业经济效益和工资支付能力，确保职工的创新性劳动获得相应报酬，激发职工的创新热情，实现劳动报酬增长与经济发展水平、劳动生产率同步提高。

(二)深化措施，不断加大企业工资集体协商工作的推进力度。

根据企业规模、管理水平、经营状况等因素，采取单个协商、行业(区域)协商等灵活多样的建制形式，促进各类企业特别是非公有制企业、中小企业以及工业园区、产业集聚地依法普遍开展企业工资集体协商。对未建制的企业，采取友善提示、行政督促等方式推动其开展工资集体协商工作；对不响应企业工资集体协商要约或协商后拒绝签订工资集体合同的企业，按照《市政府办公室关于转发市人力资源和社会保障局〈南通市企业工资预警暂行办法〉的通知》(通政办发〔2011〕103号)的规定实行工资预警；仍拒绝的，由人力资源和社会保障部门责令其在十五日内改正；逾期未改的，依照《江苏省集体合同条例》的规定依法对企业、法定代表人或者主要负责人以及其他直接责任人员予以处罚。各级人力资源和社会保障部门除依法对工资集体协商的合法性进行审查，还要加强对协商过程的监督检查，对协商不成的，应当会同工会组织主动介入，协调处理。因履行企业工资集体协商合同发生的争议，工会组织可以依法申请仲裁、提起诉讼。

三、加强领导，明晰职责，增强推进企业工资集体协商工作的协调性和统筹性

各级政府要切实发挥政府的主导作用，把推进企业工资集体协商工作摆上重要议事日程，努力构建“目标趋同、指导到位、紧密协作”的工作机制，统筹协调，积极推动企业工资集体协商工作健康发展。市政府将成立由分管市长任组长，市人力资源和社会保障局、总工会、企业联合会/企业家协会、工商业联合会等部门和单位组成的市企业工资集体协商工作领导小组，定期分析企业工资集体协商工作进展情况，研究工资集体协商工作中的重大问题。各县(市)、区也要成立相应的组织机构，制定落实相关政策措施，协调解决工资集体协商工作中的矛盾和问题。

各级人力资源和社会保障部门要切实履行职责，组织协调、统筹推进企业工资集体协商工作。加强分析研究职工平均工资、企业人工成本、居民消费价格指数等，定期向社会发布企业工资指导线、劳动力市场工资指导价位、最低工资标准等相关信息，为企业开展企业工资集体协商提供依据。加强对工资集体合同的主体、程序和内容的审查，对企业工资集体协商程序不规范、协商协议中劳动标准条款有缺漏或规定不明确、不合法、不合理的，责令限期改正。将工资集体合同签订及履行情况纳入劳动保障监察书面审查范畴，列入劳动关系和谐企业评价标准和劳动保障守法诚信单位基本准入条件。对妨碍、阻挠企业工资集体协商或打击报复谈判员的违法行为及时制止、依法处理。

各级地方工会组织要加强对企业工资集体协商工作的指导，引导企业工会依法履行协商程序，提高企业工资集体协商水平。加强对工资集体合同的指导，有条件的地区可以建立工资集体合同草案上级工会预审指导制度，把上级工会的指导、服务贯穿于基层、企业开展企业工资集体协商的全过程，不断提高工资集体合同的规范性。深入推进企业工资集体协商“一函六书”制度，即：特别提示函、要约书、回复书、整改建议书、限期改正指令书、工资审查意见书和履约报告书，广泛开展企业工资集体协商“春秋双百日要约”行动，有效提高企业工资集体协商建制率和覆盖面。积极培育企业工资集体协商主体，加强对工资集体协商指导员和谈判员的业务培训，通过集中办班、组织现场观摩等灵活多样的形式，将企业管理、工资分配、财务分析以及谈判技巧等方面的专业知识纳入培训内容，切实帮助其提高能力和水平，为开展工资集体协商工作提供人才支撑和质量保证。企业工会要掌握职工对工资分配的意见建议，通过代表职工参与企业工资集体协商，以理性的方式合理表达利益诉求，恰当有序地行使民主权利，维护劳动关系的和谐稳定。

各级企业联合会/企业家协会、工商业联合会等要引导企业经营者加强有关法律法规和政策学习，提高对企业工资集体协商工作的认识，树立企业工资与职工协商共决的理念，自觉履行社会责任。充分发挥行业代表组织的作用，加强对行业薪酬水平和职工收入变化情况的调查研究，及时了解掌握职工和经营者对工资分配的诉求，为开展行业性、区域性企业工资集体协商创造条件。

建立健全表彰激励和责任追究制度。积极鼓励企业增加职工工资分配，企业通过开展工资集体协商确定的职工工资支出，符合国家税收法律法规有关合理工资薪金规定的，可依法在企业所得税前据实扣除。对推进企业工资集体协商措施有力、工作成效明显的给予表彰奖励；对工作不重视、措施不得力、进展缓慢的予以通报批评。新闻媒体要积极宣传开展工资集体协商的意义，总结推广企业工资集体协商的好典型、好做法，营造浓厚的宣传氛围。

附录三　领导批示、简报

一、中国致公党名誉副主席杨纪珂三次致国务院总理温家宝的信及温家宝的批示

（一）

请金总：安全生产局研究，结果呈告。
温家宝 十二月卅日

尊敬的国务院总理
温家宝同志：

您好！我非常认真，非常兴奋地收着了 3 月 18 日您在人民大会堂的答记者问，最近又听了您在美国一次又一次的讲演，深受启发和鼓舞。我要向您学习，象您一样殚精竭虑，为了我们伟大祖国的繁荣昌盛而贡献自己的力量。

酌秘复

从报导中得知，2003 年 1 月－10 月全国工矿企业共发生伤亡事故 12220 起，死亡 13283 人，这是 13283 个宝贵的生命啊，想到这么多生命仅仅因为安全生产知识的缺乏，工作场所安全措施的不力而惨死，心里很难过。

1996 年在八届全国人民代表大会第四次会议上，我就“为全国企业职工举办安全生产知识电视培训”提出了建议，之后我又九次为职工安全生产知识培训一事不断向各方建议。

1 就职工安全生产知识培训一事给中华全国总工会第一书记张丁华同志等同志写信。

—1996年4月6日

2 就职工安全生产知识培训一事致信国务院副总理吴邦国同志。

—1998年3月2日

3. 就职工安全生产知识培训一事再致信张丁华等同志。

—1998年6月11日

4 就职工安全生产知识培训等工作向江泽民总书记汇报。

—1999年5月8日

5. 就职工安全生产知识培训工作致信国家经贸委主任盛华仁等同志

—1999年5月8日

家 第5623号 2003年12月30日

国务院收文 传10744号 2003年12月30日

印送全国总工会、安全生产局，贵菊、建敏、进玉、尤权同志。

6. 就安全生产监督管理工作中的一些问题和建议致信国务院副总理吴邦国同志。

—1999年11月6日

7 就职工安全生产知识培训工作致信中华全国总工会第一书记张俊九同志。

—1999年12月28日

8. 就职工安全生产知识培训工作一事致全国31个省、市 自治区领导的一封信。

—2001年7月15日

9 就开展职工安全生产知识培训一事再致信吴邦国副总理。

—2003年1月22日

今天，由中华全国总工会和国家安全生产监督局联合主办的职工安全生产知识电视培训，以其内容全面，通俗易懂，可操作性强，深受第一线工人的喜爱，工人们说“电视培训是为他们做了一件实实在在的大好事。2003年全国共有22000多人参加培训，其中贵阳市组织了上百个大中型企业参加培训活动，并有7836名职工取得了安全生产知识电视培训结业证书。另外，山东省组织4000人，江苏省组织4200人，云南、天津、江西、内蒙、沈阳、河北、广东等地也都取得了较好的成绩。当我们在江苏海安县看到一些中小企业的业主，带领本企业的班组长、安全员前来参加培训结业考试的时候，内心很不平静。抓安全生产是维护工人权利的头等大事，我虽耄耋，但精力尚可，我应多尽自己的一分责任，少死伤一个工人，少出一次事故都是了不起的成绩。

近日，中央经济工作会议提出了“切实把有关安全生产的各项工作落到实处”，更使我受到鼓舞。对工人进行安全生产知识培训应长期地、持之以恒地抓下去，一刻也不能松懈，希望在2003年取得成绩的基础上，要更上一层楼。因为对于全国上千万的中小企业职工来说，我们的工作还任重而道远，在这里，我向您请求，向您建议：

1. 依照“安全生产法”“职业病防治法”的要求，在2003年取得了好成绩的工作基础上，请全国总工会和国家安全生产监督管理局继续把电视培训开展下去，这也是认真贯彻落实党的十六大精神的具体体现。如把这种培训常年坚持下去，形成制度，把遵章守纪变成习惯，那将是一件功德无量的大事。

2. 加强培训的组织工作。由于大量非公有制中小企业是安全生产的主要矛盾，因此让这些企业的业主和班组长来参加学习是一件非常有意义事，但是组织起来也不太容易。由于工会有非常完整的组织系统和工作经验，如果能将全国每一个地方工会的积极性都调动起来，象贵阳市和江苏海安县那样下功夫，培训工作必会取得突破性的进展。

以上建议望得到您的批示和支持。

此致

公绥

中国致公党名誉副主席
杨纪珂

二〇〇三年十二月

（二）

中共中央统一战线工作部

统函〔2004〕（一）823 号

转呈致公党中央杨纪珂同志致温家宝总理的信

温家宝总理办公室：

近日，致公党中央名誉副主席杨纪珂致信延东同志，信中就如何在全国继续开展好安全生产知识电视培训工作提出意见建议，并希望转呈温家宝总理。现将来信转去，请酌处。

纪珂同志的意见很好，请国家安监局会同有关部门研究。温家宝 十一月廿日

中央统战部办公厅

2004 年 11 月 25 日

主题词.致公党　杨纪珂　总理　信

国务院收文
传 11973 号
2004年12月2日

家	第5436号
宝	2004年12月2日

尊敬的国务院总理

温家宝同志

您好！2003年12月28日，我曾就关于在全国开展职工安全生产知识电视培训一事给您写信，并提出了一些具体建议，您于2003年12月30日即给予批复，令我深受鼓舞。

2004年，虽然在全国参加电视培训的人数还不太多，但也涌现出一些在安全培训工作方面做得比较踏实的县、市。10月22-25日我与全国总工会、国家安监局的领导和专家赴江苏海安县进行调研，此行所见所闻令我产生了一种紧迫感，一定要尽快向您汇报。

海安县今年共有12426人参加了职工安全生产知识电视培训的学习和考试，其中绝大部分是非公企业的职工。10月23-24日两天，全县分别在146个考场对参训职工进行了考试。我也亲临视察了5个考场，与工人、企业主以及主管安全生产的镇长进行沟通和交流。他们一致认为，安全生产知识培训对国家、对企业、对工人都是一件造福的好事。参加调研的领导专家们对海安县的安全生产知识电视培训工作的评价是“领导重视、责任明确、措施到位，覆盖面大、效果明显”。海安县已连续四年未发生重大和特大事故，未发生一起职工中毒和职业病。

据报道 全国平均每天约380多人丧生于各类事故，每年切断轧碎手臂、手和指头的就多达4万人；全国约有50多万个企业存在着程度不同的职业危害，每年约70万人患各种职业病，尘肺病患者每年大约增加1 2万例，2003年累计达58 9万例。

但是，安全生产知识电视培训这样一个预防为主的基础性培训形式，每年全国只有2-3万人参加，而仅在江苏海安县就能组织1.2万人参训。看来，我的工作还没做好，耄耄之心，深感内疚。在此，我再次向您请求，向您建议

一、海安的经验值得在全国总结推广。请全总和国家安监局总结海安县开展安全生产知识电视培训的方法和经验，介绍给全国各市、县总工会和安监局。

二、依法学习、依法培训。请国家安监局依照《安全生产法》、《职业病防治法》的要求，强制性地要求企业主对所有从业人员进行必要的安全生产知识培训。如果无此强制力，多数企业主就会逃避培训，到头来受到伤害的却是工人。

三、加大组织力度，明确培训要求。请全总和国家安监局对市县组织提出具体要求，把安全生产知识的普及培训，作为一个重点的大事来抓，要制订规划和指标。

四、计划每年培训50-100万名职工。我大胆向您提出一个指标，想在我的有生之年，在全总和安监局的领导下，通过职工安全生产知识电视培训这一培训手段，能达到每年有50-100万职工参训的目标，我将为此而努力奋斗！

家宝同志，一年多来，我与全国总工会张鸣起书记、国家安监督局孙华山副局长多次切磋交流，彼此亲密无间，为国出力，其乐无涯！

此致

公绥！

中国致公党名誉副主席

杨纪珂

2004年11月18日

（三）

纪珂同志多次就安全生产知识电视培训提出建议，均很有益。全总和安全总局要认真研究采纳。纪珂同志到各地调研请统战部、全总、安全总局予以协助。

温家宝
二月十六日

国秘处[illegible]

中共中央统战部（函）

统函〔2006〕（一）112号

签发人：楼志豪

★

关于转呈杨纪珂同志致温家宝总理信的函

温家宝同志办公室：

近日，致公党中央名誉副主席杨纪珂同志致函我部领导同志，希望我部转呈他就职工安全生产知识电视培训事致温家宝总理的信。现将杨纪珂同志致温家宝总理的信呈上，供参阅。

附：杨纪珂同志致温家宝总理的信

中共中央统战部
2006年2月14日

（印章：中国共产党中央委员会统一战线工作部）

印统战部、全总、安全总局，黄菊、[illegible]建敏、[illegible]尤权、[illegible]同志。
[illegible]
16/2

主题词：转呈　杨纪珂　信　函

家宝 第699号 2006年2月16日

国务院收文 传 1687 号 2006年2月16日

50
2006年2月20

国务院

温家宝总理

尊敬的家宝同志！

您好！感谢您两次对我在"全国职工安全生产知识电视培训的建议"信中给予重要的批示。近日，认真学习了您在全国安全生产工作会议上的讲话，您提出的"依法实行强制性全员安全培训制度"令人鼓舞，我举双手拥护。

2005年5月27日，全国总工会和国家安全监督管理总局专门下发了《关于推广"江苏海安县经验"，继续在全国开展职工安全生产知识电视培训活动的通知》。至今，已有河北、安徽、浙江、广东、北京、福建派员前往海安县交流和学习。

遵照锦涛同志"希望民主党派人士多搞实地调查、多作深入研究、多提务实之策"指示，我于2005年6月再赴江苏、安徽就职工安全生产知识电视培训作调研，取得了很多宝贵的第一手信息，了解到不少一线工人，尤其是农民工对安全生产知识培训的渴望和祈求安全和心愿，令我难以忘怀。

最近，在我赴美探亲期间得知中央领导同志作出了关于维护农民工权益工作的重要批示，耄耋之心为之震撼，我虽身在国外，却早已心驰北京。在安全生产事故伤亡和受到职业病危害的人群中，农民工都是首当其冲，因此，在职工维权的事业中，最重要的是维护他们的生命权和健康权。回国后，又见全总提出的"2006年让500万农民工接受安全知识培训"的举措，用爱心提升农民工的幸福感是一项既具现实主义，又有长远战略意义的大事。为此，我就安全生产知识电视培训再次向您提出以下四条建议

一、职工缺乏安全生产培训、自我保护意识和能力差，"三违"现象严重是安全生产最危险的隐患。一个小小的疏忽可以导致一场大祸。我多年来倡导的"职工安全生产知识电视培训"由于内容全面、通俗易懂、可操作性强、覆盖面广、费用低深受职工的喜爱，应该让更多的职工，尤其是人数众多有农民工接受此项培训。

二、江苏海安县在安全生产知识电视培训方面提供了成功的模式。2005年又高质量地培训了2.5万人，其中大部分为农民工，这是一个了不起的成绩，应该让这个经验继续在全国发挥更大的作用。

三、全国总工会有非常健全的组织网络，七年来，他们推出的"安康杯竞赛"活动深受企业的欢迎。据了解，参赛企业达到15万家，职工6500万人，我非常盼望"职工安全生产知识电视培训"能与"安康杯竞赛"更紧密的结合在一起，这将使电视培训如虎添翼。

四、请各级政府为职工安全生产知识电视培训投入一些资金，否则，培训易走过场。我诚挚的建议 少请一次客、少用一次车（据媒体报导，每年公款吃喝花掉2000亿元，公车花掉3000亿元），把钱投入到帮助农民工维护生命健康的教育上去，这是功德无量的好事。海安县就是政府出资，工会出力，企业和工人受益，河北省和北京市也已决定拨专款力促职工安全生产电视培训的成功，令人欣慰。

以上建议妥否，请批示！

我已选定"安全生产知识电视培训"作为参政议政活动的重点。虽然去年底做了心脏手术，但现已恢复。2006年，我拟赴河北、广东、安徽实地调研，届时还需全总和安监总局给予指导。

家宝同志，落笔之际，又见《国务院关于解决农民工问题的若干意见》，其中专门强调了有关农民工的培训问题，深感这项工作的紧迫。我能为维护广大职工和农民工的生命健康贡献一点绵薄之力，其乐无涯！

此致

公绥！

杨纪珂

中国致公党名誉副主席

2006年2月6日

附件 1

国务院农民工工作联席会议

简　　报

2010 年第（13）期　总第 154 期

国务院农民工工作联席会议办公室　　　　2010 年 7 月 7 日

江苏省南通市率先将农民工纳入市区经济适用住房保障范围

近期，江苏省南通市政府下发《关于将优秀农民工和缴纳社会保险时间较长的外来农民工纳入市区经济适用住房保障范围的试行意见》（简称《意见》）。到 8 月初，南通市第一批农民工将能够领到经济适用住房钥匙，这一举措，在江苏省乃至全国开创了农民工享受城市住房保障的先河。

按照分步实施、逐步解决的原则，《意见》规定从 2010 年起，首先将在南通市区工作并缴纳社会保险的优秀农民工纳入市区经济适用住房的保障范围，每年按南通市区经济适用住房计划总数15%的比例，确定农民工经济适用住房的配售数量，在符合条件的申请人数超过当年南通市区经济适用住房可配售数量时，优先供应优秀农民工申请人的住房。保障对象包括：在南通市区务工期间获得市级或以上、党委、政府、农民工工作领导小组、流动人口工作领导小组表彰、嘉奖或授予荣誉称号的；获得市级或以上劳动模范称号或“五一”劳动奖章的；获得市级或以上共青团组织授予的“新长征突击手”或“杰出青年”称号的；参加职工职业技能竞赛活动获得市级以上技术能手称号或市级以上竞赛综合成绩前二名的；取得技师以上职业资格证书的；取得高级工职业资格证书并在南通市区连续缴纳社会保险满2年的；在南通市区工作且在市区连续缴纳社会保险达10年以上，户籍为外省、市的农民工。

《意见》对保障对象的申请条件做了一下规定：符合保障对象范围的农民工申请购买经济适用住房的申请人及共同申请人（配偶或子女）中，需不少于2人且必须常年在南通市区工作、生活；申请人及共同申请人在南通市区无住房或人均住房面积低于18平方米；优秀农民工申请人及共同申请人的人均月收入低于1400元，在市区连续缴纳社会保险达10年以上的外来农民工申请人及共同申请人的人均月收入低于1200元。同时，《意见》

南通市人民政府

将优秀农民工和缴纳社会保险时间较长的外来农民工纳入市区住房保障体系,是一项很有意义的探索,有利于引导外来农民工努力工作、争先创优，有利于产业发展和社会和谐。市总工会、市人力资源和社会保障局为此做了大量艰苦细致的工作，值得表扬。望再接再厉，以上级的肯定为新的动力，进一步完善工作机制，不断总结提高、积累经验，把这项工作做得更好。

丁大卫

二〇一〇年七月三十日

南通市人民政府
丁字 第874号
2010年7月

附录四　南通市总工会荣获全国表彰的奖项

1990~2014 年市总工会荣获全国表彰奖项

序号	获奖时间	颁奖单位	奖　项
1	1990 年 12 月	全总法工部、法制日报社	全国职工劳动法律法规知识竞赛集体组织奖
2	1990 年	中宣部、司法部	全国普法工作先进集体
3	1992 年 3 月	全国总工会	女职工工作先进集体
4	1993 年 5 月	全国总工会	全国工人阶级队伍状况调查先进组织单位
5	1993 年 6 月	全国总工会	职工代表系统培训工作先进单位
6	1994 年 9 月	全国总工会	全国工会先进办学单位(市职工学校)
7	1994 年 10 月	国务院妇女儿童工作委员会	维护妇女合法权益先进集体
8	1994 年 6 月	全国总工会	职工技协先进集体
9	1994 年	全国总工会	职工读书自学活动先进集体
10	1994 年	全国总工会	工会干部教育工作先进集体
11	1995 年 5 月	全总办公厅	市级工会财务先进单位
12	1995 年 7 月	全总保障工作部、劳动部保险事业管理司、中国老年报社	全国模范退管会(市退休职工管理委员会)
13	1995 年 10 月	全国总工会	全国工会基层工作先进市
14	1995 年 10 月	中宣部、司法部	全国普法工作先进集体
15	1996 年 3 月	全总女职工委员会	女职工工作先进集体
16	1996 年 9 月	全国总工会	全国职工读书自学活动先进集体（城西工人文化宫职工理论组）
17	1997 年 2 月	全总经济工作部	全国工会经济(生产)、劳动保护先进单位
18	1997 年 11 月	全国总工会	送温暖工程先进单位
19	1997 年	全国总工会	信息工作十强地级市
20	1998 年 3 月	全国总工会	女职工双文明建功立业竞赛活动先进集体
21	1998 年 3 月	全国总工会	信息工作地市级工会二等奖
22	1998 年 6 月	全国总工会	全国职工读书自学活动先进集体
23	1998 年 7 月	全国总工会	全国集体合同建制先进单位
24	1998 年 7 月	全总《中国工运》编辑部	《中国工运》发行工作(地市级)一等奖
25	1998 年 10 月	全总经济部、国际联络部	推广应用国际劳工局有毒有害化学物质信息卡先进单位
26	1998 年	全国总工会	信息工作先进集体
27	1999 年 3 月	全总女职工委员会	先进女职工集体

序号	获奖时间	颁奖单位	奖项
28	1999年12月	全国总工会	全国工会系统示范性职工中等学校(市职工学校)
29	1999年	全国总工会	送温暖工程先进单位
30	2000年2月	全国总工会	全国工会信息工作市级工会二等奖
31	2000年8月	全总办公厅	《中国工运》发行工作先进集体一等奖
32	2000年10月	全总经济部、中央电视台社教中心	第三届全国劳模电视片评选展播一等奖(《女犯心中的一盏灯》)
33	2000年10月	全总宣教部、工人日报社等	全国班组职工国有企业改革和发展百题竞赛优秀组织奖
34	2001年1月	全国总工会	全国职工读书自学活动先进集体
35	2001年2月	全国总工会	全国工会信息工作地级市工会一等奖
36	2001年3月	全国总工会、国家经济贸易委员会	全国“安康杯”竞赛优秀组织奖
37	2001年5月	全国总工会	五一新闻奖(作品:南通市职工对台湾问题的讨论和反映)
38	2001年6月	全国总工会	工会财务工作先进单位
39	2001年10月	全国总工会	全国工会干部教育培训工作先进集体
40	2002年2月	全国总工会	全国工会信息工作城市工会二等奖
41	2002年3月	全国总工会	送温暖工程先进单位
42	2002年5月	全国总工会	工会财务工作先进单位
43	2002年10月	全国总工会	职工读书自学活动先进集体
44	2002年	全国总工会	信息工作先进集体
45	2003年1月	全国总工会	全国工会信息工作城市总工会二等奖
46	2003年5月	全国总工会	市级工会财务工作先进单位
47	2003年8月	全国总工会	全国工会经审工作先进集体
48	2003年8月	全国总工会	全国新建企业工会组建工作先进单位
49	2003年12月	全国总工会	全国工会信息工作二等奖
50	2004年3月	全国总工会、国家安监总局	“安康杯”竞赛优秀组织单位
51	2004年7月	全国总工会	工会财务工作先进单位
52	2004年8月	全总办公厅	《中国工运》宣传通讯工作先进集体(地级市)一等奖
53	2004年11月	文化部中国群文学会、中国文化报社	全国特色文化广场(濠滨夏夜)活动组织奖
54	2005年1月	全总办公厅	全国工会信息工作二等奖
55	2005年6月	全国总工会	工会财务工作先进单位
56	2005年8月	全总办公厅	《中国工运》宣传通讯工作先进集体(地市级)一等奖
57	2005年11月	全国总工会	全国工会系统“四五”普法先进单位
58	2005年11月	全国总工会	全国职工“四五”普法知识竞赛组织奖
59	2005年12月	全国“安康杯”竞赛组委会	全国职工安全卫生消防知识普及教育活动优秀组织单位

序号	获奖时间	颁奖单位	奖　项
60	2005年	全总好信息评选委员会	建立和完善困难职工帮扶体系被评为好信息三等奖
61	2006年5月	全国总工会	工会财务工作先进单位
62	2006年7月	全国总工会	全国工会促进再就业行动先进单位
63	2006年8月	全国总工会	全国工会干部教育培训工作先进集体
64	2006年12月	全总预防艾滋病领导小组	全国职工预防控制艾滋病及禁毒知识竞赛优秀组织奖
65	2007年4月	全国总工会	全国工会经审工作先进集体
66	2007年5月	全国总工会、国家安监总局	全国“安康杯”竞赛优秀组织奖
67	2007年5月	全国总工会	工会财务会计工作竞赛市级工会财务先进单位
68	2007年6月	全总办公厅	《中国工运》宣传通讯工作先进集体(地市级)一等奖
69	2007年6月	全国工会好信息评选委员会	职工医疗保障工作调查一等奖
70	2007年7月	工人日报	全国工会制造十大品牌(濠滨夏夜)
71	2007年9月	《中国工会财会》编委会	《中国工会财会》先进组稿单位
72	2007年12月	全总办公厅	全国工会信息工作先进单位城市工会三等奖
73	2008年1月	全国总工会、国家安全生产监督管理局	全国“安康杯”竞赛优秀组织奖
74	2008年12月	全总办公厅	全国工会信息工作先进单位城市工会优秀奖
75	2008年12月	中国职工技术协会	全国职工技协工作先进集体
76	2008年12月	全总办公厅	《中国工运》宣传通讯工作先进集体特等奖
77	2009年7月	全国总工会	工会财务工作先进单位
78	2009年7月	全总研究室	《中国工运》宣传通讯工作先进集体特等奖
79	2009年8月	中国技术市场协会	金桥奖(职工技协)
80	2010年3月	全国总工会	全国工会“千万农民工援助行动”先进单位
81	2010年7月	全国总工会	全国工会推进“双措并举,二次覆盖”工作先进单位
82	2010年12月	全国厂务公开协调小组办公室	全国推动厂务公开民主管理工作先进单位
83	2010年12月	全总女职工委员会	全国推进女职工权益保护专项集体合同工作先进单位
84	2011年1月	全国总工会	全国工会“五五”普法先进集体
85	2011年2月	全总办公厅	建家评家工作先进单位
86	2011年8月	全总研究室	《中国工运》宣传通讯工作先进集体特等奖
87	2011年12月	全国总工会	全国工会职工法律援助维权服务示范单位
88	2012年1月	全国总工会、国家安全生产监督管理局	全国“安康杯”竞赛优秀组织单位
89	2012年8月	全总办公厅	《中国工运》宣传通讯工作先进集体(地级市)特等奖
90	2012年1月	全国总工会	组织建设创新成果奖(会务公开工作)
91	2013年1月	全总经费审查委员会	全国工会经审工作先进集体
92	2013年1月	全国总工会	全国五一劳动奖状(市劳动人民文化宫)

序号	获奖时间	颁奖单位	奖　项
93	2013 年 1 月	全国总工会	全国工会基层组织建设创新成果奖
94	2013 年 2 月	全国总工会	全国建家评家工作先进单位
95	2013 年 8 月	全总研究室	《中国工运》宣传通讯工作先进集体
96	2013 年 8 月	全总女职工委员会	《女职工劳动保护特别规定》知识竞赛活动优秀组织奖
97	2013 年 10 月	文化部	第十六届“群星奖”(濠滨夏夜)
98	2013 年 12 月	全总经费审查委员会	全国工会经审工作先进集体
99	2013 年	全国总工会	“安康杯”竞赛优秀组织单位
100	2013 年	全国总工会	全国工会系统先进就业培训机构(市工人业余大学)
101	2014 年 1 月	全国总工会	全国工会基层组织建设创新成果一等奖(会员代表常任制工作)
102	2014 年 5 月	全国总工会、国家安监总局	“安康杯”竞赛优秀组织单位
103	2014 年 9 月	全国总工会	市级工会财务工作先进单位
104	2014 年 12 月	全国总工会	全国工会经审工作先进集体
105	2014 年 12 月	全国总工会	全国第二届书香‘三八’读书征文活动积极组织奖
106	2014 年	全国总工会	工会女职工培训示范学校(女职工教育培训机构)
107	2014 年	全国总工会	工会财务工作先进单位

注:获奖单位为市总工会及直属事业单位;《中国工运》《工会信息》发行工作获奖未全部列入

附录五　南通市总工会办公场所变迁

1949 年 10 月南通市总工会成立，办公地点位于有斐饭店西侧清末状元张謇的私家花园——东公园（二层楼），建筑面积 780 平方米。此后，市总工会在西寺路 43 号等处购买工作人员宿舍 30 间（平瓦房），均有购房契约。1965 年 10 月，市总工会拆除办公楼周围竹篱笆，新建 76 米长围墙。1971 年，根据市革命委员会（清理组）的要求，市总工会将宿舍所有房屋及全部证件移交市房产公司城南房管所代管。

1981 年，省总工会拨款 3.5 万元，市总工会自筹 20.5 万元，后追加投资 17.38 万元，是年 10 月动工翻建工会礼堂，1983 年 9 月竣工，建成 1 幢建筑面积 1928.82 平方米的四层楼房，同时配套新建食堂、传达室和车库共 120 平方米。四层楼的一、二层和三层东部共 12 间为市工人业余大学教学用房，其余为市总工会办公用房。1987 年 6 月，市工人业余大学新校区建成，除一层东侧保留教室外，其余均为市总工会办公用房。1999 年，市工人业余大学四层教学楼竣工后，办公楼内原教室全部归市总工会使用。

1988 年 6 月，市总工会在东公园西南侧建造 1 幢二层综合楼，建筑面积 408 平方米。1992 年 10 月，将综合楼翻建为二层营业、活动用房，建筑面积 507 平方米，造价 25 万元。

1990~1992 年，市总工会先后三次向市政府和市计委报告，请求归还西寺路 43 号等处房屋（宿舍）和土地使用权，但未能解决。

1993 年 2 月，市总工会在传达室东侧建造 1 幢二层营业用房，建筑面积 306 平方米，投资 15.6 万元。

2001 年 7 月，因濠南路拓宽改造工程需要，市总工会临街办公用房 460 平方米被拆除。8 月，市总工会扩建办公用房 1160 平方米（办公楼整体向北延伸 3 米），造价 80 万元。

2002 年，因濠南路拓宽改造工程需要，市总工会西楼（东公园，建筑面积 780 平方米）及南通天苑实业总公司营业用房 730 平方米被拆除。

2003 年 10 月，市政府在新城区（崇川路北侧、世纪大道南侧、金融区西侧与军分区对应）规划划拨 60 亩土地给市总工会、团市委、市妇联用于建设南通市文化活动中心。项目经市委常委会研究建议，列入 2007 年市政府为民办实事项目。2006 年 11 月和 2008 年 9 月，市总工会、团市委、市妇联两次联合向市政府分别提交“关于建设南通市文化活动中心的请示”和“关于南通市文化活动中心立项的请示”。

2010 年 4 月，市长办公会议研究决定工青妇活动中心项目选址新区世纪大道与园林路交叉路口西南侧地块。9 月，市长办公会议研究决定，由市国有置业集团开发建设工青妇活动中心。是年 12 月，市政府常务会议听取市工青妇活动中心项目建设方案汇报，原则同意市发改委提出的建设方案及有关建议。项目于 2011 年开工建设，主体结构于 2012 年底封顶，总楼层为 29 层。

2012 年 11 月，副市长朱晋召集会议，专题研究工青妇三家单位资产移交等事项。

2015 年 3 月，市政府秘书长顾诺之召集会议，协商确定工青妇活动中心用房和功能区域布局。确定置换给市总工会办公用房 5472 平方米（10~12 层和裙楼一层西北侧职工服务中心用房），分摊土地面积为 5331.33 平方米，办理房屋和土地产权证；职工活动中心用房为 5989 平方米（部分裙楼），房地产权划归市机关事务管理局，市总工会享有专属使用权。办公用房由市机关事务管理局牵头，根据市总工会提出的平面分割、功能布置等要求，由市国有置业集团负责简单装修。4 月，市委常委会第 89 次会议听取市工青妇活动中心办公用房搬迁方案汇报，原则同意搬迁方案。

因市总工会资产置换需要，2015 年 9 月，市国土资源局委托市土地市场服务中心对市总工会在濠南路和崇文路 1 号两处土地和房屋现值进行评估，评估基准日为 2015 年 8 月 25 日。经评估：

1.市总工会在工青妇活动中心分摊土地面积为 5331.33 平方米，评估设定用途为商办用地，设定使用年限为商业用地剩余使用年期 35.53 年的国有建设用地土地使用权市场价值为每平方米 4239 元，总地价为 2259.95 万元，其中办公用房 1079 万元；

2.市总工会濠南路地块 3886.88 平方米，设定用途为机关宣传用地，设定使用年期为机关宣传用地剩余使用年期 50 年的出让国有建设用地土地使用权市场价值每平方米 3367 元，总地价为 1308.71 万元。依据《划拨土地使用权管理办法》，"土地使用权出让金按标定地价的一定比例收取，最低不得低于标定地价的 40%。"则濠南路地块国有划拨土地使用权价格每平方米 2020 元，总价为 785.15 万元；

3.市总工会在工青妇活动中心房屋 11461 平方米，房屋现值每平方米 5100 元，共 5845.11 万元，其中，办公用房 2790 万元；

4.市总工会濠南路 20 号房产面积 3281.99 平方米，重置单价每平方米 2600 元，综合确定房产的成新率为 85%，房屋现值为 725.32 万元。

工青妇活动中心大楼后定名为启瑞广场，地址为南通市崇川区崇文路 1 号。

2015 年 12 月 21 日，市总工会向省总工会提交《关于办公楼置换方案的请示》，省总工会于 12 月 31 日批复：已经全国总工会财务部批复原则同意。是年末，市总工会机关搬迁至新址。

2016 年 8 月 29 日，市政府副秘书长王国平召集会议，就协调解决市总工会有关资产移交相关问题进行专题会商，会议除明确办理产权登记和过户手续问题外，还明确除职工活动中心相关物业、运行等费用由市总工会开支外，其他物业、运行等费用由市财政专项安排至市机关事务管理局部门预算，由市机关事务管理局统一结算；市总工会所属土地使用权期满后，续期如需补缴土地出让金，由市财政承担，如今后国家出台相关新政策，按新政策执行。

编后记

为记载历史，传承经验，市总工会于2013年下半年酝酿续编《南通市工会志(1990~2014)》。2014年2月建立编委会和编志办公室。在市总工会和编委会领导下，编纂人员广征博采历史资料，认真梳理，精心归纳，反复推敲，辛勤笔耕，历时四年，完成本志初稿。

一、组织准备阶段。编志办起草“关于编纂《南通市工会志》(续篇)有关问题的请示”“关于成立《南通市工会志(1990~2014)》编纂委员会及工作机构的通知”“编志工作计划及篇目设置框架”等材料。邀请第一部《南通市工会志》主编羌步蟾介绍编志经验和体会；编志办公室工作人员带着问题专程赴南京，向省总工会编志办公室人员请教；邀请省总工会原秘书长林国铨为市总工会机关干部作编志业务辅导。2014年3月，市总工会召开编委会第一次会议，确定本志的上限为1990年，下限为2014年，共25年。

二、资料收集阶段。由于25年间市总工会及下属单位办公场所搬迁、部门负责人更替，工会史料大量缺失。编纂工作人员反复查阅《南通年鉴》、历次市工会代表大会、市总工会全委会工作报告、《南通工人报》及杂志、历年年报及干部任免文件、个人工作记录等，多次到省总工会和市档案馆、市城建档案馆、市统计局、市人力资源和社会保障局等单位寻找相关资料，还向各县(市)区、产业工会，直属企业工会及市总工会直属事业单位下发《关于协助提供、核对〈南通市工会志〉相关资料的通知》。市总工会机关离退休老同志张祖珉、陆嘉玉等提供工作中积累的相关资料。

三、初稿撰写阶段。在收集资料的基础上，编志办公室整理出断限内市总工会重点工作线索，提出各章节目录安排，确定初稿撰稿人。至2015年6月，基本完成各章节初稿撰写。参与初稿撰稿的主要有：朱淑娟、李亦农、葛伟、周正秋、曹庆龙、杜正芳、成飞、王海兵、顾虞丹、黄卫、茅健、任锦华、施伟慧、潘滇野、朱江波、龚亚乐、任仲林、徐杨、许小轶、陈方舟。各县(市)区总工会和直属事业单位有关同志撰写相关章节初稿。编志办公室对各章节初稿进行修改补充完善。为节省时间，分三批推出修改稿，征求各方面意见。

四、编纂统稿阶段。2016年3月，编志办公室讨论确定《南通市工会志(1990~2014)行文细则》等。在吸收有关意见基础上，编纂工作人员对各章节再次进行修改，第二次征求意见。同时，李亦农、潘滇野负责图片收集、整理、编排；周正秋负责落实出版社和志稿印刷招投标。2017年4月，由朱淑娟对志稿进行总纂，施伟慧、徐杨对相关章节进行修改，形成送审稿。编志办公室全体人员加班加点完成审核校对任务，印刷后，分送各位顾问和评委审阅。

五、评审完善阶段。2017年10月，市总工会召开由江苏省总工会、南通市地方志办公室、南通市统计局领导和专家及工会志编委会顾问、编委参加的评审会。评审人员认为，本志稿政治观点正确、结构清晰、资料丰富、体例规范、语言自然、特色鲜明，较好地凸显出志书的时代特色、地域特色、行业特色。评审会上及会后共收到59条修改建议。后根据市总工会要求，编纂人员对志稿的基本元素和文字表述等方面作了适当补充和修改完善。

在本志编写过程中，得到方志出版社范静、徐宏、冀祥德，省总工会林国铨、钮友宁、邬伯扬、郭莉莉，市地方志办公室邓永定的指点，得到市档案馆、市城建档案馆、市统计局、市人力资源和社会保障局和各县(市)区、产业(系统)、直属单位工会和市总工会各部门、机关离退休老同志及各事业单位的大力支持，在此一并表示感谢！

由于时间紧迫，对评审中提出的多数修改建议未能采纳，恳请有关人士谅解！由于我们编纂水平有限，疏漏、不足之处在所难免，敬请批评指正！

编　者

2017年12月